D1721485

GRENZEN ERKENNEN ↔ BEGRENZUNGEN ÜBERWINDEN
Festschrift für Reinhard Schneider

GRENZEN ERKENNEN ↔ BEGRENZUNGEN ÜBERWINDEN

Festschrift
für Reinhard Schneider
zur Vollendung seines 65. Lebensjahrs

Herausgegeben von
Wolfgang Haubrichs,
Kurt-Ulrich Jäschke
und Michael Oberweis

Jan Thorbecke Verlag Sigmaringen
1999

GEDRUCKT MIT MITTELN DER UNION STIFTUNG
SAARBRÜCKEN

Die Deutsche Bibliothek – CIP-Kurztitelaufnahme

Grenzen erkennen – Begrenzungen überwinden: Festschrift für Reinhard Schneider zur Vollendung seines 65. Lebensjahrs / hrsg. von Wolfgang Haubrichs ... – Sigmaringen: Thorbecke, 1999
   ISBN 3-7995-7079-9

Dieses Buch ist aus säurefreiem Papier hergestellt und entspricht den Frankfurter Forderungen zur Verwendung alterungsbeständiger Papiere für die Buchherstellung.

Satz: polyma, Konstanz
Druck und Buchbinderei: Druckhaus »Thomas Müntzer« GmbH, 99947 Bad Langensalza
Printed in Germany. ISBN 3-7995-7079-9

Inhaltsübersicht

TABULA GRATULATORIA

Alexander ALT, Nalbach
Willi ALTER, Neustadt
Hans AMMERICH, Speyer
Kurt ANDERMANN, Stutensee
Hans Hubert ANTON, Konz-Könen
Wilhelm ANTON, Riedstadt
Werner ARMBRUST, Bexbach
Helmut ARNDT, Hannover
Ingrid BAUMGÄRTNER, Kassel
Hans-Jürgen BECKER, Regensburg
Frank BEIER, Semmenstedt
Friedrich BENNINGHOVEN, Berlin
Georg BENSCH, Sigmaringen
Joachim BENSCH, Sigmaringen
Dieter BERG, Hannover
Herbert BERMEITINGER, Mainz
Maria BESSE, Riegelsberg
Charlotte BEUMANN, Marburg
Heinz-Jürgen BEYER, Saarbrücken
Rudolf BIRTEL, Gau Odernheim
Karlheinz BLASCHKE, Friedewald
Michael BORGOLTE, Berlin
Anna Maria BÖSCHEN, Saarbrücken
Egon BOSHOF, Passau
Maria BOSSE, Riegelsberg
Ursula BRAASCH-SCHWERSMANN,
    Marburg
Werner BRAUN, Saarbrücken
Lothar BRETSCHNEIDER, München
Artur Johann BRILL, Wiesbach

Anna-Dorothee v. den BRINCKEN, Köln
Neithard BULST, Bielefeld
Renaud DE CHARRY, Tours
Lukas CLEMENS, Gutweiler
Joachim CONRAD, Püttlingen
Reinhard DAUGS, Saarbrücken
Uwe DETHLOFF, Saarbrücken
Bernhard DIESTELKAMP, Kronberg
Lorenz DITTMANN, Saarbrücken
Richard van DÜLMEN, Saarbrücken
Wolfgang EGGERT, Berlin
Wilfried EHBRECHT, Münster
Joachim EHLERS, Berlin
Theophil EICHER, Saarbrücken
Reinhard ELZE, München
Traute ENDEMANN, Darmstadt
Odilo ENGELS, Köln
Michael ERBE, Mannheim
Franz-Reiner ERKENS, Leipzig
Hans C. FAUSSNER, München
Franz J. FELTEN, Mainz
Karl-Heinz FIEDLER, Riegelsberg
Wilfried FIEDLER, Saarbrücken
Joachim G. FISCHER, Frankfurt
Stefan FLESCH, Boppard
Klaus FLINK, Oberbettingen
Jacques FOVIAUX, Montrouge
Werner FRANZ, Mannheim
Maria-Elisabeth FRANKE, Schmelz
Peter Robert FRANKE, München

Helmut FREIS, Saarbrücken
Eckhard FREISE, Münster
Johannes FRIED, Frankfurt a. M.
Pankraz FRIED, Egling
Wolf FROBENIUS, Saarbrücken
Rüdiger FUCHS, Budenheim
Elias H. FÜLLENBACH, Köln
Horst FUHRMANN, München
Manfred GARZMANN, Braunschweig
Alois GERLICH, Wiesbaden
Heidrun GERZYMISCH-ARBOGAST,
    Saarbrücken
Markus GESTIER, Saarbrücken
Klaus GIRARDET, Landsweiler-Reden
Heribert GISCH, Nohfelden
Michael GOCKEL, Marburg
Peter GODGLÜCK, Scheidt
Lutz GÖTZE, Saarbrücken
Margit GRABAS, Saarbrücken
Helmut GREIN, Rehlingen-Siersburg
Werner HABICHT, Saarbrücken
Udo HAGNER, Gera
Peter HANS, Neunkirchen
Wilfried HARTMANN, Tübingen
Gotthold HASENHÜTTL, Saarbrücken
Wolfgang HAUBRICHS, Saarbrücken
Makarios HEBLER, Tholey
Marie-Luise HECKMANN, Werder
Ingrid HEIDRICH, Bad Münstereifel
Paul-Joachim HEINIG, Nierstein
Klaus HERBERS, Erlangen
Hans-Walter HERRMANN, Riegelsberg
Wolfgang HESS, Icking
Rudolf HIESTAND, Düsseldorf
Konrad HILPERT, Saarbrücken
Ivan HLAVAČEK, Prag
Eduard HLAWITSCHKA, Herrsching
Gerhardt HOCHSTRASSER, Würzburg

Barbara HOEN, Renningen
Rudolf HOLBACH, Oldenburg
Maximilian HOMMENS, Ayl/Saar
Bernd Ulrich HUCKER, Vechta
Rainer HUDEMANN, Saarbrücken
Kurt HUMMEL, Landau
Franz IRSIGLER, Trier
Hans ITSCHERT, Saarbrücken
Stuart JENKS, Fürth
Christa JOCHUM-GODGLÜCK, Scheidt
Ingeborg JOHANEK, Münster
Peter JOHANEK, Münster
Reinhold KAISER, Zürich
Hagen KELLER, Münster
Jürgen KILTZ, Riegelsberg
Werner Helmut KINDLER,
    Neunkirchen
Eberhard-Johannes KLAUCK,
    Saarbrücken
Hanns KLEIN, Neunkirchen
André Ralph KÖLLER, Weener
Ludwig KÖTTER, Saarbrücken
Georg KOLBECK, Amberg
Heinrich KOLLER, Hallein
Leni KONRAD, Püttlingen
H.-J. KORNADT, Deidesheim
Karl-Friedrich KRIEGER, Mannheim
Peter KRÜGER, Marburg
Hans Joachim KÜHN, Düppenweiler
Gerd KUHN, Saarbrücken-Dudweiler
Dietrich KURZE, Berlin
Dittmar LAUER, Kell am See
P. Andreas LEBLANG, Hannover
Walter LEICK, Rehlingen
Rudolf LENZ, Marburg
Herbert LEPPER, Aachen
Wolfgang LESCHHORN, Völklingen
Jan LICHARDUS, St. Ingbert

Christa LICHTENSTERN, Saarbrücken
Gisela LIPPS, Zweibrücken
Thomas LOCH, Alsweiler
Walter LONSDORF, Blieskastel
Kuno LORENZ, Riegelsberg
Wilfried LOTH, Essen
Werner MALECZEK, Wien
Werner MARTIN, St. Wendel
Michael MATHEUS, Mainz
Christian MATHIEU, Bechhofen
Helmut MAURER, Konstanz
Elisabeth MEISER, Illingen
Brigitte MEISTER, Ottweiler
Peter MICHAELY, Spiesen-Elversberg
Jürgen MIETHKE, Heidelberg
Klaus MILITZER, Köln
Andrei MIRON, Saarbrücken
Auguste MIRON, Saarbrücken
Horst MÖLLER, München
Walter MOHR, Saarbrücken
Hubert MORDEK, Freiburg
Carl Werner MÜLLER, Saarbrücken
Wolfgang MÜLLER, Kaiserslautern
Wolfgang H. MÜNCHEN, Hoppstädten-
    Weiersbach
Eckard MÜLLER-MERTENS, Berlin
Peter NEUMANN, Saarbrücken
Karl-Werner NIEDER, Völklingen
Gabriele NIESS, Bürstadt
Ulrich NIESS, Bürstadt
Ulrich NONN, Bonn
Karl-Heinz OHLIG, Saarbrücken
Werner PARAVICINI, Paris
Michel PAULY, Bertrange
Sabine PENTH, Hüttigweiler
Jürgen PETERSOHN, Marburg
Max PFISTER, Saarbrücken
Adolf PFORDT, Bosen

Christa PREISS, St. Ingbert
Manfred PUPP, Saarbrücken
Fidel RÄDLE, Göttingen
Ulrike RADUNZ, Saarbrücken
Andreas RANFT, Bordesholm
Christoph RASS, Aachen
Winfried REICHERT, Trier
Carola REINSBERG, Saarbrücken
Konrad REPGEN, Bonn
Ulrich REULING, Marburg
Petra ROSCHECK, Saarlouis
Werner RÖSENER, Gießen
Otto ROLLER, Speyer
Gerhard SAUDER, Saarbrücken
Meinrad SCHAAB, Wilhelmsfeld
Franz Josef SCHÄFER, Bensheim
K. SCHANK, Saarbrücken
Friedrich SCHEELE, Emden
Rudolf SCHIEFFER, München
Bernhard SCHIMMELPFENNIG, Augsburg
Jochen SCHLOBACH, Saarbrücken
Rüdiger SCHMITT, Saarbrücken
Sigrid SCHMITT, Mainz
Herbert SCHNEIDER, Saarbrücken
Horst SCHNEIDER, Merchweiler
Bernd SCHNEIDMÜLLER, Bamberg
Otmar Peter SCHÖN, Bexbach
Christhard SCHRENK, Heilbronn
Ulf SCHULTE-UMBERG, Bochum
Knut SCHULZ, Berlin
Hans K. SCHULZE, Niederweimar
Winfried SCHULZE, München
Heiner SCHWARZBERG, Halle
Fred SCHWIND, Marburg
Hermann Otto SCHWÖBEL, Gemünden
Thomas SEILER, Plettenberg
Günther SOHLER, Bad Kreuznach
Rolf SPANG, Fürth

Pirmin SPIESS, Neustadt a. d. W.

Franz STAAB, Landau

Frauke STEIN, Saarbrücken

Wilhelm STÖRMER, Neubiberg

Tilman STRUVE, Köln

Gerd STUMPF, München

Christine STUTZ, Kleinblittersdorf

Gerd-Henning SUTTER, Saarbrücken

Johannes THOLEY, Neunkirchen

Albert THOMALLA, Oberthal

Paul THOMES, Aachen

Thomas TRAPP, St. Wendel

Uwe UFFELMANN, Neckargemünd-
    Dilsberg

Otto VOLK, Marburg

Helmut G. WALTHER, Jena

Andreas WAGNER, Trier

Elmar WADLE, Saarbrücken

Norbert WARKEN, Friedrichsthal

Wilhelm WEGENER, Göttingen

Stefan WEINFURTER, München

Werner WEITER, Großrosseln

Alfred WENDEHORST, Erlangen

Reinhard WENSKUS, Bovenden

Matthias WERNER, Jena

F. Peter WILHELM, St. Ingbert

Ellen WIDDER, Tübingen

Armin WOLF, Frankfurt a. M.

Carsten WOLL, Saarbrücken

Joachim WOLLASCH, Freiburg

Alfons WOLLENWEBER, Saarbrücken

Klaus WRIEDT, Osnabrück

Wolfgang WÜST, Augsburg

Maria ZENNER, Regensburg

Herbert ZIELINSKI, Giessen

Harald ZIMMERMANN, Tübingen

Harald H. ZIMMERMANN, Saarbrücken

Thomas ZOTZ, Freiburg

BERLIN	Berlin-Brandenburgische Akademie der Wissenschaften
BERLIN	Friedrich Meinecke-Institut, Freie Universität Berlin
BONN	Institut für geschichtliche Landeskunde der Rheinlande der Universität Bonn
CAEN	Centre de Recherches Archéologiques Médiévales de l'Université de Caen
HANNOVER	Historisches Seminar der Universität Hannover
KARLSRUHE	Generallandesarchiv Karlsruhe
LUXEMBURG	Centre Universitaire de Luxembourg
MARBURG	Institut für mittelalterliche Geschichte
MÜNCHEN	Monumenta Germaniae Historica
PARIS	Deutsches Historisches Institut
REGENSBURG	Diözesanmuseum
SAARBRÜCKEN	Historisches Institut der Universität des Saarlandes
SAARBRÜCKEN	Saarland – Landesarchiv
SAARBRÜCKEN	Union Stiftung
SAARLOUIS	Landkreis Saarlouis, Kreisarchiv
ST. INGBERT	VFG-Geschichtswerkstatt

Vom Umgang mit Grenzen
Über Grund und Anlaß dieses Buchs

Obgleich gegenwärtig keine Friedensvertragszeit ist: Politische Grenzen sind in aller Munde; denn sie sind ständig Verletzungen ausgesetzt oder sollen überwunden werden. Während auf höchster politischer Ebene um ihre Fixierung und von besonderer Grenzpolizei um ihre Sicherung gerungen wird, ist ihre problemlose Durchlässigkeit beispielsweise des deutschen Bundesrepublikaners Ferientraum; manche Politiker scheinen ihre Bedeutung bis hin zu derjenigen für bloße Wahlkreise herabzustufen; kulturell sollen Grenzen ohnehin stets eher zur Überwindung denn zur Beachtung oder gar Einhaltung eingeladen haben, es sei denn, es gehe um quasi-kleinkarierte Staatseigentümlichkeiten der Vergnügungsbesteuerung, durch deren Zugriff eine weltbekannte Pop-Formation ihre grenzenunabhängigen Fans plötzlich unter ihrem verwalteten Lebensraum leiden läßt. Ohnehin gilt für Kunst jedwede Grenzüberschreitung vielfach als Qualitätsmerkmal, und die philosophischen Gedanken sind selbstverständlich nicht nur frei, sondern grundsätzlich grenzenlos.

Dem stehen des Besitzbürgers Alltag und staatliche Existenzen gegenüber. Am wohlsten scheint jener sich zu fühlen, wenn sein Lebenskreis sauber begrenzt ist und solche Grenzen von Fremden respektiert werden. Das beginnt konkret an Grundstücksgrenze und Stammtisch und endet am Fan-Block im 70 000er Stadion oder in der Einwanderer-Kontingentierung. Überschaubarer, integrer Besitz ist gefragt – und sicher muß er sein. Auch in übertragenem, aber sehr oft recht konkretem Sinn ist letztlich das Wälsungenblut unsympathischer als jene Hundinge, die ihr Gastrecht mit halber Göttersympathie nur bis zum nächsten Morgengrauen währen lassen.

Entsprechend registriert der Historiker unübersehbare und langfristige Gegenkräfte gegen nicht nur Globalisierungen, sondern sogar bloße (West-)Europäisierungen. Zwar ist »Weltbürger« heute kein Schimpfwort mehr, und wer sich als »Europäer« deklariert, kann zumindest eines anerkennenden Lächelns gewiß sein. Aber den meisten ist bereits dies nicht nur eine Nummer zu groß, sondern schon ein Schritt zuviel oder zumindest zu früh. Differenzierteres Denken, wenn nicht gar Fühlen wird propagiert: Der Humanität global verpflichtet – auch die Chinesen sollen gefälligst die unveräußerlichen Menschenrechte anerkennen – und tolerant gegenüber jedweder Grenzüberschreitung in Religion und Moral, ja, sogar einer »world music« aufgeschlossen, möchte man sich für den wirtschaftlich-politischen Alltag auf sein Ländle, bestenfalls seine Euro-Region konzentrieren, um auf dem Balkan kein Bein oder gar alles zu verlieren. Hier ist zwar individuelle Opferbereitschaft gefragt, aber kollektives Heldentum gilt als Dummheit.

Zum wahren Helden ist man ohnehin nicht geboren und schon gar nicht zu erziehen: Albert Schweitzer war eine skurrile Ausnahmebegabung, Martin Luther krankhaft übersensibel, Paulus ein unsympathischer und ohnehin gegenüber Jesus wegzuschiebender Eiferer der zweiten Generation: »gegenüber« und nicht »zugunsten«; Gott – oder Götter? – läßt man besser aus dem Spiel. Ich wiederhole: Nicht radikales, sondern differenziertes Denken und Fühlen sind angesagt, und das heißt doch, daß ein Bayer und natürlich auch ein Saarländer ein passabler deutscher Bundesrepublikaner und ein glühender Europäer sein kann und vielleicht sogar sein möchte, und das hat ja je nach Aktionsbereich auch seine praktische Logik. Da mag lediglich die Gewichtung umstritten sein, eventuell sogar eine Sache des persönlichen Horizonts ...

Vom historischen [!] museum [!] saar [!] in Saarbrücken wird für eine Ausstellung über »Lebenswelten in der deutsch-französischen Region an Saar und Mosel seit 1840« unter dem Obertitel »GrenzenLos« geworben[1]. Im Zusammenhang mit Helmstedter Universitätstagen macht ein EXPO-2000-Projekt unter dem Titel »Grenzenlos« von sich reden. Bewußt Grenzen überwinden kann man allerdings nur, wenn man sie kennt; bezeichnenderweise lautet das Rahmenthema für eine entsprechende Helmstedter Vortragsreihe »Grenzen der Vereinigung« in Deutschland[2]. Damit sind nur am Rande historisch-geographische und politisch-administrative Grenzen gemeint; es geht um »Grenzen in den Köpfen« und gegebenenfalls um Regionen eigenen Lebensbewußtseins, und das mit dem Ziel, an ihnen nicht zu scheitern.

Und doch kann kaum geleugnet werden, daß nicht nur Individuen und Kleingruppen, sondern auch alle politischen Gebilde sich teilweise über ihre Grenzen definieren[3]: Ohne einigermaßen fest umrissenes Staatsgebiet gibt es heutzutage zumindest keinen als solchen zu apostrophierenden Staat[4], wobei die Existenz »staatenloser« Großgruppen mit eigener Verfassung nicht geleugnet werden soll. Unvergeßlich ist ja gerade dem Mediävisten die Entdeckung der frühmittelalterlichen *gentes*. Deren völkerwanderungszeitliches Werden[5], aber auch zumindest staatsähnliches Leben hatte sich ja gerade auf der Quasi-Suche nach Staatsgebiet abgespielt, und auch ihre personale Konsistenz, also das modern so genannte Staatsvolk, war in Fluktuationen begriffen und bestenfalls einigermaßen fest um einen sogenannten Traditionskern geblieben. Und sind die traurigsten Großgruppen, die derzeit möglichst überstaatliche Hilfe erheischen, nicht dem UNO-Flüchtlingskommissariat zugeordnet? Damit daraus keine »Völker ohne Raum« mit verheerender Explosivkraft werden? Wird Grenzenlosigkeit hier nicht geradezu zur Existenzbedrohung für geordnetes, besser: lebensachtendes und doch produktives staatliches Geschehen? Auch politische Grenzen sollen anscheinend Eigenschaften einer Haut haben: durchlässig sein und doch schützen.

---

1 Faltprospekt für 1998 IV 26 bis 1999 I 10.
2 Vgl. die Ausschreibung beispielsweise der 4. Helmstedter Universitätstage durch die Stadt Helmstedt vom 20.VII.1998 – übrigens auf den 2. und 3.X.1998.
3 Vgl. Julia M. H. SMITH, *Fines imperii*: the marches (in: New CMH 2, 1995) S. 169.
4 Zu Georg JELLINEKS Drei-Elemente-Lehre vgl. kritisch Martin DRATH, Staat I (in: Evangelisches Staatslexikon 2, Stuttgart ³1987) Sp. 3349.
5 Reinhard WENSKUS, Stammesbildung und Verfassung ... (Köln und Graz 1961).

In dieser Situation mit Sonden der Wissenschaft oder gar mit dem Anspruch von Forschung zu propagieren, Grenzen zu erkennen und Begrenzungen zu überwinden, dürfte vor allem dann gelingen, wenn aus der Betroffenheit der Gegenwart in distanziertere Beobachtbarkeit von Vergangenheit umorientiert wird. Geschichte als vergangenes Geschehen von Bedeutung – eine Definition, die objektive Nachwirkungen ebenso umfaßt wie rückschauende Wertungen – liefert den Stoff, aber auch ihre eigene Phänomenologie menschlichen Handelns in Anbetracht von Grenzen und deren Wirkungen.

Solche Probleme scheinen allerdings gerade für fernere Perioden nicht mehr auf den Nägeln zu brennen: Trotz jüngeren Forschungsinitiativen, die sogar mittelalterliche Grenzland-Gesellschaften auf ihre Fahnen geschrieben haben[6], fehlen in einem neuen Standardwerk aus Cambridge für die Zeit von ungefähr 700 bis um 900[7] im Generalregister die Termini »border, boundary, frontier, limit, demarcation line; bound, confine« oder die entsprechenden Plurale. Das zeigt zumindest Desinteresse von Herausgebern und Autoren an Grenzfragen an, und tatsächlich gibt es denn auch in den 17 systematischen von insgesamt 30 Kapiteln keines über Grenzen, als seien sie nicht per se problematisch.

Daß Grenzen existieren, ersieht man sofort aus 14 der 20 beigegebenen Kartenskizzen, und zwar hier – möglicherweise mitbestimmt durch den großen Maßstab – als lineare Grenzen politischer Einflußbereiche oder – einmal – kirchlicher Zuständigkeitsgebiete. Und ein Spezialfall oder besser: sechs einschlägige Regionen sind denn auch behandelt unter der Überschrift *fines imperii*, im Untertitel vielleicht nicht voll zutreffend erklärt als »die Marken« des Frankenreichs – behandelt übrigens ohne eigene Kartenskizze(n)[8], aber dann doch gleich zu Beginn unter Rekurs auf eine solche für »Karls des Großen Europa und Byzanz, 814«[9]. Diese kommt ohne jede lineare Grenze aus, übrigens auch für Berührungsgebiete zwischen Fränkischem und Byzantinischem Reich bei Kroaten, Serben und Narentanern nördlich Ragusas[10]. Gleichwohl geht es hier nicht nur um Begrenztheiten karolingischer Herrschaft, sondern auch um konkrete Grenzen der politischen Geographie bis hin zu Grenzregionen[11]. Hierzu wird folgendes festge-

---

6   Robert BARTLETT/Angus MACKAY (Hg.), Medieval Frontier Societies (Oxford etc. 1989) [380 S.]. – Anthony GOODMAN/Anthony TUCK (Hg.), War and Border Societies in the Middle Ages (London und New York 1992) [IX + 198 S.]. – Vgl. Robert BARTLETT, The Making of Europe. Conquest, colonization and cultural change, 950–1350 (Princeton 1993) S. 3, 197 u. ö., ungefähr = DERS., Die Geburt Europas aus dem Geist der Gewalt. Eroberung, Kolonisierung [!] und kultureller Wandel von 950–1350, übersetzt von Henning THIES (München 1996) S. 13, 239 u. ö. – Jüngst Angelo ARA/Eberhard KOLB (Hg.), Grenzregionen im Zeitalter der Nationalismen. Elsaß-Lothringen/Trient-Triest, 1870–1914 = Schriften des Italienisch-Deutschen Historischen Instituts in Trient 12 (Berlin 1998) [305 S.].
7   The New CMH 2 (1995).
8   SMITH, *Fines imperii* (ebd.) S. 169–89.
9   Ebd. S. 169 mit Rückgriff auf Karte 4, ebd. S. 80f.
10   Vgl. dagegen Heinz LÖWE, Europa beim Tode Karls des Großen 814 (in: Mittelalter, hg. von Josef ENGEL = Großer Historischer Weltatlas des Bayerischen Schulbuch Verlags 2, München ²1979) Karten 4a–c.
11   »This chapter ... asks questions about the limits and limitations of Carolingian power« und widmet sich der »exploration of frontier regions ...«; SMITH, *Fines imperii* (1995) S. 169.

stellt: Die moderne Unterscheidung zwischen Grenzlinie (»boundary«) und Grenzzone (»frontier«) durch Geographen und Anthropologen hatte in karolingerzeitlichen
limites, confinia, termini, fines und sogar *marca* keine Entsprechung. An den meisten
Grenzen gab es beides: Grenzlinien und Grenzzonen[12], und an *marc(hi)a* wird hierfür
anscheinend nicht gedacht[13].

Auch nicht die Rede ist von einer Grenzland-G e s e l l s c h a f t, wie man sie beispielsweise aus zwei Kapitularien Ludwigs des Frommen erschließen kann. Sie waren
speziell auf Flüchtlinge aus dem muslimischen Spanien gemünzt, die am karolingischen
Kaiserhof noch nicht global »Goten« genannt wurden: Erst um 830 wurde Septimanien
in Got(h)ien umbenannt[14], und da war die gleich zu schildernde Flüchtlingsbewegung
schon ungefähr zwei Generationen alt: 812 hatte am Hof Karls des Großen mit entsprechenden Ansiedlungsprivilegien von 30 und mehr Jahren Alter argumentiert werden
können[15], so daß hierbei mit Folgen des karlischen Spanien-Feldzugs von 778 gerechnet
wird[16]. Sogar zu Wales hin, wo wohldefinierte Grenzen sowohl die Regionalkönig-
reiche als auch das Selbstverständnis der Bevölkerung schon im Frühmittelalter aus-
zeichneten, soll sich anscheinend eine »Grenzlandgesellschaft«[17] erst im Späteren
Mittelalter ausgebildet haben, als sich den anglonormannischen Herren ein gewisser
königsferner Spielraum zu eigenen Herrschaftsbildungen eröffnete[18].

Sicher ist Verfolgung einer Grenzland-Thematik durch alle Jahrhunderte im Sinne
der Turner-Hypothese nicht geboten[19]. Doch die Wild-West-Thesen eines Frederick
Jackson Turner seit 1893 sind inzwischen verallgemeinert worden zu der Überzeugung,
daß Grenzzonen in vielfältiger Weise interkulturellen Kontakten dienten[20]. Von daher

12   Ebd. S. 176f.
13   Trotz beispielsweise Edwin HABEL/Friedrich GRÖBEL, Mittellateinisches Glossar (Paderborn
²1959) Sp. 234; J. F. NIERMEYER/C. VAN DE KIEFT, Mediae Latinitatis Lexicon Minus (Leiden 1976)
S. 652f. §§ 5–8. – Siehe DKar 13 (Or.) von 760 VI aus Attigny fürs Kloster Fulda = Edmund Ernst
STENGEL, UB. des Klosters Fulda 1 (= VHKH 10 I, Marburg 1958) S. 61f. Nr. 34: ... *cum ... silvis,
marcas vel fines* [!], *campis*, ... in der Pertinenzformel.
14   Martin SCHOTTKY, Septimanien (in: Lex. des MA 7, 1995) Sp. 1770. – Evtl. anders Johannes
FRIED, Der Weg in die Geschichte. Die Ursprünge Deutschlands bis 1024 (= Propyläen Geschichte
Deutschlands 1, Berlin 1994) S. 345 und 347 zu des Goten Witiza-Benedikt Klosterreformen von den
Höfen Ludwigs des Frommen aus.
15   ... *vestituram, quam per triginta annos seu amplius vestiti fuimus ...*; DKar 217 S. 290 Z. 11, auch
MGH Cap. 1 (1883) S. 169 Nr. 76; BM² 470.
16   Vgl. Bernhard SIMSON, JDG Ludwigs des Frommen 1 (1874) S. 47. – Sigurd ABEL/Bernhard
SIMSON, JDG Karls des Großen 1 (²1888) S. 303-308.
17   Der Terminus fehlt bei Simon KEYNES und Donnchadh Ó CORRÁIN für England bzw. Irland,
Schottland und Wales ca. 700–900 bzw. bis zum frühen 11. Jahrhundert (in: New CMH 2, 1995)
S. 18–63, hier S. 31 und 59, für Wales ausklingend im »dynastic decay« des 11. Jahrhunderts; S. 63.
18   Vgl. R[obert] R[ees] DAVIES, Lordship and Society in the March of Wales 1282–1400 (Oxford
etc. 1978) S. 1–4 u. ö., ab S. 297 ganz der »Marcher society« gewidmet.
19   Doch vgl. Kurt-Ulrich JÄSCHKE, 1250 Jahre Heilbronn? (In: Region und Reich = Quellen und
Forschungen zur Geschichte der Stadt Heilbronn 1, Heilbronn 1992) S. 102–110.
20   Vgl. Robert I. BURNS, The Significance of the Frontier in the Middle Ages (in: BART-
LETT/MACKAY 1989) S. 310 und 328ff.

hat jeder mittelalterliche Grenzbereich kulturell unterschiedener Großgruppen die Akkulturationsvermutung für sich[21]. Die Konzentrierung der englischsprachigen Mediävistik auf Grenzland-Gesellschaften erst seit dem 11. Jahrhundert[22] entbindet nicht von der Pflicht, die einschlägigen Fragestellungen und ggf. je individuellen Ausprägungen auch für das Frühere Mittelalter zu prüfen, seit die Schaffung »der römischen Grenze«[23] während republikanischer Zeit als ein Reservoir von Modellen bekannt ist, die auch in die Kaiserzeit weiterwirkten[24]. Sicher ist nicht erst die Zeit seit ca. 950 durch Grenzerfahrungen ausgezeichnet, die nach innen und außen, also bei Binnenkolonisation und geographischer Herrschaftsexpansion, weiterwirkten[25]. Der kritische Blick auf die byzantinisch-bulgarischen Grenzen des 9. bis 10. Jahrhunderts greift weit in das Frühmittelalter zurück[26], und zwar nicht ohne Berücksichtigung der spätantiken Vorgeschichten[27]. Sogar die Fixierung auf Westeuropa seit 800, wie sie für globale Erfahrungen mit Grenzen in den Vordergrund gerückt worden ist[28], vermag für den vorgeblichen Beginn ebensowenig zu überzeugen wie mit der vermeintlichen »Abschließung« durch vielfältige Verfestigungen seit ca. 1250/1350[29]. Immerhin ist mit der massiven und blutigen Beeinträchtigung westeuropäischer Küsten- und Flußbereiche seit den Wikingerfahrten des ausgehenden 8. Jahrhunderts sowie der Mittelmeerküste durch arabische Mittelmeerpiraten eine neue Qualität in die vielfältigen Grenzkämpfe gelangt: Allein die Wikingerüberfälle aus der Irischen See und damit verbundene Siedlungen in Wales für die zweite Hälfte des 9. bzw. die zweite Hälfte des 10. Jahrhunderts sind schon Kräfte, die sehr wahrscheinlich zur Destabilisierung walisischer Königreiche beitrugen und weiteste gesamtgesellschaftliche Folgen zeitigten[30]. Zur Zeit bereits des Mercierkönigs Offa II. (757/58–796) wurde eben von Merciern jene Befestigungslinie gegen die Waliser gezogen (»Offa's Dyke«), deren Konstruktion auf die Absicht verweist, Überfälle aus dem Westen abzuwehren[31], und seien es solche von notorischen Viehdieben[32]. Über die rund 125 km erhaltener Länge hinaus wird eine Gesamterstreckung der 18 m breiten Graben-und-Wall-Anlage auf rund 180 km veranschlagt und als Langzeitarbeit angese-

---

21 Vgl. Anthony GOODMAN, Introduction (in: GOODMAN/TUCK 1992) S. 2.
22 So BARTLETT/MACKAY (1989) und GOODMAN/TUCK (1992).
23 Stephen DYSON, The Creation of the Roman Frontier (Princeton 1985).
24 Vgl. BURNS, Significance (1989) S. 311.
25 Vgl. ebd. S. 313, der sich auf 950 (oder 1000) bis 1300 (oder 1350) festlegt, für »the central Middle Ages ... as an essentially frontier experience«.
26 Robert BROWNING, Byzantium and Bulgaria. A comparative study across the early medieval frontier (Berkeley/London 1975).
27 Vgl. die Besprechung durch G. G. LITAVRIN in: Byzantino-Slavica 38 II (Prag 1977) S. 220–23 mit der Anzeige durch Edgar HÖSCH in: BZ 70 (1977) S. 129.
28 »Few periods can be better understood in the light of a frontier concept than western Europe between 800 and 1500«; Archibald [Ross] LEWIS, The Closing of the Medieval Frontier, 1250–1350 (in: Speculum 33, 1958) S. 475.
29 Vgl. BURNS, Significance (1989) S. 113f.
30 Vgl. Ó CORRÁIN, Ireland (1995) S. 61f.
31 KEYNES, England 700–900 (1995) S. 31.
32 Freundliche Mitteilung von Dr. Rüdiger FUCHS (Mainz).

hen[33]; Merciens andere Grenzen hingegen blieben offen[34]: deutliches Indiz dafür, daß nach Wales hin besondere Grenzlandphänomene schon vor der zweiten Hälfte des 8. Jahrhunderts ihre Auswirkungen gezeitigt haben.

Für solche Grenzlandverhältnisse auffällig gesprächige Zeugnisse stehen, wie bereits angedeutet[35], für den Ost-Teil der Südwest-Grenze des Frankenreichs[36] zur Verfügung. Das erste jener Kapitularien datiert vom Jahresbeginn 815 aus der Aachener Pfalz und ist wie ein Diplom gefaßt[37]. Es schildert zunächst in der Narratio die Ausgangslage von Spanien-Flüchtlingen im Frankenreich: Bekanntlich hätten diese ihre Wohnstätten und ihr ererbtes Vermögen aufgegeben, als sie vor dem höchst christenfeindlichen und ungerechten Sarazenen-Joch aus Spanien zum Kaiser geflohen seien[38]. Niedergelassen hätten sie sich in Septimanien und in dem Teil Spaniens, der von den kaiserlichen Markgrafen wüst gelegt worden sei[39]. Da sie sich der Sarazenengewalt entzogen und sich sofort freiwillig der kaiserlichen Herrschaft unterworfen hätten, mache Kaiser Ludwig bekannt, daß er diese Männer in seinen Schutz genommen habe sowie sie verteidigen und ihre Freiheit bewahren werde[40]. Das geschehe auf folgende Weise: Wie die sonstigen Freien seien sie ihrem Grafen zur Heeresfolge verpflichtet: In der kaiserlichen Mark leisten sie gemäß gräflicher Anordnung gewissenhaft Kundschafter- und Wachdienste[41]; den kaiserlichen Missi oder ggf. Söhnen sowie Legaten aus Spanien gewähren sie in jenen Gegenden Bewirtung und stellen für deren Transport Pferde zur Verfügung. Ein anderer »Zins« wird ihnen weder vom Grafen noch von dessen nachgeordneten Amtsträgern abverlangt[42].

33   Donald A. BULLOUGH, Offa's Dyke (in: Lex. des MA 6, 1993) Sp. 1368.
34   KEYNES, England 700–900 (1995) S. 31.
35   Oben nach Anm. 13. – Zeugnisse von 795–1108 verzeichnet Susan REYNOLDS, Fiefs and Vassals. The medieval evidence reinterpreted (Oxford etc. 1994) S. 108 Anm. 140.
36   Vgl. zur Unterscheidung von Ost- und West-Teil Walter SCHLESINGER, Die Auflösung des Karlsreiches (in: BRAUNFELS, KdG 1, 1965) S. 800ff.
37   BM² 566 von 815 I 1, beibehalten bei François Louis GANSHOF, Was waren die Kapitularien? Übertragen von Wilhelm A[lfred] ECKHARDT (Darmstadt 1961) S. 168 zu MGH Cap.1 (1883) Nr. 132. – Zur Form vgl. GANSHOF/ECKHARDT S. 71 und eingehender Reinhard SCHNEIDER, Zur rechtlichen Bedeutung der Kapitularientexte (in: DA 23 II, 1967, erschienen 1968) S. 279ff.
38   *Sicut nullius vestrum notitiam effugisse putamus, qualiter aliqui homines propter iniquam oppressionem et crudelissimum iugum, quod eorum cervicibus inimicissima christianitati gens Sarracenorum imposuit, relictis propriis habitationibus et facultatibus, quae ad eos hereditario iure pertinebant, de partibus Hispaniae ad nos confugerunt et ...*; MGH Cap.1 (1883) S. 261 Nr. 132.
39   *... confugerunt et in Septimania atque in ea portione Hispaniae, quae a nostris marchionibus in solitudinem redacta fuit, sese ad habitandum contulerunt, et a ...*; ebd. Z. 22ff.
40   *... et a Sarracenorum potestate se subtrahentes, nostro dominio libera et prompta voluntate se subdiderunt, ita ad omnium vestrum notitiam pervenire volumus, quod eosdem homines sub protectione et defensione nostra receptos, in libertate conservare decrevimus. 1. Eo ...*; ebd. Z. 24–28.
41   *1. Eo videlicet modo, ut sicut caeteri liberi homines cum comite suo in exercitum pergant et in marcha nostra iuxta rationabilem eiusdem comitis ordinationem atque admonitionem explorationes et excubias, quod usitato vocabulo wactas dicunt, facere non negligant et missis nostris ...*; ebd. Z. 28–31.
42   *... missis nostris aut filii[s] nostri[s], quos pro rerum opportunitate illas in partes miserimus, aut legatis, qui de partibus Hispaniae ad nos transmissi fuerint, paratas faciant et ad subvectionem eorum*

Ansonsten geht es aber um ihre Gleichstellung mit sonstigen Freien[43], und die scheint gefährdet gewesen zu sein: Bei Verlassen eines Landstücks, das die Flüchtlinge von dem Ihrigen ausgegeben hatten, soll jenes ihr Eigentum bleiben, und freiwillige Ehrengaben an einen ihnen gewogenen Grafen sollen nicht zu dessen oder seiner Nachfolger Rechtsansprüchen umgedeutet werden[44]: Das Gegenteil war anscheinend vorgekommen. Ohnehin unterlagen die Grafen dem Verdacht, in die Unterbringungs- und Beförderungsdienste für Missi, Kaisersöhne und Legaten als zusätzliche Nutznießer einsteigen zu wollen[45]. Demgegenüber ließ der Kaiser erneut festhalten, daß jene Spanier, die in geschilderter Weise ansässig geworden seien, unter den vorgenannten Bedingungen im Kaiserschutz verteidigt würden und frei leben sollten[46]. Ausgedehnt wurde dies aber ausdrücklich auch auf weiteren Zuzug von flüchtigen Spaniern in wüstes und unkultiviertes Land, wo sie mit kaiserlicher oder gräflicher Erlaubnis sich niederlassen, Gebäude errichten und Äcker bebauen würden[47]. Ziel war auch hier, dem Kaiser in der Form zur Verfügung zu stehen, daß der Graf und seine Beauftragten nach Zeit und Gelegenheit zuverlässig mit ihnen rechnen konnten[48].

Die Sonder-Situation wurde durch eine auffällige Disposition hinsichtlich der Verbreitung des Kapitularientexts – formal noch nicht im Rahmen der Corroboratio – unterstrichen: In jeder *civitas*, wo solche Spanier bekanntlich lebten, sollten drei Abschriften zur Verfügung stehen, nämlich beim Bischof, beim Grafen und bei den Spaniern selbst. Und außerdem war da ja noch das »Exemplar«, also wohl die maßgebende Erst-

---

veredos donent. Alius vero census ab eis neque a comite neque a iunioribus et ministerialibus eius exigatur; ebd. S. 261f. Nr. 132 § 1. – *Paratae* = »Bewirtung« laut Karl Wührer, Der Deutsche Staat des Mittelalters 1 (= Die Herdflamme 9 I, Jena 1932) S. 380f. und 386f.
43 MGH Cap.1 (1883) S. 262 Nr. 132 §§ 3 und 6. – Vgl. Reinhard Schneider, Das Frankenreich (= Oldenbourg Grundriß der Geschichte 5, München ²1990) S. 134 mit Zitaten aus § 3 sowie Reynolds, Fiefs (1994) S. 97f. mit ebd. S. 108f.
44 *4. Et si aliquis ex his hominibus, qui ab eorum aliquo adtractus est et in sua portione conlocatus locum reliquerit, locus tamen, qui relictus est, a dominio illius, qui eum prius tenebat, non recedat. 5. Quod si illi propter lenitatem et mansuetudinem comitis sui eidem comiti honoris et obsequii gratia quippiam de rebus suis exhibuerint, non hoc eis pro tributo vel censu aliquo computetur, aut comes ille vel successores eius hoc in consuetudinem praesumant, neque eos ...*; MGH Cap.1 (1883) S. 262 Nr. 132.
45 *... neque eos sibi vel hominibus suis aut mansionaticos parare aut veredos dare aut ullum censum vel tributum aut obsequium, praeter id, quod iam superius* [= § 1] *comprehensum est, praestare cogant. Sed liceat ...*; ebd. Z. 22ff.
46 *(Hispani) ... iuxta supradictum modum sub nostra defensione atque protectione in libertate residere ...* (S. 262 Z. 27f.) in § 5 wiederholt den Dispositio-Beginn (S. 261 Z. 26f.) *volumus, quod eosdem homines sub protectione et defensione nostra receptos in libertate conservare decrevimus.*
47 *Sed liceat tam istis Hispanis, qui praesenti tempore in praedictis locis resident, quam his, qui adhuc* [= »fortan«] *ad nostram fidem de iniquorum potestate fugiendo confluxerint et in desertis atque in incultis locis per nostram vel comitis nostri licentiam consedentes aedificia fecerint et agros incoluerint, iuxta supradictum modum ...*; ebd. S. 262 Z. 24–28 in Nr. 132 § 5.
48 *... residere et nobis ea, quae superius* [= § 1] *diximus, tam cum comite suo quam cum missis eius pro temporum opportunitate alacriter atque fideliter exhibere. 6. Noverint tamen iidem Hispani ...*; ebd. Z. 28–30f.

ausfertigung, im Pfalzarchiv zu Aachen, sofern Streitigkeiten aufkommen sollten[49]. Inhaltlich mag auffallen, daß – trotz aller »Integration« – die lokale Eigenorganisation der Spanier in diesem Grenzgebiet des Frankenreichs erwartet, wenn nicht gar gefordert wurde. Der regional begrenzte Geltungsbereich dieser Sonderregelungen war bereits in der Inscriptio dieses diplomgerahmten Kapitulars festgehalten worden: Gerichtet war es an die Getreuen und Gläubigen in Aquitanien, Septimanien, der Provence und in Spanien[50]: Hier sollte man über Rechtsstellung und Aktivitäten der Flüchtlingssiedler in Septimanien und Spanien Bescheid wissen und sie respektieren.

Dieser besonderen Grenzlandgesellschaft für Flüchtlingsunterbringung und Verteidigung drohte aber nicht nur die Verherrschaftlichung durch die einheimischen (?) Grafen und ihre Leute, sondern auch aus den Reihen der erneut seßhaft gewordenen Spanier selbst. Bereits 13 Monate später reagierte der Aachener Kaiserhof – noch stärker in Diplomform[51] als Anfang 815 – auf zwei einschlägige Klagen:

1) Bedeutendere und mächtigere unter den Spaniern, die sich der Gewalt der Sarazenen entzogen und gemäß Karls des Großen und Ludwigs des Frommen Verfügung an verlassenem Ort angesiedelt hatten, waren persönlich in der Pfalz [Aachen] erschienen und hatten [individuelle] Urkunden zugunsten ihres neuen Erbbesitzes erhalten. Mit dieser Legitimation in den Händen, hätten sie die Unbedeutenderen und Schwächeren unter den Flüchtlingen entweder völlig vertreiben oder sich dienstbar machen wollen, obgleich diese ihre wüsten Plätze gut zu kultivieren schienen[52].

2) Andere der Spanienflüchtlinge hatten sich den Grafen oder königlich-kaiserlichen Vasallen oder auch gewissen Grafen-Vasallen kommendiert und als Bleibe zum Kultivieren verlassene Plätze [zu Lehen] empfangen. Sobald diese durch jene Flüchtlinge bebaut waren, wollten die [Lehens-]Herren die Flüchtlinge aus irgendwelchen Gründen vertreiben, das kultivierte Land als Eigen behalten oder anderen gegen lohnendere Leistungen (praemium) übergeben[53].

---

49   Ebd. S. 262 Z. 36–44 Nr. 132 § 7; die Corroboratio folgt erst S. 262 Z. 45 – S. 263 Z. 2 *Hanc quippe constitutionem* bis *signari iussimus.*
50   ... *omnibus fidelibus sanctae Dei ecclesiae ac nostris, praesentibus scilicet et futuris, partibus Aquitaniae, Septimaniae, Provinciae et Hispaniae consistentibus*; ebd. S. 261 die Inscriptio von Nr. 132.
51   BM² 608 von 816 II 10, erneut ebenso datiert bei GANSHOF/ECKHARDT (1961), jetzt S. 169 zu MGH Cap.1 Nr. 133.
52   ... *quando iidem Hispani in nostrum regnum venerunt et locum desertum, quem ad habitandum occupaverunt, per praeceptum domni et genitoris nostri ac nostrum sibi ac successoribus suis ad possidendum adepti sunt, hi, qui inter eos maiores et potentiores erant, ad palatium venientes, ipsi praecepta regalia susceperunt. Quibus susceptis, eos, qui inter illos minores et infirmiores erant, loca tamen sua bene excoluisse videbantur, per illorum praeceptorum auctoritatem aut penitus ab eisdem locis depellere aut sibi ad servitium subiicere conati sunt. Alterum est...*; MGH Cap.1 (1883) S. 263 Z. 23–29 Nr. 133.
53   *Alterum est, quod simili modo de Hispania venientes, et ad comites sive vassos nostros vel etiam ad vassos comitum se commendaverunt et ad habitandum atque excolendum deserta loca acceperunt; quae, ubi ab eis exculta sunt, ex quibuslibet occasionibus eos inde expellere et ad opus proprium retinere aut aliis propter praemium dare voluerunt. Quorum...*; ebd. Z. 29–33.

Beides wurde am Kaiserhof nunmehr als ungerecht und unvernünftig verworfen[54]. Vor allem sollten die seinerzeitigen Mit-Flüchtlinge nicht von dem unkultivierten Land verdrängt werden, allerdings gemäß ihrem Besitz ihren Anteil am Königs- und Kaiserdienst leisten[55]. Die späteren Flüchtlinge, die Afterlehnsleute geworden waren, sollten weiterhin zu den ursprünglichen Bedingungen auf »ihren« Ländereien sitzen und sie auch an ihre Nachkommen vererben[56]. Und all das sollte nicht nur für die schon gegenwärtigen, sondern auch für zukünftige Spanienflüchtlinge gelten[57]: Anscheinend war ständig mit solchen Einwanderungen zu rechnen, und sie waren der Zentralgewalt auch willkommen.

Im Unterschied zum Vorjahr wurde nun zur Rechtssicherung eine weniger streuende Verteilung der Urkunden auf Städte samt der Rekursmöglichkeit auf das Aachener Archivexemplar festgehalten. Jetzt wurde die Verteilung präziser und sparsamer geregelt: Für je ein Diplomexemplar wurden neben dem Palastarchiv[58] sieben Empfängerorte genannt, und zwar in folgender Reihung: 1) Narbonne 2) Carcassonne 3) *Rosciliona* – Perpignan[59] 4) Ampurias am Golf de Rosas (Katalonien, Provinz und nordöstlich von Gerona) 5) Barcelona 6) Gerona 7) Béziers[60] – als solle der Name »Septimanien« abgebildet werden. Die Reihenfolge der Orte ist nicht geographisch, so daß der Verdacht besteht, daß eine schematische Siebenzahl erreicht werden sollte. Von Septimanien jedenfalls war das nur ein südöstlicher Ausschnitt; denn Septimanien wird insgesamt zwischen Garonne, Pyrenäen, Rhône und südlichen Cevennen lokalisiert und der seit 813 bestehenden Kirchenprovinz Narbonne mit den Suffraganbistümern – von Nordosten an – Uzès, Nîmes, Maguelonne-la-Sauvage[61], Lodève, Agde, Béziers, Carcassonne,

---

54 *Quorum neutrum iustum aut rationabile nobis esse videtur. Et ideo ...*; ebd. Z. 33f.

55 *Caeteri vero, qui simul cum eis [= Diplombesitzern] venerunt et loca deserta occupaverunt, quicquid de inculto excoluerunt, absque ullius inquietudine possideant, tam ipsi quam illorum posteritas: Ita duntaxat [!], ut servitium nostrum cum illo, qui ipsum praeceptum accepit, pro modo possessionis, quam tenet, facere debeat. Hi vero ...*; ebd. S. 263 Z. 37 bis S. 264 Z. 4.

56 *Hi vero, qui postea venerunt et se aut comitibus aut vassis nostris aut paribus suis se commendaverunt et ab eis terras ad habitandum acceperunt, sub quali convenientia atque conditione acceperunt, tali eas in futurum et ipsi possideant et suae posteritati derelinquant. Hoc nostrae auctoritatis decretum ...*; ebd. S. 264 Z. 4–7.

57 *Hoc ... decretum non solum erga praeteritos et praesentes, verum etiam erga futuros, qui adhuc ex illis partibus ad nostram fidem venturi sunt, conservandum statuimus*; ebd. Z. 7ff.

58 *Exemplar vero earum in archivo palatii nostri censuimus reponendum* von BM² 566 wurde nunmehr in knapperes *exemplar, quod in palatio retinemus* von BM² 608 geändert.

59 GRAESSE/BENEDICT/PLECHL 3 (1972) S. 128 und 280. – BM² 608 S. 259 löst mit ›Roussillon‹ auf. Das Stichwort fehlt im Register zu MGH Cap.1 und 2 (1897) S. 562. – GRAESSE/BENEDICT/PLECHL = Orbis Latinus. Lexikon lateinischer geographischer Namen des Mittelalters und der Neuzeit. Großausgabe, bearb. und hg. von Helmut PLECHL ... unter Mitarbeit von Sophie-Charlotte PLECHL 1–3 (Braunschweig 1972).

60 Vgl. zum Text in MGH Cap.1 (1883) S. 264 Z. 10–13 die Registereintragungen ebd. 2 III (1897) s.vv.

61 Halbwegs zwischen Arles und Narbonne. – Maguelone: SCHOTTKY, Septimanien (1995) Sp. 1769. – Das Bistum wurde erst 1536 nach Montpellier verlegt; Marcel ALBERT in: LThK 7 (³1998) Sp. 446.

Toulouse und Elne. Der Name wird in der modernen Forschung somit nicht von sieben *civitates* abgeleitet, sondern von *Septimani* »in der offiziellen römischen Benennung von Béziers: *Colonia V(ictrix?) Iulia Septimanorum Baeterrae*«[62]. Davon zu unterscheiden ist, daß auch Barcelona »dem Metropolitansprengel von Narbonne einverleibt« wurde, da Graf Wilhelm von Toulouse unter schließlich persönlicher Einbeziehung König Ludwigs von Aquitanien, also des späteren Ludwig des Frommen, 801[63] – oder vielleicht doch erst 802[64]? – jene Stadt erobert hatte. Da auch noch über weitere Spanien-Züge Ludwigs des Frommen sichere Nachrichten vorliegen[65], wird man sogar von persönlicher Kenntnis des späteren Kaisers über die Verhältnisse auch der Grenzregionen ausgehen können.

Darüber hinaus war jener nun reichsweit bekannt gemachten Verfügung von 816 bereits 812 ein »Spezialmandat« vom Aachener Karlshof vorangegangen, wenn man einen Auftrag an einen Erzbischof als Missus noch so bezeichnen darf. Es fixierte das Interesse von rund 40 Antragstellern im Wirkungsbereich von acht namentlich genannten Grafen[66]. Diese und ihre Leute hätten sich Übergriffe auf jene ebenfalls namentlich genannten Spanier zuschuldenkommen lassen und sie aus ihrem Landbesitz, z. T. mit Hilfe von einheimischen Zeugenaussagen, gegen die königliche Besitzeinweisung vor 30 und mehr Jahren vertrieben, auch einige von ihnen bearbeitete Landgüter ihnen weggenommen sowie von ihnen Leistungen gefordert und nachgeordnete Amtleute über sie bestellt. Deshalb habe Karl nun den [Narbonner] Erzbischof Johannes als Missus zu seinem Sohn König Ludwig [dem Frommen nach Aquitanien] gesandt, um diesen zu informieren und danach jeweils an Ort und Stelle die Grafen zur Rechenschaft zu ziehen: Diese hätten die ursprünglichen Rechte und Besitzungen jener Spanier zu wahren, und zwar auch als Erbbesitz, solange jene dem Kaiser und seinen Söhnen treu seien[67]. Gegebenenfalls sei Wiedergutmachung zu leisten[68]. Es sei noch angedeutet, daß zu den Klägern, eingerahmt durch je einen Priester Martin bzw. Solomo [!], nicht nur Männer mit Gotennamen wie Quintila oder Egila gehörten, sondern auch Quasi-Araber wie Zate und Zoleiman, dann auch Ardaricus (,) Wasco und gar Cazerellus (,) Longobardus: Ob

---

62 SCHOTTKY, Septimanien (1995) Sp. 1769.
63 ABEL/SIMSON, JDG Karls des Großen 2 (1883) S. 257–67. – BM² 516f. – Federico UDINA, Barcelona (in: Lex. des MA 1, 1980) Sp. 1449. – Ernst TREMP (Ed. und Übers.), Thegan, Die Taten Kaiser Ludwigs / Astronomus, Das Leben Kaiser Ludwigs (= MGH SRG 64, 1995) S. 315 Anm. 146 zu Astronomus 13. – SCHOTTKY, Septimanien (1995) Sp. 1769f. [Zitat].
64 So Odilo ENGELS, Barcelona (in: LThK 1, ³1993) Sp. 1406.
65 TREMP (1995) S. 311 Anm. 126 und S. 321 Anm. 166 zu Astronomus 10 bzw. 14.
66 DKar 217, ohne die angeblich 42 Klägernamen regestiert als BM² 470 von 812 IV 2, die Namen aber schon teilweise verwertet bei SIMSON, JDG Ludwigs des Frommen 1 (1874) S. 815f. und ABEL/SIMSON, JDG Karls des Großen 1 (²1888) S. 308 mit Anm. 1.
67 *... quoadusque illi fideles nobis aut filiis nostris fuerunt ...*; DKar 217 S. 290 Z. 22f.
68 Über die zu knappe Wiedergabe bei BM² 470 hinaus siehe den Text selbst: DKar 217, auch MGH Cap.1 (1883) S. 169 Nr. 76, teilweise ins Neuhochdeutsche übersetzt und kommentiert bei WÜHRER, Deutscher Staat des Mittelalters 1 (1932) S. 77ff.

diese zwei, drei oder vier Personen sind[69], mag derweil zurückstehen gegenüber der Feststellung, daß sie alle mehrfach als »Spanier« und einmal als »im Vertrauen auf uns [= Karl den Großen] aus Spanien Kommende« figurieren[70].

Nicht nur 812–816, sondern anscheinend schon generationenlang und auf nicht absehbare Zeit ging es im Osten des gallisch-spanischen Grenzbereichs auf fränkischer Seite um Stabil-Erhaltung einer recht bunt zusammengesetzten Grenzlandgesellschaft, die nicht durch Rechts- und Besitzunsicherheit und durch Verminderung der Zahl der Königs- und Kaiserdienste Leistenden in ihrer besonderen Schlagkraft für den Grenzbereich des Frankenreichs gemindert werden sollte. Auch für weitere Flüchtlinge sollte sie attraktiv bleiben: eine Einwanderungsregion par excellence! Noch eine gute Generation später hört man vom besonderen Charakter wohl auch solcher Grenzbereiche; denn ihn hat man unter Kaiser Lothar I. bei seinem Treffen mit den Königen Ludwig dem Deutschen und Karl dem Kahlen in Meersen 851[71] treffend dadurch ausgedrückt, daß unterschieden wurde zwischen Notwendigkeiten im Reich und solchen für die Marken außerhalb des Reichs: Brüderliche Eintracht sollte herrschen, wie es *et infra regnum et extra regnum per marchas nostras nobis est necessarium*[72]. Wenn Analysen aus dem Späteren Mittelalter bislang vier Typen von Grenzland-Gesellschaften vorgestellt haben, denen die starke Militarisierung mit entsprechenden sozialen Institutionen und Wertvorstellungen gemeinsam sind[73], dann dürfte für den vorgestellten Bereich vornehmlich die reguläre Einplanung des Flüchtlingswesens zusätzlich Beachtung verdienen.

Aufgrund der Kapitulariengesetzgebung liegt für die christlich-muselmanische Grenze im Südwesten Europas ein besonderer Charakter auf der Hand, und daß generell Grenzlandprobleme für das Frühere Mittelalter hohe Bedeutung besaßen, wird man vermuten dürfen. In diese Richtung weisen denn auch Forschungen in Saarbrücken: Gerade mit Grenzen und ihren Auswirkungen schon seit frühgeschichtlicher Zeit befaßt sich seit seiner Gründung im Frühjahr 1984 ein Schwerpunkt der Philosophischen Fakultät der Universität des Saarlandes[74]. Materialvorlagen und Ergebnisse aus diesem Kreis, der von Anfang an über die Universität Saarbrücken hinausgriff, umfassen inzwischen – über die vorstellende Ringvorlesung vom Wintersemester 1985/86 hinaus[75] und

---

69 Vgl. den Text mit Kommata in DKar 217 S. 290, ohne Kommata in MGH Cap. 1 S. 169 Nr. 76 – und so auch SIMSON, JDG Ludwigs des Frommen 1 (1874) S. 48 Anm. 2 und ABEL/SIMSON, JDG Karls des Großen 1 (²1888) S. 308 Anm. 1, allerdings mit Quasi-Selbsteinwand für *Stephanus, Rebellis* statt *Stephanus rebellis*.

70 *... isti Ispani ... Martinus presbiter, Iohannis, Quintila, ... – ipsi Ispani – memorati Ispani nostri, qui ad nostram fiduciam de Ispania venientes ...*; DKar 217 S. 290.

71 BM² 1145a.

72 MGH Cap.2 I (1890) S. 74 Nr. 205 vom Sommer 851 und so auch datiert bei GANSHOF/ECKHARDT (1961) S. 171. – Dieser Teil der *Adnuntiatio Hlotharii* ist nicht berücksichtigt bei BM² 1146.

73 GOODMAN, Introduction (in: GOODMAN/TUCK 1992) S. 1ff.

74 Wolfgang BRÜCHER/Peter Robert FRANKE (Hg.), Probleme von Grenzregionen. Das Beispiel SAAR-LOR-LUX-Raum (Saarbrücken 1987) S. 7.

75 Publiziert im eben angemerkten Sammelband BRÜCHER/FRANKE (1987) [144 S.].

abgesehen von verstreuten Aufsätzen der Schwerpunktmitglieder – mehrere Symposi-
onsbände[76]. Aus ihnen läßt sich ersehen, daß – wie es einer Philosophischen Fakultät
ansteht – das Gespräch zwischen den Disziplinen selbstverständlich war, und zwar von
der Archäologie über die Geschichtswissenschaften und Geographie bis zu Sprach- und
Literaturwissenschaften sowie zur Soziologie und den Rechtswissenschaften. Für die
hier angeschnittene Fragestellung einschlägiger ist allerdings die Beobachtung, daß von
der Antike an keine historische Periode ausgeklammert wurde.

    Zu dem festen Kreis derjeniger, die seit der Ringvorlesung an allen Symposien
beteiligt waren – und sind[77] –, gehört der Mittelalterhistoriker Reinhard Schneider,
der nachdrücklichen Wert auf die Zusammenarbeit mit der Frühmittelalter-Archäo-
logie legt, und so fügt es sich, angesichts der oben geschilderten verhältnismäßig
geringen internationalen Rezeption moderner Grenzlandforschungen für das europäische Frühmittelalter, recht glücklich, daß sich aus Anlaß der bevorstehenden
Vollendung von Schneiders 65. Lebensjahr am 13. März 1999 Kollegen und Schüler
zu einer Festgabe zusammengefunden haben, die bewußt auf das Erkennen von
Grenzen und ihre Überwindung abstellt, und zwar seit der Völkerwanderungszeit.
Reinhard Schneider hat mehrfach und jahrelang als gewählter Sprecher des Saarbrücker Schwerpunkts »Grenzregionen und Interferenzräume« gewirkt, war aber
schon als steter »Grenzüberschreiter« von Berlin über Marburg nach Saarbrücken
gekommen: Bereits maßgebende seiner Berliner Arbeiten waren rittlings auf Grenzen angesiedelt oder machten sich doch die bewußte Grenzenlosigkeit der betrachteten Phänomene zunutze.

    Der geborene Berliner hat an der dortigen Freien Universität studiert und ist nach
dem zweiten Staatsexamen für Geschichte, Latein und Philosophie (1960) dort auch
1963 promoviert worden. 1964 erschien »Brüdergemeine [!] und Schwurfreundschaft.
Der Auflösungsprozeß des Karlingerreiches im Spiegel der caritas-Terminologie in
den Verträgen der karlingischen Teilkönige des 9. Jahrhunderts«[78], hervorgegangen
aus einer Oberseminararbeit des Wintersemesters 1956/57 bei Walter Schlesinger. Als
Schlesinger nach Frankfurt am Main berufen wurde und dem 1960 folgte, hatte der damalige Privatdozent Wolfgang Fritze »in selbstloser Weise und mit wertvollem Rat

---

76 Wolfgang HAUBRICHS/Reinhard SCHNEIDER (Hg.), Grenzen und Grenzregionen – Frontières et
régions frontalières – Borders and Border Regions = VeröffKomSaarlLandesG. 22 (1994) [283 S.]. –
Stanisław DUBISZ/Alicja NAGÓRKO (Hg.), Granice i pogranicza. Język i historia. Materiały międzynarodowej konferencji naukowej, Warszawa, 27–28 maja 1993 r. (Warschau 1994) [239 S.]. – Roland
MARTI (Hg.), Sprachenpolitik in Grenzregionen – Politique linguistique dans les régions frontalières
– Language Policy in Border Regions – Polityka językowa na pograniczach = VeröffKomSaarlLandesG. 29 (1996) [415 S.]. – Reinhard SCHNEIDER (Hg.), »Grenzgänger« = VeröffKomSaarlLandesG.
33 (1998) [225 S.].
77 Geplant ist für das Frühjahr 1999 ein weiteres Saarbrücker Symposion, jetzt unter dem Titel
»Grenzkultur – Mischkultur«, und hierfür hat der gleich zu nennende Jubilar angekündigt »Riga im
Mittelalter. Eine Kaufmannsstadt im Schnittpunkt verschiedener Kulturen«.
78 = Historische Studien 388 (Lübeck und Hamburg 1964).

den Fortgang und schließlich den Abschluß [ein]er Arbeit gefördert«[79], die neben starker Beanspruchung im Schuldienst fertigzustellen und auch gegen inzwischen aufgetauchte »Konkurrenz aus Münster«[80] durchzuhalten war; als einschlägig hatten sich dann übrigens nur summarische Kapitel über *amicitia* und *fraternitas* erwiesen[81]. Seit Ostern 1964 gehörte Schneider zum sogenannten Mittelbau der Freien Universität und beschäftigte sich neben engagiertem akademischem Unterricht und standfester Beteiligung an der akademischen Selbstverwaltung ergebnisreich mit der Gesetzgebung im Frankenreich[82]. Er blieb in stetem Gespräch mit dem auch als Slavisten ausgebildeten Frühmittelalter-Forscher Wolfgang Fritze, und zu den Früchten dieser ständigen methodischen Besinnung gehörte, daß im Wintersemester 1970/71 Schneider seine verfassungs- und ritualgeschichtlichen »Untersuchungen zur Herrschaftsnachfolge bei den Langobarden und Merowingern« als Berliner Habilitationsschrift vorlegte; mit diesem Untertitel erschienen sie als »Königswahl und Königserhebung im Frühmittelalter« 1972 im Druck[83]. Über die verfassungsgeschichtlichen Anregungen Walter Schlesingers hinaus konnte Schneider sich jetzt auf seine Beschäftigung mit den Formalien der Königserhebung im Gefolge von Arbeiten Percy Ernst Schramms beziehen, wobei ihm der Gedankenaustausch mit dem nicht zuletzt als Ordines-Forscher ausgewiesenen Reinhard Elze (damals Berlin), eines Schramm-Schülers eigener Prägung, zustatten gekommen war. Die zustimmende Resonanz in der Forschung[84] hat unter anderem gerade den systematisch vergleichenden Ansatz hervorgehoben, und Schneider selbst legte Wert darauf, daß er gegenüber der eingereichten Fassung von 1970 für den Druck gerade noch die »vergleichende Betrachtung der Herrschaftsnachfolge bei den Merowingern und Langobarden« erweitert hat[85]. Im übertragenen Sinne wird Grenzüberschreitung zum Erklärungsmodell, wenn die über 200jährige Erfolgsgeschichte merowingischer Rangbehauptung auch darauf zurückgeführt wird, daß Merowinger sich gewöhnlich »ohne Scheu ... über kirchliche Eheverbote und Moralvorstellungen hinweg(setzten ...), um männliche Nachkommen in

---

79 SCHNEIDER, Brüdergemeine (1964) S. 6. – Vgl. Hans K[urt] SCHULZE, Walter Schlesinger 28.4.1908–10.6.1984 (in: ZOF 33, 1984) S. 229.
80 Margret WIELERS, Zwischenstaatliche Beziehungsformen im frühen Mittelalter. *Pax, foedus, amicitia, fraternitas*. Phil. Diss. Münster i. W. 1959 – nach MGH-Hochschulschriften zur Geschichte und Kultur des Mittelalters 1939–1972/74 [!] (= MGH Hilfsmittel 1, München 1975) S. 187 unter Nr. 1746 nicht gedruckt.
81 SCHNEIDER, Brüdergemeine (1964) S. 6, vgl. 124f.
82 Zur rechtlichen Bedeutung der Kapitularientexte (1968, vgl. oben Anm. 37) S. 273–94. – Kapitularien, ausgewählt und eingeleitet = Historische Texte, MA 5 (Göttingen 1968). – Vgl. auch unten bei Anm. 87.
83 = Monographien zur Geschichte des MA 3 (1972) [272 S.].
84 Vgl. etwa Gerhard SCHOEBE in: Das historisch-politische Buch 20 (1972) S. 326f. – Herbert ZIELINSKI, Zur frühmittelalterlichen Königserhebung (in: Francia 2, 1974, erschienen 1975) S. 632–42. – Eduard HLAWITSCHKA (Hg.), Königswahl und Thronfolge in fränkisch-karolingischer Zeit (= Wege der Forschung 247, Darmstadt 1975) S. VIII.
85 SCHNEIDER, Königswahl (1972) S. VII; dies ebd. S. 240–64.

ausreichender Zahl zu besitzen«[86]. In kultureller Konkretion ermittelt Schneider späterhin die Interferenz von »Schriftlichkeit und Mündlichkeit im Bereich der Kapitularien«[87].

Schon vom Lehrstuhl Walter Schlesingers in Marburg aus, den er im Wintersemester 1974/75 übernahm, behandelte Schneider »mittelalterliche Verträge auf Brücken und Flüssen«[88] mit einer Weite des Blicks, die auf vieles in seiner Saarbrücker Zeit vorauswies: Das Auftreten von »Grenze« als Lehnwort aus dem Slavischen im Unterschied zur Vorstellung von »Mark« als »Saum«[89] wurde ebenso angesprochen wie das Phänomen der »nassen Grenze«; als Probleme erörtert wurden u. a. Fragen des Sicherheitsrisikos sowie des genauen oder absichtlich ungenau belassenen Grenzverlaufs: insgesamt mit Beispielen vom 1. bis zum 20. Jahrhundert, und ausgehend von Verhandlungen von 1975 in Eisenbahnwagen auf einer Sambesi-Brücke in angeblichem Niemandsland – und dieses ist als volkssprachlicher Name bereits zu 132[1] in einem lateinischen Annalentext nachgewiesen: als Richtstätte *apud Nonesmanneslond extra Londonias* ..., also grundsätzlich schon älter[90], aber vornehmlich allbekannt.

Nach Marburg mitgebracht hatte Reinhard Schneider seinen forschenden Blick auf die Zisterziensergeschichte. In Berlin Sprecher des universitätsgeförderten Forschungsschwerpunkts ›Zisterzienser‹, waren wissenschaftliche Erträge im ersten Band der neuen Berliner Zisterzienserstudien gleich zweimal greifbar[91]. Hier war nun stets die Spannung von zentralisierender Statuten-Mentalität und regionaler, wenn nicht gar lokaler Prägung zu berücksichtigen; anderseits wurden übergreifende Phänomene – u. a. aus dem hellenistischen Vertragswesen – nicht aus dem Auge gelassen, und auch die Marburger Zeit steuerte aus eigener Feder[92] und derjenigen von Schülern entsprechendes bei[93]. Insofern war Reinhard Schneider gleichsam disponiert dafür, nach seinem Wechsel von Marburg nach Saarbrücken 1981 für die Grenzland-Lage der Saarregionen und ihre Fragestellungen aufgeschlossen zu sein. Für die allgemeine Reichsgeschichte war er in Erforschung und Darstellung längst so breit ausgewiesen[94], daß inzwischen die Esels-

---

86   Ebd. S. 262.
87   In: Peter CLASSEN (Hg.), Recht und Schrift im Mittelalter (= VuF 23, 1977) S. 257–79. – Vgl. oben bei Anm. 82.
88   In: ADipl.23 (1977, erschienen 1979) S. 1–24.
89   Dazu jetzt unten der Beitrag von Roland MARTI.
90   SCHNEIDER, Verträge auf Brücken (1979) S. 4, vgl. Annales Paulini (in: RS [76] I, 1882) S. 291.
91   Garciones oder pueri abbatum. Zum Problem bewaffneter Dienstleute bei den Zisterziensern (in: Zisterzienser-Studien 1 = Studien zur europäischen Geschichte 11, Berlin 1975) S. 11–35. – Güter- und Gelddepositen in Zisterzienserklöstern (ebd.) S. 97–126.
92   Lebensverhältnisse bei den Zisterziensern im Spätmittelalter (in: Klösterliche Sachkultur des Spätmittelalters = Veröffentlichungen des Instituts für mittelalterliche Realienkunde Österreichs 3 = SAW.PH 367, 1980) S. 43–71. – Stadthöfe der Zisterzienser – zu ihrer Funktion und Bedeutung (in: Zisterzienser-Studien 4 = Studien zur europäischen Geschichte 14, Berlin 1980) S. 11–28.
93   Beispielsweise Gerd STEINWASCHER, Die Zisterzienserstadthöfe in Köln = Altenberger Dom-Verein, Jahresgabe 1981 (Bergisch Gladbach 1981) [254 S. in 4° einschließlich von 16 Abbildungen und 10 Karten].
94   Vgl. oben Anm. 43 die Frankenreich-Analyse von 1982 (²1990).

brücke von »Karl dem Großen[95] zu Karl IV.«[96] nur eine unvollkommene Memorierhilfe bietet, zumal seine breit gestreuten verfassungsgeschichtlichen Arbeiten, die in irgendeiner Verbindung mit Dissertation und Habilitationsschrift stehen[97], gerade in Saarbrücken immer stärker in Verfassungsfragen von Reichen schlechthin einmündeten[98]. Mochte er hierbei wiederholt an Beobachtungen aus der Gegenwart anknüpfen, so scheute er auch die zeitgeschichtliche Untersuchung nicht[99].

95   Karl der Große – politisches Sendungsbewußtsein und Mission (in: Kirchengeschichte als Missionsgeschichte 2 I, hg. von Knut Schäferdiek, München 1978) S. 227–48. – Karl der Große (in: TRE 17, 1988) S. 644–49. – Karolingische Renaissance (ebd.) S. 663–66. – Die Akademie am Hofe Karls des Großen (in: Akademie und Musik ... Fschr. für Werner Braun = Saarbrücker Studien zur Musikwissenschaft, NF 7, Saarbrücken 1993) S. 47–56 mit Diskussion S. 57–60. – Demnächst zu erwarten eine Abhandlung über Renovatio-Politik am Karlshof auf der Grundlage eines verlorenen Karlssiegels.
96   Karls IV. Auffassung vom Herrscheramt (in: HZ Beih. NF 2, 1973) S. 122–50. – Karolus, qui et Wenceslaus (in: Fschr. für Helmut Beumann, hg. von K.-U. Jäschke und Reinhard Wenskus, Sigmaringen 1977) S. 365–87. – Kaiser und Reich im höfischen Programm (in: Kaiser Karl IV. Staatsmann und Mäzen. Aus Anlaß der Ausstellungen [in] Nürnberg und Köln 1978/79 hg. von Ferdinand Seibt, München 1978) S. 305-308 und 460. – Probleme der Reichspolitik Karls IV. (in: Kaiser Karl IV. 1316–1378, hg. von Hans Patze, Göttingen 1978; seitengleich auch in: BDLG 114, 1978) S. 73–101. – Zu Karls IV. Regierungs- und Verwaltungstätigkeit (in: Mezinárodní Vědecká Konference. Materiály z plenárního zasedáni a ze sekce historie Universita Karlova ... 1978, Prag 1981) S. 106–16.
97   Die Königserhebung Heinrichs II. im Jahre 1002 (in: DA 28, 1972) S. 74–104. – Zum frühmittelalterlichen Schiedswesen (in: Aus Theorie und Praxis der Geschichtswissenschaft. Fschr. für Hans Herzfeld zum 80. Geburtstag, hg. von Dietrich Kurze, Berlin und New York 1972) S. 389–403. – Brüdergemeine (in: Hoops 3, ²1978) S. 580f. – Bündnis (ebd. 4, ²1981) S. 97f. – Politische Freundschaft (in: Il concetto di amicizia nella storia della cultura europea ... Akten der 22. internationalen Tagung deutsch-italienischer Studien Meran ... 1994, Meran 1995) S. 372–87 und Diskussion S. 388f. – Nur entfernt hier einzuordnen: Wechselwirkungen von kanonischer und weltlicher Wahl (in: Wahlen und Wählen im MA, hg. von Reinhard Schneider und Harald Zimmermann = VuF 37, 1990) S. 135–71. – Bischöfliche Thron- und Altarsetzungen (in: Papstgeschichte und Landesgeschichte. Fschr. für Hermann Jakobs ..., hg. von Joachim Dahlhaus u. a. = Beiheft 39 zum Archiv für Kulturgeschichte, Köln etc. 1995) S. 1–15.
98   Das Königtum als Integrationsfaktor im Reich (in: Ansätze und Diskontinuität deutscher Nationsbildung im MA, hg. von Joachim Ehlers = Nationes 8, Sigmaringen 1989) S. 59–82. – Landeserschließung und Raumerfassung durch salische Herrscher (in: Salier, Adel und Reichsverfassung, hg. von Stefan Weinfurter unter Mitarbeit von Helmut Kluger = Die Salier und das Reich 1, Sigmaringen 1991) S. 117–38. – Zur Problematik eines undifferenzierten Landnahmebegriffs (in: Ausgewählte Probleme europäischer Landnahmen des Früh- und HochMA ..., hg. von Michael Müller-Wille und Reinhard Schneider = VuF 41 I, Sigmaringen 1993) S. 11–57. – Stabilisierende und destabilisierende Faktoren im fränkischen Großreich bis zum Ende des 9. Jh.s (in: Das MA als Epoche, hg. von Carl August Lückerath und Uwe Uffelmann, Idstein 1995) S. 49–72. – Krise und Auflösung des fränkischen Großreiches (in: Das Ende der Weltreiche. Von den Persern bis zur Sowjetunion, hg. von Alexander Demandt, München 1997) S. 47–60, 237ff. und 258f. – Vgl. auch: Odo 888–898 (in: Die frz. Könige des MA. Von Odo bis Karl VIII. 888–1498, hg. von Joachim Ehlers u. a., München 1996) S. 13–21 und 385f. – Der rex Romanorum als gubernator oder administrator imperii (in: ZRG Germ.Abt.114, 1997) S. 296–317.
99   Zwischen Friedrich-Wilhelms-Universität und Humboldt-Universität. Aspekte der Berliner Universitätsgeschichte nach dem Zusammenbruch 1945 (in: Gedenkschrift für Reinhold Olesch, hg. von Hans Rothe u. a. = Mitteldeutsche Forschungen 100, Köln und Wien 1990) S. 211–29.

Als Schlesinger-Schüler waren ihm zwar die regionalen Verhältnisse von vornherein erforschungswürdig[100]; zudem war Reinhard Schneider nicht nur als Ordentliches Mitglied des Konstanzer Arbeitskreises für mittelalterliche Geschichte, der längst allgemein-mediävistisch operierte, und als Korrespondierendes Mitglied der Berliner Wissenschaftlichen Gesellschaft nach Saarbrücken gekommen, sondern auch als Wissenschaftliches Mitglied der Historischen Kommission für Hessen und als Mitglied des Wissenschaftlichen Arbeitskreises für Mitteldeutschland. Es war aber zu erwarten, daß er die regionalen Verhältnisse in ihrer Bedeutung für die allgemeine Geschichte nicht überbewerten würde. Gleichwohl übernahm er schon 1984 in Saarbrücken den Vorsitz der dortigen Kommission für Saarländische Landesgeschichte und Volksforschung. Mit deren langjährigem Geschäftsführer, dem Archivar und Historiker Hans-Walter Herrmann[101], kam es zu einer fruchtbaren Zusammenarbeit, die sich für Außenstehende am leichtesten an den gut 20 Bänden der Kommissionsveröffentlichungen seit 1986 ablesen läßt.

Auch in Grenzfragen mochte der Mediävist gegen eine Überbewertung der örtlichen Verhältnisse gefeit sein; denn die Saar galt ebensowenig wie die Mosel als politische Grenze. Daß die Bischöfe von Metz im 16. Jahrhundert auf ihrer Rolle als teilweise Demarkationslinie »zwischen Mann- und Kunkellehen« bestanden und dem ein Reichskammergerichtsurteil von 1629 auch Rechnung trug[102], konnte allerdings mit der rätselhaften Vereinbarung zwischen französischer Regierung und Schweizer Kantonen des 16. und 17. Jahrhunderts parallelisiert werden, schweizerische Söldner nur bis an die Saar nach Osten einzusetzen – als sei irgendwann einmal hier an eine Reichsgrenze zwischen Frankreich und dem römisch-deutschen Reich gedacht worden[103]. Man mag das karolingerzeitliche Gegenbild assoziieren: Ihmzufolge durften karolingische Truppen erst plündern, wenn die Grenzlinie überschritten war[104]. Und doch begann erst an ihr das Vierteljahr, für das die Krieger ihre Vorräte mitbringen sollten[105].

---

100   Zu denken ist an folgende Dissertationen, die Reinhard Schneider betreut hat: Dieter HECK-MANN, Andre Voey de Ryneck. Leben und Werk eines Patriziers im spätmittelalterlichen Metz (Saarbrücken 1986) [231 S.]. – Stefan FLESCH, Die monastische Schriftkultur der Saargegend im MA = VeröffKomSaarlLandesG. 20 (1991) [239 S.]. – Thomas TRAPP, Die Zisterzienserabtei Weiler-Bettnach/Villers-Bettnach im Hoch- und SpätMA = ebd. 27 (1996) [409 S. + vier Karten und Plan]. – Vgl. auch Thomas SEILER, Die frühstaufische Territorialpolitik im Elsaß (Hamburg 1995) [VII + 300 S.].
101   Vgl. die Herrmann-Fschr. »Zwischen Saar und Mosel«, hg. von Wolfgang HAUBRICHS, Wolfgang LAUFER und Reinhard SCHNEIDER = VeröffKomSaarlLandesG. 24 (1995) S. VIIf.
102   G[aston] ZELLER, Note sur le rôle ancien de la Sarre comme frontière (in: BullSocAmisSarre 5, Saarbrücken 1928) S. 257f. – Vgl. Hans-Walter HERRMANN, Geschichte der Grafschaft Saarwerden bis zum Jahre 1527, Bd.2 (= VeröffKomSaarlLandesG. 1 II, 1959) S. 79 und jetzt ausführlich unten in seinem einschlägigen Beitrag, aus dessen Titel ich oben zitiere.
103   ZELLER, Rôle ancien (1928) S. 258 – mit Fragezeichen versehen ebd. S. 260.
104   SMITH, Fines imperii (1995) S. 177 nach MGH Cap.1 (1883) S. 305 Nr. 150 § 16.
105   Ebd. S. 167 Nr. 74 § 8, vgl. SMITH, Fines imperii (1995) S. 177.

Reinhard Schneider hat beides getan: Er hat aus seinem »Vorrat an Themen«, die er mitbrachte, auch in Saarbrücken weitergeschöpft; man mag über das schon Gesagte hinaus vor allem an seine Geschichte der bedeutenden Reichszisterze Salem denken[106] sowie an seine Studien zur Zisterziensergelehrsamkeit[107] und zur wirtschaftlichen Bedeutung von Zisterziensern schlechthin[108]. Er hat sich aber auch voll eingelassen auf das Grenzland-Thema, spätestens seit seinem schon angesprochenen Engagement bei der Ringvorlesung über »Probleme von Grenzregionen und Interferenzräumen« im Wintersemester 1985/86[109]. Über dem Besonderen der regionalen Lage hat er dabei stets die allgemeine Einordnung im Blick, ohne die kritische Quellenbezogenheit des Mittelalterhistorikers aufzugeben. Anderseits wird sich Reinhard Schneider immer weniger auf bestimmte Themenbereiche »eingrenzen« lassen[110]. Die Autoren dieses Sammelbandes

---

106   Die Geschichte Salems (in: Salem. 850 Jahre Reichsabtei und Schloß, hg. von Reinhard SCHNEIDER, Konstanz 1984) S. 11–153. – Vgl. DENS., Weltlicher Glanz und klösterliche Askese. Zur historischen Bedeutung der Reichsabtei Salem (in: Beiträge zur Landeskunde. Regelmäßige Beilage zum Staatsanzeiger für Baden-Württemberg 3, Juni 1987) S. 9–15.

107   Studium und Zisterzienser mit besonderer Berücksichtigung des südwestdeutschen Raumes (in: Rottenburger Jb. für Kirchengeschichte 4, 1985) S. 103–17. – Studium und Zisterzienserorden (in: Schulen und Studium im sozialen Wandel des Hohen und Späten Mittelalters, hg. von Johannes FRIED = VuF 30, 1986) S. 321–50. – Zentralistische und divergierende Tendenzen in der Studienorganisation der Zisterzienser (in: Ex ipsis rerum documentis. ... Fschr. für Harald Zimmermann, hg. von Klaus HERBERS u. a., Sigmaringen 1991) S. 495–508. – Rheinische Zisterzienser im ma.n Studienbetrieb (in: Die niederrheinischen Zisterzienser im späten MA ..., hg. von Raymund KOTTJE = Zisterzienser im Rheinland 3, hg. von Norbert KÜHN, Köln und Bonn 1992) S. 121–36.

108   Grangie (in: Lex. des MA 4, 1989) Sp. 1653f. – Zisterzienser und Stadt (in: Cistercienser-Chronik 101, 1994) S. 113–24. – Vom Klosterhaushalt zum Stadt- und Staatshaushalt. Der zisterziensische Beitrag = Monographien zur Geschichte des MA 38 (Stuttgart 1994) [X + 201 S.].

109   Grenzen und Grenzziehung im Mittelalter. Zu ihrer begrifflichen, rechtlichen und politischen Problematik (in: BRÜCHER/FRANKE, 1987) S. 9–27. – Fränkische Alpenpolitik (in: Die transalpinen Verbindungen der Bayern, Alemannen und Franken bis zum 10. Jahrhundert, hg. von Helmut BEUMANN/Werner SCHRÖDER = Nationes 6, Sigmaringen 1987) S. 23–49. – Die Südslawen im Lichte erzählender Quellen des Karolingerreiches (in: Počeci hrvatskog kršćanskog i društvenog života od VII. do kraja IX. stoljeća, hg. von Drago ŠIMUNDŽA, Split 1990) S. 233–47. – Lineare Grenzen – vom frühen bis zum späten MA (in: HAUBRICHS/SCHNEIDER, 1994) S. 51–68. – Institutionen zur Regelung von Grenzkonflikten im MA (in: DUBISZ/NAGÓRKO, 1994) S. 125–32. – Sprachpolitik im MA (in: MARTI, Sprachpolitik, 1996) S. 65–77. – Einführung in die Tagungsthematik »Grenzgänger« mit besonderer Berücksichtigung der historischen Perspektive (in: SCHNEIDER, »Grenzgänger«, 1998).

110   Straßentheater im Missionseinsatz. Zu Heinrichs von Lettland Bericht über ein großes Spiel in Riga 1205 (in: Studien über die Anfänge der Mission in Livland, hg. von Manfred HELLMANN, Sigmaringen 1989) S. 107–121. – Der Tag von Benfeld im Januar 1349. Sie kamen zusammen und kamen überein, die Juden zu vernichten (in: Spannungen und Widersprüche. Gedenkschrift für František Graus, hg. von Susanne BURGHARTZ u. a., Sigmaringen 1992) S. 255–72. – Reinhard SCHNEIDER (Hg.), Juden in Deutschland. Lebenswelten und Einzelschicksale. Ringvorlesung der Philosophischen Fakultät der Universität des Saarlandes im Wintersemester 1988/89 = Annales Universitatis Saraviensis. Philosophische Fakultät 1 (St. Ingbert 1994) [331 S.].

hoffen, daß der bunte Strauß von Abhandlungen durch den Jubilar als akzeptierbarer Spiegel vieler Anregungen gesehen wird, die er selber gegeben hat, und daß er, für dessen Tätigkeit schon jetzt ein Resümee zu liefern sich verbietet[111], die Aufsätze als Ansporn zu einem Verhalten empfindet, das uns allen nottut: »Grenzen erkennen – Begrenzungen überwinden«.

Für die Herausgeber   *Kurt-Ulrich Jäschke*[112]

111   Selbst ein Schriftenverzeichnis zu erstellen, wird ohne seine eigene Hilfe nicht möglich sein; denn inzwischen publiziert auch ein weiterer »Reinhard Schneider (Saarbrücken)« auf nicht allzu weit abgelegenem Gebiet; vgl. dessen Beitrag über »die Stiftskirche St. Arnual: Restaurierungsgeschichte und Denkmalpflege« (in: Die Stiftskirche St. Arnual in Saarbrücken, hg. von Hans-Walter HERRMANN = Schriftenreihe des Vereins für Rheinische Kirchengeschichte 130, 1998) S. 387–460.
112   Für die Rechner-Eingabe dieses Beitrags danke ich Frau Hochschulsekretärin Elke Bernhardt. Die Last der rechnergestützten Vereinheitlichung der Beiträge trug Frau Hochschulsekretärin Hiltraud Preuß in stetem Kontakt mit Dr. des. Klauspeter Strohm. Als Korrektoren unentbehrlich waren Regine Kreutzer, Horst Noll und Carsten Woll, wobei mein Saarbrücker Kollege Rainer Hudemann einen erheblichen Teil der hierzu notwendigen Hilfskraftstunden opferte. Daß eine einigermaßen zeitgerechte Einlieferung beim Verlag erfolgte, dessen selbstverständliche Bereitschaft für dieses Buch nicht hoch genug zu veranschlagen ist, war schließlich allein dem tatkräftigen Einsatz meines Mitherausgebers und Saarbrücker Kollegen Privatdozent Dr. Michael Oberweis zuzuschreiben. Die Last der Zuschußfinanzierung nahm die Union-Stiftung (Saarbrücken) unter Federführung ihres Vorstandsvorsitzenden Franz Schlehofer generös von meinen Schultern: Ihnen allen danke ich von Herzen.

Grenzbezeichnungen – grenzüberschreitend

VON ROLAND MARTI

1. Das Vorhandensein von Grenzen scheint eine menschliche Grunderfahrung zu sein und ist wohl an die Bedingungen der (sprachlichen) Verarbeitung von Wahrgenommenem gebunden, die klar abgegrenzte Einheiten auch dort schaffen muß, wo allmähliche Übergänge vorliegen[1]. So gibt es »natürliche Grenzen« (Land/Wasser, Steppe/Wald usw.)[2], »künstliche Grenzen« (politische Grenzen, kirchliche Grenzen usw.), »Sprachgrenzen«, »Grenzen der Leistungsfähigkeit«, »Grenzen des guten Geschmacks« usw. Als paradigmatisch für »Grenze« gilt aber heute im allgemeinen Verständnis zweifellos die Grenze im geographischen Raum, und zwar vor allem in der Form der Staatsgrenze[3]. Von dieser Art von Grenze und von den Bezeichnungen für sie ist im folgenden die Rede.

    1.1. Allgemein geht man davon aus, daß Grenzen in erster Linie dazu da sind, um räumlich Zusammenhängendes zu trennen[4]. Auf den ersten Blick widersprüchlich, aber nicht weniger richtig ist die Feststellung, daß Grenzen verbinden können. Grenzen sollen zwar Gebiete voneinander trennen, doch ist eine absolute Trennung nur in wenigen Fällen möglich (wie die im Ergebnis bisher immer gescheiterten Versuche der Schaffung scheinbar unüberwindlicher Grenzen, zuletzt etwa des »Eisernen Vorhanges«, belegen) oder auch nur gewünscht. Entweder wird (in ersterem Fall) die trennende Funktion der Grenze von denen unterlaufen, die eine Verbindung zu Gebieten jenseits der Grenze

---

1   So muß etwa das Farbspektrum, das klassische Beispiel für ein Kontinuum, in abgegrenzte Einheiten (Farben) zerlegt werden, wenn man sich auf einen Teil beziehen will. Diese elementare Zerlegung läßt sich an den Farbwörtern sehr gut ablesen, und es zeigt sich, daß es hier einzelsprachlich große Unterschiede gibt (die allerdings wieder gewissen Gesetzmäßigkeiten folgen). Vgl. dazu Brent BERLIN und Paul KAY, Basic Color Terms: Their Universality and Evolution (Berkeley 1969).
2   Diese Art von Grenzen ist nicht zu verwechseln mit den »natürlichen« politischen Grenzen; für letztere hat der Jubilar den Begriff »naturbegünstigte Grenzen« vorgeschlagen; vgl. Reinhard SCHNEIDER, Grenzen und Grenzziehung im Mittelalter. Zu ihrer begrifflichen, rechtlichen und politischen Problematik, in: Probleme von Grenzregionen: Das Beispiel SAAR-LOR-LUX-Raum (Saarbrücken 1987) S. 9–27, hier 24.
3   Dies gilt ungeachtet aller Bestrebungen, überstaatliche Einheiten wie etwa die Europäische Union zu schaffen: im europäischen »Raum ohne Binnengrenzen« sind lediglich die Kontrollen aufgehoben, nicht aber die Grenzen als solche; vgl. Wilfried FIEDLER, Die Grenze als Rechtsproblem, in: Grenzen und Grenzregionen – Frontières et régions frontalières – Borders and Border Regions (= Veröffentlichungen der Kommission für saarländische Landesgeschichte und Volksforschung 22, Saarbrücken 1994) S. 23–35, hier 23–24.
4   Vgl. schon Jacob GRIMM, Deutsche Grenzaltertümer, in: DERS., Kleinere Schriften II (Berlin 1865) S. 30–74, hier 30: »der aneinander hängende liegende grund und boden *fordert* [Hervorhebung RM] eine scheide, und diese landscheide ist es welche wir grenze heiszen«.

suchen, oder es wird (in letzterem Fall) von Anfang an darauf Rücksicht genommen, daß Verbindungen bestehen bleiben. Dies geschieht einerseits dadurch, daß das Überschreiten von Grenzen (grundsätzlich oder unter bestimmten Bedingungen) an beliebigen Orten zugelassen ist, andererseits durch Kanalisierung des grenzüberschreitenden Verkehrs in Grenzübergängen. In solchen Übergängen verdichtet sich dann gleichsam das Verbindende von Grenzen.

1.2. Die verbindende Funktion von Grenzen findet auch in der Sprache ihren Ausdruck. Dies wird etwa daran deutlich, daß Bezeichnungen für Grenzen oft aus einer Sprache in eine andere übernommen werden, obwohl die meisten Sprachen dafür ererbte Bezeichnungen haben[5]. Daß gerade Bezeichnungen für Grenzen übernommen werden, ist nicht so erstaunlich, wie es auf den ersten Blick erscheinen mag. Zwei Bedingungen fördern eine Übernahme, von denen die erste eher historisch von Bedeutung ist, die zweite stärker für die neuere Zeit gilt. Historisch bestand vielfach ein sprachlicher Unterschied zwischen Herrschenden (als denen, die Grenzen festlegten) und Beherrschten (als denen, welchen diese Grenzen vermittelt werden mußten, natürlich auch sprachlich); ggf. konnte zusätzlich noch eine dritte Sprache bei der Beurkundung dazukommen[6]. Für die neuere Zeit sind andererseits ausgeprägte Bestrebungen festzustellen, politische und sprachliche Grenzen in Übereinstimmung zu bringen. Dort, wo dies gelungen ist, findet der sprachliche Kontakt im grenzüberschreitenden Verkehr statt, wo die Grenze eine Gegebenheit darstellt, auf die sprachlich immer wieder Bezug genommen werden muß. In beiden Fällen fördert die sprachliche Situation die Übernahme der Bezeichnung für die Grenze aus der jeweils anderen Sprache. Die Übernahme findet dabei zunächst außerhalb des eigentlichen, geschlossenen Sprachgebiets oder nur in seinen Grenzgebieten statt, kann sich von dort aus aber auf das ganze Sprachgebiet ausbreiten.

2. Im folgenden will ich die Übernahme von Bezeichnungen für Grenze darstellen. Dabei geht es nicht um die Übernahme aus einer Sprache in die andere allgemein, sondern um die Entlehnung aus einem anderen sprachlichen Kontinuum. Sprachen stellen nämlich keine ursprünglich deutlich abgegrenzten Einheiten dar; klar abgrenzbar sind ursprünglich nur Sprachgruppen (Kontinua, Dialektkontinua), etwa das germanische, romanische und slavische Kontinuum. Erst sekundär gibt es eine klare Abgrenzung auf einer anderen sprachlichen Ebene, nämlich diejenige zwischen Standardsprachen. Diese wirkt ihrerseits wieder auf das Kontinuum zurück, so daß im Laufe einer längerfristigen Entwicklung auch innerhalb eines Kontinuums sprachliche Grenzen entstehen können.

---

5 Janusz SIATKOWSKI, Wpływ języka polskiego na język i gwary niemieckie, in: Prace filologiczne XXXVII (1992) S. 247–258, hier 254 (mit Hinweis auf die sorbische Entlehnung aus dem Deutschen, s. u. 4.1., und die ungarische aus dem Slavischen). Vgl. außerdem Günter BELLMANN, Slavoteutonica. Lexikalische Untersuchungen zum slawisch-deutschen Sprachkontakt im Ostmitteldeutschen (= Studia Linguistica Germanica 4, Berlin und New York 1971) S. 229 Anm. 88 (mit weiteren Belegen für Entlehnung ins Deutsche aus dem Estnischen und dem Französischen sowie ins Romanische aus dem Deutschen und umgekehrt).
6 Beispiele dafür sind etwa die Britischen Inseln (mit dem Gegensatz Romanisch vs. Germanisch bzw. Englisch vs. Keltisch bei urspr. lateinischer Urkundensprache), Rußland (Nordgermanisch vs. Ostslavisch, z. T. griechische Urkundensprache) oder Bulgarien (Turktatarisch vs. Südslavisch, griechische Urkundensprache).

Der Schwerpunkt der Darstellung liegt auf Übernahme-Erscheinungen zwischen dem germanischen Kontinuum (und hier insbesondere der deutschen Sprache) und dem slavischen, weil hier die Wechselseitigkeit der Übernahme besonders auffällig ist. Im romanisch-germanischen und romanisch-slavischen Bereich sowie innerhalb der Kontinua gibt es zwar auch Übernahme-Phänomene, doch sind sie eher einseitig.

Bei der Übernahme von fremdem Sprachgut stellt sich die Frage nach dem Grund für die Übernahme[7] insbesondere dann, wenn, wie hier, eigene Bezeichnungen zur Verfügung stehen. Es liegt in solchen Fällen die Vermutung nahe, daß mit dem übernommenen Wort nicht genau das gleiche bezeichnet wird wie mit dem eigenen. Dies gilt vor allem dann, wenn beide Bezeichnungen (entweder auf Dauer oder für eine gewisse Zeit) nebeneinander bestehen. Im Falle der Grenzen und ihrer Bezeichnungen im deutschen und slavischen Bereich hat dies zu Überlegungen geführt, daß die jeweiligen Bezeichnungen für verschiedene Formen von Grenzen benutzt worden seien und konkret die Grenzlinie vom Grenzsaum unterschieden hätten[8]. Diesem semantischen Problem kann ich im folgenden nur ansatzweise nachgehen, und zwar was die heutige Bedeutung angeht; für die Vergangenheit verfügen wir m. E. nicht über genügend zuverlässige Angaben[9].

---

7   BELLMANN [wie Anm. 5] S. 54–57, hat dafür den Begriff »Integrationsmotivik« geprägt. Er erwägt übrigens als einen der möglichen Gründe für die Übernahme von *granica* im Deutschen die Homonymie von *mark* (›Grenze‹ vs. ›nummus‹).
8   So deutlich Friedrich KLUGE, Etymologisches Wörterbuch der deutschen Sprache (Berlin und New York 1995) S. 337: »Das alte Wort *Mark*[1] bedeutet eher ›Grenzgebiet‹ und paßte deshalb nicht mehr zu den moderneren Vorstellungen einer Grenze.« Leider findet diese Behauptung in den Gegebenheiten der Sprache keine Stütze, da die in den Quellen verwendeten Bezeichnungen polysem sind (z. T. schon innerhalb eines Textes, jedenfalls aber innerhalb der Überlieferung insgesamt), eine Terminologisierung also noch nicht stattgefunden hat. Dies gilt für lateinische Bezeichnungen ebenso wie für diejenigen germanischen und slavischen Ursprungs, die für Grenzzeichen, Grenzen i. e. S., Grenzgebiete, aber auch umgrenzte Gebiete verwendet werden können. Zu Recht hat sich der Jubilar zu dieser Frage sehr zurückhaltend geäußert: »In zugespitzter Form ließe sich fragen, ob die Praxis linearer Grenzziehung in Ostmitteleuropa mit der neuen Begrifflichkeit sachlich zwingend korrespondiert«; Reinhard SCHNEIDER, Lineare Grenzen – Vom frühen bis zum späten Mittelalter, in: Grenzen und Grenzregionen – Frontières et régions frontalières – Borders and Border Regions (= Veröffentlichungen der Kommission für saarländische Landesgeschichte und Volksforschung 22, Saarbrücken 1994) S. 63. Ähnlich weitreichende Schlußfolgerungen gibt es auch für den slavischen Bereich, hier allerdings bezüglich autochthonen Sprachmaterials. Lucien TESNIÈRE, Les noms slaves et russes de la frontière, in: Bulletin de la Société de linguistique de Paris 30 (1930) S. 174–195, hier 175–179, nimmt eine innerslavische Differenzierung von **medja* und **granica* an, wobei ersteres eine Feldgrenze (»limite agreste«, eine mit dem Pflug gezogene Furche), letzteres eine Waldgrenze (»limite sylvestre«, an Bäumen durch Einkerbungen markiert) bezeichnet habe. Diese Differenzierung setze sich heute in der Bedeutungsdifferenzierung »Grenzfurche (dérayure)« vs. »politische Grenze« in vielen slavischen Sprachen fort. TESNIÈRE folgert aus seiner Rekonstruktion hinsichtlich des Charakters der Grenzziehung bei den Slaven im Gegensatz zu den übrigen Indogermanen: »A l'ancien usage du sillon frontière des Indo-Européens, les Slaves ont superposé la pratique de l'entaille frontière« (S. 195). Angesichts der wenigen und widersprüchlichen Belege müssen auch solche Folgerungen als weitgehend hypothetisch eingestuft werden.
9   Dies ist auch deshalb nicht verwunderlich, weil Grenzlinie und Grenzsaum keine klare Opposition bilden. Genau betrachtet, handelt es sich bei den Grenzen auch wieder um den Fall eines Kontinuums, das vom Grenzgebiet über die Grenzzone (den Grenzsaum) zur linearen Grenze führt. Der

3. Die Übernahme einer fremden Bezeichnung für Grenze ist für das Deutsche, so scheint es, verhältnismäßig gut untersucht. Es ist allgemein bekannt, daß die heutige deutsche Bezeichnung für die Grenze, eben das Wort *Grenze*, slavischen Ursprungs ist. Des weiteren ist angesichts der Quellen auch unstrittig, daß die Entlehnung im 13. Jahrhundert im Osten stattfand und sich allmählich auf das ganze Sprachgebiet ausbreitete, wobei andere, ursprüngliche Bezeichnungen (meist *marka*) verdrängt wurden[10]. Abgesehen von diesen beiden Feststellungen, bleibt bei der Entlehnung vieles unklar[11]. So ist die Frage der Gebersprache strittig, die ursprünglich übernommene sprachliche Form (besonders hinsichtlich der Betonung), das Problem der Einfach- oder Mehrfachentlehnung, schließlich auch die Bedeutung der übernommenen Bezeichnung, und zwar sowohl im slavischen (hier auch bezüglich der Etymologie) als auch im deutschen Bereich.

3.1. Als Gebersprache wird meist das Polnische angenommen, seltener das Pomoranische[12]. Grundsätzlich ist aber *granica* für den gesamten slavischen Bereich, scheinbar

---

Endpunkt des Kontinuums, die lineare Grenze (bzw. Grenzfläche, da auch die dritte Dimension zu berücksichtigen ist, vgl. FIEDLER [wie Anm. 3] S. 23), ist letztlich eine Abstraktion. Sobald eine Grenze bezeichnet werden muß, wird sie zu einer Fläche (bzw. zu einem Raum, s. o.), da die gezeichnete Grenzlinie oder die Grenzmarke auch eine gewisse Breite hat. Dies zeigt sich etwa in den Fällen, wo die Verletzung einer linearen Grenze (einer Grenzfläche) genau bestimmt werden muß. Das kann durchaus unterschiedlich gehandhabt werden. So gehört in den meisten Sportarten die Grenzlinie noch zum Spielfeld; im Sport, den der Jubilar selbst jahrelang ausgeübt hat, liegt sie aber bereits außerhalb (d. h., daß in ersterem Fall der äußere Rand der Markierung die lineare Grenze darstellt, in letzterem der innere). Vgl. Hugo DÖBLER (Red.), Grundbegriffe der Sportspiele (Berlin 1988) S. 122, wo die Linie als »das Spielfeld begrenzende und zur Spielfläche gehörende Markierung« definiert ist, was offensichtlich in letzterem Fall nicht stimmt.

10 Vgl. zusammenfassend und mit weiterführender Literatur Herbert KOLB, Zur Frühgeschichte des Wortes ›Grenze‹, in: Archiv für das Studium der neueren Sprachen und Literaturen 226 (1989) S. 344–356. Seine Behauptung, daß die Konkurrenzsituation zwischen *granica* und *marka* in den ursprünglichen Übernahmegebieten nicht bestanden habe (354–355), wird allerdings durch das von ihm selbst angeführte Beispiel der Kulmer Handfeste (354 Anm. 24) widerlegt, da dort im Übersetzungstext A *grenicze*, im Übersetzungstext B dagegen *gemerke* (für lateinisch *terminis* in der Erneuerung der Handfeste von 1251) steht; vgl. Guido KISCH, Die Kulmer Handfeste (= Forschungen und Quellen zur Rechts- und Sozialgeschichte des Deutschordenslandes 2, Sigmaringen 1978) S. 128, 129, 111. (In derselben Handschrift, die den Übersetzungstext B und damit das Wort *gemerke* enthält, findet sich übrigens in der deutschen Übersetzung des Elbinger Privilegiums das Wort *grenicz* [für lateinisch *metas*], vgl. ebd. 223.)

11 Wie komplex diese Angelegenheit durch die Entwicklung in der historischen, germanistischen und slavistischen Forschung geworden ist, zeigt der Vergleich von drei wörterbuchähnlichen Darstellungen: Philipp WICK, Die slavischen Lehnwörter in der neuhochdeutschen Schriftsprache (Diss. Marburg 1939) S. 23; Ernst EICHLER, Etymologisches Wörterbuch der slavischen Elemente im Ostmitteldeutschen (= Spisy Instituta za serbski ludospyt 29, Bautzen 1965) S. 40 und 42, und BELLMANN [wie Anm. 5] S. 228–231.

12 Ersteres besonders apodiktisch bei Aleksander BRÜCKNER, Słownik etymologiczny języka polskiego (Warszawa 1957) S. 155, und Hans Holm BIELFELDT, Die Entlehnungen aus den verschiedenen slavischen Sprachen im Wortschatz der neuhochdeutschen Schriftsprache (= Sitzungsberichte der Deutschen Akademie der Wissenschaften Berlin, Klasse für Sprache, Literatur und Kunst, Jahrgang 1965, Nr. 1) S. 28, ebenso Deutsches Rechtswörterbuch 4 (Weimar 1939–1951) S. 1096/97, letzteres bei Hans-Jürgen KARP, Grenzen in Ostmitteleuropa während des Mittelalters. Ein Beitrag zur

mit Ausnahme des Ukrainischen, Weißrussischen, Čechischen, Slovakischen und Obersorbischen (wo heute überall anlautendes *h*- vorkommt), typisch[13]. Will man Fernentlehnung ausschließen[14], und das drängt sich bei diesem Wort aus den oben (1.2.) genannten Gründen auf, bleiben immerhin der ganze westslavische Bereich und ggf. das Slovenische[15] übrig.

Für eine genauere räumliche, aber auch zeitliche Begrenzung ist man auf die schriftliche Fixierung des Wortes angewiesen, und diese findet sich naturgemäß besonders reichlich in Urkunden. Verfolgt man die urkundlichen Belege insgesamt, so kommen Varianten von *granica* sowohl im eigentlichen pomoranischen als auch im polnischen Gebiet vor, daneben aber auch in anderen Regionen des Westslavischen[16].

Entstehungsgeschichte der Grenzlinie aus dem Grenzsaum (= Forschungen und Quellen zur Kirchen- und Kulturgeschichte Ostdeutschlands 9, Köln und Wien 1989) S. 139f. Das Pomoranische als Gebersprache muß spätestens seit dem Nachweis früher Belege aus diesem Sprachgebiet in Betracht gezogen werden; vgl. R[enate] WINTER, Zum Auftreten von *Grenze* und *Kretscham* in preußischen, mecklenburgischen und pommerschen Urkunden, in: Zeitschrift für Slawistik XI (1968) S. 380–381. [Zur Terminologie: Das Westslavische gliedert sich in die čechisch-slovakische (vertreten durch die čechische und die slovakische Standardsprache), die sorbische (ober- und niedersorbische Standardsprache) und die lechitische Gruppe (polnische Standardsprache sowie das Elb- und Ostseeslavische). Innerhalb der letzteren Gruppe lebt, abgesehen vom Polnischen, lediglich noch das Pomoranische im stark polonisierten Kaschubischen fort (das Slovinzische ist zu Beginn dieses Jahrhunderts ausgestorben). Die weiter westlich (bis zur Elbe und darüber hinaus) gesprochenen slavischen Idiome sind z. T. schon sehr früh erloschen; am längsten hielt sich das im 18. Jahrhundert ausgestorbene (Dravāno-)Polabische im Lüneburger Wendland.]

13 Zu den genannten Ausnahmen ist zu sagen, daß die Verschiebung von *g* zu *h*, die sie scheinbar als Gebersprachen für *Grenze* ausschließt, erst im 13. Jahrhundert stattfindet. Für den davor liegenden Zeitraum kommen sie also ebenfalls in Frage. Im Sorbischen (Ober- und Niedersorbisch) liegt ein Sonderfall vor, da *hranica* bzw. *granica* in frühen Zeugnissen nicht belegt ist, sondern erst im 19./20. Jahrhundert nachweisbar wird. Nach Ausweis der lexikalischen Datenbank des Obersorbischen kommt *hranica* in den ältesten dort aufgenommenen Texten (SMOLERS und HAUPTS Volksliedsammlung von 1841/43, Werke von Handrij ZEJLER [1804–1872]) überhaupt nicht vor und wird erst von Jakub BART-ĆIŠINSKI [1856–1909] gelegentlich verwendet, wohl unter dem Einfluß seiner čechischen Briefpartner; statt dessen herrscht *mroka* vor. (Für diese Informationen bin ich Eduard Werner, Budyšin/Bautzen, zu Dank verpflichtet.) Bezüglich des ursprünglichen Zustandes gibt es zwei Ansichten: Die Bezeichnung sei einstmals auch im Sorbischen vorhanden gewesen, dann aber verdrängt worden, so daß es sich um einen Fall von »Revitalisierung« unter dem Einfluß anderer slavischer Sprachen handle (so EICHLER [wie Anm. 11] S. 42), oder aber, die Bezeichnung sei im Sorbischen ursprünglich unbekannt gewesen (so KOLB [wie Anm. 10] S. 355 Anm. 26).

14 Vgl. zur Begrifflichkeit Hans Holm BIELFELDT, Die historische Gliederung des Bestandes slawischer Wörter im Deutschen (= Sitzungsberichte der Deutschen Akademie der Wissenschaften Berlin, Klasse für Sprache, Literatur und Kunst, Jahrgang 1963, Nr. 4) S. 4ff.

15 Zum Slovenischen ist allerdings zu sagen, daß das dort belegte *grânica* aufgrund des Akzents und der späten lexikographischen Fixierung als jüngere Entlehnung, wohl aus dem Kroatischen, zu betrachten ist; vgl. vor allem TESNIÈRE [wie Anm. 8] S. 184f., daneben auch France BEZLAJ, Etimološki slovar slovenskego jezika 1 (Ljubljana 1977) S. 170.

16 Die Beispiele sind bei KARP [wie Anm. 12] S. 137ff. zusammengestellt; KOLB [wie Anm. 10] führt z. T. weiteres Material an. Vgl. noch BELLMANN [wie Anm. 5] S. 228–231.

Am besten erschlossen präsentieren sich die Urkunden aus dem pomoranischen und polnischen Gebiet. Die ältesten Belege (1176 oder später[17], 1238[18], 1258[19]) kommen in lateinischen Urkunden vor und stammen aus dem pomoranischen Gebiet. Eine Zwischenstellung nimmt die Form *graniz* ein, die zwar in einem lateinisch abgefaßten Vertrag von 1258 belegt ist, die aber aufgrund des Auslauts deutsche Vermittlung als möglich erscheinen läßt[20]. In deutsch abgefaßten Urkunden ist das Wort ab 1262 belegt, und zwar schon bei diesem Beleg morphologisch angepaßt *(granizze)*[21], kurze Zeit später auch lautlich angeglichen (mit Umlaut *greniczen* 1288[22], mit Ausfall des mittleren Vokals *grent(c)zen* 1296[23])[24]. Während für die frühesten Belege Urkunden der Zister-

---

17   PoUB² 1 I Nr. 62 S. 77–82, Urkunde des Herzogs Kasimir I. von Pommern für das Kloster Dargun, terminus post quem 1176 August 15. Der betreffende Passus aus der Grenzbeschreibung lautet: *... per quandam longam paludem in quandam quercum cruce signatam, quod signum dicitur Sclauice Knezegraniza ...* (S. 79). Zu dieser erweiterten Form *Knezegranica* ›Fürstengrenze‹ vgl. WINTER [wie Anm. 12] S. 380. Diesen Beleg auszuschließen, da es sich um »einen Namen, nicht um das Appellativ« handle (so BELLMANN [wie Anm. 5] S. 229), besteht kein Anlaß; aus dem Kontext ist nicht eindeutig ersichtlich, ob es sich um einen Namen handelt oder nicht doch um die Bezeichnung dieser Art von Grenzzeichen. Diese Urkunde diente als Vorurkunde für eine Bestätigungsurkunde Herzog Kasimirs II. für das Kloster Dargun, die 1219 ausgestellt worden sein soll, aber wohl um 1248 geschrieben wurde (PoUB² 1 I Nr. 193 S. 237–240); der Wortlaut der oben zitierten Passage ist in beiden Texten identisch (S. 238).
18   PllUB Nr. 65 S. 55, 1238 Juni 11, Vergleich Herzog Swantopolks von Pommern mit dem Deutschen Orden: *Promisimus etiam, ut, si inter ipsos et nos deceptatio fuerit super metis terrarum eorum ac nostre, que vulgariter granize dicuntur, penes eandem granizam in loco, qui competens fuerit, convenire ...* Der erste Beleg ist wohl latinisierter Plural *granicę* (parallel zu *metis*); denkbar wäre auch eine slavische Pluralform *(granicę)* mit Verlust der auslautenden Nasalierung.
19   PllUB Nr. 170 S. 143–145, 1258 Juli 10, Verleihung an das Kloster Doberan durch Herzog Sambor von Pommern: *Conferimus autem ipsa bona Pogotechow cum omnibus suis terminis, limitibus ac graniciis cum terris cultis et incultis ...* Die latinisierte Form *granicia*, sonst auch *granicies*, wird hier erstmals nicht als Barbarismus bezeichnet und ist Bestandteil einer Formel.
20   SamUB Nr. 58 S. 24–29, 1258 Mai 3, Urkunde des Deutschen Ordens über die Teilung des Samlandes: *et triginta funiculi in silva Wogrin, qui funiculi incipiunt a graniz* [var. *granycz*] *triginta funiculorum, qui proximi adiacent Snutenen graniz* [var. *granycz*] *in eadem silva ... que pars habet viginti funiculos ad prata, quorum viginti funiculorum inchoacio erit a graniz* [var. *granicz*] *et extendentur versus Sabenow, et triginta funiculi in silva Wogrin, qui incipiunt a graniz triginta funiculorum eiusdem silve* (S. 27). Denkbar wäre aber auch, daß es sich um die Wiedergabe des slavischen Genitivs Plural handelt, der in der entsprechenden Konstruktion regelgerecht wäre (*a graniz = ot granic*).
21   PrUB 1 II Nr. 156 S. 130–131, 1262 Februar 9 bzw. März 15, Vertrag des Deutschen Ordens mit der Stadt Thorn: *dawider hant in die bruder gegebin ze Schribernik seszig huve und an irre granizze sibenzig huve ze so getanem rechte* (in der Ausfertigung für Thorn: *an unser granizze*; S. 130).
22   PllUB Nr. 438 S. 392–393, 1288 August 26, Verleihung an Burggraf Falo durch Herzog Mestwin: *Wir gebin im ouch und synen rechten nochkomelingen bynnen deme vorgenanten erbe alle nucze, dy her gehabin mag bynnen den greniczen desselbin erbis* (S. 393).
23   PrUB 1 II Nr. 669 S. 419–420, 1296 September 18, Verleihung an Gederikes durch den Deutschen Orden: *wir ... haben vorlegen unserm getruwen Gederikes Pogezan unde seynen erben das gefilde Tuseime unde beneden geschreben grentczen, nemlich ... ym ufstigen desselbigen flisses bis zcur ersten grentczen, dasselbige felt unde den vorbenumpten grentczen ... zcu erblichem rechte ewiclich zcu besitczen;* (S. 419).
24   In diesem Zusammenhang ist es angebracht, darauf zu verweisen, daß die Schreibung des

zienser eine Rolle spielen[25], sind es später insbesondere Urkunden des Deutschen Ordens, in denen das Wort oft belegt ist.

Im schlesischen Raum setzen die Belege später ein. Der Erstbeleg in lateinischen Urkunden ist auf 1260 datiert *(granicis)*, in deutschsprachigen Urkunden *(greniz, grænizen)* auf 1290 bzw. 1291[26].

Aus dem čechischen Gebiet sind, geht man von der Datierung aus, sehr frühe Belege vorhanden, die aber offenbar Fälschungen sind. Der erste stammt aus einer lateinischen Urkunde, auf 1169 datiert, aber wohl erst kurz vor 1222 entstanden, und führt *Granica* als toponomastische Bezeichnung an[27]. Der nächste Beleg, auf 1210 datiert, aber wohl erst kurz vor 1235 entstanden, bietet die lautlich schwer zu interpretierende Form *ghraniz*[28]. Später gibt es auch eindeutige Formen mit anlautendem *h*[29]. In deutsch geschriebenen Urkunden kommt das Wort ab dem frühen 14. Jahrhundert vor *(graniczin, Grenitz* 1303)[30], der Anlaut legt aber frühere Entlehnung nahe. Später erscheint es ohne anlautendes *g (Reniczen* 1380)[31].

Die weite Streuung der Belege legt die Annahme nahe, daß in manchen dieser Fälle unabhängig entlehnt wurde, mithin Mehrfachentlehnung vorliegt. Entlehnungsprozesse haben also im ganzen deutsch-westslavischen Kontaktgebiet stattgefunden. Erst für die Verbreitung des Lehnworts im östlichen Teil des deutschen Sprachgebiets ist wohl der besonders häufige Gebrauch von *Grenze* durch den Deutschen Orden ausschlaggebend gewesen. Als Gebersprache kann man deshalb kaum ausschließlich auf das Polnische oder das Pomoranische verweisen; besser spricht man vom Lechitischen oder vom Westslavischen allgemein.

Wortes im Laufe der Zeit Veränderungen mitgemacht hat. Besonders interessant ist dabei der umgelautete Vokal. Die ursprüngliche Schreibung (mit *e*) wird ab der zweiten Hälfte des 16. Jahrhunderts allmählich von ä konkurrenziert, und »noch in der 1. hälfte des 19. jhs. halten ä und e sich ziemlich die wage«; Jacob und Wilhelm GRIMM, Deutsches Wörterbuch 4 I 6 (Leipzig 1935) S. 127. Im Sinne des morphologischen Prinzips, das ja auch durch die neueste Rechtschreibereform gestärkt werden soll, wäre es eigentlich sinnvoll, wieder zur Schreibweise *Gränze* zurückzukehren. Vgl. dazu die neue Schreibung *Quäntchen* (statt *Quentchen*), wodurch ein Bezug auf *Quantum* hergestellt wird (statt, wie etymologisch richtig, auf *quintus*). Vgl. KLUGE [wie Anm. 8] S. 660 und Klaus HELLER, Rechtschreibreform (= Sprachreport, Extra-Ausgabe, Dezember 1994) S. [3].

25 KARP [wie Anm. 12] S. 139 schreibt den Zisterziensern denn auch die Verbreitung dieses Wortes in der Urkundensprache zu.

26 Ersteres bei Ernst SCHWARZ, Über deutsch-tschechische volkssprachliche Beziehungen, in: Deutsches Archiv für Landes- und Volksforschung 8 (1944) S. 157–162, hier S. 159, letzteres nach KARP [wie Anm. 12] S. 148.

27 Vgl. KARP [wie Anm. 12] S. 149.

28 Vgl. ebd. und Jan GEBAUER, Slovník staročeský 1 (Praha 1970) S. 185.

29 Der älteste datierte Beleg mit anlautendem *h* trägt die Jahreszahl 1249; die Urkunde entstand aber erst kurz vor 1270, vgl. KARP [wie Anm. 12] S. 149. Der älteste echte Beleg stammt damit aus dem Jahr 1251 *(Hraniz)*, vgl. ebd. S. 150.

30 Vgl. KARP [wie Anm. 12] S. 151. Dazu paßt der Beleg *gegranitzt* als Verbform im Olmützer Privilegium vom Jahre 1323; Johann KUX, Die deutschen Siedlungen um Olmütz. Ein volksbodengeschichtliches Quellenwerk bis 1918 (Olmütz 1943) S. 37.

31 Vgl. SCHWARZ [wie Anm. 26] S. 159.

Regionale Übernahme eines Wortes bedeutet natürlich noch nicht weite Verbreitung. Die Durchsetzung von *Grenze* im Deutschen ist regional sehr unterschiedlich verlaufen. Nachdem sich das Wort schon im 14. Jahrhundert im Obersächsischen durchgesetzt hatte, ist es im 15. Jahrhundert bereits im gesamten östlichen deutschen Sprachgebiet verbreitet. Nur im Westober- und -mitteldeutschen fehlt es bis Ende 15. / Anfang 16. Jahrhundert. Einen entscheidenden Impuls für die Verbreitung auch in den zuletzt genannten Gebieten und dann auch für die endgültige Durchsetzung im gesamten deutschen Sprachgebiet hat zweifellos das Wirken Luthers gegeben. Durch seine Schriften, vor allem durch seine Bibelübersetzung, hat er wesentlich dazu beigetragen, daß die zahlreichen Konkurrenten für *Grenze* verdrängt wurden[32].

3.2. Die sprachliche Ausgangsform für die Entlehnung bietet lautlich kaum Probleme. Die frühen Belege, die das Wort als Barbarismus anführen, aber ebenso die latinisierten Formen sowie die frühen »eingedeutschten« Belege erlauben es, *granica* anzusetzen[33]. Etwas schwieriger sind die Verhältnisse bezüglich der Betonung. Die weitere Entwicklung der übernommenen Bezeichnung im Deutschen (Umlaut *a* > *e* und Schwund des *i*) legt Anfangsbetonung nahe. Dies wird, da es im Widerspruch zur slavischen Pänultim-Betonung zu stehen scheint, als Akzentverlagerung nach der Entlehnung gedeutet[34]. Nun ist es aber nicht klar, ob das Wort in der Gebersprache wirklich auf der zweitletzten Silbe betont war, wie oft, unter Berufung auf die Verhältnisse im Polnischen, angenommen wird[35]. Möglich ist beim entlehnten Wort vielmehr sowohl Betonung auf der zweiten Silbe als auch Initialbetonung, da einige der für die Entlehnung in Frage kommenden Sprachen die ursprünglich freie Betonung im Slavischen (die in diesem Falle auf die zweite Silbe fiel) zugunsten der Anfangsbetonung aufgaben[36]. In

---

32   Vgl. GRIMM [wie Anm. 24] S. 125–126 sowie KOLB [wie Anm. 10] S. 345, besonders Anm. 4. Die ausführlichste Untersuchung mit statistischem Vergleich zweier Zeiträume (1470–1530 und 1670–1730) bietet Klaus MÜLLER, Konkurrentengruppe ›Grenze‹, in: Zur Ausbildung der Norm der deutschen Literatursprache auf der lexikalischen Ebene (1470–1730). Untersucht an ausgewählten Konkurrentengruppen mit Anteilen slawischer Herkunft (= Bausteine zur Sprachgeschichte des Neuhochdeutschen 56/III, Berlin 1976) S. 21–58.

33   Soweit ich sehe, zieht nur SIATKOWSKI [wie Anm. 5] S. 254, als mögliche Alternative eine Form *grenica* in Erwägung. Tatsächlich ist diese Form im 13. Jahrhundert in lateinisch geschriebenen Urkunden mehrfach belegt; vgl. Słownik staropolski II (Wrocław-Kraków-Warszawa 1956–59) S. 484. Aus etwas späterer Zeit stammen Formen ohne *i*. Im Pomoranischen lautet das Wort heute noch *grańca* (mit den »Nebenformen« *grańc, grańic, grańica*); vgl. Friedrich LORENTZ, Pomoranisches Wörterbuch 1 (= Deutsche Akademie der Wissenschaften zu Berlin, Veröffentlichungen des Instituts für Slawistik, Sonderreihe Wörterbücher, Berlin 1958) S. 224. Alle diese Formen lassen sich aber unschwer auf älteres *granica* zurückführen.

34   »Das »i« der zunächst betonten Silbe hat bei der inzwischen erfolgten Verlagerung der Betonung auf die erste Silbe den Umlaut von »a« zu »e« bewirkt ...«; KARP [wie Anm. 12] S. 145.

35   Vgl. etwa KOLB [wie Anm. 10] S. 347: »Denn es hat inzwischen Erstsilben-Betonung angenommen an Stelle der für das Polnische kennzeichnenden Vorletztsilben-Betonung.« Die Pänultim-Betonung im Polnischen geht aber frühestens auf das 15. Jahrhundert zurück, als das Wort schon längst entlehnt war. (Für Hinweise zum Polnischen danke ich Bärbel Miemietz, Saarbrücken.)

36   Dies gilt für das Polnische (jedenfalls vom 12./13. bis zum 16./17. Jahrhundert; vgl. Zdzisław STIEBER, A Historical Phonology of the Polish Language (= Historical Phonology of the Slavic

Abhängigkeit von Entlehnungszeitraum und -gebiet kann man von unveränderter Übernahme ausgehen (etwa im Falle des Polnischen), oder aber man hat eine Akzentverlagerung nach der Übernahme unter dem Einfluß der deutschen Stammsilbenbetonung anzusetzen (etwa bei Übernahme aus dem nördlichen Pomoranischen). Es ist auch möglich, daß angesichts der Mehrfachentlehnung beide Varianten nebeneinander vorgekommen sind.

Das Problem der ursprünglichen Betonung wird noch dadurch kompliziert, daß es, zumindest im südslavischen Bereich, zwei homographe Wörter gibt, die sich im Bulgarischen z. T. durch die Betonung unterscheiden: *gránica* ›Grenze‹ und *graníca* ›Eiche, quercus pedunculata, conferta, pubescens‹[37].

3.3. Damit ist die Frage der Etymologie angesprochen. Zunächst ist es unproblematisch, *granica* formal auf eine urslavische Wurzel **gran-* mit den zu rekonstruierenden Formen **granь, grana, granъ* zurückzuführen, die um das Suffix *-ic(a)* erweitert ist. Diese Wurzel, die auch heute noch in den meisten slavischen Sprachen vertreten ist, kann ursprünglich ›Kante, Rand, Schneide‹ bedeutet haben. In welchem Zusammenhang damit südslavisches *gran-* ›Ast‹ steht, ist unklar. Beide werden auf eine indogermanische verbale Wurzel **ghrō-* (aus **gher-H-* bzw. **ghr-eH-*)[38], erweitert um das ursprüngliche Partizip-Suffix *-n-*, zurückgeführt, die wohl ›hervorragen, wachsen, spitz sein‹ bedeutete; sie dürften sich aber getrennt entwickelt haben[39]. Die semantische Uneinheitlichkeit der Wurzel setzt sich auch, wie erwähnt, bei der suffigierten Form *granica* fort, die einerseits ›Grenze‹ bedeutet (allgemeinslavisch), andererseits zusätzlich noch zur Bezeichnung der Eiche bzw. anderer Pflanzen[40] dient (nur südslavisch)[41].

Languages V, Heidelberg 1975) S. 72–74, 101, ebenso für das südliche Pomoranische, das Nieder- und Obersorbische, das Čechische und Slovakische (bis heute). Das nördliche Pomoranische dagegen bewahrte den vom Urslavischen ererbten freien und beweglichen Akzent; vgl. Friedrich LORENTZ, Geschichte der pomoranischen (kaschubischen) Sprache (= Grundriß der slavischen Philologie und Kulturgeschichte, Berlin und Leipzig 1925) S. 93. Die Formen mit Ausfall des *i* im Slavischen (s. o. Anm. 33) setzen jedenfalls Initialbetonung voraus.

37 Vgl. Bălgarski etimologičen rečnik 1 (Sofija 1971) S. 273 und 274.

38 So P[avla] V[ALCÁKOVÁ], granica, in: Etymologický slovník jazyka staroslověnského 4 (Praha 1994) S. 200. Vgl. auch Julius POKORNY, Indogermanisches etymologisches Wörterbuch 1 (Bern-München 1959) S. 440 (hier natürlich ohne Laryngal-Formen).

39 Beide werden üblicherweise zusammen behandelt. Die deutliche semantische Differenzierung, die auch arealbezogen ist (›Ast‹ im südslavischen Bereich, ›Rand usw.‹ im gesamten slavischen Raum), wird dabei m. E. zu leichtfertig übersehen. Die ausführlichste Übersicht über die einzelsprachlichen Vertretungen und die bisherige Behandlung in der einschlägigen Literatur gibt Ètimologičeskij slovar' slavjanskich jazykov. Praslavjanskij leksičeskij fond 7 (Moskva 1980) S. 104–106.

40 Im Serbischen bezeichnet *granica* 1. ›Hemerocallis‹, 2. ›Lolium perenne‹, 3. ›Quercus conferta‹, erweitert als *granica divja* noch ›Lilium martagon‹ und als *granica sitna* ›Quercus lanuginosa‹; vgl. Dragutin SIMONOVIĆ, Botanički rečnik. Imena biljaka (= Posebna izdanja CCCXVIII, Institut za srpskohrvatski jezik 3, Beograd 1959) S. 545. Ein morphologischer Zusammenhang zwischen den Pflanzen, der diese Zusammenfassung unter einer Bezeichnung motiviert, scheint nicht ersichtlich. (Für Hinweise zum botanischen Aspekt der Fragestellung danke ich Wolfgang Stein, Saarbrücken.)

41 Interessant ist, daß der früheste südslavische Beleg für *granica* im Nicodemus-Evangelium wohl die Bedeutung ›Ast‹ wiedergibt, die sonst dem Simplex vorbehalten ist: на границоу възвѣшень лѣсноу (crucifixus, in ligno mortuus); vgl. Slovník jazyka staroslověnského 1 (Praha 1966) S. 433.

Angesichts dieser Verhältnisse anzunehmen, *granica* ›Grenze‹ sei metonymisch aus *granica* ›Eiche‹ als dem grenzmarkierenden Baum κατ' ἐξοχήν entstanden[42], ist zumindest problematisch. Zum einen bleibt dabei der Betonungsunterschied im Bulgarischen unerklärt, zum andern scheint die Bezeichnung für Pflanzen (und hier insbesondere für die Eiche) nur auf den südslavischen Raum beschränkt zu sein, während *granica* ›Grenze‹ gemeinslavisch ist.

Wie *granica* ›Grenze‹ nun ursprünglich motiviert ist, bleibt dabei unklar. Verbreitet ist die Ansicht, das Wort erkläre sich aus den Einkerbungen, mit denen man die Grenzbäume markiert habe; es läge also eine verwickelte Art von Metonymie vor, bei der durch scharfe Einschnitte Grenzzeichen geschaffen wurden, die dann in ihrer Gesamtheit die Grenze anzeigten. Genauso gut ist aber auch denkbar, daß die Bezeichnung auf die klare, scharfe Grenzziehung und den dadurch geschaffenen Rand, die Grenzscheide, verweist[43]. Letztere Erklärung ist m. E. vorzuziehen, da sie ohne die Ansetzung von metonymischen Prozessen auskommt.

3.4. Auffällig ist, daß *Grenze* zunächst offenbar nur als Terminus übernommen wurde. Erst allmählich ist das Wort in die Volkssprache eingedrungen und später Bestandteil der Standardsprache geworden. Zur Dialektebene ist es bei weitem nicht überall vorgestoßen[44]. Eine solche Verbreitung eines übernommenen Wortes ist sonst eher für Fernentlehnung typisch, nicht aber für die in diesem Fall eindeutig nachgewiesene Entlehnung »in direkter unmittelbarer Nachbarschaft«[45].

3.5. Bemerkenswert ist, daß es im Westslavischen sogar zu einer Rückentlehnung gekommen ist, und zwar im Polabischen in der Form *grensa*, die sicher auf niederdeutsches *grense* zurückzuführen ist[46]. Das alte slavische Wort *granica* in seiner ursprüngli-

---

Diese Lesart ist allerdings nur in einem Teil der Tradition belegt (Wien ÖNB cod. slav. 24, serbisch-kirchenslavisch, 15.–16. Jahrhundert); der Herausgeber des Textes spricht zu Recht von einer »variante curieuse: ›suspendu à une branche de bois‹«; vgl. André VAILLANT, L'Évangile de Nicodème. Texte slave et texte latin (= Publications du Centre de recherches d'histoire et de philologie II, Hautes Études orientales 1, Genève und Paris 1968) S. 51.

42   So vorsichtig KOLB [wie Anm. 10] S. 349–350 unter Berufung auf Erich BERNEKER, Slavisches etymologisches Wörterbuch 1 (= Indogermanische Bibliothek 1 II 2 = Sammlung slavischer Lehr- und Handbücher 2 I, Heidelberg 1908–1913) S. 346 (der allerdings noch vorsichtiger formuliert, während A[leksander] BRÜCKNER, Über Etymologien und Etymologisieren II, in: Zeitschrift für vergleichende Sprachforschung 45 (1918) S. 221, diesen Zusammenhang als gleichsam selbstverständlich annimmt und ihn deshalb nur *en passant* erwähnt). Grundsätzlich ablehnend dazu K[azimierz] MOSZYŃSKI , Uwagi do 4. zeszytu «Słownika etymologicznego języka polskiego» Fr. Sławskiego, in: Język polski 36 (1956) S. 110. Unentschieden ist Max VASMER, Kritisches und Antikritisches zur neueren slavischen Etymologie, in: Rocznik slawistyczny 4 (1911) S. 151–186, hier S. 176. Zu weiteren etymologischen Deutungen von *granica* ›Eiche‹ vgl. Ilona JANYŠKOVÁ, Semantická motivace názvů dubu ve slovanských jazycích, in: Slavia 60 (1991) S. 275–283, hier S. 276f.

43   Leider läßt sich diese Ableitung nicht zur Klärung der Frage heranziehen, ob *granica* als »lineare« Grenze *marka* als dem Grenzsaum gegenübergestanden habe, da auch *marka* auf eine Wurzel zurückgeht, die wohl ursprünglich eine scharfe Abgrenzung bezeichnete.

44   Vgl. dazu BELLMANN [wie Anm. 5] S. 231.

45   BIELFELDT [wie Anm. 14] S. 6.

46   Reinhold OLESCH, Thesaurus linguae dravaenopolabicae 1 (= Slavistische Forschungen 42/I, Köln und Wien 1983) S. 344–345.

chen Form ist dagegen, soweit ich sehe, im Polabischen nicht überliefert. Das Polabische ist allerdings auch sonst stark mit (nieder)deutschem Wortmaterial durchsetzt, was für eine aussterbende Sprache nicht untypisch ist. Insofern erstaunt diese Entlehnung nicht; der eigentlich slavische Ursprung des Wortes dürfte wohl auch kaum mehr bewußt gewesen sein[47].

3.6. Das Deutsche hat aber nicht nur im Falle des Polabischen als Vermittlersprache gewirkt. Es hat die slavische Entlehnung auch an andere germanische Sprachen weitervermittelt: ins Niederländische und in skandinavische Sprachen[48]. Ins Niederländische (heute *grens*) ist es sicher über das Niederdeutsche gelangt und scheint dort erstmals 1573 belegt zu sein[49]. Im Dänischen (heute *grænse*) erscheint es im Gefolge der Reformation verhältnismäßig früh (1524 *grentze*)[50], und es ist von hier aus (in der Form *grense*) auch ins Norwegische gelangt, wobei es nicht nur im *Bokmål* (wo man es erwarten würde), sondern auch im *Nynorsk* vertreten ist. Auch im Schwedischen (heute *gräns*) ist es belegt[51]. Lediglich im Isländischen scheint das Wort zu fehlen.

4. Wie eingangs erwähnt, ist der Fall der Bezeichnungen für Grenzen im deutsch-slavischen sprachlichen Kontakt deshalb besonders interessant, weil beide Seiten sowohl geben als auch nehmen[52]. Dabei ist allerdings der »Export«-Erfolg auf deutscher Seite weniger durchschlagend gewesen als bei der Entlehnung in umgekehrter Richtung. Die Übernahmen deutschen Wortguts zur Bezeichnung von ›Grenze‹ ins Slavische sind auf kleinere Areale und z. T. auf Dialekte beschränkt. Außerdem sind sie manchmal im Gefolge von sprachlichen Reinigungsbestrebungen rückgängig gemacht worden.

4.1. Der am besten bekannte Fall von Entlehnung aus dem Deutschen ins Slavische betrifft *marka*. Das Deutsche hat nämlich diese seine ursprüngliche Bezeichnung für Grenzen, die es selbst zugunsten von *granica* aufgegeben hat, in den slavischen Raum vermittelt. Verhältnismäßig gut belegt ist diese Entlehnung für das Niedersorbische, wo *mroka* auch heute noch standardsprachliche Geltung hat, wenngleich es von *granica* konkurrenziert wird. Bei letzterem handelt es sich zweifellos um eine puristische Übernahme aus dem Obersorbischen. In der heutigen obersorbischen Standardsprache selbst fehlt *mroka*; hier kommt neben *hranica* nur *mjeza* vor. Noch im 19. Jahrhundert war aber das deutsche Lehnwort auch im Obersorbischen sehr geläufig und findet sich sogar in puristischen Wörterbüchern[53].

---

47 In der Germanistik scheint erst Jacob GRIMM das Wort als Slavismus erkannt zu haben; die frühere Lexikographie betrachtete es als einheimisch, vgl. KOLB [wie Anm. 10] S. 346 Anm. 5.
48 So schon festgestellt bei GRIMM [wie Anm. 4] S. 35–36, Anm.
49 Woordenboek der Nederlandsche taal 6 ('s-Gravenhage und Leiden 1900) S. 661–668, hier S. 661.
50 Vgl. Otto KALKAR, Ordbog til det ældre danske sprog 2 (København 1886–1892) S. 87.
51 Vgl. Elof HELLQUIST, Svensk etymologisk ordbok 1 (Lund 1948) S. 306. Leider verfüge ich über keine Angaben zu Entlehnungsweg und -zeitraum.
52 Ein erstes Beispiel, wo das Deutsche als Gebersprache gegenüber dem Slavischen auftritt, ist die schon erwähnte Form *grensa* im Polabischen (s. o. 3.5).
53 So z. B. [Křesćan Bohuwěr] PFUL, Łužiski serbski słownik (Budyšin 1866) S. 383 (*hranica* ist bei ihm nicht verzeichnet). Vgl. auch Hans Holm BIELFELDT, Die deutschen Lehnwörter im Obersorbischen (= Veröffentlichungen des Slawischen Instituts an der Friedrich-Wilhelms-Universität Berlin 8, Leipzig 1933) S. 201. Vgl. außerdem oben 3.1 Anm. 13.

Neben dem Sorbischen, wo der Einfluß des Deutschen auf allen Ebenen der Sprache, ganz besonders aber im Wortschatz, seit jeher ausgesprochen stark war, hat sich die deutsche Bezeichnung für Grenzen auch ins Čechische ausbreiten können, und zwar in der Form *mráka*[54]. Es findet sich in lateinisch und später auch čechisch geschriebenen chodischen Akten des 15. Jahrhunderts in der Bedeutung ›Grenzwald‹[55]. Das Wort hat sich in einzelnen čechischen Dialekten als Bezeichnung für ›Wald‹ allgemein bis heute gehalten[56].

Schwierig ist die Frage der Datierung dieser Entlehnung. Alle Belege zeigen Liquidametathese mit den jeweils zu erwartenden einzelsprachlichen Ergebnissen (*mark-* > *mrok-* [lechitisch und sorbisch] bzw. > *mrak-* [Čechisch-slovakisch])[57]. Die Liquidametathese war im westslavischen Bereich wohl im 9. bis 11. Jahrhundert wirksam. Eine genauere Eingrenzung ist kaum möglich. Dies bedeutet aber jedenfalls, daß die Entlehnung von *marka* ins Westslavische früher stattgefunden hat als die Entlehnung von *granica* ins Deutsche. Sie war aber offensichtlich weniger erfolgreich als die umgekehrte Entlehnung, da sie auf den regionalen Sprachgebrauch beschränkt blieb.

Darin liegt auch ein wesentlicher Unterschied zur Übernahme von *granica* ins Deutsche. Letztere fand ganz wesentlich im schrift- bzw. standardsprachlichen Bereich statt und setzte sich dort auch durch. Die Übernahme von *marka* war nicht umfassend und, abgesehen von geringen Ausnahmen, nicht schrift- bzw. standardsprachlich (und wo sie es war, wurde sie z. T. rückgängig gemacht).

4.2. Neben den erwähnten slavischen Entsprechungen von *marka* gibt es im slavischen Bereich noch eine weitere Bezeichnung für Grenze, die deutschen Ursprungs ist, und zwar im Polnischen, von wo sie auch ins Čechische gelangt ist. Es handelt sich zum einen um das Wort *kres* mit der Bedeutung ›Ende‹, ›Ziel‹, ›Rand‹, ›Grenze‹, zum andern um *kresa* in der Bedeutung ›Streifen‹, ›Linie‹[58]. Entlehnung aus dem Deutschen ist wohl als sicher anzunehmen. Umstritten ist nur, ob in der Gebersprache *kreiz* oder *kritz-* als Ausgangswort anzusetzen ist. Außerdem ist nicht klar, ob die beiden Wörter zunächst unabhängig voneinander entlehnt wurden oder ob sie sich innerhalb des Polnischen

---

54 Vgl. dazu Bohuslav Havránek , Germanoslavistický příspěvek k českým místním názvům (čes. *mráka, Satalice*), in: Časopis pro moderní filologii 26 (1940) S. 122–132, hier S. 122–128.

55 Belege dazu bei František Roubík , Dějiny Chodů u Domažlic (= Sborník Archivu Ministerstva vnitra Republiky československé 4-5, Praha 1931) S. 617–620; vgl. auch ebd. S. 522–523.

56 Inwieweit toponomastisches Material eine ursprünglich noch weitere Verbreitung des Worts *marka* im slavischen Raum nahelegt, ist unklar. Hier kämen etwa Bezeichnungen wie *Mroczyn(o)*, *Mrocza* usw. für das Polnische, *Mračnice, Mračov* usw. für das Čechische, *Morčin, Marzahn* für das Pomoranische in Frage. Allerdings ist die Herleitung dieser Ortsnamen aus *marka* strittig, da auch die slavische Wurzel **mark-* ›dunkel‹ in Frage kommt.

57 An der Peripherie des slavischen Kontinuums und insbesondere im westlichen lechitischen Bereich konnte sich die Liquidametathese nicht bzw. nur unvollständig durchsetzen. Vgl. im einzelnen dazu Tadeusz Milewski, O zastępstwie ps. grup *tårt, tålt, tert, telt* w językach lechickich, in: Slavia occidentalis 12 (1933) S. 96–120. Die toponomastischen Ausnahmen *Morčin* und *Marzahn* entsprechen also durchaus den Erwartungen.

58 Vgl. Franciszek Sławski, Słownik etymologiczny języka polskiego 3 (Kraków 1966–69) S. 89f.

nach der Übernahme ausdifferenzierten. Im Čechischen sind die beiden Wörter offenbar puristischen Bestrebungen zum Opfer gefallen[59].

Besonders zu erwähnen ist für das Polnische das Plurale tantum *Kresy* (oft mit großem Anfangsbuchstaben geschrieben, was im Polnischen auf ein *nomen proprium* hinweist)[60]. Es bezeichnet die nordöstlichen, später auch südöstlichen Grenzgebiete Polens[61]. Dabei scheint sich die Bedeutung ›(östliches) Grenzgebiet‹ erst ab der Mitte des 19. Jahrhunderts herausgebildet zu haben. Es fällt auf, daß das Wort stark emotional gefärbt ist. Zum einen läßt es irredentistische Vorstellungen anklingen, die sich an der maximalen früheren Ausdehnung Polens orientieren und damit auch weite Bereiche der Ukraine umfassen können[62]. Zum andern ist damit zutiefst romantisches Gedankengut verknüpft, welches die östlichen Grenzgebiete als wilde und abenteuerliche Regionen verklärt, in denen vorzüglich Männer ein naturverbundenes und kriegerisches Leben führen[63].

5. Die hier hauptsächlich betrachteten Wörter *granica* und *marka* sind in ihrer Ausstrahlungskraft nicht nur auf den germanischen und slavischen Raum beschränkt geblieben. Sie haben sich vielmehr auch darüber hinaus ausgebreitet. Ich will im folgenden auf einige mir bekannte Beispiele kurz verweisen.

5.1. Außer in germanischen Sprachen hat sich *granica* auch z. T. im romanischen Bereich festsetzen können, und dies, obwohl die Romania über ein reiches Repertoire an

---

59 Angeführt sind beide noch bei Josef JUNGMANN, Slownjk česko-německý 2 (Praha 1836) S. 181. In der heutigen Lexikographie wird das Wort nicht mehr berücksichtigt.

60 Vgl. zum folgenden Alicja NAGÓRKO, *Granica* vs *Grenze*, *Kresy* vs *Kreis* (z historii wzajemnych zapożyczeń), in: Granice i pogranicza. Język i historia. Materiały międzynarodowej konferencji naukowej. Warszawa, 27–28 maja 1993 r. (Warszawa 1994) S. 39–46, hier 43–46.

61 Versuche, die Bezeichnung nach 1945 auch auf die westlichen Gebiete auszudehnen, sind nur vereinzelt auf dialektologischem Gebiet festzustellen und haben sich, zumindest im allgemeinen Sprachgebrauch, nicht durchgesetzt. Es ist davon auszugehen, daß die Konnotation der Bezeichnung (s. u.) einer solchen Ausweitung entgegensteht.

62 Dieser Aspekt spielte besonders bei der Frage der Grenzen des wiederhergestellten Polen nach dem ersten Weltkrieg eine Rolle; vgl. Jörg K. HOENSCH, Geschichte Polens (= utb 1251, Stuttgart 1990) S. 250–59.

63 Hier kann man durchaus eine spiegelbildliche Parallele zum »frontier«-Mythos des »Wilden Westens« in den Vereinigten Staaten sehen (ein direkter Zusammenhang ist wohl auszuschließen). Die Parallele ist um so auffälliger, als die beiden Erscheinungen ungefähr in den gleichen Zeitraum fallen und mit im wesentlichen identischen Konzepten (und z. T. sogar »Versatzstücken«) arbeiten. Vgl. die Ausführungen zur sogenannten TURNER-Hypothese bei Kurt-Ulrich JÄSCHKE, 1250 Jahre Heilbronn? Grenzgebiet – Durchgangslandschaft – Eigenbereich. Zur Beurteilung von Grenzregionen und Interferenzräumen in Europa, besonders während des Mittelalters, in: Region und Reich. Zur Einbeziehung des Neckar-Raumes in das Karolinger-Reich und zu ihren Parallelen und Folgen (= Quellen und Forschungen zur Geschichte der Stadt Heilbronn 1, Heilbronn 1992) S. 9–147, hier 102ff. Auf die Parallele *Kresy* – *frontier* hat, soweit ich sehe, erstmals NAGÓRKO [wie Anm. 60] S. 43ff. hingewiesen. Zu den *Kresy* allgemein vgl. Bolesław HADACZEK, Kresy w literaturze polskiej XX wieka. Szkice (Szczecin 1993), besonders S. 5–24.

Bezeichnungen für ›Grenze‹ verfügte[64]. Neben anderen (keltischen und germanischen) Entlehnungen in der Romania kennt das Rumänische *graniţă* in der Bedeutung ›Grenze‹. Das Wort ist wahrscheinlich aus dem Bulgarischen bzw. aus dem Kirchenslavischen entlehnt worden[65]. Diese Übernahme ist nicht weiter erstaunlich, da die Lexik des Rumänischen sehr stark mit slavischen Elementen durchsetzt ist.

5.2. Ebenfalls in die Romania (mit Ausnahme des Rumänischen, Rätoromanischen und Sardischen) hat sich *marka* ausgebreitet. Es ist, mit lautgesetzlich entsprechenden Formen (französisch *marche*, italienisch, spanisch, katalanisch, portugiesisch *marca*), gut belegt. Interessant ist, daß das Wort im Romanischen im wesentlichen Grenzgebiete und nicht (lineare) Grenzen bezeichnet[66]. Über das Französische hat das Wort auch Eingang ins Englische gefunden *(march)* und diente dort zunächst ebenfalls hauptsächlich zur Bezeichnung eines Grenzgebiets[67].

5.3. Nur kurz sei darauf verwiesen, daß natürlich das Romanische auch seinerseits Bezeichnungen für Grenzen in den slavischen bzw. germanischen Bereich vermittelt hat. Als Beispiel für die Slavia kann man auf das Čakavische verweisen, das neben dem slavischen *granica* ›Grenze‹ noch *frontjera* ›Landesgrenze, Staatsgrenze‹ und *konfin/kunfin* ›Grenzen (eines Bereichs, Gebiets)‹ kennt[68]. In der Germania zeigt sich dies etwa daran, daß im Deutschen früher *Frontier, Konfin, Term(inus), Zirk(el)* und *Limit* vertreten waren[69], heute noch regional *lemitt* im Eupener Deutsch vorkommt[70].

5.4. Die Reihe der Entlehnungen von Wörtern zur Bezeichnung der Grenze ließe sich, wie die vorhergehenden Beispiele zeigen, fast endlos weiterführen, besonders wenn man weitere Wörter heranzieht. So ergeben sich, ausgehend vom slavischen Wort **medja*, ›Rain, Grenze‹, Beziehungen zum Ungarischen, Rumänischen und Albanischen[71]. Da aber nur das Thema grenzenlos ist, nicht der zur Verfügung stehende Raum, sei hier in der Darstellung ein (in der Wissenschaft immer nur vorläufiger) Grenz- bzw. Schlußstrich gezogen.

---

64   Vgl. dazu Max Pfister, Grenzbezeichnungen im Italoromanischen und Galloromanischen, in: Grenzen und Grenzregionen – Frontières et régions frontalières – Borders and Border Regions (= Veröffentlichungen der Kommission für saarländische Landesgeschichte und Volksforschung 22, Saarbrücken 1994) S. 37–50.
65   So Bǎlgarski etimiologičen rečnik 1 (Sofija 1971) S. 274. Ohne genauere Festlegung bleibt Alejandro Cioranescu, Diccionario etimológico rumano (= Biblioteca filológica, Madrid 1966) S. 377.
66   Vgl. Walter von Wartburg, Französisches Etymologisches Wörterbuch 16 (Basel 1959) S. 522–524 und Pfister [wie Anm. 64] S. 45.
67   Vgl. The Oxford English Dictionary 9 (Oxford 1989) S. 359.
68   Vgl. Mate Hraste, Petar Šimunović, Reinhold Olesch, Čakavisch-deutsches Lexikon 1 (= Slavistische Forschungen 25/I, Köln-Wien 1979) Sp. 250, 222, 437.
69   Vgl. Müller [wie Anm. 32] S. 28, 29, 34f.
70   Vgl. Bellmann [wie Anm. 5] S. 229 Anm. 88.
71   Vgl. Tesnière [wie Anm. 8] S. 176. Die Entlehnung ins Ungarische wirkte seinerseits wieder auf das Slovakische zurück, wo *medza* auch zur Bezeichnung von Grenzen zwischen Komitaten benutzt werden konnte; vgl. ebd. S. 188.

6. Abschließend will ich das hier Dargelegte kurz zusammenfassen.

– Bezeichnungen für ›Grenze‹ werden oft aus anderen Sprachen übernommen. Es handelt sich dabei in der Regel um Nahentlehnungen, die unmittelbaren sprachlichen Kontakt voraussetzen. Der Grund für die Übernahme ist die sprachliche Kontaktsituation, meist in Grenzgebieten, in der auf Grenzen in mehreren Sprachen Bezug genommen wird.

– Im deutsch-slavischen Kontaktgebiet gibt es eine ausgeprägte Wechselseitigkeit der Übernahmen, indem auf der einen Seite *granica* übernommen wird, auf der anderen Seite *marka* bzw. *Kreis*.

– Bei *granica* ist davon auszugehen, daß das Wort im 12. bis 14. Jahrhundert mehrfach im gesamten deutsch-westslavischen Kontaktgebiet übernommen wurde. Für die Ausbreitung im östlichen Gebiet war die Verwendung in Urkunden des Deutschen Ordens bedeutsam. Schon vor der Reformation war das Wort im deutschen Sprachgebiet stark verbreitet; der Sprachgebrauch der Reformation bzw. Luthers verhalf ihm endgültig zum Durchbruch.

– Die ursprüngliche Bedeutung von *granica* im Slavischen und damit die Motivation für die Verwendung dieses Wortes ist unklar. Jedenfalls ist nicht nachweisbar, daß damit eine neue Art von Grenze, nämlich die lineare, im Gegensatz zum Grenzsaum benannt werden sollte.

– Über das Deutsche ist *granica* weiter vermittelt worden, zum einen zurück ins Slavische (Polabische), zum andern in den übrigen germanischen Bereich.

– Im slavischen Bereich ist die Übernahme von *marka* regional begrenzt auf das sorbisch- und čechischsprachige Gebiet. Das Wort ist früher übernommen worden als *granica* im Deutschen; es hat aber nur beschränkt standardsprachliche Geltung erlangt und ist z. T. später puristischen Bemühungen zum Opfer gefallen.

– *Kreis* ist ebenfalls nur in einem beschränkten Gebiet übernommen worden. Interessant ist die Sonderentwicklung von polnisch *Kresy* zur Bezeichnung der (süd)östlichen Grenzgebiete. Die *Kresy* bieten eine Parallele zum »frontier«-Mythos im amerikanischen Westen.

»Da erhoben sich die Langobarden aus ihren Sitzen und wohnten etliche Jahre in Rugiland«

Zu den Grenzen von Siedlungsräumen nach schriftlichen und archäologischen Quellen

Die Langobarden gelten sowohl dem Historiker wie dem Archäologen als eine *gens*, an deren Geschichte und hauptsächlich deren Wanderung modellhafte Einsichten zur Entstehung einer *gens*, zu Wanderungsarten und zu der Verknüpfung von archäologischen und historischen Befunden in den verschiedenen Siedlungsräumen zu gewinnen sind. Sieht man näher hin, so sind für ein solches Unterfangen jedoch noch sehr viele Probleme bewußt zu machen und zu klären, mehr, als in diesem Beitrag behandelt werden können. Die große Bedeutung der Langobarden für eine Modellbildung zeigt sich einerseits darin, daß R. Wenskus[1] in seinem immer noch wegweisenden Werk die Langobarden als zweites Beispiel einer »Stammesbildung während der Wanderung« behandelte, und andererseits darin, daß auf den Reichenauer Tagungen 1988/89 »Ausgewählte Probleme der europäischen Landnahmen des Früh- und Hochmittelalters« die Landnahme der Langobarden aus archäologischer[2] und historischer Sicht[3] eines der Kernthemata bildete.

Weder die von Wenskus ausführlicher behandelte Stammessage[4], deren komplexe Fragestellungen gerade in den beiden letzten Jahrzehnten besonderes Interesse gefunden haben[5], noch die von Volker Bierbrauer und Jörg Jarnut ausführlich behandelten

---

1 Reinhard WENSKUS, Stammesbildung und Verfassung. Das Werden der frühmittelalterlichen gentes (Köln und Graz 1961 = ²1971) S. 485–494.
2 Volker BIERBRAUER, Die Landnahme der Langobarden in Italien aus archäologischer Sicht, in: Michael MÜLLER-WILLE/Reinhard SCHNEIDER (Hg.), Ausgewählte Probleme europäischer Landnahmen des Früh- und Hochmittelalters. Methodische Grundlagendiskussion im Grenzbereich zwischen Archäologie und Geschichte. Teil I (= VuF 41, Sigmaringen 1993) S. 103–172.
3 Jörg JARNUT, Die Landnahme der Langobarden aus historischer Sicht, in: Ausgewählte Probleme europäischer Landnahmen [wie oben Anm. 2] S. 486–490.
4 WENSKUS, Stammesbildung [wie oben Anm. 1] S. 486–490.
5 Vgl. bes. Hermann FRÖHLICH, Die Herkunft der Langobarden (in: QFIAB 55/56, 1976) S. 1–21; Jörg JARNUT, Zur Frühgeschichte der Langobarden (in: Studi Medievali, Serie terza 24, 1983) S. 1–16; DERS., Die langobardische Ethnogenese, in: Herwig WOLFRAM/Walter POHL (Hg.), Typen der Ethnogenese unter besonderer Berücksichtigung der Bayern. Teil 1. Berichte des Symposions der Kommission für Frühmittelalterforschung, 27.–30. Oktober 1986, Stift Zwettl, Niederösterreich (= Österreichische Akademie der Wissenschaften, Philos.-Hist. Klasse, Denkschriften 201, Wien 1990) S. 97–102: jeweils mit weiterer Lit.

Landnahmeprozesse in Pannonien und Italien[6] sollen hier betrachtet werden, sondern das Interesse konzentriert sich auf die Langobarden in ihren Siedlungsgebieten nördlich der Donau. Hier ist – so wird sich zeigen – sowohl der historische wie der archäologische Befund nach dem heutigen Forschungsstand nicht nur jeweils in sich selbst problematisch, sondern die Erkenntnisse der beiden Wissenschaften lassen sich derzeit bei einem abschließenden Vergleich auch nicht ohne weiteres zur Deckung bringen. Den folgenden Versuch einer Klärung und einer anschließenden Modellbildung widmet die Verfasserin dem Jubilar, der sich – freilich unter anderen Fragestellungen – mit der frühen Geschichte der Langobarden intensiv beschäftigt hat[7]. Dies sei gleichzeitig ein bescheidener Dank für anregende Diskussionen und vielfältige Hilfe bei historischen Fragestellungen über viele Jahre gemeinsamen Wirkens an der Universität des Saarlandes[8].

DER ARCHÄOLOGISCHE BEFUND
FORSCHUNGSSTAND UND FRAGESTELLUNG

Der von den Langobarden nördlich der Donau eingenommene Siedlungsraum wurde von Joachim Werner 1962[9] anhand der aus diesem Gebiet von der nach Pannonien eingewanderten Generation mitgebrachten Trachtbestandteile und den dortigen Reihengräberfeldern mit allen ihren Merkmalen des von ihm gleichzeitig definierten »Östlichen Reihengräberkreises«[10] primär in Südmähren gesucht, wobei als Zentrum für ihn der Grabhügel auf dem Žuráň, obec Podolí, okr. Vyškov (60), mit seiner außergewöhnlichen Lage und Größe und den ehemalig weit überdurchschnittlich reich ausgestatteten Kammergräbern eine wichtige Rolle spielte[11]. Er folgte nämlich der erstmals von Herbert Mitscha-Märheim geäußerten These, daß hier Angehörige der langobardischen Königsfamilie bestattet seien[12]. Werner weist jedoch bereits darauf hin, daß angesichts des Forschungsstandes und der starken Beraubung der Gräber für die erste Hälfte des

---

6   Vgl. Anm. 2–3.
7   Reinhard SCHNEIDER, Königswahl und Königserhebung im Frühmittelalter. Untersuchungen zur Herrschaftsnachfolge bei den Langobarden und Merowingern (= Monographien zur Geschichte des Mittelalters 3, Stuttgart 1972).
8   Die hier angestellten Untersuchungen gehen auf Thesen zurück, die die Verf. bei der Vorbereitung eines Seminars über die Langobarden entwickelt hatte. Für die intensive Mitarbeit und lebhafte Beteiligung an der Diskussion danke ich allen Teilnehmern und Teilnehmerinnen, insbesondere Alexander Rektenwald und Edda Schlesier, die das norddanubische Material bearbeiteten.
9   Joachim WERNER, Die Langobarden in Pannonien. Beiträge zur Kenntnis der langobardischen Bodenfunde vor 568 (= Bayerische Akademie der Wissenschaften, Philos.-Hist. Klasse. Abhandlungen NF 55 A-B, München 1962), bes. S. 105–113.
10   Ebd. S. 130–133.
11   Ebd. S. 105–109.
12   Ebd. S. 107; Herbert MITSCHA-MÄRHEIM, Völkerwanderungszeitliche Königsgräber östlich von Brünn, in: Bericht über den zweiten österreichischen Historikertag in Linz a. d. Donau, veranstaltet vom Verband Österreichischer Geschichtsvereine in der Zeit vom 18. bis 20. September 1951 (= Veröffentlichungen des Verbandes der Österreichischen Geschichtsvereine 2, Wien 1952) S. 36–37.

5. Jahrhunderts noch erheblicher Klärungsbedarf besteht[13], entscheidet sich aber anhand der drei größeren einigermaßen beurteilbaren Gräberfelder Šaratice, okr. Vyškov, und Smolín, okr. Břeclav, in Südmähren sowie Nový Šaldorf, okr. Znojmo, im Dyje/Thayatal (Südwestmähren)[14] dafür, daß in beiden Gebieten »spätestens seit der Mitte des 5. Jahrhunderts bis in die danubische Phase (Beginn des 6. Jahrhunderts)«[15] mit einer Besiedlungskontinuität zu rechnen sei. Er weist dann darauf hin, daß eine in diesen beiden für ihn primären Siedlungsgebieten erkennbare Frühphase – jedenfalls derzeit – im westlichen Niederösterreich, dem alten Rugiland, fehle[16] und daß man trotz aller Vorbehalte eines noch nicht ausreichenden Fundbestandes in dieser Region den Eindruck habe, daß eine allmähliche Ausweitung der Siedlung in diesen Bereich erfolgte[17]. Er zeigt im folgenden auch auf, daß der gesamte Raum von Langobarden besiedelt blieb, daß aber pannonische Formen in den Gräberfeldern dieses Bereiches fehlten. Daraus sei zu schließen, »daß die Masse des Volkes an der pannonischen Landnahme beteiligt war und nur spärliche Reste nördlich der Donau zurückblieben«[18].

Dieser Auffassung hat Jaroslav Tejral zuerst 1973[19] und dann in mehreren Untersuchungen bis 1990[20] widersprochen. Für ihn gelten nur jene Grabfunde als langobardisch, deren Beigaben formal mit solchen der pannonischen Phase unmittelbar zu verbinden, d. h. in das frühe 6. Jahrhundert zu datieren sind. Dabei bilde das westliche Niederösterreich den primären Siedlungsbereich, von dem aus eine Siedlungsausbreitung nach Mähren erfolgte. Die Grab- und Einzelfunde der zweiten Hälfte des 5. Jahrhun-

---

13 Werner a. a. O. S. 109.
14 Ebd. S. 109–111.
15 Ebd. S. 109.
16 Ebd. S. 111.
17 Ebd. S. 112.
18 Ebd. S. 113.
19 Jaroslav Tejral, Kostrové hroby z Mistřína, Polkovic, Šlapanic a Tasova a jejich postavenív rámci moravského stěhování národů. [Dt. Rés.:] Skelettgräber aus Mistřín, Polkovice, Šlapanice und Tasov und ihre Stellung im Rahmen der mährischen Völkerwanderungszeit (in: PamArch 64, 1973) S. 301–339.
20 Jaroslav Tejral, K Langobardskému odkazu v archeologických pramenech na území Československa. [Dt. Rés.:] Zum langobardischen Nachlaß in archäologischen Quellen aus dem Gebiet der Tschechoslowakei (in: SlovArch 23, 1975) S. 377–446. – Ders., Grundzüge der Völkerwanderungszeit in Mähren (= Studie Archeologického ústavu Československé Akademie Věd v Brně 4, Praha 1976), bes. S. 83–93. – Ders., Probleme der Völkerwanderungszeit nördlich der mittleren Donau, in: Germanen, Hunnen und Awaren. Schätze der Völkerwanderungszeit. Germanisches Nationalmuseum, Nürnberg, 12. Dezember 1987 bis 21. Februar 1988. Museum für Vor- und Frühgeschichte der Stadt Frankfurt am Main, 13. März bis 15. Mai 1988 (= Ausstellungskataloge des Germanischen Nationalmuseums, Nürnberg 1987) S. 351–360. – Ders., Die Langobarden nördlich der mittleren Donau, in: Ralf Busch (Hg.), Die Langobarden. Von der Unterelbe nach Italien (= Veröffentlichungen des Hamburger Museums für Archäologie und die Geschichte Harburgs [Helms-Museum] 54, Hamburg 1988) S. 39–53. – Ders., Archäologischer Beitrag zur Erkenntnis der völkerwanderungszeitlichen Ethnostrukturen nördlich der mittleren Donau, in: Herwig Friesinger/Falko Daim (Hg.), Typen der Ethnogenese unter besonderer Berücksichtigung der Bayern. Teil 2 (= Österreichische Akademie der Wissenschaften, Philos.-Hist. Klasse, Denkschriften, Wien 1990) S. 9–87, mit Schwerpunkt auf Aussagen der Siedlungsfunde.

derts spiegelten eine vorlangobardische Phase[21] wider, die mit den Funden und Befunden der ersten Hälfte des 5. Jahrhunderts zusammen zu sehen sei und nicht als langobardisch angesprochen werden könnte, sondern einer multi-ethnischen, stark aus dem Karpatenbecken beeinflußten Bevölkerung zuzuschreiben sei. Vorsichtig deutet er an, daß hier der archäologische Niederschlag der Heruler in Frage käme. Seine Beweisführung stützt sich in großem Umfang auf das Auftreten von Drehscheibenkeramik, die er zunächst nicht chronologisch differenziert. Handgemachte »elbgermanische« Keramik wird von ihm grundsätzlich der späten langobardischen Phase zugewiesen, was u. a. die Folge hat, daß er mit einer Weiterbenutzung der oben schon genannten Gräberfelder von Smolín und Šaratice durch diese elbgermanische, sprich langobardische Bevölkerung, rechnet. In einer speziell der handgemachten Keramik gewidmeten Untersuchung von 1975[22] unterscheidet er zwischen elbgermanisch geprägter Keramik aus Brandgräberfeldern Nordmährens, die sich mit einzelnen Belegen auch im Brünner Becken als Leichenbrandbehälter findet, und handgemachter Ware als Beigefäßen in langobardischen Körpergräbern, die ebenfalls elbgermanisch geprägt sind, für ihn jedoch eng mit den Gefäßformen zusammenhängen, die als Beigefäße besonders in den böhmischen Körpergräbern der sogenannten »merowingischen« Kultur Bedřich Svobodas[23] vorkommen. Deshalb unterscheidet er zwischen kleineren elbgermanischen Gruppen, die seit der Mitte des 4. Jahrhunderts, vornehmlich aus dem Bereich der Schalenurnenfelder[24] stammend, eingewandert sind, und Langobarden, die nach »Rugiland« kamen. Er hält es allerdings für verfrüht, die Frage zu entscheiden, ob diese jüngeren Übereinstimmungen auf eine Herkunft der Langobarden aus Böhmen oder nur auf eine

21   Ausführlich vorgelegt und bearbeitet von Jaroslav TEJRAL, Morava na sklonku antiky (= Monumenta Archaeologica, Praha 1982). – Die Gliederung des mährischen Fundmaterials in zwei entsprechende Phasen hatte schon Zora TRŇÁCKOVÁ in ihrer ungedruckt gebliebenen Kandidatsarbeit vertreten, vgl. ihre Zusammenfassung: Skelettgräber aus der Völkerwanderungszeit in Mähren. Thesen der Kandidatendissertation (in: Přehled Výzkumů 1971) S. 83–86.
22   TEJRAL (in: SlovArch 23, 1975) [wie oben Anm. 20].
23   Bedřich SVOBODA, Čechy v době stěhování národů/Böhmen in der Völkerwanderungszeit (= Monumenta Archaeologica 13, Praha 1965) S. 127–232, dt. Rés. S. 330–354.
24   Diesen Bezug hat meines Wissens zuerst Gerhard KÖRNER, Die südelbischen Langobarden zur Völkerwanderungszeit (= Veröff. der urgeschichtlichen Sammlungen des Landesmuseums zu Hannover 4, Hildesheim und Leipzig 1938) S. 18, angedeutet (Vahrendorfer Gruppe an der Niederelbe und direkte Bezüge zu österreichischen Funden, die Beninger als langobardisch angesprochen hätte), er wurde auch vertreten von Jiři ZEMAN, Severní Morava v mladší době římské. Problémy osídlení ve světle rozboru pohřebiště z Kostelce na Hané (= Monumenta Archaeologica 9, Praha 1961), bes. zusammenfassend S. 277–279 und S. 300 f. (Rés.), allerdings sieht er die Vergleichsfunde in einem größeren Bereich, der auch Ostholstein und Westmecklenburg umfaßt. – Berthold SCHMIDT, Die Langobarden während der römischen Kaiserzeit und langobardisch-thüringische Beziehungen im 5./6. Jahrhundert, in: Atti del convegno internazionale sul tema: La civiltà dei Longobardi in Europa, Roma, 24–26 maggio 1971, Cividale del Friuli, 27–28 maggio 1971 (= Academia Nazionale dei Lincei, Anno 371, 1974, Quaderno 189, Roma 1974) S. 79–84, nimmt die These Körners mit besseren Argumenten auf und rechnet mit der Herkunft aus Nordostniedersachsen und der Altmark: Schalenurnenfelder-Gruppe. Als mögliche Wanderwege sieht er den Weg »entlang der Elbe über Böhmen oder über das Havelgebiet in Richtung auf die mährische Pforte«; ebd. S. 82.

Verwandtschaft zwischen diesen Bevölkerungsgruppen hinweist[25]. Auch hier fehlt ein Versuch, die Keramik chronologisch zu gliedern, was – wie sich später zeigen wird – allerdings auch nicht einfach ist, weil gute Vergesellschaftungen mit feinchronologisch auswertbaren Trachtbestandteilen weitgehend fehlen. Aus der gesamten Untersuchung wird deutlich, daß er sich stark an den historischen Quellen orientiert, die jedoch nicht einer selbstständigen Analyse unterzogen werden. Der Auffassung von Tejral schließt sich 1979 auch in einer knappen allgemeinverständlichen Darstellung Horst Adler[26] an, der ihm besonders in der Beurteilung der Besiedlungsabläufe folgt, jedoch mit dem Argument vieler Entsprechungen in den Beigaben der Gräber mit einer Einwanderung direkt aus »dem nördlichen Mitteldeutschland und in den nordöstlichen Randzonen Thüringens«[27] rechnet. Als wichtig ist hier noch festzuhalten, daß Adler das obere Thayatal mit zu »Rugiland«[28] rechnet.

1985 hat Tejral dann eine schärfere chronologische Gliederung der Drehscheibenware vorgelegt[29]. Er definiert zunächst die graue spät- bis spätestkaiserzeitliche Ware genauer, zu der – allerdings mit nur wenigen Belegen – scharfkantige Schüsseln oder Schalen mit gitterförmigen Glättmustern gehören[30]. Davon setzt er einleuchtend die Masse der »Murga-Keramik« ab, die überwiegend sehr gut in die erste Hälfte des 5. Jahrhunderts datierbar ist. Vor allem gliedert er zwei andere Keramikgruppen aus. Er unterscheidet neben einer Gruppe von Gebrauchskeramik, die sich zeitlich nicht genau eingrenzen läßt, eine Gruppe von glattwandiger und glättverzierter Keramik, die er aufgrund von gut ausgestatteten Frauengräbern (Černín, okr. Znojmo [63][31], Šaratice, okr. Vyškov [52], Grab 17, und Tasov, okr. Hodonín [54]) in das ausgehende 5. Jahrhundert und frühe 6. Jahrhundert datiert. Er hält jedoch an der Zuordnung dieser Formen in die vorlangobardische Phase fest, obwohl er darauf hinweist, daß hier nur der Anfang einer andersartigen Entwicklung faßbar sei, die sich in der Keramikproduktion der Töpferei von Ternitz, Ger. Bez. Neunkirchen, Burgenland, widerspiegele[32]. In den langobardischen Gräbern spiele dann Drehscheibenware eine ganz untergeordnete Rolle, und

25 Tejral (in: SlovArch 23, 1975) [wie oben Anm. 20] S. 430 bzw. 444 (Rés.).
26 Herwig Friesinger/Horst Adler, Die Zeit der Völkerwanderung in Niederösterreich (= Wissenschaftliche Schriftenreihe Niederösterreich 41/42, St. Pölten und Wien 1979) S. 36–37.
27 Ebd. S. 36.
28 Nach dem Fundstellenverzeichnis ebd. S. 58–59.
29 Jaroslav Tejral, Spätrömische und völkerwanderungszeitliche Drehscheibenkeramik in Mähren (in: Archaeologia Austriaca 69, 1985) S. 105–145.
30 Ebd. S. 106 mit Abb. 3, 5–6 auf S. 109.
31 Im folgenden wird, sofern es sich um allgemeine Hinweise auf Grabfunde bzw. Gräberfelder handelt, die lfde. Nr. des Verzeichnisses 1 im Anhang mit den Literaturnachweisen angegeben, um die Anmerkungen zu entlasten.
32 Herwig Friesinger/Helga Kerchler, Töpferöfen der Völkerwanderungszeit in Niederösterreich. Ein Beitrag zur völkerwanderungszeitlichen Keramik (2. Hälfte 4.–6. Jahrhundert n. Chr.) in Niederösterreich, Oberösterreich und dem Burgenland (in: Archaeologia Austriaca 65, 1981) S. 193–269. Hier sind schon entsprechende Datierungsvorschläge gemacht worden, die bisweilen allerdings durch eine zu starke Zusammenfassung von Formen zu ebenfalls recht späten Ansätzen führten, vgl. dazu unten bei Anm. 176, 185 und 251.

mehrheitlich hänge diese Ware mit der thüringischen Einglättware sowie mit südwestdeutschen bzw. pannonischen oder gepidischen Formen zusammen[33].

1988 hat Tejral in einem einleitenden Aufsatz zur Langobarden-Ausstellung in
Hamburg-Harburg und in einem 1990 erschienenen Vortrag[34] im Rahmen eines Symposions in Zwettl 1986 seine Auffassungen teilweise noch näher begründet, teilweise
aber auch modifiziert, obwohl er an den Grundlinien seiner Konzeption festhält. Auch
hier werden die üblichen, auf schriftlichen Quellen basierenden historischen Verhältnisse und die archäologischen Befunde herangezogen. Tejral hält an seiner vorlangobardischen multi-ethnischen Gruppe fest. Dazu gehörten jetzt Reste der swebischen
Bevölkerung, die sich nicht der Abwanderung angeschlossen hätten, sondern umge-
schichtet und assimiliert wurden, kleinere elbgermanische Bevölkerungsgruppen, unter
Umständen zu verschiedenen Zeitpunkten hier ansässig geworden und ostgermanische
Bevölkerungsteile, alles unter ostgermanischer, eher herulischer als rugischer Oberherrschaft. Eine Widerspiegelung dieser herulischen Oberschicht sieht er in dem »Fürstengrab« von Blučina und den Bestattungen im Žuráň. Auf die Argumente für diese Interpretation soll hier zunächst nicht eingegangen werden. Er räumt indessen ein, was er
anfangs als unbegründet zurückgewiesen hatte[35], daß die Bevölkerung dieses Raumes in
ihren Bestattungen die »üblichen« frühmerowingischen Einflüsse erkennen läßt, obwohl sie »wesentlich donauländich-ostgermanisch geprägt«[36] sei, und daß die älteste
Phase der langobardischen Gräber in Südmähren sich zeitlich mit denen des Rugilandes
überschneidet. Soweit er bestimmte Sachaltertümer, besonders Fibeln mit Fundorten,
nennt, scheinen seine Datierungen, die sich weitgehend auf die Chronologie von
B. Schmidt für Mitteldeutschland mit den absolutchronologischen Ansätzen aus dem
Jahre 1961[37] stützt, nach heutigen Erkenntnissen zu spät zu sein. Dies gilt auch für die
Zeitansätze der weiteren langobardischen Entwicklung, was auch hier nicht im einzelnen widerlegt werden soll. Im Grundsatz hält er aber an der These fest, daß die vorlangobardischen Gräberfelder abbrechen und eine Neubesiedlung durch eine elbger-

33   Tejral (in: Archaeologia Austriaca 69, 1985) [wie oben Anm. 29] S. 141.
34   Tejral, in: Busch, Die Langobarden [wie oben Anm. 20]; Ders., in: Friesinger/Daim, Typen
der Ethnogenese [wie oben Anm. 20]. Wahrscheinlich wurde der 1990 veröffentlichte Text früher geschrieben als der Kataloghandbuch-Aufsatz von 1988, da der erstgenannte Text inhaltlich dem Text
im Kataloghandbuch »Germanen, Hunnen und Awaren« von 1987 [wie oben Anm. 20] weitgehend
entspricht. Auch hier ist noch von der Wanderung der Langobarden entlang der Elbe nach Böhmen,
von einem schnellen Durchqueren Südböhmens und einer Niederlassung in der Grenzzone zu Noricum Ripense, erst dann »nach Pannonien in das sagenhafte Rugiland und in das ›feld‹« die Rede (vgl.
Tejral, in: Germanen, Hunnen und Awaren [wie Anm. 20] S. 358 mit der fast identischen Formulierung in: Friesinger/Daim, Typen der Ethnogenese [wie oben Anm. 20] S. 47), während er im Har-
burger Kataloghandbuch S. 45 davon spricht, daß nach den historischen Quellen die Langobarden
»nach einem kurzen Aufenthalt in Rugiland weiter ostwärts in das ›sagenhafte feld‹« zogen, womit
er die Position Adlers übernimmt. Deshalb wird hier vornehmlich der Beitrag von 1988 referiert.
35   Tejral (in: PamArch 64, 1973) [wie oben Anm. 19] S. 335 (Rés.).
36   Tejral, in: Busch, Die Langobarden [wie oben Anm. 20] S. 45.
37   Berthold Schmidt, Die späte Völkerwanderungszeit in Mitteldeutschland (= Veröffentlichungen des Landesmuseums für Vorgeschichte in Halle 18, Halle [Saale] 1961), bes. S. 7–26.

manische Bevölkerung erfolgt sei, die dann die verbliebene vorlangobardische Bevölkerung integriert hätte. Erst nach dem Zusammenbruch des Herulerreiches kam es »irgendwann nach dem ersten Jahrzehnt des 6. Jahrhunderts zur endgültigen Landnahme elbgermanischer Gruppen in Südmähren und zu ihrer größten Macht und Wirtschaftsentfaltung. Erst danach sind die Langobarden aus mehreren Stammessplittern als entscheidender Machtfaktor hervorgegangen und haben alle anderen verwandten oder fremden Völkerelemente im Donaugebiet unterworfen sowie große Gebietserweiterungen vorgenommen«[38].

Tejrals Thesen scheinen in vielen Teilen sicher einleuchtend, reizen aber auch zu einer kritischen Überprüfung. Das betrifft vor allem das Probleme der Siedlungsdiskontinuität zwischen der ›vorlangobardischen‹ und der ›langobardischen‹ Kultur sowie die Annahme, letztere habe sich vom westlichen Weinviertel nach Osten in das südmährische Gebiet ausgebreitet. Voraussetzung für eine kritische Analyse ist zunächst eine Präzisierung der chronologischen Ansätze, sowohl relativ- wie absolutchronologisch, auf dem Hintergrund des neueren Forschungsstandes. Dies ist in einer antiquarischen Analyse für die metallenen Trachtbestandteile zu erarbeiten, und es ist zugleich für die Funde der zweiten Hälfte des 5. Jahrhunderts zu überprüfen, in welchen Kontext sie aufgrund der Verbreitung gehören. Auch soll versucht werden, die Keramik soweit chronologisch zu gliedern, wie es für dann anzuschließende Fragestellungen nötig ist.

Erst dann kann eine umfassende Analyse des archäologischen Befundes und eine Interpretation vorgenommen werden. Hier ist vor allem eine kritische Betrachtung der Frage wichtig, ob die ausschließlich aus unterschiedlich großen/bzw. besser kleinen Gräberfeldausschnitten stammenden Befunde überhaupt Schlüsse auf eine Diskontinuität oder Kontinuität zulassen. Schließlich ist aus methodischen Gründen eine Analyse der erkennbaren Tracht- und Ausstattungssitten durchzuführen, um zu einem Urteil zu gelangen, ob Tejrals »vorlangobardische« Kultur sich von der elbgermanischen Kultur der »Langobarden« abgrenzen läßt oder nicht. Erst dann kann eine Interpretation einsetzen, bei der gemäß dem gestellten Thema die Rekonstruktion der Besiedlungsabläufe im Mittelpunkt steht.

ANTIQUARISCHE ANALYSE

Zunächst ist also wichtig, eine begründete relative Chronologie für den südmährisch-niederösterreichischen Raum der zweiten Hälfte des 5. und der ersten Hälfte des 6. Jahrhunderts zu erstellen, ohne zunächst zu berücksichtigen, welchen Bevölkerungsgruppen die Funde wohl zuweisbar wären. Der Forschungsstand – keine vollständig untersuchten und modern komplett veröffentlichten Gräberfelder[39] – und der hohe Prozentsatz altberaubter Gräber erlauben es nicht, eine eigenständige relativchronologische Entwicklung herauszuarbeiten. Dennoch sind genügend scharf abgrenzbare Formen von Trachtbestandteilen – insbesondere Fibeln und Schnallen – erhalten geblie-

---

38 Ebd. S. 47.
39 Vollständig ausgegraben, aber nur in einem kurzen Vorbericht bekannt gemacht ist offenbar allein das Gräberfeld von Holubice, okr. Vyškov (21).

ben, die aufgrund von Parallelen in den Nachbargebieten extern schärfer datiert werden können. Besonders wichtig ist hier der Bezug auf die Chronologie des »westlichen Reihengräberbereichs«, für den Hermann Ament auf Kurt Böhner aufbauend ein weiträumig brauchbares relativchronologisches Stufensystem erarbeitet hat[40]. Einigkeit besteht aber inzwischen darüber, daß seine absolutchronologisch 80 Jahre umfassende Stufe AM I unterteilt werden muß[41]. Mit dieser relativchronologischen Gliederung ging eine endgültige Herabsetzung der absolutchronologischen Daten einher, so daß vorher übliche Ansätze, insbesondere das Datum »um 500«, mindestens 30, oft aber bis zu 50 Jahre ermäßigt werden mußten. Dies ist für Außenstehende recht schwer zu durchschauen, bedeutet aber, daß ältere chronologische Ansätze in absoluten Daten nur mit großer Vorsicht übernommen werden dürfen[42]. Max Martin hat zur absoluten Chronologie vorgeschlagen, die Stufe AM I schon mit dem Ende der Regierungszeit Chlodwigs enden zu lassen[43]. Dies schafft aber Probleme, wenn man den Inhalt der Stufe AM II, der recht homogen ist, in Betracht zieht und diesen auf ca. 60 Jahre verteilen soll. Meines Erachtens ist Martins Ansatz zwar nicht völlig zurückzuweisen, doch muß dann ein

40   Hermann AMENT, Zur archäologischen Periodisierung der Merowingerzeit (in: Germania 55, 1977) S. 133–140.
41   Für die Rheinlande vgl. Jochen GIESLER, Frühmittelalterliche Funde aus Niederkassel, Rhein-Sieg-Kreis (in: BJ 183, 1983) S. 475–590, bes. S. 542 f. mit Abb. 28; Alfried WIECZOREK, Die frühmerowingischen Phasen des Gräberfeldes von Rübenach. Mit einem Vorschlag zur chronologischen Gliederung des Belegungsareals A (in: BerRGK 68, 1987) S. 353–492, bes. S. 356f. mit Abb. 1 und zusammenfassend S. 443–451; Bernd PÄFFGEN, Die Ausgrabungen in St. Severin zu Köln (= Kölner Forsch. 5, 1–3, Mainz 1992), bes. Teil 1, S. 260–316 mit der zusammenfassenden Synchronisierung S. 261 Abb. 71. – Zur Untergliederung der südwestdeutschen Grabfunde der Stufe AM I legte Hermann Friedrich MÜLLER, Das alamannische Gräberfeld von Hemmingen (Kreis Ludwigsburg) (= Forsch. und Ber. zur Vor- und Frühgeschichte in Baden-Württemberg, Stuttgart 1976), die Grundlagen. Darauf aufbauend wurde in Saarbrücken eine Untergliederung erarbeitet. Für die Frauengräber erarbeitete dies Bärbel FECHT in einer Magisterarbeit »Beobachtungen zur sozialen Stellung der Trägerinnen von Bügelfibelpaar und Kolbenarmring« (1995), für die Männergräber Annette RÖHRIG-SCHIERBAUM in einer Magisterarbeit »Typologisch-chronologische Untersuchungen zu alamannischen Waffengräbern der frühen Merowingerzeit« (1997) sowie die Verf. in Untersuchungen zu dem Gräberfeld von Gammertingen. Leider sind diese Untersuchungen noch nicht gedruckt, da die Magisterarbeiten Bestandteil von Dissertationen sind und die Bearbeitung von Gammertingen noch nicht abgeschlossen ist. Zu einer Feingliederung gelangte auch Ursula KOCH bei der Bearbeitung des Gräberfeldes von Pleidelsheim (im Druck). Diese entspricht weitgehend der hier vertretenen Gliederung, wie sich aus einer freundlicherweise vorab übermittelten Manuskriptfassung ergab.
42   Dies gilt im Arbeitsbereich bereits für alle Daten WERNERS, Langobarden [wie oben Anm. 9] sowie für fast alle von TEJRAL übernommenen Datierungen, so daß sich eine Auseinandersetzung im Detail verbietet.
43   Max MARTIN, Bemerkungen zur chronologischen Gliederung der frühen Merowingerzeit (in: Germania 67, 1989) S. 121–141. Nachteil dieser Argumentation ist, daß sie von einer Prämisse geprägt ist, die nicht aus dem Fundstoff selbst gewonnen wurde, sondern durch Überlegungen zur historischen Situation, nämlich daß ein tiefgreifender Wandel nach der Regierungszeit Chlodwigs stattgefunden hat: »... so mag beim Abschluß der zwischen 496 und 511 erfolgten Entwicklung eine eigenständige merowingische Kultur mit eigenen (und integrierten) Elementen bis hinein in Bereiche der Sachkultur – vom Ringknaufschwert über den Kurzsax bis hin zu Sturzbecher und beschlagloser Schilddornschnalle – ihren Anfang genommen haben«; ebd. S. 141.

früher Abschnitt der Stufe AM II zusammen mit einem späten Abschnitt der Stufe AM I definiert werden. Auf Mähren und Niederösterreich nördlich der Donau läßt sich allerdings diese Stufengliederung nur bedingt übertragen. Daher wird im folgenden eine vier relativchronologische Stufen – Norddanubisch (ND) 1–4 – umfassende Gliederung benutzt, die dennoch im wesentlichen auf der relativen Chronologie des westlichen Reihengräberbereiches beruht. ND 1 entspricht dabei der Stufe AM Ia bzw. weitgehend der Stufe D3 von Tejral/Bierbrauer und ND 2 der Stufe AM Ib. ND 3 enthält späte Formen der Stufe AM I nach konventioneller Definition und frühe Formen der Stufe AM II, besonders wenn man Martin folgt. ND 4 schließlich entspricht dem Inhalt nach dem eigentlichen AM II und zugleich dem Formengut, das in den pannonischen Gräberfeldern der Langobarden dominiert. Im folgenden soll der Inhalt dieser Zeitgruppen mit den wichtigsten Belegen definiert und zugleich dort, wo es unbedingt notwendig erscheint, auch mit einer antiquarischen Betrachtung Grundlagen für eine spätere weitergehende Interpretation gelegt werden.

Bezeichnend für ND 1 sind unter den Fibeln vor allem Dreiknopffibeln, die zwei verschiedenen Kulturbereichen zuzuordnen sind: Mehrfach vertreten sind Dreiknopffibeln mit einer Kerbschnittverzierung aus eingerollten Spiralenden in Vierpaßform vom Typ Szekszárd[44], die außer in Mähren auch im westlichen Teil des Karpatenbeckens[45] sowie vereinzelt in Mitteldeutschland und im südalamannischen Bereich vertreten sind. Eine Fibel solchen Typs wurde von einer ostgotischen Frau, die in Acquasanta, Marche, bestattet wurde[46], aus dem Karpatenbecken mitgebracht. Bierbrauer setzt deshalb diesen Typ als bezeichnende Form seiner Stufe D 3[47] an. Die alamannischen Gräber ergeben auf der anderen Seite eine Datierung nach AM Ia[48]. Andere Drei-

---

44   Knínice u Boskovic, okr. Blansko (24): TEJRAL, Morava [wie oben Anm. 21] S. 202 Nr. 20; 132 Abb. 47, 5 Taf. 24, 14. – Sokolnice, okr. Brno-venkov (46), Grab 5: ebd. S. 95 Abb. 30, 2; 217 Nr. 39 mit Abb. 96, 2 a–b. – Sokolnice, aus zerstörten Gräbern: ebd. S. 217 Nr. 39; 216 Abb. 94, 6. – Heranzuziehen ist weiter ein Rostabdruck mit einem verwandten Spiralmotiv von Novy Šaldorf, okr. Znojmo (72), Grab 41/23: ebd. S. 207 Nr. 29; 211 Abb. 88, 5.

45   Vgl. dazu Volker BIERBRAUER, Das Frauengrab von Castelbolognese in der Romagna (Italien) – Zur chronologischen, ethnischen und historischen Auswertbarkeit des ostgermanischen Fundstoffs des 5. Jahrhunderts in Südosteuropa und Italien (in: JRGZM 38, 1991[1995]) S. 541–592, bes. S. 575; 574 Abb. 20, 4–8; sowie ebd. S. 572–577 ihre Einbettung in den gesamten Formenschatz im Karpatenbecken in dieser Zeit und Nachweise in Anm. 133–135.

46   Giovanni ANNIBALDI/Joachim WERNER, Ostgotische Grabfunde aus Acquasanta, Prov. Ascoli Piceno, Marche (in: Germania 41, 1963) S. 356–373, bes. S. 360 Taf. 41, 4. – Volker BIERBRAUER, Die ostgotischen Grab- und Schatzfunde in Italien (= Biblioteca degli »Studi Medievali« 7, Spoleto 1975) S. 257–262, bes. S. 257f. Taf. 3, 1.

47   BIERBRAUER (in: JRGZM 38, 1991[1995, wie oben Anm. 45]) S. 572–579 mit Matrix Abb. 4 auf S. 545.

48   Hemmingen, Kr. Ludwigsburg, Grab 24: MÜLLER, Hemmingen [wie oben Anm. 41] S. 47–49 Taf. 5 B; 19, 1. – Weingarten, Lkr. Ravensburg, Grab 241: Helmut ROTH/Claudia THEUNE, Das frühmittelalterliche Gräberfeld bei Weingarten (Kr. Ravensburg) I: Katalog der Grabinventare (= Forsch. und Berichte zur Vor- und Frühgeschichte in Baden-Württemberg 44 I, Stuttgart 1995) S. 69 f. Taf. 76 B. – Basel, Gotterbarmweg, Grab 6 und Grab 33 (Emil VOGT, Das alamannische Gräberfeld am alten Gotterbarmweg in Basel (in: ASAK NF 32, 1930) S. 145–164, bes. S. 148–150 mit Abb. 2–3

knopffibeln[49] haben ihre Parallelen hauptsächlich in den westlicheren Teilen des »östlichen Reihengräberbereichs«, also in Mitteldeutschland und in Böhmen, aber auch im alamannischen Bereich[50]. Eine weitere typische Form der Stufe ND 1 vertritt eine Fibel

Taf. 7, IV, 4–5 und ebd. S. 162 Taf. 11, XXXIII, 4) sind Varianten, die die Kenntnis karpatenländischer Originale vom Typ Szekszárd voraussetzen. Ebenfalls sehr eng verwandt, aber durch die Beifunde nicht schärfer innerhalb von Schmidt IIb (= AM I) zu datieren ist die Bügelfibel aus Grab 19 von Lützen, Lkr. Weißenfels (SCHMIDT, Mitteldeutschland [wie oben Anm. 37] Taf. 31 b; DERS., Die späte Völkerwanderungszeit in Mitteldeutschland. Katalog [Nord- und Ostteil] [= Veröff. des Landesmuseums für Vorgeschichte in Halle 29, Berlin 1976] S. 126 Taf. 108, 2 b).

49 Blučina, Nivky (4): TEJRAL, Morava [wie oben Anm. 21] S. 198 Nr. 2; 105 Abb. 39, 4 Taf. 18, 3.6. – Vyškov (58), Grab 17: DERS., Völkerwanderungszeitliches Gräberfeld bei Vyškov (Mähren) (= Studie archeologického Ústavu Československé Akademie Věd v Brně II, 2, Praha 1974) S. 52–54; 44 Abb. 3, 16 Taf. 7, 24. – Sokolnice, okr. Brno-venkov (46), aus zerstörten Gräbern: DERS., Grundzüge [wie oben Anm. 20] S. 27 Abb. 4, 1, sowie DERS., Morava [wie oben Anm. 20] S. 217 Nr. 39; 103 Abb. 37, 2). – Šaratice, okr. Vyškov (52), Grab 12: DERS., Morava [wie oben Anm. 21] S. 218 Nr. 41; 107 Abb. 40, 3 Taf. 20, 5.

50 Zu Blučina, Nivky: Horst Wolfgang Böhme, Eine elbgermanische Bügelfibel des 5. Jahrhunderts aus Limetz-Villez (Yvelines, Frankreich) (in: ArchKbl 19, 1989) S. 397–406; Hermann AMENT, Das alamannische Gräberfeld von Eschborn (Main-Taunus-Kreis) (= Materialien zur Vor- und Frühgeschichte von Hessen 14, Wiesbaden 1992), bes. S. 15–17 mit Abb. 9 (= Böhme Abb. 5) zu den verwandten Fibeln in Grab 29 (ebd. 65–66 Taf. 2–3, bes. Taf. 2, 2–3) und ihrer Datierung. Nach heutigem Forschungsstand gehört diese Fibel also nicht, wie Zora Trňáčková in der Erstpublikation 1970 gemäß den damaligen Forschungsmeinungen vertreten hat, zu einer provinzialrömischen Fibelgruppe (Zora TRŇÁČKOVÁ, Hrob z období stěhování národů z Blučiny-Nivky (in: Sborník Josefu Poulíkovi k šedesátinám, Brno 1970) S. 91–94. – Die Fibel aus dem gestörten Grab 17 von Vyškov (58) ist in den Einzelheiten singulär, gehört jedoch in die Reihe der Nachfolgeformen des Typs Wiesbaden, Variante mit schwalbenschwanzförmigem Fuß; vgl. dazu Joachim WERNER, Zu einer elbgermanischen Fibel des 5. Jahrhunderts aus Gaukönigshofen, Ldkr. Würzburg (in: BVGbll 46, 1981) S. 225–254. – Zu der kleinen Dreiknopffibel von Sokolnice, okr. Brno-venkov (46) ist ein solches Paar aus »Čechy«, näherer Fundort nicht bekannt, im Museum Kolín (SVOBODA, Böhmen in der Völkerwanderungszeit [wie oben Anm. 23] Taf. 19, 7–8) zu vergleichen, das Svoboda mit Recht in seine Vinařice-Gruppe stellt (ebd. S. 81), ferner Fibeln mit einem Endknopf anstelle des Tierkopfes aus Grab 30 von Basel-Kleinhüningen (Ulrike GIESLER-MÜLLER, Das frühmittelalterliche Gräberfeld von Basel-Kleinhüningen. Katalog und Tafeln [= Basler Beiträge zur Ur- und Frühgeschichte 11 B, Derendingen/Solothurn 1992] S. 32 Taf. 4, 30; 66, 5–6) und die zweite Fibel aus Grab 33 von Basel, Gotterbarmweg [vgl. Anm. 49]. Aufgrund der übereinstimmenden Fußendung ist die als Streufund geborgene Fibel von Kyjov (TEJRAL, Morava [wie oben Anm. 21] S. 202 Nr. 21; 103 Abb. 37, 2) hierher zu stellen. Die von TEJRAL a. a. O. S. 102 mit der Fibel von Kyjov verglichene Fibel aus dem Frauengrab von Stezzano (BIERBRAUER, Ostgotische Grab- und Schatzfunde [wie oben Anm. 46] S. 315 f. Nr. 30 Taf. 39, 8) vertritt vielmehr eine gepidische Fibelform. Die Fußform findet sich nämlich auch bei in den Proportionen entsprechenden gepidischen Drei- und Fünfknopffibeln, die sicherlich in die 2. Hälfte des 5. Jahrhunderts zu datieren sind, z. B. Szentes-Nagyhegy, Grab 22 (Deszö CSALLÁNY, Archäologische Denkmäler der Gepiden im Mitteldonaubecken (454–568) [= Archaeologia Hungarica 38, Budapest 1961] S. 49 f. Nr. 6 Taf. 28, 9, jedoch mit seitlichen Rundeln); Kiszombor, Grab 88 (ebd. S. 177 Nr. 91 Taf. 134, 2) und Subotica (in: Germanen, Hunnen und Awaren [wie oben Anm. 20] S. 204 Taf. 20,V,12.b; 226 Nr. V,12, mit Rundeln und Vogelkopfende). – Die Fibel aus Šaratice, okr. Vyškov (52), Grab 12, läßt sich in der Fußgestaltung gut mit der Fibel aus »Grab 58« von Záluží, obec Čelakovice, okr. Praha-vychod (SVOBODA, Böhmen in der Völkerwanderungszeit [wie oben Anm. 23] S. 294 Taf. 109, 6) vergleichen. Sie gehört zu einem hauptsächlich bei

aus zerstörten Gräbern von Sokolnice, okr. Brno-venkov (46)[51], und das Dreiknopffi-belpaar aus dem Frauengrab von Mistřín, okr. Hodonín (30)[52]. Dieses von Werner schon eingehend mit gleichzeitigen und formal jüngeren Stücken behandelte Fibel-paar[53] wurde von Tejral als Typ »Mistřín-Magyartes« klassifiziert[54], womit er die donauländischen Bezüge betonte. Allerdings handelt es sich bei den eponymen Fibeln von Magyartes um Fibeln mit 5 Knöpfen und teilweise der typisch gepidischen Rundel-verzierung[55], wie sie auch sonst, vergleichsweise aber selten, in gepidischen Zusammen-hängen vorkommen[56]. In den westlichen Teilen des östlichen Reihengräberbereiches und im westlichen Reihengräberbereich ist mir keine Dreiknopffibel bekannt, die so ge-nau mit den Mistříner Fibeln übereinstimmt, daß ein direkter Zusammenhang ange-nommen werden kann. Solche Fibeln müssen aber auch im Westen bekannt gewesen sein, denn sie – bzw. eine nahestehende Form mit Spiralornamentik auf der Fußplatte – lösten offensichtlich Nachahmungen aus. Teilweise sind dies Dreiknopffibeln[57], die von der in Mistřín vorliegenden Form abweichen. Eine Vierknopffibel vom Typ Mistřín aus

den Alamannen verbreiteten Typ der Stufe AM Ia, der u. a. in Eschborn, Grab 18, vorkommt und von Ament näher betrachtet und zeitlich eingeordnet wurde (AMENT, Eschborn [wie oben Anm. 50] S. 16–17; 62 Taf. 5, 1–2). Die fächerförmige Kopfplatte der Fibel aus Šaratice, Grab 12, ist an anderen südwestdeutschen Fibeln der gleichen Zeit belegt, vgl. z. B. Basel, Gotterbarmweg, Grab 23 (E. VOGT, in: ASAK 32, 1930 [wie oben Anm. 48] S. 159 Taf. 10, XXIII, 1) oder Basel-Kleinhünin-gen, Grab 102; GIESLER-MÜLLER, Basel-Kleinhüningen [wie oben in dieser Anm. S. 93–94] Taf. 20, 102, 3–4; 66, 7–8. Zu dem gleichen Ergebnis, was die Herkunft der Fibel angeht, gelangte schon TEJRAL a. a. O. 106–108, konnte sie aber nach den weiter gefaßten Vergleichen und beim damaligen Forschungsstand nicht näher innerhalb der 2. Hälfte des 5. Jahrhunderts festlegen.

51 TEJRAL, Morava [wie oben Anm. 21] S. 217 Nr. 39; 103 Abb. 37, 1.
52 Ebd. S. 204, S. 206 Nr. 28; 100 Abb. 34.
53 WERNER, Langobarden [wie oben Anm. 9] S. 68.
54 TEJRAL a. a. O. S. 99–100.
55 CSALLÁNY, Gepiden [wie oben Anm. 50] S. 40–43 Taf. 109, 1–4.
56 Szentes-Kökényzug, Grab 56 (CSALLÁNY a. a. O. S. 32f. Nr. 1 Taf. 11, 1–2, jedoch mit Fächeror-nament auf der Kopfplatte und Rundeln an der Fußplatte). – Tarnaméra (ebd. S. 234 Nr. 218 Taf. 200, 10, mit Rundeln). – Hodmezövásárhely-Gorsza, Grab 94 (ebd. S. 130 Nr. 70 Taf. 233, 8, schon von WERNER a. a. O. S. 68 Taf. 27, 12 abgebildet, ebd. setzt er bereits diese gepidische Fibelgruppe von den Formen des Typs Mistřín und anderen westlichen Fibeln mit entsprechender Fußplattenzier ab).
57 Mühlhausen, Unstrut-Hainich-Kreis, Wagenstädter Straße: SCHMIDT, Mitteldeutschland [wie oben Anm. 37] S. 121 Taf. 31, e (mit verflachtem, mäandroiden Dekor auf der Fußplatte). – Reins-dorf, Burgenlandkreis, Grab 3: SCHMIDT, Mitteldeutschland, Katalog (Nord- und Ostteil [wie oben Anm. 48] S. 115 Taf. 101, 3 (nur Skizze, zwar mit Rautenmuster auf dem Fuß, nach den Proportionen eher mit gepidischen Fibeln zu vergleichen). – Ficarolo, Prov. Rovigo (Norditalien), Grab 4: Volker BIERBRAUER/Hermann BÜSING/Andrea BÜSING KOLB, Die Dame von Ficarolo (in: ArchMed 20, 1993) S. 303–332, bes. S. 303–313; 310 Abb. 2; 312 Abb. 3; 314 Abb. 4 (mit Spiralornamentik auf dem Fuß, zur Datierung über die Gürtelschnalle der Stufe D2/D3 (Erstausstattung) bzw. der fünfknöpfi-gen Analogien am Basler Rheinknie und nicht zuletzt durch den vermuteten historischen Zusam-menhang mit Alamannen, die nach Italien ausgewichen sind, Bestattung erst um 500, vgl. BIERBRAU-ER, ebd. S. 318–332. – Saint-Martin-de-Fontenay, Dép. Calvados, Grab 282: Christian PILET (Éd.), La nécropole de Saint-Martin-de-Fontenay (Calvados) (= Supplément à Gallia 54, Paris 1994) S. 367 f.; 117 Abb. 52 Taf. 37, 282 auf S. 207 Taf. 38 auf S. 208.

Grab 76 von Lužice, okr. Hodonín (27), zeigt, daß eine Reihe von Fibeln dieser Variante aus Mitteldeutschland und einmals sogar aus der Pfalz mit großer Wahrscheinlichkeit aus Mähren stammen[58]. Für Fünfknopffibeln[59] läßt sich derzeit nicht entscheiden, was eventuell Originale und was Nachahmungen sind. Häufiger sind formal vergleichbare Fibeln mit einem Spiralornament auf der Fußplatte, die von verschiedenen Autoren gründlich untersucht und überwiegend in die Zeit um 500, also nach AM Ib, datiert werden[60]. Siebenknöpfige Fibeln, die in der Kopf- und Fußplattenverzierung mit der der Mistříner Fibeln genau übereinstimmen, sind nicht nur südlich der Donau in Wien, Salvatorgasse[61], sondern in Südbayern[62] und einmal auch in den Rheinlanden[63] belegt.

58   Jozef POULÍK, Žuráň in der Geschichte Mitteleuropas (in: SlovArch 43, 1995) S. 27–109, bes. S. 85 Abb. 64. Dazu gehören die folgenden ebenfalls mit Rautenmuster auf der Fußplatte verzierten Bügelfibeln: Kölleda, Lkr. Sömmerda: B. SCHMIDT, Die späte Völkerwanderungszeit in Mitteldeutschland. Katalog (Südteil) (= Veröff. des Landesmuseums für Vorgeschichte in Halle 25, Berlin 1970) S. 70 Taf. 65, 1 (Mädchen, ohne schärfer datierbare Beifunde). – Naumburg, Burgenlandkreis, Kroppenthaler Straße (Fundplatz 2), Grab 13: SCHMIDT, Mitteldeutschland [wie oben Anm. 37] S. 121 Taf. 31, h; DERS., Mitteldeutschland, Katalog (Nord- und Ostteil) [wie oben Anm. 48] S. 94 Taf. 76, 1 (ohne Beifunde). – Weimar, Nordfriedhof, Grab 30: DERS., Mitteldeutschland [wie oben Anm. 48] S. 121 Taf. 31, l; DERS., Mitteldeutschland, Katalog (Südteil) [wie oben Anm. 58] S. 80 Taf. 79, 3 (durch Beifunde nicht schärfer datierbar). – Cutry, Dép. Meurthe-et-Moselle, Grab 919: René LEGOUX et Abel LIÉGER, La nécropole gallo-romaine et mérovingienne de Cutry (Meurthe-et-Moselle), in: Actes des Xe Journées Internationales d'Archéologie Mérovingienne. Metz, 20–23 octobre 1988 (Sarreguemines 1989) S. 111–123, bes. S. 112; 119 Abb. sépulture 919 (durch die Beifunde ebenfalls nicht schärfer innerhalb von AM I zu datieren). – Edesheim, Kr. Südliche Weinstraße, Grab 36: Helmut BERNHARD, Die Merowingerzeit in der Pfalz (in: Mitt. des Hist. Vereins der Pfalz e.V. 95, 1997) S. 72 Abb. 40, 1–5 (der rillenverzierte Becher legt eine Datierung der Grablegung in die Stufe AM Ib nahe).
59   Naumburg, Schönburger Straße, Grab 11: SCHMIDT, Mitteldeutschland [wie oben Anm. 37] Taf. 68 a-b. – DERS., Mitteldeutschland, Katalog (Nord- und Ostteil) [wie oben Anm. 48] S. 97 Taf. 77, 6; 184, 4 (Schmidt IIb, aufgrund der Miniaturfibel mit Almandineinlagen eher spät innerhalb dieser Gruppe, also mit AM Ib zu synchronisieren, vgl. dazu SCHMIDT, Mitteldeutschland [wie oben Anm. 37] S. 122 mit Hinweis auf Grab 31 von Stößen mit einer entsprechenden Kleinfibel ebd. Taf. 73). – Nordendorf, Lkr. Augsburg, Grab 45/1855: M. FRANKEN, Die Alamannen zwischen Iller und Lech (= Germanische Denkmäler der Völkerwanderungszeit 5, Berlin 1944) S. 42 Taf. 1, 3 (Beifunde nicht mehr auszusondern).
60   MÜLLER, Hemmingen [wie oben Anm. 41] S. 66–67 (Kommentar zu Grab 36); 92–94 (Kommentar zu Grab 59); 109–110 (auch zur Abhängigkeit vom Typ Mistřín). – Christoph GRÜNEWALD, Das alamannische Gräberfeld von Unterthürheim, Bayerisch-Schwaben (= Materialhefte zur Bayerischen Vorgeschichte, Reihe A 59, Kallmünz 1988) S. 48f. (zu Grab 198). – BIERBRAUER (in: ArchMed 20, 1993) [wie oben Anm. 57].
61   Alfred NEUMANN, Spital und Bad des Legionslagers Vindobona (in: JRGZM 12, 1965) S. 99–126 bes. S. 114; 122 Abb. 7 Taf. 24, 4. – WERNER, Langobarden [wie oben Anm. 9] S.150 Nr. 40 Taf. 27, 4–8.
62   Altenerding, Stadt Erding, Lkr. Erding, Grab 272 u. 554: Walter SAGE, Das Reihengräberfeld von Altenerding in Oberbayern I (= Germanische Denkmäler der Völkerwanderungszeit, Serie A 14, Berlin 1984) S. 84 Taf. 33, 7–9; 189, 7; 158 Taf. 74, 6–8; 193,5, jeweils ohne datierende Beifunde.
63   Kottenheim, Lkr. Mayen-Koblenz, Grab 36: Hermann AMENT, Die fränkischen Grabfunde aus Mayen und der Pellenz (= Germanische Denkmäler der Völkerwanderungszeit, Serie B 9, Berlin 1976) S. 181f.; 179 Abb. 21, 36 Taf. 7; 71, 1–6, bes. Taf. 7, 3; 71, 2, AM II.

Die Kombination mit einer Fibel vom Typ Hahnheim der östlichen Form 2 nach Max Martin[64] in diesem Grab legt nahe, daß diese fränkische Fibelform nach dem Vorbild der späten Fibeln vom Typ Mistřín gestaltet wurde. M. E. verschleiert die schlechte Fundüberlieferung von Bügelfibeln in Mähren, bedingt durch die starke Beraubung der Gräber, die tatsächliche Bedeutung dieses Gebietes als anregender Bereich sowohl nach Westen zu den Thüringern, Alamannen und Franken, wie nach Osten zu den Gepiden.

Für die genauere Zeitstellung des Fibelpaars aus dem Grab von Mistřín ist deshalb derzeit mangels ganz nah verwandter Stücke nur festzuhalten, daß Dreiknopffibeln grundsätzlich im Westen nur in der Stufe AM Ia belegt sind. Es kommen in dieser Zeit aber auch schon Fünfknopffibeln vor, so die von dem Typ Mistřín abhängigen Fibelpaare aus Grab 126 und Grab 230 von Basel-Kleinhüningen[65]. Zu den stilistisch frühen Fünfknopffibeln gehört das Fibelpaar aus dem Frauengrab von Groß-Harras, BH Mistelbach (65)[66], das außerdem noch einen zerbrochenen Nomadenspiegel enthält und mit weiterem, nicht erhaltenen Schmuck – einem silbernen Armring und einem silbernen Halsring – ausgestattet war. Halsringe sind als Schmuck bekanntlich typisch für reiche Grablegen der jüngeren Kaiserzeit[67] im »elbgermanischen Bereich«, und sie werden im »östlichen Reihengräberbereich«, d. h. sowohl in Böhmen wie in Mitteldeutschland[68] auch noch während der frühen Merowingerzeit in Form silberner Halsringe von Frauen und Mädchen der Oberschicht getragen. Dies gilt ebenso für entsprechend ausgestattete alamannische Gräber[69].

---

64   Max MARTIN, Das fränkische Gräberfeld von Basel-Bernerring (Basler Beiträge zur Ur- und Frühgeschichte 1, Basel 1976) S. 77f., mit einer entsprechenden Fußplattenverzierung mit Rauten. – Auf den Zusammenhang mit diesen Fibeln hat schon MARTIN ebd. 78 Anm. 40 hingewiesen.
65   GIESLER-MÜLLER, Basel-Kleinhüningen [wie oben Anm. 50] S. 115–117 Taf. 26–29, bes. Taf. 27; 67, 1–2 (Grab 126) und ebd. S. 198–199 Taf. 47, 230; 48; 67, 5–6 (Grab 230).
66   Eduard BENINGER, Die Germanenzeit in Niederösterreich von Marbod bis zu den Babenbergern. Ergebnisse der Bodenforschung (Wien 1934) S. 102 Nr. 21; 113 Abb. 55. – TEJRAL, Morava [wie oben Anm. 21] S. 101 Abb. 55. Zu den Fibeln und ihren teilweise sicher jüngeren Verwandten (keine geschlossenen Funde), vgl. auch WERNER, Langobarden [wie oben Anm. 9] S. 66f. mit Taf. 25, 12–17; 26.
67   Hierhin würde ich lieber das Frauengrab von Charváty, okr. Olomouc (22) (TEJRAL, Morava [wie oben Anm. 21] S. 201 Nr. 18 Taf. 8, 5–6), stellen wegen des goldenen Halsrings mit seinen kerbdrahtverzierten Enden und dem Hakenverschluß. Ähnliches findet sich an dem reicher verzierten Halsring von Czéke-Cejkov: Eduard BENINGER, Der Wandalenfund von Czéke-Cejkov (in: Annalen des Naturhistorischen Museums in Wien 45, 1931) S. 183–224, bes. S. 186f. Taf. 8. Dieses Grab gehört in die Stufe C3 (1. H. 4. Jahrhunderts), während TEJRAL, Morava [wie oben Anm. 21] S. 52 und passim, das Grab in die erste Hälfte des 5. Jahrhunderts datiert.
68   Praha-Libeň: SVOBODA, Böhmen in der Völkerwanderungszeit [wie oben Anm. 23] S. 260 Taf. 33 (nach Maßstäben der Chronologie des westlichen Merowingerbereichs sicher AM Ia). – Weimar, Nordfriedhof, Grab 35 (Mädchen): SCHMIDT, Mitteldeutschland [wie oben Anm. 37] S. 18 Abb. 4 B (mit Recht schon Stufe IIIB = AM II); DERS., Mitteldeutschland, Katalog (Südteil) [wie oben Anm. 58] S. 81f. Taf. 85, 2. – Die Seltenheit der Belege dürfte von der starken Beeinträchtigung unserer Quellen durch Grabraub abhängig sein.
69   Dort ist diese Sitte vorwiegend in der Stufe AM Ia üblich, vgl. die Zusammenstellung mit Kartierung bei Volker BIERBRAUER, Alamannische Funde der frühen Ostgotenzeit aus Oberitalien, in: Georg KOSSACK/Günter ULBERT (Hg.), Studien zur vor- und frühgeschichtlichen Archäologie. Fest-

In die Zeitgruppe ND 1 gehört auch die Vogelfibel aus den unbeobachtet geborgenen Gräbern von Znojmo, da sie sich durch einen geschlossenen, stark gerundeten Umriß auszeichnet[70]. In die gleiche Zeitgruppe ist mit großer Wahrscheinlichkeit auch die kleine rechtsläufige Vogelfibel aus dem Gräberfeld von Šakvice, okr. Břeclav (51)[71], zu der mir zwar keine völlig entsprechende Parallele bekannt ist, wohl aber eng verwandte Stücke mit einem durchgehend quergerippten Körper[72]. Sie gehören zu den frühesten Vogelfibeln, die nur im »östlichen Reihengräberbereich« vorkommen, und durch die Vergesellschaftung mit Niemberger Fibeln, in Stößen, Grab 25[73] in den älteren Abschnitt von Schmidts Stufe IIb datiert sind[74]. Unter den Männergräbern ist nur das reichausgestattete Grab von Blučina, Cezavy, okr. Brno-venkov (3), eindeutig in diese

schrift für Joachim Werner zum 65. Geburtstag. Teil II (= Münchner Beiträge zur Vor- und Frühgeschichte, Ergänzungsband 1, II, München 1974) S. 559–577, bes. S. 568–570 mit Verbreitungskarte Abb. 6 und Liste S. 577. Die dort vorgenommenen Datierungen sind allerdings aus heutiger Sicht zu spät. Eingeschlossen sind in die Kartierung auch die frühalamannischen Frauengräber mit Halsringen und zusammengestellt sind ebd. S. 568 Anm. 33 die wichtigsten Halsringgräber der jüngeren Kaiserzeit. Hinzugekommen ist lediglich ein Grab: Mahlberg, Ortenaukreis (Gerhard FINGERLIN, Ein reiches alamannisches Frauengrab aus Mahlberg in der südlichen Ortenau [in: Archäologische Nachrichten aus Baden 23, 1979] S. 26–31; DERS., in: Fundchronik [in: Fundberichte aus Baden-Württemberg 8, 1983] S. 402–409, AM Ia), sowie Basel-Kleinhüningen, Grab 101 (s. unten in dieser Anm.). Wie Bierbrauer bereits feststellte, läuft die Sitte im 6. Jahrhundert aus. Im südalamannischen Bereich sind die jüngsten Gräber Lausanne, Bois-de-Vaux (BIERBRAUER, ebd. 577 Liste Nr. 5 [AM Ib], Basel-Kleinhüningen, Grab 101 (GIESLER-MÜLLER, Basel-Kleinhüningen [wie oben Anm. 50] S. 92 Taf. 19, 101; 20, 101, AM Ib) und Grab 94 (BIERBRAUER a. a. O. 570 Anm. 36, jetzt bei GIESLER-MÜLLER, Basel-Kleinhüningen) [wie oben Anm. 50] S. 86–87 Taf. 16, 94; 17; 18, 94 (konventionell AM II, besser AM Ic).

70   TEJRAL, Grundzüge [wie oben Anm. 20] S. 92 Abb. 32, 5 (nach Červinka). – Sehr nahe steht ihr im Umriß das Vogelfibelpaar (unverziert) aus Grab 1 von Oberwerschen, Lkr. Weißenfels: B. SCHMIDT, Mitteldeutschland, Katalog (Südteil) [wie oben Anm. 58] S. 16 Taf. 2, 2 c (= ältere Bestattung, aber keine weiteren datierbaren Beigaben). Zur Datierung nach AM Ia vgl. Vinařice u Slaného: SVOBODA, Böhmen in der Völkerwanderungszeit [wie oben Anm. 23] S. 278f. Taf. 24, 4 (aus unbeobachtet geborgenen Gräbern, die an Beigaben aber nur Formen der Gruppe Vinařice enthalten). – Altenerding, Stadt Erding, Lkr. Erding, Grab 485: SAGE, Altenerding [wie oben Anm. 62] S. 140f. Taf. 67, 22–31; 191, 5–6; 191, 5–6; bes. Taf. 196, 9. – Basel-Kleinhüningen, Grab 126 [wie oben Anm. 65]. – Vereinzelt kommen vergleichbare Fibeln jedoch auch in Grabzusammenhängen der Stufe AM Ib vor: Basel-Kleinhüningen, Grab 120: U. GIESLER-MÜLLER, Basel-Kleinhüningen [wie oben Anm. 50] S. 109f. Taf. 24, 120; 25, 120 bes. Taf. 24, 120, 2–3; 70, 3–4. – Hemmingen, Grab 59: MÜLLER, Hemmingen [wie oben Anm. 41] S. 92–94 Taf. 14 C.

71   Germanen, Hunnen und Awaren [wie oben Anm. 20] S. 567 Nr. XIV,21.c; 550 Taf. 86, XIV,21.c (Mitte).

72   Bes. mit den sehr ähnlichen Kopfformen (gespreizter Schnabel) von Záluží, obec Čelakovice, okr. Praha-východ, Grab 11/VII und Grab 34/XXX: SVOBODA, Böhmen in der Völkerwanderungszeit [wie oben Anm. 23] S. 284 Taf. 90, 4.6–16 und S. 289 Taf. 99, 1–12.

73   SCHMIDT, Mitteldeutschland [wie oben Anm. 37] Taf. 53. – DERS., Mitteldeutschland, Katalog (Südteil) [wie oben Anm. 58] S. 24 Taf. 13, 1.

74   Vgl. dazu SCHMIDT, Mitteldeutschland [wie oben Anm. 37] S. 132 mit weiteren Nachweisen.

frühe Phase zu datieren, da es eine Spatha[75] enthält, die aus alamannischen Werkstätten stammt und wohl als Ehrengeschenk an den Herrn von Blučina anzusehen ist, der sich ja auch mit seiner übrigen Ausstattung von dem Grab des Childerich auf der einen und Apahida II auf der anderen Seite nicht trennen läßt[76]. Anderes Trachtzubehör aus Männergräbern wie die schwere Silberschnalle mit gerade abgeschnittenem Dorn aus Grab 9 von Vyškov (58)[77] oder die Schnallen mit ovalem Beschläg[78] lassen sich nicht schärfer innerhalb von AM I datieren, können also auch in die folgende Zeitgruppe gestellt werden.

In die Zeitgruppe ND 2 gehört als alamannische Fibel die Bügelfibel vom Typ Reutlingen[79] aus zerstörten Gräbern von Unterrohrendorf, Gde. Rohrendorf, BH Krems (83)[80], weiterhin das Fibelpaar mit fünf Knöpfen und mäanderartiger Verzierung im Fußfeld von Nový Šaldorf, okr. Znojmo (72)[81], das in den Proportionen den oben betrachteten Fünfknopffibeln vom Typ Mistřín und ihren nahen Verwandten mit Spiralverzierung entspricht[82] und deshalb wohl als im heutigen Mähren hergestelltes Fibel-

---

75 Karel TIHELKA, Knížecí hrob z období stěhování národů u Blučiny, okr. Brno-venkov. [Dt. Rés.:] Das Fürstengrab bei Blučina, Bez. Brno-Land aus der Zeit der Völkerwanderung (in: Pam-Arch 54, 1963) S. 467–498, bes. Abb. 4 bei S. 472. – Vgl. zur Datierung der Spatha: MÜLLER, Hemmingen [wie oben Anm. 41] S. 96–102 mit Abb. 50. Der dreigeteilte silberne Knaufknopf, den TEJRAL, in: BUSCH, Die Langobarden [wie oben Anm. 20] S. 42, als ein in Skandinavien hergestelltes Stück ansehen möchte (ebenso offenbar schon DERS., Morava [wie oben Anm. 21] S. 146–150, bes. S. 147 mit Berufung auf Elis Behmer (ebd. Anm. 5), hat keine so nahen Entsprechungen dort, daß dies gerechtfertigt erscheint; vgl. dazu Wilfried MENGHIN, Das Schwert im Frühen Mittelalter (= Wissenschaftliche Beibände zum Anzeiger des Germanischen Nationalmuseums 1, Stuttgart 1983) S. 63–64, der zwar die bootsförmigen Knaufknöpfe als Typ Blučina-Snartemo benennt, aber die Verschiedenheit im Text ebd. S. 63 deutlich hervorhebt und für Blučina den engen Bezug zur Goldgriffspatha des Childerichgrabes herausstellt. Die neuerdings von Dieter Quast in Anlehnung an Horst Wolfgang Böhme vertretene These, die »alamannischen« Goldgriffspathen seien byzantinischer Herkunft (Dieter QUAST, Les Francs et l'Empire byzantin [in: Dossiers d'Archéologie 223, 1997 = Bulletin de Liaison AFAM 20, 1996) S. 56–63) ist m. E. nicht in dieser Form zu halten, doch würde eine nähere Begründung hier zu weit führen.
76 Vgl. dazu Kurt HOREDT/Dumitru PROTASE, Das zweite Fürstengrab von Apahida (Siebenbürgen) (in: Germania 50, 1972) S. 174–220, bes. den Merkmalvergleich S. 212–213 Tabelle 1; MENGHIN, Das Schwert [wie oben Anm. 75] S. 27.
77 TEJRAL, Vyškov [wie oben Anm. 49] S. 50; 43 Abb. 2, 2.
78 Aus demselben Grab von Vyškov (ebd. Abb. 2, 1). – Chrlice, okr. Brno-město (23), Körpergrab: TEJRAL, Morava [wie oben Anm. 21] S. 202 Nr. 19 mit Abb. 77.- Novy Šaldorf, okr. Znojmo (72), aus zerstörten Gräbern: TEJRAL, Morava [wie oben Anm. 21] S. 209–210 Nr. 29; 115 Abb. 41, 15. – Velatice, okr. Brno-venkov (55), Grab 7/37: ebd. S. 222 Nr. 46; 224 Abb. 103, 2–5.7.
79 WERNER, Langobarden [wie oben Anm. 9] S. 166f. Fundliste 3 mit Verbreitungskarte Taf. 69, 1; zur Zeitstellung vgl. dazu Hemmingen, Grab 20: MÜLLER, Hemmingen [wie oben Anm. 41] S. 40–43 Taf. 5 C; 18, 5–6 (bes. den Kommentar zu den Bügelfibeln ebd. S. 41).
80 Franz HAMPL, Die langobardischen Gräberfelder von Rohrendorf und Erpersdorf, NÖ (in: Archaeologia Austriaca. 37, 1965) S. 40–78, bes. S. 51; 66 Abb. 13; 71 Taf. 4, 4.
81 TEJRAL, Morava [wie oben Anm. 21] S. 209–210 Nr. 29 Taf. 24, 2–3.
82 Vgl. oben vor und mit Anm. 60.

paar angesehen werden kann[83]. Die mustergleichen Thüringer Zangenfibeln mit schwalbenschwanzförmigem Fuß aus dem Frauengrab von Polkovice, okr. Přerov (38)[84], und Grab 1 von Vyškov (58)[85] hat Christoph Grünewald[86] mit Recht zusammen mit anderen Fibeln mit vergleichbarer Fußplatte zu dem in der Kopfplattengestaltung etwas abweichenden Fibelpaar aus Grab 213 von Unterthürheim, Lkr. Dillingen a. d. Donau[87], gestellt und eine Datierung in das frühe 6. Jahrhundert herausgearbeitet. Die auffallend kleine Zangenfibel aus Lužice, okr. Hodonín (27)[88], darf wegen der übereinstimmenden Kopfplatte mit einfachen zangenförmigen Aussparungen mit ebenso kleinen Thüringer Zangenfibeln mit ovalem Fuß und Tierkopfende verglichen[89] und damit ebenfalls in Schmidts Stufe IIb, und zwar den jüngeren Teil dieser Stufe, datiert werden. Unter den Kleinfibeln läßt sich die Wirbelfibel des Grabes 4 von Poysdorf, BH Mistelbach (40)[90], in diese Stufe datieren, da sie eine Entsprechung in Altenerding, Grab 319[91], hat und dort mit einem für die Stufe AM Ib typischen Fibelpaar vergesellschaftet ist. Wahrscheinlich gehört auch die kleine gleicharmige Fibel aus Grab 5 von Aspersdorf, BH Hollabrunn (78), in diese Zeitgruppe[92]. In die Zeit um 500 hatte bereits Tejral die

---

83　Man kann zu diesem Fibelpaar auch das Fünfknopffibelpaar aus Szentendre, Grab 85, dem Grab einer 50–60jährigen Frau (Busch, Die Langobarden [wie oben Anm. 20] S. 268–269 Nr. 84) vergleichen, zu dem ein mustergleiches Paar aus Oberwerschen, Lkr. Weißenfels, Grab 2, vorliegt, das von Schmidt in der Tafelunterschrift bereits in seine Stufe IIIa gestellt wird: Schmidt, Mitteldeutschland [wie oben Anm. 37] Taf. 77. Dies relativiert er jedoch ebd. im Text S. 122 und setzt das Grab in den jüngeren Abschnitt von IIb »oder höchstens noch in IIIa«; Ders., Mitteldeutschland, Katalog (Südteil) [wie oben Anm. 58] S. 16f. Taf. 107, 2.
84　Tejral, Morava [wie oben Anm. 21] S. 212 Nr. 32 mit Abb. 90 Taf. 21, 2–3.8.
85　Tejral, Vyškov [wie oben Anm. 49] S. 41, 48; 42 Abb. 1.
86　Grünewald, Unterthürheim [wie oben Anm. 60] S. 50.
87　Ebd. 279f. Taf. 45 A; 124, 3–4.
88　Germanen, Hunnen und Awaren [wie oben Anm. 20] S. 550 Taf. 86, XIV,27.g; 569 Nr. XIV,27.g (L. 4,2 cm). Diese Fibel stammt aus Grab 76 und wurde zusammen mit einer Vierknopffibel vom Typ Mistřín gefunden, vgl. Poulík (in: SlovArch 43, 1995 [wie oben Anm. 58] S. 85 Abb. 64. Die spärlichen Datierungshinweise für die Vierknopffibeln im Westen sprechen für einen Ansatz nach AM Ib, vgl. oben Anm. 58.
89　Stößen, Burgenlandkreis, Grab 60: Schmidt, Mitteldeutschland, Katalog (Südteil) [wie oben Anm. 58] S. 31 Taf. 24, 1 b (L. 3,9 cm) zusammen mit einer Schnalle mit gerade abgeschnittenem Dorn (ebd. Taf. 24, 1 k). – Obermöllern, Grab 6: Schmidt, Mitteldeutschland, Katalog (Nord- und Ostteil) [wie oben Anm. 48] S. 103 Taf. 85, 2 (L. 4,6 cm). – Osendorf, Stadt Halle, Grab 1 (ebd.) S. 72f. Taf. 50, 5; 175, 1 [L. 5,1 cm]. Das Bruchstück einer Bronzefibel ehemals mit drei Knöpfen oder mit gelappter Kopfplatte ist ein Rohguß und kann deshalb auch als etwas älteres Stück in der Tasche als Amulett getragen worden sein (jedoch keine Lageangaben).
90　Eduard Beninger †/Herbert Mitscha-Märheim, Der Langobardenfriedhof von Poysdorf, NÖ (in: Archaeologia Austriaca 40, 1966) S. 167–187, bes. S. 173f.; 171 Abb. 3 (Mitte, rechts); 176 Abb. 5 rechts Taf. 1, 14–20; 2, 2–10.
91　Sage, Altenerding [wie oben Anm. 62] S. 94f. Taf. 38, 1–27; 190, 8–9; 197, 11–12.
92　Horst Adler, Das langobardische Gräberfeld von Aspersdorf (in: Fundberichte aus Österreich 16, 1977) S. 7–69; bes. S. 8; 47 Taf. 3, 5. – Diese Datierung vertritt Adler a. a. O. S. 19 anhand kreisaugenverzierter Bügelfibeln verschiedener Form aus mitteldeutschen Gräbern der Stufe Schmidt IIb. Dieser Ansatz ist auch deshalb wahrscheinlich richtig, weil die kleinen gleicharmigen

Fibeln aus den Frauengräbern von Šlapanice, okr. Brno-venkov (53)[93], Tasov, okr. Hodonín (54)[94], und Černín, okr. Znojmo (63)[95], datiert und darauf verwiesen, daß die Fibeln von Šlapanice mustergleich mit denen von Reggio Emilia und Gispersleben sind[96]. Bierbrauers Untersuchungen[97] zeigten deutlich, daß diese Fibeln nicht aus dem Karpatenbecken nach Italien mitgebracht worden sind, sondern erst in Italien gefertigt wurden und als Typ Reggio Emilia zu den älteren spiralrankenverzierten Fibeln gehören, die allerdings in Italien nicht schärfer als in die Regierungszeit Theoderichs (489–525) datiert werden können[98]. Nördlich der Alpen sprechen geschlossene Gräber mit solchen ostgotischen Fibeln tatsächlich dafür, daß sie während der Stufe AM Ib[99] und zu Beginn von AM II nach konventioneller Bedeutung[100] getragen wurden. Auch zu dem Fibelpaar von Tasov gibt es Fibeln, die vergleichbare Merkmale aufweisen[101], jedoch keine, die ihnen vollständig entsprechen. Deshalb ist nicht zu entscheiden, ob es sich hier um eine italische Fibel oder eine Nachahmung handelt. Für die Datierung macht dies wohl keinen Unterschied. Man muß also damit rechnen, daß diese beiden Gräber auch noch in die nachfolgende Zeitgruppe ND 3 fallen können. Hingegen kann das Fibelpaar von Černín hier nicht eingeordnet werden, da die Proportionen völlig andere sind und eher den Siebenknopffibeln vom Typ Mištrín entsprechen. Möglich erscheint mir, daß das singuläre Fibelpaar aus einem Frauengrab von Graben-Neudorf, Lkr.

Fibeln bei den Thüringern überwiegend in die Stufe IIb gehören; vgl. SCHMIDT, Mitteldeutschland [wie oben Anm. 37] S. 130–131. Allerdings stammt eine gleicharmige Fibel mit rechteckigen Endplatten, jedoch mit Almandineinlagen, aus einem Grab der Stufe Schmidt IIIb (Stößen, Grab 29 mit einem Fibelpaar vom Typ Rositz): vgl. SCHMIDT a. a. O. S. 131 Taf. 41 e. – DERS., Mitteldeutschland, Katalog (Südteil) [wie oben Anm. 58] S. 25 Taf. 121, 1. Dies würde eine Einordnung in die Zeitgruppe ND 4 erfordern.

93 TEJRAL, Morava [wie oben Anm. 21] S. 219 Nr. 43; 97 Abb. 31 Taf. 22, 1–5.
94 Ebd. S. 219 Nr. 44; 99 Abb. 33 Taf. 21, 4–7.
95 Ebd. S. 200 Nr. 10; 98 Abb. 32; 162 Abb. 63, 3 Taf. 23, 1–2.4–5.7–8.
96 Ebd. S. 97–99.
97 BIERBRAUER, Ostgotische Grab- und Schatzfunde [wie oben Anm. 46] S. 89–102 Tabelle Abb. 12 bei S. 108.
98 Ebd. S. 108–114.
99 Lörrach, Tumringer Straße: Friedrich GARSCHA, Die Alamannen in Südbaden (= Germanische Denkmäler der Völkerwanderungszeit, Serie A 11, Berlin 1970) S. 204f. Taf. 16 A. – Gerhard FINGERLIN, Einige Bemerkungen zum ältesten alamannischen Grabfund aus Lörrach (in: Markgräflerland 1983, H. 1) S. 147–153. – Saint-Martin-de-Fontenay, Dép. Calvados, Grab 270: PILET (Éd.), Saint-Martin-de-Fontenay [wie oben Anm. 57] S. 365; 204–206 Taf. 34–36. Ausschlaggebend sind hier für die Datierung die beiden Almandinscheibenfibeln auf einer am Rand silberstreifentauschierten Eisengrundplatte, einer typischen Technik für diese Stufe.
100 Altenerding, Grab 146: W. SAGE, Altenerding [wie oben Anm. 62] S. 57f. Taf. 14, 3–11; 186, 7–8 (Tafelunterschrift falsch); 196, 14 (desgl.). – Altenerding, Grab 625: Ebd. S. 174f. Taf. 83, 1–11; 189, 5–6; 199, 8–9. – Straubing, Bajuwarenstraße, Grab 266: Germanen, Hunnen und Awaren [wie oben Anm. 20] S. 616 Nr. XV,27; 617 Abb. XV,27 a–c.
101 Lörrach, Tumringer Straße und Saint-Martin-de-Fontenay, Grab 270 [wie oben Anm. 99]; Slg. Diergardt, Fundort unbekannt: Joachim WERNER, Katalog der Sammlung Diergardt (Völkerwanderungszeitlicher Schmuck). 1: Die Fibeln (Berlin 1961) S. 24 Nr. 77 Taf. 17, 77.

Karlsruhe[102], von solchen Fibeln der Form Černín abhängig sind. Dies würde auf eine Datierung nach AM Ib[103] hinweisen. Für die Datierung der spiralrankenverzierten Riemenzungen mit geradem Abschluß aus den zerstörten Gräbern von Nový Šaldorf, okr. Znojmo (72)[104], ergibt das in einem flacheren Kerbschnitt gearbeitete Riemenzungenpaar von Basel-Kleinhüningen, Grab 94[105], einen Anhaltspunkt. Das Grab gehört in einen frühen Abschnitt der Stufe AM II (besser AM I c). Da aber allgemein im Westen zu beobachten ist, daß der Kerbschnitt im 6. Jahrhundert flacher wird, dürfte dieses Paar etwas jünger sein. Unter dem Trachtzubehör der Männergräber ist lediglich Grab 14 von Vyškov (58)[106] mit einer Schnalle vom Typ Gotterbarmweg/Kormadin[107] sicher in die Zeitgruppe ND 2 zu stellen, doch ist daran zu erinnern, daß oben Schnallenformen genannt wurden, die auch in dieser Zeit noch belegbar sind[108].

In die Zeitgruppe ND 3 können einzelne der oben besprochenen Formen (die ostgotischen Fibeln von Šlapanice und Tasov) hineinreichen, doch im wesentlichen enthält sie jüngere Formen, die teilweise in AM I, vorwiegend aber in AM II datierbare Parallelen im westlichen Reihengräberbereich haben. Dies gilt für Fibeln, die mit den Modeln des Feinschmiedegrabes von Poysdorf, BH Mistelbach (40)[109], annähernd gleichzeitig sein müssen. Bekanntlich ist es noch nicht gelungen, tatsächlich nach diesen Modeln gefertigte Fibeln auszusondern, doch dürften die ähnlichen Stücke Hinweise auf ihre Zeitstellung ergeben. S-Fibeln vom Typ Poysdorf müssen indessen etwas schärfer in ältere und jüngere Formen getrennt werden. Es fällt auf, daß die im heutigen Slowenien gefundenen Vertreter dieses Typs schlanker und schräger wirken als die nördlich der

102   Jan Derk BOSEN, Ein alamannisches Frauengrab des 5. Jahrhunderts von Graben-Neudorf, Kreis Karlsruhe. Mit einem Exkurs von Peter-Hugo MARTIN (in: Fundberichte aus Baden-Württemberg 10, 1986) S. 281- 317 mit Abb. 2–8.
103   Das Gehänge mit Silbermünzen und Nachahmungen ist vorzugsweise bei Frauengräbern der Stufe AM Ia (vgl. z. B. Basel-Kleinhüningen, Grab 126 [wie oben Anm. 65]) nachzuweisen (vgl. zu den Münzen ausführlich MARTIN, Exkurs [wie oben Anm. 102] S. 310–317), doch kann das Fibelpaar wegen seiner »Laternenknöpfe« nicht so früh sein.
104   TEJRAL, Morava [wie oben Anm. 21] S. 209 Nr. 29; 122 Abb. 43, 1–2 Taf. 24, 7.9.
105   Vgl. Anm. 69; der flachere Kerbschnitt ist deutlich auf der Autotypie der Riemenzungen bei GIESLER-Müller, Basel-Kleinhüningen [wie oben Anm. 50] Taf. 79, 7 zu erkennen.
106   TEJRAL, Vyškov [wie oben Anm. 49] S. 51; 43 Abb. 2, 4–9.
107   Joachim WERNER, Zu den donauländischen Beziehungen des alamannischen Gräberfeldes am alten Gotterbarmweg in Basel, in: Rudolf DEGEN/Walter DRACK/René WYSS (Hg.), Helvetia Antiqua. Festschrift Emil Vogt (Zürich 1966) S. 283–292, bes. S. 283, 286; 284 Abb. 1, 1–4. Gut in die Stufe AM Ib datiert ist z. B. das Männergrab mit einem Vorläufer dieses Schnallentyps (nach Werner, abgebildet ebd. Abb. 1, 6) und mit einer jüngeren Goldgriffspatha von Blumenfeld, Lkr. Konstanz: GARSCHA, Südbaden [wie oben Anm. 99] S. 18 Taf. 10 A, zur Chronologie der Goldgriffspathen vgl. oben Anm. 75.
108   Oben Anm. 77–79.
109   BENINGER †/MITSCHA-MÄRHEIM (in: Archaeologia Austriaca 40, 1966) [wie oben Anm. 90] S. 177f.; 186 Taf. 5; 187 Taf. 6. – Torsten CAPELLE/Hayo VIERCK, Modeln der Merowinger- und Wikingerzeit (in: FMASt 5, 1971) S. 42–100, bes. VIERCK, S. 49–51 mit Abb. 4, 1–2; 86–88 mit Verbreitungskarte Abb. 17.

Donau angetroffenen S-Fibeln[110]. Die erste Gruppe[111], die hier interessiert, ist leider relativ selten in Grabfunden belegt, die sich schärfer datieren lassen. Darunter ist die S-Fibel aus Grab 31 von Stößen, Burgenlandkreis[112], offensichtlich ein Ersatzstück zu einer Miniaturfibel mit Almandinrundeln am Fuß, die ebenso wie das Bügelfibelpaar eigentlich in Schmidts Stufe IIb zu datieren wäre. Sicherlich wegen der S-Fibel führt Schmidt das Grab aber schon als in die Gruppe IIIa gehörig auf[113]. Die beiden böhmischen Vertreter dieses Typs aus geschlossenen Grabfunden sind einmal mit einem gefaßten Solidus des Anthemius (467–472), der auch eine alte Münze sein kann[114], vergesellschaftet, das andere Mal mit relativ seltenen Formen von Sieblöffeln und Hakenschlüsseln[115], von denen man annehmen kann, daß sie vielleicht nicht zufällig in anderen nach AM II datierbaren Gräbern[116] auftreten. Auch mit dem Bügelfibelmodel von Poysdorf[117] verwandte Fibeln treten vereinzelt noch mit Formen der Stufe AM I auf[118], aber auch mit solchen der Stufe AM II[119]. Wie Ursula Koch bei der eingehenden Betrachtung der entsprechenden Fibeln aus Grab 31 von Schretzheim, Lkr. Dillingen a. d. Donau, gezeigt hat[120], sind dies jedoch überwiegend solche mit zusammengewachse-

110 Bes. gut sichtbar auf der Zusammenstellung der meisten S-Fibeln vom Typ Poysdorf bei WERNER, Langobarden [wie oben Anm. 9] Taf. 38, die Form des Körpers beeinflußt auch deutlich die Stellung der Augen. – Zu den jüngeren S-Fibeln gehören die Stücke aus Altenerding, die mit AM II-Formen vergesellschaftet sind: Grab 432 (SAGE, Altenerding [wie oben Anm. 62] S. 124 Taf. 56, 27; 194, 5, ohne Beifunde); Grab 790 (ebd. S. 209 Taf. 102, 9–11; 194, 1 mit einer Schnalle mit trapezförmigem Dornschild); Grab 870 (ebd. 222f. Taf. 109, 8–11; 194, 3; 198, 4, mit einer zwölfblättrigen Rosettenfibel); Grab 1237 (ebd. S. 298f. Taf. 146, 10–20; 185, 1–2; 195, 3, mit Thüringerfibeln später Form).

111 Dazu gehört außer dem Model von Poysdorf noch die S-Fibel aus Grab 1 von Holásky, okr. Brno-venkov (20): Boris NOVOTNÝ, Pohřebiště z doby stěhování národů v Holáskách na Moravě. [Franz. Rés.:] Nécropole de l'époque des grandes invasions de Holásky près de Brno (in: ArchRoz 7, 1955) S. 333–336; 338–342; 427, bes. S. 335 Abb. 168, 1–3.4; 336 Abb. 169, oben.

112 SCHMIDT, Mitteldeutschland [wie oben Anm. 37] Taf. 73, lt. Tafelunterschrift IIIa. – DERS., Mitteldeutschland, Katalog (Südteil) [wie oben Anm. 58] S. 25f.

113 DERS., Mitteldeutschland [wie oben Anm. 37] S. 132 datiert wiederum diese S-Fibel in das Ende der Stufe IIb und den Anfang von IIIa.

114 Záluží, obec Čelakovice, okr. Praha-východ, Grab 26/XXI: SVOBODA, Böhmen in der Völkerwanderungszeit [wie oben Anm. 23] S. 287 Taf. 94.

115 Klučov, Grab 18: SVOBODA, Böhmen in der Völkerwanderungszeit [wie oben Anm. 23] S. 247 Taf. 56, 8–18.

116 Beuchte, Lkr. Wolfenbüttel, Grab 1 mit der Runenfibel: Franz NIQUET, Eine Fibel mit Runen aus einem merowingerzeitlichen Frauengrab von Beuchte, Kr. Goslar (in: Die Kunde NF 8, 1957) S. 295–299 Taf. 3, 1 (Zierschlüsselpaar rechts). – Weingarten, Lkr. Ravensburg, Grab 507: ROTH/THEUNE, Weingarten I [wie oben Anm. 48] S. 152 mit Abb. 180 Taf. 186, bes. Sieblöffel Taf. 186, 7.

117 Wie Anm. 109.

118 Rhenen, Prov. Utrecht, Grab 152: Jaap YPEY, Das fränkische Gräberfeld zu Rhenen, Prov. Utrecht (in: BerROB 23, 1973) S. 289–312, bes. S. 301 Abb. 8, mit Schnalle mit Kästchendorn, Reiterfibel und einer Variante der oben behandelten sehr kleinen Zangenfibeln (L. 5,5 cm).

119 Stößen, Burgenlandkreis, Grab 18: SCHMIDT, Mitteldeutschland, Katalog (Südteil) [wie oben Anm. 58] S. 23 Taf. 10, 4; 116, 2.

120 Ursula KOCH, Das Reihengräberfeld bei Schretzheim (= Germanische Denkmäler der Völkerwanderungszeit, Serie A 13, Berlin 1977) Textbd. S. 51f.

nen Knöpfen, die dem pannonisch-langobardischen Typ Rácalmás-Keszthely-Cividale
näher stehen. Dazu gehört auch das Fibelpaar aus Grab 31 von Schretzheim, das dort
belegungschronologisch in die Stufe 1 datiert werden kann, was einem älteren Teil von
AM II entspricht[121]. Gleichzeitig weist Ursula Koch auch auf die engen Verbindungen
zu den entwickelten Zangenfibeln von Straß, BH Krems (81), Grab 9[122], und den ihnen
nahestehenden Formen hin, die Werner schon 1961[123] zu dem Typ Straß zusammengestellt hat. Dazu gehören die Neufunde von Borotice, okr. Znojmo (61)[124], und Holubice, okr. Vyškov (21)[125], sowie ein Zangenfibelpaar und ein in der Kopfplattengestaltung
singuläres (mit nach oben beißenden Tierköpfen verziertes) Fibelpaar von Lužice, okr.
Hodonín (27)[126]. Schmidt datiert diese entwickelten Zangenfibeln in seine Stufe IIIa,
zum Teil in ihren Anfang[127]. Dies korrespondiert zeitlich mit den belegungschronologischen Befunden in Schretzheim, wo Bügelfibeln mit vergleichbarer Fußgestaltung, aber
unterschiedlicher Kopfform in dem Bestattungsareal der Stufe 1 von Schretzheim liegen[128]. In die Zeitgruppe ND 3 darf auch Grab 21 von Unterrohrendorf, BH Krems
(83)[129], datiert werden, das ein stilistisch altertümliches S-Fibelpaar[130], aber dazu auch

---

121 Ebd. Katalogbd. S. 17 Taf. 12, 1–12; 190, 5–6. – Zur belegungschronologischen Einordnung
vgl. ebd. Textbd. S. 38.
122 ADLER (in: Fundberichte aus Österreich 16, 1977) [wie oben Anm. 92] S. 33f.; 66 Taf. 22, 1–7.
123 WERNER, Slg. Diergardt [wie oben Anm. 101] S. 57, Liste zu Verbreitungskarte 3 (Taf. 52).
124 Stanislas STUCHLÍK, Třináctá sezona na výzkumu v Boroticích (okr. Znojmo) [Dt. Rés.:] Dreizehnte Saison auf der Ausgrabung in Borotice (Bez. Znojmo) (in: Přehled výzkumů 1988) S. 28–30
Taf. 7, 1.3 (noch keine Angaben zum Grabinventar).
125 Miloš ČIŽMÁŘ/Kateřina GEISLEROVÁ/Ivo RAKOVSKÝ, The contribution of salvage excavations
to the evidence of the Migration Period in Moravia, in: Nouvelles archéologiques dans la République
Socialiste Tchèque/Archaeological News in the Czech Socialist Republic. Xᵉ Congrès International
des Sciences Préhistoriques et Protohistoriques, Mexico 1981 (Prague et Brno 1981) S. 135–139, bes.
S. 139; 138 Abb. 3, 8–9. – Abgebildet auch in: Germanen, Hunnen und Awaren [wie oben Anm. 20]
S. 551 Taf. 87, XIV,38; 572 Nr. XIV,38 (Grab 95). – BUSCH, Die Langobarden [wie oben Anm. 20]
S. 180 mit Abb. auf S. 181 (noch keine Angaben zum Inventar).
126 Zdeněk KLANICA, Die späte Völkerwanderung und die Anfänge der slawischen Besiedlung im
mittleren Marchtal (in: Anzeiger des Germanischen Nationalmuseums 1987) S. 121–124, bes. S. 122
Abb. 2. – DERS., Die südmährischen Slawen und andere Ethnika im archäologischen Material des
6.–8. Jahrhunderts, in: Interaktionen der mitteleuropäischen Slaven und anderer Ethnika im 6.–
8. Jahrhundert (Nitra 1984) S. 139–150, bes. S. 142 Abb. 3,3. – Das zweite Fibelpaar auch abgebildet
in: Germanen, Hunnen und Awaren [wie oben Anm. 20] S. 550 Taf. 86, XIV,27; 569–570 Nr. XIV, 27
nicht beschrieben.
127 SCHMIDT, Mitteldeutschland [wie oben Anm. 37] S. 130.
128 Grab 197 und Grab 219: U. KOCH, Schretzheim [wie oben Anm. 120], Katalogbd. S. 44f. Taf.
48, 1–10; 191, 6–7; 193, 1–2; sowie ebd. S. 50 Taf. 52, 1–8; 191, 5. – Vgl. dazu Textbd. S. 40f.; 49f.
129 HAMPL (in: Archaeologia Austriaca 37, 1965) [wie oben Anm. 80] S. 48; 65 Abb. 11; 70 Taf. 3, 4–9.
130 Es hat eine relativ gute Entsprechung in Klučov, Grab 22: SVOBODA, Böhmen in der Völkerwanderungszeit [wie oben Anm. 23] S. 247 f. Taf. 55, 7; 58, 1–9.15 bes. Taf. 58, 3, das aber sonst keine
schärfer datierbaren Beigaben enthält. Einzureihen sind beide Fibeln jedoch in die Gruppe der
schmalen S-Fibeln mit einer dreigeteilten Innenverzierung, von denen die ältesten oben besprochen
wurden, die aber in vergleichbarer Form in Gräbern des jüngeren Abschnitts der Stufe IIb auftreten
(vgl. z. B. Weimar, Nordfriedhof, Grab 80: SCHMIDT, Mitteldeutschland [wie oben Anm. 37] S. 17
Abb. 3 B. – DERS., Mitteldeutschland, Katalog [Südteil] [wie oben Anm. 58], S. 86 Taf. 94, 4).

eine kleine Rechteckschnalle enthält und damit eine erst ab der Stufe AM II aufkommende Schnallenform[131]. Die Almandinscheibenfibel mit 8 Feldern und einem runden Mittelalmandin von Baumgarten an der March, BH Gänserndorf (1), gehört ebenfalls in diese Zeitgruppe, da diese Fibelform typisch für thüringische Gräber der Stufen IIb und IIIa ist[132]. Wahrscheinlich gilt das gleiche für die Vogelfibel aus Grab 17 von Šaratice, okr. Vyškov (52)[133], und die S-Fibel aus zerstörten Gräbern von demselben Gräberfeld[134], ebenso für das Schlüsselpaar aus Grab 12 von Neuruppersdorf, BH Mistelbach (36)[135], sowie für einige Schilddornschnallen[136]. Schließlich ist meines Erachtens hier Hauskirchen, BH Gänserndorf (18), Grab 13[137], zeitlich einzuordnen, obwohl dies hauptsächlich nur stilistisch möglich ist. Das bekannte Pferdegeschirr hat mit dem von Veszkény[138] die stilistisch altertümlichen Tierdarstellungen auf den Halbmondanhängern gemeinsam, die jedoch in beiden Fällen nicht für die Datierung herangezogen werden können. Ausschlaggebend für einen zeitlichen Unterschied ist die Form der Vierpaßbeschläge. In Hauskirchen besitzen sie eine einfach halbkugelige Form mit kleinen

131   Eine solche Schnalle ist auch in dem gestörten Grab 6 von Unterrohrendorf erhalten: HAMPL a. a. O. S. 44f.; 69 Taf. 2, 1–3.
132   SCHMIDT, Mitteldeutschland [wie oben Anm. 37] S. 133, vgl. z. B. Ammern, Unstrut-Hainich-Kreis, Fundplatz 3, Grab 5 (SCHMIDT, Mitteldeutschland, Katalog [Nord- und Ostteil] [wie oben Anm. 48] S. 143 Taf. 113, 2, Stufe IIb); Obermöllern, Burgenlandkreis, Grab 20 (ebd. S. 106 Taf. 90, 2; 188, Stufe IIIa).
133   TEJRAL, Morava [wie oben Anm. 21] S. 218 Nr. 41; 107 Abb. 40, 4 Taf. 20, 6–7. Sie kann mit einem allerdings mit Kerbschnittmuster verzierten Fibelpaar aus Obermöllern, Burgenlandkreis, Grab 3, verglichen werden, das eine glättverzierte Schale der Entwicklungsstufe 2 enthält, die hauptsächlich in die Stufe Schmidt IIIa gehört: SCHMIDT, Mitteldeutschland [wie oben Anm. 37] S. 108; DERS., Mitteldeutschland, Katalog (Nord- und Ostteil) [wie oben Anm. 48] S. 102f. Taf. 85, 3; 185, 1.
134   Eduard BENINGER/Hans FREISING, Die germanischen Bodenfunde in Mähren (Reichenberg 1933) S. 44 Nr. 131 Taf. 4, 8. – TEJRAL, Grundzüge [wie oben Anm. 20] S. 74 Abb. 21, 11 Taf. 8,9. Diese Fibel ist als unmittelbare Vorläuferin der S-Fibeln vom Typ Schwechat-Pallersdorf (WERNER, Langobarden [wie oben Anm. 9] S. 43f.) anzusehen und müßte deshalb in die Zeitgruppe ND 3 gehören. Das gleiche gilt für die Wirbelfibel aus Grab 10 von Straß, BH Krems (81): WERNER, Langobarden [wie oben Anm. 9] S. 27 Taf. 36, 28 (Grabnr. nach alter Zählung). – ADLER (in: Fundberichte aus Österreich 16, 1977) [wie oben Anm. 92] S. 34; 66 Taf. 28, 8–13. Zu dieser Fibelform liegen ebenfalls Weiterentwicklungen vor (WERNER a. a. O. S. 75).
135   WERNER, Langobarden [wie oben Anm. 9] S. 148 Taf. 48, 11. – Eine exakte Parallele ist mir allerdings nicht bekannt.
136   Besonders solche mit einem länglichen Schild wie Unterrohrendorf, Gde. Rohrendorf, BH Krems (83), Grab 11: HAMPL (in: Archaeologia Austriaca 37, 1965) [wie oben Anm. 80] S. 45 f.; 69 Taf. 2, 9, oder Velké Pavlovice, okr. Břeclav (56), Grab 12: TEJRAL, Grundzüge [wie oben Anm. 20] S. 87 Abb. 28, 2. Nach Ergebnissen der Magisterarbeit von Annette RÖHRIG-SCHIERBAUM [wie oben Anm. 41] S. 59, Gürtelschnalle vom Typ 11 A am Übergang von AM Ib zu AM II zu datieren.
137   Fundberichte 1967 (in: Fundberichte aus Österreich 9, 1969, Heft 2, 1967) S. 87–89, bes. S. 88. – FRIESINGER/ADLER, Niederösterreich [wie oben Anm. 26] S. 46–48 mit Abb. 11–14. – Herwig FRIESINGER/Brigitte VACHA, Römer – Germanen – Slawen in Österreich, Bayern und Mähren. Eine Spurensuche (Stuttgart 1987) S. 84 mit Farbabb.
138   WERNER, Langobarden [wie oben Anm. 9] S. 95–104; 152 Nr. 54 Taf. 40, 1–5. – János GÖMÖRI, Das Langobardische Fürstengrab von Veszkény (in: Anzeiger des Germanischen Nationalmuseums 1987) S. 105–117 mit Abb. 1–17.

Ösen für die Niete, in Veszkény sind es dagegen halbkugelige Buckel mit kreuzförmigen breiten Armen, die punzverziert sind[139]. Zu den Hauskirchener Verteilern kann man diejenigen aus Krefeld-Gellep, Grab 1782[140], einem der Leitfunde für einen frühen Abschnitt der Stufe AM II, stellen, während die aus Veszkény ihre besten Parallelen in der Form in dem Grab 56 von Rommersheim (Eichloch), Kr. Alzey-Worms[141], haben, das dagegen früh innerhalb von AM III anzusetzen ist. Für das Hauskirchener Pferdegeschirr ist weiterhin die verschränkte Stil I-Verzierung auf den Rechteckbeschlägen und dem rechteckigen Oberteil des Halbmondanhängers ausschlaggebend. Sie repräsentiert eine Stilstufe, die in Skandinavien am besten mit Metallarbeiten der Stilphase B von Günter Haseloff[142], besonders auf der Fibel von Vedstrup[143] und der goldenen Schwertgriffverkleidung des Grabes V von Snartemo[144] zu vergleichen ist. Im Süden ist am besten vergleichbar die Tierornamentik auf Fibeln der Stufe AM I (Eltville, Grab 144)[145] und II (Bifrons/Donzdorf, Grab 78)[146], woraus sich für das Pferdegeschirr von Hauskirchen ein Herstellungszeitraum ergibt, der sich in den Rahmen der übrigen Schmuckformen der Zeitgruppe ND 3 (parallel zu späten AM I- und frühen AM II-Arbeiten) gut einfügt.

Die Zeitgruppe ND 4, die – wie oben ausgeführt – durch Formen charakterisiert ist, die vornehmlich in langobardischen Gräbern südlich der Donau vorkommen, kann nördlich der Donau nur in wenigen Gräberfeldern nachgewiesen werden. Es sind dies Holubice, okr. Vyškov (21), Lužice, okr. Hodonín (27), Neuruppersdorf, BH Mistelbach (36), Rebešovice, okr. Brno-venkov (42), Šakvice, okr. Břeclav (51), und Velké Pavlovice, okr. Břeclav (56). In dem Gräberfeld von Holubice fand sich eine Fibel[147], die mit Fibeln vom Typ Schwechat/Podbaba[148] verwandt ist. Aus stilistischen Gründen gehört

139   Gömöri a. a. O. S. 106 Abb. 1; 113 Abb. 10.
140   Judith OEXLE, Studien zu merowingerzeitlichem Pferdegeschirr am Beispiel der Trensen (= Germanische Denkmäler der Völkerwanderungszeit, Serie A 16, Mainz 1992) S. 247f. Nr. 397 Taf. 184, 2–3.
141   Ebd. S. 211f. Nr. 294 Taf. 136, 2–3.
142   Günter HASELOFF, Die germanische Tierornamentik der Völkerwanderungszeit. Studien zu Salin's Stil I (= Vorgeschichtliche Forsch. 17, Berlin 1981), Bd. 1, S. 180–196.
143   Ebd. S. 188–196 mit Abb. 97–108 Taf. 26 (Moorfund, ohne weitere Beifunde).
144   Ebd. S. 180. – Das überaus reich ausgestattete Grab zeichnet sich durch eine zeitlich ziemlich heterogene Beigabenausstattung aus, vgl. Bjørn HOUGEN, Snartemofunnene (= Norske Oldfunn 7, Oslo 1935). Das Schwert (ebd. Taf. 1–2) ist nicht ohne das Vorbild der kontinentalen Goldgriffspathen denkbar (ebd. S. 21–22; Rés. S. 109), so daß es nicht vor der Stufe AM I angesetzt werden kann.
145   HASELOFF a. a. O. Bd. 2, S. 417–432 mit Abb. 276–280 Taf. 57, 1. – Ebd. S. 427–432 mit Recht in die Stufe Böhner II datiert, wobei die Fibel »um 500« anzusetzen sei. Nach der hier vertretenen Aufteilung von Böhner II = AM I, gehört das Grab in die Stufe AM Ib.
146   Ebd. Bd. 1, S. 151–159 mit Abb. 89–90.
147   ČIŽMÁŘ/GEISLEROVÁ/RAKOVSKÝ, in: Nouvelles archéologiques [wie oben Anm. 125] S. 139; 138 Abb. 3, 6. Abgebildet auch in: Germanen, Hunnen und Awaren [wie oben Anm. 20] S. 551 Taf. 87, XIV,39; 572, Nr. XIV,39. – BUSCH, Die Langobarden [wie oben Anm. 20] S. 82 mit Abb. auf S. 183 (noch keine Angaben zu Inventar).
148   Vgl. dazu WERNER, Langobarden [wie oben Anm. 9] S. 168 Liste 4, 2. Die dort genannten Belege aus dem westlichen Reihengräberbereich stammen jedoch schon aus Grabzusammenhängen der

das singuläre Bügelfibelpaar von Lužice[149] mit seiner Schlaufenornamentik, das offenbar mit einer S-Fibel[150] zusammen gefunden wurde, die dem Typ Schwechat-Pallersdorf nahesteht. Eine weitere S-Fibel aus diesem Gräberfeld ist diesem Typ zuzuweisen[151]. Hierher müssen auch die S-Fibeln mit zweizeiligem Flechtband von Šakvice[152] gestellt werden, jedenfalls solange es keine andere Parallele als das Fibelpaar in Grab 243 von Kranj[153] gibt. Sicher bereits mit der pannonisch-langobardischen Entwicklung parallelgehend sind Befunde in dem Gräberfeld von Velké Pavlovice, wie auch Tejral schon betont hat[154]. Dies gilt für die S-Fibel vom Typ Sarching aus zerstörten Grä-

Stufe AM III: Schretzheim, Grab 513 (KOCH, Schretzheim [wie oben Anm. 120], Katalogbd. S. 109 f. Taf. 133, 1–12; 190, 12; 191, 2; 194, 24–25, mit engzellig cloisonnierter Goldscheibenfibel, belegungschronologisch ebenfalls Stufe Schretzheim 3) und Weingarten, Grab 737 (ROTH/THEUNE, Weingarten I [wie oben Anm. 48] S. 217 f. Taf. 267, u. a. mit einer vierzehnblättrigen Rosettenfibel mit Filigraninnenfeldern). Hinzugekommen ist ein pannonisch-langobardisches Grab von Fertőszentmiklós, Kom. Györ-Sopron, Grab 9: Peter TOMPA, Das germanische Gräberfeld aus dem 6. Jahrhundert in Fertőszentmiklós (in: Acta Archaeologica Academiae Scientiarum Hungaricae 32, 1980) S. 5–30, bes. S. 11–16 mit Abb. 7–9; 17 Abb. 10, 4–6; 21 Abb. 12; 23 Abb. 13 (mit einer S-Fibel vom Typ Vinkovci, ebd. Abb. 10, also nach westlichen Kriterien AM II). Die Fibeln aus Radovesice u Litoměřic, aus einem oder mehreren Gräbern (SVOBODA, Böhmen in der Völkerwanderungszeit [wie oben Anm. 23] Taf. 83, 2–9, falls aus einem Grab, aufgrund der Rautenfibel AM II) und Weingarten, Grab 194 (ROTH/THEUNE a. a. O. S. 59 Taf. 62 B aufgrund der S-Fibeln ebenfalls AM II) stehen der Fibel von Holubice näher, sind aber auch nicht als älter erweisbar als die pannonischen Fibeln vom Typ Schwechat/Podbaba. – Ebenfalls nach AM II datiert ein nahestehendes Fibelpaar aus Grab 178 von Sontheim a. d. Brenz. Lkr. Heidenheim: Christiane NEUFFER-MÜLLER, Ein Reihengräberfriedhof in Sontheim an der Brenz (Kreis Heidenheim) (= Veröff. des Staatlichen Amtes für Denkmalpflege Stuttgart, Reihe A 11, Stuttgart 1966) S. 70 Taf. 28 C; 36, 2–8; 53, 3.
149   Germanen, Hunnen und Awaren [wie oben Anm. 20] S. 550 Taf. 86, XIV,29; 570 Nr. XIV,29. – Vgl. dazu die Schlaufenornamentik der Bügelfibeln vom Typ Montale-Weimar: Helmut ROTH, Die Ornamentik der Langobarden in Italien (= Antiquitas, Reihe 3, 15, Bonn 1973) S. 52–53; mit Recht stellt er dazu u. a. den Typ Cividale San Giovanni Grab 32 (ebd. S. 54–56). Für die Datierung ist dieses Grab 32 sehr wichtig, da es auch in Pannonien gefertigte S-Fibeln vom Typ Schwechat-Pallersdorf enthält; vgl. Siegfried FUCHS, La suppelletile rinvuuta nelle tombe della necropola di San Giovanni a Cividale (in: Memorie Storiche Forogiuliesi 39, 1943–1951) S. 1–13, bes. S. 3 Taf. 2. – Inzwischen ist in Grab 2 von Wien-Mödling ein weiteres Fibelpaar dieses Typs bekannt geworden, das durch die mitgefundene Schilddornschnalle und die Rosettenfibeln sicher nach AM II datiert ist, vgl. Peter STADLER, Das langobardische Gräberfeld von Mödling, Niederösterreich (in: Archaeologia Austriaca 63, 1979) S. 31–47, bes. S. 34f.; 37 Abb. 2; 39 Abb. 4; 40 Abb. 5; 41 Abb. 6.
150   KLANICA, in: Interakionen der mitteleuropäischen Slawen ... [wie oben Anm. 126] S. 142 Abb. 3, 2: die Fibel trägt eine der Bügelfibel (Abb. 3, 2) unmittelbar vorangehende Inventarnummer.
151   DERS. (in: Anzeiger des Germanischen Nationalmuseums 1987) [wie oben Anm. 126] S. 122 Abb. 3.
152   Germanen, Hunnen und Awaren [wie oben Anm. 20] S. 550 Taf. 86, XIV,21.b; 567 Nr. XIV,21.b.
153   Vida STARE, Kranj, nekropola iz časa preseljevanja ljudstev (= Katalogi in Monografije izdaja Narodni Muzej v Ljubljani 18, Ljubljana 1980) S. 75; 115 Taf. 74, 7–15, bekanntlich enthält dieses Gräberfeld besonders viele, teilweise sehr frühe Formen, die aus den Gebieten nördlich der Donau mitgebracht wurden.
154   TEJRAL, Grundzüge [wie oben Anm. 20] S. 105f.

bern[155], für den beutelförmigen Becher mit Stempelverzierung aus Grab 9[156] und wohl auch den profilierten Griff eines bronzenen Zierschlüssels aus Grab 3[157]. Dieser Griff ist sicherlich ähnlich zu beurteilen wie der Zierschlüssel aus Grab 22 von Rebešovice[158], der zwar singulär, aber am ehesten mit den Zierschlüsseln aus reichausgestatteten Gräbern von Hegykö, Kom. Györ-Sopron[159], und Vörs, Kom. Somogy[160], vergleichbar ist. Ein Hineinreichen in diese Zeitgruppe ist auch für Neuruppersdorf deutlich, vor allem durch Grab 13 mit einer einfachen vierspeichigen Zierscheibe[161], wie sie besonders bei den Alamannen am Ende der Stufe AM II auftreten[162]. Schließlich bezeugen die quadratischen, stempelverzierten Beschläge in Grab 11 von Velké Pavlovice[163] Beziehungen dieser Siedlungsgemeinschaft zu den späten Gepiden[164].

Die handgemachte Keramik läßt sich nur in wenigen Fällen über Metallbeigaben im gleichen Grab datieren, und deshalb kann sie nicht in die anhand von Metallobjekten definierten Zeitgruppen eingeordnet werden. Den elbgermanischen Charakter hat schon Werner für die besonders kennzeichnende Keilstichornamentik[165] nachgewiesen, und dies hat Tejral mit sorgsamen Vergleichen der norddanubischen, handgemachten Tongefäße mit plastischen Verzierungen mit entsprechenden aus dem heutigen Böhmen und Mitteldeutschland bestätigt[166]. Er wies auch auf formale Bezüge zu der Keramik

155   TEJRAL Grundzüge [wie oben Anm. 20] S. 87 Abb. 28, 9 Taf. 8, 7. – Vgl. dazu BIERBRAUER, in: MÜLLER-WILLE/SCHNEIDER, Landnahmen, 1 [wie oben Anm. 2] S. 131 Abb. 7 nach Ursula KOCH, Mediterranes und langobardisches Kulturgut in Gräbern der älteren Merowingerzeit zwischen Main, Neckar und Rhein, in: Atti del 6° Congresso internazionale di studi sull'alto medioevo, Milano 21–25 ottobre 1978 (Spoleto 1980) S. 107–121, bes. Verbreitungskarte Taf. 6 mit Liste S. 114 Anm. 30, die dort aufgeführten Gräber gehören in die Stufen AM II und AM III.
156   TEJRAL, Grundzüge [wie oben Anm. 20] S. 83 Abb. 26.
157   Ebd. S. 82 Abb. 25.
158   Ebd. S. 61 Abb. 14, 19.
159   István BÓNA, Langobarden in Ungarn (in: Arheološki Vestnik 21/22, 1970/71) S. 45–74, bes. S. 69 Abb. 15, 11.
160   BÓNA, Der Anbruch des Mittelalters (Budapest 1976) S. 87 Abb. 28.
161   WERNER, Langobarden [wie oben Anm. 9] S. 148 Taf. 48, 16–22; 51, 2.5.
162   Vgl. z. B. Sontheim a. d. Brenz, Lkr. Heidenheim, Grab 174: NEUFFER-MÜLLER, Sontheim an der Brenz [wie oben Anm. 148] S. 68f. Taf. 28 A; 37; 54, 2–3. – Weitere Gräber bei Dorothee RENNER, Die durchbrochenen Zierscheiben der Merowingerzeit (= RGZM, Kataloge vor- und frühgeschichtlicher Altertümer 18, Mainz 1970) S. 5f.: Typ IIA.
163   TEJRAL, Grundzüge [wie oben Anm. 20] S. 85 Abb. 27.
164   Es handelt sich zweifellos um Gehängebestandteile, die Tivadar VIDA, Bemerkungen zur awarenzeitlichen Frauentracht, in: Darina BIALEKOVÁ/Jozef ZÁBOJNÍK (Hg.), Ethnische und kulturelle Verhältnisse an der mittleren Donau vom 6. bis zum 11. Jahrhundert. Symposium Nitra, 6. bis 10. November 1994 (Bratislava 1996) S. 107–124, eingehend behandelt hat. Sie kommen in gepidischen Gräberfeldern Siebenbürgens und awarenzeitlichen Gräberfeldern mit gepidischem Anteil in Pannonien vor. Die dort vorgetragene Beschränkung auf das letzte Drittel des 6. Jahrhunderts, also auf awarenzeitliche Gepiden, bedarf noch einer Überprüfung mittels einer Chronologie der gepidischen Gräberfelder in Siebenbürgen.
165   WERNER, Langobarden [wie oben Anm. 9] S. 50–52 mit Verbreitungskarte Abb. 4.
166   TEJRAL (in: SlovArch 23, 1975) [wie oben Anm. 20].

aus den nordmährischen Brandgräberfeldern hin[167] und auf einzelne Befunde in Siedlungen[168]. Da nach seiner Konzeption die Hauptmasse der Grabfunde der zweiten
Hälfte des 5. Jahrhunderts aber nicht mit den Langobarden in Verbindung gebracht
werden kann, schließt er auf einzelne kleinere elbgermanische Gruppen, die in den
norddanubischen Bereich einsickerten, während die Übereinstimmungen der Keramik
in der Zone zwischen Mecklenburg und Böhmen mit der der Langobarden ab 500
durch eine erneute massive Einwanderung zu erklären sei.

Um zu diesen Thesen Stellung nehmen zu können, muß zumindest die Entwicklung
der keramischen Formen besser geklärt werden. Daher wurde die von Jan Lichardus
und Marion Lichardus-Itten entwickelte Merkmalanalyse[169] auf das hier vorliegende
Material angewendet. Danach wird ein Gefäß mit allen seinen Eigenschaften als geschlossener Fund gewertet und kombinationsstatistisch untersucht. Die Forderung,
Formmerkmale auch metrisch zu erfassen, konnte bei dem vorliegenden Abbildungs-
material allerdings nicht realisiert werden. Daher wurden diese Merkmale »subjektiv«
definiert und ihre Kombination als Hinweis auf eine Zusammengehörigkeit gewertet
(Abb. 1)[170]. Unterscheiden lassen sich die Gefäßklassen 1 = Schalen; 2 = Schüsseln und
3 = Becher. Es liegt also eine bewußte Auswahl aus dem Spektrum von Gefäßen vor, die
in einem Haushalt vorauszusetzen sind. Doch stehen derzeit keine Siedlungsbefunde
zur Verfügung, die Aufschluß über den gesamten Formenschatz erlauben[171]. Durch
übereinstimmende Formmerkmale läßt sich deutlich eine Reihe verschiedener Arten innerhalb der Klassen unterscheiden, die nochmals in Varianten aufzugliedern sind. Die
Verzierungsmuster sind jedoch nicht auf bestimmte Arten oder gar Varianten zu beschränken, sondern stellen eine Verbindung aller keramischen Erzeugnisse dar, die sich

---

167 Ebd. S. 383–289 mit Abb. 1–3. – Ausführliche Charakterisierung dieser Brandgräberfelder:
Jaroslav TEJRAL, Die Probleme der späten römischen Kaiserzeit in Mähren (= Studie archeologického Ústavu Československé Akademie věd v Brně III, 2, Praha 1975). – Ebenfalls dazu (und zu
den südlicheren swebischen Gräberfeldern) TEJRAL, Morava [wie oben Anm. 21] S. 15–33.
168 Hulín: TEJRAL (in: SlovArch 23, 1975) [wie oben Anm. 20] S. 387 mit Abb. 4. – DERS., in: FRIE-
SINGER/DAIM, Typen der Ethnogenese ... Bd. 2 [wie oben Anm. 20] S. 40; 84 Abb. 31; 85 Abb. 32.
169 Jan LICHARDUS, Studien zur Bükker Kultur (= Saarbrücker Beiträge zur Altertumskunde 12,
Bonn 1974) S. 30–40; 61–68. – Marion LICHARDUS-ITTEN, Die Gräberfelder der Großgartacher
Gruppe im Elsaß (Saarbrücker Beiträge zur Altertumskunde 25, Bonn, 1980) S. 37–50; 55–68 und
passim. – Unabhängig davon hat BIERBRAUER, Ostgotische Grab- und Schatzfunde [wie oben
Anm. 46], schon früher ein entsprechendes Verfahren auf Fibeln angewendet (ebd. S. 85–108 mit
Tabelle Abb. 12 bei S. 108).
170 Die analysierten Gefäße sind in Liste 2 nachgewiesen.
171 Miloš ČIŽMÁŘ, Langobardský sídlištní objekt z Podolí, okr. Brno-venkov. K problematice
langobardských sídlišť na Moravě [Dt. Rés.:] Das langobardische Siedlungsobjekt von Podolí –
Landkreis Brno-venkov (Zur Problematik der langobardischen Siedlungen in Mähren) (in: ArchRoz
49, 1997) S. 634–642, weist auf die Seltenheit solcher Siedlungen hin, vertritt jedoch mit Recht die
Auffassung, daß häufig spärliche und untypische Fundmaterial das Erkennen solcher Siedlungen
erschwert und die Definition noch zu leisten sei. Die angekündigte eingehendere Behandlung von
Siedlungsbefunden durch TEJRAL, in: FRIESINGER/DAIM, Typen der Ethnogenese ... Bd. 2 [wie oben
Anm. 20] S. 15 Anm. 25, wird hier wohl auch weitere Aufschlüsse außer der Siedlung von Hulín er-
bringen.

Gefäß	Gefäßart	Region	1.1 steiler Hals	1.2 gerundete Schulter, ausladend	V 1 schräggeschweifte Dellen	V 2 hängende Dreiecke mit Keilstich	V 3 Keilstichreihen	1.3 gerade Schulter	V 4 verschiedene Stempel	V 5 schräge Dellen	V 6 senkrechte Dellen	V 7 Verzierung auf Gefäßunterteil	V 8 Sparrenmuster	1.5 gekehlter Hals	V 9 verschiedene Rillenmuster	1.4 konischer Unterteil	V 10 senkrechte oder schräge Fransen	1.7 kurzer gekehlter Rand	V 11 schräge Rillen	1.6 gerundete Schulter, wenig ausladend	1.7 schräger Hals m. kurzem Rand	1.8 Unterteil bauchig	V 12 senkr. Fransen auf Schulter + Bauch	2.1 hohe Schüssel, bauchiger Unterteil	2.2 hohe Schüssel, Unterteil konisch	2.3 hohe Schüssel, doppelkonisch	V 13 Längsbuckel	3 flache Schale	V 14 kurze senkr. Wulste auf Schulter	3.1 hoher geschweifter Oberteil
Nr. 38	1.1 Var. 1	M	▲	▲	◆	◆																									
Nr. 27	1.1 Var. 1	M	▲	▲		◆																									
Nr. 45	1.1 Var. 1	M	▲		◆		◆	▲																							
Nr. 15	1.1 Var. 1	M	▲	▲		◆				◆																					
Nr. 43	1.1 Var. 1	M	▲	▲	◆					◆	◆																				
Nr. 14	1.1 Var. 2	M	▲			◆		▲				◆																			
Nr. 48	1.1 Var. 2	M						▲				◆	◆	◆	▲																
Nr. 16	1.1 Var. 2	M						▲						▲	◆																
Nr. 17	1.1 Var. 4	R	▽	▲		◆	◆									▲															
Nr. 36	1.1 Var. 2	M	▲	▲	◆			▲								▲															
Nr. 26	1.1 Var. 2	M		▲										▲	◆	▲															
Nr. 40	1.1 Var. 3	R	▲					▲				◆			◆	▲															
Nr. 37	1.1 Var. 3	M		▲				◆		◆							◆	▲													
Nr. 2	1.1 Var. 2	M		▲										▲					◆												
Nr. 1	1.2 Var. 1	R	▲																◆	▲											
Nr. 25	1.2 Var. 1	P		▲						◆										▲											
Nr. 42	1.2 Var. 2	R								◆				▲		▲				▲											
Nr. 23	1.2 Var. 2	P								◆				▲						▲											
Nr. 39	1.2 Var. 2	R								◆		◆		▲						▲											
Nr. 53	1.2 Var. 2	M												▲	◆					▲											
Nr. 44	1.2 Var. 2	M				◆		▲					◆							▲											
Nr. 18	1.2 Var. 2	R						▲						▲			◆			▲											
Nr. 4	1.2 Var. 2	M						▲								◆				▲											
Nr. 12	1.3 Var. 1	M					▲									▲								▲							
Nr. 49	1.3 Var. 1	M				◆	▲																	▲							
Nr. 11	1.3 Var. 1	M		▲		◆																		▲							
Nr. 5	1.3 Var. 1	M		▲		◆				◆														▲							
Nr. 51	1.4 Var. 1	M		▲											◆			▲					▲							
Nr. 46	1.4 Var. 1	M		▲		◆											◆	▲					▲							
Nr. 7	1.4 Var. 2	M		▲	◆													▲												
Nr. 8	1.4 Var. 2	M		▲														▲												
Nr. 34	1.5.	M		▲										▲													◆			
Nr. 31	1.5.	M					▲							▲													◆			
Nr. 30	1.5.	M					▲							▲			◆										◆			
Nr. 28	2.1 Var. 1	M		■	◆																		■							
Nr. 9	2.1 Var. 2	T				◆												■					■							
Nr. 50	2.1 Var. 2	M									◆							■					■							
Nr. 52	2.1 Var. 2	R							◆									■					■							
Nr. 3	2.1 Var. 3	M		■										■		■			◆					■						
Nr. 10	2.1 Var. 4	M									◆							■						■						
Nr. 19	2.1 Var. 4	M					■							■		■								■						
Nr. 21	2.1 Var. 5	M			◆													■								■				
Nr. 20	2.1 Var. 5	M													◆			■								■				
Nr. 41	2.1 Var. 5	R			◆			◆										■												
Nr. 33	3.1.	M			◆									●									◆					◆		
Nr. 13	3.1.	M			◆									●									◆					◆		
Nr. 29	3.1.	M			◆									●									◆					◆		
Nr. 32	3.1.	M			◆									●									◆					◆		
Nr. 24	1.6.	P	▲											◆														▲	◆	
Nr. 22	1.6.	M													▲													▲	◆	
Nr. 47	1.6.	M												◆														▲	◆	▲
Nr. 35	1.6.	T												◆														▲	◆	▲
Nr. 6	1.6.	T																										▲	◆	▲

in den Gräbern fanden. Dies gilt besonders für die Keilstichverzierung und die plasti-schen, ebenso typisch elbgermanischen Verzierungen. Diese knüpfen eindeutig an pla-stische Verzierungen an, die für spätestkaiserzeitliche Leichenbrandbehälter typisch sind, weshalb solche Verzierungen für eine Anordnung am Anfang der Tabelle bestim-mend waren. Auch wenn mangelnde Vergesellschaftungen mit früh datierbaren Metall-objekten fehlen, muß meines Erachtens davon ausgegangen werden, daß ein Kontinu-um zwischen der Keramik in den Brandgräberfeldern und in den Körpergräbern be-steht. Folgte man hingegen den zeitlichen Ansätzen von Tejral – Ende der Brandgräberfelder in Nordmähren um 450 und Beginn der handgemachten Keramik in »langobardischen« Gräbern erst um 500 –, so wären diese Bezüge nicht zu verstehen. Überprüft werden kann dies durch eine Untersuchung der Verbreitung der verschiede-nen, so definierten Keramikarten, die mengenmäßig natürlich – angesichts des Publika-tionsstandes – nur einen kleinen Ausschnitt aus der Gesamtheit der vorhandenen Gefäße darstellen: Es ergibt sich selbst so bei der Kartierung (Abb. 2–3) ein deutlicher Unterschied. Schalen der Art 1.1, Variante 1 und 2 kommen nur anschließend an die Verbreitung der Gräberfelder vom Typ Kostelec[172], die bis in das Brünner Becken rei-chen, in diesem Bereich, d. h. Südmähren und dem nordöstlichen Niederösterreich vor, alle übrigen Formen sind dann auch im Weinviertel und vereinzelt noch südlich der Do-nau[173] vertreten. An einer Abfolge, wie sie die Matrix (Abb. 1) zeigt, kann deshalb kaum gezweifelt werden.

172   Vgl. die Verbreitungskarte bei Tejral, Die Probleme der späten römischen Kaiserzeit [wie oben Anm. 167] S. 106 Karte 1.
173   Nicht berücksichtigt wurden einzelne mir bekannt gewordene Gefäße mit Dellen-Verzierun-gen in Pannonien, die jedoch hier genannt und formal verglichen werden sollten. Die Schale von Dör, Flur Kapolna, Kom. Györ-Sopron (Busch, Die Langobarden [wie oben Anm. 20] S. 258 mit Abb. auf S. 259) gehört mit ihrem gekehlten Hals (Merkmal 1.5), der geraden Schulter (Merkmal 1.3) und den schrägen Dellen (Merkmal V 5) nicht zu den »ältesten« Formen, sondern allenfalls zu 1.1 Var. 2, eher zu 1.2 Var. 2, völlig abweichend ist die Verzierung mit Keilstich in rhombischen Feldern und die reiche Ritzverzierung, sowie die Verwendung von Rundstempeln. – Ein weiteres Gefäß mit Schrägdellen wurde mir aus dem Gräberfeld an der Szepvölgyi utca in Óbuda bekannt: Margit Nagy, Óbuda a népvándorlás korban. [Dt. Rés.:] Óbuda zur Zeit der Völkerwanderung (in: Buda-pest Régiségei 30, 1993[1995]) S. 353–371, bes. S. 361; 389 Taf. 7, 4. Diese Schale ist wegen ihres schrägen Halses und kurzen Randes (Merkmal 1.7) der Art 1.3 Var. 1 zuzuordnen.

Abb. 1 (links)   Merkmalanalyse der handgemachten norddanubischen Keramik
Regionen: M = Mähren und nordöstliches Niederösterreich, P = Tullner Feld, südlich der Donau, R = westliches Niederösterreich, T = Mittlere Dyje/Thaya. Die Nummern in der ersten Spalte bezeichnen die Gefäße in Liste 2. Verwendete Zeichen: 1. Formmerkmale: Dreieck = Schalenformen, Quadrat = Schüsselformen, gefüllte Kreise = Becherformen, V = Variante. – 2. Verzierungen: große Rauten = Verzierungsmuster, kleine Rauten = zusammengefaßte Zierweisen.

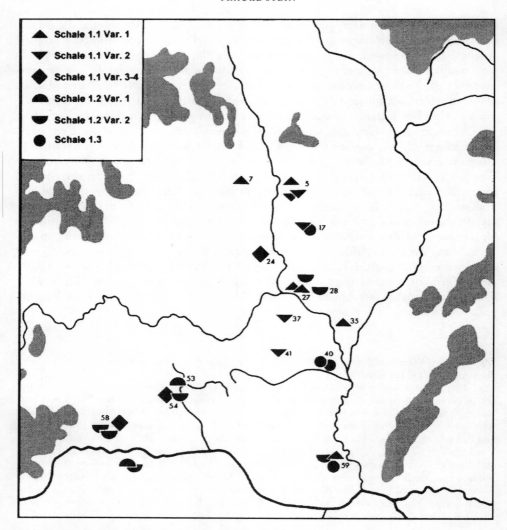

Abb. 2   Die Verbreitung handgemachter Gefäße, Gefäßart 1.1–1.3.

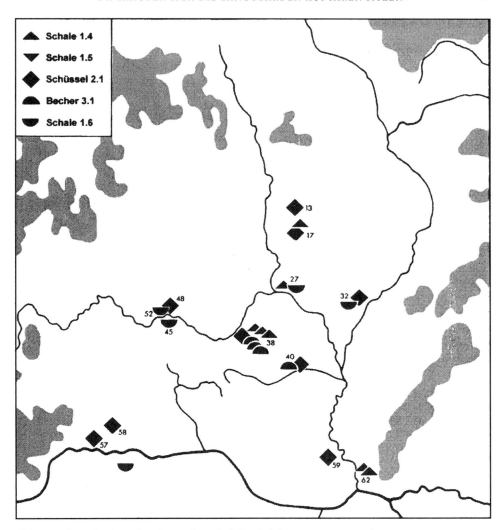

Abb. 3   Die Verbreitung handgemachter Gefäße, Gefäßart 1.4–1.6, 2.1 und 3.1.

64 FRAUKE STEIN

Weitere Bezüge zwischen den spätestkaiserzeitlichen Brandgräberfeldern und den Körpergräberfeldern ergeben sich anhand der grauen Drehscheiben-Keramik, die teilweise mit eingeglätteten Gittermustern verziert ist[174]. Darauf hatte schon Werner[175] hingewiesen und eine Produktion im Rahmen der mährischen Töpfereien postuliert[176]. Die Schalen aus Baumgarten an der March, Hohenau und Poysdorf, Grab 4 »des beginnenden 6. Jahrhunderts«[177], dürfe man als letzte Ausläufer dieser Scheibenware ansehen. Auch hier läßt sich mit einigen Vorkommen dieser Ware im alamannischen Bereich zeigen, daß diese Ware älter ist, als es Werner angenommen hat. Die scharfkantigen Schalen mit einem straffen schrägen Oberteil von Baumgarten, BH Gänserndorf (1)[178], und Hohenau an der March, BH Gänserndorf (19)[179], lassen sich in die Stufe AM Ia datieren[180], während für Schalen mit etwas eingezogenem Oberteil sich durch einen Grabfund von Weingarten, Ldkr. Ravensburg, eine Datierung nach AM Ib ergibt[181]. Eine solche Schale liegt in Poysdorf, BH Mistelbach (40) Grab 4[182], vor, einem Grab, das bereits durch seine Wirbelfibel oben nach ND 2[183] datiert wurde. Die Schüsseln von Erpersdorf und Maria Ponsee, beide BH Tulln[184], die Friesinger mit zu dieser Art gerechnet und damit eine Datierung der ganzen Gruppe in das frühe 6. Jahrhundert

174 TEJRAL, Morava [wie oben Anm. 21] S. 32 Taf. 4, 2–3.5–6. – Mit Gittermusterung ebd. Taf. 4, 3 (Kostelec, Grab 172, vgl. dazu ZEMAN, Severní Morava [wie oben Anm. 24] S. 80; 78–79 Abb. 35 C; 36 A Taf. 18 c).
175 WERNER, Langobarden [wie oben Anm. 9] S. 58–59 mit weiteren Belegen aus Brandräberfeldern S. 59 Anm. 3 (wellenverzierte Drehscheibenware).
176 Dies bestätigte sich in gewisser Weise durch den Anteil dieser Ware in dem Töpferofen von Ternitz, Ger. Bez. Neunkirchen, jedoch im nördlichen Pannonien gelegen, vgl. FRIESINGER/KERCHLER (in: Archaeologia Austriaca 65, 1981) [wie oben Anm. 32] S. 193–195; 235–243 Abb. 33–41. Zur Lage: ebd. S. 249 Abb. 47 Nr. 43.
177 WERNER, Langobarden [wie oben Anm. 9] S. 59.
178 Josef SZOMBATHY, Frühmittelalterliche Gräber bei Baumgarten an der March (Niederösterreich) (in: Wiener Prähistorische Zeitschrift 12, 1925) S. 29–36, bes. S. 33 Abb. 3, 4.
179 Herbert MITSCHA-MÄRHEIM, Neue Bodenfunde zur Geschichte der Langobarden und Slawen im österreichischen Donauraum (in: Carinthia I, 143, 1953) S. 772–793, bes. S. 772; 775 Abb. 1, 1 = DERS., Neue Bodenfunde zur Geschichte der Langobarden und Slawen im österreichischen Donauraum, in: Beiträge zur älteren Europäischen Kulturgeschichte. Festschrift für Rudolf Egger, Bd. 2 (Klagenfurt 1953) S. 355–376, bes. S. 355; 357 Abb. 1, 1. Bereits nach Photo zu urteilen ganz schwach gekehlt, vgl. dazu die Zeichnung bei FRIESINGER/ADLER, Niederösterreich [wie oben Anm. 26] S. 41 Abb. 7 d.
180 Basel, Gotterbarmweg, Grab 6 [wie oben Anm. 48] Abb. 6. – Schleitheim-Hebsack, Grab 455: Beatrice RUCKSTUHL, Das reiche Frauengrab von Schleitheim-Hebsack aus dem mittleren 5. Jahrhundert (in: ArchKbl 19, 1989) S. 407–413, bes. S. 410 Abb. 3, 10 (allerdings mit Zickzackmuster).
181 Grab 111: ROTH/THEUNE, Weingarten I [wie oben Anm. 48] S. 35 mit Abb. 18 Taf. 31 B, datierbar aufgrund der Pferdchenfibeln und der Bügelfibeln.
182 BENINGER †/MITSCHA-MÄRHEIM (in: Archaeologia Austriaca 40, 1966) [wie oben Anm. 90] S. 173f.; 183 Taf. 2, 2–10, bes. Taf. 2, 10 (unzutreffende Zeichnung, besser Photo S. 171 Abb. 3, Mitte rechts. – Zeichnung bei FRIESINGER/ADLER Niederösterreich [wie oben Anm. 26] S. 41 Abb. 7 e. In den Tabellen (Abb. 6–8) als Typ Poysdorf bezeichnet.
183 Vgl. oben bei Anm. 90–91.
184 FRIESINGER/ADLER a. a. O. S. 41 Abb. 7 a-b.

begründet hat[185], weichen stark von den flacheren, norddanubischen Schalen ab. Andere mit gegitterter Glättverzierung versehene Gefäße hat Tejral schon in seine Gruppe der späten Drehscheibengefäße[186] gestellt, und natürlich ist für weitere von Adler herausgestellte glättverzierte Gefäße die Verwandtschaft mit Thüringer Drehscheibenschalen ganz evident[187].

Damit sind alle wichtigen Änderungen an Datierungen, die durch den neueren Forschungsstand notwendig geworden sind, behandelt. Sie können folgendermaßen zusammengefaßt werden:

Die Trachtbestandteile in Körpergräbern des mährisch-niederösterreichischen Raumes des 5.–6. Jahrhunderts können auf zwei hier nicht näher behandelte völkerwanderungszeitliche Stufen D1 und D 2 nach Tejral und Bierbrauer[188] sowie 4 frühmittelalterliche Zeitgruppen ND 1–4 aufgeteilt werden, wobei die älteste mit der Stufe D 3 zu synchronisieren ist. Die absolutchronologischen Ansätze können sich weitgehend an die der entsprechenden Stufen im »Westlichen Reihengräberbereich« anschließen:

ND 1 = ±450–480
ND 2 = ±480–510
ND 3 = ±510–530
ND 4 = ±530–560 (oder etwas länger).

Kartiert man die jeweils ältesten Formen von Trachtzubehör der Gräberfeldausschnitte nach dem derzeitigen Publikationsstand (Abb. 4), so ergibt sich ein Bild, das kaum

185 FRIESINGER/KERCHLER (in: Archaeologia Austriaca 65, 1981) [wie oben Anm. 32] S. 263. – Auch die Behandlung der glättverzierten Keramik vom Runden Berg bei Urach folgt chronologisch diesen älteren Ansätzen: Bernd KASCHAU, Der Runde Berg bei Urach II: Die Drehscheibenkeramik aus den Plangrabungen 1967–1972 (= Heidelberger Akademie der Wissenschaften, Kommission für Alamannische Altertumskunde, Schriften 2, Sigmaringen 1976) S. 34–36 mit Abb. 6–7 Taf. 13 (Tatsächlich sind beide Formen mit gerader und mit eingezogener Schulter vertreten). – Dem folgt im Zeitansatz Thomas FISCHER, Spätrömische Siedlungsfunde aus Künzing/Quintanis (in: BVGbll 54, 1989) S. 131–187, bes. S. 167–174 (mit weiteren Hinweisen und einem Ausblick auf die jüngere glättverzierte Ware in Süddeutschland). – Uwe GROSS, Zur einglättverzierten Keramik des 5. und frühen 6. Jahrhunderts in Süddeutschland (in: BVGbll 57, 1992) S. 311–320 (mit den auch hier vertretenen chronologischen Ansätzen).
186 Velatice, okr. Brno-venkov (55), Grab 8/36: TEJRAL, Morava [wie oben Anm. 21] S. 220 Nr. 46; 168 Abb. 64, 1 Taf. 31, 4. – Vgl. dazu TEJRAL (in: Archaeologia Austriaca 69, 1985) [wie oben Anm. 29] S. 138 Abb. 23, 7; 139 Abb. 24, 8 sowie aus zerstörten Gräbern von Brno-Brněnské Ivanovice, okr. Brno-město (5), und Chrlice, okr. Brno-město (23) (ebd. Abb. 23, 1–2; 24, 1–2). – Die doppelkonische Schüssel von Šakvice, okr. Břeclav (51) (ebd. Abb. 23, 8 und Abb. 24, 9), steht den straffwandigen Schalen relativ nahe und kann nicht zu den thüringisch beeinflußten Gefäßen gerechnet werden. Zu der »späten Drehscheibenware« Tejrals kann noch die glättverzierte Schüssel aus Grab 21 von Aspersdorf, BH Hollabrunn (78), gestellt werden; (ADLER, in: Fundberichte aus Österreich 16, 1977 [wie oben Anm. 92] S. 12; 55 Taf. 11, 4. – FRIESINGER/ADLER, Niederösterreich [wie oben Anm. 26] S. 40 Abb. 6 b).
187 FRIESINGER/ADLER a. a. O. S. 40 Abb. 6 c–f, unten in meinen Tabellen (Abb. 6–8) als Typ Unterrohrendorf bezeichnet.
188 Jaroslav TEJRAL, Zur Chronologie der frühen Völkerwanderungszeit im mittleren Donauraum (in: Archaeologia Austriaca 72, 1988) S. 223–304. – BIERBRAUER (in: JRGZM 38, 1991 [1995]) [wie oben Anm. 45].

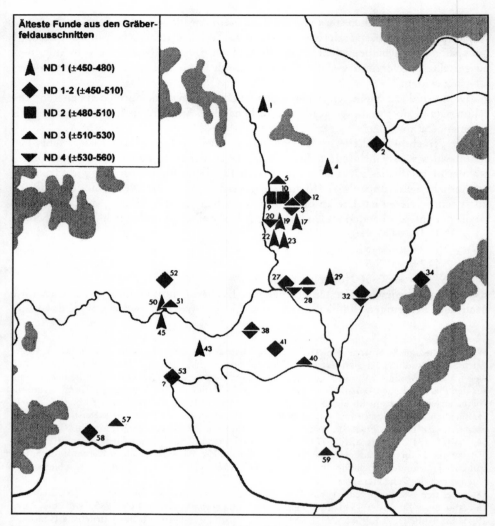

Abb. 4   Die jeweils ältesten Funde aus den norddanubischen Gräbern und Gräberfeldausschnitten.

mehr zufällig sein kann: Die Gräber mit den ältesten Formen finden sich mit dem Zentrum im Brünner Becken zwischen Switava und March mit Ausläufern nach Südosten bis zur Dyje/Thaya und an dem Mittellauf dieses Flusses. Daran schließen sich Gräberfeldausschnitte an, von denen als älteste Funde solche der Zeitgruppe ND 2 (±480–510), hauptsächlich aber der Zeitgruppe ND 3(±510–530) vorliegen. In diesen beiden Zeitgruppen kommen nun auch Gräberfelder im nordöstlichen Niederösterreich und im Weinviertel vor.

Befundanalyse und Interpretation

Dieses Verbreitungsbild läßt sich kaum in Einklang bringen mit den Thesen Tejrals von einer vorlangobardischen Kultur, die den Zeitraum der zweiten Hälfte des 5. Jahrhunderts und das frühe 6. Jahrhunderts umfaßt, und einer Ausbreitung der langobardischen Kultur ab der Jahrhundertwende vom Südwesten her nach Mähren. Diese vorlangobardische Kultur hatte er als deutlich absetzbare und zum Karpatenbecken hin orientierte Kultur charakterisiert, die nicht elbgermanisch, sondern allenfalls »merowingisch« geprägt sei. Bei der antiquarischen Betrachtung konnten jedoch in den beiden älteren Zeitgruppen sehr viel stärkere Verbindungen zum Formengut des östlichen und des westlichen Reihengräberbereichs als solche zu dem Bereich des Karpatenbeckens aufgezeigt werden[189]. Mit formenkundlichen Argumenten allein kann man natürlich keine Kulturen umschreiben, d. h. etwas über letzlich ethnische Einheiten aussagen. Es muß methodisch die Forderung erhoben werden, daß nur deutlich abgrenzbare Elemente des Totenrituals, d. h. der Bestattungssitten, der Trachtsitten und der Beigabensitten, als entscheidend angesehen werden dürfen. Nur diese erlauben Rückschlüsse auf die Jenseitsvorstellungen, die wiederum die einzigen für den Archäologen annähernd rekonstruierbaren Teile des mentalen Selbstverständnisses der damaligen Menschen als Mitglieder einer bestimmten Gruppe darstellen. Eine solche Gruppe kann sich bereits als eine *gens* verstehen oder es kann sich innerhalb dieser Gruppe auch das Gefühl der Zugehörigkeit zu einer *gens* entwickeln.

Zunächst stellt sich hier die Frage, wie repräsentativ die bekannten Befunde für Rückschlüsse auf die ehemalige Gesamtheit sind. Nach persönlichen Erfahrungen bei Gräberfeldauswertungen ist zunächst festzuhalten, daß bei Ausschnitten erst ab einer Gräberzahl von über 20 Gräbern mit einer gewissen Repräsentativität gerechnet wer-

189 Nur zwei karpatenländische Bronzefibeln der Stufen D2-D3 aus zerstörten Gräbern von Smolín, okr. Břeclav (45), und Vyškov (58), die unten bei Anm. 194 bzw. 207 in dem Gräberfeldkontext zu behandeln sind, und die drei Fibeln vom Typ Szekszárd (vgl. oben bei Anm. 44) gehören in einen solchen Zusammenhang, da die von Tejral gleichwertig behandelten Fibeln von Šlapanice, Tasov und Černín italisch-ostgotisch oder so beeinflußt sind (vgl. oben bei Anm. 93–95). Die künstlich deformierten Schädel dürfen nicht in dieser Richtung interpretiert werden, da auch bei anderen *gentes,* die einst unter der Oberherrschaft der Hunnen standen, nämlich den Thüringern und Burgundern, in der frühen Merowingerzeit solche Schädel vorkommen, da bekanntlich die Deformierung in frühem Kindesalter vorgenommen wurde, vgl. dazu umfassend: Joachim WERNER, Beiträge zur Archäologie des Attila-Reiches (= Bayerische Akademie der Wissenschaften, Phil.-Hist. Klasse, Abhandlungen N.F. 38 A–B, München 1956) bes. S. 5–18 Taf. 73, Karte 9 (mit Fundlisten S. 96–114).

den darf, vorausgesetzt, sie sind grabweise beobachtet und veröffentlicht. Für zahlreiche Komplexe im Untersuchungsgebiet sind jedoch keine Grabinventare beobachtet, oder größere modern gegrabene Gräberfeldausschnitte sind nur anhand von teilweise sehr knappen Vorberichten bekannt. Danach wurde auf der Verbreitungskarte (Abb. 5) differenziert in beurteilbare Gräber und nicht beurteilbare oder nur in knappen Vorberichten bekannte Gräber in numerischer Staffelung. Der Befund mit einer großen Zahl von Fundstellen, die nicht als repräsentativ gelten können, zeigt bereits, daß bei der Interpretation große Vorsicht geboten ist. Für eine genauere tabellarische Betrachtung aller wichtigen Phänomene, die sich feststellen lassen, wurde in drei Regionen getrennt: 1. Das Hauptverbreitungsgebiet in Mähren und dem nordöstlichen Niederösterreich bis an die untere March (Abb. 6), 2. die nur locker mit diesem Gebiet verbundene Konzentration am Mittellauf der Dyje/Thaya (Abb. 7) und 3. die Fundstellen südlich einer Wasserscheide hauptsächlich im niederösterreichischen Weinviertel (Abb. 8).

In die Tabelle (Abb. 6) für Mähren und das nordöstliche Niederösterreich wird auf den ersten Blick deutlich, wie hoch der Anteil unsystematisch geborgener Grabfunde auf der einen Seite und der Anteil an sich modern ausgegrabener, aber nur anhand von Vorberichten bekannter Gräberfelder auf der anderen Seite ist. Weiterhin zeigt sich, daß die zeitliche Spannweite ganz wesentlich von der Größe des Gräberfeldausschnittes, aber auch von den Angaben, die in den Vorberichten zur Verfügung stehen, abhängig ist. Daraus folgt, daß ein Abbruch von Gräberfeldern in der Zeit um 500 (also in der Zeitgruppe ND 2 (±480–510) nicht nachweisbar ist. Die Grabrichtung ist durchgängig an der W-O-Achse orientiert, wobei alle modern gegrabenen Gräberfelder, von denen ein Plan vorliegt, wie überall im Reihengräberbereich Grabrichtungen zeigen, die unterschiedlich stark von der W-O-Achse abweichen. Die Angabe W-O bei den nicht so gut beobachteten Gräbern stellt also eine Schematisierung dar.

Von der insgesamt geringen Zahl von völkerwanderungszeitlichen Körpergräbern wurden nur einige wenige Körpergräber aus der ersten Hälfte des 5. Jahrhunderts zum Vergleich aufgenommen. Es handelt sich vor allem um zwei Frauengräber[190], die durch die Fibeltracht als wahrscheinlich germanisch angesprochen werden können, während andere deutlich reiternomadisch geprägte Gräber[191] hier nicht berücksichtigt wurden. Dem schließt sich das Gräberfeld von Smolín, okr. Břeclav (45), mit seinem reichausgestatteten Frauengrab (Grab 32) der Stufe D2a nach Bierbrauer an[192]. Dieses Grab einer

190   Brno, Horní Heršpice (8), datierbar nach D 1 aufgrund der Gürtelschnalle: Tejral, Morava [wie oben Anm. 21] S. 199 f. mit Abb. 76. – Brno, Třída Vítězství (10) mit einer sehr einfachen Armbrustfibel: ebd. S. 200; 84 Abb. 26, 6. Diese Fibel kann auch jünger sein und wurde deshalb mit einem offenen Zeichen gekennzeichnet; zum beträchtlichen Weiterleben zahlreicher Armbrustfibelformen in die 2. Hälfte des 5. Jahrhunderts und darüber hinaus vgl. Mechthild Schulze-Dörrlamm, Romanisch oder Germanisch? Untersuchungen zu den Armbrust- und Bügelknopffibeln des 5.–6. Jahrhunderts nach Chr. aus den Gebieten westlich des Rheins und südlich der Donau (in: JRGZM 33, 1986 [1989]) S. 593–720.
191   Drslavice, okr. Uherské Hradiště (15) und Marchegg, BH Gänserndorf (28), jeweils mit Nomadenohrringen und ohne Fibeln.
192   NO-SW oder umgekehrt, da erstes angeschnittenes Grab, das die Ausgrabung des Gräberfeldes auslöste. Zur Zeitstellung vgl. Bierbrauer (in: JRGZM 38, 1991[1995]) [wie oben Anm. 45] S. 554–564; 545 Abb. 4.

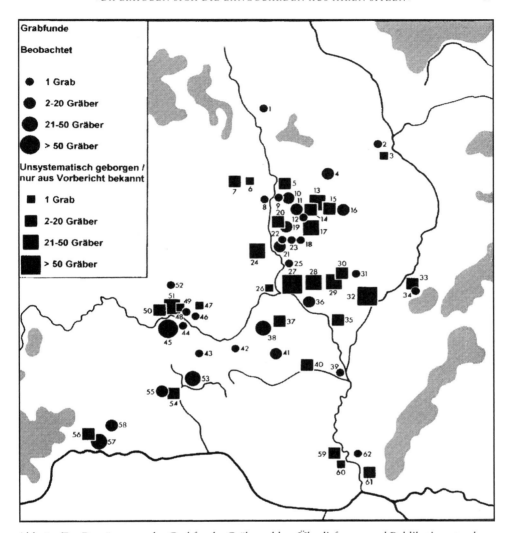

Abb. 5   Zur Repräsentanz der Grabfunde: Gräberzahlen, Überlieferung und Publikationsstand.

Abb. 6 (umseitig)   Die Grabfunde aus Mähren und dem nordöstlichen Niederösterreich.
Verwendete Zeichen: Dreiecke = Gefäßarten, V = Variaten von Gefäßarten, Rhomben = relative
Datierung der Metallfunde, offene Rauten = Datierungsspielraum bei Kleinfunden, Punktkreise
= Verschiedene für langobardische Gräber typische Beigaben, wie Kämme, u. a.; offene, auf die Spit-
ze gestellte Dreiecke = Waffen.

Fundort	Gräberzahl	unsystematisch	systematisch, veröffentlicht	systematisch, nur Vorberichte	Grabrichtung	Kreisgräben, Grabhügel	Metallfunde D	Drehscheibenware, Murgatypus	Drehscheibenware, Gebrauchskeramik	Metallfunde ND 1	Drehscheibenware, Typ Hohenau	handgemachte Ware, Typ 1.1	Metallfunde ND 2	Drehscheibenware, Typ Poysdorf	Drehscheibenware, Tejral 2	handgemachte Ware, Typ 1.2-1.4	Metallfunde ND 3	Drehscheibenware, Typ U-Rohrendorf	handgemachte Ware Typ 1.5-1.6; 2.1-3.1	Metallfunde ND 4	handgemachte Ware, Sonderformen	Swebentöpfe	sonstige Funde, langobardisch (Tejral/o.a.)	Waffen
Brno-Horní Heršpice (6)	1		■		W-O		◆																	
Brno-Třída Vítězství (10)	1	□			?		◇																	
Damborice (13)	1	□			?			▲																
Smolín (45)	> 33			□	N-S/W-O	●	◆	▲							▲							▲			▽
Čejkovice (12)	38			□	W-O	◇	◆			◇												▲	▲	⊙	▽
Strážnice (49)	x	□			?	◇			▲			▲												
Strachotín (48)	21		■		SW-NO					◇						◇	▲	◇						
Velatice (55)	x + 19		■		um W-O	◇	▲	▲		◇					◇	V	▲							▽
Vyškov (58)	x + 18 +2	□	■		um W-O				▲				◆	◆		▲								
Sokolnice (46)	x + 5		■		W-O									◆			▲							
Chrlice (23)	1+x	□			?									◆			▲							
Blučina-Cezavy (3)	1		■		W-O									◆										
Blučina-Nivky (4)	1 (von ca. 7)	□			W-O									◆										
Polkovice (38)	1	□			?			▲						◆										
Otnice (37)	2	□			W-O			▲						◆	◇									
Knínice u Boskovic (24)	1	□			?									◆										
Mistřín (30)	1		■		W-O									◆										
Šaratice (52)	x + ca. 23			□	W-O	Δ	◆								▲	◆	▲	▲	◆	▲		▲		⊙	▽
Hohenau (19)	1	□			W-O				▲															▽
Baumgarten (1)	ca. 20	□			?				▲	▲					▲				▲				▲	▽
Stará Břeclav (47)	2 ?	□			?				▲					▲									⊙	
Brno-Ivanovice (6)	?	□			?									▲										
Šlapanice (53)	1		■		?									◆										
Tasov (54)	1	□			W-O									◆										
Lužice (27)	> 108			□	W-O	●								◆				◆		▲	◆			⊙	▽
Šakvice (51)	53			□	W-O				▲						◆	▲		◆		▲	◆	▲		⊙	▽
Moravské Knínice (31)	2	□			?									▲										
Mikulov (29)	2	□			?									▲										
Poysdorf (40)	9		■		W-O									▲		▲		◆					▲	⊙	▽
Holásky (20)	12			□	W-O	●								▲				◆					▲	⊙	▽
Devínské Jazero (14)	14 + x	□		□	W-O											▲		◆	◆				▲	⊙	▽
Holubice (21)	110			□	um W-O	●								▲		▲		◆				◆		⊙	▽
Velké Pavlovice (56)	22			□	?										▲	▲		◆				◆		⊙	▽
Hauskirchen (18)	20			□	W-O											▲		◆		▲				⊙	▽
Neuruppersdorf (36)	23			□	W-O													◇	▲	▲				⊙	▽
Rebešovice (42)	11			□	NO-SW																◆	▲		⊙	▽
Zohor (59)	1		■		W-O																	▲		
Brno, Kotlářská ul. (9)	1	□			?																		⊙	▽
Bučovice (11)	3			□	W-O																		⊙	▽
Kobylí (25)	3	□			?																		⊙	▽
Kuřim (26)	1	□			?																		⊙	▽
Mušov (32)	1	□			?																		⊙	▽
Němčice na Hané (34)	1	□			?																	▲		
Němčičky (35)	1				?																			
Slavkov (43)	1	□			?																		⊙	▽
Vicemilice (57)	2	□			SW-NO																			▽
Brno-Černá Pole (5)	> 3	□			W-O																		⊙	

Sonstige Funde	Bemerkungen	Fundort
		Brno-Horní Heršpice (6)
		Brno-Třída Vítězství (10)
		Dambořice (13)
Pferdegeschirr	Grabrichtungen stark variierend	Smolín (45)
bronzene Armbrustfibel		Čejkovice (12)
		Strážnice (49)
gefaßt. Triens der Pulcheria, 414-450		Strachotín (48)
Schmalsaxe, Dreikantpfeil	1 N-S-Grab, 1 deformierter Schädel	Velatice (55)
nur Pfeilspitze, 1 Grab ohne Waffen	Grabrichtungen var., 2 def. Schädel	Vyškov (58)
		Sokolnice (46)
		Chrlice (23)
		Blučina-Cezavy (3)
		Blučina-Nivky (4)
	deformierter Schädel	Polkovice (38)
		Otnice (37)
		Knínice u Boskovic (24)
		Mistřín (30)
		Šaratice (52)
		Hohenau (19)
	darunter 1 Brandgrab	Baumgarten (1)
	unsichere FU, 1 Brandgrab ?	Stará Břeclav (47)
glasierter Krug		Brno-Ivanovice (6)
	deformierter Schädel	Šlapanice (53)
		Tasov (54)
		Lužice (27)
Pferdemitgabe		Šakvice (51)
Hundeknochen		Moravské Knínice (31)
		Mikulov (29)
Feinschmiedegrab		Poysdorf (40)
		Holásky (20)
		Devínské Jazero (14)
	Grabrichtungen variierend	Holubice (21)
1 stempelverziertes Beutelgefäß		Velké Pavlovice (56)
Frauengrab mit Pferdegeschirr		Hauskirchen (18)
Webschwerter		Neuruppersdorf (36)
		Rebešovice (42)
Rüsselbecher		Zohor (59)
		Brno, Kotlářská ul. (9)
		Bučovice (11)
Feinschmiedegrab		Kobylí (25)
		Kuřim (26)
		Mušov (32)
		Němčice na Hané (34)
		Němčičky (35)
		Slavkov (43)
Axt; Nomadenspiegelfragment	deformierter Schädel	Vicemilice (57)
Glasbecher		Brno-Černa Pole (5)

bestimmten ethnischen Gruppe zuweisen zu wollen, ist höchst problematisch, da die
Ausstattung sich voll an der Sitte orientiert, wie sich zu dieser Zeit hochgestellte Damen
allgemein germanischer Herkunft zu kleiden pflegten. Eine aus zerstörten Gräbern
stammende Bronzefibel[193], die in eine Gruppe von Imitationen kostbarerer Silberblech-
fibeln gehört, dürfte auf ein einfacher ausgestattetes Frauengrab etwa derselben Zeit
hinweisen, wie Bierbrauer gezeigt hat[194]. Hier ist aufgrund der Vergleichsfunde im gesamten Karpatenbecken der allgemein ostgermanische Charakter von Trägerinnen solcher Fibeln etwas wahrscheinlicher zu machen[195]. Als völkerwanderungszeitlich wird
gemeinhin auch das Pferdegeschirr aus »Grab« 36[196] angesehen, doch ist dies angesichts
der Silberbuckel, die auch noch an dem Pferdegeschirr von Hauskirchen, BH Gänserndorf (18)[197], vorkommen, fraglich[198]. Auffallend sind die großen Unterschiede in der
Grabrichtung[199], doch ist dies in erster Linie von der genauen Dokumentation abhängig
und wiederholt sich in gewissem Umfang in anderen modern gegrabenen Gräberfeldern. Auffallend ist auch die große Zahl von Kreisgräben, die einstmals Hügel einfaß-
ten. Daß die heute leeren Kreisgräben einstmals keine Gräber enthielten, wie Tejral
meint[200], ist unwahrscheinlich, vielmehr dürften diese auf der alten Oberfläche angelegt
worden sein und sind deshalb frühzeitig beim Pflügen zerstört worden. Dieser Befund
hat sich auf anderen Grabungen nicht wiederholt. Wenn Kreisgräben auftreten, so handelt es sich um jeweils einen, der zum Teil deutlich ein ehemals hervorragend ausgestattetes Grab umgibt[201]. In das völkerwanderungszeitliche Bild fügt sich in Smolín auch
Grab 31 mit einem Krug ein, der der Murga-Keramik zuzuordnen ist. Dem läßt sich der
Krug aus dem »Einzelgrab« Dambořice, okr. Hodonín (13)[202], und aus Grab 4/36 von
Velatice, okr. Brno-Venkov (55)[203], an die Seite stellen, welche die Ausstattung der Verstorbenen mit Trank belegen. Diese Sitte ist wohl bei einigen nichtgermanischen Gräbern im mährisch-nordostniederösterreichischen Bereich[204] nachweisbar, jedoch mit ei-

193 Tejral, Morava [wie oben Anm. 21] S. 214f. Nr. 38; 215 Abb. 93, 2.
194 Volker Bierbrauer, Bronzene Bügelfibeln des 5. Jahrhunderts aus Südosteuropa (in: Jahresschrift für mitteldeutsche Vorgeschichte 72, 1989) S. 141–160, bes. S. 141–147 mit Abb. 1.
195 Ebd. S. 152–156.
196 Der Grabcharakter ist fraglich, da es sich um eine rundliche Grube handelt, vgl. dazu Boris
Novotný, K otázce kultu na pohřebišti z doby stěhování národů u Smolína na Moravě. [Dt. Rés.:]
Zur Frage des Totenkultes auf dem völkerwanderungszeitlichen Gräberfeld bei Smolín (Südmähren)
(in: ArchRoz 9, 1957) S. 462–479, bes. S. 492 Abb. 213–214. – Tejral, Grundzüge [wie oben
Anm. 20] S.43; 96 Abb. 34, 1.4.
197 Vgl. Adler, in: Friesinger/Adler, Niederösterreich [wie oben Anm. 26] S. 46–48 mit
Abb. 13–14.
198 So schon Oexle, Pferdegeschirr [wie oben Anm. 140] S. 20.
199 Nur in diesem Gräberfeld kommt ein genordetes Grab (Grab 13 in einem Kreisgraben) vor, die
übrigen schwanken vor allem um die NW-SO- oder die NO-SW-Achse bis hin zu annähernd w-o-
gerichteten Grabgruben, vgl. den Plan bei Tejral, Grundzüge [wie oben Anm. 20] S. 104 Abb. 37.
200 Tejral, Grundzüge [wie oben Anm. 20] S. 87.
201 Holubice, okr. Vyškov (21); Lužice, okr. Hodonín (27).
202 Tejral, Morava [wie oben Anm. 21] S. 200 Nr. 11; 162 Abb. 61, 5.
203 Ebd. S. 219f. mit Abb. 97 Taf. 31, 2.
204 Vgl. die Gräber Drslavice, okr. Uherské Hradiště (15) und Marchegg, BH Gänserndorf (28),
wie Anm. 191, sowie das Männergrab von Laa a. d. Thaya (68) an der mittleren Dyje/Thaya.

ner Ausnahme[205] nicht in anderen hier zu betrachtenden Gräberfeldern. Typisch ist vielmehr die Beigabe von Schalen und Schüsseln, die für die Aufnahme einer Speise für den Weg in das Jenseits gedacht gewesen sein müssen, wie sie auch in 2 Gräbern von Smolín auftreten. Insgesamt reichen aber die bekannten Befunde für Smolín nicht aus, um zu der These von Tejral Stellung zu nehmen, hier liege eine sekundäre Nutzung des Gräberfeldes durch eine hinzugekommene, elbgermanische Siedlergemeinschaft vor.

Die nächste Gruppe von Gräbern und kleinen Gräberfeldausschnitten, die nur Material bis zur Zeitgruppe ND 2 (±480–510) bzw. damit sicherlich gleichzeitige Drehscheibenware enthält, die Tejral als späte Formenvergesellschaftung ausgesondert hat, ergibt wenig sichere Kriterien zur Erfassung einer nichtelbgermanischen Bevölkerung. Aus zerstörten Gräbern von Vyškov (58) stammt eine bronzene Imitation einer Silberblechfibel[206], die Bierbrauer etwas jünger ansetzt, als die von der Qualität her vergleichbare Bronzefibel aus zerstörten Gräbern von Smolín, okr. Břeclav (45)[207]. Sie kann analog zu Smolín aus einem einfach ausgestatteten Grab einer ostgermanischen Frau stammen, allerdings ist hier die Vergleichsbasis dürftig[208]. Abgesehen von dieser Fibel und der schon genannten gelegentlichen Krugbeigabe in völkerwanderungszeitlicher Tradition ist auffallend, daß die Waffenbeigabe eine geringe Rolle spielt. In Velatice, okr. Brno-venkov (55), gibt es zwei Männergräber, die mit Schmalsax bzw. Schmalsax und dreiflügliger Pfeilspitze ausgestattet sind[209] und die durchaus noch in die erste Hälfte des 5. Jahrhunderts gehören können. Aus dem Gräberfeldausschnitt von Vyškov (58) ist nur eine Pfeilspitze aus dem gestörten Grab 2 bekannt, dafür aber ein ungestörtes waffenloses Grab (Grab 14) der Zeitgruppe ND 2 (±480–510)[210]. Leider lassen sich die meisten Waffengräber nicht schärfer datieren, so daß nicht entschieden werden kann, ob dies eine Besonderheit ist oder ob sich grundsätzlich erst in den jüngeren norddanubischen Stufen eine aufwendigere Waffenbeigabensitte entwickelt, wofür allgemeine Erwägungen sprechen[211]. Die beiden beurteilbaren Frauengräber von Vyškov (58)

205 Šaratice, okr. Vyškov (52), Grab 25 b, enthält außer einer Drehscheibenschale einen Krug, der jedoch eher den Formen entspricht, die Tejral zu der Drehscheibenware seiner späten Gruppe rechnet; TEJRAL (in: Archaeologia Austriaca 69, 1985) [wie oben Anm. 29] S. 141 mit Abb. 22 auf S. 137. Er wurde deshalb in der Spalte »Murga-Keramik« mit einem offenen Zeichen eingetragen.
206 TEJRAL, Vyškov [wie oben Anm. 49] S. 41; 46 Abb. 5, 1.
207 BIERBRAUER (in: Jahresschrift für Mitteldeutsche Vorgeschichte 72, 1989) [wie oben Anm. 194] S. 149–151. Die Datierungsanhaltspunkte sind nicht besonders gut, wahrscheinlich gehört diese Fibelform bereits in die Stufe D3 und ist damit in ND 1 (±450–480) einzuordnen.
208 Ebd. S. 131f.: nur zwei rumänische Grabfunde zum Vergleich vorhanden. Auch diese Fibelform ist jedoch auf das Karpatenbecken beschränkt.
209 Grab 4/37: TEJRAL, Morava [wie oben Anm. 21] S. 221; 151 Abb. 55, 3–7. – Grab 9/37: Ebd. S. 222; 151 Abb. 55, 1–2.
210 TEJRAL, Vyškov [wie oben Anm. 49] S. 48; 46 Abb. 5, 2. – Ebd. S. 51f.; 43 Abb. 2, 4–9. Das Grab muß aufgrund der silbervergoldeten Gürtelschnalle und der silbernen Schuhschnallen als reich ausgestattet gelten, Waffen wären also vorauszusetzen, wenn das Sitte gewesen wäre.
211 Man muß dabei bedenken, daß es in den elbgermanischen Gräberfeldern der Haná keine echte Waffenbeigabe gibt, sondern nur die symbolische Pfeilspitzenbeigabe. Analog zur nachweislich langsamen Aufnahme der Waffenbeigabensitte bei den Alamannen etwa, könnte auch hier anfangs in den Körpergräbern diese Sitte nur schwach ausgeprägt sein.

fügen sich mit ihrem Trachtzubehör eindeutig in den elbgermanischen Zusammenhang ein. Das gilt nicht nur für die benutzten Fibelformen[212], sondern auch für ihre Tragweise. In dem gestörten Grab 17 lag noch eine Bügelfibel und in Grab 1 lag das Zangenfibelpaar im Becken[213], so wie die meisten Bügelfibeln in anderen Gräbern, soweit ihre Lage bekannt ist[214]. Die Ausnahme von der Regel – die Lage auf der Brust in dem Frauengrab von Tasov, okr. Hodonín (54) – ist jedoch nicht hoch zu bewerten, da diese Lage sich im östlichen Reihengräberbereich häufig noch neben der Beckenlage findet[215]. In Sokolnice, okr. Brno-venkov (46), ist mit Grab 3 und Grab 5 die Beckenlage von jeweils einer Fibel, und zwar einer Armbrustfibel und einer Fibel vom Typ Szekszárd, bekannt[216]. Diese Trachtsitte tritt im Karpatenbecken sonst nur vereinzelt bei den Gepiden auf[217]. Dort ist diese Einfibeltracht sehr wahrscheinlich mit der Integration sarmatischer Bevölkerungsteile zu erklären, bei denen vorher von Frauen stets nur eine Fibel oder zwei verschiedene Fibeln getragen wurden[218]. Ein solches Substrat ist nördlich der Donau nicht vorauszusetzen, vielmehr muß an ein Weiterleben germanischer Sitten gedacht werden. Bekanntlich trugen die germanischen Frauen der Kaiserzeit überall die Fibeln einzeln oder paarig, bzw. in Kombination der beiden Tragweisen als Dreifibeltracht. Daß es sich in Mähren um eine einheimische Tracht handelt, wird nahegelegt durch das Auftreten einzelner Fibeln in weiteren Gräbern, bei denen die Lage jedoch nicht bekannt ist[219], und die Beobachtung, daß diese Tragweise auch bei den nach Westen gelangten Fibeln vom Typ Szekszárd auftritt[220]. Dies spricht dafür, daß es sich hier um eingeheiratete Frauen aus dem norddanubischen Bereich handelt. Die wahrscheinlichste Erklärung für diesen Befund ist die Annahme einer Kontinuität der in den kaiserzeitlichen Brandgräberfeldern bestattenden Bevölkerung, sei es in denen vom Typ

212   Vgl. oben vor und mit Anm. 50 und bei Anm. 85–87.
213   TEJRAL, Vyškov [wie oben Anm. 49] S. 52–54; 44 Abb. 3 sowie S. 41, 48; 42 Abb. 1.
214   Mistřín, okr. Hodonín (30); Šlapanice, okr. Brno-venkov (53).
215   Z. B. in Gräbern der Stufe Schmidt IIb: Ammern, Lkr. Mühlhausen, Grab 5 [wie oben Anm. 152]; Rathewitz, Burgenlandkreis, Grab 16 (SCHMIDT, Mitteldeutschland, Katalog [Nord- und Ostteil] [wie oben Anm. 48] S. 112 Taf. 94, 3). – In der Stufe IIIa z. B. in dem Gräberfeld von Stößen, Lkr. Weißenfels: Grab 1 (B. SCHMIDT, Mitteldeutschland, Katalog [Südteil] [wie oben Anm. 58] S. 21 Taf. 5, 1); Grab 93 (ebd. S. 35 Taf. 35, 1). Häufiger ist natürlich die Beckenlage, in Stößen z. B. in den Gräbern 49 (IIIb), 59 (IIb), 60 (IIb) und 84 (IIIa). Insgesamt geht der Anteil von Gräbern mit Bügelfibeln auf der Brust prozentual im Lauf der Zeit zurück (Ergebnisse eines Referates von Ina Sturm, Saarbrücken).
216   TEJRAL, Morava [wie oben Anm. 21] S. 71 Abb. 22; 216f. mit Abb. 94 und 96.
217   Z. B. in Szöreg, Grab 19, wobei eine mit dem Typ Szekszárd verwandte Fibel verwendet wurde: CSALLÁNY, Gepiden [wie oben Anm. 49] S. 154 Taf. 168, 1–18.23.
218   Mihály PÁRDUCZ, Die ethnischen Probleme der Hunnenzeit in Ungarn (= Studia Archaeologica 1, Budapest 1963), bes. die Frauengräber aus dem Gräberfeld Csongrád-Berzsenystraße (S. 18–21 Taf. 1–2) und Csongrád-Kaserne (S. 47–52 Taf. 7–11, mit germanischen Einsprengeln).
219   Knínice u Boskovic, okr. Blansko (24), vgl. Anm. 44: mit Fibel vom Typ Szekszárd; mit Armbrustfibel: Brno, Třída Vítězství (10), vgl. Anm. 190. Zu weiteren Belegen in dem Gräberfeld von Nový Šaldorf, okr. Znojmo (72) an der mittleren Dyje/Thaya, siehe unten nach Anm. 236.
220   Hemmingen, Lkr. Ludwigsburg, Grab 24 (vgl. Anm. 48) und Lützen, Lkr. Weißenfels, Grab 19 (vgl. Anm. 48).

Kostelec[221] in der Haná, sei es in weiter südlich gelegenen Gräberfeldern[222], die Tejral der swebischen (quadischen), schon lange hier ansässigen Bevölkerung zuschreibt, obwohl dazu auch zwei Gräberfelder im Brünner Becken gehören, die Graburnen mit vergleichbarer plastischer Zierweise wie die Leichenbrandbehälter der Gräberfelder vom Typ Kostelec enthalten[223].

Zwei überdurchschnittlich reich ausgestattete Gräber fallen in diesen Bereich. Das ist einmal Grab 80 von Strachotín, okr. Břeclav (48)[224], das leider stark beraubt ist und nicht schärfer datiert werden kann, sich aber durch die Beigabe eines Goldgriffmessers als deutlich nach Westen orientiert erweist[225]. Die übrigen Gräber sind so stark beraubt,

---

221   ZEMAN, Severní Morava [wie oben Anm. 24]: Einfibeltracht in durch andere weibliche Beigaben (Perlen, Spinnwirtel, Kästchenbeschläge) gesicherten Frauengräbern: Grab 49 (ebd. S. 28f.; 27 Abb. 8 B); Grab 53 b (ebd. S. 32; 31 Abb. 10); Grab 54 (ebd. S. 32; 33 Abb. 11 A); Grab 64 (ebd. S. 39; 38 Abb. 14 C); Grab 73 (ebd. S. 41; 42 Abb. 16 A); Grab 98 (ebd. S. 48–50 mit Abb. 19 D); Grab 135 (ebd. S. 61–64 mit Abb. 26–27); Grab 154 (ebd. S. 70; 69 Abb. 30 B); Grab 196 (ebd. S. 92; 91 Abb. 42 C); Grab 201 (ebd. S. 94; 95 Abb. 44 B); Grab 204 (ebd. S. 97; 98 Abb. 46 B); Grab 206 (ebd. S. 99; 100 Abb. 47 A); Grab 244 (ebd. S. 111; 110 Abb. 52 A); Grab 250 (ebd. S. 114; 112–113 Abb. 53–54); Grab 310 (ebd. S. 130–132 mit Abb. 62 E); Grab 383 (ebd. S. 152; 151 Abb. 71 B); Grab 402 (ebd. S. 162; 161 Abb. 77 B); Grab 422 (ebd. S. 168–170 mit Abb. 81 D); Grab 429 (ebd. S. 172; 173 Abb. 83 D); Grab 431 (ebd. S. 174; 173 Abb. 83 E). – Zweifibeltracht: Gräber 47, 61, 68, 97, 120, 124, 153, 158 (zwei verschiedene Fibeln), 184, 191, 192, 203, 205 (zwei verschiedene Fibeln), 309, 338, 396, 403, 423, 424, 427. – Dreifibeltracht: Gräber 148, 377. – Weitere Belege bei TEJRAL, Die Probleme der späten römischen Kaiserzeit [wie oben Anm. 167].
222   Z. B. Ostroh, okr. Uherské Hradiště: TEJRAL, Die Probleme der späten römischen Kaiserzeit [wie oben Anm. 167] S. 108 Nr. 15. – Skoronice, okr. Hodonín (ebd. S. 108f. Nr. 16). – Velké Hostěrádky, okr. Břeclav (ebd. S. 110f. Nr. 20), jetzt veröffentlicht von Ivan PEŠKAŘ/Karel LUDIKOVSKÝ, Žárové pohřebiště z doby římské ve Velkých Hostěrádkách (okr. Břeclav). [Dt. Rés.:] Das Brandgräberfeld der römischen Kaiserzeit in Velké Hostěrádky (Bez. Břeclav) (= Studie Archeologického Ústavu Československé Akademie Věd v Brně VI, 1, Praha 1978): Grab 1 (ebd. S. 85, 88; 86 Abb. 4) mit einer Fibel.
223   Šaratice, okr. Vyškov: TEJRAL, Die Probleme der späten Kaiserzeit [wie oben Anm. 167] S. 109 Nr. 17 Taf. 15, veröffentlicht von Zora TRŇÁČKOVÁ, Žárové pohřebiště z doby římské ve Šaraticích. [Dt. Rés.]: Das Brandgräberfeld aus der späteren Kaiserzeit in Šaratice (in: PamArch 51, 1960) S. 561–609; in der Zusammenfassung betont die Verf. (ebd. S. 606) die Ähnlichkeiten mit dem Gräberfeld von Kostelec. Es wurden allerdings nur Reste von 4 Fibeln jeweils einzeln in einem Grab gefunden (Grab 50, unbestimmbar; Grab 125, eher männlich; Grab 133, weiblich [ebd. S. 578; 565 Abb. 2, 1; 569 Abb. 4, 1]; Grab 138, weiblich [ebd. S. 578; 577 Abb. 9, 3; 579 Abb. 11, 1, beide der Leichenbrandbehälter]. – Velatice, okr. Brno-venkov: TEJRAL a. a. O. S. 109f. Nr. 19 mit Taf. 16–17, plastisch verzierte Gefäße nur bei TEJRAL, Morava [wie oben Anm. 21] Taf. 1, 1–2.
224   Miloš ČIŽMÁŘ/Kateřina GEISLEROVÁ/Ivo RAKOVSKÝ, Pohřebiště z doby stěhování narodů ve Strachotíně/Das Gräberfeld aus der Völkerwanderungszeit in Strachotín (in: PamArch 76, 1985) S. 285–303, bes. S. 286, 289; 290 Abb. 5 Farbtaf. 1 oben und unten rechts. Die Zweiteiligkeit des Griffes kann mit entsprechenden Griffen aus dem Helmgrab von Planig, Kr. Mainz-Bingen (Leitfund der Stufe AM II, innerhalb der Stufe früh), verglichen werden, was für eine späte Datierung nach ND 3 (±510–530) spricht: P. T. KESSLER, Merowingisches Fürstengrab von Planig in Rheinhessen (in: Mainzer Zeitschrift 35, 1940) S. 1–12, bes. S. 9 Abb. 10, 12–13 Taf. 4, 2–3.
225   Zu dieser Beigabe eines zum Eßbesteck gehörigen Messers, die bislang fast ausschließlich nur im westlichen Reihengräberbereich in besonders reich ausgestatteten Gräbern bekannt ist, vgl.

daß weitere Kriterien nicht zu gewinnen sind. Auffallend ist lediglich, daß Gefäße weitgehend fehlen[226], deren Zurückbleiben in gestörten Gräbern an sich die Regel ist. Das zweite Grab ist das des Herrn von Blučina, Cezavy, okr. Brno-venkov (3)[227], das einzige meines Wissens sichere Einzelgrab. Es ist so stark durch weiträumige Ausstattungsmuster seiner Zeit geprägt, daß eine Zuordnung zu einem bestimmten Ethnikon nicht möglich ist. Der Besitz eines Schwertes aus alamannischen Werkstätten weist auch für ihn auf Beziehungen zu Angehörigen der westlicheren Oberschicht hin. Auch die beiden Grabkammern in dem Grabhügel auf dem Žuráň, obec Podolí, okr. Vyškov (60), mit ihren Resten einstmals sicher sehr reicher Beigaben bieten leider keine Ansatzpunkte zu einer sicheren kulturellen Einordnung[228].

Für ein letztes Gräberfeld in diesem Bereich der Tabelle (Abb. 6), das nach Ausweis der abgebildeten Funde in der Zeitgruppe ND 1 (±450–480) beginnt, das von Šaratice, okr. Vyškov (52), ist ebenfalls nicht genügend bekannt, um die Interpretation von Tejral, es sei auch hier mit einer sekundären Benutzung durch eine elbgermanische Siedlergruppe zu rechnen, zu beurteilen. Bis auf den oben schon genannten, aber wohl späten Krug sind keine Hinweise auf einen Beginn des Gräberfeldes in der ersten Hälfte des 5. Jahrhunderts vorhanden. Die Prägung durch eine frühe elbgermanische Dreiknopffibel[229] und entsprechende Keramik (Abb. 1) sowie die Weiternutzung des Gräberfeldes bis in die Zeitgruppe ND 3 (±510–530) überwiegt gegenüber dem Auftreten von Drehscheibenware, der Tejral offenbar große Bedeutung zumißt. Jedoch darf bezweifelt werden, daß die Herkunft aus Töpferwerkstätten, die zu dieser Zeit im Land noch Drehscheibenware produzierten und die von jedermann erworben werden konnten, als ein Hinweis auf das Selbstverständnis des Benutzers oder des Familienangehörigen gewertet werden kann, der dem oder der Verstorbenen ein solches Gefäß mit in das Grab gab.

Die Gräberfelder der nächsten Gruppe in der Tabelle (Abb. 6), deren älteste Beigaben in die Zeitgruppe ND 2 (±480–510) gehören, sind von Tejral sämtlich als »langobardisch« (besser elbgermanisch) klassifiziert worden. Leider gibt es außer »Einzelgräbern« keine ausreichend veröffentlichten Gräberfelder, um die frühen Anteile mit denen der Gruppe um den Gräberfeldausschnitt von Vyškov (58) vergleichen zu kön-

---

Joachim WERNER, Das Messerpaar aus Basel-Kleinhüningen Grab 126. Zu alamannisch-fränkischen Eßbestecken, in: Provincialia. Festschrift für Rudolf Laur-Belart (Basel 1968) S. 647–663; zur Verbreitung s. Karte ebd. S. 653 Abb. 1 (die Ausnahme bildet das Gräberfeld von Kranj [Nr. 12]).

226 Eine auf der Drehscheibe gefertigte Schale, die zur späten Drehscheibenware Tejrals zu stellen ist, enthielt Grab 79: ČIŽMÁŘ/GEISLEROVÁ/RAKOVSKÝ (in: PamArch 76, 1985) [wie oben Anm. 224] S. 286; 289 Abb. 4, 79, 3.

227 Vgl. Anm. 75.

228 Jozef POULÍK (in: SlovArch 43, 1995) [wie oben Anm. 58] S. 27–109. – Eine Zuweisung an herulische hochgestellte Persönlichkeiten vertritt an verschiedenen Stellen, am ausführlichsten TEJRAL, in: BUSCH, Die Langobarden [wie oben Anm. 20] S. 42–43. Die Argumente sind für mich nicht überzeugend, doch würde es den Rahmen sprengen, hierauf einzugehen, zumal ich keine Möglichkeit sehe, zu einer begründeten andersartigen Beurteilung zu kommen. Es ist häufig sehr schwer, Oberschichtsgräber wegen der weiträumigen Beziehungen eindeutig einzuordnen.

229 Vgl. oben bei Anm. 49.

nen. Man kann lediglich feststellen, daß hier neben elbgermanischer handgemachter Keramik späte Drehscheibenware verwendet wird, auch wenn nach dem Urteil von Tejral diese keine große Rolle mehr spiele[230].

Zusammenfassend kann man feststellen, daß bei den Körpergräbern der zweiten Hälfte des 5. und der ersten Hälfte des 6. Jahrhunderts Anzeichen für eine gewissen Kontinuität aus der späten römischen Kaiserzeit festgestellt werden können. Dies gilt vor allem für den Bezug zu den älteren Brandgräbern des Typus Kostelec, die deutlich als elbgermanisch einzuordnen sind. Es können auch Traditionen von den elbgermanischen, jedoch quadisch (swebisch) geprägten Gräberfeldern vorliegen, doch kann dies angesichts des Forschungsstandes noch nicht sehr deutlich gemacht werden. Neben die elbgermanische Prägung im Sachgut treten Trachtsitten, die einerseits aus der späten Kaiserzeit abgeleitet werden können oder die sich andererseits aufgrund der starken kulturellen Einflüsse aus dem merowingischen Westen herausgebildet haben. Ein Abbruch von Gräberfeldern in Mähren in der Zeit um 500, wie ihn Tejral postuliert hatte[231], ist nicht nachzuweisen. Der schmale Bestand an Körpergräbern der ersten Hälfte des 5. Jahrhunderts zeigt verschiedene Züge, reiternomadische und germanische Ausprägungen, wie das weiträumig in dieser Zeit festzustellen ist. So ist auch der ältere Teil des Gräberfeldes von Smolín nicht eindeutig beurteilbar. Auf jeden Fall gelingt es nicht, eine Bevölkerungsgruppe mit einem deutlich abweichenden Totenritual, also einem Selbstverständnis als Angehörige einer andersartigen Gruppe, abzusetzen.

An der mittleren Dyje/Thaya (Abb. 7) ist der Forschungsstand deutlich schlechter als im übrigen Mähren. Zwar liegt hier mit Novy Šaldorf, okr. Znojmo (72), ein sehr großer Gräberfeldausschnitt vor, aber leider handelt es sich um relativ alte Grabungen (1923–1924), offensichtlich ohne nähere Dokumentation und ohne Gräberfeldplan. Aus den von Tejral publizierten Beschreibungen geht nicht hervor, wie hoch der Anteil beraubter Gräber ist. Da sehr viele Gräber offensichtlich keine Beigaben (mehr?) enthielten[232], ist mit einem hohen Anteil zu rechnen. Leider stammen die interessantesten Funde aus unbeobachtet zerstörten Gräbern. Dies gilt für die meisten Tongefäße[233], die sämtlich auf der Drehscheibe gefertigt sind. Tejral teilt sie teilweise seiner Gebrauchskeramik[234], überwiegend aber offenbar seiner späten Gruppe zu[235]. Es handelt sich um zwei Krüge und drei Näpfe oder becherförmige kleine Gefäße[236]. Elbgermanisch geprägte handgemachte Ware wurde nicht gefunden, wohl aber ein Fünfknopffibelpaar der Zeitgruppe ND 2 (±480–510), das sich hier einfügt. Aus den Gräbern liegt der Abdruck eines Musters vor, das für die karpatenländischen Fibeln vom Typ Szekszárd be-

230   Tejral (in: Archaeologia Austriaca 69, 1985) [wie oben Anm. 29] S. 141.
231   Siehe oben vor Anm. 38.
232   Zu schließen aus dem üblichen Verfahren, nur Gräber mit Beigaben näher zu beschreiben, vgl. Tejral, Morava [wie oben Anm. 21] S. 206–211.
233   Außer einem Napf in Grab 7/23: Tejral, Morava [wie oben Anm. 21] S. 207; 164 Abb. 62, 6 Taf. 30, 5.
234   Tejral (in: Archaeologia Austriaca 69, 1985) [wie oben Anm. 29] S. 133 Abb. 19, 3.
235   Ebd. S. 137 Abb. 32, 1–3.9.
236   Tejral, Morava [wie oben Anm. 21] S. 209f.; 164 Abb. 62, 1–5.7 Taf. 30, 1–4.6.

Fundort	Gräberzahl	unsystematisch	systematisch, veröffentlicht	systematisch, nur Vorberichte	Grabrichtung	Grabhügel	Metallfunde D	Drehscheibenware, Murgatypus	Drehscheibenware, Gebrauchskeramik	Metallfunde ND 1	Drehscheibenware, Typ Hohenau	handgemachte Ware, Typ 1.1	Metallfunde ND 2	Drehscheibenware, Typ Poysdorf	Drehscheibenware, Tejral 2	handgemachte Ware, Typ 1.2-1.4	Metallfunde ND 3	Drehscheibenware, Typ U-Rohrendorf	handgemachte Ware Typ 1.5-1.6; 2.1-3.1	Metallfunde ND 4	handgemachte Ware, Sonderformen	Swebentöpfe	sonstige Funde, langobardisch (Tejral/o.a.)	Waffen
Mackovice (70)	1	□			W-O		▲																	
Šatov (76)	1	□			?		▲																	
Groß-Harras (65)	1	□			?					◆														
Znojmo (77)	x	□			W-O					◆			◆										⊙	
Nový Šaldorf (72)	ca. 10 + 75	□	■		W-O	◊	▲	◆		◆			◆			▲								
Branišovice (62)	1	□			?											▲								
Černín (63)	1	□			?								◆			▲								
Borotice (61)	23			□	W-O											▲	◆		▲		▲		⊙	▽
Oblekovice (73)	1	□			?														▲					▽
Dyje (64)	1	□			?														▲					▽
Lechovice (69)	1	□			?																▲			
Hodonice (66)	1	□			NW-SO																	▲		
Suchohrdely (75)	1 ?	□			?																	▲		

Abb. 7   Die Grabfunde an der mittleren Dyje/Thaya. Verwendete Zeichen: wie Abb. 6.

zeichnend ist[237], sonst aber nur einzeln vorkommende Armbrustfibeln, die sich schwer datieren lassen. Dazu kommen eine Zikadenfibel und eine singuläre Taubenfibel. Offenbar wurden alle Fibeln einzeln getragen, wie das oben für die Grabfunde aus Sokolnice festgestellt wurde. An der mittleren Dyje/Thaya sind indessen wohl keine Hinweise auf plastisch verzierte Leichenbrandbehälter vorhanden, so daß man hier mit einer Tradition der swebischen (quadischen) kaiserzeitlichen Bevölkerung rechnen muß und folgern darf, daß auch diese zur Körpergrabsitte überging. Wenig aussagefähig ist der übrige Schmuck: Perlen, ein Polyederohrring, ein singulärer Ohrring und 1 Armring. Das Trachtzubehör beschränkt sich in den beschriebenen Männergräbern auf eiserne Schnallen, unter den Funden aus zerstörten Gräbern befinden sich einige silbervergoldete und bronzene Riemenzungen und Schuhschnallen der Zeitgruppen ND 1–2. Offensichtlich wurden gar keine Waffen gefunden. Auch dies spricht für eine Fortführung von Sitten der römischen Kaiserzeit. Bevor jedoch der besondere Charakter dieses Gräberfeldes durch eine Zuweisung an die weiterlebende swebische (quadische), d. h. auch elbgermanische, Bevölkerung mit Sicherheit erklärt werden kann, müssen besser beurteilbare Gräberfelder dieser Art abgewartet werden. Die einzelnen Gräber der ersten Hälfte des 5. Jahrhunderts an der mittleren Dyje/Thaya helfen hier auch nicht viel wei-

237   Vgl. oben bei Anm. 44.

Sonstige Funde	Bemerkungen	Fundort
		Mackovice (70)
		Šatov (76)
zerbrochen. Nomadenspiegel, Halsring		Groß-Harras (65)
		Znojmo (77)
	mehrere deformierte Schädel	Nový Šaldorf (72)
		Branišovice (62)
		Černín (63)
Hundebestattungen		Borotice (61)
		Oblekovice (73)
		Dyje (64)
		Lechovice (69)
Spinnwirtel, Perlen, LT-Ringfragment		Hodonice (66)
	Grabfund ?	Suchohrdely (75)

ter[238]. Die übrigen Grabfunde dieser Gegend sind mit handgemachten elbgermanischen Schalen, Schüsseln und den sogenannten Swebentöpfen ausgestattet. Hier ist auch mehrfach die Waffenbeigabe belegt. Das älteste sicher germanische Frauengrab – Groß-Harras, BH Mistelbach (65) – zeigt noch die von den germanischen Frauen der Völkerwanderungszeit häufig geübte Sitte, einen zerbrochenen Nomadenspiegel beizugeben, ist aber sonst durch das Fibelpaar und besonders durch den nicht erhaltenen Halsring eindeutig in einen elbgermanischen Zusammenhang einzuordnen[239]. Daß dieses Grab in die Zeitgruppe ND 1 (±450–480) gehört, wurde oben begründet, ebenso wie der frühe Beginn des zweiten bedeutenden Gräberkomplexes, dem von Znojmo (77)[240]. Diese

238 Nicht berücksichtigt wurden in der Tabelle (Abb. 7) die beiden Gräber von Laa an der Thaya (68), die in einen ostgermanischen, sehr wahrscheinlich ostgotischen Zusammenhang gehören (Frau mit großer Gürtelschnalle und Silberblechfibelpaar, Mann ohne Waffen, beides ist noch für italisch ostgotische Grabfunde bezeichnend), zu den verwandten Funden in Pannonien vgl. BIERBRAUER (in: JRGZM 38, 1991 [1995]) [wie oben Anm. 45] S. 550–553, zur Zeitstellung des Frauengrabes (D2b) vgl. Tabelle ebd. S. 545 Abb. 4. Weiterhin das Frauengrab von Rakšice, okr. Znojmo (74), das einen zerbrochenen Nomadenspiegel enthält, daneben aber auch Polyederohrringe und Bruchstücke einer »spätkaiserzeitlichen« Fibel (beides nicht abgebildet). Es ist nicht bekannt, ob das Grab ungestört ist. Es gehört eher in die erste als in die zweite Hälfte des 5. Jahrhunderts, zumal der Schädel künstlich deformiert ist.
239 Vgl. dazu oben bei Anm. 66.
240 Vgl. dazu oben vor Anm. 70.

Fundort	Gräberzahl	unsystematisch	systematisch, veröffentlicht	systematisch, nur Vorberichte	Grabrichtung	Grabhügel	Metallfunde D	Drehscheibenware, Murgatypus	Drehscheibenware, Gebrauchskeramik	Metallfunde ND 1	Drehscheibenware, Typ Hohenau	handgemachte Ware, Typ 1.1	Metallfunde ND 2	Drehscheibenware, Typ Poysdorf	Drehscheibenware, Tejral 2	handgemachte Ware, Typ 1.2-1.4	Metallfunde ND 3	Drehscheibenware, Typ U-Röhrendorf	handgemachte Ware Typ 1.5-1.6; 2.1-3.1	Metallfunde ND 4	handgemachte Ware, Sonderformen	Swebentöpfe	sonstige Funde, langobardisch (Tejral/o.a.)	Waffen
Braunsdorf (79)	etwa 6	□			?											V								
Unterrohrendorf (83)	x + 30				um W-O									◆		V		◆	▲	▲	▲		⊙	V
Hollabrunn (80)	mehrere	□			?								▲			V	▲				▲			V
Aspersdorf (78)	31			■	um W-O	O							◊	▲		V	▲	◊		▲	▲		⊙	V
Straß (81)	14	□			um W-O									▲			▲	◆	▲	◆	▲	▲	⊙	V
Stratzing (82)	ca. 20	□			W-O																▲	▲		V

Abb. 8   Die Grabfunde im westlichen Weinviertel. Verwendete Zeichen: wie Abb. 6.

Gräber wurden schon 1870 zerstört, und es hat sich daraus nur ein kleiner Fundbestand erhalten, der zumindest ein reich ausgestattetes Männergrab umfaßt haben muß, wie ein Trensenrest[241] zeigt. Auch der Holzeimer und die niellierten und punzierten Silber-Beschläge[242], die schwer genauer zu datieren sind, weisen auf überdurchschnittlich ausgestattete Gräber hin. Tongefäße haben sich nach Tejral[243] nicht erhalten, was vermutlich auch für ehemals vorhandene Waffen gilt. Einen Hinweis auf eine noch höher gestellte Schicht liefert der Großhügel »Schmalzberg« bei Gut Rothensee, Gde. Neudorf, BH Mistelbach (71), der in der Anlage mit dem Hügel auf dem Žuráň, obec Podolí, okr. Vyškov (60), vergleichbar ist, dessen Grabkammer aber leider vollständig leer war, so daß auch hier keine archäologisch fundierten Aussagen gemacht werden können[244]. Der einzige modern untersuchte Gräberfeldausschnitt – der von Borotice, okr. Znojmo (61) – ist noch nicht genauer bekannt. Die hier erfaßte Sitte der Nachbestattung in bronzezeitlichen Grabhügeln hat bislang keine Parallele[245], doch fügen sich die Gräber sonst in den elbgermanischen Zusammenhang ein (Zangenfibeln, Waffen, Hundebestattungen,

241   TEJRAL, Grundzüge [wie oben Anm. 20] S. 92 Abb. 32, 12.
242   Ebd. Abb. 32, 15.17–18.22; 95 Abb. 33, 3–6.
243   Ebd. S. 109f. Nr. 65.
244   Fundberichte 1984 (in: Fundberichte aus Österreich 23, 1984) S. 313 (Bericht von Christiane und Johannes-Wolfgang NEUGEBAUER). – Herwig FRIESINGER, Die Langobarden in Österreich, in: BUSCH, Die Langobarden [wie oben Anm. 20] S. 55–62, bes. S. 57 mit Abb. auf S. 56, weist den Hügel, Tejral folgend, den Herulern zu.
245   Stanislas STUCHLÍK, Die bisherigen Ergebnisse der Erforschung des Hügelgräberfeldes in Borotice (Zum Stand der Entdeckungen bis 1987) (in: ArchRoz 42, 1990) S. 159–169, bes. S. 162, erwägt eine Abhängigkeit von den Bodenbedingungen. Zwischen den Hügeln befindet sich eine nur

Sonstige Funde	Bemerkungen	Fundort
einreihiger Kamm (Rest)		Braunsdorf (79)
Pferdemitgabe (mit Trense)	Grabrichtungen variierend	Unterrohrendorf (83)
		Hollabrunn (80)
2 Webschwerter	2 Pferdegräber	Aspersdorf (78)
Webschwert	Grabrichtungen variierend	Straß (81)
nur Pfeilspitzen		Stratzing (82)

handgemachte Keramik und späte Drehscheibenware[246]). Trotz der deutlichen Sonderstellung des Gräberfeldes von Novy Šaldorf als wahrscheinlich elbgermanisch, aber in quadischer Tradition, ergibt der kleine Fundbestand an der mittleren Dyje/Thaya ebenfalls keine sicheren Anhaltspunkte für eine Bevölkerung, deren Grabsitten sich deutlich von denen der elbgermanischen Siedler unterscheiden.

Die wenigen Befunde südlich einer Wasserscheide im heutigen westlichen Weinviertel (Abb. 8) beinhalten immerhin zwei größere, vollständig veröffentlichte Gräberfeldausschnitte (Aspersdorf, BH Hollabrunn [78], und Unterrohrendorf, BH Krems [83]). Die Gräber von Aspersdorf sind sämtlich alt gestört, so daß kaum Trachtzubehör, an Waffen aber auch nur wenig, nämlich eine Lanzenspitze und eine Pfeilspitze, erhalten sind[247]. Dies zeigt, daß auch die Beraubung eine Spärlichkeit von Waffen zur Folge haben kann, denn das Gräberfeld beginnt wahrscheinlich in der Zeitgruppe ND 2[248], setzt sich aber in der Zeitgruppe ND 3(±510–530)[249] fort, in der mit Sicherheit mit Waffen-

---

30–40 cm dicke Humusschicht und darunter der gewachsene Boden aus Schotter, Lehm und Tegelschichten. Eine Eintiefung der Grabgruben in diesen Boden müsse sehr mühsam gewesen sein, während in den Hügeln eine dicke, leicht zu bewegende Humusschicht vorhanden war.
246   Jeweils nur ein Beleg abgebildet; ebd. S. 164 Abb. 3.
247   In Grab 4 eine Lanzenspitze (Adler [in: Fundberichte aus Österreich 16, 1977] [wie oben Anm. 92] S. 8; 45 Taf. 1, 3; 46 Taf. 2) und eine Pfeilspitze in Grab 19 (ebd. S. 11; 53 Taf. 9, 5–6; 54 Taf. 10, 1–3).
248   Diese Datierung vertritt Adler a. a.O. S. 19, vgl. dazu oben Anm. 92.
249   Dies legt das Keramikspektrum nahe (vgl. Abb. 1), ergibt sich aber vor allen Dingen aus den erhaltenen Webschwertern in den Gräbern 22 (Adler a. a. O. S. 12; 56 Taf. 12, 1–2) und 25 (ebd. S. 13; 58 Taf. 14, 1–3), die vor dieser Stufe noch nicht als Beigabe belegbar sind.

beigabe zu rechnen ist. Das ergibt der Gräberfeldausschnitt von Unterrohrendorf, BH Krems (83), der wenigstens einige ungestörte Gräber enthält (5 von 29 untersuchten Gräbern = 17,24 %), darunter ein Männergrab der Zeitgruppe ND 3(±510–530) mit Spatha und Lanzenspitze[250]. Beide Gräberfeldausschnitte sind wie die kleineren, weitgehend unsystematisch geborgenen Gräberkomplexe eindeutig elbgermanisch geprägt, enthalten jedoch selbstverständlich auch Drehscheibenware. Es sind vor allem Krüge, die allerdings keine Entsprechungen in Mähren haben, sondern in der Tradition spätrömischer Formen Ufernorikums stehen[251], und eine Schüssel, die schon mit glättverzierten Gefäßen der späten Drehscheibenware Tejrals verglichen worden ist[252]. Teilweise sind es mit thüringischen Drehscheibenschalen eng verwandte Schalen, die eine gewisse Sonderstellung inne haben[253]. Obwohl zwei oder drei leider ohne Grabzusammenhang überlieferte Krüge vorliegen, ist ein Beginn der Gräberfelder vor der Zeitgruppe ND 2 (±480–510) nicht zu sichern. Wichtig ist in diesem Zusammenhang, daß bis jetzt jedenfalls keine sicheren Verbindungen[254] zu Gräbern, hauptsächlich der ersten Hälfte des 5. Jahrhunderts, bestehen, die sich um die Gräberfeldausschnitte von Grafenwörth[255] und Wien-Leopoldau[256] gruppieren lassen. Diese zuletzt von Friesinger zusammenfassend behandelten Gräber[257] haben einen deutlich anderen Charakter als die hier näher betrachteten Grabfunde der Zeitgruppe ND 2-ND 3. Diese »vorlangobardischen« Gräber lassen es wegen starker Unterschiede in den Grabsitten gerechtfertigt erscheinen, sie

250   Grab 11: HAMPL (in: Archaeologia Austriaca 37, 1965) [wie oben Anm. 80] S. 45f.; 63 Abb. 7 links; 64 Abb. 8–9; 69 Taf. 2, 7–12, zur Zeitstellung vgl. oben bei Anm. 136.
251   Braunsdorf, Gde. Sitzendorf an der Schmida, BH Hollabrunn (79) Krug: ADLER (in: Fundberichte aus Österreich 16, 1977) [wie oben Anm. 92] S. 27f.; 61 Taf. 17, 1. – Hollabrunn (80), Krug: Ebd. S. 29; 61 Taf. 17, 2. Vgl. dazu FRIESINGER/KERCHLER (in: Archaeologia Austriaca 65, 1981) [wie oben Anm. 32] S. 255; 260 Abb. 54 (Verbreitung) und Beilage Abb. 57 bei S. 264. – Straß, BH Krems (81), Grab 13: Becher (ADLER a. a. O. S. 35; 67 Taf. 23, 2), von FRIESINGER/KERCHLER a. a. O. S. 248 Abb. 46 zu den Krügen von Braunsdorf und Hollabrunn gestellt. – Hingegen ordnen sich ein Krug und eine Schale, die aus Unterrohrendorf stammen sollen (HAMPL a. a. O. S. 51; 67 Abb. 14) eher in einen älteren Zusammenhang ein. FRIESINGER/KERCHLER bilden den Krug sicher mit Recht zusammen mit anderen glättverzierten Krügen (= der Keramik vom Murga-Typ Tejrals) ab (ebd. S. 277 Abb. 25), die hauptsächlich in die erste Hälfte des 5. Jahrhunderts gehören. Die Schale hat eine recht gute Parallele in Sommerein, »Spätantiker Bau« (ebd. S. 231 Abb. 29, 9). Es wäre zu prüfen, ob diese beiden Gefäße aus dem gleichen Fundzusammenhang stammen könnten, aus dem ein ebenfalls in die 1. Hälfte des 5. Jahrhunderts datierbarer Krug in Abbildung bekannt wurde (ebd. S. 52; 67 Abb. 15), der mit der Fundortangabe »bei einem Hausbau« in Neustift bei Rohrendorf in den Kunsthandel geriet. Hampl vermutet, daß dieser Krug auch aus dem Gräberfeld stammt.
252   Aspersdorf, Grab 21: vgl. oben Anm. 186.
253   Unterrohrendorf, BH Krems (83), Grab 2, und Einzelfund aus zerstörten Gräbern: HAMPL a. a. O. S. 43; 61 Abb. 3–4; 68 Taf. 1, 2–9, bes. Taf. 1, 5; 51; 71 Taf. 4, 9.
254   Eine Ausnahme bildet der jedoch unsichere Befund in Unterrohrendorf, vgl. Anm. 251).
255   Andreas LIPPERT, Ein Gräberfeld der Völkerwanderungszeit bei Grafenwörth, p. B. Tulln, NÖ (in: Mitteilungen der Anthropologischen Gesellschaft Wien 98, 1968) S. 35–45.
256   Herwig FRIESINGER, Bemerkungen zu den frühgeschichtlichen Grab- und Siedlungsfunden von Wien-Leopoldau. Mit einem Beitrag von Erik SZAMEIT (in: Archaeologia Austriaca 68, 1984) S. 127–154.
257   FRIESINGER, in: FRIESINGER/ADLER, Niederösterreich [wie oben Anm. 26] S. 17–35.

der historisch belegten, germanischen Vorbevölkerung, den Rugiern, zuzuweisen. Daneben gibt es auch hier rein reiternomadisch geprägte Grabfunde, die wie in den nordöstlicheren Bereichen in die erste Hälfte des 5. Jahrhunderts gehören[258].

Zusammenfassend kann für alle drei Teilgebiete festgehalten werden, daß die von Tejral angenommene vorlangobardische Bevölkerung, die durch enge Bezüge zum Karpatenbecken gekennzeichnet sein soll, sich nicht eindeutig absetzen läßt. Unbestritten gibt es in den sehr früh einsetzenden Gräberfeldern – Smolín im Brünner Becken und Novy Šaldorf an der mittleren Dyje/Thaya – Sonderzüge, deren Bedeutung aber wohl erst richtig erfaßt werden kann, wenn andere modern untersuchte und vollständig analysierte Gräberfelder, die in der ersten Hälfte des 5. Jahrhunderts beginnen, vorliegen. Die Mehrzahl der Befunde ist jedoch ab der Mitte des 5. Jahrhunderts eindeutig elbgermanisch geprägt. Ob es hier feinere Unterschiede im Totenritual gibt, die unter Umständen auf Gruppen hinweisen könnten, die im Laufe der Zeit und aus verschiedenen Regionen zugewandert sind, läßt sich ohne genaue Kenntnis der modern gegrabenen Gräberfelder nicht entscheiden. Vorläufig muß man davon ausgehen, daß die Bevölkerung, die bis zur Mitte des 5. Jahrhunderts in den Brandgräberfeldern vom Typ Kostelec (Nordostmähren bis Brünner Becken) bestattete, den Hauptbestandteil der elbgermanischen Bevölkerung bildet, die ab der Jahrhundertmitte die Körpergrabsitte übt. In der Zeitgruppe ND 1 (±450–480) kommen neben solchen Gräbern in dem Zentrum – im Brünner Becken rechts der Switava bis zur March – auch die ersten elbgermanischen Grabfunde am Mittellauf der Dye/Thaya vor, und punktuell nach der Keramik zu urteilen auch an der unteren March[259]. Im Laufe der Zeit verdichtet sich die Besiedlung, was durchaus von einer normalen Bevölkerungsvermehrung abhängig aber auch durch Zuzug bedingt sein kann. Bereits in der Zeitgruppe ND 2 (±480–510) beginnt die Besiedlung im heutigen nordöstlichen Niederösterreich und im heutigen Weinviertel. Es ist wohl kein Zufall, daß nur wenige Gräberfelder, darunter vermutlich nur eine Neugründung in der Zeitgruppe ND 4 (±530–560), noch benutzt wurden. Mit allem Vorbehalt, der angesichts des ausschnitthaften Befundes gemacht werden muß, darf wohl daraus geschlossen werden, daß die Mehrzahl der Siedlungsgemeinschaften nur bis zur Zeitgruppe ND 3 (±510–530) nördlich der Donau ansässig blieb. Erste Ausgriffe in die Gebiete südlich der Donau sind, nach den Vorberichten[260] zu urteilen, in der Zeitgruppe ND 2 (±480–510) bereits im Tullner Becken anhand des Gräberfeldes von Maria Ponsee faßbar. Mit der Südausdehnung ist jedoch auf keinen Fall eine Entleerung der nördlicheren Siedlungsgebiete verbunden.

258   Ebd. mit Liste S. 34–35.
259   Baumgarten an der March, BH Gänserndorf (1), auf der Verbreitungskarte (Abb. 4) anhand der einzigen datierbaren Metallbeigabe, einer Almandinscheibenfibel, erst mit der Signatur ND 3 versehen.
260   Zusammenfassend und zugleich am ausführlichsten: ADLER, in: FRIESINGER/ADLER, Niederösterreich [wie oben Anm. 26] S. 40–46. Beschreibung der Gräber ohne Abb.: Fundberichte 1966 (in: Fundberichte aus Österreich 9, 1966/70, H. 1, 1966) S. 26–30. – Fundberichte 1968 (in: Fundberichte aus Österreich 9, 1966/77, H. 3, 1968) S.147–148. – Fundberichte 1969 (in: Fundberichte aus Österreich 9, 1966/70, H. 4, 1970) S. 211 f. – 1972 eingelangte Fundberichte (in: Fundberichte aus Österreich 11, 1972) S. 120–121 (Berichte jeweils von ADLER).

Der historische Befund

Die schriftliche Überlieferung für den norddanubischen Bereich, die in vier Werken des 6. bis frühen 9. Jahrhunderts niedergelegt ist[261], beruht vollständig auf mündlichen Traditionen der Heruler und der Langobarden[262]. Dies gilt auch wohl weitgehend noch für die Überlieferung zu den Langobarden in Pannonien. Die vorliegenden historischen Darstellungen versuchen in der Regel ein Gesamtbild zu zeichnen, wobei aus den verschiedenen Quellen die am besten »passenden« Nachrichten betont und die Widersprüche eher vernachlässigt werden[263].

Diese Widersprüche, die sich offenbar aus unterschiedlichen mündlichen Traditionen ergeben, scheinen mir jedoch geeignet, auch zu einer Klärung der Widersprüche zwischen der schriftlichen und der archäologischen Überlieferung beizutragen. Die von den verschiedenen Quellen geschilderten Abläufe sind knapp in der synoptischen Tabelle (Abb. 9) dargestellt. Deshalb kann hier eine weitgehende Beschränkung auf die Wanderungsstationen erfolgen.

Nach der sagenhaften Überlieferung zu den Ursprüngen der Langobarden scheinen erste historisch überprüfbare Angaben in der Origo und danach bei Paulus Diaconus für den langobardischen König Agilmund vorzuliegen, dessen Niederlage bei einem Kampf mit den »Bulgaren« (= Hunnen) den Fingerzeig gibt, daß wir uns hier in der 1. Hälfte des 5. Jahrhunderts befinden. Wo der geschilderte Überfall des langobardischen Lagers stattfand, wird in diesen beiden Quellen nicht berichtet. Nach einer Aufführung der dynastischen Abfolge weiterer Langobardenkönige wird die erste auch

---

261 Origo gentis Langobardorum, ed. Georg WAITZ (= MGH SRL, Hannover 1878, Nachdruck Hannover 1964) S. 2–6 (zitiert: Origo). – Pauli Historia Langobardorum, ed. Ludwig BETHMANN/Georg WAITZ (Ebd.) S. 45–187 (zitiert: Paulus Diaconus). – Procop, De bello gothico, hg. von Otto VEH (München 1966), zweisprachig (zitiert: Procop, B. G.). – Historia Langobardorum codicis Gothani, ed. Georg WAITZ (= MGH SRL, Hannover 1878, Nachdruck Hannover 1964) S. 7–11 (zitiert: Codex Goth.).

262 Einschließlich der *carmina*, die sich rekonstruieren lassen: vgl. dazu z. B. Otto GSCHWANTLER, Formen langobardischer mündlicher Überlieferung (in: Jahrbuch für Internationale Germanistik 11, 1979) S. 58–85; Hermann MOISL, Kingship and orally transmitted Stammestradition among the Lombards and Franks, in: Herwig WOLFRAM/Andreas SCHWARCZ (Hg.), Die Bayern und ihre Nachbarn. Teil 1. Berichte des Symposions der Kommission für Frühmittelalterforschung, 25. bis 28. Oktober 1982, Stift Zwettl, Niederösterreich (= Österreichische Akademie der Wissenschaften, Philos.-Hist. Klasse, Denkschriften 179, Wien 1985) S. 111–119. – Walter POHL, Paulus Diaconus und die »Historia Langobardorum«: Text und Tradition, in: Anton SCHARER/Georg SCHEIBELREITER (Hg.), Historiographie im frühen Mittelalter (= Veröffentlichungen des Instituts für Österreichische Geschichtsforschung 32, Wien und München 1994) S. 375–405, bes. 377–381.

263 Dies reicht nach meinem Eindruck von Ludwig SCHMIDT, Die Langobarden, in: DERS., Die Ostgermanen (München 1933, ²1941, Nachdruck München 1969) S. 565–626, über die als Taschenbuch angelegte und deshalb verständlicherweise nicht überall genügend problematisierte Darstellung Jörg JARNUTS, Geschichte der Langobarden (= Urban-Taschenbücher 339, Stuttgart etc. 1982; dort S. 136 Anm. 1 weitere Darstellungen), bis zu Herwig WOLFRAM, Die Geburt Mitteleuropas. Geschichte Österreichs vor seiner Entstehung, 378–907 (Berlin 1987) S. 77–81 und ebd. in Partien zu den Bayern, bes. S. 321–325. – Weiterhin sehr kurzgefaßt: DERS., Das Reich und die Germanen zwischen Antike und Mittelalter (Berlin 1990) S. 389–397.

räumlich lokalisierbare Nachricht in der Origo dargestellt[264], die ausführlicher von Paulus Diaconus[265] mit der Benutzung der Vita Severini des Eugipp wiedergegeben wird. Danach verließen die Langobarden ihre Stammessitze und zogen nach Rugiland, aus dem nach der Unterwerfung der Rugier 489 die Reste dieser *gens* nach Italien abgeführt worden waren und andere Teile sich den Ostgoten Theoderichs angeschlossen hatten. Die Sitze der Rugier lassen sich nach den Angaben in der Vita Severini recht genau lokalisieren: Es waren die Landstriche jenseits der Donau gegenüber dem ufernorischen Wirkungsbereich Severins, auf jeden Fall nördlich von Favianis/Mautern und Asturis/Klosterneuburg[266]. Wo die ursprünglichen Stammessitze der Langobarden aber lagen, bleibt unbekannt. In dieser Zeit herrschte Claffo, der Sohn des Godehoc, der offenbar schon vor der Einwanderung nach Rugiland König der Langobarden war. Claffos Sohn Tato[267] hat dann die Langobarden in den Landstrich ›feld‹ geführt. Nachdem sie drei Jahre dort gewohnt hatten, kam es zu einem Kampf mit den Herulern, die nach diesem Quellenstrang vorher durch *foedera*[268] mit den Langobarden verbunden waren. Nach der parallelen Überlieferung bei Procop[269], der offensichtlich vor allem das verwendet hat, was er von herulischen Söldnern in Italien »gehört« hatte[270], waren die Langobarden jedoch vor der Regierungszeit des Kaisers Anastasius (491–518) neben anderen Völkerschaften von den Herulern unterworfen worden. Die unterschiedlichen Motive, die zu den Auseinandersetzungen geführt haben sollen, und die ebenso verschiedene Schilderung der Schlacht selbst mit den abweichenden sagenhaften Elementen ist leicht durch die beiden voneinander weitgehend unabhängigen Überlieferungen zu verstehen. Der Sieg der Langobarden über die Heruler hatte nach der Darstellung der Origo und des Paulus Diaconus zur Folge, daß die Rugier, deren König Rodulf – noch im Jahre 507/8 Waffensohn des Theoderich[271] – in der Schlacht fiel, fortan keinen

---

264 Origo c. 3 S. 3.
265 Paulus Diaconus I c. 19 S. 56f.
266 Eugippius, Das Leben des heiligen Severin. Lateinisch und Deutsch. Einführung, Übersetzung und Erläuterungen von Rudolf NOLL (= Schriften und Quellen der Alten Welt 11, Berlin 1963) mit Karte. – Vgl. dazu auch die knappen Ausführungen bei Friedrich LOTTER, Severinus von Noricum. Legende und historische Wirklichkeit (= Monographien zur Geschichte des Mittelalters 12, Stuttgart 1976) S. 266 und S. 279. – Josef REITINGER, Die Völker im oberösterreichischen Raum am Ende der Antike, in: Severin. Zwischen Römerzeit und Völkerwanderung. Ausstellung des Landes Oberösterreich, 24. April bis 26. Oktober 1982 im Stadtmuseum Enns. Hg.: Land Oberösterreich, ... , Karl Pömer (Linz 1982) S. 337–374, bes. 361–363.
267 Origo c. 4 S. 3. – Paulus Diaconus I c. 20 S. 57.
268 Paulus Diaconus I c. 20 S. 57.
269 Procop, B. G. II, c. 14, 8–9 S. 312–313.
270 Vgl. dazu oben Anm. 262.
271 Cassiodor, Variae ed. Theodor MOMMSEN (= MGH AA 12, Berlin 1844, Nachdr. 1961) IV, 2 S. 114f.

Abb. 9 (umseitig)   Tabellarische Übersicht der Quellenaussagen.

Origo (643/Edictus Rothari)	Paulus Diaconus, Historia Langobardorum (770-790)	Prokop, De bello Gothico * um 500-nach 562 Überlieferung zu Herulern	Hist. Lang. Cod. Gothani ital. Schreiber frühes 9. Jh.
1. Überlieferungsteil sagenhaft 2. erste gesicherte Nachricht: Agilmund	dazu: Agilmund, angegriffen und besiegt von Hunnen		entsprechend aber fehlerhaft Agilmund führt Langobarden ...in Beovinidis ...... wo man heute noch Wachos Palast zeigt → Pannonien, Kämpfe mit Awaren 22 Jahre in Pannonien
Laiamichio Lethuc - Lethinger Sohn von L. Aldihoc Sohn von A. Godehoc	Lamissio	Unterwerfung u.a. der Langobarden, zur Zeit des Anastasius (491-518) keine Gegner mehr	
Sieg des Odoaker über die Rugier (489) Langobarden → Rugiland Claffo, Sohn von G. Tato, Sohn von C. → Feld (3 Jahre)	dazu ausführlicher, auch nach Vita Severini entsprechend annähernd entsprechend		dann Sieg des Odoaker über die Rugier, Langobarden von von Pannonien nach Rugiland entsprechend ff. wörtliche Übernahme des Origotextes
Tato kämpft mit Rodulf, König der Heruler, ✝ nach 507/8 Sieg der Langobarden, danach hatten Heruler kein regnum mehr	Motiv: Skandalgeschichte, danach Verhandlungen Heruler/Langobarden Angriff der Heruler aus Rache, Sieg der der Langobarden, Heruler hatten danach keinen König mehr	Motiv: Übermut der Heruler Verhandlungen Sieg der Langobarden nach göttlichem Zeichen → Heruler ziehen umher Rugiland wüst, ziehen zu Gepiden	
Wacho tötet Onkel Tato Wacho besiegt die Sweben, Heiraten: Theudebert (533-547) ∞ Wisigarde Theudebald (547-555) ∞ Ualtrada	entsprechend	Goten schicken Gesandte an Wacho merkten aber, daß Wacho mit Kaiser befreundet (um 539)	

Sohn Walthari "7 Jahre"	entsprechend	Walthari, "ein kleines Kind", Audoin Vormund, W. stirbt plötzlich an Krankheit (III, 35 !)	Audoin, Sohn der Menia, Frau des Königs Pissa,
Vormund Audoin, wird König / Audoin → Langobarden nach Pannonien	entsprechend	Foedus Justinians mit den Langobarden Sitze benachbart den Gepiden (um 547)	Gausen / Audoin → Langobarden nach Pannonien
erste Konflikte mit Gepiden Sieg der Langobarden, Aussöhnung/Waffenleihe an Alboin (551/52)	entsprechend	Gepiden u. Langobarden bitten beide Justinians um Hilfe, sendet Truppen für Langobarden, Gepiden aus Furcht zur Aussöhnung (III, 34 !) bereit Procop beendet sein Werk 555	
Sohn Alboin wird König / ∞ Chlotswintha, Tochter Chlotachars / ∞ Rosamunda, gepid. Prinzessin	entsprechend		∞ 1. Rosemonia / ∞ 2. Ludusenda
Neuerliche Konflikte mit Gepiden, Awaren zu Hilfe gerufen, fallen in Gepidien ein, Sieg der Langobarden, Erbeutung der Rosamunda, große Beute (= Königshort?); Gepiden keinen König mehr, unter der Knechtschaft der Awaren			
Narses erhält Truppen von Alboin / Narses fällt in Ungnade und fordert aus Rache die Langobarden auf, nach Italien zu ziehen			Alboin führt Langobarden nach Italien, eingeladen von Narses
Alboin sichert sich durch Vertrag mit den Awaren Rückkehrmöglichkeit			Freundschaftsvertrag mit den Awaren, sichert Rückkehrmöglichkeit für 200 Jahre
Die Langobarden wohnten **42 Jahre in Pannonien**	entsprechend **42 Jahre in Pannonien**		
Alboin → Langobarden nach Italien im Monat April zu Ostern	entsprechend nachdem seit der Menschwerdung des Herrn 568 Jahre verflossen waren		entsprechend

König[272] mehr hatten. Nach Procops Darstellung zogen die Heruler nach der Schlacht und dem Tod ihres Königs Rodulf nördlich der Donau umher[273]. Der Versuch, sich in Rugiland niederzulassen, scheiterte, weil Rugiland wüst und leer gewesen sei. Daraufhin zogen sie zu den Gepiden weiter. Bis hierher sind noch keine entscheidenden Widersprüche festzustellen, wenn man damit rechnet, daß die Langobarden vollständig aus Rugiland in das ›feld‹ abgezogen sind[274]. Erst dann wird in der langobardischen Überlieferung einiges unklar. Wacho, der Neffe des Tatos, tritt die Herrschaft an, nachdem er seinen Onkel beseitigt hatte. Von ihm wird berichtet, daß er die Sweben besiegt und daß er durch Verheiratung seiner Töchter mit Theudebert (533–547) und seinem Sohn Theudebald Verbindungen zu den Franken herstellte[275].

Die Origo und nach ihr Paulus Diaconus berichten dann, daß die Langobarden von Audoin[276] nach Pannonien geführt worden seien, wo sie insgesamt 42 Jahre[277] wohnten. Da die Langobarden nach diesen beiden Quellen dann schon 568 nach Italien abgezogen sind und da Audoin erst nach dem Tod des unmündigen Sohnes von Wacho zur Herrschaft kam, wird von der historischen Forschung die Angabe, die Langobarden hätten 22 Jahre in Pannonien gesiedelt, in einer anderen Quelle der Vorzug gegeben, nämlich der erst im Anfang des 9. Jahrhunderts entstandenen Historia Langobardorum Codicis Gothani[278]. Weil diese Quelle die offenbar richtige Zeitspanne[279] enthält, so wird argumentiert, habe sie sich trotz ausführlicher, teilweise wörtlicher Wiedergabe der Texte in der Origo an unabhängige Überlieferungen gehalten, die glaubhaft seien. Wenn man sich jedoch den tatsächlichen Ablauf der geschilderten Ereignisse in diesem Text ansieht, wird man skeptisch. Geschildert wird nämlich die Wanderung der Langobarden von der Gegend »in Beovinidis«[280] aus, wo zur Zeit des Verfassers (also im frühen 9. Jahrhundert) noch der Palast des Wacho gezeigt würde, direkt nach Pannonien, wo sie die genannten 22 Jahre blieben und übrigens auch mit den Awaren kämpften. Alsdann wird auf die Origo zurückgegriffen und von der Wanderung der Langobarden

---

272   In der Origo c. 4 S. 3, 19 heißt es lapidar *Post eum Heruli regnum non habuerint*; Paulus Diaconus spricht I c. 20 S. 59 davon, daß sie seither keinen König mehr hatten: ... *ut ultra super se regem omnimodo non haberent.*
273   Procop, B. G. II, 14, 23–26 S. 316–317.
274   WERNER, Langobarden [wie oben Anm. 9] S. 10 macht allerdings geltend, daß ein endgültiges Verlassen Rugilands und des ›feld‹ aus den Quellen nicht entnommen werden könne. Dies gilt nur bedingt und zwar nach den knappen Angaben in der Origo. Bei Paulus Diaconus I c. 19 S. 57, heißt es ausdrücklich: *Egressi quoque Langobardi de Rugiland.* Auch ist über die Dauer des Aufenthalts im ›feld‹ hier nichts gesagt, sondern es heißt, daß der Kampf mit den Herulern stattfand, als sie drei Jahre dort gewohnt hätten.
275   Origo c. 4 S. 3f. – Paulus Diaconus I c. 21 S. 59f.
276   Origo c. 5 S. 4. – Paulus Diaconus I c. 22 S. 60.
277   Diese Angabe bringt Paulus Diaconus erst in Buch II c. 7 S. 76.
278   Codex Goth. c. 2, 27 S. 8.
279   Es wird aber auch mit einer Verschreibung gerechnet, vgl. dazu J. WERNER, Langobarden [wie oben Anm. 9] S. 11.
280   Codex Goth. c. 2, 20 S. 8.

von Pannonien[281] nach Rugiland berichtet. Anschließend folgt der Verfasser teilweise wörtlich der Origo, wonach Audoin die Langobarden (nochmals?) nach Pannonien führte.

Was die Nachricht über Böhmen angeht, scheint mir die solcherart angenommene Tradition wegen des großen Zeitabstandes unglaubwürdig zu sein. Die Nachricht wird überdies völlig ahistorisch zusammengestellt mit Agilmunds Wanderstation. Dieser muß rund 100 Jahre vor Wacho regiert haben. Obwohl dies – zuletzt von Herwig Wolfram[282] – als einziger konkreter Anhaltspunkt für eine Lokalisierung der Langobarden vor ihrem Einzug in das Rugiland gehalten wird, sollte man diese Geschichte meines Erachtens genauso wie den Aufenthalt der Langobarden in Paderborn[283] in das Reich der Fabeln verweisen[284].

Der zweiundzwanzigjährige Aufenthalt der Langobarden nach dieser späten Quelle wird – zuletzt von Walter Pohl[285] – mit dem Abschluß eines Föderatenvertrages mit Justinian um 547, der aufgrund der Angaben Procops erschlossen wird, in Verbindung gebracht. Danach hätten die Langobarden eine Landzuweisung im Süden Pannoniens in Nachbarschaft der Gepiden erhalten. Damit wären jene 22 Jahre als Aufenthaltsort der Langobarden in diesem südlichen Siedlungsgebiet erklärt.

Dies sind – Procop zufolge – jedoch nicht die ersten Beziehungen zum oströmischen Reich, sondern offensichtlich hat Wacho bereits solche unterhalten, weil eine gotische Gesandtschaft zu Wacho um 539 die erbetene Unterstützung gegen Justinian nicht erhielt, da dieser schon »Freund und Bundesgenosse des Kaisers sei«[286]. Wo

281   Codex Goth. c. 3 S. 8: Eingefügt wird ausdrücklich *Tunc exierunt Langobardi* de Pannonia, et venerunt et *habitaverunt in Rudilanda* (so statt *Rugilanda* in der Origo, deren Text übernommen ist, soweit *kursiv* wiedergegeben).

282   Herwig WOLFRAM, Ethnogenesen im frühmittelalterlichen Donau- und Alpenraum (6.– 10. Jahrhundert) in: Helmut BEUMANN/Werner SCHRÖDER (Hg.), Frühmittelalterliche Ethnogenese im Alpenraum (= Nationes 5, Sigmaringen 1985) S. 97–151, bes. S. 104 und S. 106f. mit der Betonung des eigenständigen Quellenwertes und der weitreichenden Folgerung, daß »Wachos Herrschaftsmittelpunkt zunächst noch in den Sudetenländern« lag (ebd. S. 104). – DERS., Die Geburt Mitteleuropas [wie oben Anm. 263] S. 322f. mit Anm. 30 auf S. 533.

283   Diese andere Angabe in der Historia Langobardorum codicis Gothani, nämlich daß die Langobarden sich auf ihrer frühen Wanderung bei den Sachsen aufgehalten hätten, ›locus ubi Patespruna (Paderborn) cognominantur‹ (c. 2, 17–19), ist von Jörg Jarnut als sicher nicht zutreffend erwiesen worden, sondern als offensichtlich an zeitgenössische Erfahrungen des Verfassers angeknüpfter ganz unhistorischer Bericht: Jörg JARNUT, Langobarden in Paderborn? (In: WZ 136, 1986) S. 219–233.

284   Für den Archäologen spielt bei einer solchen kritischen Auffassung natürlich eine Rolle, daß die böhmische Germanengruppe kaum demographisch umfangreich genug war, um gleichzeitig einen bedeutenden Anteil an Bajuwaren und Langobarden zu haben. Zur Bedeutung der böhmischen Germanen für die bayerische Ethnogenese aus archäologischer Sicht über einen langen Zeitraum hinweg vgl. zusammenfassend Thomas FISCHER, Das bajuwarische Reihengräberfeld von Staubing. Studien zur Frühgeschichte im bayerischen Donauraum (= Kataloge der Prähistorischen Staatssammlung 26, Kallmünz 1993) S. 90–132.

285   Walter POHL, Die Langobarden in Pannonien und Justinians Gotenkrieg, in: BIALEKOVÁ/ ZÁBOJNÍK (Hg.), Ethnische und kulturelle Verhältnisse an der mittleren Donau vom 6. bis zum 11. Jahrhundert. Symposium Nitra, 6. bis 10. November 1994 (Bratislava 1996) S. 27–35.

286   Procop, B. G. II c. 22, 11 S. 370–372.

Wacho allerdings in dieser Zeit residierte, geht aus der Quelle nicht hervor. Dennoch ist anzunehmen, daß zu dieser Zeit bereits eine Ausdehnung aus dem ›feld‹ nach Pannonien erfolgt war[287]. Dies wiederum würde für eine Richtigkeit der 42-jährigen Aufenthaltszeit in Pannonien sprechen und bedeuten, daß es in Wirklichkeit Wacho war, der die Langobarden nach Pannonien führte. Warum Audoin in diesem Zusammenhang genannt ist und nicht Wacho, kann nicht erklärt werden.

DER BEFUND IN SCHRIFTLICHEN UND ARCHÄOLOGISCHEN QUELLEN IM VERGLEICH

Die Quellen erwecken folglich den Eindruck einer geschlossenen Wanderung der Langobarden von einem umgrenzten Siedlungsgebiet in ein anderes, und zwar aus unbekannten Stammessitzen nach Rugiland (nach 489), von dort in das ›feld‹ (vor 508) und weiter nach Pannonien und Italien. In Kontrast dazu steht der archäologische Befund: In Nordost- und Südmähren nördlich der Dyje/Thaya und an dem Mittellauf dieses Flusses sowie in geringem Umfang am Unterlauf der March ist eine beträchtliche Besiedlung durch Elbgermanen faßbar. Von hier aus dehnt sich die Besiedlung kontinuierlich nach Süden und Westen aus. Erreicht wird in der Zeitgruppe ND 2 (±480–510) das heutige Weinviertel und ehemalige Rugiland. Da hier nach der schriftlichen Überlieferung nach 489 die Langobarden einwandern, ist der Schluß berechtigt, daß unter jenen Elbgermanen sich als »Traditionskern« eine Gruppe von Menschen befand, die sich Langobarden nannten. Die beobachteten Bezüge zu den spätkaiserzeitlichen Brandgräberfeldern vom Typ Kostelec in Nordostmähren und deren Herleitung gemäß den oben referierten Thesen Schmidts[288] aus dem Bereich der Schalenurnenfelder an der Niederelbe und in der Altmark machen es sogar möglich, einen solchen Traditionskern zurückzuverfolgen bis zu den Wohnsitzen des älterkaiserzeitlichen Kleinstammes der Langobarden an der Niederelbe. Allerdings braucht eine völlige Gleichsetzung Elbgermanen nördlich der Donau = Langobarden nicht zuzutreffen. Das archäologische Quellenbild kann nur Besiedlungsvorgänge erfassen und kommt in diesem Falle zu dem Bild eines Siedlungskontinuums; über die unter Umständen abweichenden Schicksale einzelner Siedlergruppen und erst recht über ihr Selbstverständis kann nichts ausgesagt werden. Wo das ›feld‹ gelegen hat, ist nach den archäologischen Befunden nunmehr ziemlich klar: Adler arbeitete heraus, daß es sich um das Tullner Feld, also Teile des alten Ufernorikum handelt, wo mit dem Gräberfeld von Maria Ponsee eine Besiedlung nachweisbar ist, die schon in der Zeitgruppe ND 2 (±480–510) beginnt, allerdings nach den veröffentlichten Befunden noch lange anhält[289]. Auch hier lassen die bekannt ge-

---

287 So zuletzt aus allgemeinen Erwägungen Walter POHL, Die Langobarden in Pannonien [wie oben Anm. 285] S. 28f.

288 Vgl. Anm. 24.

289 Horst ADLER, Das »feld« bei Paulus Diaconus, in: Herbert MITSCHA-MÄRHEIM/Herwig FRIESINGER/Helga KERCHLER (Hg.), Festschrift für Richard Pittioni zum siebzigsten Geburtstag, Bd. II (= Archaeologia Austriaca, Beiheft 14, Wien 1976) S. 256–262. Ebd. S. 256f. referiert Adler alle älteren Lokalisierungsvorschläge für das ›feld‹, weshalb auf eine nähere Erörterung hier verzichtet werden kann. Das dort als Gräberfeld von Oberbierbaum bezeichnete Gräberfeld wurde später als das

wordenen Gräberfelder, deren Zahl trotz der gut organisierten archäologischen Denkmalpflege gering geblieben ist[290], nicht den Schluß zu, daß die gesamte *gens* in das ›feld‹
abgewandert ist. Eine andere Möglichkeit besteht darin, die Aussage des Paulus Diaconus wörtlich zu nehmen: Er berichtet, die Langobarden seien seit dem Sieg über die
Heruler gewaltiger geworden und ihre Mannschaft wäre aus den verschiedenen Völkerschaften, die sie besiegt hätten, gewachsen ...[291]. Demnach hätte sich vor dem Kampf mit
den Herulern nur eine relativ kleine Gruppe als Langobarden bekannt. Hier kommen
wir zu einem kritischen Punkt in der gesamten Untersuchung: Wenn die These von
Tejral, die vorlangobardische Kultur sei mit den Herulern gleichzusetzen, nicht zu halten ist, steht man in dieser Frage wieder am Anfang: Wer waren diese Heruler und wo
haben sie, wenn überhaupt, gesiedelt? Bekanntlich ergibt die vorhandene schriftliche
Überlieferung kaum konkrete Hinweise[292]. Sie haben aus einer Position nördlich der
Donau Ioviacum in Ufernorikum[293] überfallen, haben u. a. die Langobarden sich unter-
tan gemacht[294] und eine so bedeutende Stellung errungen, daß Theoderich diesmal mit
einer Waffensohnschaft[295] sich einen gewissen Einfluß sicherte. Doch die Reste des

von Maria Ponsee benannt. Das recht frühe Einsetzen des Gräberfeldes belegen die Zangenfibeln
(ebd. S. 259 Abb. 1, 1–2.5), die mit ca. 4, 95 cm, zu den oben bei Anm. 84–89 behandelten frühen Formen der Zeitgruppe ND 2 (±480–510) gehören, obwohl sie nur punzverziert sind (vgl. auch die Abb.
bei FRIESINGER/ADLER, Niederösterreich [wie oben Anm. 26] S. 40 Abb. 5 b–d). Von dort stammt
ein ehemals reichausgestattetes Männergrab, von dessen Beigaben Pferdegeschirrbestandteile dem
Grabraub entgingen (abgebildet und beschrieben von Horst ADLER, in: BUSCH, Die Langobarden
[wie oben Anm. 20] S. 238–243 mit Farbabb. auf S. 239, 241 und 243), die im Westen erst in der Stufe
AM III (±560–600) üblich wurden, d. h. die Siedlergruppe, die in diesem Gräberfeld bestattete, dürfte sich erst dem Abzug der Langobarden aus ganz Pannonien nach Italien im Jahre 568 angeschlossen haben.
290   Neben Maria Ponsee sind das nur: Erpersdorf, Tulln und Langenlebarn, vgl. FRIESINGER/AD-
LER, Niederösterreich [wie oben Anm. 26] S. 59 Nr. 13–15 (mit Literatur).
291   Paulus Diaconus I, c. 20 S. 59, Passage wiedergegeben nach der Übersetzung von Otto ABEL,
Paulus Diaconus, Geschichte der Langobarden (Historia Langobardorum), Übersetzt von Otto
ABEL, hg. von Alexander HEINE (Essen und Stuttgart 1986) S. 67.
292   Vgl. Walter POHL, Die Gepiden und die gentes an der mittleren Donau nach dem Zerfall des
Attilareiches, in: Herwig WOLFRAM/Falko DAIM (Hg.), Die Völker an der mittleren und unteren
Donau im fünften und sechsten Jahrhundert. Berichte des Symposions der Kommission für Früh-
mittelalterforschung, 24.–27. Oktober 1978, Stift Zwettl, Niederösterreich (= Österreichische Aka-
demie der Wissenschaften, Philos.-hist. Klasse, Denkschriften 145, Wien 1980) S. 239–301, bes.
S. 277–278: f) die Eruler. Dort übernimmt Pohl, mangels konkreter schriftlicher Überlieferung, die
Lokalisierung Tejrals, einleitend mit der Passage: »Es liegt also nahe ...« (ebd. S. 277). Schon fünf Jah-
re später taucht dies als gesicherte Erkenntnis auf: vgl. Georg HAUPTFELD, Die gentes im Vorfeld von
Ostgoten und Franken im sechsten Jahrhundert, in: Herwig WOLFRAM/Andreas SCHWARCZ (Hg.),
Die Bayern und ihre Nachbarn. Teil 1. Berichte des Symposions der Kommission für Frühmittelalterforschung, 23.–28. Oktober 1982, Stift Zwettl, Niederösterreich (= Österreichische Akademie der
Wissenschaften, Philos.-hist. Klasse, Denkschriften 179 = Veröff. der Kommission für Frühmittelalterforschung 8, Wien 1985) S. 121–134, bes. S. 123f.
293   Eugippius, Vita Severini c. 24, 3 (ed. NOLL [wie oben Anm. 266] S. 90).
294   S. oben bei Anm. 269f.
295   Cassiodor, Variae IV, 2, vgl. oben Anm. 271.

Heeres konnten nach Procop[296] sich nach dem Tod ihres Königs Rodulf nicht in die heimischen Siedlungsgebiete zurückziehen, sondern sie migrierten nördlich der Donau, um sich dann, nachdem ein Ansiedlungsversuch in dem angeblich wüsten Rugiland[297] scheiterte, zu den Gepiden zu begeben. Offensichtlich liegt die Schwierigkeit darin, daß sich die Heruler jedenfalls in dieser Spätphase zu einer herrschenden Kriegerschicht entwickelt und deswegen vermutlich den für einen archäologischen Nachweis nötigen Kontakt zu Mittel- und Unterschichten verloren hatten[298].

Die Ausbreitung der Langobarden nach Pannonien kann sich aufgrund der archäologischen Befunde – darin waren sich Werner und Bóna schon lange einig – nicht in den 22 Jahren vollzogen haben, die in der Historia Langobardorum Codicis Gothani überliefert sind. Dies hat Bierbrauer zusammenfassend dargestellt und auch die schwierige Veröffentlichungslage gekennzeichnet, die sich bis jetzt nicht wesentlich verändert hat[299]. So ergab auch die neuerliche Überprüfung der Datierung der norddanubischen Grabfunde, daß eine beträchtliche Zahl von Befunden für die Zeitgruppe ND 3 (±510–530) nördlich der Donau namhaft gemacht werden kann, aber nurmehr wenige in der folgenden mit dem pannonisch-langobardischen Material zeitlich parallelen Zeitgruppe ND 4 (±530–560). Es ist aber sicher nicht abzustreiten, daß ein Teil der norddanubischen Bevölkerung sich erst in den vierziger Jahren nach dem *foedus* mit Justinian zur Abwanderung entschloß oder gar, genauso wie die Siedlergruppe von Maria Ponsee, sich erst mit den Langobarden Alboins auf dem Zug nach Italien vereinte.

Ein Modell zur Erklärung der Befunde hat – um es noch einmal kurz zusammenzufassen – davon auszugehen, daß erste Siedlungen südlich der Donau zeitlich parallel mit ND 2 (±480–510), wahrscheinlich spät innerhalb dieser Zeitgruppe, im ›feld‹ angelegt wurden. Damit wird jedoch Rugiland nicht verlassen, ebensowenig wie mit der Besiedlung Rugilands eine Aufgabe der alten Siedlungsgebiete im heutigen Mähren und Nordostniederösterreich erfolgte. Die etappenweise Wanderung »der« Langobarden ist deshalb aufzulösen in unterschiedliche Schicksale von insgesamt verwandten Siedlergruppen, die diese Stadien der Wanderung vollzogen und in ihren besonderen Überlieferungen tradierten, Überlieferungen, die aber nicht von der gesamten Sied-

---

296   Procop, B. G. II c. 14, 23–24 S. 316.
297   Diese Angabe läßt sich nicht mit dem archäologischen Befund vereinen. Ein Ausweg wäre die Annahme, daß Procop hier, wie schon einmal, einen Topos verwandte; vgl. zu der Aussage von dem menschenleeren Syrmien Procop, Anekdota, Griechisch-Deutsch ed. Otto VEH (= Tusculum-Bücherei, Prokop, Werke I, München 1961) 18,18, 18 S. 156–157, dazu: POHL, Die Langobarden in Pannonien [wie oben Anm. 285] S. 28.
298   POHL, Die Gepiden [wie oben Anm. 292] S. 278, ähnliche Überlegungen auch bei GSCHWANT-LER, Formen langobardischer mündlicher Überlieferung [wie oben Anm. 262] S. 62, der sich wiederum auf Thesen von Otto HÖFLER, Herkunft und Ausbreitung der Runen (in: Die Sprache 17, 1971) S. 134–156, bes. S. 144f. bezieht. Ältere von Höfler hier in diesem Zusammenhang herangezogene Thesen (ebd. Anm. 77) hier auszubreiten, würde zu weit führen, zumal die Überlegungen des Archäologen Sune Lindquist eigentlich nur die herulischen Gefolgschaften in den byzantinischen Heeren während der Gotenkriege betreffen können.
299   BIERBRAUER, in: MÜLLER-WILLE/SCHNEIDER (Hg.), Landnahmen 1 [wie oben Anm. 2] S. 104–107, er folgt ebd. S. 107 allerdings den Konzepten von Tejral.

lungsgemeinschaft nördlich der Donau getragen wurden. Dieses Modell ließe sich durch die Überlegung erweitern, daß es möglicherweise unter verschiedenen Überlieferungen eine offizielle Tradition gab, die sich in der Origo niederschlug und die dann auf die langobardischen Könige und ihr unmittelbares Gefolge zurückzuführen wäre, bei denen sich auch eine Stammessage erhielt, die der Jubilar als Widerspiegelung der historischen Sicht des Langobardenstammes bezeichnet hat, »die dieser von seiner eigenen Vergangenheit (noch) besaß oder vielleicht auch nur sich zurechtgelegt hatte«[300].

Listen

1: Völkerwanderungszeitliche und frühmittelalterliche Grabfunde in Mähren und Niederösterreich nördlich der Donau

Vorbemerkung: Die Liste beschränkt sich auf die Nennung der wichtigsten Literatur. Wenn ausreichende Angaben in der neueren Literatur mit Nachweisen der älteren Literatur, insbesondere aus der Feder Tejrals, vorliegen, wird nur diese zitiert. Auf die Aufführung der kurzen Beschreibungen von I. L. Červinka, Germaní na Moravě (in: Anthropologie 14, 1931) S. 107–146, bes. S. 132–137, Beninger, Niederösterreich [wie oben Anm. 66] S. 102f., und Beninger/Freising, Mähren [wie oben Anm. 134] S. 44–49, wurde in der Regel verzichtet. Ebenso wird das Verzeichnis von Werner, Langobarden [wie oben Anm. 9] S. 144–150, nur dann zitiert, wenn hier die umfassendsten Angaben (Aufführung der Grabinventare) vorliegen. Nicht berücksichtigte Funde und Befunde wurden in die Liste mit einer kurzen Begründung eingeschlossen.

I. Nordost- und Südmähren, nordöstliches Niederösterreich und Westslowakei

1. Baumgarten an der March I, BH Gänserndorf = Sandgrube 800 m westlich von dem Nordende des Dorfes: Szombathy (in: Wiener Prähistorische Zeitschrift 12, 1925) [wie oben Anm. 178] S. 29–36, 3 Abb. – Herbert Mitscha-Märheim, Zwei unveröffentlichte langobardische Gefäße aus Baumgarten a. d. March, N.-Ö. (in: Archaeologia Austriaca 14, 1954) S. 88–89, 1 Abb. – Friesinger/Adler, Niederösterreich [wie oben Anm. 26] S. 60 Nr. 39 (auf Karte ebd. S. 59 irrtümlich Nr. 31). Verbreitungskarten-Nr. 59.

2. Baumgarten an der March, BH Gänserndorf II, Fürst Palffysche Aue: Mitscha-Märheim (in: Carinthia I, 143, 1953) [wie oben Anm. 179] S. 773; 775 Abb. 1, 3.7 = Ders., in: Festschrift für Rudolf Egger, Bd. 2 (Klagenfurt 1953) [wie oben Anm. 179] S. 356; 357 Abb. 1, 3.7. – Germanen, Hunnen und Awaren [wie oben Anm. 20] S. 573f. Nr. XIV,45 mit Abb. XIV,45.e.f.g.i. – Friesinger/Adler, Niederösterreich [wie oben Anm. 26] S. 60 Nr. 40. Verbreitungskarten-Nr. 60.

3. Blučina, Cezavy, okr. Brno-venkov: Tihelka (in: PamArch 54, 1963) [wie oben Anm. 75] S. 467–498, 17 Abb. – Tejral, Morava [wie oben Anm. 21] S. 197f. Nr. 1; 118 Abb. 42: 147 Abb. 53; 148 Abb. 54, 1; 153 Abb. 56 Taf. 12–14; 25, 1.5–6. – Joachim Werner, Der goldene Armring des Frankenkönigs Childerich und die germanischen Handgelenkringe der jüngeren Kaiserzeit (in: FMASt.14, 1980) S. 1–49, bes.

300 Schneider, Königswahl [wie oben Anm. 7] S. 9.

S. 2f. mit Abb. 1 (Richtigstellung der Befunde).
– Verbreitungskarten-Nr. 23.
4. Blučina, Nivky, okr. Brno-venkov: TEJRAL
Morava [wie oben Anm. 21] S. 198 Nr. 2; 105
Abb. 39, 4 Taf. 18, 3.6. – Verbreitungskarten-
Nr. 22.
5. Brno-Brněnské Ivanovice, okr. Brno-město:
TEJRAL, Morava [wie oben Anm. 21] S. 200
Nr. 7 Taf. 27, 2; 29, 5. – Nicht kartiert, da Zeitstellung (D1–2) zu früh.
6. Brno, Černa Pole = Merhautová ulica, okr.
Brno-město: TEJRAL, Morava [wie oben Anm.
21] S. 199 Nr. 4 Taf. 25, 3; DERS., Grundzüge
[wie oben Anm. 20] S. 108 Nr. 46; 57 Abb. 12
Taf. 25, 3. – FRIESINGER/ADLER, Niederösterreich [wie oben Anm. 26] S. 59 Nr. 19. – Verbreitungskarten-Nr. 21.
7. Brno, Dolní Heršpice, okr. Brno-město:
TEJRAL, Morava [wie oben Anm. 21] S. 199 Nr.
5. Angaben in der Literatur reichen für eine Einordnung nicht aus.
8. Brno, Horní Heršpice, okr. Brno-město:
TEJRAL, Morava [wie oben Anm. 21] S. 199f.
Nr. 6 mit Abb. 76; 84 Abb. 26, 4–5; 115 Abb. 41,
2. – Nicht kartiert, da Zeitstellung (D1) zu früh.
9. Brno, Kotlářská ulica, okr. Brno-město: Červinka, Germaní na Moravě [wie oben Vorbe-
merkung] S. 132 Taf. 4 = Abb. 15. – TEJRAL,
Grundzüge [wie oben Anm. 20] S. 108 Nr. 45;
45 Abb. 9; 50 Abb. 10; 55 Abb. 11. – FRIESIN-
GER/ADLER, Niederösterreich [wie oben Anm.
26] S. 59 Nr. 18. – Verbreitungskarten-Nr. 8.
10. Brno, Třida Vítězství, okr. Brno-město:
TEJRAL, Morava [wie oben Anm. 21] S. 200
Nr. 8; 84 Abb. 26, 6 = 213 Abb. 91, 4. – Nicht
kartiert, da innerhalb des 5. Jahrhunderts nicht
zeitlich festzulegen und weil geeignete Angaben
fehlen, um das Grab einzuordnen.
11. Bučovice, okr. Vyškov: Miloš ČIŽMÁŘ/Mar-
tin GEISLER/Ivo RAKOVSKÝ/Vratislav JANÁK,
Hroby z doby stěhování národů z Bučovic. [Dt.
Rés.:] Gräber aus der Völkerwanderungszeit
aus Bučovice (in: Přehled Výskumů 1980)
S. 18–19. – Verbreitungskarten-Nr. 15.
12. Čejkovice, okr. Hodonín: Zdeněk KLANICA,
Grabung eines völkerwanderungszeitlichen
Gräberfeldes in Čejkovice, okr. Hodonín (in:
Přehled Výskumů 1984) S. 35. – DERS. (in: Anzeiger des Germanischen Nationalmuseums
1987) [wie oben Anm. 126] S. 121f. mit Abb. 1. -
Verbreitungskarten-Nr. 29.
13. Dambořice, okr. Hodonín: TEJRAL, Morava

[wie oben Anm. 21] S. 200 Nr. 11; 162 Abb. 61, 5
Taf. 28, 4. Nicht kartiert, da erste Hälfte des
5. Jahrhunderts (Murga-Keramik).
14. Devínské Jazero, okr. Bratislava-vidiek:
Ludmilla KRASKOVSKÁ, Nálezy z doby sťahovania národov na západnom Slovensku. [Dt.
Rés.:] Völkerwanderungszeitliche Funde aus
der Westslowakei (in: ArchRoz 15, 1963)
S. 693–700, bes. S. 695 Abb. 228; 709 Abb. 235,
1. – DIES., Hroby z doby sťahovania národov
pri Devínskom Jazere (in: ArchRoz 20, 1968)
S. 209–212, 1 Abb. – FRIESINGER/ADLER, Niederösterreich [wie oben Anm. 26] S. 60 Nr. 43. –
Verbreitungskarten-Nr. 62.
15. Drslavice, okr. Uherské Hradiště: TEJRAL,
Morava [wie oben Anm. 21] S. 201 Nr. 13; 35
Abb. 8 Taf. 8, 1–4; 25, 4. Nicht berücksichtigt,
da reiternomadisch geprägtes Grab der ersten
Hälfte des 5. Jahrhundert.
16. Dvorska, okr. Brno-venkov: Červinka, Ger-
mani na Moravě [wie oben Vorbemerkung]
S. 132f. Zu wenig Angaben (Gräber mit Tonge-
fäßen, darunter ein Swebentopf, und ein Armring), keine Abb.
17. Gajari, okr. Malacky: Eduard BENINGER,
Die germanischen Bodenfunde in der Slowakei
(Reichenberg und Leipzig 1937) S. 53–54
Nr. 162. Kein gesicherter Grabfund. FRIE-
SINGER/ADLER, Niederösterreich [wie oben
Anm. 26] S. 60 Nr. 41. – Nicht kartiert.
18. Hauskirchen, BH Gänserndorf: Fundberichte 1967 (in: Fundberichte aus Österreich 9,
1966/70, H. 2, 1969) S. 87–89. – FRIESINGER/
ADLER, Niederösterreich [wie oben Anm. 26]
S. 38 Abb. 2 b; 39 Abb. 4 d.f.h; 46–48; 46 Abb.
11–12; 47 Abb. 13; 48 Abb. 14 (Grab 13); 51 Abb.
16 b; 60 Nr. 37. – Verbreitungskarten-Nr. 40.
19. Hohenau an der March, BH Gänserndorf:
Herbert MITSCHA-MÄRHEIM (in: Carinthia I,
143, 1953) [wie oben Anm. 179] S. 772; 775
Abb. 1, 1–2 = DERS., in: Egger-Festschrift Bd. 2
[wie oben Anm. 179] S. 355; 357 Abb. 1, 1–2. –
FRIESINGER/ADLER, Niederösterreich [wie
oben Anm. 26] S. 41 Abb. 7 d; 60 Nr. 38. – Verbreitungskarten-Nr. 39.
20. Holásky, okr. Brno-venkov: NOVOTNÝ (in:
ArchRoz 7, 1955) [wie oben Anm. 111]
S. 338–342; 333–336 Abb. 166–169; Abb. 172 im
Text. – Aufführung der Gräber mit Nennung
der Grabbeigaben bei WERNER, Langobarden
[wie oben Anm. 9] S. 144 Nr. 2. – TEJRAL,
Grundzüge [wie oben Anm. 20] S. 108 Nr. 50

Taf. 6–9. – FRIESINGER/ADLER, Niederöster-reich [wie oben Anm. 26] S. 59 Nr. 20. – Ver-breitungskarten-Nr. 5.
21. Holubice, okr. Vyškov: ČIŽMÁŘ/GEISLERO-VÁ/RAKOVSKÝ, in: Nouvelles archéologiques [wie oben Anm. 124] S. 135–136 Abb. 2; 3, 5–9. – Germanen, Hunnen und Awaren [wie oben Anm. 20] S. 551 Taf. 87,XIV,38.39; 571–572 Nr. XIV,35–38 mit Abb. XIV,36.a-b. – BUSCH (Hg.), Langobarden [wie oben Anm. 20] S. 180 mit Abb. auf S. 181; 182 mit Abb. auf S. 183; 198 mit Abb. auf S. 199; 220 mit Abb. auf S. 221. – Ver-breitungskarten-Nr. 13.
22. Charváty, okr. Olomouc: TEJRAL, Morava [wie oben Anm. 21] S. 201 Nr. 18 Taf. 8, 5–6. – Nicht berücksichtigt, da höchstwahrscheinlich späteste Kaiserzeit, vgl. oben Anm. 67.
23. Chrlice, okr. Brno-město: TEJRAL, Morava [wie oben Anm. 21] S. 207 Nr. 19 mit Abb. 77 Taf. 29, 6. – Verbreitungskarten-Nr. 9.
24. Knínice u Boskovic, okr. Blansko: TEJRAL, Morava [wie oben Anm. 21] S. 202 Nr. 20; 132 Abb. 47, 4–6 Taf. 24, 5–6.14. – Verbreitungs-karten-Nr. 1.
25. Kobylí, okr. Břeclav: Jozef SKUTIL, Moravs-ké prehistorické výkopi a nálezy (in: Časopis Zemského Musea v Brně 33, 1946) S. 45–134, bes. S. 65. – TEJRAL, Grundzüge [wie oben Anm. 20] S. 108 Nr. 51; 90 Abb. 30. – FRIESIN-GER/ADLER, Niederösterreich [wie oben Anm. 26] S. 60 Nr. 32. – Verbreitungskarten-Nr. 30.
26. Kuřim, okr. Brno-venkov: TEJRAL, Grund-züge [wie oben Anm. 20] S. 108 Nr. 52. – FRIE-SINGER/ADLER, Niederösterreich [wie oben Anm. 26] S. 59 Nr. 17. – Verbreitungskarten-Nr. 6.
27. Lužice, okr. Hodonín: Zdeněk KLANICA, Gräberfeld aus der Völkerwanderungszeit in Lužice (Bez. Hodonín) (in: Přehled Výskumů 1981) S. 43. – DERS., Gräberfeld aus der Völker-wanderungszeit in Lužice (Bez. Hodonín) (in: Přehled Výskumů 1986) S. 49. – DERS., Vierte Grabungssaison des Gräberfeldes aus der Völ-kerwanderungszeit in Hodonín-Lužice (Bez. Hodonín) (in: Přehled Výskumů 1987) S. 47. – DERS., Erforschung eines Gräberfeldes aus dem VI. Jahrhundert in Hodonín-Lužice im Jahre 1988 (Bez. Hodonín) (in: Přehled Výskumů 1988) S. 36–37. – DERS., in: Interaktionen der mitteleuropäischen Slawen ... [wie oben Anm. 126] S. 141–142 mit Abb. 3. – DERS. (in: Anzeiger des Germanischen Nationalmuseums 1987) [wie

oben Anm. 126] S. 123–124; mit Abb. 2–3 auf S. 122 und Abb. 4 auf S. 123. – Germanen, Hunnen und Awaren [wie oben Anm. 20] S. 569–570 Nr. XIV,27–29 mit Abb. 27.d.h.i; 550 Taf. 6,XIV,27.g; 29; 551 Taf. 87,XIV,27.f. – Ver-breitungskarten-Nr. 32.
28. Marchegg, BH. Gänserndorf: WERNER, Atti-la-Reich [wie oben Anm. 189] S. 117 Nr. 16; 120 Nr. 13 Taf. 12, B. – TEJRAL, Morava [wie oben Anm. 21] S. 38 Abb. 10. Nicht berücksichtigt, da reiternomadisch geprägtes Frauengrab der 1. H. des 5. Jahrhunderts.
29. Mikulov, okr. Břeclav: TEJRAL, Grundzüge [wie oben Anm. 20] S. 108 Nr. 53 Taf. 12, 1. – FRIESINGER/ADLER, Niederösterreich [wie oben Anm. 26] S. 60 Nr. 33. – Verbreitungskar-ten-Nr. 37.
30. Mistřín, okr. Hodonín: TEJRAL, Morava [wie oben Anm. 21] S. 204, 206 Nr. 26; 100 Abb. 34; 143 Abb. 51, 3 Taf. 23, 3.6.9–15. – Verbreitungs-karten-Nr. 31.
31. Moravské Knínice, okr. Brno-venkov: TEJRAL, Grundzüge [wie oben Anm. 20] S. 108 Nr. 54 Taf. 11, 1. – FRIESINGER/ADLER, Nie-derösterreich [wie oben Anm. 26] S. 59 Nr. 16. – Verbreitungskarten-Nr. 7.
32. Mušov, okr. Břeclav: TEJRAL, Grundzüge [wie oben Anm. 20] S. 108 Nr. 55. – FRIESIN-GER/ADLER, Niederösterreich [wie oben Anm. 26] S. 59 Nr. 29. – Verbreitungskarten-Nr. 26.
33. Nasobůrky, okr. Olomouc: TEJRAL, Morava [wie oben Anm. 21] S. 206 Nr. 28; 128 Abb. 46. Nicht berücksichtigt, weil eher 1. Hälfte des 5. Jahrhunderts und zu unvollständig.
34. Němčice na Hané, okr. Prostějov: TEJRAL, Grundzüge [wie oben Anm. 20] S. 108 Nr. 56 Taf. 12, 6. – FRIESINGER/ADLER, Niederöster-reich [wie oben Anm. 26] S. 59 Nr. 21. – Ver-breitungskarten-Nr. 3.
35. Němčičky bei Židlochovice, okr. Brno-ven-kov: TEJRAL, Grundzüge [wie oben Anm. 20] S. 108 Nr. 57; 59 Abb. 13. – FRIESINGER/ADLER, Niederösterreich [wie oben Anm. 26] S. 59 Nr. 28. – Verbreitungskarten-Nr. 25.
36. Neuruppersdorf, BH Mistelbach: WERNER, Langobarden [wie oben Anm. 9] S. 148–149 Taf. 47, 20–30; 48–51; 52, 1. – FRIESINGER/ADLER, Niederösterreich [wie oben Anm. 26] S. 60 Nr. 35. – Verbreitungskarten-Nr. 38.
37. Otnice, okr. Vyškov: TEJRAL, Morava [wie oben Anm. 21] S. 211f. Nr. 30 mit Abb. 89 Taf. 26, 6.8. – Verbreitungskarten-Nr. 18.

38. Polkovice, okr. Přerov: TEJRAL, Morava [wie oben Anm. 21] S. 112 Nr. 32 mit Abb. 90; 104 Abb. 38, 6 Taf. 21, 2–3.8. – Verbreitungskarten-Nr. 2.
39. Poštorná, okr. Břeclav: TEJRAL, Morava [wie oben Anm. 21] S. 212f. Nr. 33 Taf. 28, 5. Ungenaue Fundumstände und Unvollständigkeit des Gefäßes erlauben keine Einordnung.
40. Poysdorf, BH Mistelbach: BENINGER†/ MITSCHA-MÄRHEIM (in: Archaeologia Austriaca 40, 1966) [wie oben Anm. 90] S. 167–187, 5 Abb., 6 Taf. – Johann-Wolfgang NEUGEBAUER, Ein Nachtrag zum Langobardenfriedhof von Poysdorf in Niederösterreich (in: Fundberichte aus Österreich 15, 1976) S. 133–139, 6 Abb. – FRIESINGER/ADLER, Niederösterreich [wie oben Anm. 26] S. 60 Nr. 36. – Verbreitungskarten-Nr. 41.
41. Přikazy, okr. Olomouc: BENINGER/FREISING, Mähren [wie oben Anm. 134] S. 47 Nr. 141: Zeitstellung ungewiß.
42. Rebešovice, okr. Brno-venkov: Jindra NEKVASIL, Výskum ve Rebešovicích na Moravě. [Dt. Rés.:] Fouilles de Rebešovice (Rébéchovitsè) en Moravie (in: ArchRoz 6, 1954) S. 433–437, bes. S. 435; Rés. S. 699. – WERNER, Langobarden [wie oben Anm. 9] S. 143 Nr. 14.- TEJRAL, Grundzüge [wie oben Anm. 20] S. 109 Nr. 59; 61 Abb. 14; 63 Abb. 15; 65 Abb. 16; 66 Abb. 17. – FRIESINGER/ADLER, Niederösterreich [wie oben Anm. 26] S. 59 Nr. 25. – Verbreitungskarten-Nr. 20.
43. Slavkov, okr. Vyškov: TEJRAL, Grundzüge [wie oben Anm. 20] S. 109 Nr. 60. – SCHIRMEISEN, Germanen in Mähren (in: Germanenerbe 1938) S. 106–113, bes. S. 113: »bei Austerlitz«. – FRIESINGER/ADLER, Niederösterreich [wie oben Anm. 26] S. 59 Nr. 24. – Verbreitungskarten-Nr. 14.
44. Slížany, okr. Kroměřice: TEJRAL, Morava [wie oben Anm. 21] S. 213 Nr. 37; 214 Abb. 92. Die Datierung erscheint mir zweifelhaft, da es sich bei den Fibeln um Altstücke in einer Tasche handelt. – FRIESINGER/ADLER, Niederösterreich [wie oben Anm. 26] S. 59 Nr. 22. – Nicht kartiert.
45. Smolín, okr. Břeclav: NOVOTNÝ (in: Arch Roz 9, 1957) [wie oben Anm. 196] S. 462–479 mit Abb. 191–196; 489–491 Abb. 210–217.- TEJRAL, Morava [wie oben Anm. 21] S. 213–215 Nr. 38; 86 Abb. 27; 90 Abb. 28; 135 Abb. 48; 215 Abb. 93, 1–2.5 Taf. 15–16; 27, 4. – DERS.,

Grundzüge [wie oben Anm. 20] S. 107 Nr. 32; 96 Abb. 34; 98 Abb. 35; 104 Abb. 37 Taf. 12, 3. – FRIESINGER/ADLER, Niederösterreich [wie oben Anm. 26] S. 59 Nr. 27. – Verbreitungskarten-Nr. 24.
46. Sokolnice, okr. Brno-venkov: TEJRAL, Morava [wie oben Anm. 21] S. 215–218 Nr. 39; 68 Abb. 20; 71 Abb. 22; 84 Abb. 26, 1; 95 Abb. 30, 2; 103 Abb. 37, 1–2; 143 Abb. 51, 6–7; 164 Abb. 62, 2.3.7; 216 Abb. 94–95; 217 Abb. 96 Taf. 22, 6; 26, 1.7; 27, 1. – TEJRAL, Grundzüge [wie oben Anm. 20] S. 107 Nr. 33; 27 Abb. 4, 1–2.4–6 Taf. 1, 4–5. – Verbreitungskarten-Nr. 19.
47. Stará Břeclav, okr. Břeclav: WERNER, Langobarden [wie oben Anm. 9] S. 146 Nr. 18. – TEJRAL, Morava [wie oben Anm. 21] S. 200 Nr. 9 Taf. 18, 7. – TEJRAL, Grundzüge [wie oben Anm. 20] S. 108 Nr. 47 Taf. 11, 2. Keine Angaben, ob Gefäß 2 Grabfund und ob von derselben Fundstelle. – FRIESINGER/ADLER, Niederösterreich [wie oben Anm. 26] S. 60 Nr. 34. – Verbreitungskarten-Nr. 35.
48. Strachotín, okr. Břeclav: ČIŽMÁŘ/GEISLEROVA/RAKOVSKÝ (in: PamArch 76, 1985) [wie oben Anm. 224] S. 283–307, 7 Abb. Farbtaf. 1. Verbreitungskarten-Nr. 36.
49. Strážnice, okr. Hodonín: ČERVINKA, Germaní na Moravě [wie oben Vorbemerkung] S. 134 f.; 123 Abb. 28. – TEJRAL, Morava [wie oben Anm. 21] S. 218 Nr. 40; 132 Abb. 47, 2; 168 Abb. 64, 6.8 Taf. 31, 3.5. – Verbreitungskarten-Nr. 33.
50. Studenec, obec Čelakovice na Hané, okr. Prostějov: BENINGER/FREISING, Mähren [wie oben Anm. 134] S. 47 Nr. 143. Frauengrab mit singulärer Fibel, nicht näher datierbar.
51. Šakvice, okr. Břeclav: Boris NOVOTNÝ, Objev pohřebiště z doby stěhování narodů a z pozdní doby hradištní u Šakvic. [Dt. Rés.:] Entdeckung eines Gräberfeldes aus der Völkerwanderungszeit und aus der späten Burgwallzeit bei Šakvice (in: Přehled Výskumů 1974) S. 42–44 Taf. 30–35. – Milan STLOUKAL, Anthropogický materiál z pohřebiště z doby stěhování narodů a z pozdní doby hradištní u Šakvic (okr. Břeclav). [Dt. Rés.:] Anthropologisches Material aus dem Gräberfeld aus der Völkerwanderungs- und der späten Burgwallzeit bei Šakvice (Bez. Břeclav) (in: Přehled Výskumů 1975) S. 45–48. – Zdeněk KRATOCHVÍL, Určené druhy zvířat z hrobu v Šakvicích na základě kostního Materiálu (okr. Břeclav). [Dt. Rés.] (in: Přehled

Výskumů 1977) S. 55 (Pferdegräber). – Tejral, Grundzüge [wie oben Anm. 20] S. 109 Nr. 62. – Germanen, Hunnen und Awaren [wie oben Anm. 20] S. 550 Taf. 86, XIV,21.b–c; 567 Nr. XIV,21 mit Abb. XIV,21.a.d.e. – Friesinger/Adler, Niederösterreich [wie oben Anm. 26] S. 59 Nr. 30. – Verbreitungskarten-Nr. 27.

52. Šaratice, okr. Vyškov: Tejral, Morava [wie oben Anm. 21] S. 218 Nr. 41; 67 Abb. 19; 107 Abb. 40, 3–4 Taf. 20. – Ders., Grundzüge [wie oben Anm. 20] S. 109 Nr. 63; 34 Abb. 7; 41 Abb. 8; 68 Abb. 18; 70 Abb. 19; 72 Abb. 20; 74 Abb. 21; 76 Abb. 22; 91 Abb. 31, 2–3 Taf. 1, 7; 8, 4.6.9; 10; 12, 2.4.5. – Friesinger/Adler, Niederösterreich [wie oben Anm. 26] S. 59 Nr. 26. – Verbreitungskarten-Nr. 17.

53. Šlapanice, okr. Brno-venkov: Tejral, Morava [wie oben Anm. 21] S. 219 Nr. 43; 97 Abb. 31 Taf. 22, 1–5. – Verbreitungskarten-Nr. 12.

54. Tasov, okr. Hodonín: Tejral, Morava [wie oben Anm. 21] S. 219 Nr. 44; 99 Abb. 33 Taf. 21, 1.4–7. – Verbreitungskarten-Nr. 34.

55. Velatice, okr. Brno-venkov: Tejral, Morava [wie oben Anm. 21] S. 219–222 Nr. 46 mit Abb. 97–103; 84 Abb. 26, 3; 115 Abb. 41, 10; 122 Abb. 43, 5; 138 Abb. 50, 1; 143 Abb. 51, 4.5; 145 Abb. 52, 4; 151 Abb. 55; 159, Abb. 59, 1; 168 Abb. 64, 1.2.4

Taf. 25, 2; 31, 1–2.4.6. – Verbreitungskarten-Nr. 10.

56. Velké Pavlovice, okr. Břeclav: Tejral, Grundzüge [wie oben Anm. 20] S. 109 Nr. 64; 78 Abb. 23 m ; 78 Abb. 23; 80 Abb. 24; 82 Abb. 25; 83 Abb. 26; 85 Abb. 27; 87 Abb. 28; 88 Abb. 29, 1–6. – Friesinger/Adler, Niederösterreich [wie oben Anm. 26] S. 59 Nr. 31. – Verbreitungskarten-Nr. 28.

57. Vícemilice, okr. Vyškov: Tejral, Morava [wie oben Anm. 21] S. 224 Nr. 48; 138 Abb. 50, 2–10; 154 Abb. 57, 1. – Verbreitungskarten-Nr. 16.

58. Vyškov, okr. Vyškov: Tejral, Vyškov [wie oben Anm. 49]. – Verbreitungskarten-Nr. 4.

59. Zohor, okr. Bratislava-vidiek: Kraskovská (in: ArchRoz 15, 1963) [wie Nr. 14] S. 693–694; 695 Abb. 228; 709 Abb. 235, 2–12; Rés. S. 700. – Friesinger/Adler, Niederösterreich [wie oben Anm. 26] S. 60 Nr. 42. – Verbreitungskarten-Nr. 61.

60. Žuráň, obec Podolí, okr. Vyškov: Jozef Poulík (in: Slovenská Archeologia 43, 1995 [wie oben Anm. 58] S. 27–109, 78 Abb., Farbabb. A–D. – Friesinger/Adler, Niederösterreich [wie oben Anm. 26]) S. 59 Nr. 23. – Verbreitungskarten-Nr. 11.

II. Mittleres Dyje/Thayatal

61. Borotice, okr. Znojmo: Stanislas Stuhlík, Pokračování výzkumu mohylníku Středodunajské Mohylové Kultury v Boroticích (okr. Znojmo). [Dt. Rés.:] Fortsetzung der Grabung des Hügelgräberfeldes der donauländischen Hügelgräberkultur in Borotice (okr. Znojmo) (in: Přehled Výskumů 1977) S. 38–39. – Ders., Osmá sezóna na výskumu v Bohuticích [Boroticíc]. [Dt. Rés.:] Achte Grabungsaison in Borotice (Bez. Znojmo) (in: Přehled Výskumů 1983) S. 30 mit Abb. 26, 4 = vergrößert als Vignette auf Heftumschlag. – Ders., Devátá sezóna na výzkumu v Boroticích (okr. Znojmo). [Dt. Rés.:] Neunte Saison der Grabung in Borotice (Bez. Znojmo) (in: Přehled Výskumů 1984) S. 29. – Ders., Desátá sezóna na výzkumu v Boroticích (okr. Znojmo). [Dt. Rés.:] Zehnte Saison auf der Grabung in Borotice (in: Přehled Výskumů 1985) S. 30–31 Taf. 3. – Ders., Dvanáctá sezóna na výskumu v Boroticích (okr.

Znojmo). [Dt. Rés.:] Zwölfte Saison auf der Grabung in Borotice (Bez. Znojmo) (in: Přehled Výskumů 1987) S. 37–38. – Ders., Třináctá sezóna na výzkumu v Boriticích (okr. Znojmo). [Dt. Rés.:] Dreizehnte Saison auf der Ausgrabung in Borotice (Bez. Znojmo) (in: Přehled Výskumů 1988) S. 28–30 Abb. 7–9. Ders. (in: ArchRoz 42, 1990) [wie oben Anm. 245] S. 159–169, bes. S. 161–163; 164 Abb. 3 Taf. II D. – Verbreitungskarten-Nr. 51.

62. Branišovice, okr. Znojmo: Tejral, Morava [wie oben Anm. 21] S. 199 Nr. 3; 168 Abb. 64, 7 Taf. 26, 2–5. Nicht kartiert, da nicht sicher datierbar.

63. Černín, okr. Znojmo: Tejral, Morava [wie oben Anm. 21] S. 200 Nr. 10; 98 Abb. 32; 162 Abb. 63 Taf. 23, 1–2.4–5.7–8. – Verbreitungskarten-Nr. 52.

64. Dyje, okr. Znojmo: Tejral, Grundzüge [wie oben Anm. 20] S. 108 Nr. 48; 91 Abb. 31, 5–6. –

FRIESINGER/ADLER, Niederösterreich [wie oben Anm. 26] S. 59 Nr. 4. – Verbreitungs-karten-Nr. 49.

65. Groß-Harras, BH Mistelbach: BENINGER, Niederösterreich [wie oben Anm. 66] S. 102 Nr. 21; 113 Abb. 55. – TEJRAL, Morava [wie oben Anm. 21] S. 101 Abb. 35. – Verbreitungs-karten-Nr. 43.

66. Hodonice, okr. Znojmo: Ivan Peškař, Náhodné objevy hrobů z doby stěhování naro-dů na Znojemsku (in: ArchRoz 20, 1968) 202–208, bes. S. 207f.; 205 Ab. 2, 3–7. – TEJRAL, Grundzüge [wie oben Anm. 20] S. 108 Nr. 49. – FRIESINGER/ADLER, Niederösterreich [wie oben Anm. 26] S. 59 Nr. 6. – Verbreitungskar-ten-Nr. 46.

67. Hrušovany, okr. Znojmo: TEJRAL, Morava [wie oben Anm. 21] S. 201 Nr. 16. Nicht berücksichtigt, da nicht schärfer datierbar.

68. Laa a. d. Thaya, BH Mistelbach: Eduard BE-NINGER, Germanengräber von Laa a. d. Thaya (N.-Ö.) (in: Eiszeit und Urgeschichte 6, 1929) S. 143–155, 2 Abb. Taf. 17–19. – TEJRAL, Morava [wie oben Anm. 20] S. 36 Abb. 9 (Männergrab); 91 Abb. 29; 136 Abb. 49 (Frauengrab). Nicht berücksichtigt, da Gräber ostgermanischen, wohl ostgotischenCharakters der Stufe D 2.

69. Lechovice, okr. Znojmo: Jaromír ONDRÁČEK, Nález z období stěhování narodů. [Dt. Rés.:] Fund aus der Völkerwanderungszeit (in: Přehled Výskumů 1965) S. 53 Taf. 12,1. – PEŠKAŘ (in: ArchRoz 20, 1968) [wie oben Nr. 66] S. 202; 205 Abb. 2, 1. – FRIESINGER/ADLER, Niederösterreich [wie oben Anm. 26] S. 59 Nr. 5. – Verbreitungskarten-Nr. 47.

70. Mackovice, okr. Znojmo: TEJRAL, Morava [wie oben Anm. 21] S. 204 Nr. 25; 162 Abb. 61, 7 Taf. 29, 1. Nicht kartiert, da 1. Hälfte 5. Jahr-hundert (Murga-Keramik).

71. Neudorf bei Staatz, Rothenseehof, BH Mistelbach: Fundberichte 1984 (in: Fundberich-te aus Österreich 23, 1984) S. 313. – Herwig FRIESINGER, in: BUSCH, Langobarden [wie oben Anm. 20] S. 57; Abb. auf S. 56. – Verbreitungs-karten-Nr. 42.

72. Novy Šaldorf, okr. Znojmo: TEJRAL, Morava [wie oben Anm. 21] S. 206–210 Nr. 29; 84 Abb. 26, 2.7–8; 102 Abb. 36, 1–2; 107 Abb. 40, 2.5; 115 Abb. 41, 6.7.15; 122 Abb. 43, 1–4; 124 Abb. 44; 145 Abb. 52, 2–3; 164 Abb. 62, 1–2.4–6; 168 Abb. 64, 3; 206 Abb. 80–81; 207 Abb. 82; 208 Abb. 83, 1–2.3. 7.8; 209 Abb. 84, 1–2.3.4–6; 209 Abb. 85, 1–2.3–4.5–67–10; 210 Abb. 86, 1–2.3–5.6–7; 210 Abb. 87, 1–4.5–6.7–11; 211 Abb. 88, 2.3.4.5.6 Taf. 18, 5; 24, 2.4.7–13; 30. – Verbreitungskarten-Nr. 45.

73. Oblekovice, okr. Znojmo: Ivan Peškař, Hro-bové nálezy ze 6. století u Oblekovic, okres Znojmo. [Dt. Rés.:] Grabfunde aus dem 6. Jahr-hundert bei Oblekovice, Bezirk Znojmo (in: Přehled Výskumů 1966) S. 39–40; 89 Taf. 13, 3–4. – DERS. (in: ArchRoz 20, 1968) [wie oben Nr. 66] S. 202–206; 205 Abb. 2, 8–9. – TERJAL, Grundzüge [wie oben Anm. 20] S. 109 Nr. 58; 91 Abb. 31, 1.4. – FRIESINGER/ADLER, Nieder-österreich [wie oben Anm. 26] S. 58 Nr. 2. – Ver-breitungskarten-Nr. 44.

74. Rakšice, okr. Znojmo: TEJRAL, Morava [wie oben Anm. 21] S. 213 Nr. 34 mit Abb. 91, 1–3 Taf. 24, 1.3. Nicht kartiert, da eher 1. Hälfte des 5. Jahrhunderts.

75. Suchordly, okr. Znojmo: PEŠKAŘ (in: Arch Roz 20, 1968) [wie Nr. 66] S. 208; 205 Abb. 2, 2. – FRIESINGER/ADLER, Niederösterreich [wie oben Anm. 26] S. 59 Nr. 3. – Verbreitungs-karten-Nr. 49.

76. Šatov, okr. Znojmo: TEJRAL, Morava [wie oben Anm. 21] S. 218f. Nr. 42; 157 Abb. 58, 3 Taf. 28, 1. Nicht kartiert, da 1. Hälfte 5. Jahr-hundert (Murga-Keramik) und keine genaueren Angaben über Fundumstände.

77. Znojmo, okr. Znojmo: TEJRAL, Grundzüge [wie oben Anm. 20] S. 109f. Nr. 65; 92 Abb. 32; 95 Abb. 33 Taf. 8, 1–3.5. – FRIESINGER/ADLER, Niederösterreich [wie oben Anm. 26] S. 58 Nr. 1. – Verbreitungskarten-Nr. 50.

III. Niederösterreich, westliches Weinviertel

78. Aspersdorf, BH Hollabrunn: ADLER (in: Fundberichte aus Österreich 16, 1977) [wie oben Anm. 92] S. 7–26 Taf. 1–16 auf S. 45–60. – FRIESINGER/ADLER, Niederösterreich [wie oben Anm. 26] S. 59 Nr. 7. – Verbreitungs-karten-Nr. 53.

79. Braunsdorf, Gde. Sitzendorf an der Schmi-da, BH. Hollabrunn: ADLER a. a. O. S. 27; 61

Taf. 17, 1. – Verbreitungskarten-Nr. 55.
80. Hollabrunn, BH Hollabrunn: ADLER a. a.
O. S. 28–30 Taf. 17, 2–4 Taf. 18–19 auf S. 61–63.
– FRIESINGER/ADLER, Niederösterreich [wie
oben Anm. 26] S. 59 Nr. 8. – Verbreitungskarten-Nr. 54.
81. Straß, Gde. Straß im Straßertal, BH Krems:
ADLER a. a. O. S. 30–36 Taf. 20–24 auf S. 64–68.
– FRIESINGER/ADLER Niederösterreich [wie
oben Anm. 26] S. 59 Nr. 9. – Verbreitungskarten-Nr. 58.

82. Stratzing, Gde. Stratzing-Droß, BH Krems:
ADLER a. a. O. S. 36; 68 Taf. 24, 4–5; 69 Taf. 25. –
FRIESINGER/ADLER, Niederösterreich [wie
oben Anm. 26] S. 59 Nr. 10. – Verbreitungs-
karten-Nr. 56.
83. Unterrohrendorf, Gde. Rohrendorf, BH
Krems: HAMPL (in: Archaeologia Austriaca 37,
1965) [wie oben Anm. 80] S. 40–52 mit
Abb. 1–15 Taf. 1–4 auf S. 68–71. – FRIESINGER/
ADLER, Niederösterreich [wie oben Anm. 26]
S. 59 Nr. 11. – Verbreitungskarten-Nr. 57.

2: Nachweis der merkmalanalytisch untersuchten Gefäße

Aspersdorf, BH Hollabrunn (78):
(1) Grab 19: ADLER (in: Fundberichte aus
Österreich 16, 1977) [wie oben Anm. 92] S. 53
Taf. 10, 1.
Baumgarten an der March I, BH Gänserndorf
(1):
(2) Aus zerstörten Gräbern, Gefäß 1: MITSCHA-
MÄRHEIM (in: Archaeologia Austriaca 14, 1954)
[wie Liste 1 Nr. 1] S. 89 Abb. 1, 1.
(3) Aus zerstörten Gräbern, Gefäß 2: Ebd.
Abb. 1, 2.
(4) Aus zerstörten Gräbern, Gefäß 3: FRIESIN-
GER/ADLER, Niederösterreich [wie oben
Anm. 26] S. 38 Abb. 3 d. – WERNER, Lango-
barden [wie oben Anm. 9] Taf. 53, 1.
(5) Aus zerstörten Gräbern, Gefäß 4: WERNER
a. a. O. Taf. 53, 2.
Borotice, okr. Znojmo (61):
(6) Aus dem Gräberfeld: STUCHLÍK (in: Arch
Roz 42, 1990) [wie oben Anm. 245] S. 164
Abb. 3, 5.
Devínské Jazero, okr. Bratislava-vidiek (14):
(7) Aus zerstörten Gräbern, Gefäß 1: KRASKOV-
SKÁ (in: ArchRoz 15, 1963) [wie oben Liste 1
Nr. 14] S. 709 Abb. 235, 10.
(8) Aus zerstörten Gräbern, Gefäß 2: Ebd.
Abb. 235, 12.
Dyje, okr. Znojmo (64):
(9) Grabfund: TEJRAL, Grundzüge [wie oben
Anm. 20] S. 91 Abb. 31, 5.
Hauskirchen, BH Gänserndorf (18):
(10) Grab 7: FRIESINGER/ADLER, Niederöster-
reich [wie oben Anm. 26] S. 39 Abb. 4 d.
(11) Grab 8: Ebd. Abb. 4f.
(12) Grab 13, Gefäß 1: Ebd. Abb. 4 h.

(13) Grab 13, Gefäß 2: Ebd. S. 38 Abb. 2 b.
Holásky, okr. Brno-venkov (20):
(14) Grab 2/46: TEJRAL, Grundzüge [wie oben
Anm. 20] Taf. 9, 1.
(15) Grab 2/54, Gefäß 1: Ebd. Taf. 9, 2.
(16) Grab 2/54, Gefäß 2: Ebd. Taf. 9, 3.
Hollabrunn, BH Hollabrunn (80):
(17) Aus zerstörten Gräbern, Gefäß 1: ADLER
(in: Fundberichte aus Österreich 16, 1977) [wie
oben Anm. 92] S. 63 Taf. 19, 1.
(18) Aus zerstörten Gräbern, Gefäß 2: Ebd.
Taf. 19, 2.
Holubice, okr. Vyškov (21):
(19) Gefäß 1: Germanen, Hunnen und Awaren
[wie oben Anm. 20] S. 572 Nr. XIV,36 mit
Abb. XIV,36.b.
(20) Gefäß 2: Ebd. Abb. XIV,36.a.
Lužice, okr. Hodonín (27):
(21) Gefäß 1: KLANICA (in: Anzeiger des Germanischen Nationalmuseums 1987) [wie oben
Anm. 126] S. 123 Abb. 4 links.
(22) Gefäß 2: Ebd. Abb. 4 rechts.
Maria Ponsee, Gde. Zwentendorf, BH Tulln:
(23) Grab 15: FRIESINGER/ADLER, Niederösterreich [wie oben Anm. 26] S. 39 Abb. 4 e.
(24) Grab 18: Ebd. S. 40 Abb. 6 a.
(25) Grab 62: Ebd. S. 39 Abb. 4 j.
Mikulov, okr. Břeclav (20):
(26) Grabfund: TEJRAL, Grundzüge [wie oben
Anm. 20] Taf. 12, 1.
Moravské Knínice, okr. Brno-venkov (31):
(27) Grabfund: TEJRAL, Grundzüge [wie oben
Anm. 20] Taf. 11, 1.
Neuruppersdorf, BH Mistelbach (36):
(28) Grab 12, Gefäß 1: WERNER, Langobarden

[wie oben Anm. 9] Taf. 51, 3.
(29) Grab 12, Gefäß 2: Ebd. Taf. 50, 2.
(30) Grab 13: Ebd. Taf. 51, 5.
(31) Grab 17, Gefäß 1: Ebd. Taf. 51, 6.
(32) Grab 17, Gefäß 2: Ebd. Taf. 50, 1.
(33) Grab 19: Ebd. Taf. 50, 3.
(34) Grab 20: Ebd. Taf. 51, 7.
Oblekovice, okr. Znojmo (73):
(35) Grabfund: TEJRAL, Grundzüge [wie oben Anm. 20] S. 91 Abb. 31, 4
Poysdorf, BH Mistelbach (40):
(36) Grab 3: BENINGER†/MITSCHA-MÄRHEIM (in: Archaeologia Austriaca 40, 1966) [wie oben Anm. 90] S. 171 Abb. 3; 183 Taf. 2, 1, 2.
Smolín, okr. Břeclav (45):
(37) Grab 9: TEJRAL, Grundzüge [wie oben Anm. 20] S. 98 Abb. 35, 13.
Stará Břeclav, okr. Břeclav (47):
(38) Grabfund: WERNER, Langobarden [wie oben Anm. 9] S. 52 Abb. 5. – TEJRAL, Grundzüge [wie oben Anm. 20] Taf. 11, 1.
Straß, Gde. Straß im Straßertal, BH Krems (81):
(39) Grab 2: ADLER (in: Fundberichte aus Österreich 16, 1977) [wie oben Anm. 92] S. 64 Taf. 20, 1.
(40) Grab 4: Ebd. S. 64 Taf. 20, 4.
(41) Grab 12: Ebd. S. 66 Taf. 22, 15.

(42) Grab 13: Ebd. 67 Taf. 23, 1.
Šakvice, okr. Břeclav (51):
(43) Grab 12: NOVOTNÝ (in: Přehled Výskumů 1974) [wie oben Liste 1 Nr. 51] Taf. 33, 3. – Germanen, Hunnen und Awaren [wie oben Anm. 20] 567 Nr. XIV,21.d mit Abb. XIV,21.d.
(44) Grab 32: NOVOTNÝ a. a. O. Taf. 33, 1.
(45) Grab 44: Ebd. Taf. 33, 6. – Germanen, Hunnen und Awaren [wie oben Anm. 20] 567 Nr. XIV,21.e mit Abb. XIV,21.e.
(46) Grab 57: NOVOTNÝ a. a. O. Taf. 33, 7.
(47) Grab 79: Ebd. Taf. 33, 4.
Šaratice, okr. Vyškov (52):
(48) Aus zerstörten Gräbern, Gefäß 1: TEJRAL, Grundzüge [wie oben Anm. 20] Taf. 10, 1.
(49) Aus zerstörten Gräbern, Gefäß 2: Ebd. Taf. 12, 2.
(50) Aus zerstörten Gräbern, Gefäß 3: Ebd. Taf. 12, 4.
(51) Grab 1/48: Ebd. S. 91 Abb. 31, 2.
Unterrohrendorf, Gde. Rohrendorf, BH Krems (83):
(52) Grab 14: HAMPL (in: Archaeologia Austriaca 37, 1965) [wie oben Anm. 80] S. 69 Taf. 2, 14.
Velké Pavlovice, okr. Břeclav (56):
(53) Aus zerstörten Gräbern: TEJRAL, Grundzüge [wie oben Anm. 20] S. 87 Abb. 28, 6.

3: Konkordanz der Nummern auf den Karten mit den laufenden Nummern des Gräberverzeichnisses, Liste 1.

1 = Knínice u Boskovic (24)
2 = Polkovice (38)
3 = Němčice na Hané (34)
4 = Vyškov (58)
5 = Holásky (20)
6 = Kuřim (26)
7 = Moravské Knínice (30)
8 = Brno, Kotlářská ulica (9)
9 = Chrlice (23)
10 = Velatice (55)
11 = Žuráň bei Podolí (60)
12 = Šlapanice (53)
13 = Holubice (21)
14 = Slavkov (43)
15 = Bučovice (11)
16 = Vícemilice (57)
17 = Šaratice (52)
18 = Otnice (37)

19 = Sokolnice (46)
20 = Rebešovice (42)
21 = Brno, Černa Pole = Merhautová ulica (6)
22 = Blučina, Nivky (4)
23 = Blučina, Cezavy (3)
24 = Smolín (45)
25 = Němčičky bei Židlochovice (35)
26 = Mušov (32)
27 = Šakvice (51)
28 = Velké Pavlovice (56)
29 = Čejkovice (12)
30 = Kobylí (25)
31 = Mistřín (29)
32 = Lužice (27)
33 = Strážnice (49)
34 = Tasov (54)
35 = Stará Břeclav (47)
36 = Strachotín (48)

37 = Mikulov (28)
38 = Neuruppersdorf (36)
39 = Hohenau (19)
40 = Hauskirchen (18)
41 = Poysdorf (40)
42 = Neudorf bei Staatz (71)
43 = Groß-Harras (65)
44 = Oblekovice (73)
45 = Nový Šaldorf (72)
46 = Hodonice (66)
47 = Lechovice (69)
48 = Dyje (64)
49 = Suchordly (75)

50 = Znojmo (77)
51 = Borotice (61)
52 = Černín (63)
53 = Aspersdorf (78)
54 = Hollabrunn (80)
55 = Braunsdorf (79)
56 = Stratzing (82)
57 = Unterrohrendorf (83)
58 = Straß (81)
59 = Baumgarten an der March I (1)
60 = Baumgarten an der March II (2)
61 = Zohor (59)
62 = Devínské Jazero (14)

*Fidivis, *Fideu, Schöndorf

Ein Siedlungsname des Grimo-Testaments von 634 an den Grenzen von Romania und Germania

VON WOLFGANG HAUBRICHS

VORBEMERKUNG

Namen im Grenzland zwischen den Sprachen bieten oft besondere Schwierigkeiten der Interpretation, des Verständnisses, ja allzu oft der Identifizierung, die doch die Voraussetzung zur sachgerechten historischen Bewertung und Auswertung der mit dem Namen bezeichneten Sache bildet. Namen zwischen den Sprachen erfordern oft das Überschreiten der Grenze zwischen den Sprachen, was nicht ohne Bedenken seitens der betroffenen Disziplinen abgehen kann und Einsicht in die Grenzen der eigenen Disziplin fordert. Zwei problematische Ortsnamen aus Trierer Überlieferung lassen sich vielleicht im Folgenden, indem die Grenzen der Disziplinen behutsam überschritten werden, für den Gebrauch einer dritten Disziplin, der Historie, aufbereiten.

I. *FIDEU – SCHÖNDORF

In einer auf den Namen des Erzbischofs Egbert (977–993) und das Jahr 981 gefertigten Fälschung des Stiftes St. Paulin zu Trier, die in einer Besitzbestätigung des Erzbischofs Theoderich II. von 1215 enthalten ist, finden sich Verlustlisten über Güter, die dem Stift ehemals geschenkt und später vor allem von den Erzbischöfen entfremdet worden waren.

Diese Listen haben schon mehrfach das Interesse der Forschung gefunden[1]. Zuletzt hat F. J. Heyen in eindringlicher Analyse feststellen können, daß die Fälschung nach 1183 und vor 1215, wahrscheinlich um 1207, als der spätere Erzbischof Theoderich noch selbst Propst von St. Paulin war, entstanden ist. Als echte Vorlagen wurden dabei eine Urkunde Erzbischof Egberts von 981 und eine Urkunde Erzbischof Eberhards (1047/66), die beide als verloren zu gelten haben, benutzt. Die Verlustlisten schreibt Heyen dem Deperditum Eberhards zu[2].

---

1 Heinrich BEYER, Urkundenbuch zur Geschichte der jetzt die preußischen Regierungsbezirke Coblenz und Trier bildenden mittelrheinischen Territorien 1 (Coblenz 1860) Nr. 255; Adalbert GOERZ, Mittelrheinische Regesten 1 (Koblenz 1876) Nr. 1066; Otto OPPERMANN, Rheinische Urkundenstudien 2: Die trierisch-moselländischen Urkunden (= Bijdragen van het Instituut voor middeleeuwse Geschiedenis der Rijks-Universiteit te Utrecht 23, 1951) S. 227–239; Ferdinand PAULY, Ein Dombau in Trier unter Erzbischof Egbert? (In: Das Münster 21, H. 4, 1968) S. 279–282.
2 Franz Josef HEYEN, Die Egbert-Fälschung des Stiftes St. Paulin vor Trier zu 981 (in: ADipl. 17, 1971) S. 136–168.

Die Verlustlisten beklagen im einzelnen die Entfremdung folgender Schenkungen[3]:

1) *Branbach* (Brombach, Kr. Birkenfeld) und *Birkenuelt* (Birkenfeld), die beide der *dux* Liutwin, der Gründer Mettlachs und spätere Erzbischof von Trier (etwa 705–717/23), samt Kirchen und *appendicia* geschenkt hatte;

2) *Billike* (Welschbillig, Kr. Trier), *Sulmana* (Sülm, Kr. Trier), *Rula* (Röhl, Kr. Trier) und *Nuvelae* (Newel, Kr. Trier), welche König Dagobert mit den Kirchen und allen *appendicia* aus seiner *hereditas* geschenkt hatte;

3) *Mazzolthere* (Masholder, Kr. Bitburg), das Kaiser Ludwig der Fromme mit Kirche und allen *appendicia* aus seiner *hereditas* geschenkt hatte;

4) von der *terra indominicata* abgetrennte Güter in *Waderola* (Wadrill, Kr. Merzig-Wadern) und *Reinoniscampo* (Reinsfeld, Kr. Trier), die Erzbischof Hetti (814–847) gegeben hatte;

5) die Orte *Videv* (?)[4], *Roscheit* (Rascheid, Kr. Trier), *Waltrach* (Waldrach, Kr. Trier) und *Waderola*, alle mit Kirche und Zubehör, ferner vier *picturae* in *Casteneith* (Kesten, Kr. Bernkastel) und drei *picturae* in *Bubiaco* (Bübingen, Kr. Merzig-Wadern)[5] mit Zubehör, deren Schenkung König Heinrich als Kompensation für früher zu Unrecht entzogene Güter verfügt hatte;

6) die Kapelle in *Wilre* (Bergweiler, Kr. Wittlich?) mit *villa* und allen *appendicia*, des weiteren den Saalzehnten *(decimatio indominicata)* in *Nouiant* (Noviand, Kr. Bernkastel) samt Kirche, schließlich einige *mansi* mit Zubehör in *Gaurici campo* (Geisfeld, Kr. Trier) aus Eigengut.

Diese Besitzungen scheinen jedoch, wie spätere größere und kleinere Rechte des Stiftes an den genannten Orten nahelegen, nicht in vollem Umfange verloren gegangen zu sein. So ist es zu verstehen, daß die Kompensationen, die angeblich Erzbischof Egbert allein, in Wahrheit aber wohl auch Erzbischof Eberhard anbot, nur einen Bruchteil des Gegenwertes der aufgeführten Entfremdungen ausmachen[6]: ... *de beneficio Luthardi comitis, quod michi ipso mortuo sine herede aliquo ad proprios usus contigit, quicquid in villa Kerue* (Kerben, Kr. Mayen) *et in Serchenich* (Sirzenich, Kr. Trier), *Lorreke* (Lorich, Kr. Trier) *et Hederichsrode* (Heddert, Kr. Trier) *atque Ceruia* (Zerf, Kr. Saarburg) *et Grimolderode* (Greimerath, Kr. Saarburg) *habui, fratribus ... contradidi* . Von den in der Egbert-Fälschung genannten Ortsnamen sind die Identifizierungen der Orte *Videv*

3   Franz-Josef HEYEN, Das Stift St. Paulin vor Trier (= Germania Sacra NF 6: Das Erzbistum Trier 1, Berlin und New York 1972) S. 23ff., 448ff., 484ff., 511ff., 551ff.

4   GOERZ, MrhR [wie Anm. 1] Nrn. 889, 1066 identifiziert auf Grund seiner Lesung *Viden* mit Weiten (Kr. Merzig); ihm folgt Eugen EWIG, Trier im Merowingerreich (in: TZ 21, 1952) S. 168, 219; trotz Lesung *Videv* folgt ihm auch Maurits GYSSELING, Toponymisch Woordenboek van Belgie, Nederland, Luxemburg, Noordfrankrij en West-Duitsland 2 (Tongern 1960) S. 1059. Dagegen verzichtet Wolfgang JUNGANDREAS, Historisches Lexikon der Siedlungs- und Flurnamen des Mosellandes (Trier 1960) S. 384 auf eine Identifizierung.

5   Zur Identifizierung Monika BUCHMÜLLER-PFAFF, Siedlungsnamen zwischen Spätantike und frühem Mittelalter. Die *-(i)acum*-Namen der römischen Provinz Belgica Prima (Tübingen 1990) S. 124 Nr. 139.

6   Vgl. HEYEN [wie Anm. 2] S. 153f.

und *Wilre*[7] fraglich. In dieser Studie soll es nur um die Identifizierung des erstgenannten Ortes gehen.

F. J. Heyen hat zu Recht die bis dahin übliche Identifizierung von *Videv* mit Weiten (Kr. Merzig-Wadern), vorwiegend aus besitzgeschichtlichen Gründen, abgelehnt[8]. Es läßt sich zudem nachweisen, daß die in der Egbertfälschung genannte Kirche des Ortes eine Pfarrkirche war. Zwischen 1228 und 1242 bestätigte Erzbischof Theoderich II. dem Stift die durch Propst Rudolf verfügte Inkorporation der Kirche in *Videu* in die St. Mauritius-Kapelle bei St. Paulin, wobei das Patronatsrecht, das nur einer Pfarrkirche zukommt, erwähnt wird[9]. Weiten jedoch besaß ursprünglich keine Pfarrkirche, sondern gehörte zum Pfarrbezirk Kastel-Freudenburg[10].

Auch sprachlich ist eine Identifizierung von *Videv* mit Weiten unmöglich. Die Graphie <v> besitzt in der Egbert-Fälschung im Anlaut eindeutig den Lautwert [f], der Laut [v] – unserem neuhochdeutschen *w* entsprechend – wird dort mit <vv> wiedergegeben, z. B. *in Vvaltrach, Vvaderola, Vvilre*. Ein althochdeutsches [f] im Anlaut kann sich jedoch nicht zu [w] entwickeln, wie weiter unten noch genauer auszuführen ist.

Heyens besitzgeschichtliche Argumentation faßt jedoch auch eine neue Identifizierung ins Auge: 1228/42 besaß der Propst von St. Paulin das Patronatsrecht der Kirche in *Videu ... ratione custodie quam habuit in eadem ecclesia S. Paulini.* Der Kustos besaß also die Verfügungsgewalt über diese Kirche. Als St. Pauliner Kirche, die in der Verfügung des Kustos stand, wird jedoch später nur Schöndorf (Kr. Trier) im Ruwertal genannt.

Jedoch kann durch diese Gegebenheiten die Identifizierung nur nahegelegt, nicht wirklich gesichert werden. Wenn die dem Kustos zustehende Pfarrkirche nach 1228/42 durch einen uns nicht mehr erkennbaren rechtlichen Vorgang gewechselt haben sollte, so würden sich uns die Fakten ebenso präsentieren wie jetzt. Auch die von Heyen angebotene und selbst mit Reserven versehene sprachliche Entwicklung einer Übersetzung *Videv* bzw. *Videu* in mhd. **Scouwen-dorf* auf der Grundlage einer Gleichung lat. *videre* mit mhd. *scouwen* »ansehen, schauen«, trägt nicht, da eben für den Anlaut des vorgermanischen Siedlungsnamen [f] anzusetzen ist. Auch müßte die Entwicklung von mhd. [ou] nach Schwund des inlautenden [w] in Richtung einer neuhochdeutschen Ortsnamenform **Schaundorf* führen.

Um die von Heyen vorgeschlagene Identifizierung zu sichern, bedarf es also zusätzlicher Argumente. Zunächst soll die Namenform des fraglichen Ortes in allen Bestandteilen und im systematischen Zusammenhang der Überlieferung gesichert werden. Zu diesem Zwecke stellen wir alle in einzelnen Überlieferungsformen der Egbertfälschung genannten Formen von Siedlungsnamen in einer Tabelle zusammen.

7   HEYEN [wie Anm. 3] S. 536 erwägt für die Identifizierung der *capella in loco Wilre dicto cum ipsa villa* Bergweiler (Kr. Wittlich) bzw. Hofweiler (Kr. Trier).
8   HEYEN [wie Anm. 2] S. 142 Anm. 24; DERS. [wie Anm. 3] S. 566.
9   Dr. REIMER, Eine Urkunde Erzbischof Theoderichs II. von Trier (in: Trierisches Archiv 22/23, 1914) S. 185–186; HEYEN [wie Anm. 3] S. 234f., 566f., 583.
10   Ferdinand PAULY, Siedlung und Pfarrorganisation am alten Erzbistum Trier. Das Landkapitel Perl und die rechts der Mosel gelegenen Pfarreien des Landkapitels Remich (Trier 1968) S. 54ff.

Die Egbertfälschung ist mehrfach überliefert:

A) Bestätigung Erzbischof Theoderichs II. von 1215 (LHA Koblenz Abt. 213 Nr. 1);

B) Bestätigung Erzbischof Arnolds vom 9.I.1258 (Univ.Bibl. Heidelberg Nr. 223)[11];

C) Bestätigung Erzbischof Boemunds vom 1. II. 1295 (LHA Koblenz Abt. 213 Nr. 17);

D) Egbert-Fälschung in der Erstausfertigung der »Collatio« des St. Pauliner Propstes Friedrich Schavard von ± 1400 (Cod. Paris B.N. lat. 10157)[12];

D')Egbert-Fälschung in der Zweitausfertigung der »Collatio« (Cod. Trier Stadtbibl. 1343/94, fol. 17–18)

E) Egbert-Fälschung in spätmittelalterlicher selbständiger Kopie (LHA Koblenz Abt. 213 Nr. 2).

(Vgl. Tabelle gegenüber.)

Alles in allem bieten ABC die beste Überlieferung der Namen. Dabei zeigen B und C jeweils bereits Korruptelen, aber auch Modernisierungen der Namenformen: In Nr. 7 hält B mit *mazzoltre* gegenüber A *mazzolthere* < ahd. *mazzaltra, mazzoltar*, mhd. *mazzolter* »Feldahorn« die eher moselfränkische Form des germanischen Baumnamensuffix **trewa-* fest[13]. In Nr. 14 hat B *in kestente* (Dativ Singular) gegenüber A *casteneith* < gallorom. *castanetum* (vgl. a. 816 Fälschung *Castanidum*, a. 1067 *Casteneith*, a. 1098 *Kestinde*, a. 1125 *Chestene*): auf die Form des Namens hat das Lehnwort ahd. *kestin(n)a*, mhd. *kesten* »Kastanie« mit Umlaut [a] > [e] vor [i] < vulgärlat. *castinea* eingewirkt, wie auch heutiges *Kesten* zeigt. B bietet zweifellos die modernere, moselfränkische Form. In Nr. 20 haben B und C gemeinsam die in der Moselromania gelegentlich vorkommende Sondergraphie von A für romanisches [ts], nämlich <ch> (mit diakritischem h), zugunsten von geläufigerem <c> beseitigt. C hat in Nr. 2 fehlerhaft <r> vergessen, in Nr. 20 <ni> zu <ui> verlesen. In Nr. 3 hat C *Billiche* gegenüber AB *Billike* < **Billiaco*[14]. AB gibt mit unverschobenem [k] den älteren, wohl romanisch vermittelten Lautstand (vgl. Nr. 21), C repräsentiert mit der Schreibung <ch> jüngere, durch die ahd. Lautverschiebung gegangene Spirans. In Nr. 6 haben C *nouilla*, AB *Nůuelae* < gallorom. *novale* »Rodung«, »Neubruch«. Für den Ort ist im 11. Jahrhundert *Novile*, 1180 *Nuvele* belegt[15]. C hat hier wohl volksetymologisch an *villa* angeschlossen.

Man darf also textkritisch davon ausgehen, daß BC auf A zurückgehen, oder daß A wie BC unabhängig aus einer gemeinsamen Vorstufe, evtl. einer Namenliste, schöpfen. Demgegenüber haben wir in D und D' eine späte Kopie vor uns, die graphisch und sprachlich modernisiert:

Nr. 6 *Nufela* mit Graphie <f> statt <u> für lautlich [f];

Nr. 7 *Massolter* zu mhd. *mazzolter* und mit ahd. [zz] > [ss] wie in ahd. *ezzan* > mhd. *ezzen*, frühnhd. *essen*;

---

11   Die Angabe Univ.Bibl. Heidelberg Nr. 232 bei Heyen [wie Anm. 2] S. 137 Anm. 8, 10 verdankt sich wohl einem Druckfehler.
12   Heyen [wie Anm. 3] S. 10ff.
13   Friedrich Kluge/Elmar Seebold, Etymologisches Wörterbuch der deutschen Sprache (²³Berlin 1995) S. 543f.
14   Buchmüller-Pfaff [wie Anm. 5] S. 102f. Nr. 100 (mit Beleg a. 798/814 K. *Billiaco*).
15   Jungandreas [wie Anm. 4] S. 732; die etymologische Ableitung von *nova villa* durch Jungandreas ist kaum zu halten.

	A	B	C	D	D'	E	Ort
1	Branbach	branbach	branbach	Branbach	Branbach	branbach	Brombach
2	Birkenuelt	birkinuelt	bykenuelt	Birkenfelt	Birkenfelt	byrkenvelt	Birkenfeld
3	Billike	billike	Billiche	Billike	Billike	billike	Welschbillig
4	Sulmana	sulmana	Sulmana	sulmana	sulmana	sulmena	Sülm
5	Rûla	Rûla	Rûla	Rula	Rula	rula	Röhl
6	Nûuelae	Nûuelae	nouilla	Nufela	Nufela	Nuvela	Newel
7	Mazzolthere	mazzoltre	mazzolthere	Massolter	Massolt^v	mazzolthere	Masholder
8	Waderola	Waderola	Waderola	VVaderola	Vvaderola	VVaderola	Wadrill
9	Reinoniscampo	Reinoniscampo	Reynoniscampo	reynonis campo	Reynonis campo	reynonis campo	Reinsfeld
10	Videu	Videu	Videu	Videu	viden	Viden? Videu?	?
11	Roscheit	Roscheit	Roscheyt	Roscheit	Roscheit	Roscheit	Rascheid
12	Vvaltrach	VValtrach	VValtrach	VValtrach	Vvaltrach	VValtrach	Waldrach
13	VVaderola	VVaderola	VVaderola	VVaderola	vvalderola	VVaderola	Wadrill
14	casteneith	(in)kestente	casteneyt	Castheneith	Casteneich	kestente	Kesten
15	bubiaco	bubiaco	bubiaco	bubiaco	bubiaco	brubraco	Bübingen
16	VVilre	VVilre	VVilre	–	wylre	VVylre	Bergweiler?
17	Nouiant	Nouiant	Nouiant	Nouiant	Noüiant	Nouianth	Noviand
18	Gaurici campo	Gaurici campo	Gaurici campo	gaurici campo	gaurici campo	Gaurici campo	Geisfeld
19	kerve	kerue	kerue	kerne	kerue	kerue	Kerben
20	serchenich	Sercenich	serceuich	sertzenich	sertzenich	seirzenich	Sirzenich
21	lorreke	lorreke	lorreke	loreke	koreke	Lorreke	Lorich
22	hederichsrode	hederichsrode	hederichsrode	hederichsrode	hederichsorde	heyderichs rode	Heddert
23	Ceruia	Ceruia	Ceruia	ceruia	ceruia	Ceruia	Zerf
24	Grimolde rode	Grimolde rolde	Grimolderode	Grymelrode	Grymelrode	Grymoldro[:]e	Greimerath

Nr. 20 *Sertzenich* mit moderner Graphie <tz>;

Nr. 24 *Grymelrode* mit Synkope des endsilbigen [ə], Abschwächung des mittelsilbigen [o] >[ə] und Assimilation von [ld] > [ll].

Beide Überlieferungsstränge der »Collatio« weisen zudem Korruptelen auf, so D in Nr. 5. 13. 14. 21. 22, D in Nr. 19.

E scheint sowohl A als auch C benutzt zu haben. Nr. 14 *kestente* ist eventuell aus B entnommen, Nr. 7 *mazzolthere* und anderes aus AC. Verlesen hat E in den Nrn. 15. 20. 22.

Bei dieser Sachlage spricht nichts dafür, daß D' mit der singulären Namenform *Viden* den Archetyp repräsentiert. Vielmehr liegt eine Verlesung <u> zu <n> vor; es muß angesetzt werden *Videu;* dieser Rekonstruktion entsprechen auch zwei weitere Nennungen des Siedlungsnamens in mittelalterlichen Urkunden:

1228/42   (Or.) *in Uideů, in Videů*[16]
1254   (Or.) *de Videu*[17].

Gerade die letztgenannte Überlieferung zeigt mit der Schreibung *VValteri, VValtero* erneut, daß <v> im Anlaut als [f] zu interpretieren ist. *Videu* ist also als **Fideu* zu interpretieren – so wie ja auch die Schreibungen der Egbertfälschung (A) <u, v> für [f] (*-uelt, kerve, nůuelae, Ceruia*) und <vv> für [v] (*Vvaderola, Vvaltrach, Vvilre*) bieten.

Die zitierte Urkunde vom 7. VI. 1254 ist zugleich ein entscheidendes, bisher noch nicht gewürdigtes Beweismittel für die Identifizierung von **Fideu* mit Schöndorf. In ihr nämlich stellt Erzbischof Arnold fest, daß sein Vasall, *dilectus fidelis noster Rodulphus de Ponte miles Treverensis in nostra presencia constitutus, confessus est et recognovit, quod iura omnia que ratione iuris diccionis, que uulgariter hunnindink appellatur, optinet apud villam et parrochiam de Videu nostre diocesis in bonis et hominibus nobilis viri Walteri domini de Meisinburch, eidem nobili pro octuaginta libris bonorum et legalium Treverensium denariorum titulo pignoris obligavit ...*[18].

In drei Urkunden vm 22. X. 1265 wird dieser Besitz der Meisenburger (Lux., Ka. Mersch) arrondiert: Zunächst verzichtet der genannte Rudolf *de Ponte* zugunsten eines Michael, Bürger von Trier, *de omnibus iuribus seu serviciis et etiam de servicio quod uulgariter Hůndeldinch nuncupatur que Mychael civis Trev[irensis] apud Rode Treverensis diocesis a nobis in feodo tenuit et possedit ...*[19]. Der genannte Trierer Bürger Michael erklärt zugleich, daß er *villam Rode quam ab archiepiscopo Treverensi in feodo teneo* dem *Warnero dicto de Meysenburch* zu Lehen gab; dieser wiederum verkaufte sie an Walter, den Herrn von Meisenburg, und seine Erben[20]. Zum dritten verkauften Michael und

---

16   REIMER [wie Anm. 9] S. 185.
17   François Xavier WÜRTH-PAQUET/Nikolas van WERVEKE, Archives de Clervaux, analysées et publiées (= Publications de la Section Historique de l'Institut Grand-Ducal de Luxembourg 36, Luxemburg 1883) S. 2 Nr. 7.
18   Vgl. GOERZ, MrhR [wie Anm. 1] 4 S. 729 Nr. 2890; Karl LAMPRECHT, Deutsches Wirtschaftsleben im Mittelalter 1 I (1885/86, Neudruck Aalen 1960) S. 200. Letzterer liest *apud villam et parrochiam de Viden* und identifiziert dementsprechend falsch mit Weiten.
19   WÜRTH-PAQUET/WERVEKE [wie Anm. 17] S. 6 Nr. 18.
20   Ebd. Nr. 19.

sein Sohn Johannes *villam Rode cum omnibus bonis, iuribus et universis attinentiis* an Walter von Meisenburg zum gleichen Termin[21]. Möglicherweise ist es derselbe Johannes *de Orreo*, Trierer Bürger und Schöffe, der 1330 von Erzbischof Balduin das *officium pincernatus* der Trierer Kirche als Lehen erhält, das u. a. Besitz in Schöndorf, Bonrath, ein Haus an der Brücke vor Trier und Güter, die gemeinsam mit den Erben der Ritter *de Ponte* gehalten werden, umfaßt[22].

Daß zwischen *Rode* und **Fideu* ein Zusammenhang besteht, legen die Identität des Verkäufers Rudolfs *de Ponte* und die Subsumierung der verkauften Rechte unter den Terminus *hunnindink, Hûndeldinch* nahe. Nun erscheinen in der Zukunft bei den Erben des Meisenburgers mehrfach Schöndorf und *Rode*, das bisher unidentifiziert blieb, in engem Konnex:

So verkaufen Johannes von Kerpen, Herr von Meisenburg, und seine Frau Mechtild von Meisenburg am 11. IV. 1382 an ihren Neffen Arnold, Herrn von Pittingen und Dagstuhl, und an Margarete, dessen Frau, ihren Anteil in den Dörfern *Schönendorff* und *Roden*[23]. Am 27. III.1383 überläßt Meister Thomas von St. Johannes, Bürger von Trier, dem Johannes von Kerpen die Güter in *Schonendorf* und *Rode*, die ihm Johannes und seine Frau unter Vorbehalt des Rückkaufs verkauft hatten[24]. Am 1. IV. 1411 gibt Erzbischof Werner von Trier an den Erben der Herren von Meisenburg, Friedrich von Brandenburg, Herrn von Clervaux, Güter in *Rode ... by dem Schonendorf gelegen die zum* Trierer *spyseramt* gehören und durch den Tod des Herrn von Clervaux, des Schwiegervaters Friedrichs, frei geworden waren, zu Lehen[25]. Am 7. V. 1417 gibt Erzbischof Werner zu Lehen an die Brüder Johannes und Friedrich von Brandenburg u. a. Güter in Rode bei *Schoenedorf*[26]. Am 3. III. 1442 gibt Friedrich von Brandenburg seiner Mutter Maria von Meisenburg, die Erhart von Gymnich geheiratet hatte, u. a. die Hälfte der Dörfer *Schoyndorf* und *Rode*[27]. Am 1. VII. 1465 führt Friedrich einen Prozeß mit dem Bürgermeister von Trier und den Verwaltern des Hospitals St. Jakob zu Trier wegen der Dörfer *Schondorff* und *Rode*[28]. Am 29. VI. 1468 schließen der Bürgermeister, die Schöffen und der Rat der Stadt von Trier einen Vergleich mit Friedrich über das Dorf *Schondorff*, das hier wohl den Gesamtbesitz in beiden Dörfern repräsentiert[29]. Am 21. IX. 1473 gibt Erzbischof Johannes von Trier zu Lehen an Godhard von Brandenburg, Herrn von Clervaux, für ihn selbst und seine Brüder, so wie es ihr verstorbener Vater Friedrich besaß, u. a. *Rode by Schonenberg* und alle Güter und Renten, die zum Trierer *spyserampt* gehören[30]. Am 31. III. 1476 gibt Erzbischof Johannes an den

21 Ebd. Nr. 20.
22 Therese ZIMMER/Franz-Josef HEYEN, Inventar des Friedrich-Wilhelm-Gymnasiums (in: 400 Jahre Friedrich-Wilhelm-Gymnasium Trier, Trier 1961) S. 139f. Nr. 13.
23 WÜRTH-PAQUET/WERVEKE [wie Anm. 17] S. 106 Nr. 539.
24 Ebd. S. 107 Nr. 543.
25 Ebd. S. 142 Nr. 725.
26 Ebd. S. 148f. Nr. 758.
27 Ebd. S. 173 Nr. 887. Vgl. auch ebd. S. 228 Nr. 1106.
28 Ebd. S. 150 Nr. 1207.
29 Ebd. S. 267 Nr. 1244.
30 Ebd. S. 277f. Nr. 1288.

Kanoniker Friedrich von Brandenburg, den ältesten Sohn des Geschlechts von Clervaux, die Güter zu Lehen, die Johannes von Brandenburg und seine Vorgänger hielten, u. a. das Dorf *Rodt* bei *Schonemberg*[31].

Bald nach dem 1. IV. 1476 verkauften Godhard von Brandenburg, Herr von Clervaux und Meisenburg, und seine Frau Katharina von Chinery an Friedrich von Brandenburg, Archidiakon von Tholey und Trierer Domkanoniker, ihren Bruder und Schwager, ihre Güter und Renten zu *Schoendorf, Rode* und *Huntzenberg*[32]. Am 8. IV. 1488 geben Dietrich von Brandenburg, Archidiakon und Domkanoniker zu Trier, Godhard von Brandenburg, sein Bruder, Herr von Clervaux und Meisenburg, sowie dessen Frau Katharina dem Dekan und dem Domkapitel zu Trier eine Rente von 16 rheinischen Gulden auf *Schoindorf, Roide* und *Huntzerenberch* für ein wöchentliches Gedächtnis ihrer Eltern Friedrich von Brandenburg und Françoise d'Argenteau[33]. Am 25. IV. 1489 stiften Friedrich von Brandenburg, Archidiakon von St. Mauritius zu Tholey, Godhard von Brandenburg und dessen Frau Katharina vier wöchentliche Messen und bewidmen sie mit Renten zu *Schoindorf, Rode* und *Huntzemburg*[34]. Am 27. IV. 1489 wird ein Anniversarium der gleichen Stifter bestätigt, mit dem sie Güter in *Schoindorff, Rode* und *Huntzenberch* an das Trierer Domstift schenken[35].

Es gibt keinen Zweifel, daß diese Orte in die Pfarrei St. Andreas-Schöndorf gehören: Unter 1476 *Huntzenberg*, 1488 *Huntzerenberch*, 1489 *Huntzemburg, Huntzenberch* haben wir Hinzenburg bei Schöndorf (ca. 2 km nw. Ortskern) zu verstehen, anderswo 1306 *Huntzenberg*, 1405 *Huntzenberg, Huntzerenberg*, 1455 *Huntzenberg*, 1471 *Huntzenburg*[36].

Für die Identifizierung von Rode kommt weniger der Filialort Bonerath (ca. 1,6 km nö. Schöndorf), 1330 *Bonrade*, 1456 *Boenroide*, 1485 *Bonrait*, 1546 *Bonerath*, 1570 *Bonroidt*[37], als Holzerath (ca. 1,2 km ö. Schöndorf) in Frage, für das anscheinend alte Belege fehlen, was sich erklärt, wenn man annimmt, daß *holz* »Wald« erst sekundär zur Differenzierung an den Siedlungsnamen angetreten ist. Dieser Ort gehört ebenfalls zu den Filialen von Schöndorf.

Weitere Erwähnungen von Schöndorf in Meisenburger Urkunden belegen zusätzlich den Besitz dieser Familie am Ort: So besaß 1368 Goswin von Weiler zum Turm, Herr von Meisenburg, einen Hof in Schöndorf [38]. Am 29. V. 1402 bezahlen die Leute von *Schoyndorff* die Schulden des Diederich von Meysenburg, Herrn von Clervaux[39]. Am 22. IX. 1408 werden die auch oben schon angeführten Anteile des verstorbenen

---

31 Ebd. S. 280 Nr. 1304.
32 Ebd. S. 280 Nr. 1306.
33 Ebd. S. 297f. Nr. 1405.
34 Ebd. S. 300 Nr. 1415.
35 Ebd. S. 300 Nr. 1416.
36 Vgl. JUNGANDREAS [wie Anm. 4] S. 521; WÜRTH-PAQUET/WERVEKE [wie Anm. 17] S. XLI. Zur Pfarrei Schöndorf vgl. PAULY [wie Anm. 45] S. 77f.; HEYEN [wie Anm. 3] S. 488.
37 Vgl. JUNGANDREAS [wie Anm. 4] S. 93; HEYEN/ZIMMER [wie Anm. 22] S. 139f.; F. HÜLLEN, Die erste tridentinische Visitation im Erzstift Trier 1569 (in: Trierisches Archiv 9, 1906) S. 60.
38 LHA Koblenz 1 C Nr. 18731.
39 WÜRTH-PAQUET/WERVEKE [wie Anm. 17] S. 127 Nr. 652.

Arnold, Herr zu Pittingen und Dagstuhl, *an dem Dorff zum Schonendorff* erwähnt, die er als Pfand von Johann von Kerpen besaß[40]. Am 12. VII. 1461 werden Güter und Renten der Adelheid von Brandenburg, Herrin von Meisenburg, zu *Schoendorff* bekannt[41]. Am 1. IV. 1466 verkauft Genette d'Argenteau, Tochter der Houffalise, Herrin von Meisenburg und Tante des Friedrich von Brandenburg, ein Viertel der Güter zu *Schondorf* [42]. Am 8. XII. 1468 werden Weiderechte des Friedrich, Herrn von Clervaux und Meisenburg, zu *Schoendorf* bekannt[43].

Es ist angesichts der Besitzkontinuität der Meisenburger und angesichts der parallelen Entwicklung bei den kirchlichen Rechten von St. Paulin nicht länger daran zu zweifeln, daß *Fideu* und *Schöndorf* identisch sind.

Wir haben in *Schöndorf* einen deutschen Doppelnamen für das vorgermanische *Fideu* vor uns, der den alten Namen allmählich verdrängt[44]:

a. 1307/54 K.   *de Pulchra villa*
a. 1363/64 Or.   *van me Schuenemedorff, van dem Schuynmedorffe*
a. 1383 Or.   *Schonendorf*
a. 1402 Or.   *Schoyndorff*
a. 1408 Or.   *an dem Dorff zum Schonendorff*
a. 1411 Or.   *dem Schonendorf*
a. 1417 Or.   *Schoenedorf*
a. 1442 Or.   *Schoyndorf*
a. 1461 Or.   *Schoendorff*
a. 1465 Or.   *Schondorff*
a. 1466 Or.   *Schondorf*
a. 1468 Or.   *Schondorff*
a. 1473 Or.   *by Schonenberg*
a. 1476 Or.   *by Schonemberg*
a. 1476 Or.   *Schoendorf*
a. 1488 Or.   *Schoindorf*
a. 1489 Or.   *Schoindorff*

In den Belegen von 1363/64, 1408 und 1411 zeigt sich noch ein nahezu halbappellativer Gebrauch des Siedlungsnamens: *vand me Schuenemedorff, Dorff zum Schonendorff, by dem Schonendorff* sind aus Fügungen wie mhd. *zum schonen dorff(e)* (»zum schönen Dorf«) abzuleiten. Wir haben einen Siedlungsnamen vor uns, der typologisch kaum sehr weit vor das 14. Jahrhundert, in dem er zum erstenmal genannt wird,

---

40   Johann Christian Lager, Regesten der Urkunden des ehemaligen St. Jacobshospitals in Trier bis zum Jahre 1769 (= Trierisches Archiv, Ergänzungs-Heft 14, Trier 1914) S. 39 Nr. 114.
41   Würth-Paquet/Werveke [wie Anm. 17] S. 230 Nr. 1114.
42   Ebd. S. 251 Nr. 1207.
43   Ebd. S. 258 Nr. 1253.
44   Vgl. neben den oben zitierten Urkunden aus den Archives de Clervaux noch Jungandreas [wie Anm. 4] S. 959; Wilhelm Fabricius, Taxa generalis subsidiorum cleri Trevirensis (in: Trierisches Archiv 8, 1905) S. 29; Auguste Longnon/Victor Carrière, Recueil des Historiens de la France. Pouillés 5, Paris 1915) S. 34; Gottfried Kentenich, Trierer Stadtrechnungen des Mittelalters, H. 1: Rechnungen des 14. Jahrhunderts (= Trierisches Archiv, Ergänzungs-Heft 9, Trier 1908) S. 35f.

zurückreichen wird. Vielleicht hängt seine Entstehung zusammen mit der 1473 und 1476 genannten Variante *by Schonenberg*, die zur Lagebestimmung von Holzerath gebraucht wird. *Schonenberg* könnte durchaus der Name des Bergsporns sein, auf dem Schöndorf sich zwischen zwei tiefeingeschnittenen Bächen und der Ruwer entwickelte. Die Kirche, die vielleicht als letzter Bestandteil des Ortes den alten Namen *Fideu* trug, liegt etwas abseits des Ortskerns, tiefer auch, zur Enter-Greth hin.

Die Besitzgeschichte lehrt, daß *Fideu-Schöndorf* von den Trierer Erzbischöfen zur Ausstattung des Truchsessenamtes *(dapifer, spyser)* verwandt wurde. Eine Urkunde vom 27. II. 1330, in der Erzbischof Balduin das *offitium pincernatus* der Trierer Kirche dem Johann von Oeren, Bürger und Schöffe zu Trier, zu Lehen gibt und es mit Lehngütern u. a. in Bonerath, Osburg und Schöndorf sowie mit einem Haus an der Brücke von Trier ausstattet, zeigt, daß der Besitz der Erzbischöfe über die Amtsgüter des *dapifer* hinausreichte[45]. Hier stimmen die Quellen gut mit der Egbert-Fälschung überein, die von einer Entfremdung der Güter zu *Fideu* berichtete, die nach Lage der Dinge nur von den Erzbischöfen selbst betrieben sein konnte; waren doch sie es, die im 10. und 11. Jahrhundert um Rekompensationen angegangen wurden.

II. Fidinis im Testament des Adalgisil Grimo

Im Jahre 634 bewidmete der Diakon der Verduner Kirche, Adalgisil Grimo, Sproß einer merowingischen Reichsadelsfamilie, die im Raum zwischen Verdun, Trier und Lüttich begütert war und *duces* zu ihren Angehörigen zählte, mehrere Kirchen Austrasiens mit seinen Gütern, darunter vor allem Verdun, das in diesem Zusammenhang Tholey gewann, aber auch St. Maximin in Trier, St. Agatha in Longuyon (Meurthe-et-Moselle) und sogar so kleine Kirchen wie St. Peter in Temmels an der Mosel (Kr. Trier)[46].

St. Peter in *Tamaltio* erhält Güter in Temmels, in Kell *(Callido)* an der oberen Ruwer und weiteren Besitz in einem Ort, den das in Trierer Kopie des 10. Jahrhunderts überlieferte Testament des Adalgisil mit *Fidinis* angibt: ... *portionem meam in villa Fidinis* ...

Von den Orten, die bisher im Saar-Mosel Raum für die Identifizierung von *Fidinis* vorgeschlagen wurden, muß zunächst einmal Fitten (Kr. Merzig-Wadern) wegen etymologischer Unvereinbarkeit ausscheiden[47].

Obwohl nicht in allen Fällen die hochmittelalterliche Überlieferung bei jetzigem Forschungsstand eine reinliche Trennung zwischen Belegen für Fitten und das mög-

---

45 Vgl. zur Verwendung von Schöndorf für die Amtsgüter des Trierer Bistums auch Ferdinand Pauly, Siedlung und Pfarrorganisation im alten Erzbistum Trier. Das Landkapitel Wadrill (Trier 1965) S. 77f.

46 Vgl. zum Grimo-Testament zuletzt: Hans-Walter Herrmann, Das Testament des Adalgisel Grimo (in: 22. Bericht der Staatlichen Denkmalpflege im Saarland. Beiträge zur Archäologie und Kunstgeschichte, Abt. Bodendenkmalpflege 1975) S. 67–89; Wolfgang Haubrichs, Die Tholeyer Abtslisten des Mittelalters. Philologische, onomastische und chronologische Untersuchungen (Saarbrücken 1986) S. 76ff.; Franz Irsigler, Gesellschaft, Wirtschaft und religiöses Leben im Obermosel-Saar-Raum zur Zeit des Diakons Adalgisel Grimo (in: Hochwälder Geschichtsblätter 1, 1989) S. 15–18; Dittmar Lauer, Das Testament des Adalgisel Grimo aus dem Jahre 634 (ebd.) S. 19–23.

47 Vgl. bereits Herrmann [wie Anm. 46] S. 82.

licherweise auf gleiche Wurzel zurückgehende Vichten (Lux., Ka. Mersch)[48] erlaubt,
können doch einige aussagekräftige Ortsnamenformen für den saarländischen Ort gesichert werden[49]. In einem Prekarievertrag des Erzbischofs Eberhard von Trier mit dem
Grafen Walram von Arlon und dessen Gemahlin Adelheid werden 1052 aus erzbischöflichem Besitz dem Grafen zu Nießbrauch übereignet die *villae ... Bůzza, Wilre, Merceche, Fůhde, Ossima, Evesche, Serveche, Bureche, Eile ...*[50]. Im Kontext von Bietzen,
Weiler, Merzig, *Usma*-Freudenburg[51], Irsch, Serrig, Beurig und Ayl ist mit *Fůhde* zweifellos Fitten gemeint.

In einer im Mettlacher Urbar überlieferten Schenkungsnotiz des 11. Jahrhunderts
übergibt eine *Ava de Fůhta* Güter zu *Tuntinisdorf* (Tünsdorf, ca. 7 km nw. Fitten) und
Rech (ca. 1 km nö. Fitten)[52]. Auch hier ist der Bezug auf Fitten eindeutig.

Der um 1220 angelegte ›Liber annalium iurium archiepiscopi et ecclesie Trevirensis‹
ist auch besitzgeschichtlich relevant[53]: Mit dem erzbischöflichen Hof in Merzig sind
damals Rechte in *Mercehe* (Merzig), *Riningen* (?), *Vuhtin*, *Metelache* (Mettlach), *Wilre*
(Weiler bei Merzig) und *Buzin* (Bietzen) verbunden. Es handelt sich zum Teil um dieselbe Gütergruppe, die im Prekarievertrag des Erzbischofs Eberhard mit Graf Walram
begegnete. Danach werden detailliert die Trierer Rechte in *Vuchthe* [var. *Vuchte*, *Vůchte*], in obengenanntem *Wilre*, in *Bezzeringen* (Besseringen), in *Stalle* (Wüstung, Gde.
Besseringen)[54], in *Buze* [var. *Bůze*] (Bietzen), in *Saarburg* (Saarburg), in *curia heuese*
[var. *Euesch*] (Irsch), in *Seruiche* (Serrig) usw. aufgezählt. Auch hier können *Vuhtin*,
Vuchthe, *Vuchte*, *Vůchte* nur mit Fitten identifiziert werden.

Zusammen mit eindeutigen frühneuzeitlichen Belegen ergibt sich folgende Reihe:

a. 1052	Or.	*Fůhde*
11. Jh.	Or.	*Fůhta*
a. ±1220	Or.	*Vuhtin, Vuchthe, Vuchte, Vuochte*
a. 1323	Or. frz.	*Vuden*
a. ±1335	Or. frz.	*Vůden*
a. 1489	Or.	*zu Fuechten*
a. 1489	Or.	*zu Foichten*

---

48 Im Echternacher Urbar des 11. Jhs. (Paris Bibl. Nat. lat. 8912 F. 1) gehört die *capella ... de Veten*
zur Kirche von Mersch; im 14. Jh. erscheint sie als eigenständige *ecclesia de Fichten* im Dekanat
Mersch: LAMPRECHT [wie Anm. 18] S. 251; LONGNON/CARRIÈRE [wie Anm. 44] S. 21.
49 Vgl. JUNGANDREAS [wie Anm. 4] S. 395; GYSSELING [wie Anm. 4] S. 358.
50 Camille WAMPACH, Urkunden- und Quellenbuch zur Geschichte der altluxemburgischen Territorien bis zur burgundischen Zeit 1 (Luxemburg 1935) S. 392ff. Nr. 274.
51 Vgl. zur Identifizierung von *Ossima*, *Usma* und Freudenburg Monika BUCHMÜLLEr/Wolfgang
HAUBRICHS/Rolf SPANG, Namenkontinuität im frühen Mittelalter. Die nichtgermanischen Siedlungs- und Gewässernamen des Landes an der Saar (in: ZGSaargegend 34/35, 1986/87) S. 100
Nr. 161.
52 GOERZ, MrhR [wie Anm. 1] Nr. 870; Hartmut MÜLLER, Die Mettlacher Güterrolle (in: ZGSaargegend 15 (1965) S. 143.
53 BEYER [wie Anm. 1] Bd. 2 S. 393f.
54 Vgl. Dieter STAERK, Die Wüstungen des Saarlandes. Beiträge zur Siedlungsgeschichte des Saarraumes vom Frühmittelalter bis zur französischen Revolution (Saarbrücken 1976) S. 376.

a. 1524   Or.   *zu Feuchten*
a. 1561   *zu Fuchten*
a. 1570   *Feuchten*[55].

Wie bereits Jungandreas vermutete, ist Fitten zu ahd. *fiuhta,* mittelfränkisch *fuhta* »picea« zu stellen[56]. Die Graphie <ů> dürfte [y] mit dem Lautwert eines langen <ü> aus ahd. [iu] bezeichnen. Im Frühneuhochdeutschen entfalten sich Varianten mit Diphthongierung [y] > [eu] bzw. Entrundung [y] > [i] (z. B. 1740 *Fiden*). Hier ist auch das nahe *Bůzzin* > *Bietzen* zu vergleichen. Dazu kommt der mittelfränkische Schwund von [h] vor [t], der sich im unweit saaraufwärts gelegenen *Pachten* mit mittelalterlichen Namenvarianten wie *Patta* u. ä. gleichfalls zeigt[57]. In *Pachten* hat sich eine stärker überregional bestimmte Variante, in *Fitten* eine mehr dialektal geformte Variante durchgesetzt. Der Name bedeutet also ursprünglich »bei den Föhren« und kommt für eine Identifizierung von 634 *Fidinis* nicht in Frage.

Nicht annehmbar ist auch eine Identifizierung mit dem Namen des auf den Höhen zwischen Leuk und Saar nördlich Mettlach gelegenen Ortes Weiten. Für Weiten spräche zunächst einmal, daß auch im Nachbarort Taben von Adalgisil Grimo Besitz vergabt wurde, und zwar an das Leprosenspital von St. Vannes in Verdun[58]. *Fidinis* wurde an die Peterskirche in Temmels geschenkt, Temmels wiederum gehörte nach Schenkung Adalgisils teilweise dem Agathastift in Longuyon. In dem Urbar von St. Maximin aus dem 13. Jahrhundert hängt der Besitzkomplex Taben-Weiten eng zusammen[59]. *Tauena* wurde spätestens 893 von König Arnulf an St. Maximin geschenkt[60]. Das Patrozinium der Weitener Kirche St. Pankratius – ursprünglich wohl nur eine abhängige Kapelle – läßt sich mit dieser Herkunft gut vereinbaren: Pankratius war der besondere Schutzheilige dieses Königs[61]. Ein zweiter Grundbesitzer wird in Weiten mit Mettlach faßbar: es gibt dort einmal einen Liutwinswald, zum anderen gehörten ein Drittel der Zehnten dem

55   Zu den Schweizer Ortsnamen, die mit ahd. *fiuhta* gebildet wurden, vgl. Carl Theodor GOSSEN, *Fichte* als Appellativ und in Flur- und Ortsnamen beidseitig der Sprachgrenze (in: A Giovanne Bonalumi. Miscellanea, Basel 1980) S. 131–135. Vgl. auch bair. *Feuchten, Feuchtwangen* usw.
56   KLUGE/SEEBOLD [wie Anm. 13] S. 263.
57   BUCHMÜLLER/HAUBRICHS/SPANG [wie Anm. 51] S. 70f. Nr. 90.
58   HERRMANN [wie Anm. 46] S. 70, Z. 26ff.; S. 82.
59   BEYER, MrhUB [wie Anm. 1] 2 S. 455f. Vgl. zur Frühgeschichte Paul Egon HÜBINGER, Die weltlichen Beziehungen der Kirche von Verdun zu den Rheinlanden (Bonn 1935) S. 39; Ferdinand PAULY, Siedlung und Pfarrorganisation im alten Erzbistum Trier. Das Landkapitel Perl und die rechts der Mosel gelegenen Pfarreien des Landkapitels Remich (Trier 1968) S. 54ff.; Nikolaus KYLL, Pflichtprozessionen und Bannfahrten im westlichen Teil des alten Erzbistums Trier (Bonn 1962) S. 30ff.; Erich WISPLINGHOFF, Untersuchungen zur frühen Geschichte der Abtei St. Maximin bei Trier von den Anfängen bis etwa 1150 (Mainz 1970) S. 50, 69f. – Weiten gehörte im Hochmittelalter als Filiale zum Pfarrbezirk Kastel-Freudenburg (St. Johannes Baptista). Es gibt jedoch eine auf ältere Bindungen zu Taben zurückweisende Verpflichtung der Hüfner vor dem Fest des hl. Quiriacus, des Patrons der *cella* von Taben.
60   MGH D Arnulf Nr. 114.
61   Vgl. Wolfgang HAUBRICHS, Die Kultur der Abtei Prüm zur Karolingerzeit (Bonn 1979) S. 176 [mit weiterer Lit.].

Liutwinskloster Mettlach, während der Pfarrer, der offenbar auch den ehemaligen St. Maximiner Anteil einzog, ungewöhnlicherweise über zwei Drittel verfügte[62]. Weiten beschickte auch die Pflichtprozession nach Taben ebenso wie die nach Mettlach[63]. Bei näherem Hinsehen lösen sich damit die besitzgeschichtlichen Argumente für eine Identität von *Fidinis* und Weiten auf. Weiten deutet mehr auf frühen Fiskalbesitz, an dem die Widonen als Gründer Mettlachs früh Anteil gewonnen haben könnten, so wie sie auch zeitweilig Taben an sich brachten[64].

Die sprachlich-namenkundliche Analyse läßt eine Identifizierung erst recht nicht zu. Die alten Formen für Weiten lauten – nach Ausscheiden zweifelhafter Belege[65] –

a. 1131/52	K. 1222	*Witen*
a. 1134	K.	*Withe*
12. Jh. Ende	K.	*Witte*
13. Jh. 1/4	K.	*in Witte*
. 1377	Or.	*zu Wyten*
a. 1389	K.	*Wyten*
a. 1390	K.	*vonn Witen*
a. 1411	Or.	*Wijden*
a. 1421	Or.	*zu Widen*
a. 1478	K.	*Weitten*
a. 1480	K.	*Witen*
a. 1480	Or.	*Wytten*
a. 1486	K.	*Weitten*
a. 1489	Or.	*Witenn*
a. 1495	K. 15. Jh.	*Wiette(n)*
a. 1498	Or.	*vonn Wyten*
a. 1569	Or.	*Wyten*

Diese Formen lassen für die etymologische Basis von Weiten altes anlautendes [v] – im Deutschen durchweg mit <vv> verschriftet – inlautendes [t] und aufgrund der Schreibungen <ij>, <ie> sowie des Ergebnisses [ei] der frühneuhochdeutschen Diphthongierung ahd. [î] erkennen. Diese lautlichen Gegebenheiten verbieten eine Anknüpfung an die idg. Wurzeln *μidhu* »Baum, Holz, Wald«[66] oder *μei-d-, *μid* »dre-

---

62   PAULY [wie Anm. 59] S. 58f.

63   PAULY [wie Anm. 59] S. 59; KYLL [wie Anm. 59] S. 34.

64   Nach den ›Gesta Treverorum‹ (MGH SS 8 S. 161f.) habe der Widone Milo, Bischof von Reims und Trier, in der 1. Hälfte des 8. Jhs. mit Hilfe Karl Martells u.a. die *ecclesia super Saroam quae dicitur Tavena* entfremdet.

65   Vgl. für die Belege JUNGANDREAS [wie Anm. 4] S.1106f., der freilich hier eine große Anzahl falsch identifizierter Belege einreiht; GYSSELING [wie Anm. 4] S. 1058 verzeichnet unter Weiten sowohl a. 634 *Fidinis* aus dem Grimo-Testament als auch a. 981 *Videv*, allerdings mit der Bemerkung »zweifelhafte Identifikation«. Die meisten hier gebotenen Formen entstammen dem ›Archiv für Siedlungs- und Flurnamen des germanophonen Lothringen und des Saarlandes‹ in Saarbrücken.

66   Julius POKORNY, Indogermanisches etymologisches Wörterbuch (Bern und München 1959) S. 1177.

hen, winden, biegen«[67], zu denen einige Gewässernamen wie *Wied* (rechts → Rhein, bei Andernach), 857 *Uuida*, bzw. *Vesle* (links → Aisne), 922/48 *Vidula* u. a. zu stellen sind[68], obwohl angesichts der umgebenden vorgermanischen Namen wie Meurich, Faha, Kirf, Taben, Kastel, Leuk, *Usma*-Freudenburg und Mettlach eine vorgermanische Ableitung durchaus eine gewisse siedlungsgeschichtliche Wahrscheinlichkeit besäße. Auch eine Anknüpfung an ahd. *wida* »salix« wie in *Wyden* (bei Weeden, CH, Ka. St. Gallen), 9. Jh. in *Salicis* u. a. Ortsnamen[69] ist aufgrund des intervokalischen Konsonantismus ausgeschlossen. Als etymologische Basis kommt vielmehr nur ahd. *wît* »breit«, *wîti* »Breite« aus germ. **weida*-[70] in Frage. Es ist also anzusetzen **zer wîtin* »in der Ebene, bei den breiten Feldern«[71].

Eine Identifizierung mit 634 *Fidinis* verbietet sich wegen des anlautenden [f]. Die Lautbedeutung der Graphie <f> im Grimo-Testament ist durch weitere darin angeführte Namen wie *Fatiliago* (Failly, F, Meurthe-et-Moselle, Ka. Longuyon), *Fledismalacha* (Flémalle, B, Arr. Lüttich/Liège) und *Belulfiaga* zum germanischen Personennamen *Belulf* aus **Bel-wulf* zu sichern. Lateinisches [v] und germanisches [w] werden dagegen durch <u>, <uu> wiedergegeben, z. B. in *Uerdunense, Uitoni, UUabrense, UUichimonhiaga*[72]. Eine Entwicklung von althochdeutschem [f] zu mittelhochdeutschem [w] ist nicht möglich[73]. Schreibungen <f> für lateinisches [v], wie sie im germanischen Sprachgebiet aufgrund des seit dem 8./9. Jahrhundert möglichen Lautersatzes lat. [v] > ahd. [f][74]

---

67   POKORNY [wie Anm. 66] S. 1122.
68   Paul LEBEL, Principes et méthodes d'hydronymie française (Dijon 1956) § 145; GYSSELING [wie Anm. 4] 2 S. 1073; Albert DAUZAT/G. DESLANDES/Charles ROSTAING, Dictionnaire étymologique des noms de rivières (Paris 1978) S. 95f. [mit falscher etymologischer Einordnung].
69   Vgl. KLUGE/SEEBOLD [wie Anm. 13] S. 880f. Zum St. Galler Ortsnamen vgl. Elisabeth MEYER-MARTHALER/Franz PERRET, Bündner Urkundenbuch (Chur 1955) 1 S. 387. – Ortsnamen und Gewässernamen mit diesem Etymon sind in Deutschland häufig. Vgl. Ernst FÖRSTEMANN, Altdeutsches Namenbuch 2: Ortsnamen (Bonn 1913) Sp. 1311.
70   KLUGE/SEEBOLD [wie Anm. 13] S. 884.
71   Vgl. z. B. Großen-, Kleinen-Wieden (Regbez. Hannover), a. 1031 K. 12. Jh. *Withun*: GYSSELING [wie Anm. 4] 2 S. 1073. Hierher wohl auch eine *silua uuiti* < **wîti* f. »die Weite« a. 841 in einer Urkunde der Abtei Werden: Theodor LACOMBLET (Ed.), Urkundenbuch für die Geschichte des Niederrheins 1 (Düsseldorf 1840–58) S. 25 Nr. 56.
72   HERRMANN [wie Anm. 46] S. 68ff.
73   Eine Schreibung *Fidinis* für ahd. **(zer) wîten* könnte – abgesehen von der dann immer noch ungeklärten Suffixproblematik – allenfalls erklärt werden als Umkehrschreibung <f> statt <u> für germ. [v], den *w*-Laut, durch romanische Schreiber nach Eintritt der Substitution von lat. [v] durch ahd. [f], wie sie in Weißenburger Urkunden vorkommt, z. B. a.731/39 *in foreste dominico que dicitur Fasenburgo*, d.i. *Wasenburg* bei Niederbronn-les-Bains (Dép. Bas-Rhin) zu ahd. *waso* »nasse Wiese«: Karl GLÖCKNER/Anton DOLL, Traditiones Wizenburgenses. Die Urkunden des Klosters Weißenburg 661–846 (Darmstadt 1979) Nr. 12. Hierauf machte schon Georg KOSSINNA, Der Ursprung des Germanen-Namens (in: PBB 20, 1895) S. 299f. aufmerksam. Diese Erklärung kommt freilich für das Grimo-Testament wegen der konsequent andersartigen Schreibregelung und auch wegen der frühen Zeitstellung nicht in Frage.
74   Eine Studie zur Datierung der Lautsubstitution vorgerm. [v] > ahd. [f] ist in Vorbereitung. Vgl. vorläufig zum Problem Wilhelm FRANZ, Die lateinisch-romanischen Elemente im Althochdeutschen

vorkommen, z. B. Vigy (Dép. Moselle), a. 715 K. *Vidiacum*, a. 718 K. *Fidiacus*[75], ferner Trierer Denare zwischen a. 741/51 und a. 765/75 mit der Inschrift TREFER < *Treveris*[76] und a. 735/37 K. *in figo Delomonze* (Murbacher Urkunde) < *vico*[77], weiterhin ›Vocabularius S. Galli‹ 8. Jh. Ende *in falle Jussafa* < *valle*[78] bzw. in den Kasseler Glossen 9. Jh. 1/4 *fidelli* < lat. *vitelli*[79], sind für das frühe 7. Jahrhundert auszuschließen. Gegen eine Änderung durch den Trierer Kopisten des 10. Jahrhunderts spricht die konsequente, systematische Verteilung der Schreibzeichen <f> einerseits und <u> <uu> andererseits im überlieferten Testament.

III. *FIDIVIS* UND *FIDEU*

Der Laut [f] war dem Indogermanischen und seinen alteuropäischen Vertretern fremd. Auch das Keltische kannte den [f]-Laut nicht[80]. Wie Hans Krahe an alten Gewässernamen rechts des Rheins eindrucksvoll gezeigt hat, besteht auch bisher keine Veranlassung, die Entwicklung von idg. /bh/, /dh/ > /f/ in einigen italischen Dialekten in die Urheimat italischer Stämme nördlich der Alpen zurückzuprojizieren. *F*-haltige Namen im Norden sind daher vornehmlich auf zwei Wegen zu deuten: einmal aus germanischen

(Straßburg 1884) S. 20ff.; Max H. JELLINEK, Ahd. *V = F* (in: PBB 49, 1925) S. 111–114; Walter STEINHAUSER, Eintritt der Stimmhaftigkeit bei den westgermanischen Reibelauten f, b, s, x (in: Festschrift Max H. Jellinek, Wien und Leipzig 1928) S. 139–166; Primus LESSIAK, Beiträge zur Geschichte des deutschen Konsonantismus (Brünn/Prag/Leipzig/Wien 1933) S. 55ff.; Wilhelm BRAUNE/Hans EGGERS, Althochdeutsche Grammatik (Tübingen [13]1975) § 137 Anm. 2; Wolfgang KLEIBER, Das moselromanische Substrat im Lichte der Toponymie und Dialektologie. Ein Bericht über neuere Forschungen (in: Zwischen den Sprachen. Siedlungs- und Flurnamen in germanisch-romanischen Grenzgebieten, hg. von Wolfgang HAUBRICHS/Hans Ramge, Saarbrücken 1983) S. 160; BUCHMÜLLER/HAUBRICHS/SPANG [wie Anm. 51] S. 121, 130; Wolfgang HAUBRICHS, Galloromanische Kontinuität zwischen untere Saar und Mosel. Problematik und Chancen einer Auswertung der Namenzeugnisse (in: Italica et Romanica. Festschrift Max Pfister 3, Tübingen 1997) S. 222.
75   Bibl. Municipale Metz 1088, p. 3 (Cartulaire de St. Arnoul); Camille WAMPACH, Geschichte der Grundherrschaft Echternach 1 II (Luxemburg 1930) S. 65ff. Nr. 27; GYSSELING [wie Anm. 4] 1 S. 356; BUCHMÜLLER-PFAFF [wie Anm. 5] S. 196 Nr. 280; S. 493 Nr. 817. Beides sind Urkunden der frühen Arnulfinger, so daß die Identifizierung des Ausstellungsortes *Fidiacus* mit der karolingischen *villa* Vigy bei Metz wahrscheinlich zu machen ist.
76   HAUBRICHS [wie Anm. 74] S. 222.
77   Monika BUCHMÜLLER-PFAFF, Namen im Grenzland. Methoden, Aspekte und Zielsetzung in der Erforschung der lothringisch-saarländischen Toponomastik (in: Francia 18/1, 1991) S. 185f. [mit weiteren Beispielen]. Vgl. auch den Siedlungsnamen ›Vigaun‹ südöstl. Hallein (Österreich, Salzburg), 8. Jh. *ad Figun* < *Vicône* »Großdorf«: Ingo REIFFENSTEIN, Vom Sprachgrenzland zum Binnenland. Romanen, Baiern und Slawen im frühmittelalterlichen Salzburg (in: LiLi. Zeitschrift für Literaturwissenschaft und Linguistik 83, 1992) S. 40–64, hier S. 59ff.
78   Georg BAESECKE, Der Vocabularius S. Galli in der angelsächsischen Mission (Halle a.d. Saale 1933) S. 7 Nr. 31.
79   STEINHAUSER [wie Anm. 74] S. 141.
80   Henry LEWIS/Holger PEDERSEN, A Concise Comparative Celtic Grammar (Göttingen 1937) S. 1ff.

Sprachen, da sich im Germanischen idg. /p/ > /f/ entwickelte; zum andern aus romani-
schem Wortmaterial, das sich mit der Etablierung des *orbis latinus* im Rahmen des
Römischen Reiches verbreitete[81].

In der Mischzone germanischen und romanischen Einflusses zwischen Rhein und
späterer Sprachgrenze wird man mit beiden Möglichkeiten rechnen müssen. Allerdings
zeichnet sich eine germanische Ableitung von *Fidinis* bisher nicht ab. Auch deutet die
s-haltige Endung eher auf einen romanischen oder gar vorromanischen Siedlungsnamen; bei ihnen erscheinen *-is-* und *-as*-Endungen häufig:

    z. B. a. 932   *Leubinas*, 12. Jh. *Liubinis*, heute Libenne (B, Namur)[82];

    a. 1046   *Fontanis*, heute Fontaine-au-Tertre (F, Nord)[83];

    a. 1136   *Firminis* bei Gembloux[84];

    a. ±737   *Veviris marca* < **Vivariis*, heute Weyer (Bas-Rhin, Ka. Drulingen)[85];

    Ende 9. Jh.   *Crauedonis*, 11. Jh. *Kravedonum*, heute Gravon (Seine-et-Marne, Ka.
Bray)[86];

    antik   *Olivava, Olivavis*, heute Wels (Oberösterreich)[87];

    Ende 9. Jh   *Mireuis*, 11. Jh. *Mirei*, heute Misy-sur-Yonne (F, Seine-et-Marne, Ka.
Montereau)[88].

Ein n-Suffix (etwa *-ina, -inis*) bliebe durchaus im Rahmen alteuropäischer, aber auch
galloromanischer Toponymie[89]. Zu denken wäre an eine Ableitung von einem lateinischen Personennamen wie *Fidus*[90], es muß aber vielleicht auch eine Wurzel wie lat. *find-*

---

81   Hans KRAHE, Über einige mit *F*-anlautende (Orts-und) Gewässernamen (in: Beiträge zur
Namenforschung 9, 1958) S. 1–15; DERS., Sprachliche Aufgliederung und Sprachbewegungen in
Alteuropa (= Akademie der Wissenschaften und der Literatur. Abhandlungen der Geistes- und
Sozialwissenschaftlichen Klasse, Jg. 1959 Nr. 1, Wiesbaden 1959) S. 9ff.

82   GYSSELING [wie Anm. 4] 1 S. 612.

83   Ebd. S. 357.

84   Ebd. S. 366.

85   Wolfgang HAUBRICHS, Siedlungsnamen und frühe Raumorganisation im oberen Saargau, in:
W. HAUBRICHS/H. RAMGE (Hg.), Zwischen den Sprachen. Siedlungs- und Flurnamen in germanisch-
romanischen Grenzgebieten (Saarbrücken 1983) S. 241.

86   Wolfgang HAUBRICHS/Max PFISTER, »In Francia fui«. Studien zu den romanisch-germanischen
Interferenzen und zur Grundsprache der althochdeutschen Pariser (Altdeutschen) Gespräche nebst
einer Edition des Textes (= Abhandlungen der Geistes- und Sozialwissenschaftlichen Klasse der
Akademie der Wissenschaften und der Literatur Mainz, Jg. 1989, Nr. 6) S. 11.

87   Peter WIESINGER, Antik-romanische Kontinuitäten im Donauraum von Ober- und Nieder-
österreich am Beispiel der Gewässer-, Berg- und Siedlungsnamen, in: Wolfram HERWIG/Walter
POHL (Hg.), Typen der Ethnogenese unter besonderer Berücksichtigung der Bayern, Tl. 1 (= Österr.
Ak. d. Wiss., phil.-hist. Kl., Denkschriften 201, Wien 1990) S. 278.

88   HAUBRICHS/PFISTER [wie Anm. 86] S. 11.

89   Vgl. Hans KRAHE, Unsere ältesten Flussnamen (Wiesbaden 1964) S. 63, 68f.; Albrecht GREULE,
Vor- und frühgermanische Flußnamen am Oberrhein (Heidelberg 1973) S. 30ff.; Auguste VINCENT,
Toponymie de la France (Bruxelles 1937) § 402.

90   Vgl. zu lat. Personennamen *Fides, Fidus* und Ableitungen wie *Fidin(i)us, Fidentius, Fidula, Fide-
lia, Fidolus, Fidavus* usw. Wilhelm SCHULZE, Zur Geschichte lateinischer Eigennamen (Göttingen
1904) S. 475; Marie-Thérèse MORLET, Les noms de personne sur le territoire de l'ancienne Gaule du
VIᵉ au XIIᵉ siècle, 3 Bde. (Paris 1971–1985), hier 2 S. 52 [mit weiterer Lit.]; 3 S. 88. Eine spätantike

ere, fid-i »spalten« < idg. **bheid-, *bhid-* »spalten, schnitzen etc.«[91], mit in den Kreis der Betrachtungen einbezogen werden. Im letzteren Falle ließe sich ein ursprünglicher Gewässername **Fidina* »tief eingeschnittener Bach, Schlucht« rekonstruieren. Doch scheint es keine Parallelen in der romanischen Gewässernamengebung zu geben, so daß eine solche Rekonstruktion an Wahrscheinlichkeit verliert.

Sucht man einen solchen Ortsnamen **Fidina, *Fidinis* zu lokalisieren, so bietet sich bisher unter den existierenden Exemplaren des Saar-Mosel-Raumes keines an außer **Fideu-Schöndorf.* Für diesen Ort könnte die Realprobe sprechen, liegt er doch zwischen zwei tief eingeschnittenen Zuflüssen der Ruwer, der Enter-Greth und der Roten-Greth. Es kommen dazu besitzgeschichtliche Argumente:

[De villa vero] Tamaltio porciones duas cum mancipiis, domos, vel omni adiacentias suas monasterius Longagionensi habere debeat; tertiam vero portionem basilica domni Petri ibidem constru[cta] cum molendino ibidem sectum cum vervicibus et vervicariis vel quod iam ad presens possidetur ad integram. Similiter portionem meam in villa Fidinis cum mancipiis, aedificiis vel omni iure suo basilica domni Petri Tamaltio sita in suo iure valeat possidere[92].

Grimo schenkte also 634 dem Kloster Longuyon zwei Teile des Dorfes Temmels, den dritten Teil aber samt Mühle und Schäferei der örtlichen Peterskirche. Diese erhielt auch seinen Anteil im Dorfe *Fidinis*. Die Peterskirche von Temmels wird auch später nochmals als Empfänger einer Schenkung genannt: *Similiter quod Callido possidere videor, basilica domni Petri Tamaltio in suo iure retineat*[93].

Diese Kirche an der Mosel, vielleicht eine Gründung Grimos, erhält also auch den Besitz des Diakons in Kell an der oberen Ruwer[94], einem unmittelbaren Nachbarort der Pfarrei **Fideu-Schöndorf*, deren Zentrum ca. 7 km sö. Kell liegt[95]. Zwischen Schöndorf-Holzerath und Kell erstreckt sich der Forst *Kellergebrüche*; östlich Bonerath und Holzerath fließt der *Kaller Bach*, aus der Richtung der Gemarkung Kell kommend, der *Riveris*, einem Nebenfluß der Ruwer, zu[96].

Fedula < **Fidola* findet sich auf einer Trierer Sarkophaginschrift: Nancy Gauthier, Recueil des inscriptions chrétiennes de la Gaule antérieure à la Renaissance carolingienne 1: Première Belgique (Paris 1975) S. 331 Nr. I, 125 [mit wohl falscher Ableitung]. – Ein PN *Fido* < lat. *Fidus* findet sich noch mehrfach in merowingerzeitlichen Ortsnamen auf *-heim* am Mittelrhein. Vgl. Martina Pitz/Roland Puhl, Siedlungsnamen der Pfalz (in: ZGSaargegend 45, 1997) S. 309.

91   Pokorny [wie Anm. 66] S. 116f.; Vgl. Ulrich Schmoll, Die Sprachen der vorkeltischen Indogermanen Hispaniens und das Keltiberische (Wiesbaden 1959) S. 99, 116.

92   Herrmann [wie Anm. 46] S. 68 Z. 12ff.

93   Ebd. S. 70 Z. – 16f. vgl. oben nach Anm. 46.

94   Zur Etymologie der *Kell*-Orte Hermeskeil, Kell, Niederkell vgl. Buchmüller/Haubrichs/Spang [wie Anm. 51] S. 67f. Nr. 80.

95   Im Waldweistum des Hochwaldes a. 1546 wird die Nachbarschaft von Kell und Bonerath-Schöndorf thematisiert: *Kelle weisen die von Bonerath auch in uf dem trafweeg her, bis an den rennpath, davon bis an den kimmeweg* [Altstraße] *mit ihren schweinen, die sie uf ihren tröchen ziehen, zu kehren.* Vgl. Jakob Grimm, Weisthümer 4, ²Darmstadt 1957) S. 714.

96   In dem Gewässernamen *Kaller Bach* dürfte sich das Etymon von *Kell* < *Callidum* < **Kallêtum* erhalten haben.

Ließe sich *Fidinis* mit **Fideu-Schöndorf* identifizieren, so lägen beide Orte, die an die kleine Kirche von Temmels kamen, in unmittelbarer Nachbarschaft. Über das Stift St. Agatha in Longuyon, über dessen Besitz und damit auch wohl über die Kirche St. Peter zu Temmels verfügten nach Aufhebung des Stifts im 10. Jahrhundert die Trierer Erzbischöfe[97]. In **Fideu-Schöndorf* soll schon Heinrich I., freilich erfolglos, dem erzbischöflichen Stift St. Paulin *villa* und Kirche restituiert haben[98]. Die Trierer Erzbischöfe haben den entfremdeten Besitz später zur Ausstattung ihrer Hofämter verwandt, nur die Kirche gelangte an St. Paulin zurück. In *Kellede* werden im erzbischöflichen ›Liber annalium‹ um 1220 bedeutende Rechte aufgeführt, eine *curia archiepiscopi*, fünf *mansi*, sechs verlehnte Bauerngüter, 1 Kirchenhufe, 1 Pfarrhufe; dazu kamen mehrere Hufen, die zum Trierer Bannforst um Zerf gehörten, nämlich in *Hermannis kellede* (Hermeskeil) ein Bauerngut, in *Kellede* zwei Mansi, eine Fischerhufe und eine Zeidelhufe (Imkerei)[99]. Beide Orte, **Fideu-Schöndorf* und *Kell* scheinen also noch in karolingisch-ottonischer Zeit einen zusammenhängenden Trierer Besitzkomplex dargestellt zu haben.

Will man den besitzgeschichtlichen Indizien der Identifizierung freilich auch philologisch folgen, so muß man von einer Konjektur ausgehen und eine Verlesung *Fidinis* < **Fidiuis* in der Überlieferung des Grimo-Testaments (10. Jh.) annehmen. Die moselromanische Entwicklung **Fidivis*, **Fidevis* > *Videu*, **Fideu* ist einwandfrei, wenn von einer Grundform **Fidivum*, vulgärlat. **Fidevu* ausgegangen wird[100]. Das v-Suffix, aus indogermanischer Quelle ererbt, hat im ostfranzösisch-belgischen Raum eine lange Tradition und ein langes Leben:

Als alteuropäisches Gewässernamensuffix finden wir es in: antik *Saravus*, **Sarava*, a. 802 *Sarouua* > GWN Saar[101]; a. ± 300 K. *Ausava* > GWN *Oosbach* (bei Oos, Kr. Trier)[102]; a. 975 *Occava*, a. 1037 *villam Occheven* > SN *Ockfen* a.d. unteren Saar

---

97   Vgl. PAULY [wie Anm. 59] S. 182ff.; HERRMANN [wie Anm. 46] S. 81.

98   HEYEN [wie Anm. 3] S. 566.

99   BEYER, MrhUB [wie Anm. 1] 2 S. 403f., 414f.

100   Nach freundlicher Mitteilung meines romanistischen Kollegen und Freundes Max Pfister (Saarbrücken) ist die Entwicklung **Fidivis > Fideu* problemlos. Wenn »-v« in den romanischen Auslaut gerät und sich mit einem vorausgehenden Vokal zu einem Diphthongen verbinden kann, ist eine Bildung *-ev > -eu, -avu > -au, -ovu > -ou, -ivu > -iu* normal«. Vgl. hierzu bei den Ortsnamen oben vor Anm. 88 mit 9. Jh. *Mireuis*, 11. Jh. *Mirei*; *pagus Pontivus*, **Pontivu* > a. 832 *Pontiu*, heute *Ponthieu*; *Basivum > Baisieux* (Dép. Nord); **Ledernavo* a.d. Lienne (Belgien) > *Lierneux* usw. Für den Schwund von *-v-* vor und nach *-o-, -au-, -u-* ist aus dem appellativen Wortschatz etwa zu vergleichen: lat. *avunculus > oncle*; rom. *pavore > afrz. paor*, frz. *peur*; rom. *rivu > afrz. riu* usw. Vgl. Elisabeth RICHTER, Beiträge zur Geschichte der Romanismen: Chronologische Phonetik des Französischen bis zum Ende des 8. Jahrhunderts (Halle 1934) § 44; Charles H. GRANDGENT, Introduccion al Latin Vulgar (Madrid ²1952) § 324; Heinrich LAUSBERG, Romanische Sprachwissenschaft 2 (Berlin 1956) § 374; Wolfgang JUNGANDREAS, Zur Geschichte des Moselromanischen. Studien zur Lautchronologie und zur Winzerlexik (Wiesbaden 1979) § 5; Alf MONJOUR, Der nordostfranzösische Dialektraum (Frankfurt a.M. 1989) S. 115ff.

101   BUCHMÜLLER/Haubrichs/Spang [wie Anm. 51] S. 96f. Nr. 153.

102   Albrecht GREULE, Zur Schichtung der Gewässernamen im Moselland (in: Beiträge zur Namenforschung NF 16, 1981) S. 55–61, hier S. 61.

(Kr. Trier)[103]; *Ornava > a. 902 Orneua > SN Orenhofen an einem Bach zur Kyll (Kr. Trier)[104].

Eine Bildung wie *Dondava, a. 959 Dundeva, heute SNN Nieder-, Oberdonven (Lux. , Ka. Grevenmacher) zu einer romanischen Wurzel *dond-»aufschwellen, dröhnen, dick, fett« zeigt, daß dieses hydronymische Suffix noch in galloromanischer Zeit produktiv war[105].

Es gab aber auch die Möglichkeit der Ableitung eines Siedlungsnamens auf -avo, -auum, -ivo, -ivum wie das Beispiel von *Ledernauo,a. 670 K. Ledernao, a. 747 K. Lethernav, a. 896 K. Ledernav, heute Lierneux zum Flußnamen Lederna, heute la Lienne, zeigt[106].

Diese Möglichkeit wurde auch für lateinische Appellativa genutzt: *Tabernavum, a. 1118 Tauerna > Taverneux zu lat. taberna »Schenke«[107] (B, Bavai); *Stabulavum, a. ± 648 K. > Stablo zu lat. stabulum »Stall, Herberge«[108] (B, Verviers); *Montivum, a.1018 Montivous, Gde. Tincry (F, Moselle, Ka. Delme)[109].

Es erscheint durchaus möglich, daß mit dem v-Suffix (-avum, -ivum etc.) auch Siedlungsnamen von Personennamen abgeleitet wurden[110], wobei sich der Vokal der Ableitungssilbe nach dem Stamm richten konnte, etwa *Fidiuum zu Fidus, Fides. Das bereits zitierte Mireuis (Ende 9. Jh.), Mirei (11. Jh.) könnte eine Parallele zu *Fidivum, *Fidivis darstellen.

Eine Verschreibung im überlieferten Grimo-Testament anzunehmen, wird durch den Zustand des Textes durchaus gerechtfertigt. Der Schreiber des 10. Jahrhunderts hatte Schwierigkeiten mit den zahlreichen Romanismen der merowingischen Urkunde, die ihm vielleicht schon in romanischer Abschrift vorlag[111]; er hatte auch Schwierigkeiten mit der Schrift der Vorlage. Es lassen sich manche Verlesungen in Siedlungsnamen nachweisen:

103   BUCHMÜLLER/HAUBRICHS/SPANG [wie Anm. 51] S. 92 Nr. 146.
104   GREULE [wie Anm. 102] S. 59.
105   BUCHMÜLLER/HAUBRICHS/SPANG [wie Anm. 51] S. 80f. Nr. 125.
106   GYSSELING [wie Anm. 4] 1 S. 614f.; vgl. ebd. 2 S. 1116f.
107   Ebd. 2 S. 952.
108   Ebd. S. 933f.
109   Wolfgang HAUBRICHS, Ortsnamenprobleme in Urkunden des Metzer Klosters St. Arnulf (in: JWLG 9, 1983) S. 17.
110   Vgl. VINCENT [wie Anm. 89] § 203; § 403; für Millau in der Rouergue, a. 912 ministerium amiliavense, a. 1175 Amilliavo, a. 1061 Amiliau < *Amiliavum zum PN Aemilius weist A. ALBENQUE, Les Rutènes. Études d'histoire, d'archéologie et de toponymie gallo-romaines (Rodez 1948) S. 128f. das -avum-Suffix nach.
111   Nur eine kleine Auswahl, etwa aus der weitgehenden Verwirrung des lateinischen Kasussystems: confero monasterii sive xenodocii (Z. 6); monasterius Longagionensi (Z. 12); sancto monasterio seu congregatio (Z. 24f.); ad ipsius actoribus (Z. 27); locum vero cognominante (Z. 31); com apendiciis, villares seu reditibus (Z. 33); mortis temporis meae (Z. 33); vineas ad lesuram (Z. 40); vaccariis duos ... commanentes (Z. 43). Verwechslung der Relativa z. B. in porcionem meam, quem (Z. 11). Auch die Syntax ist romanisch geprägt. Auf der phonetisch-graphischen Ebene fällt die mehrfache Entwicklung *sectum > situm (Z. 13) und die entsprechende Hyperkorrektur *situm, rom. *setum > sectum, -a (Z. 31, 39) auf; ferner romanischer e-Vorschlag in exsenodocio < *xenodocio (Z. 29), exsenium <

Z. 18 *uuichimonhiaga*, namenkundlich unmöglicher Siedlungsname < **Uuidimondiaga*[112]; Z. 26 *uilla vero adtautinna* < **ad tauanna*, zu einem Gewässernamen **Tavana*, heute SN *Taben* (Kr. Saarburg)[113], Z. 38 *fledismamalacha*, dittographisch < *fledismalacha*, heute SN *Flémalle* a.d. Maas oberhalb Lüttich.

Insbesondere gibt es (wie bei **tauanna*) Verlesungen in Graphiegruppen ohne ausgeprägte Ober- und Unterlängen: Z. 7 **nominatu, -ato* > *nominaui;* Z. 22 **nutriat et* > *nutriata;* Z. 40 **ut* > *et;* Z. 51 **titulata* > *titolata.* Entscheidend ist, daß von diesen Verlesungen auch die Graphie <u> betroffen ist. So erscheint eine Konjektur **Fidiuis* < *Fidinis* möglich und sinnvoll, die Identifizierung mit **Fideu*-Schöndorf aber gerechtfertigt[114].

---

*xenium (Z. 52). Vgl. dazu HAUBRICHS/PFISTER [wie Anm. 86] S. 34ff. Ferner der auch in anderen merowingischen Texten aufscheinende Ersatzlaut [kw] mit Schreibung <qu> (*quabrens* Z. 23) statt <vv>: ebd. S. 29. Beim Ortsnamen ›Tholey‹ begegnen verschiedene Sprachstufen, die sich wohl auf verschiedene Überlieferungsstufen verteilen: **Teguleium* > *Teulegio* > *Taulegius* > *Toleio.* Vgl. Wolfgang HAUBRICHS/Max PFISTER, Tholey – Name und Geschichte (in: Tholeyer Brief 11, 1983) S. 13ff. LAUER [wie Anm. 46] vermutet für die Trierer Abschrift des 10. Jhs. eine Vorlage aus dem romanisch geprägten Kloster St. Agatha in Longuyon.
112   Vgl. BUCHMÜLLER-PFAFF [wie Anm. 5] S. 505 Nr. 839, welche die onomastisch unmögliche Form so heilt und zum germ. PN *Widu-mund* stellt.
113   BUCHMÜLLER /HAUBRICHS/SPANG [wie Anm. 51] S. 98 Nr. 157.
114   Eingearbeitet wurde diese Neuidentifizierung schon in Katalog und Karte bei HAUBRICHS [wie Anm. 74] S. 230 Nr. 114 bzw. S. 236 Karte 1.

»Elle me dit eschec et mat«

Geschlechtergrenzen und Geschlechterbeziehungen im Kontext des hoch- und spätmittelalterlichen Schachspiels

VON STEFAN FLESCH

Um 1370 entstand das nicht weniger als 30 000 Zeilen umfassende Versepos »Echecs amoureux«: In dem sorgsam umfriedeten Garten der Liebe walten Amor und Deduit, Sohn der Venus und Gott der Spiele und Zerstreuungen. Die Schlüsselszene bildet eine Schachpartie zwischen dem Erzähler und einem jungen Mädchen. Der Erzähler hat sich nur hastig die Spielregeln angeeignet, zudem scheint er reichlich verwirrt durch die physische Präsenz seiner versierten Gegnerin. Ein der Handschrift beigegebenes Diagramm und der lateinische Prosakommentar ermöglichen die Rekonstruktion des Finales dieser Partie[1]. Die Stellung des Erzählers mit den weißen Steinen ist aufgabereif (Ka1, Lc1, Bf5), das Mädchen – in folgender Stellung am Zug (Ke8, Db4, Tf1, g2, Lc4, Ba5, f6) – könnte ihn einzügig und recht prosaisch mit 1. ...Tc1:+ mattsetzen. Sie präferiert stattdessen folgende Lösung: 1... a4 2. Kb1 a3 3. Ka1 Dc3 4. Kb1 a2 5. Ka1 Db2 matt, oder in der Sprache der Dichtung:

> *En l'angle sans plus longue atente;*
> *Et puis de sa fierge excellente,*
> *A la fin que tout consummat,*
> *Elle me dit eschec et mat*[2].

Der symbolische Kunstgriff besteht darin, daß nicht eine beliebige schwarze Figur, sondern die Königin die Mattsetzung vollzieht. Es handelt sich hierbei noch um die schwache Figur der arabischen Spielregeln, die nur diagonal ein Feld weit ziehen kann. Im Text figuriert sie als *fierge*, was Anklänge an »vierge«= Jungfrau bieten mag, etymologisch und spielgeschichtlich sich aber von arabisch *firzan* (= »weiser Mann«) herleitet. Die Feminisierung dieses Spielsteins im europäischen Verständnis wird uns später noch beschäftigen. In der vorliegenden Dichtung verliebt sich der Erzähler selbstverständlich unsterblich in seine Gegnerin und sinnt nach Mitteln und Wegen, sie in einem erneuten Spiel zu bezwingen (was nichts anderes heißt, als ihr Herz zu gewinnen). Ob er die Ge-

---

1 Christine KRAFT, Die Liebesgarten-Allegorie der »Echecs amoureux«. Kritische Ausgabe und Kommentar (= Europäische Hochschulschriften Reihe XIII, Bd. 48, Frankfurt/Main etc. 1977); für die dezidiert schachlichen Aspekte s. H. J. R. MURRAY, A History of Chess (Oxford 1913, Nachdr. Northampton/Mass. 1985) S. 476–482.
2 »In der Ecke, ohne längeres Säumen, sagt sie mir zum Ende, das alles beschließt, durch ihre vortreffliche Königin Schach und Matt an.« Edition von KRAFT [wie Anm. 1] Z. 1873ff.

legenheit hierzu erhält, bleibt uns verborgen, ist die Dichtung doch trotz ihrer ermüdenden Länge Fragment geblieben.

»Les echecs amoureux« setzen den zumindest quantitativ eindrucksvollen Schlußpunkt unter eine literarische Traditionslinie: Seit dem frühen 12. Jahrhundert gehört das Schachspielen zum Kanon der sich entwickelnden Adelskultur, und stets wird es als einer der wenigen Freiräume geschildert, in denen ein zwangloses Beisammensein von (nicht verheirateten) Mann und Frau halbwegs legitimiert war. Diesem sozialen Phänomen korrespondiert die rege Aufmerksamkeit, der sich das Schachspiel in der mittelalterlichen Dichtung erfreut hat. Das Spiel dient dabei als probater Kunstgriff, Liebeswerben und Liebesverlangen symbolisch verfremdet zum Ausdruck zu bringen. Dieser funktionale Aspekt ist im Prolog des gleichfalls ca. 1370–1380 verfaßten Prosakommentars zu den Echecs amoureux explizit formuliert: Die Dichtung solle die Liebe zur jungen Dame *signiffier couvertement par le jeu des eschez*, jenes Spiel sei ja schließlich *le plus proprement a amours comparable*[3].

REGELIMMANENTE PHÄNOMENE

Einige Wechselbezüge von schachlichem Regelwerk einerseits und dem Verhältnis der Geschlechter am Schachbrett und vor allem außerhalb des Brettspiels andererseits sollen im folgenden skizziert werden. Die schachhistorische Forschung hat nach den großen Leistungen des Historismus gerade in den letzten 10–15 Jahren wieder einen erfreulichen Aufschwung erlebt, indem etwa die Arbeiten von Eales und Petzold das Spiel umfassend in seinen wechselnden sozialgeschichtlichen Kontexten analysiert haben[4]. Dabei ist mit Recht der vielfältigen Verankerung des Schachs in der mittelalterlichen Gesellschaft erhebliche Aufmerksamkeit gewidmet worden. Frauen behaupteten ihren Platz am Schachbrett aber auch in der Neuzeit, im bürgerlichen Haushalt der Renaissance ebenso wie im höfischen Gefüge des Rokoko. Erst ab der zweiten Hälfte des 18. Jahrhunderts und dann vollends in der rauchigen Clubatmosphäre und dem sportlichen Turnierbetrieb des 19. Jahrhunderts bleiben die Männer zunehmend unter sich; schließlich wird vielerorts Frauen der Eintritt in Schachvereine förmlich untersagt. Eine umfassendere Darstellung dieses Verdrängungsprozesses, der in die allgemeine Sport- und Freizeitgeschichte eingebettet ist, überstiege den hier gesetzten Rahmen und ist noch zu leisten.

---

3   KRAFT [wie Anm. 1] S. 33.
4   Als Faktensammlung unübertroffen ist die 900-seitige Darstellung von MURRAY [wie Anm. 1]. Richard EALES, Chess. The history of a game (London 1985) – DERS., The game of chess: An aspect of medieval knightly culture, in: Christopher HARPER-BILL/Ruth HARVEY (Hg.), The ideals and practice of medieval knighthood. Papers from the first and second Strawberry Hill conferences (Woodbridge 1986) S. 12–34. Joachim PETZOLD, Das königliche Spiel. Die Kulturgeschichte des Schach (Stuttgart 1987). – Eine verstärkte Vernetzung der disparaten Forschungsansätze wird angestrebt im 1996 konstituierten Förderkreis Schachgeschichtsforschung e.V.; vgl. Edgar MEISSENBURG, Schachhistorische Forschung(en). Rückblick und Ausblick (in: Europa-Rochade 10, 1996) S. 86f.

Die Regeln, nach denen in Europa vom 11.–15. Jahrhundert gespielt wurde, waren – von wenigen regionalen Modifikationen abgesehen – die des arabischen Schachs: König, Springer und Turm zogen wie im »modernen« europäischen Schach, der Läufer sprang diagonal ins übernächste Feld. Die Königin zog hingegen nur ein Feld weit diagonal. Da die beiden gegnerischen Königinnen auf verschiedenfarbigen Ausgangsfeldern standen, konnten sie einander nicht schlagen. Der daraus resultierende Charakter des Spiels ist mehr auf langwieriges positionelles Lavieren ausgerichtet, eine Technik, die die arabischen Meister der Abbasidenära meisterhaft beherrschten. Das Spiel verläuft zwangsläufig »langsamer« als mit dem aggressiven Mattpotential der neuzeitlichen Figuren. Ab dem 13. Jahrhundert häufen sich die Klagen über den schleppenden Spielverlauf; eine gewisse Abhilfe wird – in Anknüpfung an arabische Vorbilder – darin gesucht, die Partie aus bereits entwickelten, in der Fachliteratur tradierten Eröffnungsstellungen heraus zu beginnen. Auch die Partie der »Echecs amoureux« beginnt aus einer solchen Stellung heraus.

Bereits im »ältesten Beleg für die Kenntnis des Schachspiels« im christlichen Europa wird der arabische Ratgeber umgedeutet als *regina*. Das noch aus dem 10. Jahrhundert stammende sogenannte Schachgedicht aus Einsiedeln bezeichnet als weitere Spielsteine *rex, comes, eques, rochus* bzw. *marchio* und *pedites*[5]. Dies hat interessante regelimmanente Auswirkungen. Erreicht nämlich ein Bauer die achte Reihe, so darf er in einen *firzan* umgewandelt werden. Im arabischen Kulturkreis verursacht das keine weiteren Bedenken, der König verfügt nun gewissermaßen über zwei Wesire oder Ratgeber in dem Fall, daß der erste *firzan* noch nicht geschlagen oder getauscht wurde. In der europäischen Interpretation als Königin hingegen darf Polygamie auch auf dem Schachbrett nicht geduldet werden. Folglich darf entweder der Bauer erst nach dem Schlagen der ursprünglichen Königin verwandelt werden[6] oder man behilft sich terminologisch, indem der verwandelte Bauer nur als *domina, ferzia, femina* oder *mulier* bezeichnet wird[7].

Andere Autoren wie Alexander von Neckham im 12. Jahrhundert schränken zwar das Verwandlungsrecht nicht ein, weisen aber ausgiebig und unter Zitierung einschlägiger lateinischer Klassiker auf das Phänomen der Geschlechtsumwandlung hin[8]. Der *vir factus mulier*, der umgewandelte Bauer, ist noch in der Vagantendichtung der Carmina Burana beliebter Topos[9]. In diesem Gedicht erstaunt überhaupt die Wertschätzung, die der Gemahlin des Königs entgegengebracht wird: Ist sie geschlagen, sei nichts mehr von Wert auf dem Brett[10]. Diese poetische Reverenz gegenüber der Königin steht im Gegen-

---

5   MGH Poet. Lat. 5 III S. 652–655, Zitat S. 652 [Vorbemerkung] mit Beschränkung nur auf Mitteleuropa; doch vgl. Helena M. Gamer, The earliest evidence of chess in western literature: The Einsiedeln Verses (in: Speculum 29, 1954) S. 734–750.
6   Ebd. Z. 67–70; auch noch im Libro de Acedrex von König Alfons dem Weisen (1283).
7   Belege bei Murray [wie Anm. 1] S. 427.
8   Alexander von Neckham, De natura rerum (ed. T. Wright, London 1863) Kap. CLXXXIV (*De scaccis*) S. 324ff.
9   Carmina Burana. Die Lieder der Benediktbeurer Handschrift (zweisprachige Ausgabe, München 1979) S. 620.
10   So die Lesart einiger Handschriften, s. Murray [wie Anm. 1] S. 504f. u. S. 516, Z. 34.

satz zur tatsächlichen Schwäche dieses Spielsteins im mittelalterlichen Schach. Die im 13. Jahrhundert wohl in England verfaßte »moralitas de scaccario« interpretiert die spezifische Zugweise der Königin ausgeprochen frauenfeindlich: Die Königin bewege sich diagonal und schlage alles mittelbar, denn das Frauengeschlecht sei äußerst geizig und bemächtige sich aller Dinge meist durch Raub und Ungerechtigkeit[11].

Zwei Generationen später erfolgt hier durch Jakobus de Cessolis eine wohltuende Korrektur. In seinem immens populären und vielfach übersetzten »Libellus de moribus hominum et de officiis nobilium super ludo scaccorum« empfiehlt er der Königin auf dem Schachbrett wie im Leben und den Frauen im allgemeinen nur, Zurückhaltung zu wahren und sich nicht etwa wie die Weiber der Tataren ins Kampfgetümmel zu stürzen[12]. Dies steht völlig in Einklang mit den spieltechnischen Erfordernissen angesichts der beschränkten Zugmöglichkeiten dieser Schachfigur etwa im Vergleich zu den Türmen.

SCHACH ALS WESENTLICHES ELEMENT
ZUR LÖSUNG DES MITTELALTERLICHEN FREIZEITPROBLEMS

Gerade das langsame Manövrieren, wie es die arabischen Spielregeln erforderten, kam den Interessen der mittelalterlichen Spieler sehr entgegen. Unter weitgehender Vermeidung zugespitzter taktischer Spielsituationen ließ sich stundenlang in entspannter Atmosphäre spielen, trinken, essen und plaudern, und zwar unter aktiver Einbeziehung der anwesenden Frauen. Die Vorstellung, wie rauhe Ministerialen an einem langen Winterabend am Kamin bei Schach und Flötenmusik beisammensitzen, gemahnt zwar an Klischees des 19. Jahrhunderts. Nach den archäologischen Befunden dürfte sie freilich der Realität des 11.–13. Jahrhunderts auf den befestigten Motten, Adelssitzen und Burgen erstaunlich nahekommen. Schach – und natürlich auch weitere Brettspiele – gehörten zum Standardinventar dieser Wohnplätze. Beispielsweise fanden sich in der Niederungsburg Haus Meer bei Neuss Schachfiguren im Siedlungshorizont des Haupthauses, dessen Erbauung dendrochronologisch auf ca. 1010 datiert werden kann. Ähnliche Ergebnisse liefert die burgundische Siedlung Colletière nördlich von Grenoble[13].

Die archäologischen Ergebnisse decken sich chronologisch weitgehend mit den schriftlichen Quellen (Schachgedicht von Einsiedeln, Testamente der Grafen von

---

11   Edition in MURRAY [wie Anm. 1] S. 559–561; vgl. hierzu Anezka VIDMANOVA: Die mittelalterliche Gesellschaft im Lichte des Schachspiels, in: Albert ZIMMERMANN (Hg.): Soziale Ordnungen im Selbstverständnis des Mittelalters (= Miscellanea mediaevalia 12, Berlin 1979) S. 323–335.

12   Vgl. z. B. die 1474 von Caxton gedruckte englische Übersetzung »Game and Playe of the Chesse« (ed. E. A. AXON, London 1883) S. 170f.: *And she* (i. e. the queen) *hath not the nature of knyghtes, and hit is not fittynge ne covenable thynge for a woman to goo to bataylle for the fragilite and feblenes of her ... And therfore ought the good women flee the curyositees and places wher they myght falle in blame and noyse of the peple.* (»Und sie hat nicht das Wesen des Ritters. Wegen ihrer Schwäche ... ist es unschicklich für eine Frau, in die Schlacht zu ziehen. Deshalb sollten angesehene Frauen auch überhaupt die Gelegenheiten meiden, wo sie in das üble Gerede der Leute geraten könnten.«)

13   Grundlegend: Antje KLUGE-PINSKER, Schachspiel und Trictrac. Zeugnisse mittelalterlicher Spielfreude aus salischer Zeit (Sigmaringen 1991).

Urgel) und lassen den Schluß zu, daß das Schachspiel in der zweiten Hälfte des 10. Jahrhunderts nach Europa gelangte. Die Vermittlung erfolgte in der Breitenwirkung sicherlich hauptsächlich über die Handelswege, doch ist auch auf die 961 erfolgte und recht gut dokumentierbare Reise des Arabers Ibrahim durch Deutschland ausdrücklich hinzuweisen[14]. Innerhalb von ein bis zwei Generationen verbreitete sich die Kenntnis des Spiels innerhalb des Klerus und des sich formierenden Adels sprunghaft.

Der Schlüssel für den gelungenen Transfer dieses komplexen Strategiespiels indisch-iranischer Provenienz in das hochmittelalterliche West- und Mitteleuropa liegt in dem wesentlichen Beitrag, den das Schachspiel zur Lösung des »Freizeitproblems« zu liefern vermochte. Die weltlichen Führungsschichten verfügten bereits über einen erheblichen Überschuß an Zeit zu freier Disposition, die vor allem im Winterhalbjahr bedrückende Ausmaße annehmen konnte. Ein Spiel, das – nach erfolgter Uminterpretation der arabischen Vorgaben – mit seinen Figuren die umgebende politisch-soziale Realität widerspiegelte, ein Spiel schließlich, das trotz seiner inhärenten Kampfkomponente (die Männer zweifellos ansprach) problemlos auch den weiblichen Partnerinnen zugänglich war, das war zum sozialen Erfolg verurteilt. Seine intellektuell verfeinerte Variante, die Rhithmomachie, wurde seit dem 11. Jahrhundert wiederholt in klerikalen Kreisen propagiert, vermochte aber nie größere Beliebtheit zu erringen[15].

Das heißt nun aber nicht, daß sich die Kenntnis des Schachspiels exklusiv auf Adel und Klerus beschränkt habe. In französischen Epen des 12.–13. Jahrhunderts begegnen unter anderem Schach spielende Diener, Pferdeknechte und Diebe[16]. Gerade die Beiläufigkeit dieser Episoden abseits der stilisierten Haupthandlung läßt sie als zuverlässige Abbildung der sozialen Realität erscheinen. Im städtischen Milieu oder in Kaufmannskreisen, wo man öffentliche Spiellokale frequentierte, ließ sich Schach durch den Einsatz von Würfeln oder hohen Einsätzen bei Vorgabepartien »interessanter«, unter Umständen schneller, vor allem publikumsfreundlicher gestalten. Literarischer Beleg für die Ignoranz ritterlicher Kreise gegenüber diesen Entwicklungen ist der Tristan des Chrétien de Troyes, der völlig überrascht ist, als er erfährt, daß auch Kaufleute nicht nur Schachfiguren besaßen, sondern durchaus mit ihnen umzugehen verstanden.

Bereits Petrus Alfonsi zählt in seiner um 1110–1120 entstandenen »Disciplina clericalis« das Schachspiel zu den *septem probitates*, die jeder Ritter beherrschen sollte[17]. Diese Norm entspricht damals freilich höchstens an den spanischen Höfen der Realität. In den italienischen Städten ist das Schachspiel im 11. Jahrhundert in einem zwielichti-

---

14 Peter ENGELS, Der Reisebericht des Ibrahim ibn Ya'qub (961/966), in: Anton VON EUW/Peter SCHREINER (Hg.), Kaiserin Theophanu. Begegnung des Ostens und Westens um die Wende des ersten Jahrtausends, Bd. 1 (Köln 1991) S. 413–422. Reisestationen waren u. a. Prag, Soest, Paderborn, Fulda, Utrecht, Schleswig und Mainz. Ibrahim war vielseitig interessiert und ein guter Beobachter; bei seinem geistigen Horizont kann man Kenntnisse des Schachspiels annehmen.

15 Hierzu Arno BORST, Das mittelalterliche Zahlenkampfspiel (Heidelberg 1986).

16 Zusammenstellung der Belege bei Friedrich STROHMEYER, Das Schachspiel im Altfranzösischen, in: Abhandlungen für Herrn Prof. Dr. A. Tobler (Halle 1895) S. 381–403, hier S. 383f.

17 Die Disciplina Clericalis des Petrus Alfonsi, hg. von A. HILKA/W. SÖDERHJELM (= Sammlung mittellateinischer Texte Bd. 1, Heidelberg 1911) S. 11: *Equitare, natare, sagittare, cestibus certare, aucupare, schachis ludere, versificari.*

geren Milieu verbreitet. Bekannter Beleg hierfür ist der auf ca. 1058 zu datierende Brief des Petrus Damiani, in dem er sich bitter über einen nicht namentlich genannten Bischof von Florenz beschwert[18]. Auf der Reise sei er mit dem Bischof in einer Herberge eingekehrt und habe sich bald zur Nachtruhe zurückgezogen. Der Bischof blieb unter den Gästen. Am nächsten Morgen erfährt Damiani von seinem Reitknecht, der Bischof habe dabei ausgiebig Schach gespielt (»ludo praefuerit scachatorum«). Von Damiani zur Rede gestellt, verteidigt sich der Bischof mit dem Argument, nur Würfel- und Glücksspiele (»aleae«) seien verboten, das Schachspiel sei – stillschweigend – erlaubt. Der moralische Rigorismus Damianis läßt eine solche Differenzierung nicht gelten, und er verurteilt den Bischof zu einer Buße. Hintergrund der Entrüstung des Kardinals ist das damals durchweg übliche Spielen um Geld. Die Problematik hoher Einsätze steht etwa zur selben Zeit auch im Zentrum der Schachepisode des Ruodlieb-Epos[19]. Auch die Verwendung von Würfeln kann trotz des Leugnens des Bischofs nicht ausgeschlossen werden: Terminologisch sind Schachspiel und Würfelspiel im 10./11. Jahrhundert nicht sauber zu trennen. So ist das bereits angesprochene Schachgedicht von Einsiedeln in der Handschrift betitelt als »De aleae ratione«. Später begegnet Würfelschach als Variante, deren Einsatz vorab zwischen den Partnern abgesprochen wurde. Im Epos »Huon de Bordeaux« (13. Jh.) etwa fragt der Titelheld die Admiralstochter, welche Spielart sie präferiere[20]. Schließlich dienen Würfel auch noch in Schachkreisen des 20. Jahrhunderts gelegentlich als belebendes Element.

Dieses Changieren zwischen legitimer, intellektuell wie sozial erstrebenswerter Fertigkeit im Schachspiel und anrüchiger, weil glücksspielbehafteter Tavernenatmosphäre bereitete dem Klerus wie auch den weltlichen Autoritäten noch lange Kopfzerbrechen. Trotz einiger expliziter Verbote (Bernhard von Clairvaux in der Templerregel, noch im 13. Jahrhundert König Ludwig der Heilige sogar für den laikalen Bereich) setzte sich aber zumindest das Spielen ohne Einsatz selbst im Klerus durch.

Das Erlernen der Schachregeln erfolgte bei den adligen Kindern im zarten Alter von 6–7 Jahren[21] und blieb nicht auf den männlichen Nachwuchs beschränkt. Auch die Töchter erreichten oftmals ansehnliche Spielstärke, wobei uns die Quellen so gut wie nichts über die gängige Art der Vermittlung berichten. Das einzige aussagekräftige Zeugnis dokumentiert zugleich die zeitliche Bedingtheit moderner Vorstellungen von »Privatsphäre«: Im altbretonischen »Eliduc« der Marie de France (ca. 1160–1170) tritt der Vater unvermittelt in das Schlafgemach seiner Tochter Guilljadun. Zusammen mit einem Ritter setzt er sich an das Bett der Tochter und spielt mit ihm Schach. Dabei er-

18 Die Briefe des Petrus Damiani, hg. von K. REINDEL (= MGH Briefe der deutschen Kaiserzeit 4 II, München 1988) Nr. 57 (Schachepisode S. 187–189). Ich folge hier dem Datierungsvorschlag des Herausgebers, in der Literatur wird das Schreiben meist auf 1061 angesetzt. Die darin geschilderte Episode selbst wird von BORST [wie Anm. 15] S. 97 auf ca. 1040 datiert.
19 Ruodlieb (zweisprachige Ausgabe), besorgt von F. P. KNAPP (Stuttgart 1977) S. 34–36.
20 Zitate bei STROHMEYER [wie Anm. 16] S. 400.
21 Die literarischen Belege hierfür sind zusammengestellt bei Alwin SCHULTZ, Das höfische Leben zur Zeit der Minnesänger 1(Breslau 1889, Nachdr. Osnabrück 1965) S. 156 Anm. 3.

klärt er seiner Tochter, die am anderen Ende sitzt, zwanglos die Spielregeln[22]. Im 13. Jahrhundert hat sich Schach endgültig in dem bescheidenen Fertigkeitskanon eines jungen Mädchens von guter Herkunft etabliert. So heißt es im »Galeran«:

Ich brauche keine andere Arbeit zu tun,
als den Psalter zu lesen,
Gold auf Seide zu sticken,
der Geschichte von Theben und Troja zu lauschen,
auf meiner Harfe Melodien zu spielen,
andere schachmatt zu setzen
und den Falken auf meiner Hand zu füttern.
Ich habe meinen Herrn oft sagen gehört,
daß ein solches Leben edel sei[23].

Mindestens in der literarischen Fiktion erwiesen sich Frauen ihren männlichen Gegnern an Spielstärke oftmals überlegen[24]. Ein Beispiel hierfür ist die eingangs skizzierte Partie der »Echecs amoureux«. Im Epos »Les Vœux du Paon« des Jacques de Longuyon (ca. 1312 entstanden) spielt Lady Fezonas gar eine regelrechte Vorgabepartie: Je nach Wunsch des Gegners spielt sie mit Springer oder Turm weniger und verpflichtet sich, ihn in einer der Ecken mit einem Läufer mattzusetzen[25]. Ein historisch belegtes Beispiel für eine gute Schachspielerin ist Maria von Kleve, seit 1440 die dritte Gemahlin des literarisch ambitionierten Charles d'Orléans. Sie teilte die Schachleidenschaft ihres Gatten und spielte regelmäßig mit Männern aus dem Umkreis des kleinen Hofstaats zu Blois[26].

DURCHAUS NICHT IMMER FRIEDVOLLES MITEINANDER DER GESCHLECHTER

Im Regelfall vermag das Schachspiel unterschwellig-sexuelle wie aggressive Komponenten in das Spielgeschehen zu integrieren und sie damit gefahrlos für alle Beteiligten zu sublimieren. Ritterepen wie Chroniken erzählen aber von einer Vielzahl von Fällen, in denen es buchstäblich zu Mord und Totschlag am (und mit dem) Schachbrett kam[27]. Hier interessieren vor allem die wenigen Beispiele, in die auch schachspielende Frauen involviert waren.

---

22 Vgl. Ernst STROUHAL, acht mal acht. Zur Kunst des Schachspiels (Wien und New York 1996) S. 168.
23 Zitiert nach Joan EVANS, Das Leben im mittelalterlichen Frankreich (Köln 1960) S. 31 (Originaltext ebd. S. 165 Anm. 22).
24 Belege bei MURRAY [wie Anm. 1] S. 435.
25 MURRAY [wie Anm. 1] S. 743.
26 Pierre CHAMPION, Charles d'Orléans, joueur d'échecs (Paris 1908, Nachdr. Genf 1975) S. 1f.
27 Beispiele bei EALES (1986; wie Anm. 4) S. 30. Vgl. ferner das Versepos »Guy of Warwick«, in dem Fabour, der Sohn Triamours, Sadok, den Sohn des Sultans, mit einem Schachbrett erschlägt; Renate SPAHN, Narrative Strukturen im Guy of Warwick (= ScriptOralia 36, Tübingen 1991) S. 182f. – Illustration (ca. 1465) zum gewalttätigen Geschehen im Roman »Renaut de Montauban« bei STROUHAL [wie Anm. 22] S. 220.

Ältester Textzeuge ist Walter Map, der von einer grausigen Begebenheit zu berichten weiß: Ein bretonischer Adliger hatte im Zuge einer formalen Friedensvereinbarung die Tochter jenes Mannes geheiratet, der einst seinen Vater geblendet und kastriert hatte. Während einer Schachpartie mit seiner Frau wurde er weggerufen, und ein Ritter nahm seine Stelle ein. Die Dame setzte ihn schließlich matt und bemerkte: *Non tibi, sed orbi filio mat.* Als der Gatte von dieser anzüglichen Anspielung ihm gegenüber erfuhr, mißhandelte er seinen Schwiegervater auf die gleiche Weise. Er spielte dann nochmals Schach mit seiner Frau. Er gewann, warf die entsprechenden Körperteile auf das Brett und sprach: *Filiae orbi dico mat*[28].

Ein anderes Mal spielt zumindest nach Ansicht des Chronisten solch häuslicher Unfriede in die hohe Politik hinein: Ferrand von Portugal, durch seine Ehe 1212 mit Johanna, der Tochter Balduins IX., Graf von Flandern, habe beim Schachspielen mit seiner Ehefrau des öfteren den kürzeren gezogen *(eum ipsa uxor sepius mataverat)*[29] und sie daraufhin geschlagen und überhaupt unehrenhaft behandelt. Johanna habe dies König Philipp August von Frankreich zur Nachricht gebracht, der Ferrand scharf ermahnte, er habe ihm nicht seine Anverwandte[30] und die Grafschaft Flandern überlassen, damit er ihre Ehre so in den Schmutz ziehe. Dies habe der Graf mit Zorn aufgenommen und sich daraufhin mit Kaiser Otto IV. und König Johann von England verbündet. Am Ende standen die Niederlage von Bouvines und 13jährige Gefangenschaft, aus der heraus ihm vor allem die Bemühungen seiner Ehefrau verhalfen.

Londoner Gerichtsakten dokumentieren für das Jahr 1263 oder 1264, wie David von Bristol und Juliana, Gemahlin des Richard le Cordwaner, in Anwesenheit anderer Gäste in Richards Haus Schach spielten. Es kam zum Streit zwischen den beiden, David zog das Schwert und verwundete Juliana so schwer am Oberschenkel, daß sie verstarb. Der Täter flüchtete sogleich[31].

Die physische Bestandteile des Schachspiels eigneten sich vorzüglich zur Verteidigung gegen ungebetene Eindringlinge. Dabei bilden Mann und Frau eine schlagkräftige Solidargemeinschaft wie z. B. im Parzival-Epos des Wolfram von Eschenbach: Gawan setzt das Brett als Schild ein, während seine Dame die Schachfiguren als offensive Schleuderwaffe nutzt[32].

Das Schachspiel war zwar ein probates Mittel zum Auflockern der Geschlechtergrenzen, doch stieß es bei entsprechender moralischer Disposition auch an die Grenzen

28   Walter Map, De nugis curialium (hg. von M. R. JAMES, Oxford 1983) S. 384–387. Die Textsammlung ist zwischen 1182 und 1192 entstanden.
29   Chronikon Richeri Senoniensis (unter anderem Titel in: MGH SS 25, 1880) S. 293.
30   Die Darstellung ist tendenziös; Johanna unterstand bis zu ihrer Eheschließung der Regentschaft ihres Onkels Philipp von Namur und mußte sich als diplomatisches Faustpfand am Hof Philipp Augusts aufhalten.
31   The London Eyre of 1276 (hg. von Martin WEINBAUM, London 1976) S. 42 (nach Eales 1985 [wie Anm. 4] S. 55).
32   EALES (1986; wie Anm. 4) S. 30. Zusammenstellung aller einschlägigen Belege bei SCHULTZ [wie Anm. 21] S. 536 Anm. 4. Noch 1935 warf der damals amtierende Weltmeister Alexander Aljechin in betrunkenem Zustand mit einer Königsfigur nach dem Schiedsrichter. Die großen, mit Bleieinlage versehenen Turnierfiguren sind eine nicht zu unterschätzende Waffe.

seiner Möglichkeiten. Mit deutlich ironischem Unterton erzählt Froissart, wie König Edward III. versucht habe, die Gräfin von Salisbury zu verführen. Schließlich verlangt er nach dem Schachbrett und nötigt sie mit sanfter Gewalt, seinen kostbaren Ring als Einsatz anzunehmen. Entsprechend vorsichtig-abwägend taktieren beide im Spiel:

Si jeuuerent as escez enssamble, la damme à son avis au mieux que elle pooit afin que li roys ne le tenist pour trop simple et ygnorans. Et li roys se faindoit car pas ne jeuuoit dou mieux qu'il savoit. Et à painnes y avoit nulle espasse dez trés que il ne regardast si fort la damme que elle en estoit toutte honteuese et s'en fourfaisoit bien en traiant. Et quant li roys veoit que elle s'estoit fourfaite d'un rock, d'un chevalier ou de quoy que fuist, il se fourfaisoit ossi pour remettre la damme en son jeu.

Tant jeuerent que li roys le perdi et fu mas d'un aufin ...[33].

Genretypisch ist das absichtlich schwächere Spiel des Königs gegenüber der wohl kaum mehr als die Spielregeln beherrschenden Partnerin, die er zudem äußerst irritierend mit seinem Blick fixiert *(il ... regardast si fort la dame)*. Doch die Dame bleibt hier und in der Folge standhaft, und der Ring des Königs landet schließlich bei einer Zofe der Gräfin.

LITERARISCHE BELEGE

In den hoch- und spätmittelalterlichen Versepen, gleich ob französischer, englischer oder deutscher Provenienz, begegnet ein bunter Mikrokosmos schachspielender Protagonisten. Tristan und Isolde nehmen beim Schachspielen den Liebestrank ein, Lancelot besucht Guinevere in ihrer Kammer unter dem Vorwand, mit ihr Schach zu spielen. Umgekehrt ist Bernier im Epos »Raoul de Cambrai« sehr schüchtern; Beatrix, die sich in ihn verliebt hat, lädt ihn zum Schachspielen in ihre Kammer ein, um ihm Gelegenheit zur Konversation zu geben. Die Clefs d'amor geben beiden Geschlechtern wertvolle praktische Hinweise, wie man seine schachliche Spielstärke den situativen Erfordernissen entsprechend variieren soll[34]. Das verbissene Schweigen in modernen Turniersälen verhüllt nur zu leicht den Blick auf die muntere Gesprächsatmosphäre, die an mittelalterlichen Schachbrettern üblich war[35]. Gegenseitiges Necken, witzige Attacken und gekonnte Riposten erhöhten nicht zuletzt auch die erotische Spannung. Ulrich von dem Türlin schildert in seiner Fortschreibung des »Willehalm« (ca. 1261–1269) detailliert die Wortgeplänkel am Brett zwischen der maurischen Fürstin Arabele und dem gefangenen

---

33 »Sie spielten zusammen Schach, die Dame ihrer Ansicht nach so gut wie sie konnte, damit der König sie nicht für zu einfältig halte. Und der König spielte absichtlich nicht so stark, wie er konnte. Und kaum gab es eine Gelegenheit, daß er die Dame nicht so fest anblickte, daß sie darüber ganz schamhaft wurde und Fehler beim Spiel machte. Und wenn der König sah, daß sie einen Turm, einen Springer oder einen anderen Stein verlöre, verlor er ebenso einen solchen und ermöglichte so der Dame das Weiterspielen. So spielten sie, bis der König verlor und von einem Läufer mattgesetzt wurde.« Siehe Froissart, Chroniques (Le manuscrit d'Amiens), Livre I (hg. von Georges T. DILLER, Bd. 2, Genf 1992) S. 185; englische Übersetzung bei Edith RICKERT, Chaucer's World (New York 1948) S. 229–231.

34 MURRAY [wie Anm. 1] S. 437; vgl. das Spiel Edwards III. mit der Gräfin von Salisbury.

35 Belege bei STROHMEYER [wie Anm. 16] S. 401.

Graf Willehalm[36]. Bereits am Vormittag spielen die beiden, nach der Essenspause folgt eine zweite Partie am Nachmittag. Dabei wurde etwas zu trinken aufgetragen, »ganz nach Brauch der Heiden«. Beide Partien gewinnt übrigens ausnahmsweise der Mann, was durch die Konfrontation Christ gegen Heidin bedingt sein mag. In der mittelenglischen Romanze »Guy of Warwick« plant Guys Gegenspieler Morgador eine Intrige. Er überredet Guy zu einer Schachpartie mit der Tochter des Kaisers. Dann klagt er Guy beim Kaiser an, die Prinzessin verführt zu haben. Der Kaiser schenkt Morgador freilich keinen Glauben[37].

In formaler Hinsicht dienen Schachszenen oftmals als reine Situationsverknüpfer[38]. Ob sie darüber hinaus in einigen Fällen sogar das versteckt zugrundeliegende Erklärungsmotiv und Strukturraster für einen ganzen Roman zu bilden vermögen, sei dahingestellt. Für die Erec-Romane Chrétiens de Troyes und Hartmanns von Aue ist dieser Ansatz versucht worden. Demnach symbolisiere beispielsweise das Redeverbot, das Erec über seine Enite verhängt, mittelbar die schräge Gangart der Königin im mittelalterlichen Schach. Indem Enite das Verbot fünfmal übertritt, verkörpere sie die Unaufrichtigkeit und Unfolgsamkeit, die Frauen nach Auffassung der bereits zitierten »moralitas de scaccario« eigen sei[39].

Schachmetaphern gehören auch zu den festen Versatzstücken der Troubadourlyrik. Das Schachspiel erscheint meist als kodiertes Liebesspiel, seine orientalische Herkunft verlieh ihm überdies ein leicht anrüchiges Signum verführerischer Exotik[40]. Gottfrieds Tristan beeindruckt denn auch männliche wie weibliche Zuschauer durch seine Beherrschung der arabischen Schachtermini[41]. In der okzitanischen Lyrik stehen Schach und Würfelspiel für zwei diametral entgegengesetzte Konzeptionen von Liebe: Die strenge Regelhaftigkeit, die geradezu zeremoniöse Langsamkeit des Schach entspricht dem wohlgeordneten Procedere der höfischen Liebe. Ähnlich wie beim ritterlichen Turnierkampf stehen sich zwei gleichwertige Gegner gegenüber. Der gute Schachspieler ebenso wie der treue und redliche Liebhaber beschützt seine Dame[42]. Das schnelle Würfelspiel

---

36 Neuhochdeutsche Paraphrase bei PETZOLD [wie Anm. 4] S. 108f.

37 SPAHN [wie Anm. 27] S. 163; MURRAY [wie Anm. 1] S. 436.

38 SPAHN [wie Anm. 27] S. 83f.; vgl. zu den funktionalen Aspekten auch Pierre JONIN, La partie d'échecs dans l'épopée médiévale (in: Mélanges de langue et de littérature du moyen age et de la Renaissance, offerts à Jean Frappier = Publications Romanes et Françaises 112 I, Genf 1970) S. 483–497.

39 Ursula KATZENMEIER, Das Schachspiel des Mittelalters als Strukturierungsprinzip der Erec-Romane (= Beiträge zur älteren Literaturgeschichte, Heidelberg 1989) S. 58f. u. 106.

40 Hans PETSCHAR, Kulturgeschichte als Schachspiel. Vom Verhältnis der Historie mit den Humanwissenschaften. Variationen zu einer historischen Semiologie (= Aachener Studien zur Semiotik und Kommunikationsforschung 11, Aachen 1986) S. 45 u. 74.

41 Der höfsche hovebaere Lie siniu hovemaere / Und vremediu zabelwortelin / Under wilen vliegen in: / Diu sprach er wol und kunde ir vil, / Da mite so zierter in sin spil. (»Der fein Gebildete ließ bisweilen das neueste vom Hof und fremdartige Schachbegriffe einfließen. Die sprach er wohlgesetzt und kannte ihrer viele; mit ihnen schmückte er sein Spiel«.) Zitiert nach Merritt R. BLAKESLEE, Love's masks. Identity, intertextuality and meaning in the Old French Tristan Poems (= Arthurian Studies 15, Cambridge 1989) S. 21. – Hervorhebung vom Autor.

42 Vgl. z. B. den provenzalischen Troubadour Peire Bremon (13. Jh.) in einem Schmählied auf seinen Kollegen Sordello: »Ich beherrsche das Spiel mit Springer und Turm, / und noch nie wußte

verkörpert hingegen die rasch aufkeimende und ebenso rasch vergehende, nach sofortiger Erfüllung trachtende Leidenschaft[43]. Eine analoge Gegenüberstellung beider Spiele diesmal für die politisch-gesellschaftliche Dimension findet sich auf einem Mosaik der Kirche San Savino in Piacenza von ca. 1200: Rechtsprechung nach kodiertem Gesetz (versinnbildlicht durch einen thronenden König und einen Richter, der auf ein Buch zeigt), die Gestalt der Providentia und eine Schachspielszene stehen für Ordnung und Berechenbarkeit, soweit unter menschlichen Existenzbedingungen irgend möglich. Zwei Ritter im Zweikampf, Fortuna und ein Würfelspiel symbolisieren den chaotischen Zufall[44].

Im Vergleich zur okzitanischen Lesart wird die Liebe im Norden rigider in ein gesellschaftliches Wertesystem eingebunden. Am Pariser Hof verfaßt Andreas Capellanus ca.1186–1190 den Traktat »De amore«[45]. Im 6. Kapitel des ersten Buches widmet er sich ausführlich der Frage »Wie gewinnt man die Liebe und durch welche Mittel.« Es geht hierbei um die feinziselierte höfische Liebe, die auf eine kleine exklusive Schicht beschränkt ist und die sich im Rosengarten oder hinter der Mauer der »Echecs amoureux« abzuspielen pflegt. Duby hat hier analysiert, wie diese auf den Hof zentrierte Klientel »von eben dieser Macht auf die Muße reduziert (wird). Eine Muße, die durch Unterhaltung ausgefüllt werden muß und die um so fesselnder ist, als sie äußerst komplexen Regeln unterliegt«[46]. In den acht Dialogen zwischen Mann und Frau im obigen Kapitel wird das Paar denn auch »in acht verschiedenen Situationen auf dem Schachbrett der gesellschaftlichen Bedingungen gezeigt«[47]. Die so instrumentalisierte Liebe und das königliche Spiel gehen eine enge Synthese ein. In beiden Sphären spielen die Frauen aktiv mit.

Die Literaturwissenschaft hat detailliert herausgearbeitet, wie sich über mehrdeutige Wortspiele eine burlesk-obszöne Textebene neben die oberflächlich der klassischen »höfischen Liebe« verhafteten Aussagen zu stellen vermag[48]. Schachtermini wie »Matt«, »Mattsetzen«, »Dame verlieren« oder auch das »aufgedeckte Schach« (modern:

jemand seine *dompna* besser zu schützen. / Aber Herr Sordel spielte wie ein Narr: sich und seine *fersa* machte er zuschanden und wurde matt« (Hervorhebungen vom Autor). An gleicher Stelle heißt es: »Noch nie, glaube ich, weder bei Schnee noch bei Regen, wich ich dem Liebesspiel aus, sobald ich am Spielbrett war.« Zitiert nach J. Boutière, Les poésies du troubadour Peire Bremon Ricas Novas (Tolosa/Paris 1930) S. 70f.

43   Merritt R. Blakeslee, *Lo dous jocx sotils*: La partie d'échecs amoureuse dans la poésie des troubadours (in: Cahiers de Civilisation Médiévale 28, 1985) S. 213–222.

44   Hans Holländer, Ein Spiel aus dem Osten (in: Die Begegnung des Westens mit dem Osten. Kongreßakten des 4. Symposiums des Mediävistenverbandes in Köln 1991, hg. von Odilo Engels/Peter Schreiner, Sigmaringen 1993) S. 389–416, hier S. 396ff.

45   C. Buridant, Traité de l'amour courteois (Paris 1974); vgl. auch den Artikel von A. Karnein im Lex. des MA 1 (1980) Sp. 603–607.

46   Georges Duby, Die drei Ordnungen. Das Weltbild des Feudalismus (Frankfurt am Main 1993) S. 495.

47   Ebd. S. 488.

48   Pierre Bec, Burlesque et obscénité chez les troubadours. Pour une approche du contre-texte médiéval (Paris 1984).

Abzugsschach) boten der Phantasie der Dichter ein reiches Betätigungsfeld[49]. Mit diesen sprachlichen Mitteln ließ sich selbst eine erfüllte Hochzeitsnacht adäquat nachvollziehen, wie der Arzt Heinrich von (Wiener) Neustadt in seinem ca. 1300 entstandenen Epos »Apollonius von Tyrland« demonstrierte[50].

Die Herausforderungen, die der selbstverständliche Umgang der Minnesänger mit teils obsolet gewordenen Schachtermini an das exegetische Vermögen heutiger Leser stellt, veranschaulicht das sogenannte »Schachgedicht« Walthers von der Vogelweide[51]: In der an Intrigen nicht armen Atmosphäre des Babenberger Hofes in den 1190er Jahren hatte Walthers Rivale Reinmar zum Ruhmpreis seiner Dame verkündet, sie setze alle anderen matt. Gegen diese ungerechtfertigte Zurücksetzung aller Frauen zugunsten einer einzigen wehrt sich Walther in einer Parodie auf Reinmars Vorlage. Er fordert

... bezzer waere miner frouwen senfter gruoz! / Deist mates buoz.

Daß der hohen Dame mit taktvoll-zurückhaltendem Lob besser gedient wäre, erschließt sich dem Leser sogleich; daß *buoz!* der Ausruf desjenigen Schachspielers war, der auf ein Schachgebot des Gegners mit einem Gegenangriff – etwa durch einen dazwischengestellten Springer – reagierte, hingegen weniger. Ein vergleichbares Beispiel aus dem französischen Bereich enthält der »Roman de la Violette«. Als Gérard um seine Geliebte trauert, findet er für die Größe seines Schmerzes folgendes Bild: »Molt bien poroit de l'eskiekier / Les poins de sa doulor doubler.« Sein Schmerz sei um den doppelten Faktor der Zahl der Schachfelder (also 128x) intensiver als ein gewöhnlicher Schmerz[52].

Auch im islamischen Herrschaftsbereich gehört Schach zu den beliebten Requisiten der Liebeslyrik. Der Zufall, daß der Prophet bereits einige Jahre vor der Einnahme des Sassanidenreichs starb und so das Schach nicht explizit unter die Spielverbote des Koran aufnahm, ermöglichte es den arabischen Schachspielern, ihrer Leidenschaft gewissermaßen in einer tolerierten Grauzone frönen zu können. Einzig die ursprünglich

---

49 So z. B. Bernart d'Auriac (13. Jh.) über seinen Wunsch, mit der Dame zu spielen, Bec, a. a. O., S. 47f., Blakeslee [wie Anm. 43] S. 218: *Aisso'n volgra, ses mal entendemen, / Ab ma domna jogar en sa maizo / Un joc d'escacs, ses autre companho / Que no s'anes del joc entremeten, / E qu'ieul disses un escac sotilmen / En descubert, quar plus bel joc seria. / Pero volgra, quar sa honor volria, / Que quan fora nostre joc afinatz, / Qu'ieu remazes del joc vencutz e matz.* (»Ich wollte ohne böse Absicht / spielen mit meiner Dame in ihrem Haus / eine Partie Schach ohne weiteren Begleiter, / der sich in unser Spiel einmischen würde. / Und ich würde ihr ein feines Schach bieten / ein aufgedecktes, das wäre ein schönes Spiel! / Aber ich wollte dann auch, denn ich denke an ihre Ehre, / daß, wenn unsere Partie beendet sei, / es an meiner Reihe sei, besiegt und matt zu sein.«)

50 In der neuhochdeutschen Übertragung, zitiert nach Petzold [wie Anm. 4] S. 106: »Sie spielten ein Schachspiel miteinander. Zunächst führte der Herr ein Spielchen zu Ende, er zog einen Venden (= Bauern), der die Königin matt machte. Das war nicht schlimm, denn es wurde bald besser: kurze Zeit darauf setzte ihn nämlich die Schöne ihrerseits matt und wiederholte diese Erwiderung seines Schachs später noch mehr als viermal.«

51 Hierzu ausführlich Peter Wapnewski, Der Sänger und die Dame. Zu Walthers Schachlied (in: Waz ist minne. Studien zur Mittelhochdeutschen Lyrik, München ²1979) S. 74–108; ebd. S. 181–194 auch der Beitrag »Reinmars Rechtfertigung«. – Wapnewskis Beiträge sind erstmals 1965–66 erschienen.

52 Strohmeyer [wie Anm. 16] S. 394 (dort noch weitere vergleichbare Beispiele).

Abb. 1   Markgraf Otto IV. von Brandenburg beim Schachspiel mit einer Dame. Miniatur aus dem
Codex Manesse (ca. 1300), Universitätsbibliothek Heidelberg, cpg 848, fol. 13r

Abb. 2   Rückseite eines Elfenbeinspiegels (14. Jh.). Victoria and Albert Museum, London

Abb. 3   Schachszene auf dem Plenar Herzog Ottos des Milden (ca. 1300). Berlin, Staatliche Museen Preußischer Kulturbesitz, Kunstgewerbemuseum

Abb. 4   Schachszene in floralem Rankenwerk. Oxford, Bodleian Library, Ms. 264, fol. 112r

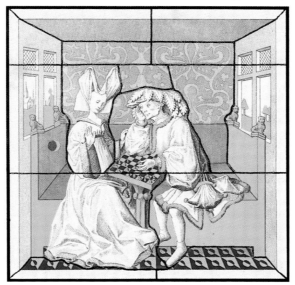

Abb. 5   Eduard II. von Beaujeu beim Schach mit der Demoiselle von Bessée. Kupferstich 1853

Abb. 6 Willehalm und Arabele beim Schachspiel. Miniatur aus dem Willehalm-Codex (1334). Landesbibliothek Kassel, Handschriftenabteilung, 2° Ms. poet. et roman. 1, fol. 25r

Abb. 7   Miniatur aus der Dresdener Handschrift der Echecs amoureux. Sächsische Landesbibliothek, Handschriftenabteilung, Oc. 66, fol. 24v

Abb. 8 Ausschnittvergrößerung aus einem Wirkteppich mit Liebesgarten (oberrheinische Arbeit um 1470). Historisches Museum Basel, Inv.-Nr. 1921.261, photographiert von Maurice Babey

Abb. 10   Lucas van Leyden, »Die Schachpartie« (1508). Staatliche Museen Preußischer Kulturbesitz, Gemälde-galerie

Abb. 9 steht unten S. 137 über dem Text

Abb. 11 Tristan und Isolde trinken den Liebestrank. Paris, Bibliothèque nationale, Cod. fr. 112, fol. 239

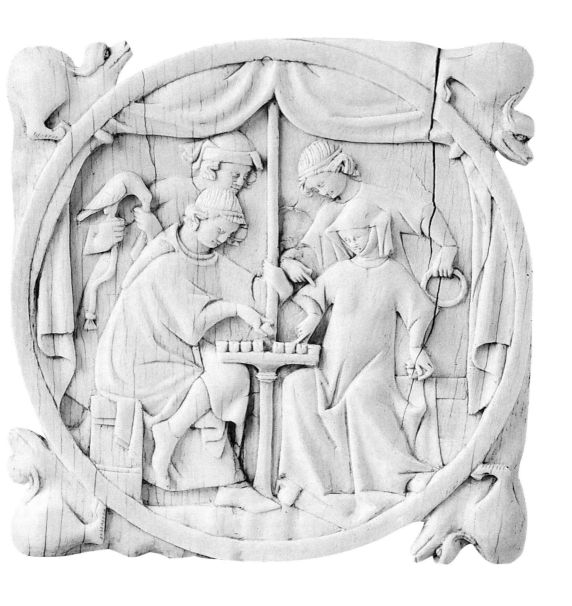

Abb. 12   Rückseite einer Spiegeltruhe aus Elfenbein (ca. 1300). Paris, Musée du Louvre, Inv.-Nr. OA 117

Abb. 13   Miniatur aus den »Echecs amoureux« (ca. 1500). Paris, Bibliothèque nationale, Cod. fr. 143, fol. 1

Abb. 14 Miniatur aus einer Handschrift des Alexander-Romans (2. Hälfte 15. Jh.). Forschungs- und Landesbibliothek Gotha, Cod. Memb. I 117, fol. 49v

Abb. 15 Herzog Albrecht V. von Bayern und seine Gemahlin Anna von Österreich beim Schachspiel (Titelminiatur von Hans Muelich aus dem Kleinodienbuch der Herzogin, 1552). Bayerische Staatsbibliothek München, Cod. icon. 429, fol. 1v

Abb. 16 König Alfonso X. von Kastilien beim Schachspiel mit seiner Gemahlin Jolanta. Codex Alfonso (1283), fol. 15r; aus PETZOLD [wie Abb. 9] S. 83 Abb. 29

Abb. 17 Maurinnen beim Schachspiel. Codex Alfonso, fol. 23v; aus: PETZOLD [wie Abb. 9] S. 84 Abb. 31

Abb. 18   Sofonisba Anguisciola: »Die drei Schwestern der Künstlerin beim Schachspiel« (1555). Muzeum Narodowe, Poznan; hier aus: PETZOLD [wie Abb. 9] S. 162 Abb. 74

Abb. 19   Liebesgarten mit Schachspielern (Kupferstich des Meisters E. S., ca. 1450); hier aus: Petzold [wie Abb. 9] S. 105

Abb. 20 Französische Miniatur (ca. 1450). Paris, Bibliothéque nationale, Cod. fr. 24274, fol. 37v

Abb. 21 Miniatur aus der Dresdener Handschrift der Echecs amoureux. Sächsische Landesbibliothek, Handschriftenabteilung, Oc. 66, fol. 27v

gegenständlichen Spielfiguren mußten den rigiden Bilderverboten gemäß abstrahiert werden. Zahlreich sind die literarisch belegten Verquickungen von Schach und Erotik[53]. Dabei begegnen gewisse Grundmuster, wie sie von der späteren abendländischen Troubadourslyrik her vertraut sind. So ist der männliche Partner von der Schönheit seiner Gegnerin so irritiert, daß er ständig verliert[54]. Oder der Spielverlauf auf dem Schachbrett und die parallel ablaufende Interaktion neben, über und unter dem Schachbrett vermengen sich im unentwirrbaren Gefühlschaos. In einer frühen Erzählung aus Tausend und Einer Nacht besiegt die anatolische Königstochter Abriza den muslimischen Prinzen Scharkan mehrmals beim Schach. Danach läßt sie Speisen und Wein auftragen und singt zur Zither[55].

Die Selbstverständlichkeit, mit der Frauen im arabischen Raum Schach – und zwar auf hohem Niveau – gespielt haben, ist in den Quellen gut dokumentiert[56]. Die berühmte Schachszene in Lessings »Nathan der Weise« zwischen Sultan Saladin und seiner klugen Schwester Sittah dürfte somit der Realität an arabischen Höfen verblüffend nahe kommen[57]. Freilich konnte eine übertriebene Schachleidenschaft des Ehegatten auch der ehelichen Erotik abträglich sein, wie die Nachricht vom Scheidungsprozeß einer vernachlässigten Ehefrau belegt[58].

Ikonographische Aspekte

Schachszenen erfreuten sich bei spätmittelalterlichen Handschriftenilluminatoren und Teppichwebern und vor allem deren Auftraggebern großer Beliebtheit. Sie ließen sich repräsentativ ausstatten (z. B. Interieur eines Schlosses mit kostbaren Wandteppichen), und das meist zentral in die Szene plazierte Schachbrett fokussierte die Aufmerksamkeit der Betrachter zuverlässig auf ein zusätzliche Neugierigkeit erregendes Ausstattungsrequisit. Vor allem ließen sich so Mann und Frau in relativ intimer Atmosphäre abbilden, ohne Anstoß etwa in klerikalen Kreisen zu erregen. Aus der Fülle des Materials an Schachdarstellungen konzentriere ich mich im folgenden auf die Fälle, in denen Frauen aktiv am schachlichen Geschehen mitwirken. Dabei lassen sich drei Grundmuster unterscheiden. Auch einige frühneuzeitliche Beispiele sollen herangezogen werden.

---

53   Alle Belege sind zusammengestellt bei Reinhard WIEBER, Das Schachspiel in der arabischen Literatur von den Anfängen bis zur zweiten Hälfte des 16. Jahrhunderts (= Beiträge zur Sprach- und Kulturgeschichte des Orients 22, Walldorf 1972).
54   Ebd. S. 126f.: »Ich redete, doch die Leidenschaft wühlte in meinem Innern; / Ein Trank von den Honiglippen nur konnte den Durst mir stillen. / Ich saß am Schachbrett mit ihr, die ich liebte, und sie spielte / Mit schwarzen und weißen Figuren, ohne meinen Wunsch zu erfüllen. / Es war, wie wenn der König nahe beim Turm stände / Und suchte nach einem Zuge hin zu den Königinnen (sic!). / Aber wenn ich den Sinn ihrer Augen ergründen wollte, / Machte das Spiel ihrer Blicke, ihr Leute, mich ganz von Sinnen.«
55   Rudolf FAHRNER, West-Östliches Rittertum. Das ritterliche Menschenbild in der Dichtung des europäischen Mittelalters und der islamischen Welt (Graz 1994) S. 103.
56   Vgl. auch PETZOLD [wie Anm. 4] S. 53, der die Existenz regelrechter Schachschulen postuliert.
57   Nathan der Weise, Zweiter Aufzug, Erster Auftritt (freilich mit dem Anachronismus von Königinnen auf dem Schachbrett).
58   WIEBER [wie Anm. 53] S. 236.

Den ersten Typ repräsentiert eine bekannte Miniatur aus dem Codex Manesse (ca. 1300): Markgraf Otto IV. von Brandenburg (1266–1309) spielt Schach mit seiner Dame (Abb. 1). Das Paar sitzt erhöht auf einer mit Kissen gepolsterten Bank. Die Dame führt die schwarzen Steine und hält einen offenbar soeben geschlagenen weißen Stein in der linken Hand. Der Markgraf hält in der Linken einen weißen Springer, wobei es unklar bleibt, ob er mit ihm den nächsten Zug ausführen will. Beide Partner weisen mit der freien Rechten auf das Schachbrett; es scheint, als fachsimpeln sie ein wenig über die aktuelle Stellung. Vier Musikanten sind im Vordergrund ganz klein abgebildet. Sie sorgen aus gebührendem Abstand für stimmungsvolle Untermalung und stören in keiner Weise die Intimität des hohen Paares. In interessantem Kontrast zu diesem Bild kann eine andere Miniatur aus dem Codex Manesse interpretiert werden: Der Minnesänger Goeli spielt Trictrac oder Puff (das moderne Backgammon) mit einem jüngeren Ritter. Dem unberechenbaren »Wurfzabelspil« gehen bezeichnenderweise zwei Männer nach; man ist unwillkürlich an Blakeslees These von der korrespondierenden Regelhaftigkeit von Schach und höfischer Liebe gemahnt[59]. Das Würfelspiel ist demgegenüber in einen dezidiert männlichen Kontext gestellt, das Spielgeschehen ist rascher und heftiger.

Der Typus der intimen Komposition findet sich wieder auf der Rückseite eines Elfenbeinspiegels aus dem frühen 14. Jahrhundert (Abb. 2): Mann und Frau spielen unter einem Zeltdach, der Mann führt mit der Rechten einen Zug aus, mit der Linken umklammert er die Zeltstange. Weitere Beispiele sind eine Miniatur auf dem Plenar Herzog Ottos des Milden aus dem frühen 14. Jahrhundert (Abb. 3) sowie eine phantasievoll in Baumrankenwerk gesetzte Miniatur in einer Oxforder Handschrift (Abb. 4). Ein Kupferstich von 1853, der nach einem Glasfenster in Villefranche aus der ersten Hälfte des 15. Jahrhunderts gestaltet sein soll, zeigt Eduard II. von Beaujeu (reg. 1374–1400) innig vertieft beim Schach mit der Demoiselle von Bessée (Abb. 5). Mit dem rechten Arm stützt er sich schwer über das Schachbrett, mit der Linken scheint er die Figuren abzuräumen. Die Blickrichtung des hohen Herrn ist eindeutig, die Abwehrhaltung der Dame verständlich. In Widerspruch dazu steht ihre linke Hand, die das Gewand Eduards berührt. Sittsam distanziert dagegen wiederum Willehalm und Arabele in einer Miniatur von 1334 (Abb. 6), das Paar in den »Echecs amoureux« (Abb. 7) sowie das Paar auf einem um 1470 gewebten Teppich mit Liebesgartenszenerie (Abb. 8). Ein zur gleichen Zeit entstandener Holzschnitt aus dem »Guldin Spil« von Meister Ingold präsentiert demgegenüber die bürgerlich-erdverbundene Variante fern aller mystischen Verbrämung: Die Schachszene spielt sich in einer spätgotischen Wohnstube ab. Mann und Frau sitzen auf rustikalen Holzmöbeln, die Schachfiguren stehen abgeräumt neben dem Brett (Abb. 9).

In einer zweiten Gruppe von Miniaturen wird das schachspielende Paar dicht umringt von interessierten Zuschauern. Bekanntestes Beispiel ist das 1508 entstandene Gemälde »Die Schachpartie« des Lucas van Leyden (Abb. 10). Ein wohlsituiertes Paar sitzt an einem Kurierschachbrett mit 12 x 8 Feldern, die Frau führt gerade einen Zug aus. Der Blick des Mannes geht träumerisch ins Weite, er scheint nicht ganz bei der

---

59 Codex Manesse. Die Miniaturen der Großen Heidelberger Liederhandschrift, hg. von Ingo F. WALTHER (Frankfurt/Main 1988) Tafel 89; vgl. oben Anm. 43.

Abb. 9   Holzschnitt aus dem »Guldin Spil« von Meister Ingold (Augsburger Druck von 1472);
aus: Joachim PETZOLD, Das königliche Spiel (Stuttgart etc.: Kohlhammer 1987) S. 141

Sache zu sein. Ein anderer Mann steht dicht über das Brett gebeugt und erteilt der Frau
offensichtlich Ratschläge. Andere Männer und eine Frau stehen dicht dahinter und unterhalten sich lebhaft gestikulierend (nicht unbedingt über das Schachgeschehen). Etwas ruhiger geht es bei Tristan und Isolde zu: Sie trinken den Liebestrank während einer Schachpartie auf dem Schiff, neben ihnen Brangäne und ein männlicher Diener
(Abb. 11).
    Die bereits oben diskutierte intime Schachszene unter dem Zeltdach ist von dem
gleichen Künstler variiert worden: Neben dem Mann steht nun ein Falkner, neben der
Frau ein Knappe mit einem Kranz. Beide sind engagierte Zuschauer, der Knappe tippt
mit seinem Zeigefinger an den Ärmel der Frau, als wolle er sie auf einen guten Zug aufmerksam machen (Abb. 12). Ein einziger Zuschauer verweilt gar beim Schachspiel in einer Handschrift der »Echecs amoureux« (Abb. 13). In einer illuminierten Handschrift
des Alexander-Romans spielt das adlige Paar in Anwesenheit von nicht weniger als
sechs Damen und drei Rittern des Hofstaats, die um eine Seite des Bretts dicht zusam-

menstehen (Abb. 14)[60]. Der Künstler schafft angesichts des Gedränges nur mühsam eine perspektivisch befriedigende Komposition. Ähnlich eng wird es um die Schachpartie Herzog Albrechts V. von Bayern mit seiner Gemahlin Anna von Österreich (Miniatur von 1552; Abb. 15).

Die unterschiedlichsten Konstellationen von Schachspielern vereinigt der Codex Alfonso von 1283. Der König spielt auch selbst mit seiner Gemahlin Jolanta: Beide stehen am Brett, je ein Diener fächelt ihnen frische Luft zu. Die Züge werden von jungen Pagen ausgeführt, die jeweils vor den Spielern am Brett knien (Abb. 16). Bei Alfons findet sich auch das einzige mir bekannte mittelalterliche Beispiel, wo Frauen miteinander schachspielen. Es handelt sich um zwei Maurinnen, eine dritte Maurin sitzt daneben und spielt die Leier (Abb. 17)[61].

In einem dritten Typ spielen Mann und Frau in der Bildmitte Schach, um sie herum gehen die anderen ihren eigenen Beschäftigungen nach. Eindrücklichstes Beispiel ist der ca. 1450 entstandene Kupferstich »Liebesgarten mit Schachspielern« des Meisters E. S. (Abb. 19), etwa zeitgleich ist eine französische Miniatur, die auf einer etwas steifen Symmetrie aufbaut (Abb. 20). Unklar komponiert ist eine Miniatur aus den »Echecs amoureux«, wo die Dame allein am Brett sitzt und gerade einen Zug ausführt. Ihr Spielpartner hat sich vom Brett abgewandt und führt Konversation. Eine andere Dreiergruppe steht dicht dabei (Abb. 21).

Forschungsdebatte um die Entwicklung des Wesirs zur Dame

Ende des 15. Jahrhunderts erlebt das Schachspiel den gravierendsten Umbruch seiner Geschichte: Die Rochade wird eingeführt, der Läufer wird zur langschrittigen Figur, vor allem avanciert ausgerechnet die bislang schwächste Figur auf dem Brett, der alte arabische Fers beziehungsweise – in christlich-europäischer Umdeutung – die Königin zur mit Abstand stärksten Figur und erfährt zugleich als »Dame« zumindest im romanischen Sprachkreis eine Umbenennung. Einige Generationen später wundert sich denn auch Gustavus Selenus (alias Herzog August der Jüngere zu Braunschweig und Lüneburg), *warumb eben den Weibern dieses hohe Ampt anbefohlen*[62]. Die verschiedenen Erklärungsversuche für dieses Phänomen haben zu einer lebhaften Forschungskontroverse geführt, in die auch verschiedene Thesen zur sozialgeschichtlichen Stellung der Frau im Spätmittelalter hineinspielen.

Die Reform der Spielregeln darf hierbei sicherlich nicht als unvermittelter Geniestreich eines uns unbekannt gebliebenen Meisters aufgefaßt werden. Sie bildet vielmehr

---

60   Es handelt sich um die vor 1448 entstandene Prosafassung des Jean Wauquelin, die »Histoire du bon roy Alexandre«.

61   Von 1555 datiert das Gemälde der Sofonisba Anguisciola »Die drei Schwestern der Künstlerin beim Schachspiel«: Abb. 18.

62   Gustavus Selenus, Das Schach oder Königspiel (Leipzig 1616) S. 59. Zu den interessanten psychologischen Auswirkungen auf die Gestaltung neuzeitlicher Spielfiguren s. Ursula Siebert, Das königliche Spiel: Das Spiel der Dame? In: Dies. (Hg.), Schachspiele. Wandel im Laufe der Kunst- und Kulturgeschichte. Katalog zur Privatsammlung Jaeger (München 1988) S. 18–22, vor allem S. 20.

den pointierten Abschluß einer langen Phase des Experimentierens, des allmählichen Ausweitens der Zugmöglichkeiten der Figuren seit dem 13. Jahrhundert, die sich auf die wachsende Unzufriedenheit mit dem schleppenden Spielverlauf gründete[63]. Die Innovation geht wohl von spanischen Schachzirkeln aus; 1497 erscheint die Studie des spanischen Konversos Luis Ramirez Lucena »Repeticion de amores y arte de axedres«. In bezeichnender Traditionslinie verknüpft er wiederum Ratschläge für erfolgreiches Schachspielen mit einer Ars amandi[64].

Das Schachspiel – oder vielmehr die Spieler, die es praktizieren – hat in seiner Geschichte wiederholt wie ein empfindlicher Seismograph auf sozial- und kulturgeschichtliche Veränderungen seines Umfelds reagiert. Der Bogen ließe sich vom Hochmittelalter bis ins 20. Jahrhundert spannen und erforderte eine eigene Untersuchung. Dadurch konnte es sich in wechselnden historischen Kontexten behaupten. So gestalteten sich der Transfer von Indien zum Sassanidenreich, zum Kalifat, von dort in die mittelalterliche Ständegesellschaft, im 18.–19. Jahrhundert dann die Entwicklung des vom Bürgertum organisierten Turnierbetriebs auf der Grundlage zunehmender wissenschaftlicher Durchdringung. (Maßvolle) Adaptionen im Regelwerk, terminologische Umbenennungen, Weiterungen in der Schachtheorie und neue Gestaltungsformen der Schachfiguren bilden hierbei die verschiedenen Reaktionsformen auf diese von außen kommenden Einflüsse. Von daher ist es durchaus legitim, ein motivierendes Agens aufzuspüren, das zur allmächtigen *dama furiosa* des 15. Jahrhunderts führte.

Hierzu ist zunächst auf einen älteren Text hinzuweisen. Zwischen 1218 und 1236 verfaßt Gautier de Coincy, Prior der Abtei St-Médard bei Soissons, eine Sammlung »Miracles de la Nostre Dame«. Das Werk errang eine immense Popularität und fand zahlreiche Nachahmer. Gautier beschreibt darin auch eine Schachpartie zwischen dem Menschen und dem Teufel; dieser hat den Menschen bereits aus dem Paradies in eine Ecke des Spielfelds getrieben und setzt zum Mattzug an. Da kommt Gott dem Menschen zu Hilfe und erschafft ihm einen Fers mit wundersamer Stärke, der das Blatt wendet und seinerseits den Teufel mattsetzt. Dieser Fers erweist sich schließlich als die Jungfrau Maria[65]. Im romanischen Sprachraum wird diese Gleichsetzung gefördert durch die weitgehende Homonymie von *fers/fierce/firge/ferge* zu *virge/vierge*[66].

Wohl nicht zuletzt in Anlehnung an die Metapher Gautiers hat zuerst Petzold die These vertreten, daß die neue starke Schachkönigin allegorisch als Himmelskönigin interpretiert und deshalb folgerichtig als (Notre) Dame umbenannt wurde. Einzig vor Maria – nicht vor seiner irdischen Gemahlin oder Gefährtin – habe der König, der sich

63   Belege zusammengestellt bei Egbert MEISSENBURG, Vom firzan zur künigin im Eilschach, in: Ernst STROUHAL (Hg.), Vom Wesir zur Dame. Kulturelle Regeln, ihr Zwang und ihre Brüchigkeit. Über kulturelle Transformationen am Beispiel des Schachspiels (Wien 1995) S. 27–37.
64   Vgl. Barbara MATULKA, An Anti-feminist treatise of fifteenth Century Spain: Lucena's Repeticion de Amores (New York 1991; vgl. Rochade 11/1994, S. 58).
65   Einschlägige Zitate bei MURRAY [wie Anm. 1] S. 749 und STROHMEYER [wie Anm. 16] S. 397f.
66   Vgl. z.B. Jean de Condé (1310–1340), zitiert nach MURRAY [wie Anm. 1] S. 749: *Ce fu la beneoite virge / De l'eschequier la vraie firge / Dont li dyables fu matez.* (»Das war die gesegnete Jungfrau / Vom Schachspiel die wahre Königin / die den Teufel mattsetzte.«)

jetzt ohnmächtig hinter einem Bauernwall verstecken muß, ohne Gesichtsverlust zurücktreten können[67]. Petzolds Ansatz ist mittlerweile wiederholt bestritten worden[68]. Die Argumente der Kritiker vermögen nicht überall zu überzeugen: Es ist z. B. kaum überraschend, daß bei der kunsthandwerklichen Gestaltung von – ohnehin seltenen – gegenständlichen Schachfiguren weder im Spätmittelalter noch im 16. Jahrhundert Funde von Marienfiguren als Dame begegnen. Wie hätte da konsequenterweise der König gestaltet werden müssen, abgesehen von der Frage, daß sich im Schach bekanntlich zwei Parteien gegenüberstehen? Beim sprachlich-terminologischen Befund wird verkannt, daß die mittelalterlichen Autoren mit dem Gleichklang vierge – fierge gleichsam dichterisch spielen, mithin *virgo* in der expliziten Bedeutung als Spielstein neben dem König nicht aufzutreten braucht. Umgekehrt begegnet der Terminus Dame (anstelle von Königin oder *ferzia*) nicht erst bei Lucena, sondern vereinzelt bereits in der Liebeslyrik des 13.–15. Jahrhunderts[69]. Auch fällt es zunächst schwer, die *dama furiosa* oder *Rabiata* mit der sanften Mutter Gottes gleichzusetzen.

Wahrscheinlich muß die ältere säkulare Traditionslinie der Verehrung der Dame in der Minnelyrik mit herangezogen werden. Aber in welchem spirituellen Umfeld wird das neue Schach zunächst praktisch erprobt und dann propagiert? In den zwei Jahrzehnten vor Lucenas Publikation erscheinen in Spanien zahlreiche Marienlieder und Miracula im Druck[70]. Es kann nicht einfach negiert werden, wenn 1472 Meister Ingolds Traktat »Das guldin spil« in Augsburg im Druck erscheint, in dem er Maria beschreibt als Schachkönigin, als »gewaltige Kaiserin *(domina)*, die noch kein Spiel verloren«[71]. Die Marienwallfahrt nach Altötting entwickelt sich gerade in den 1490er Jahren zum Massenbetrieb. Es liegt daher nahe, daß die Schachreformer sich von der religiösen Vorstellungswelt der Zeit inspirieren ließen; die schwache sterbliche Königin wurde durch die allmächtige – freilich nicht unsterbliche – Dame ersetzt. Das Wissen um diese Bezüge, die auch nicht explizit in den neuen Schachtraktaten formuliert wurden, ging rasch verloren, die Dame wurde gleichsam wieder säkularisiert. Im 16.–17. Jahrhundert wunderte man sich dann über die Herrschaft der Amazonen auf dem Schachbrett[72].

Die neue Gefährlichkeit der Dame, die durch ihre Kraft Schrecken verbreitet und den feindlichen König massiv bedroht, mochte in der Folge manchen Männerphantasien Raum bieten. Breit thematisiert wird dies in der ca. 1513 verfaßten Dichtung »Scaccia ludus« des nachmaligen Bischofs von Alba, Hieronymus Vida. Es ist bemerkenswert,

---

67 Petzold [wie Anm. 4] S. 151–155; Ders., Wie erklärt sich der Name Dame im Schach? (In: Rochade 11/1994) S. 51–54; Ders., Wie erklären sich die Bezeichnungen Wesir und Dame im Schach? (In: Strouhal [wie Anm. 63]) S. 67–75.

68 Hans Holländer, Zeichensysteme und Interpretationsebenen im Schachspiel (in: Strouhal [wie Anm. 63]) S. 11–26; Meissenburg [wie Anm. 63]; Ders., Vom Firzan zur Königin (in: Europa-Rochade 12/1995) S. 29–32; Michael Ehn, Die »Große Reform«, in: Strouhal [wie Anm. 63]) S. 51–66.

69 Vgl. oben Anm. 42 (Peire de Bremon); auch Charles d'Orléans ca. 1440, s. Champion [wie Anm. 26] S. 15.

70 D. Briesemeister, Mariendichtung (Iberische Halbinsel), in: Lex. des MA 6 (1993) Sp. 267f.

71 Petzold, Wesir und Dame [wie Anm. 67] S. 73.

72 Selenus [wie Anm. 62].

wie wohl sich der noch junge Chorherr im olympischen Götterhimmel fühlt. In der wilden Schlachtszenerie einer Schachpartie zwischen Merkur und Apollo wüten die beiden Damen in den gegnerischen Reihen:

»Wild durcheinander gemengt anprallen die beiden Phalangen, / Fußvolk liegt auf den Boden gestreckt und die Körper der Rosse. / Denn an feindlichem Sinn wetteifernd bekämpfen die beiden / Frauen der Könige sich mit tödlichen Waffen, entschlossen, / Nimmer zu weichen vom Platz, bis eine von beiden gefallen, / Bis in die Lüfte gehaucht von Beiden die Eine das Leben, / Und erst nur mit dem Tod preisgäbe die Stellung im Kampfe«[73].

Ihr Tod wird von ihren Gemahlen gebührend betrauert, die beide nach den tröstlichen Banden neuer Ehe streben. Durchaus folgerichtig mutieren bei Vida die – mittelalterlich stets männlich interpretierten – Bauern zu Gespielinnen der Verstorbenen; wer als erste von den Mädchen (sic!) die achte Reihe erreicht, ist würdig, ihre Nachfolge anzutreten:

»Aber zuvörderst beschließt den Versuch er zu prüfen und Aller / Männlichen Mut zu erproben, und daß nur der Würdigsten Eine / Bräutlich ihm nahe, so drängt er sie schleunigst ins feindliche Lager, / Mit dem Befehl, zu besetzen die fernste und äußerste Reihe. / Nämlich Keine vermag mit dem König zu teilen das Lager, / Da herrscht strenges Gebot; – die nicht durch Waffen und Feinde / Aller Entfernung zum Trotz ungefährdet des feindlichen Königs / Innerstes, fernstes Gemach siegreich als die Erste betreten. / Mutigen Sinns fortstürmen zugleich durch die Feinde die Mädchen ...«[74].

THERESIA VON AVILA

Den Bogen beschließen soll eine etwas unerwartete frühneuzeitliche Textzeugin, die spanische Mystikerin Theresia von Avila:

»Denkt nicht, das alles sei viel, denn ich stelle sozusagen zum Spiel erst die Figuren auf. Ihr habt mich gebeten, euch etwas über die Grundlagen des Gebetes zu sagen. Auch wenn mich der Herr diesen Weg nicht in dieser Weise hat beginnen lassen – denn diese Tugenden sind bei mir wohl noch nicht einmal im Keim vorhanden – so kenne ich doch keinen anderen, Töchter. Glaubt mir: Wer beim Schachspiel nicht einmal die Figuren aufzustellen vermag, ist ein schlechter Spieler; und wer nicht Schach zu bieten versteht, kann auch nicht schachmatt setzen. Ihr werdet mich nun tadeln, weil ich von einem Spiel spreche, während wir in diesem Haus doch keine Spiele haben und auch nichts spielen sollen. Da seht ihr, welch eine Mutter euch Gott gegeben hat, die sich sogar einmal auf etwas so Nichtiges verstand. Es heißt jedoch, solche Spiele seien manchmal erlaubt. Um wieviel mehr ist es dann aber auch uns erlaubt, das Spiel zu wagen, von dem ich hier spreche! Wie bald würden wir, wenn wir uns gut darin übten, diesem göttlichen König schachmatt bieten! Er könnte uns nicht mehr entkommen und wollte es auch nicht.

73 Das Schachgedicht des Hieronymus Vida, hg. von Alexander BALDI (Berlin 1873, Nachdr. Rodgau 1982) S. 26.
74 Ebd. S. 31f.

Die Dame kann bei diesem Spiel dem König am meisten zusetzen, und alle anderen Figuren helfen ihr dabei. Es gibt keine ›Dame‹, die den göttlichen König so sehr bezwingt wie die Demut. Diese zog ihn vom Himmel herab in den Schoß der Jungfrau; und durch sie werden wir ihn wie mit einem Haar in unsere Seele ziehen ...«[75].

Auch in anderen Passagen des »Camino de Perfeccion« beschäftigt sich Theresia auf eine die – männlichen – Zeitgenossen irritierende Weise mit der Unabhängigkeit und Kraft der Frauen, womit sie sicherlich für einiges Stirnrunzeln ihres Beichtvaters sorgte[76]. Für Theresia (1515–1582) gelten bereits die neuen Regeln des Schach *de la dame*; die *regina furens* ist zur stärksten Figur auf dem Brett avanciert. Nur vor diesem Hintergrund sind die Anspielungen des zweiten Abschnitts verständlich. Schachbieten und Mattsetzen sind Metaphern für die demütige Beterin, die Gott beharrlich verfolgt und ihn schließlich für sich findet und gewinnt. Deutlich klingt bei diesen Zeilen die erotische Komponente der Schachmetaphorik in der Troubadourlyrik an, freilich sublimiert mit Blick auf den *amor dei* und regeladaptiert gemäß der schachhistorischen Entwicklung.

Verzeichnis der Abbildungen

1) Markgraf Otto IV. von Brandenburg beim Schachspiel mit einer Dame. Miniatur aus dem Codex Manesse (ca. 1300), Universitätsbibliothek Heidelberg, cpg 848, fol. 13r

2) Rückseite eines Elfenbeinspiegels (14. Jh.). Victoria and Albert Museum, London

3) Schachszene auf dem Plenar Herzog Ottos des Milden (ca. 1300). Berlin, Staatliche Museen Preußischer Kulturbesitz, Kunstgewerbemuseum

4) Schachszene in floralem Rankenwerk. Oxford, Bodleian Library, Ms. 264, fol. 112r

5) Eduard II. von Beaujeu beim Schach mit der Demoiselle von Bessée. Kupferstich 1853 nach einem Glasfenster in Villefranche (15. Jh.). Bayerische Staatsbibliothek München

6) Willehalm und Arabele beim Schachspiel. Miniatur aus dem Willehalm-Codex (1334). Landesbibliothek Kassel, Handschriftenabteilung, 2° Ms. poet. et roman. 1, fol. 25r

75 Teresa von Jesus, Weg der Vollkommenheit, hg. vom Karmel St. Josef, Hauenstein (Leutesdorf 1992) S. 84 (Kapitel 16, Abschnitt 1–2). Diese Zeilen finden sich nur in der ersten Fassung, der sog. Escorial-Handschrift. Für die Druckfassung schienen sie der Heiligen etwas unpassend.
76 Ebd. S. 55 (Kapitel 7, Abschnitt 8): »... und ich möchte nicht, meine Töchter, daß ihr in irgend etwas weibisch seid oder zu sein scheint: Ihr sollt wie starke Männer sein! Denn wenn Frauen ihrem Wesen gemäß tatkräftig handeln, wird der Herr sie so mannhaft machen, daß die Männer darüber staunen werden.« – Vgl. auch S. 131 (Kapitel 26, Abschnitt 4): »Will eine Frau eine gute Ehe führen, erwartet man von ihr, daß sie sich ihrem Mann anpaßt: Wenn er traurig ist, muß auch sie sich traurig zeigen, und wenn er fröhlich ist, fröhlich scheinen, selbst wenn sie es in Wirklichkeit nicht ist. Da seht ihr, von welcher Knechtschaft ihr frei seid, Schwestern! Ebenso verhält sich in Wahrheit und ohne Verstellung der Herr uns gegenüber: er unterwirft sich und will, daß ihr die Herrinnen seid, und fügt sich ganz eurem Willen.«

7) Miniatur aus der Dresdener Handschrift der Echecs amoureux. Sächsische Landesbibliothek, Handschriftenabteilung, Oc. 66, fol. 24v

8) Ausschnittvergrößerung aus einem Wirkteppich mit Liebesgarten (oberrheinische Arbeit um 1470). Historisches Museum Basel, Inv.-Nr. 1921.261, photographiert von Maurice Babey

9) Holzschnitt aus dem »Guldin Spil« von Meister Ingold (Augsburger Druck von 1472); aus: Joachim PETZOLD, Das königliche Spiel (Stuttgart etc.: Kohlhammer 1987) S. 141

10) Lucas van Leyden, »Die Schachpartie« (1508). Staatliche Museen Preußischer Kulturbesitz, Gemäldegalerie

11) Tristan und Isolde trinken den Liebestrank. Paris, Bibliothèque nationale, Cod. fr. 112, fol. 239

12) Rückseite einer Spiegeltruhe aus Elfenbein (ca. 1300). Paris, Musée du Louvre, Inv.-Nr. OA 117

13) Miniatur aus den Echecs amoureux (ca. 1500). Paris, Bibliothèque nationale, Cod. fr. 143, fol. 1

14) Miniatur aus einer Handschrift des Alexander-Romans (2. Hälfte 15. Jh.). Forschungs- und Landesbibliothek Gotha, Cod. Memb. I 117, fol. 49v

15) Herzog Albrecht V. von Bayern und seine Gemahlin Anna von Österreich beim Schachspiel (Titelminiatur von Hans Muelich aus dem Kleinodienbuch der Herzogin, 1552). Bayerische Staatsbibliothek München, Cod. icon. 429, fol. 1v

16) König Alfonso X. von Kastilien beim Schachspiel mit seiner Gemahlin Jolanta. Codex Alfonso (1283), fol. 15r; aus: PETZOLD [wie Abb. 9] S. 83 Abb. 29

17) Maurinnen beim Schachspiel. Codex Alfonso, fol. 23v; aus: PETZOLD [wie Abb. 9] S. 84 Abb. 31

18) Sofonisba Anguisciola: »Die drei Schwestern der Künstlerin beim Schachspiel« (1555). Muzeum Narodowe, Poznan; hier aus: PETZOLD [wie Abb. 9] S. 162 Abb. 74

19) Liebesgarten mit Schachspielern (Kupferstich des Meisters E. S., ca. 1450); hier aus: PETZOLD [wie Abb. 9] S. 105

20) Französische Miniatur (ca. 1450). Paris, Bibliothéque nationale, Cod. fr. 24274, fol. 37v

21) Miniatur aus der Dresdener Handschrift der Echecs amoureux. Sächsische Landesbibliothek, Handschriftenabteilung, Oc. 66, fol. 27v

BILDNACHWEIS

Historisches Museum Basel, Maurice Babey: 8 · Staatliche Museen zu Berlin Preußischer Kulturbesitz: 3, 10 · Sächsische Landesbibliothek Dresden: 7, 21 · Forschungs- und Landesbibliothek Gotha: 14 · Universitätsbibliothek Heidelberg: 1 · Landesbibliothek Kassel: 6 · Victoria and Albert Museum London: 2 · Bayerische Staatsbibliothek München: 5, 15 · Bodleian Library Oxford: 4 · Réunion des musées nationaux Paris, S. Burgelin: 12 · Bibliothèque nationale de France Paris: 11, 13, 20 · Joachim PETZOLD, Das königliche Spiel. Die Kulturgeschichte des Schach (Stuttgart: Kohlhammer 1987): 9, 16–19.

Das Emsland
Zur Geschichte einer deutschen Grenzregion

VON GERD STEINWASCHER

Grenzgebiete sind für den Historiker faszinierend, nicht immer aber für die Bewohner solcher Regionen. Reinhard Schneider, selbst in einer »klassischen« Grenzregion lebend, hat sich mit dem »Phänomen Grenze« schon vor seinem Wechsel in das Saarland beschäftigt[1] und er hat sich dem Thema auch seit seiner Tätigkeit in Saarbrücken gewidmet[2]. Das Problem von Grenzregionen im Nachkriegsdeutschland war vor allem bestimmt durch die neue Grenze, die die sowjetische Besatzungszone von den Zonen der Westmächte trennte. Diese innerdeutsche Grenze blieb kein Provisorium, sondern drohte zu einer endgültigen Staatsgrenze zu werden. Sie kappte gesellschaftliche und wirtschaftliche Verbindungen und stellte die betroffenen Regionen vor große Probleme. Deren Bewohner in ihrer Not zu unterstützen, mußte als selbstverständlich gelten.

Umso mehr erstaunt zunächst, daß nach dem Zweiten Weltkrieg ausgerechnet eine Grenzregion im Westen Deutschlands in großem Stil gefördert wurde: das Emsland. Grund hierfür waren nicht zuletzt die auch im Nordwesten der entstehenden Bundesrepublik drohenden Gebietsverluste zugunsten der Niederlande. Betroffen hiervon war auch das Emsland, und die Argumente der niederländischen Regierung mußten die Verantwortlichen vor Ort, in Hannover und in Bonn, besonders treffen: »Es scheint der königlichen Regierung auch ratsam, das Torfmoor von Boertange, im Osten der südlichen Provinz Groningen und der Provinz Drenthe, in den Landbesitz des Königreichs einzugliedern. Dieses Gebiet, das dünn besiedelt ist, wurde wirtschaftlich schon immer von Deutschland gering geachtet«[3].

Auch wenn eine Realisierung der niederländischen Gebietsansprüche von den Siegermächten nicht ernsthaft erwogen wurde, so war man in Hannover und Bonn im

---

1 Erinnert sei an seinen Beitrag: Mittelalterliche Verträge auf Brücken und Flüssen (und zur Problematik von Grenzgewässern) (in: ADipl 23, 1977) S. 1–24.
2 Reinhard SCHNEIDER, Grenzen und Grenzziehung im Mittelalter. Zu ihrer begrifflichen, rechtlichen und politischen Problematik (in: Probleme von Grenzregionen: Das Beispiel SAAR-LOR-LUX-Raum. Beiträge zum Forschungsschwerpunkt der Philosophischen Fakultät der Universität des Saarlandes, hg. von W. BRÜCHER und P. R. FRANKE, Saarbrücken 1987) S. 9–27.
3 Anhang zur Note vom 5. November 1946, zitiert nach: Christof HAVERKAMP, Die Erschließung des Emslandes im 20. Jahrhundert als Beispiel staatlicher regionaler Wirtschaftsförderung (= Emsland/Bentheim. Beiträge zur Geschichte 7, Sögel 1991) S. 86; siehe hierzu auch M. SCHROOR, Divergentie en convergentie. Twee eeuwen sociaal-economische ontwikkeling in de Eems Dollard Regio, 1815 – 1999 (in: Rondom Eems en Dollard. Historische verkenningen in het grensgebied van Noordoost-Nederland en Noordwest-Duitsland, Groningen/Leer 1992) S. 352ff.

Zugzwang. Den regionalen Politikern war dagegen ein glänzendes Argument geliefert worden. Am 5. Mai 1950 stimmten die Abgeordneten des Deutschen Bundestages einstimmig dem Emslandplan zu. Es begannen Jahre milliardenschwerer Finanzhilfen, die einer unterentwickelten Grenzregion erst so richtig in das 20. Jahrhundert verhalfen. Eine geschichtliche Aufgabe nannte Georg Sperl, Geschäftsführer der mit der Emslanderschließung betrauten Emsland GmbH, die nun folgende Entwicklung[4]. Wie war es aber zu dem Entwicklungsgefälle gekommen, das eine ganze Region zu einer historischen Aufholjagd veranlaßte? Es liegt dabei nahe, nach der Grenzlage zu fragen.

Zunächst aber gilt es, diese Region selbst in ihrem Umfang zu bestimmen. Unter Emsland versteht man heute zunächst eine Gebietskörperschaft, den Landkreis Emsland mit Sitz in Meppen. Dieser Landkreis gehört mit einer Fläche von 2879 qkm zu den größten Landkreisen der Bundesrepublik, ja ist sogar etwas größer als das Saarland. 1977 wurde er durch die Zusammenlegung der Kreise Aschendorf-Hümmling, Meppen und Lingen geschaffen und umfaßt damit das alte münstersche Amt Meppen und die Grafschaft Lingen. Im Mittelalter und in der frühen Neuzeit steht der Begriff Emsland für das Amt des Niederstifts Münster. Seit dem 19. Jahrhundert zählt man auch Lingen dazu. Nach der Moorkultivierung wird der Begriff zuweilen auch auf das Gebiet der Grafschaft Bentheim ausgedehnt, die aber noch heute unter diesem Namen einen eigenen Landkreis bildet. Die Emslanderschließung der Nachkriegszeit steckte aus hydrologischen und geologischen Gründen ihr Erschließungs- und Arbeitsgebiet noch weiter ab, berücksichtigte auch Teile des ostfriesischen Kreises Leer, der oldenburgischen Kreise Cloppenburg und Vechta und des ehemaligen osnabrückischen Landkreises Bersenbrück. Im folgenden soll aber das Gebiet der heutigen Gebietskörperschaft in den Blick genommen werden, also das engere Emsland, dessen Geschichte und dessen Probleme eng miteinander verwoben sind.

Als Grenzraum präsentiert sich das Emsland schon für den Geologen und Geographen. Naturräumlich war vor allem das nördliche Emsland nach Westen, Norden und Osten von seiner Umgebung abgeschnitten, was nicht ohne Folgen bleiben konnte, wie Hildegard Ditt aus der Sicht des westfälischen Raumes noch kürzlich formuliert hat: »Die Hochmoorzonen treten als Grenzbildner der frühesten politischen Räume in Erscheinung. So wurden das Bourtanger Moor im Westen und das Hunte-Leda-Urstromtal im Norden zum Träger der frühen Bistumsgrenzen und späteren Territorialgrenzen des Fürstbistums Münster gegen die Niederlande, gegen Ostfriesland und Oldenburg«[5]. Tatsächlich sind für große Teile des Emslandes diese naturräumlichen Bedingungen bis heute prägend geblieben. Kann man also, wie Käthe Mittelhäusser bei der Absteckung der Grenzen Niedersachsens[6], die Abgrenzung gegen die Niederlande

4   Georg Sperl, Die Erschließung des Emslandes als geschichtliche Aufgabe (in: Jahrbuch des Emsländischen Heimatvereins 11, 1964) S. 10.
5   Hildegard Ditt, Naturräume und Naturlandschaften Westfalens. Ihre Inwertsetzung seit dem frühen Mittelalter (in: Der Raum Westfalen Bd. 6 II: Fortschritte der Forschung und Schlußbilanz, Münster 1996) S. 45.
6   Käthe Mittelhäusser, Die Natur des Landes (in: Geschichte Niedersachsens Bd. 1: Grundlagen und frühes Mittelalter, hg. von Hans Patze, Hildesheim ²1985) S. 99.

schon durch das Bourtanger Moor als gegeben betrachten, auch wenn sie selbst – fast tautologisch – einschränkt, mit der zunehmenden Kultivierung der Moorflächen habe die abgrenzende Wirkung abgenommen? Die Archäologen finden im scheinbar unwegsamen Moor im übrigen genügend Bohlenwege aus fast allen Jahrhunderten der Siedlungsgeschichte dieses Raumes. Man wird den Hinweis von Ernst Schubert ernst nehmen müssen, es sei »geradezu eine Signatur der mittelalterlichen, ja auch noch weitgehend der frühneuzeitlichen Geschichte, daß Geschichtslandschaften sich einer geographischen Fixierung entziehen«[7]. Man wird aber noch über die hiermit formulierte Einschränkung hinaus weiter fragen müssen, wann und warum die Emsland-Region in eine Grenzlandrolle gedrängt wurde, deren Konsequenzen noch Mitte dieses ausgehenden Jahrhunderts so deutlich spürbar waren.

I. Das Mittelalter: Grenzraum zu Friesland

Fragt man nach dem Grenzlandcharakter des Emslandes im frühen Mittelalter, so stellt sich zunächst das Problem der stammesmäßigen Trennung Westfalens zu den Friesen. Im Westen des nördlichen Emslandes war diese Grenze von der Natur bestimmt, die Moore ließen scheinbar kaum Kontakte zu. Nach Norden aber ergab sich eine solche »Stammesbarriere« nicht überall, mit der Ems war im Gegenteil eine wichtige Verkehrsverbindung durch das Emsland in die friesischen Siedlungsgebiete gegeben. Die Ems taugte zudem nicht als »nasse Grenze«. Galt der Rhein noch als Anhaltspunkt der Westgrenze sächsischer Ausdehnung und die Weser dann als Grenze Westfalens zu Ostfalen, so konnte die Ems hierzu nicht dienen. Sie fungierte seit jeher für den Nord-Süd-Verkehr durch Westfalen, Bruno Kuske hat sie 1931 sogar den »westfälischen Rhein« genannt[8]. Zwar war die stark mäandernde Ems mit ihrer geringen Fließgeschwindigkeit aufgrund kaum noch merklicher Höhenunterschiede erst ab dem nördlichen Emsland ganzjährig schiffbar, doch bot das Emstal mit seinen sandigen Uferkuppen zugleich die einzige tragbare Straßenverbindung in Nord-Südrichtung. Hier im Norden mußte die Grenze also fließend sein.

Wo also lag die Grenze zu den Friesen? Der Engländer Bartholomaeus Anglicus umschrieb den Norden Westfalens um 1240 äußerst unbestimmt, wenn er als die Nordgrenze die Küste und die Friesen gleichermaßen (»Oceanum et Frisiam ad aquilonem«) festlegte[9]. Hermann Aubins Grenzziehung im ersten Band des so wichtigen Raumwerkes Westfalen war also durchaus ein Wagnis: » ... gegen die Friesen verlief sie nahe der Meeresküste von der unteren Weser hart an der Stadt Oldenburg entlang bis Papenburg an der unteren Ems«[10].

7   Ernst Schubert, Politik, Verfassung, Wirtschaft vom 9. bis zum ausgehenden 15. Jahrhundert (in: Geschichte Niedersachsens Bd. 2 I, Hannover 1997) S. 3.
8   Bruno Kuske, Die allgemeine Lage des Raumes und die natürlichen Bedingungen des Lebens und der Wirtschaft (in: Der Raum Westfalen Bd. 1: Grundlagen und Zusammenhänge, Berlin 1931) S. 34.
9   Zitiert nach Paul Casser, Der Raum Westfalen in der Literatur des 13.–20. Jahrhunderts (in: Der Raum Westfalen Bd. 2: Untersuchungen zu seiner Geschichte und Kultur, Berlin 1934) S. 5 Anm. 17.
10   Hermann Aubin, Die geschichtliche Entwicklung (in: Der Raum Westfalen Bd. 1: Grundlagen und Zusammenhänge, Berlin 1931) S. 7.

Tatsächlich erweist sich der Grenzraum zwischen den Friesen und den sächsischen Bewohnern des Emsgaus als breiter Saum im Bereich des Hümmlings und der Moore nördlich und westlich hiervon. Grenzziehungen waren erst Resultate einer Territorialisierung des Landes, und diese Phase reichte hier bis weit in das 17. Jahrhundert hinein. Aber auch dann blieb im Moor die Grenze unbestimmt.

Wo aber grenzte das nördliche Westfalen im Westen? Bis zur Selbständigkeit der Niederlande im 17. Jahrhundert zählte etwa der aus Osnabrück stammende Theologe und Literat Hermann Hamelmann (1525–1595) Deventer und Zwolle noch zu westfälischen Städten, der Süden des Emslandes galt somit keineswegs als eine Grenzregion[11]. Hier im südlichen Emsland verlief die so wichtige Ost-Westverbindung, die flämische Straße von Bremen über Haselünne und Lingen, wo die Ems überquert wurde, zu den niederländischen Hansestädten, zur Zuidersee und damit auch ins westliche Friesland und Seeland. Die östlichen Niederlande wird man gerade im Mittelalter als westfälisches Einflußgebiet bezeichnen dürfen. Hier wirkte die Hanse, auch sprachliche Barrieren gab es bis in die frühe Neuzeit hinein nicht[12].

Die kirchlichen und damit auch politischen Einflußgebiete lassen zudem aufmerken. Sie sind anders gegliedert und normieren großräumig. Die fränkischen Eroberer unter ihren Kaisern Karl dem Großen und Ludwig dem Frommen hinterließen nicht nur ein erstes Netz von Bischofssitzen, sondern auch Klostergründungen in Sachsen, deren Sinn es war, Sachsen kirchlich und politisch zu durchdringen. Für Teile des Emslandes wurde Kloster Corvey bestimmend. 834 erhielt das Kloster die Missionsstation (»cellula«) in Meppen mit den Pfarreien Sögel und Haselünne übertragen, 855 wuchs der Einfluß der Mönche durch die Gründung der Station in Visbek[13]. Damit entstand zunächst vor allem dem Bischof von Osnabrück Konkurrenz, der Diözesanherr im Emsland war. Bistum und Kloster standen fortan in Konkurrenz und haben der historisch-diplomatischen Forschung mit den Osnabrücker Fälschungen durch Benno II. von Osnabrück ein reiches Forschungsfeld hinterlassen[14]. Für unsere Fragestellung lohnt aber auch ein Blick auf die Einteilung der westsächsischen Diözesen, auch wenn die Grenzen mit Vorsicht auf der Karte abzustecken sind. Bezeichnenderweise nahmen die Bistumsgrenzen Osnabrücks noch wenig Rücksicht auf Stammesgrenzen. Die Diözese reichte bis in den Süden Ostfrieslands und im Westen bis hinein in den westfriesischen Raum um Westerwolde und Bellingwolde. Der Bischof von Münster dagegen erhielt die Hauptmasse der friesischen Siedlungsräume westlich und östlich der Ems übertragen, ein Grund mehr für diesen Bischof, sein Augenmerk auf das Gebiet längs der Ems bis zur Mündung zu richten.

Damit waren aber noch keineswegs Vorentscheidungen für die politische Raumbildung gefallen. Es kann hier nicht Aufgabe sein, die Auseinandersetzungen im einzelnen

---

11   CASSER [wie Anm. 9] S. 15.

12   Hermann NIEBAUM, Die Ems-Dollart Region als Sprachraum in Geschichte und Gegenwart (in: Rondom Eems en Dollard, wie Anm. 3) S. 256–265.

13   SCHUBERT [wie Anm. 7] S. 52f.

14   Kurt-Ulrich JÄSCHKE, Zu Quellen und Geschichte des Osnabrücker Zehntstreits unter Heinrich IV. (in: ADipl 9/10, 1963/64) S. 112–285 und (ebd.: 11/12, 1965/66) S. 280–401.

nachzuzeichnen, deren Ergebnis das nördliche Westfalen und damit auch das Emsland für Jahrhunderte prägen sollte. Corvey verlor seit dem 12. Jahrhundert in diesem für das Kloster entfernt liegenden Gebiet an Einfluß. Dies galt dann erst recht für die Zeit nach dem »politischen Loch«, das der Sturz Heinrichs des Löwen im Herzogtum Sachsen hinterließ. In diesem im Mittelalter königs- und damit reichsfernen Gebiet fand im 13. und 14. Jahrhundert eine für das nördliche Westfalen wichtige Auseinandersetzung zwischen weltlichen und geistlichen Herrschaftsträgern statt: Die Bischöfe von Münster und Osnabrück standen den Grafen von Tecklenburg und Ravensberg gegenüber. Vorentscheidend war wie so häufig im Mittelalter der genealogische Zufall: Das 1238 angebahnte und 1242 durch die Heirat der ravensbergischen Erbtochter Jutta mit Heinrich, dem einzigen Sohn des Grafen Otto von Tecklenburg, vollzogene Bündnis endete mit dem frühen Tod Heinrichs im Jahre 1248. Die Ehe blieb kinderlos, die Ravensberger zogen sich aus dem Emsland und Osnabrücker Nordland zurück. Nutznießer war nicht der Diözesanherr, der Osnabrücker Bischof, sondern der Bischof von Münster, der seine Einflußgebiete in Westfalen und Friesland zu verbinden trachtete[15]. Der Osnabrücker Bischof fiel damit nicht nur als Konkurrent für das mittlere und nördliche Emsland aus, er war sogar auf das Bündnis mit seinem Münsteraner Kontrahenten angewiesen, um die Tecklenburger Grafen um 1400 endgültig auf ihre kleinräumigen Besitzungen von der Exklave Rheda über Tecklenburg bis Lingen einzuschränken.

Die territorialpolitischen Auseinandersetzungen hatten also zu Beginn des 15. Jahrhunderts ein vorerst abschließendes Ergebnis. Der Süden des Emslandes, die Grafschaft Lingen, war Teil der schmalen tecklenburgischen Grafschaft, die fast wie ein Keil zwischen dem Ober- und Niederstift Münster und dem Hochstift Osnabrück lag. Der Bischof von Osnabrück blieb bis in die zweite Hälfte des 17. Jahrhunderts hinein Diözesanherr. Was aber war mit dem Plan des Münsteraner Bischofs geschehen, seine friesischen Gebiete und damit die Emsmündung unter seine Kontrolle zu bringen?

So erfolgreich der Bischof im Emsland und Osnabrücker Nordland agiert hatte, so erfolglos blieben seine Versuche, in Ostfriesland ernsthaft Fuß zu fassen. Damit stand er nicht allein. Ernst Schubert und Heinrich Schmidt haben ihren Beitrag in der ostfriesischen Geschichte zum Thema Grafschaft treffend mit den Worten: »Landfremde Herren und ihr Scheitern« überschrieben[16]. Von einer abgeschlossenen Christianisierung war Ostfriesland noch im 11. Jahrhundert entfernt, was auch ein Resultat einer schwierigen Herrschaftsbildung war, charakterisiert von »friesischer Freiheit« und Häuptlingsfehden, die schließlich erst im 15. Jahrhundert mit der Regentschaft der Cirksena und der Belehnung Ulrichs I. durch Kaiser Friedrich III. im Jahre 1464 mit der Reichsgrafschaft in Ostfriesland[17] ein Ende fanden. Ebensolange währte der Kleinkrieg der Friesen mit dem Bischof von Münster.

---

15 Vgl. hierzu insgesamt Wolfgang BOCKHORST, Geschichte des Niederstifts Münster bis 1400 (= Veröffentlichungen der Historischen Kommission für Westfalen XXII, 17, Münster 1985) S. 29ff.
16 Heinrich SCHMIDT/Ernst SCHUBERT, Geschichte Ostfrieslands im Mittelalter (in: SCHUBERT, wie Anm. 7) S. 920.
17 Hajo VON LENGEN, Bauernfreiheit und Häuptlingsherrschaft (in: Ostfriesland. Geschichte und Gestalt einer Kulturlandschaft, hg. von Karl Ernst BEHRE/Hajo VON LENGEN, Aurich 1996) S. 131f.

Dem Münsteraner Bischof blieb also nur noch die Abgrenzung seines Herrschafts-
gebietes zu den Ostfriesen. Im 13. und 14. Jahrhundert errichteten die Bischöfe im
nördlichen Emsland Burganlagen, die für die Grenzziehung nach Norden letztlich entscheidend wurden[18]. Sowohl im Kirchspiel Aschendorf wie auch östlich auf dem
Hümmling, also im Norden des Emslandes, waren »friesische Verhältnisse« spürbar,
der äußerste Norden war ein ständiger Unruheherd. Die Bauern des Hümmlings wie
auch die Aschendorfs führten nicht zufällig ein eigenes Siegel, sondern wie die friesischen Nachbargemeinden[19] ein entsprechend selbständiges Leben. Die friesischen Länder Bellingwolde und Westerwolde, die sich im 14. Jahrhundert in den Schutz des Münsteraner Bischofs begeben hatten, gingen im 16. Jahrhundert an Geldern verloren[20]. Für
eine Intensivierung von Herrschaft fehlte hier einfach eine reale Grundlage: Wir finden
im Emsland keine Klostergründung, auch der Adel – im Hümmling unbekannt – ist nur
dünn vertreten[21]. Ab 1300 kann man vom Emsland als einer Verwaltungseinheit sprechen, an deren Spitze sich nun ein auch in der frühen Neuzeit oft unabhängig agierender
Drost (»dapifer totius Emeslandie«) befindet[22]. Auch wenn sich die Bischöfe als Landesherren im Emsland durchzusetzen verstanden, so war vor allem die Grenze nach
Norden so unsicher wie der moorige Boden, der sie bedeckte.

II. DIE FRÜHE NEUZEIT:
DAS EMSLAND ALS POLITISCHER UND KONFESSIONELLER GRENZRAUM

Das 16. Jahrhundert brachte eine völlig neue Konstellation für die sich entwickelnden
emsländischen Territorien. Wie Ostfriesland gehörte der gesamte Nordwesten im Mittelalter zu den genuin königsfernen Landschaften[23]. Dies änderte sich mit der habsburgischen Herrschaftsbildung in den benachbarten Niederlanden. Die Abwehr der burgundischen Expansionspläne und die Eheschließung Erzherzogs Maximilian mit der
burgundischen Erbtochter Maria im Jahre 1477 waren die Wurzeln einer Entwicklung,
die für das Emsland erhebliche Konsequenzen haben sollte. Das habsburgische Königshaus wurde der unmittelbare Nachbar, ein zugreifender Nachbar, weil sich sein Interesse an den östlichen Territorien durch die konfessionellen Verschiebungen noch verstär-

---

18   Vgl. im folgenden Wolfgang BOCKHORST, Aschendorf zwischen Christianisierung und Gegenreformation, 880–1600 (in: Geschichte der Stadt Aschendorf, hg. von Gerd STEINWASCHER, Papenburg 1992) S. 15ff u. DERS. [wie Anm. 15] S. 29ff.
19   Abbildungen der Siegel der friesischen Landesgemeinden aus dem 13. und 14. Jahrhundert bei
VAN LENGEN [wie Anm. 17] S. 115.
20   Hans-Joachim BEHR, Handlungen um Westerwolde und Bellingwolde (in: Westfalen 68, 1990)
S. 204–212.
21   Günther WREDE, Die geschichtliche Stellung der Osnabrücker Landschaft (in: NdsJb 32, 1960)
S. 51f.
22   BOCKHORST [wie Anm. 15] S. 128.
23   Vgl. auch im folgenden Ernst LAUBACH, Die Habsburger und der deutsche Nordwesten im
Zeitalter Karls V. (in: WZ 147, 1997) S. 19 – 36; Wolf-Dieter MOHRMANN, Die Grafschaft Lingen in
der Politik Kaiser Karls V. (in: Im Bannkreis habsburgischer Politik. Stadt und Herrschaft Lingen im
15. und 16. Jahrhundert, hg. von Ludwig REMLING, Bielefeld 1997) S. 51–79.

ken mußten und der von Lüttich bis Verden reichende, inhomogene niederrheinisch-westfälische Reichskreis, zu dem die emsländischen Territorien gehörten, keine Ordnungsmacht sein konnte[24].

Als die Reformation – durch den osnabrückischen Bischof Franz von Waldeck 1543 und den tatkräftigen tecklenburgischen Grafen Konrad initiiert – sich in Nordwestdeutschland durchzusetzen begann, bestand allerdings längst ein grundsätzliches machtpolitisches Interesse Habsburgs an dieser Region des Reiches. Unter Karl V. wurden die Niederlande mit Spanien verbunden und bildeten die Machtbasis des spanischen Hauses nördlich der Alpen. Westfriesland wurde eingebunden, bis nach Ostfriesland reichten die direkten Einflüsse habsburgischer Politik. Die militärischen Erfolge Karls V. im Schmalkaldischen Krieg gegen die Kräfte der Reformation, die auch seine niederländischen Besitzungen ergriffen hatte, zeitigten unmittelbare territorialpolitische Folgen.

Es war kein Zufall, daß die fast exemplarische Bestrafung des Grafen Konrad von Tecklenburg in der lehnsrechtlich durchaus umstrittenen Einziehung der Grafschaft Lingen im Jahre 1548 bestand[25]. Nach einer nur vorübergehenden Lehnsübertragung an seinen Gefolgsmann Maximilian von Büren und an dessen Tochter kaufte Karl V. 1551 die Grafschaft. Lingen wurde Teil des spanischen Imperiums und damit Spielball der Konflikte, die kurze Zeit später in einen achtzigjährigen Krieg zwischen den abtrünnigen Provinzen der Niederlande unter der Statthalterschaft des Hauses Oranien und dem spanischen Königshaus mündeten[26]. Die Einbeziehung Lingens in das spanische Imperium wurde auch von den Reichsständen und – zurückhaltender – in Wien mit einem gewissen Argwohn verfolgt, drohte doch hier ein Autoritätsverlust des Reiches. So ist es nicht erstaunlich, daß die Erben des Tecklenburgers zäh versucht haben, mit Hilfe Wiens in den Besitz ihrer Grafschaft an der Ems zurückzugelangen[27].

Für unsere Frage ist weniger die Diskussion von Interesse, ob Karl V. damit umfassendere Pläne in Nordwestdeutschland verfolgte[28], sondern es sind die konfessionellen Folgen, die letztlich auch die politische Situation Lingens als Teil der Niederlande be-

24 Man wird Georg Schnath, dessen welfische Sichtweise sicher viele seiner Urteile überlagert, Recht geben müssen, wenn er diesen Kreis als »Verlegenheitsgebilde« charakterisiert hat, der – auf die 1180 gezogene Wesergrenze zurückgreifend – längst nicht mehr den territorialpolitischen Gegebenheiten entsprach; Georg SCHNATH, Hannover und Westfalen in der Raumgeschichte Nordwestdeutschlands (Hannover 1932) S. 26.
25 Eine Übersicht zur Geschichte Lingens bietet Hans D. HOMANN, Lingen im Zeitalter der Glaubenskämpfe, 1493–1702 (in: Lingen 975–1975. Zur Genese eines Stadtprofils, hg. von Wilfried EHRBRECHT, Lingen 1975) S. 54–159.
26 Siehe hierzu den Überblick bei Horst LADEMACHER, Die Niederlande. Politische Kultur zwischen Individualität und Anpassung (Berlin 1993) S. 150–279.
27 LAUBACH [wie Anm. 23] S. 35; vgl. Hans-Joachim BEHR, Der Verlust der Herrschaft Lingen und die Bemühungen der Tecklenburger Grafen um ihre Rückgewinnung (in: Emsland/Bentheim. Beiträge zur neueren Geschichte 4, Sögel 1988) S. 7–44.
28 So etwa in einem Bündnisangebot an den Osnabrücker Bischof Johann von Hoya im Jahre 1555; vgl. Wolf-Dieter MOHRMANN, Osnabrücks Geschichte in der europäischen Dimension (in: Osnabrücker Mitteilungen 96, 1991) S. 16ff.

stimmen sollten. Die lutherische Reformation wurde durch die habsburgische Annexion zunichte gemacht[29]. Während im benachbarten münsterschen Niederstift, also auch im mittleren und nördlichen Emsland sich das lutherische Bekenntnis trotz der offiziellen Zurücknahme der Reformation durch den Osnabrücker Bischof im Jahre 1548 mehr und mehr durchsetzte, gelang in der Grafschaft eine Rekatholisierung.

Dies trug wohl mit dazu bei, daß die Grafschaft Lingen – zumal politisch und ökonomisch unbedeutend – keine aktive Rolle bei dem Aufstand der Generalstaaten gegen das spanische Habsburg spielte. Bis auf eine kurze Besetzung durch Moritz von Oranien zwischen 1597 und 1605[30] blieb die Grafschaft bis 1633 in spanischer Hand bzw. in der ligistischer Truppen. In den für Spanien erfolgreichen 80er Jahren des Krieges gehörte Lingen zu einer Kette spanischer Festungen, mit denen man die Reste des Aufstandsgebiets einzuschnüren trachtete. Diese Gefahr beseitigten die Generalstaaten erst 1594 mit der Einnahme Groningens. Lingen blieb aber ein Faustpfand der Spanier im Nordwesten des Reiches, das erst uninteressant zu werden begann, als mit dem schwedischen Siegeszug strategische Pläne im Norden obsolet und die Konzentration auf die Grenze zu den Generalstaaten in Brabant und Flandern bittere Notwendigkeit wurden. Durch den 1648 in Münster geschlossenen Frieden zwischen den Generalstaaten, denen die staatliche Souveränität garantiert wurde, und Spanien wurde Lingen folgerichtig den Generalstaaten zugesprochen. Die Stellung Lingens zum Reich blieb dabei allerdings umstritten, die Grafschaft nahm aber nicht nur staatsrechtlich innerhalb der weitgehend calvinistischen Generalstaaten[31] eine Sonderrolle ein, sondern auch in konfessioneller Hinsicht. Denn als nach 1633 die calvinistischen Oranier die Herrschaft antraten, die sie bis 1702 ausübten, war es für eine Umkehrung der religiösen Verhältnisse trotz aller landesherrlichen Edikte in der Grafschaft Lingen zu spät, zumal sich die konfessionelle Situation in der Nachbarschaft geändert hatte.

Die lange spanische Herrschaft in Lingen und die damit verbundene Rekatholisierung erleichterten nämlich die wittelsbachischen Bemühungen um eine Eindämmung der Reformation in Westfalen. Ferdinand von Bayern, seit 1612 Erzbischof von Köln und auch Bischof von Münster, setzte im Vorfeld des Dreißigjährigen Krieges im durchweg protestantischen Niederstift Münster die Gegenreformation durch[32]. Mit Gewalt

---

29 Zur wechselhaften Konfessionsgeschichte Lingens siehe Thomas ROHM/Anton SCHINDLING, Tecklenburg, Bentheim, Steinfurt, Lingen (in: Die Territorien des Reichs im Zeitalter der Reformation und Konfessionalisierung, hg. von Anton SCHINDLING/Walter ZIEGLER, Bd. 3, Münster 1991) S. 182–198.

30 Die Oranier machten aufgrund einer Schenkungsurkunde Philipps II. an ihre Familie Ansprüche auf die Grafschaft geltend; siehe jetzt Karl-Klaus WEBER, Die Grafschaft Lingen und die Oranier 1550–1580 (in: Osnabrücker Mitteilungen 102, 1997) S. 35–63, hier insbesondere S. 49ff.

31 Zur konfessionellen Entwicklung in den Niederlanden, die eng mit dem Kriegsgeschehen in Zusammenhang stand, siehe Antoon E.M. JANSSEN/Peter J.A. NISSEN, Niederlande, Lüttich (in: SCHINDLING/ZIEGLER, wie Anm. 29) S. 200–235.

32 Vgl. Gerd STEINWASCHER, Reformation und Gegenreformation im Niederstift Münster (in: V.D.M.I.AE – Gottes Wort bleibt in Ewigkeit. 450 Jahre Reformation in Osnabrück, hg. von Karl Georg KASTER/Gerd STEINWASCHER = Osnabrücker Kulturdenkmäler Bd. 6, Bramsche 1993)

wurden die Pfarrer vertrieben und in Meppen und Vechta Jesuitenmissionen eingerichtet. Die Mehrheit des Adels und vor allem die Städte leisteten vergeblich Widerstand. Besonders problematisch war die Durchsetzung des alten Glaubens an der friesischen Grenze, in Aschendorf und Rhede.

Das Emsland, nunmehr oranisch und münsterisch, wurde somit nach Norden und Westen konfessionelle Grenze zu reformierten und lutherischen Gebieten, denn in Ostfriesland, in Oldenburg und in den Generalstaaten der Niederlande konnten sich Lutheraner und Calvinisten behaupten bzw. durchsetzen. Diese Konstellation trug fortan entscheidend zur Grenzlandsituation des Emslandes bei, denn auch im Süden stieß man mit der Grafschaft Bentheim und der Grafschaft Tecklenburg an mehrheitlich protestantische Territorien. Allein im Fürstbistum Osnabrück, dessen Kirchspiele in den Folgeverhandlungen zum Westfälischen Frieden in lutherische und katholische geteilt wurden, traf man auf katholische Nachbarn, sieht man von der schmalen Verbindungslinie zum Oberstift Münster ab. Hinzu kam, daß sich infolge des Westfälischen Friedens die Niederlande endgültig aus dem Reichsverband lösten.

Im niederländisch-spanischen und im Dreißigjährigen Krieg hatte das Emsland nur als Durchzugs- und Verpflegungsgebiet zu leiden. Die Grenzlage zu den aufständischen Generalstaaten machte es nicht zum Schlachtfeld; hier wirkten die unwirtlichen natürlichen Verhältnisse einmal in positiver Weise. Insbesondere die Stadt Lingen erlebte in den spanisch-niederländischen Auseinandersetzungen, aus denen man sich möglichst herauszuhalten suchte, zwar Belagerungen und Eroberungen, doch spricht es für sich, daß die Festungsanlagen schließlich 1632 geschleift wurden, weil sie ihre strategische Bedeutung verloren hatten. Für die Generalstaaten gefährlicher war Ostfriesland als potentielles Aufmarschgebiet seiner Gegner; hier nahm man Einfluß, Emden und Ostfriesland galten als »Neerlants sleutel, Duitslands Slot«[33].

Die macht- und konfessionspolitische Absicherung des Emslandes bestimmte auch in der zweiten Hälfte des 17. Jahrhunderts die Politik der Bischöfe von Münster, insbesondere des Bischofs Christoph Bernhard von Galen. Folgenreich war dabei weniger sein gescheiterter Krieg im Bündnis mit König Ludwig XIV. gegen die Niederlande, im Zuge dessen Lingen zwischen 1672 und 1674 in die Macht des Bischofs geriet, sondern die endgültige Abschließung seines Territoriums nach Norden. Wie schwach seine Stellung im nördlichen Emsland immer noch war, zeigt der Weg, den er beschritt.

Seit 1630 arbeitete Dietrich von Velen, Drost des Emslandes, an der Bildung einer eigenen kleinen Herrschaft im äußersten Norden des Niederstifts[34]. Sicherung der Gren-

---

S. 201–209; Tim Unger, Das Niederstift Münster im Zeitalter der Reformation. Der Reformationsversuch und seine Folgen bis 1620 (= Quellen und Beiträge zur Kirchengeschichte des Oldenburger Landes 2, Vechta 1997).

33   Zitiert aus einem Gedicht des reformierten Predigers Albertus Albertoma aus dem Jahre 1689; vgl. Bernd Kappelhoff, Niederlandes Schlüssel, Deutschlands Schloß. Ostfriesland und die Niederlande vom 16. bis zum 18. Jahrhundert (in: NdsJb 67, 1995) S. 69.

34   Wolf-Dieter Mohrmann, Von der Herrlichkeit zur Stadt. Bemerkungen zur Geschichte von Verfassung und Verwaltung Papenburgs (in: Geschichte der Stadt Papenburg, hg. von Wolf-Dieter Mohrmann, Papenburg 1986) S. 137ff.

ze nach Ostfriesland und Förderung des katholischen Glaubens waren seine Angebote an den Münsteraner Fürstbischof, der schließlich 1657 einwilligte, daß Dietrich von Velen für eine kleine Fehnkolonie mit dem Namen Papenburg Privilegien erhielt: Er genoß volle Gerichtsbarkeit und die Exemtion von den normalen Landessteuern. Damit war ein äußerst erfolgreicher Fremdkörper in das Land gesetzt, der auch nur als solcher gedeihen konnte. Als katholische Bastion gegenüber einer protestantische Umgebung konnte man aber nur existieren, wenn man sich diese wirtschaftlich zunutze machte. So wurde aus einer kleinen Fehnkolonie in wenigen Jahrzehnten eine Hafenstadt, aus der nicht nur Torf nach Norden verschifft wurde, sondern bald auch dort gebaute Schiffe ausliefen[35]. Papenburg machte Emden Konkurrenz, was das Verhältnis zu den Ostfriesen nicht verbesserte. Es verwundert nicht, daß für die benachbarte ehemalige Johanniterkommende Esterwegen gleiche Pläne verfolgt wurden, die freilich scheiterten.

Zieht man Bilanz aus der frühneuzeitlichen Entwicklung, fällt vor allem die konfessionelle Grenzlage des Emslandes ins Auge. Das ohnehin umstrittene Ausscheiden Lingens aus dem Reich war dagegen nur eine Episode. Als Erbe der Oranier übernahm 1702 König Friedrich I. von Preußen die Grafschaft und vergrößerte damit seine Besitzungen in Westfalen. Man schaute nunmehr wieder mehr nach Osten oder eher noch nach Süden und Norden, wodurch sich freilich die Grenzsituation zu den Niederlanden auch politisch verfestigte. Auch wenn 1744 Ostfriesland preußisch wurde, blieb man eine politische Exklave, verwaltungsmäßig zunächst noch eigenständig, gegen Ende des Ancien Régimes aber auch herabgestuft und der Mittelinstanz in Minden bzw. später Münster untergeordnet[36].

Betrachtet man die wirtschaftliche Situation des Emslandes, dann wurden gleichfalls in der frühen Neuzeit entscheidende Weichen gelegt. Im spanisch-niederländischen Krieg blühten die Niederlande in wirtschaftlicher wie in kultureller Hinsicht auf. Trotz aller Kriegslasten stand man politisch wie ökonomisch auf der Siegerseite. Waren im Mittelalter die Hansestädte der nördlichen Niederlande nach Osten ausgerichtet – man denke an Kampen am östlichen Ufer der Zuidersee –, so stieg nun eine Stadt am entgegengesetzten Ufer zu handelspolitischer Dominanz auf: Amsterdam hieß der ökonomische Dreh- und Angelpunkt, auf den man aus Stockholm, Riga und Danzig ebenso schaute wie aus Genua und Venedig.

Lediglich auf Lingen fiel ein wenig Licht vom Glanz der Niederlande. Schon immer hatte Lingen als wichtiger Emsübergang von der Verbindung zu den Niederlanden profitiert. Über Lingen verlief die wichtige hansische Handelsstraße von Hamburg nach Zwolle und Deventer. Die Straße blieb von Bedeutung, Lingen wurde eine wichtige Poststation, die die Niederländer ausbauten und die Preußen übernahmen. Konfessionspolitische Gründe hatte die Gründung der oranischen Universität in Lingen, der Georgiana, im Jahre 1697, die fast trotzig der Jesuitenschule im benachbarten Meppen gegenüberstand.

35   Bernd KAPPELHOFF, Grundzüge der Wirtschaftsgeschichte Papenburgs von den Anfängen bis 1945 (in: MOHRMANN, wie Anm. 34) S. 319–475.
36   Theodor PENNERS, Emsland/Bentheim um 1800. Notizen zu Verwaltung und Wirtschaft (in: Emsland/Bentheim. Beiträge zur neueren Geschichte Bd. 1, Sögel 1985) S. 8.

Ansonsten aber konnte man in der Grafschaft Lingen und erst recht nicht im Niederstift Münster den Weg beschreiten, der die Niederlande zu einer ökonomischen und kulturellen Hochburg machte. Dies gilt nicht nur für den Handel, sondern auch für die landwirtschaftliche Erschließung der großen Ödländereien auf beiden Seiten der Ems. Während die Holländer seit dem ausgehenden 16. Jahrhundert[37], in ähnlicher Weise dann auch die Ostfriesen, die Moore kultivierten, blieben ähnliche Versuche – mit Ausnahme Papenburgs – im Emsland in den Anfängen stecken. Ein Kraftakt des Jahres 1788, als im Amt Meppen 14 Kolonien mit 341 Kolonaten gegründet wurden[38], hatte kein sehr ermutigendes Ergebnis. Man beschränkte sich auf die Moorbrandkolonisation, die auch noch im 19. Jahrhundert halb Nordwestdeutschland zu sehen und zu riechen bekam, und erntete den Widerstand der alteingesessenen Landbevölkerung.

Die Gründe hierfür waren keineswegs nur den geologischen und geographischen Zufällen geschuldet. Natürlich hatten die niederländischen und ostfriesischen Fehnkolonien nahe und zahlungskräftige Absatzmärkte für den gestochenen Torf, natürlich war die flache Ems für das mittlere und südliche Emsland ein schlechter Verkehrsweg. Hinzu kam aber, daß von außen wenig tatkräftige Hilfe zu erwarten war. Zwar gab es schon seit dem ausgehenden Mittelalter Pläne der Bischöfe von Münster, durch Kanalbauten den Verkehrsfluß nach Norden zu verbessern. Zugleich verfolgte man damit politische Pläne, wollte durch Querverbindungen vom nördlichen Emsland an das Kanalnetz der Niederlande den Ostfriesen schaden. In der frühen Neuzeit scheiterten aber alle Kanalprojekte[39] im Emsland, während auf niederländischer Seite 1767 mit dem Baubeginn des Stadskanaals die Hochmoorkultivierung einen weiteren Schub erhielt.

Mochten hier auch technische Voraussetzungen fehlen, so liegen die eigentlichen Probleme des Emslandes vor allem im 18. Jahrhundert auf der Hand. Sowohl die Grafschaft Lingen wie auch das Niederstift Münster waren Nebenländer, das Interesse an der Region gering. So ist es nicht verwunderlich, daß die wohl bedeutendste Investition der münsterschen Bischöfe im Emsland der Bau des Jagdschlosses Clemenswerth war. Wie ein Bau von einem anderen Stern muß den Menschen auf dem Hümmling das Jagdschloß vorgekommen sein, das Bischof Clemens August, der es auf fünf Bistümer brachte und deshalb Monsieur de Cinque Eglises genannt wurde, mitten in die Einöde setzte und seine Dienerschaft vor nicht geringe Probleme stellte, wenn man hier zur Jagd erschien.

Denkbar schlecht waren also die strukturellen Voraussetzungen, mit denen man ins 19. Jahrhundert eintrat. Die Bevölkerungsdichte betrug im Amt Meppen zu Beginn des 19. Jahrhundert nur etwa 16–17 Einwohner/km², in der Niedergrafschaft Lingen waren es immerhin 30, im Osnabrücker Land aber 60–70 Einwohner/km². Angesichts der Tatsache, daß 1810 im Amt Meppen noch fünf Sechstel der Bodenfläche unkultiviert gewe-

---

37 Federführend für die Erschließung war die Stadt Groningen; vgl. H. K. KEUNING, Die Erschließung der Hochmoorgebiete in den östlichen Niederlanden und ihre Auswirkungen (in: NdsJb 45, 1973) S. 31–43.
38 PENNERS [wie Anm. 36] S. 23.
39 Gerd STEINWASCHER, Verkehrsverhältnisse im Emsland vor dem 19. Jahrhundert (in: Jahrbuch des Emsländischen Heimatbundes 44, 1998) S. 143f.

sen sein sollen[40], war aber selbst diese geringe Bevölkerungszahl noch zu hoch. Man stand zudem vor großen ökologischen Problemen. Die hemmungslose Nutzung der schnell schrumpfenden Waldbestände und der Markengründe (Allmenden) vor allem durch Schafzucht zerstörte die Bodenkrume. Die Erosion hatte bereits 1780 ein solches Ausmaß erreicht, daß 165 km² von Sandwehen bedeckt waren, während der Wald nur noch 30 km² umfaßte[41].

Vor allem die landlose Bevölkerung, die Heuerlinge, suchte ihr Heil in der Wanderarbeit. Als Hollandgänger verbrachten sie ganze Monate des Jahres als Grasmäher oder Torfstecher in den benachbarten Niederlanden. Fast 1000 Emsländer verdienten noch in der ersten Hälfte des 19. Jahrhunderts so ihr Geld[42]. Hollandgänger gab es auch in anderen Regionen Nordwestdeutschlands, im Osnabrücker Land, in der Grafschaft Bentheim oder in Ostfriesland. Viele von ihnen blieben in den Niederlanden, bauten sich dort eine Existenz auf und heirateten. Für die Emsländer war aber selbst diese Chance gering, da sich hier die konfessionellen Unterschiede auswirkten. Während Ostfriesen und Bewohner der Grafschaft Bentheim konfessionell und auch sprachlich in den Niederlanden problemlos integriert werden konnten, galt dies nicht für die katholischen Emsländer[43]. Für diese hatte die Grenze zu den Niederlanden eine ganz andere Relevanz.

III. Das 19. Jahrhundert: Stagnation und erste Entwicklungsschübe

Die immensen territorialpolitischen Verschiebungen zu Beginn des 19. Jahrhunderts verbesserten die politische Ausgangssituation des Emslandes keineswegs. Der Säkularisierung des Fürstbistums Münster folgte die Unterstellung des Amtes Meppen unter die Herzöge von Arenberg. Das Land diente als Entschädigungsmasse für die linksrheinischen Verluste der Arenberger nach der Festlegung der Rheingrenze zwischen Frankreich und dem Reich. Zudem erhielt das Amt nach Osten eine neue Grenze, denn die beiden übrigen Ämter des Niederstifts Münster, Cloppenburg und Vechta, fielen an Oldenburg. Diese weitere Isolierung des Landes wurde durch den Wiener Kongreß nur teilweise wieder aufgehoben. Zwar wurde das Amt Meppen zusammen mit Lingen und der Grafschaft Bentheim zum Königreich Hannover geschlagen, zu dem nun auch Ostfriesland gehörte, und der neu geschaffenen Osnabrücker Landdrostei als hannoversche Mittelbehörde unterstellt, doch blieb im Amt Meppen eine arenbergische Standesherrschaft bestehen.

---

40   Penners [wie Anm. 36] S. 21. Bis zur Hälfte des Gebietes bestand noch aus Moorflächen.
41   Franz Bölsker-Schlicht, Bevölkerung und soziale Schichtung im nördlichen Emsland vom 17. bis zum 19. Jahrhundert (= Emsland/Bentheim. Beiträge zur Geschichte 10, Sögel 1994) S. 17.
42   Franz Bölsker-Schlicht, Die Hollandgängerei im Osnabrücker Land und im Emsland (= Emsland/Bentheim. Beiträge zur neueren Geschichte 3, Sögel 1987) S. 318. Die meisten Hollandgänger kamen aus dem Hümmling.
43   P. Th. F. M. Boekholt, Die Beziehungen zwischen den nordöstlichen Niederlanden und Nordwestdeutschland (in: Rondom Eems en Dollard, wie Anm. 3) S. 249.

Die schwierige Festlegung der standesherrlichen Rechte des Herzogs Prosper Ludwig von Arenberg dauerte ein gutes Jahrzehnt[44]. Die komplizierte Konstruktion einer Doppelherrschaft mit einer steten Konkurrenz wirkte eher lähmend statt belebend. In Papenburg wurde noch 1828 die alte landsberg-velensche Patrimonialgerichtsbarkeit wieder eingerichtet, zudem wurde die hoheitlich-königliche Verwaltung für einige Jahrzehnte auf die Mittelinstanzen in Aurich und Osnabrück aufgeteilt. Erst 1860 gelang es der durch Schiffbau und Reedereien wirtschaftlich florierenden und um 1800 größten emsländischen Stadt, endlich Stadtrechte zu erwerben[45].

Ökonomisch bedeuteten die neuen politischen Verhältnisse zunächst sogar einen Rückschritt. Die in Konkurrenz zu Preußen in Hannover betriebene Zollpolitik schadete nicht zuletzt dem Emsland. Da zunächst zwischen Ostfriesland und dem arenbergischen Meppen die alten Zollgrenzen bestehen blieben, machte sich angesichts der neuen oldenburgischen Ostgrenze die Grenzlage des Landes verstärkt bemerkbar. In besonderer Weise schadete die Zollpolitik den wirtschaftlichen Beziehungen zu den Niederlanden, das traditionelle Hauptexportgebiet für die Emsländer[46]. Erst jetzt, im 19. Jahrhundert, verdichtete sich diese Grenze also auch ökonomisch. Hierzu paßt, daß man nun auch erstmals den Versuch wagte, die keineswegs genau fixierte Grenze zwischen den Niederlanden und den hannoverschen Gebieten abzustecken und 1824 in einem Staatsvertrag festzuhalten. Die vertragliche Vereinbarung scheiterte nicht an den Moorgebieten des Emslandes, sondern an dem ökonomisch bedeutenderen Unterlauf der Ems[47].

Ebenso mißlangen in der ersten Hälfte des 19. Jahrhunderts Pläne für eine direkte Kanalverbindung von der Ems in das bereits gut ausgebaute holländische Kanalnetz der Provinzen Drenthe und Overijssel[48]. Der Widerstand kam verständlicherweise aus Ostfriesland, aber auch aus der emsländischen Bevölkerung, die – durchaus als Ergebnis langer Isolierung interpretierbar – Innovationen eher skeptisch gegenüberstand. In gleicher Weise lehnte die Bevölkerung einen vom hannoverschen Staat geförderten Ausbau der Wege ab: Man fürchtete negative Konsequenzen einer leichteren Erreichbarkeit und begnügte sich mit althergebrachten Nebenerwerben wie dem Strumpfstricken auf dem Hümmling[49]. Was Carl Julius Weber 1834 für das preußische Münsterland feststellte, dürfte noch mehr für das Emsland zugetroffen haben: »Wenn sie so begierig von der

---

44 Vgl. hierzu insgesamt Wolf-Dieter MOHRMANN, Die Standesherrschaft des Herzogs von Arenberg im Königreich Hannover (in: Die Arenberger. Geschichte einer europäischen Dynastie Bd. 2, hg. von Franz-Josef HEYEN/Hans-Joachim BEHR, Koblenz 1990) S. 99–144.
45 Gerd STEINWASCHER, Aschendorf und Papenburg – Das nordwestliche Emsland im Zeitraffer der Geschichte (in: Rondom Eems en Dollard, wie Anm. 3) S. 181f.
46 Michael SCHMIDT, Wirtschaft und Verkehr im Herzogtum Arenberg-Meppen 1815–1875 (= Emsland/Bentheim. Beiträge zur Geschichte 13, Sögel 1997) S. 52ff.
47 Walter DEETERS, Geschichte der Grenze zwischen Drenthe und dem Emsland und Groningen und Ostfriesland (in: Rondom Eems und Dollard, wie Anm. 3) S. 67.
48 SCHMIDT [wie Anm. 46] S. 140ff. Realisiert wurde die Anbindung an das holländische Kanalnetz erst Ende des 19. Jahrhunderts; ebd. S. 237.
49 Ebd. S. 89.

Erde holen wollten, was sie so begierig in der Kirche holen – den Segen des Priesters –
so wäre das Münsterland die industriöseste Provinz Deutschlands«[50].

Entwicklungsschübe konnten allein durch administrative Durchsetzung erreicht
werden. Dies geschah zumindest verkehrspolitisch seit der Mitte des 19. Jahrhunderts
durch den hannoverschen wie durch den preußischen Staat. In gleicher Weise konnte
durch die einsetzenden Markenteilungen der ökologische Niedergang des Landes aufgehalten werden. Insbesondere die Herzöge von Arenberg forsteten große Teile der an
sie fallenden Markenflächen auf, noch heute existieren die auf sie zurückgehenden För-
stereien[51].

Der große Einfluß Preußens auf die Verkehrspolitik im Nordwesten Deutschlands
brachte aber gerade für das Emsland nur teilweise ökonomische Vorteile. Zwar wurden
durch den Bau der hannoverschen Westbahn, die 1856 fertiggestellt wurde und Rheine
über Lingen, Meppen und Papenburg mit Emden verbindet, zahlreiche emsländische
Dörfer aus dem Dornröschenschlaf gerissen, und vor allem die Städte im Emstal profitierten von dieser Entwicklung; doch sorgte der preußische Staat dafür, daß nicht Lingen, sondern Rheine Eisenbahnknotenpunkt wurde. Das Interesse Preußens, für das
Ruhrgebiet eine gute Verkehrsverbindung zur Nordsee zu schaffen, die allein auf deutschem Gebiet lag, sorgte für eine einseitige Nord-Süd-Ausrichtung der nunmehr auch
durch Kanalbauten in Gang gebrachten Verkehrsentwicklung. So diente der Bau des
1899 eröffneten Dortmund-Ems-Kanals vor allem dem Transport von Kohle und
Stahl[52]. Solange das Emsland selbst agrarisch völlig unterentwickelt war, konnte es von
dieser Entwicklung nicht profitieren. Letztlich dienten Eisenbahn und Dortmund-
Ems-Kanal nur einer schnelleren Durchquerung des Emslandes und nicht seiner wirtschaftlichen Förderung.

Dennoch hatte die Annexion des Königreichs Hannover durch Preußen auch für
das Emsland langfristig positive Folgen. Die alten Beziehungen nach Münster konnten
aufgefrischt werden, gedacht war nach 1866 sogar an eine Angliederung Ostfrieslands,
des Emslandes und des Osnabrücker Landes an die preußische Provinz Westfalen[53]. Es
blieb aber bei der Ostorientierung des 19. Jahrhunderts, wozu auch nach der Wiederer-
richtung des Osnabrücker Bistums die kirchliche Bindung kam. Hinderlich blieb die
Grenzlage zwischen dem Großherzogtum Oldenburg und den Niederlanden, die vor
allem die abseits der Ems gelegenen Gebiete wie den Hümmling treffen mußte. Versuche, hier durch den Bau von Kleinbahnen wie der Hümmlinger Kreisbahn Abhilfe zu
schaffen, brachten nur bedingt Erfolge. Für die durch Kanal und Eisenbahn besonders
hart getroffenen Emsschiffer wurden Ende des Jahrhunderts sogar Kanalverbindungen
nach Westen geplant und zum Teil auch verwirklicht. Verglichen mit der rasanten Entwicklung etwa im benachbarten Osnabrück aber blieben dies nur Trostpflaster.

50   Zitiert nach SCHMIDT [wie Anm. 46] S. 89 Anm. 323.
51   Sie werden nunmehr durch die Arenberg-Meppen GmbH betrieben.
52   Michael SCHMIDT, Chausseen, Kanäle, Eisenbahnen. Verkehr im Emsland des 19. Jahrhunderts
(in: Jahrbuch des Emsländischen Heimatbundes 44, 1998) S. 183f.
53   WREDE [wie Anm. 21] S. 58.

IV. Das 20. Jahrhundert: Missbrauch und Hilfe für eine Grenzregion

Preußische Ansätze einer Emslanderschließung kamen durch den Ersten Weltkrieg erst einmal zum Erliegen. Hoffnungen im Emsland, die Kultivierung des Landes durch den Einsatz von Kriegsgefangenen zu beschleunigen, zerschlugen sich schnell angesichts des wachsenden Arbeitskräftemangels. Hinzu kam wiederum die ungünstige Grenzsituation zu den Niederlanden, die den Einsatz von Kriegsgefangenen sogar für den Ernteeinsatz fraglich machte. Die linksemsischen Gemeinden mußten lange warten, bis man schließlich auch ihnen unter verschärften Bedingungen Gefangene zuwies[54].

Der preußische Staat begann nach den Anfangswirren der Weimarer Republik und den Auswirkungen der Inflation Mitte der zwanziger Jahre mit einer entschlosseneren Emslanderschließung[55]. Diese beinhaltete zunächst staatliche Zwangsmaßnahmen. Ödlandaufkäufe und Enteignungsverfahren waren die Mittel, die nun helfen sollten. 25 000 Hektar Ödland kaufte der Staat auf. Nun hatte man auch ganz andere technische Möglichkeiten. Mit großen Dampfpflügen konnten tiefere Moorschichten umgebrochen werden. Wesentlicher Förderer der Emslanderschließung wurde der Osnabrücker Regierungspräsident Adolf Sonnenschein, der in schonungslosen Berichten nach Berlin von der sibirischen Abgelegenheit vieler emsländischer Gemeinden berichtete und 1928 resümieren mußte: »So ergibt sich das Bild eines gänzlich zurückgebliebenen Landesteiles, für dessen Bewohner leider die Behauptung Gültigkeit hat, daß die Arbeitslosen in der Stadt ein höheres soziales Niveau haben als diese Landarbeiter, Kleinbauern und selbst Bauernfamilien. Es ist ein Makel für einen sozial denkenden Staat, solche Gebiete auf diesem Niveau zu belassen«[56].

Die nationalsozialistische Machtergreifung beendete 1933 nicht nur die Tätigkeit Sonnenscheins, sondern auch dessen Ansätze einer Emslanderschließung. Der Versuch der Nationalsozialisten, den Bewohnern des Emslandes ihre Volksgemeinschaft aufzuzwingen, scheiterte in erster Linie an der Kirchenfrage. Die Gestapo Osnabrück mußte 1937 resignierend melden, es hier mit einem besonders hartnäckigen Volksgenossen zu tun zu haben, »der auf Grund der Gewohnheit und Erziehung und seines Erbgutes (!) stark kirchenhörig ist«, so daß es Generationen benötigen werde, ihn aus dieser Beziehung zu lösen[57].

---

54   Jochen Oltmer, Bäuerliche Ökonomie und Arbeitskräftepolitik im Ersten Weltkrieg. Beschäftigungsstruktur, Arbeitsverhältnisse und Rekrutierung von Ersatzarbeitskräften in der Landwirtschaft des Emslandes 1914–1918 (= Emsland/Bentheim. Beiträge zur Geschichte 11, Sögel 1995); Gerd Steinwascher, »... daß infolge Arbeitsmangel die Landwirtschaft lahm gelegt wird«. Der Einsatz von Kriegsgefangenen im Landkreis Aschendorf 1915–1916 (in: Jahrbuch des Emsländischen Heimatbundes 40, 1994) S. 34–43.
55   Vgl. hierzu Heinz-Günther Borck, Die Besiedlung und Kultivierung der Emslandmoore bis zur Gründung der Emsland GmbH (in: Nds Jb 45, 1973) S. 14ff.
56   Zitiert nach: Gerd Steinwascher, Die Emslanderschließung – ein erfolgreicher Abschnitt niedersächsischer Verwaltungsgeschichte (in: Übergang und Neubeginn. Beiträge zur Verfassungs- und Verwaltungsgeschichte Niedersachsens in der Nachkriegszeit = Veröffentlichungen der Niedersächsischen Archivverwaltung 52, Göttingen 1997) S. 44.
57   Zitiert nach Steinwascher, Die Emslanderschließung [wie Anm. 56] S. 46.

Zwar proklamierten die Nationalsozialisten die Entwicklung des Emslandes als nationale Aufgabe, was dahinter stand, bekamen die Emsländer aber bald zu spüren. Gerade hier, im katholischen Armenhaus des Deutschen Reiches, in dem die Nationalsozialisten auch bei den Märzwahlen 1933 gegen das Zentrum nicht die Spur einer Chance hatten, brachte der nationalsozialistische Staat zu Beginn seiner Herrschaft seine politischen Gegner unter. Nach der Schließung der Konzentrationslager in Esterwegen und Börgermoor schickte man den Reichsarbeitsdienst mit Hacken und Spaten in das Moor, ab 1938 dann Strafgefangenene, Kriegsgefangene, Deserteure, aber auch wieder politische Gegner und Homosexuelle. Über 100 000 Gefangene verschiedenster Nationalitäten haben auf diese Weise ihre Bekanntschaft mit dem Emsland machen müssen, das Lied der Moorsoldaten erinnert noch heute an diesen fürchterlichen Abschnitt deutscher und emsländischer Geschichte[58]. Befreit wurden die Gefangenen erst durch die aus den Niederlanden durchbrechenden alliierten Soldaten, vor allem durch polnische Verbände, die es sich nicht nehmen ließen, zur Unterbringung der zahlreichen polnischen Displaced Persons die emsländische Ortschaft Haren für Jahre in eine polnische Kleinstadt mit dem Namen Maczkow zu verwandeln[59].

Offenbar bedurfte es des völligen staatlichen Zusammenbruchs Deutschlands, um dem Emsland aus seiner Isoliertheit zu verhelfen. Die anfangs erwähnten niederländischen Gebietsansprüche, aber auch seit 1938 entdeckte Erdöl- und Erdgasvorkommen im unmittelbaren Grenzgebiet zu Holland, die dessen Begehrlichkeit natürlich geweckt hatten, trugen mit dazu bei, daß man in der vorläufigen Hauptstadt der Bundesrepublik diesen Landstrich nicht mehr übersah. Hinzu kam die Hoffnung, durch eine großangelegte Kultivierung der Ödländereien Flüchtlinge und Vertriebene im Emsland ansiedeln zu können. In Hannover wiederum stand hinter dem engagierten Eintreten für den Emsland-Plan die Notwendigkeit, das Emsland in das neue Land Niedersachsen einzugliedern. Denn im Emsland hatte man durchaus, wenn auch nicht so stark wie im gleichfalls katholischen Südoldenburg, mit dem in Münster propagierten Bundesland Westfalen geliebäugelt[60].

Das politische Programm Emsland-Plan gelang[61]. Durch ein erstaunlich unkompliziertes Zusammenwirken von staatlichen und kommunalen Behörden sowie Gesellschaften privaten Rechts, für die die Emsland GmbH eine fruchtbare Verklammerung

---

58   Die Literatur über die Emslandlager ist inzwischen stark angewachsen; siehe vor allem Erich KOSTHORST/Bernd WALTER, Konzentrations- und Strafgefangenenlager im Emsland 1933–1945 (Düsseldorf 1985). Seit 1993 wird das Dokumentations- und Informationszentrum Emslandlager (DIZ) in Papenburg durch das Land Niedersachsen und den Landkreis Emsland in seiner Arbeit unterstützt.

59   Haren wurde nach einem polnischen General mit dem Namen Maczek umgetauft. Es wurde ein polnisches Intellektuellenzentrum mit eigener Volkshochschule (Matthias MEISSNER, Polen im Emsland 1945–1948, Maschinenschrift Osnabrück 1991); siehe jetzt auch Andreas LEMBECK, Befreit aber nicht in Freiheit. Displaced Persons im Emsland 1945–1950 (= DIZ-Schriften 10, Bremen 1997).

60   Joachim KUROPKA, Nordwestfalen nach 1945 (in: Westfalen in Niedersachsen. Kulturelle Verflechtungen: Münster – Osnabrück – Emsland – Oldenburger Münsterland, Cloppenburg 1993) S. 99–106.

61   Siehe hierzu HAVERKAMP [wie Anm. 3] u. STEINWASCHER [wie Anm. 56].

darstellte, gelangen im Emsland Entwicklungssprünge. Dies deshalb, weil selbst die zunächst im Vordergrund stehende Erschließung und Kultivierung des Emslandes für eine landwirtschaftliche Nutzung voraussetzte, daß eine modernen Ansprüchen genügende Infrastruktur geschaffen wurde: eine für die Ökologie des Landes notwendige Aufforstung, Straßenbau, Elektrifizierung, Kanalisierung, ja der Bau von Trinkwasserleitungen.

Die Hoffnung, im Emsland möglichst viele Flüchtlinge und Vertriebene anzusiedeln, konnte nur teilweise realisiert werden. Die meisten der in der unmittelbaren Nachkriegszeit im Emsland untergebrachten Flüchtlinge, deren Anteil an der Gesamtbevölkerung im Vergleich zu anderen Regionen Niedersachsens ohnehin niedriger war[62], verließen das Emsland wieder, vor allem die Protestanten, die mit dem streng katholischen Milieu des Emslandes ihre Schwierigkeiten hatten. Es entstanden aber auch evangelische Siedlungen, überhaupt völlig neue Ortschaften, nach einem festen Plan angelegt und ausgebaut. Konflikte mit der alteingesessenen Bevölkerung galt es dabei zu überwinden, die alten Strukturen wurden dabei wenigstens teilweise aufgebrochen.

Die Ausrichtung der Emslanderschließung auf eine der Selbstversorgung dienende Landwirtschaft konnte nur ein erster Schritt sein; denn im Grunde schuf man Höfe, die auf dem entstehenden europäischen Agrarmarkt nicht lange konkurrenzfähig bleiben konnten. Deshalb beinhaltete ein konsequenter zweiter Schritt die Schaffung von Industriegelände und die Ansiedlung einer gemischten mittelständischen Industrie. Dabei profitierte man davon, daß Widerstände aus der Bevölkerung nicht zu befürchten waren, weder gegen ein Atomkraftwerk in Lingen noch gegen die Magnetschwebebahn Transrapid, die über den Wiesen des Landes getestet wird.

Denn dem fast vollständig zerstörten Moor jammern die Emsländer im Gegensatz zu vielen Umweltschützern nicht nach. Erst durch seine Kultivierung und die Schaffung einer modernen Infrastruktur konnte man beginnen, eine eigene, selbstbewußte Identität aufzubauen, die sich inzwischen in einem immer reicher werdenden kulturellen Angebot ausdrückt. Hohn und Spott war man gewohnt. Für die Niederländer war ab dem 19. Jahrhundert der Emsländer – allerdings wohl jeder Deutscher – ein »Mof«[63]. Kein geringerer als der Zentrumsführer Ludwig Windthorst mußte sich schon im 19. Jahrhundert wegen seines – freilich absolut sicheren – Wahlkreises Meppen viel Spott gefallen lassen[64]. Heute kann man ihn besser ertragen.

---

62   Im Emsland machte er 16% aus, in Niedersachsen ingesamt 25%; vgl. Bernhard PARISIUS, Vom Land in die Stadt. Die Aufnahme von Flüchtlingen und Vertriebenen im Kreis Lingen im Spiegel der Statistik (in: »Alte Heimat – Neue Heimat«. Flüchtlinge und Vertriebene im Raum Lingen nach 1945, hg. von Andreas EIYINCK, Lingen 1997) S. 25f.

63   Horst LADEMACHER, Deutschland und die Niederlande. Über Außenpolitik und Fremdbild im Wandel einer Beziehung von 1648–1939 (in: Die Niederlande und Deutschland. Nachbarn in Europa, Hannover 1992) S. 51.

64   »Nazareth-Meppen«, »Windthorst-Muffrika«, »Perle von Meppen« seien als Beispiele zitiert; Josef HAMACHER, Ludwig Windthorst und das Emsland (in: Ludwig Windthorst 1812–1891. Christlicher Parlamentarier und Gegenspieler Bismarcks, Meppen 1991) S. 92.

Diese neue Identität gewannen die Emsländer durchaus in Konkurrenz zu den Nachbarregionen. In eine neue Isolierung ist man deswegen aber nicht geraten. Zwar vermochte die in den sechziger Jahren in die Wege geleitete institutionalisierte Zusammenarbeit zwischen niederländischen und deutschen Gebietskörperschaften, die den Namen Euregio annahm[65], das Emsland nicht zu integrieren, waren doch die wirtschaftlichen Verflechtungen der westmünsterländischen und bentheimischen Textilindustrie zu den Niederlanden schon immer enger gewesen. Gering war das Interesse im Emsland zunächst auch an der sich nördlich anschließenden Ems-Dollart Region, der man nur eine kulturelle Bedeutung zumaß. Dies änderte sich aber sehr schnell, als deutlich wurde, welche finanziellen und strukturellen Chancen sich hier boten.

Erst die Erfolge der Emslanderschließung trugen dazu bei, die Grenzlage und die durch das wirtschaftliche und kulturelle Gefälle damit verbundene Isolierung aufzubrechen. Der Blick durch die Jahrhunderte zeigt, daß neben ungünstigen naturräumlichen Bedingungen vor allem langfristige territorial-, wirtschafts- und kirchengeschichtliche Entwicklungen in ihrem Zusammenwirken zu einer Situation führten, die nur durch einen gesamtgesellschaftlichen Kraftakt bereinigt werden konnte. Das Beispiel Emsland beweist aber auch, daß dies möglich ist.

---

65   Vgl. Gerd STEINWASCHER, Euregio und Ems-Dollart – Zusammenarbeit über die Grenzen hinweg (in: Die Niederlande und Deutschland, wie Anm. 63) S. 194–207.

Das Zisterzienserinnenkloster Königsbrück im 12. und 13. Jahrhundert

Ein Beitrag zur staufischen Territorialpolitik im Unterelsaß

VON THOMAS SEILER

Lange vor der Wahl Konrads III. zum römisch-deutschen König (1138) hatten die Staufer erkannt, daß zur Absicherung ihrer Herrschaft eine territoriale Machtbasis unverzichtbar war. Schon seit der Verleihung des Herzogstitels von Schwaben an die Staufer durch Heinrich IV. (1079) ist ein entsprechendes Bestreben des schwäbischen Geschlechts zu beobachten. In den ersten Jahrzehnten des 12. Jahrhunderts waren es die Brüder Konrad, der spätere erste staufische König, und Herzog Friedrich II., die besonders im Elsaß eine planvolle Territorialpolitik betrieben[1]. Ausgangspunkte waren der Besitzkomplex um Schlettstadt, hervorgegangen aus dem Erbe Hildegards von Schlettstadt, der Gemahlin Friedrichs von Büren und Mutter Herzog Friedrichs I., sowie das Gebiet des Heiligen Forstes mit der bedeutenden Pfalz Hagenau. Seit Ende des 11. Jahrhunderts waren die Staufer bestrebt, ihnen nahestehende Klöster in die Verwaltung und Bewirtschaftung jener Kerngebiete einzubeziehen. Beispielhaft dafür ist im Schlettstadter Bereich die Förderung von St. Fides, das von Mönchen aus dem südfranzösischen Conques besiedelt wurde[2].

Ebenfalls durch eine Heirat geriet der zweite bedeutende elsässische Besitz in die Hände der Staufer. Die Tochter Heinrichs IV., Agnes, brachte als Mitgift ein Drittel des Heiligen Forstes in die Ehe mit Herzog Friedrich I. ein. Dieser Gewinn muß im Zusammenhang mit der Übertragung des schwäbischen Herzogsamtes an die Staufer und den damit verbundenen Verpflichtungen gesehen werden. Herzog Friedrich I. sollte im Auftrag Kaiser Heinrichs IV. die salischen Interessen im Elsaß vertreten. Diese Aufgabe wurde um so schwerer, als der mächtigste Graf des Elsaß, Hugo VII. von Egisheim-Dagsburg, sich im Investiturstreit der päpstlichen Seite zuwandte. Als Landgraf im Unterelsaß besaß Hugo VII. gerade im Bereich des Hagenauer Forstes großen Einfluß. Nach seiner Ermordung im Jahr 1089, an deren Planung der staufische Bischof Otto II. von Straßburg beteiligt war, war der Weg für eine konsequente Territorialpolitik im

---

1 Ausführlich dazu Thomas SEILER, Die frühstaufische Territorialpolitik im Elsaß (Hamburg 1995).
2 Zu Hildegard von Schlettstadt s. Eduard HLAWITSCHKA, Zu den Grundlagen der staufischen Stellung im Elsaß: Die Herkunft Hildegards von Schlettstadt (= Sudetendeutsche Akademie der Wissenschaften und Künste. Geisteswissensch. Klasse. Sitzungsberichte 1991, Heft 9, München 1991); zur Entwicklung von St. Fides vgl. SEILER (1995) S. 59ff.

Unterelsaß frei[3]. Bis zur Jahrhundertwende konnten die Staufer ihre Stellung im Elsaß festigen, wobei sie sich nicht nur des schwäbischen Herzogsamtes, sondern auch ihres Einflusses auf das Bistum Straßburg bedienten[4].

Die in den ersten drei Jahrzehnten des staufischen Herzogtums errungene Machtbasis im Elsaß wurde durch die intensive Territorialpolitik des »Burgenbauers« Friedrich II. weiter stabilisiert. Der Herzog sicherte im Auftrag Heinrichs V. die Positionen des Reiches im pfälzischen und elsässischen Gebiet ab und betrieb zugleich die Vergrößerung der eigenen Hausmacht. Jedoch erlitt mit dem Scheitern seiner Königskandidatur 1125 die staufische Politik einen herben Rückschlag. Die Kämpfe mit den Anhängern Lothars III. zogen nicht nur die elsässischen Güter in Mitleidenschaft, sondern bremsten insgesamt die geplante Expansion. Erst mit dem Beginn der Königsherrschaft Konrads III. konnten die Staufer ihre Territorialpolitik weiterführen. Konrad III. und Herzog Friedrich II. erreichten durch ihre effiziente Zusammenarbeit, daß bis zur Mitte des 12. Jahrhunderts das gesamte Unterelsaß weitgehend in staufischer Hand war[5]. Das Jahr 1143 brachte dabei in vielerlei Hinsicht den entscheidenden Durchbruch. Nachdem den Staufern bereits 1125 das zweite Drittel des Heiligen Forstes als salisches Erbe zugefallen war, setzten sie nun auch ihren Erbanspruch auf das letzte Drittel durch, das Reinhold von Lützelburg gehört hatte[6]. Gleichzeitig entwickelte sich das Gebiet des Heiligen Forstes durch den weiteren Ausbau Hagenaus[7] zum Verwaltungsmittelpunkt, durch die Errichtung der Hagenauer Pfarrkirche und vor allem durch die Einbeziehung der umliegenden Klöster zum größten Machtzentrum der Staufer im Elsaß.

Friedrich I. Barbarossa fiel es nicht schwer, die von Konrad III. und vor allem von seinem Vater, Herzog Friedrich II., aufgebaute Herrschaft im Elsaß zu erweitern. Der Kaiser selbst wählte Hagenau als einen seiner Aufenthaltsorte aus und ließ dort die bedeutende Pfalzanlage entstehen[8], die längere Zeit wohl auch als Wohnung seiner Familie diente. Durch das außerordentliche Privileg für Hagenau von 1164[9] bestätigte Barba-

---

3   Zur Ermordung Hugos und ihren politischen Hintergründen s. SEILER (1995) S. 64ff.

4   Vgl. ebd., Kap I.4, S. 87ff.

5   Vgl. ebd., Kap. II.4, S. 161ff.

6   Noch Günther BINDING, Deutsche Königspfalzen. Von Karl dem Großen bis Friedrich II. 765–1240 (Darmstadt 1996) S. 293 geht von der durch die ältere Forschung verbreiteten falschen Annahme aus, daß das letzte Drittel zwischen 1158 und 1175 an die Staufer fiel. Die Besitzgeschichte des Heiligen Forstes konnte nicht zuletzt dank der Arbeit HLAWITSCHKAS nun weitgehend geklärt werden; vgl. SEILER (1995) S. 43ff.

7   Auch hier übernimmt BINDING (1996) die falsche Auffassung, daß die Anfänge der Burg Hagenau auf Graf Hugo von Egisheim, einen Vetter Konrads II., zurückgingen. Zur Widerlegung dieser Annahme s. HLAWITSCHKA (1991) S. 78ff. Zudem haben archäologische Untersuchungen bestätigt, daß ein Burgenbau im 11. Jahrhundert ausgeschlossen werden kann. Der Bau der Anlage auf der Moderinsel ist um 1115, also gleichzeitig mit der Gründung der Siedlung Hagenau durch Herzog Friedrich II., anzusetzen: André-Marcel BURG, Haguenau et la dynastie de Hohenstaufen (in: Études Haguenoviennes N.S. 5, 1965–70), S. 31ff.; Robert WILL, Notes complémentaires sur le château impérial disparu de Haguenau (ebd.) S. 79–99; SEILER (1995) S. 121ff.

8   SEILER (1995) S. 197ff., BINDING (1996) S. 293–303.

9   Aufgrund einer eingehenden Analyse der Originalurkunde können nunmehr die einzelnen Bestimmungen in ihrer zeitlichen Abfolge genauer unterschieden werden; s. dazu SEILER (1995) S. 181ff.

rossa die den Einwohnern seit der Gründung von Burg und Siedlung eingeräumten Rechte, die denen der Einwohner anderer Städte nicht nachstanden. Im Laufe seiner fast vierzigjährigen Regentschaft vervollständigte er die staufische Kontrolle über das gesamte unterelsässische Gebiet.

Hinsichtlich der mehrheitlich von der Forschung vertretenen Auffassung, das Elsaß sei exemplarisch für den Aufbau eines geschlossenen Reichslandes, ist als Ergebnis der frühstaufischen Reichs- und Territorialpolitik aber festzuhalten, daß nur für den unterelsässischen Raum, und zwar erst gegen Ende der Regierungszeit Barbarossas, von einem geschlossenen Machtbereich oder Reichsland gesprochen werden kann. Im Oberelsaß sind bis zum Ende des 12. Jahrhunderts allenfalls vielversprechende Ansätze auszumachen. Insofern ist auch die Auffassung zurückzuweisen, daß Otto von Freising mit der vielzitierten Formulierung *maxima vis regni*[10] schon zur Mitte des 12. Jahrhunderts ein geschlossenes Reichsland, eine *terra imperii*, im linken Oberrheingebiet bezeichnen wollte. Unter dieser *terra imperii* für das 12. Jahrhundert gar das ganze Elsaß verstehen zu wollen, entbehrt jeder Grundlage. Die Umschreibung für den Tätigkeitsbereich des 1147 verstorbenen Herzogs Friedrich II. zielt wohl eher auf den schon damals vorhandenen oberrheinischen Besitzkomplex um den Heiligen Forst, der mit ca. 18 000 ha zu den größten zusammenhängenden Waldgebieten im 12. Jahrhundert gehörte.

Der Ausdruck *maxima vis regni* ist, berücksichtigt man zudem die spätere Entwicklung Hagenaus zu einem der Repräsentationsmittelpunkte Friedrich Barbarossas, für den Hagenauer Besitzkomplex durchaus treffend. Auch wenn um 1200 nur von einem teilweise geschlossenen Königsterritorium im Elsaß gesprochen werden kann, wird die Annahme Karl Bosls[11] von einem planvollen Staatsaufbau der Staufer durch die Errichtung geschlossener Machtbereiche, der *terrae imperii*, durch die frühstaufische Territorialpolitik im Elsaß unterstützt. Um den Heiligen Forst legten die Staufer zur Sicherung ihrer Macht einen Kranz von Klöstern an. In unmittelbarer Nachbarschaft zu den älteren Klöstern Selz und St. Walburg entstanden zwischen 1133 und 1147 auch zwei Niederlassungen des kraftvoll expandierenden Zisterzienserordens: Neuburg und Königsbrück. Das Männerkloster Neuburg, 1133 von Reinhold von Lützelburg und Herzog Friedrich II. westlich von Hagenau gegründet, gewann sehr schnell an Bedeutung; dies ist schon 1148 bei der Entsendung von Neuburger Mönchen in die neugegründete Zisterze Maulbronn zu erkennen[12]. Während zur Geschichte Neuburgs ausführliche Darstellungen der älteren und neueren Forschung vorliegen[13], wird Königsbrück, immer-

---

10 Otto von Freising, Gesta Frederici imperatoris I 12 (hg. von F. J. SCHMALE, übers. von A. SCHMIDT = Ausgewählte Quellen zur Deutschen Geschichte des Mittelalters 17, Darmstadt ²1974) S. 152.

11 Karl BOSL, Die Reichsministerialität der Salier und Staufer. Ein Beitrag zur Geschichte des hochmittelalterlichen Volkes, Staates und Reiches (= Schriften der MGH 10 I–II, Stuttgart 1950/51).

12 Stephan Alexander WÜRDTWEIN, Nova subsidia diplomatica ad selecta iuris ecclesiastici Germaniae et historiarum capita elucidanda 7 (Heidelberg 1786) S. 150f. Nr. 57.

13 Luzian PFLEGER, Die wirtschaftliche und territoriale Entwicklung der ehemaligen Zisterzienserabtei Neuburg im Heiligen Forst bis zum 15. Jahrhundert (in: Archiv für elsässische Kirchengeschichte 1, 1926) S. 1–48; SEILER (1995) S. 143.

hin das älteste Zisterzienserinnenkloster im südwestdeutschen Raum[14], in der Literatur allenfalls marginal behandelt[15]. Die vorliegende Skizze versteht sich daher als ein erster Versuch, anhand des spärlichen Quellenmaterials die Frühphase Königsbrücks in staufischer Zeit zu dokumentieren.

Nur wenige Jahre nach Neuburg wurde das an der Sauer gelegene Königsbrück von Herzog Friedrich II. bei Kauffenheim im Nordosten des Heiligen Forstes gegründet. Dies ist in einem Diplom Friedrich Barbarossas von 1187 erwähnt: *cenobium beate Marie, quod in Regisponte a patre nostro Friderico fundatum est*[16]. Das exakte Datum ist nicht zu ermitteln; vermutlich erfolgte die Gründung nur wenige Jahre vor 1147, dem Todesjahr Herzog Friedrichs II. Von Beginn an scheint Königsbrück dem benachbarten Neuburg eng verbunden gewesen zu sein, denn nur wenige Jahre später wurde das Nonnenkloster den Zisterziensern aus der Neuburger Filiale Maulbronn unterstellt. Für die Anfangszeit des Klosters sind leider keine Nachrichten erhalten. Die älteste bekannte Urkunde für Königsbrück stammt von 1153. Herzog Welf schenkte dem Kloster ein *predium* in Vechenheim, wohl dem heutigen, Königsbrück benachbarten, Kauffenheim[17]. Als Zeugen der in Hagenau ausgefertigten Schenkungsurkunde sind ein Graf Gotefridus und die Brüder Friedrich und Dieto von Ravensburg genannt. Königsbrück erhielt wohl in den ersten drei Jahrzehnten ausschließlich Güter in der unmittelbaren Nachbarschaft. Da die neu erworbenen Besitzungen sehr schnell an die der alten Benediktinerabtei Selz angrenzten, waren Vereinbarungen zwischen beiden Klöstern zu treffen. So übertrug am 23. September 1163 Abt Reginold von Selz den Zisterzienserinnen ein Allod bei Eberbach gegen jährliche Abgaben und vorbehaltlich des Zehnten: *allodium apud villam Eberbach positum ... Agneti abbatissę de Regisponte et suis consororibus deinceps inibi Deo et sanctę Margaretę famulantibus assensu fratrum et ministerialium nostrorum iure hereditario concessimus ea videlicet taxatione, quatenus annuatim paschali tempore VIII agnos et in nativitate sanctę Marię V solidos Salsensis monetę persolvant ecclesię nostrę et decimationes eiusdem allodii, cui iure debent, dare non negle-*

---

14 Hermann TÜCHLE, Die Ausbreitung der Zisterzienser in Südwestdeutschland bis zur Säkularisation (in: Rottenburger Jahrbuch für Kirchengeschichte 4, 1985) S. 30. Königsbrück ist die einzige Frauenzisterze zwischen Schwarzwald und Vogesen, die im 12. Jahrhundert gegründet wurde.

15 Vgl. die Hinweise von Médard BARTH, Königsbrück (in: Handbuch der elsässischen Kirchen im Mittelalter, Straßburg 1960) Sp. 698ff. und 1884.

16 MGH DF. I. 967, S. 244 Z. 30.

17 Johann Daniel SCHOEPFLIN, Alsatia aevi Merovingici, Carolingici, Saxonici, Salici, Suevici diplomatica 1 (Mannheim 1772) S. 238 Nr. 288: *W. Dei gratia Sardinie dux Spoleti et marchio Tuscie, atque dominus domus comitisse Mathildis in perpetuum ... Vechenhaim, quod Adelheidis ejusque due sorores converse cum reliqua sorore sua, patrimonium omne suum inter se partientes, hereditario jure possedere, dilectissimarum collectioni dominarum apud sanctissimum locum, qui dicitur Kuningesbruke, in perpetuum donavimus, et presentis scripti privilegio confirmavimus. Decernimus igitur, ut nulla ecclesiastica vel laicalis persona dominas prefatas de substantia supradicta temere inquietare presumat, sed maneat eis et earum sequacibus presentibus et futuris hereditas in perpetuum profutura.* Hermann Tüchles Auffassung (Die Ausbreitung der Zisterzienser, 1985, S. 30), daß es vor der Barbarossa-Urkunde von 1187 (nicht 1183!) keine Urkunden für Königsbrück gebe, muß korrigiert werden.

gant[18]. Die in der Urkunde erwähnte Agnes war der ersten Äbtissin Adelheid im Amt gefolgt[19].

Als Zeugen werden neben dem Prior Erlewinus auch Funktionsträger der Siedlung Selz aufgeführt, so der *plebanus* Heinrich, der *causidicus* Friedrich und der *thelonarius* Werner. Ihre Anwesenheit unterstreicht, daß die Entscheidung, das Klostergut an Königsbrück zu übertragen, der alten Benediktinerabtei sicherlich nicht leicht gefallen ist. Eberbach gehörte nämlich zu jener Mark, die Selz um 987/991 von seiner Gründerin, der Kaiserin Adelheid, aus einem Teil ihrer Eigengüter erhalten hatte und die später als St. Adelheids-Eigen bezeichnet wurde[20]. Der Gedanke liegt nahe, daß die Güterübertragung auf Druck der Staufer zustande gekommen ist, die schon kurz nach dem Tod Heinrichs V. (1125) damit begonnen hatten, die Rechte der Abtei Selz einzuschränken. Da die Selzer Mönche ihre Besitzansprüche am Heiligen Forst offensichtlich nicht mehr eindeutig belegen konnten, versuchten sie sogar im Streit mit dem staufernahen Benediktinerkloster St. Walburg, sich mit einer Urkundenfälschung gegen die Beschneidung ihrer Rechte zur Wehr zu setzen. Die Auseinandersetzung um die Zehntrechte im Waldgebiet sollte sich bis zum Ende des 12. Jahrhunderts hinziehen[21].

1143 wurde Selz schließlich durch die Errichtung der Pfarrkirche von Hagenau, der nun die Zehnt- und Pfarrechte der zu Selz gehörenden Kirche von Schweighausen im Heiligen Forst abgetreten wurden, von Herzog Friedrich II. und König Konrad III. aus dem Waldgebiet verdrängt. Gleichzeitig förderten die Staufer offen die Klostersiedlung Selz. Konrad III. verlieh 1139 den Einwohnern *ius* und *libertas* der dort zugezogenen Speyerer[22] und leitete damit die Eigenentwicklung der Siedlung ein. Der Abt von Selz behielt weiterhin die Bann-, Zoll- und Münzrechte, die persönlichen Abgaben der Selzer Einwohner sollten sich aber auf einen dem Vogt, dem Markgrafen von Baden, zu entrichtenden Kopfzins beschränken.

Es ist also durchaus verständlich, daß über zwei Jahrzehnte später, bei der Güterübertragung von 1163, Selzer Verwaltungspersonal in der Zeugenliste erscheint. Für das Verhältnis von Abtei und Siedlung ist der Hinweis in der Urkunde von Bedeutung, daß der von den Königsbrücker Nonnen zu zahlende Zins in Selzer Münze zu leisten sei. Denn beide profitierten von der Prägung und vom Umlauf einer eigenen Münze, die 1143 von Bischof Burchard als Zahlungsmittel im Bistum Straßburg verboten worden

---

18   Hermann BANNASCH, Zur Gründung und älteren Geschichte des Benediktinerklosters Selz im Elsaß (in: ZGO 117 NF 78, 1969) S. 150, Anhang Nr. 2; fälschlich dagegen SCHOEPFLIN, Alsatia diplomatica 1 (1772) S. 255 Nr. 309 und WÜRDTWEIN, Nova subsidia 9 (Heidelberg 1787) S. 393 Nr. 197: *... allodii, cui jure debet dare, non negligant.*
19   Die ersten fünf Äbtissinnen von Königsbrück werden in einer Urkunde Heinrichs (VII.) von 1227 genannt; J.-L.-A. HUILLARD-BRÉHOLLES, Historia diplomatica Friderici secundi 3 (Paris 1852) S. 359f. (RI 5 Nr. 4090). Die Gallia christiana 5 erweist sich hier als unergiebig, sie erwähnt nicht alle Äbtissinnen.
20   Wilhelm ERBEN, Die Anfänge des Klosters Selz (in: ZGO 46 NF 7, 1892) S. 7ff.; zur Geschichte des *proprium S. Adelheidis* ausführlich BANNASCH (1969) S. 131–148.
21   BANNASCH (1969) S. 126; SEILER (1995) S. 125ff.
22   MGH DK. III. 21.

war. Konrad III. hatte aber durch die Bestätigung des Selzer Privilegs den Streit zwischen dem Bischof und der Abtei beilegen können[23].

Daß die Staufer Druck auf Selz ausübten, hält Hermann Bannasch auch bei der Vergabe der Besitzungen in Kesselbach (Kesseldorf)[24], das wie Eberbach zu dem St. Adelheids-Eigen zählte, an Königsbrück und der Abtretung der Nutzungsrechte in dem später nach den Zisterzienserinnen benannten Nonnen-Kesselwald für wahrscheinlich[25].

Für die ersten Jahrzehnte des Klosters Königsbrück können also nur die beiden Urkunden von 1153 und 1163 angeführt werden. Erst 1187 wird dann im Diplom Friedrich Barbarossas eine Reihe von Besitzungen aufgezählt, die wahrscheinlich wie Vechenheim und Eberbach schon zwischen 1150 und 1180 an Königsbrück vergeben wurden. Vermutlich zwischen 1185 und 1187 schenkte der junge König Heinrich VI. den Nonnen den größten Teil des Gutes Osterndorf[26]. Diese Verfügung ist zu erschließen aus einer Urkunde seines Enkels Heinrich (VII.) vom 20. März 1226, in der die Besitzungen von Königsbrück unter den königlichen Schutz gestellt werden: *grangiam quoque Ostrendorff ab avo nostro pie memorie iamdicto cenobio ex maxima parte comparatam ...*[27].

Die Besitzübertragung muß vor 1187 erfolgt sein, da Osterndorf zu jenen Gütern zählt, die Barbarossa dem unter kaiserlichen Schutz gestellten Nonnenkloster wohl Anfang Dezember 1187 in Straßburg bestätigte[28]. Diese Urkunde wurde lange Zeit zu Unrecht von Teilen der Forschung als Fälschung bezeichnet. Es handelt sich um ein Diplom aus einer Gruppe von Empfängerausfertigungen, die für elsässische Klöster verfaßt worden waren[29]. Anhand dieser Kaiserurkunde wird auch die enge Verbindung zwischen den benachbarten Zisterzen Neuburg und Königsbrück ersichtlich: Als Vorlagen dienten zwei Urkunden für Neuburg, und zwar DF. I. 136 und das Privileg Papst Alexanders III. vom 21. Dezember 1177[30].

Die Besitzbestätigung erstreckt sich im einzelnen auf *ipsum videlicet locum Regispontem, in quo abbatia constructa est, cum omnibus pertinenciis suis, curiam Vechen-*

---

23   1139 hatte Konrad III. die Privilegien von Selz erneuert und damit auch das Markt-, Münz- und Zollprivileg (MGH DK. III. 21). Das 1143 vom Straßburger Bischof ausgesprochene Verbot für den Umlauf der Selzer Münze im Bistum Straßburg ist allerdings durchaus verständlich. Der auf Abt Otto folgende Abt Walter hatte nämlich unter Beibehaltung des Straßburger Münzbildes den Münzfuß herabgesetzt. Das dadurch gestörte Währungsgleichgewicht wurde dann am 10. Juli 1143 bei der Erneuerung des Selzer Privilegs wiederhergestellt, indem die Änderung des Gewichtes und des Feingehaltes der Selzer Prägungen verboten wurden (MGH DK. III. 90); BANNASCH (1969) S. 124f.
24   Erwähnt in MGH DF. I. 967.
25   BANNASCH (1969) S. 126.
26   Der Ort Osterndorf ist später in Niederbetschdorf bei Sulz aufgegangen.
27   RI 4 III (1972) Nr. 632; Eduard WINKELMANN, Acta imperii inedita saeculi XIII et XIV 1 (Innsbruck 1880) Nr. 455 (RI 5 Nr. 4001).
28   MGH DF. I. 967.
29   Vgl. die Vorbemerkung zu MGH DF. I. 967.
30   GP 3 (1935) S. 66 Nr. 2; in geringem Maß wurden auch DF. I. 135 und eine Urkunde Papst Eugens III. (GP 3 S. 65 Nr. 1) als Vorlagen benutzt.

heim, Wintershusen, Kezzelbach, Eberbach, Driegenbach, Hugesbergen, Danchrates-
heim, Wihersheim, Rotbach, Offerendorf[31]. Während Vechenheim, Driegenbach (Trim-
bach), Kesselbach (Kesseldorf), Eberbach und Offerendorf (Niederbetschdorf) in
direkter Nachbarschaft zu Königsbrück lagen, befanden sich Wintershausen, Hugesbergen (Ober-, Mittel- und Niederhausbergen), Danchratesheim (Dangolsheim bei
Molsheim), Wihersheim (Weyersheim) und Rothbach (süd- und nordwestlich von
Hagenau) schon in größerer Entfernung. In Rothbach war auch Neuburg begütert:
1158 bestätigte Friedrich I. der Abtei einen dort gelegenen Hof[32]. Ob es sich dabei um
den späteren Besitz von Königsbrück handelte, kann nicht geklärt werden. Das Diplom
Friedrichs I. war wahrscheinlich die erste Kaiser- bzw. Königsurkunde, die dem Nonnenkloster zuteil wurde. Im Königsbrücker Kopialbuch des 15. Jahrhunderts findet
sich eine deutsche Übersetzung mit der Überschrift: *die erst keiserlich fryheit die wir*
haben[33].

Erst zwanzig Jahre später ist wieder eine Nachricht über Königsbrück erhalten.
Heinrich VI. scheint dem Zisterzienserinnenkloster kein größeres Interesse entgegengebracht zu haben, obwohl er sich öfters im Nordelsaß aufhielt und die Verhältnisse um
Hagenau und den Heiligen Forst bestens kannte: Dem benachbarten Neuburg stellte er
immerhin drei Diplome aus[34].

Für das Jahr 1208 ist die Übertragung eines Allods in Lienau, das zum Selzer Fron-
hof Frankenheim gehörte, an Königsbrück überliefert. Zuvor schon war durch Verlehnung an einen Selzer Ministerialen und durch erbliche Weitergabe an dessen Nachkommen das Klostergut allmählich entfremdet worden[35]. Jener Ministeriale Arnold, genannt der Zöllner, hatte das Allod an seinen Sohn, der ebenfalls Arnold hieß,
weitervererbt. Dieser aber war mit fälligen Abgaben so weit im Rückstand, daß Selz den
Besitz aufgrund eines Schöffenurteils zurückzog. Wenige Tage danach verkaufte der
Ministeriale das Allod für 21 Mark an Äbtissin Agnes von Königsbrück und ihre Mit-
schwestern. Beide Parteien fanden sich in Selz ein, und Arnold ersuchte den Abt, er
möge das Allod förmlich an die Nonnen weiterleiten. Ein Selzer Schöffenrat entschied
jedoch, daß Arnold wegen seiner Säumigkeit jeden Anspruch auf das Gut verloren habe
und den Besitz in die Hände von Bürgen legen müsse. Schließlich übertrugen Abt und
Konvent von Selz den Königsbrücker Nonnen das strittige Allod mit der Verpflichtung, jährlich vier Unzen und zwölf Denare in den Hof Frankenheim zu zahlen. Damit
war die Angelegenheit aber keineswegs für alle Seiten befriedigend geregelt. Denn kurze Zeit später bestritt Arnold plötzlich den Verkauf des Allods an die Nonnen und behauptete, er habe es ihnen nur als Pfand anvertraut. Daraufhin erschien ein Ritter
Albert, Konverse und Provisor von Königsbrück, in Selz und klagte wegen des erlitte-
nen Unrechts. Der Abt von Selz lud beide Parteien nach Frankenheim vor, um die An-

---

31 MGH DF. I. 967 S. 244 Z. 35ff.
32 MGH DF. I. 206.
33 Kopialbuch des Klosters Königsbrück im Generallandesarchiv Karlsruhe, Nr. 690 S. 37.
34 SCHOEPFLIN, Alsatia diplomatica 1 (1772) S. 305ff. Nrn. 360 und 361 (RI 4 III Nrn. 523 und
470); WÜRDTWEIN, Nova subsidia 10 (Heidelberg 1788) S. 178–180 Nr. 61(RI 4 III Nr. 530).
35 BANNASCH (1969) S. 127; WÜRDTWEIN, Nova subsidia 10 (1788) S. 239 Nr. 87.

gelegenheit endgültig zu klären. Dort gelang es Albert, den Sachverhalt richtigzustellen, so daß die Rechtmäßigkeit des Königsbrücker Besitzes festgehalten und der Verzicht Arnolds bestätigt wurde. Als Zeugen der Entscheidung sind in der Urkunde mehr als zwanzig Personen angeführt, darunter mehrere Selzer Bürger.

Der geschilderte Rechtsstreit ist eines von vielen Beispielen für die Entfremdung von Klostergut durch Verlehnung an Ministerialen im 12. und 13. Jahrhundert. Königsbrück konnte hier Nutzen aus den Dissonanzen zwischen dem Kloster Selz und seinem selbstbewußter gewordenen Dienstmann ziehen. Bemerkenswert ist ferner die für Nonnenklöster relativ frühe Erwähnung eines männlichen Konversen: Im Rechtsstreit um das Allod agierte Albert als der »offizielle Vertreter« Königsbrücks[36]. Erst seit 1229 waren aufgrund eines Beschlusses des zisterziensischen Generalkapitels die Laienbrüder des weiblichen Ordenszweigs *(conversi monialium)* denen der Männerklöster gleichgestellt[37]. Provisoren wie Albert wurden in den nicht inkorporierten – also dem Zisterzienserorden nicht formell angegliederten – Nonnenklöstern[38] meist vom Konvent gewählt, gelegentlich vom Landesherrn bestimmt[39].

1208 konnte Königsbrück auch seinen Besitz in Rothbach durch eine Schenkung Graf Sigeberts von Werd vergrößern[40]. Zur weiteren Entwicklung Königsbrücks bis in das Jahr 1234 liegt ein Dutzend Urkunden vor; zwei davon verweisen auf Beziehungen des Klosters zur Stadt Straßburg. So wurden 1211 Königsbrück von Wolframus, einem Einwohner der Stadt, sieben Joch Rebland in Ehenheim geschenkt[41]. 1215 erfolgte eine weitere Schenkung von Straßburger Bürgern: Ein gewisser Gerlach und seine Frau Bertha übertrugen Königsbrück ein Haus in der Nähe der bischöflichen Kurie. Sie gaben ihr Anrecht an dem Grundstück an den *scultetus* Rudolf und den *thelonarius* Heinrich zurück, die das Anwesen zu den gleichen Bedingungen, nämlich einem jährlichen Zins von einem Pfund Straßburger Münze, an die Königsbrücker Äbtissin weitergaben[42].

---

36   Maren REHFUS, Das Zisterzienserinnenkloster Wald. Grundherrschaft, Gerichtsherrschaft und Verwaltung (= Arbeiten zur Landeskunde Hohenzollerns 9, Sigmaringen 1971) S. 371.

37   J.-M. CANIVEZ (Ed.), Statuta Capitulorum Generalium Ordinis Cisterciensis 2 (= Bibliothèque de la Revue d'histoire ecclésiastique 10, Löwen 1934) S. 76 (Stat. 1229:7).

38   Königsbrück wurde erst 1260 inkorporiert.

39   Ernst Günther KRENIG, Mittelalterliche Frauenklöster nach den Konstitutionen von Cîteaux, unter besonderer Berücksichtigung fränkischer Nonnenkonvente (in: Anal. Cist. 10, 1954) S. 55. Michael TOEPFER, Die Konversen der Zisterzienserinnen von Himmelspforten bei Würzburg. Von der Gründung des Klosters bis zum Ende des 14. Jahrhunderts (in: Ordensstudien I: Beiträge zur Geschichte der Konversen im Mittelalter, hg. von Kaspar ELM = Berliner Historische Studien 2, Berlin 1980) S. 29.

40   WÜRDTWEIN, Nova subsidia 10 (1788) S. 238 Nr. 86: *Inde est, quod ego Sigebertus comes ad notitiam cunctorum deducere dignum duxi, quod pro remedio animae meae et pro remediis animarum meorum puerorum Henrici et Sigeberti et uxoris meae quaedam bona in Rotbach sanctae Mariae in Regisponte tradidi, tali forma pactionis imposita, ut ibidem Christo famulantes annualem diem meum et meorum puerorum et uxoris meae peragere reminiscantur.*

41   Urkundenbuch der Stadt Straßburg, bearb. von Wilhelm WIEGAND, Bd. 1 (Straßburg 1879) Nr. 157 S. 126: *... septem jugera vinee in Ehinheim pro remedio anime mee et uxoris mee Demuetis donavi, de quibus annuatim pretaxate ecclesie quinque omas vini et dimidiam dari constitui.*

42   WÜRDTWEIN, Nova subsidia 10 (1788) S. 286 Nr. 110.

Zuvor schon, Anfang Dezember 1214, hatte König Friedrich II. bei einem Hagenau-Aufenthalt der Abtei 13 Eigenleute bestätigt, die ihr von dem Kanoniker Marquard von St. Arbogast in Surburg übertragen worden waren. Als Zeugen sind u. a. Bischof Heinrich von Straßburg und der Vogt Friedrich von Hagenau erwähnt[43]. Friedrich II. stellte insgesamt drei Urkunden für Königsbrück aus. Ebenfalls in Hagenau sicherte er im Januar 1218 dem Kloster den bereits erwähnten Hof Rothbach mit Waldungen zu und nahm diesen von allem Zehnten und Dienst aus[44]. Möglicherweise reagierte er damit auf eine vorangegangene Bedrohung des Besitzes, zumal das Nonnenkloster, wie das Beispiel des Lienauer Allods zeigt, auf herrscherlichen Schutz angewiesen war. Friedrich II. hielt sich damals wie schon 1214 über Weihnachten in der Stauferpfalz auf; offenbar nutzte die Äbtissin die günstige Gelegenheit, den Beistand des Königs zu erbitten.

Auch bei der Nutzung des Rheins als Handelsweg profitierte das Nonnenkloster von der Gunst der Staufer. 1221 gewährte Friedrich II. Königsbrück ein zollfreies Fahrzeug auf dem Rhein[45]. Zu Beginn des 13. Jahrhunderts wurden vor allem die staufernahen Zisterzen im Elsaß mit solchen Privilegien ausgestattet. 1214 erhielt das Vogesenkloster Pairis von Friedrich II. ein zollfreies Rheinschiff, um sich wirtschaftlich über die Vogesentäler hinaus auf das Oberrheingebiet ausdehnen zu können[46]. 1222 befreite Friedrich II. auch Neuburg vom Rheinzoll[47]. Der unter staufischem Einfluß stehenden Benediktinerabtei St. Walburg wurde 1224 eine ähnliche Vergünstigung zuteil: Heinrich (VII.) erlaubte den Mönchen, ihren Salzbedarf mit Hilfe eines abgabenfreien Rheinschiffs zu decken[48].

Nur wenige Monate nachdem Königsbrück das Zollprivileg erhalten hatte, beurkundete der Schultheiß Walther von Hagenau, daß die Güter Walters von Borre bei Forstfelden für 30½ Mark verpfändet worden seien. Die Darstellung des Sachverhalts ist recht unklar[49], aber offenbar gingen bei dieser Transaktion die betreffenden Güter in den Besitz Königsbrücks über. Dafür spricht jedenfalls eine Schutzverleihung Heinrichs (VII.) vom 20.3.1226, die den Nonnen unter anderem ein *predium* bestätigt, *quod*

---

43   HUILLARD-BRÉHOLLES, Historia diplomatica 1 I (1852) S. 341f. (RI 5 Nr. 769).
44   Ebd. 1 II (1852) S. 533f. (RI 5 Nr. 927).
45   Ebd. 2 I (1852) S. 207 (RI 5 Nr. 1358): *Statuentes firmiter presentis scripti auctoritate ut quacunque vel quocunque per Renum navigaverit ab omni pedagio et aliis ceteris exactionibus sit libera penitus et immunis, cum de gratia nostra tam pedagium quam ceteras alias exactiones predicte navi duxerimus perpetuo indulgenda.*
46   HUILLARD-BRÉHOLLES, Historia diplomatica 1 I (1852) S. 340 (RI 5 Nr. 768); Luzian PFLEGER, Elsässische Klöster und die Rheinschiffahrt im Mittelalter (in: SMBO 22, 1901) S. 390.
47   WÜRDTWEIN, Nova subsidia 13 (Heidelberg 1789) S. 271 (RI 5 Nr. 1425).
48   HUILLARD-BRÉHOLLES, Historia diplomatica 2 II (1852) S. 788.
49   SCHOEPFLIN, Alsatia diplomatica 1 (1772) S. 349 Nr. 431: *Waltherus scultetus de Hagenowe omnibus hoc scriptum intuentibus credere quod testatur. Notum sit universitati vestrae, quod abbatissa et conventus de Ponte Regis omnia bona domini Walteri de Borre apud Forstfelden pro XII (!) marcis et dimidia per manum nostram obligaverint, et ne a modo lapsu temporis veniat iis discidium, de consensu partis utriusque has litteras scribi et sigillari fecimus. Aderant huic facto scultetus de Hagenowe Walterus et frater ejus S. ... de Godertein, Cunrad de Surburg, Wolfelinus praeco, Sigefridus de Velbach et alii quam plures. Acta sunt anno ab incarnat. Dom. MCCXXII apud Hagenowe.* Der Geldbetrag wird von Schoepflin falsch angegeben; im Kopialbuch von Königsbrück, S. 69, dagegen: *pro triginta marcis et dimidium* (sic!).

prelibatum claustrum a Walthero viro nobili de Borre triginta marcis argenti comparatum iuste et rationabiliter possidet. Wie die Urkunde näherhin mitteilt, erstreckte sich jenes *predium* von Forstfelden über den Sumpf bis über den Fluß bei Kesselbach[50]. Der schon seit Ende des 12. Jahrhunderts erlangte Besitz in Kesselbach konnte 1224, mittlerweile zur Grangie ausgebaut, durch Schenkung einer Wiese *(pratum contiguum grangiae)* vergrößert werden[51].

Die Urkunden für Königsbrück im ersten Viertel des 13. Jahrhunderts zeigen, daß sich das Kloster nach anfänglichen Schwierigkeiten trotz der Konkurrenzlage in der Umgebung des Heiligen Forstes wirtschaftlich etablieren konnte. Natürlich blieb man auf Schutz und Förderung durch das staufische Königshaus angewiesen. Die zahlreichen Herrscheraufenthalte in Hagenau boten stets aufs neue die Gelegenheit, sich des nötigen Rückhalts zu versichern. Vor allem unter Friedrich II. und Heinrich (VII.) erfreute sich Königsbrück der vollen Unterstützung der Staufer. Dies unterstreicht mit Nachdruck die letzte staufische Königsurkunde für die Zisterzienserinnen, Mitte November 1227 ausgestellt von Heinrich (VII.)[52].

Der junge König intervenierte in einem Rechtsstreit des Klosters mit Heinrich, dem Pfarrer von Kochenheim, und nahm dabei eindeutig Partei für das Anliegen der Nonnen. Gegenstand der Auseinandersetzung war der Neubruchzehnt eines Gutes in Vechenheim, das Herzog Welf dem Kloster 1153 geschenkt hatte. Als Pfarrer hatte Heinrich den Zehnten für das gerodete Land beansprucht; der Konvent unter Äbtissin Utta wies jedoch die Forderung als unbegründet zurück und berief sich dabei auf die zisterziensische Ordensregel. Der Streit kam vor ein mit Ministerialen besetztes Schiedsgericht in Hagenau. Schultheiß Wölflin, einer der bedeutendsten staufischen Verwaltungsbeamten im Elsaß und von Heinrich (VII.) ausdrücklich als *scultetus meus de Hagenowe*[53] bezeichnet, nahm im Interesse der Zisterzienserinnen das strittige Gut als Königsland in Anspruch. Die Ministerialen waren wohl nicht allzu schwer von der Auffassung des einflußreichen Wölflin zu überzeugen; Königsbrück brauchte den Zehnten erwartungsgemäß nicht zu zahlen. Von Heinrich (VII.) wurde darüber hinaus ein erneuter Versuch des Pfarrers, seine Forderung durchzusetzen, unmöglich gemacht. Der Staufer schenkte Königsbrück nachträglich das Gut und die damit verbundenen Rechte im Heiligen Forst.

---

50   Folgende Besitzungen bestätigt Heinrich (VII.) im Diplom von 1226: ... *ipsum videlicet locum Regispontem, in quo abbacia constructa est, cum omnibus pertinenciis suis, grangiam Wintershusen, Rotbach, Wygersheym, Kesselbach, Eberbach, Hugesbergen, Danchratesheym, grangiam quoque Ostrendorff ab avo nostro pie memorie iamdicto cenobio ex maxima parte comparatam, infra comitatum sitam, et grangiam Vechenheym prediumque, quod prelibatum claustrum a Walthero viro nobili de Borre triginta marcis argenti comparatum iuste et racionabiliter possidet, cuius termini a Vorsvelden per paludem usque super clivum, qui est apud Kesselbach, extenduntur ...*; WINKELMANN, Acta imperii 1 (1880) S. 389 Nr. 455 (RI 5 Nr. 4001).

51   SCHOEPFLIN, Alsatia diplomatica 1 (1772) S. 350f. Nr. 433. Als Schenkgeber genannt werden die Zwillingsbrüder Burkhard und Potewinus sowie ihre Schwester Werntrude.

52   HUILLARD-BRÉHOLLES, Historia diplomatica 3 (1852) S. 359ff. (RI 5 Nr. 4090); M. BENDINER, Die Kaiserurkunden des germ. Nationalmuseums (in: Anzeiger des Germ. Nationalmuseums 1890) S. 38.

53   HUILLARD-BRÉHOLLES, Historia diplomatica 3 (1852) S. 360.

Die Urkunde stellt, wie man schon vor über einem Jahrhundert richtig bemerkt hat[54], eine rechtsgeschichtlich wertvolle Quelle dar, da sich die nachträgliche Schenkung durch die zu Beginn des 13. Jahrhunderts undeutliche Stellung des Reichskirchengutes erklärt. Für die Geschichte Königsbrücks ist das Diplom auch unter einem anderen Gesichtspunkt von Bedeutung, denn die Namen der ersten fünf Äbtissinnen werden darin genannt: *Prima abbatissa ejusdem loci Adelheidis nomine fuit de Vechenheim, cui successit germana sua nomine Agnes, sub cujus tempore frater quidam nomine Reinholdus idem novale excoluit. Tertia vero abbatissa Utta nomine, sub cujus tempore quidam presbyter Rudolphus nomine in eodem novali vineam plantavit. Quarta vero abbatissa Agnes nomine fuit de Rode. Quinta abbatissa Utta nomine fuit de Surburc, sub cujus regimine nos cum antedicto prediolo cenobium in Regisponte legitimatione perpetua forma concessionis dotavimus*[55].

Ein Indiz für die damalige Blüte Königsbrücks ist die zwischen 1230 und 1232 erfolgte Gründung des Tochterklosters Heilsbruck. Ein Magister Salomon, der aus der Gegend um Landau in der Pfalz stammte und Kanoniker in Würzburg war, kann als Stifter des Klosters gelten. 1230 schenkte der Speyerer Bürger Elbewin Schwarz den Nonnen seinen Landbesitz bei Harthausen[56]. Bischof Beringar von Speyer bestätigte die Gründung im Juli 1232, wobei er betonte, daß die Zustimmung der Speyerer Bürgerschaft eingeholt worden war. Außerdem sollten die Rechte der dort bestehenden Pfarrei nicht angetastet werden[57]. Die geistliche und weltliche Oberaufsicht über Heilsbruck kam dem Abt von Eußerthal zu[58]. Daß das Kloster von Beginn an mit Nonnen aus Königsbrück besetzt werden sollte, kann durchaus angenommen werden, obwohl die elsässische Abtei weder in der Gründungsurkunde noch in der Bestätigung von

54 »Litteraturnotizen« (in: ZGO 45 NF 6, 1891) S. 188.
55 HUILLARD-BRÉHOLLES, Historia diplomatica 3 (1852) S. 359f.; Aloys MEISTER, Die Hohenstaufen im Elsass (Strassburg 1890) S. 74f.
56 Originalurkunde im HStA München, Rhpf. Urkunden Nr. 1029; abgedruckt in: Franz Xaver REMLING, Urkundliche Geschichte des Klosters Heilsbruck oberhalb Edenkoben (Mannheim 1832) Beilage 1 S. 73; 750 Jahre Harthausen, Festschrift zum Jubiläum der Gemeinde (1980) S. 32. Vgl. zur Geschichte Heilsbrucks allgemein außerdem F. X. REMLING, Urkundliche Geschichte der ehemaligen Abteien und Klöster im jetzigen Rheinbayern (Neustadt a. d. Haardt 1836, Nachdr. 1873); Palatia sacra. Kirchen- und Pfründebeschreibung der Pfalz in vorreformatorischer Zeit, hg. von L. Anton DOLL, Teil I: Bistum Speyer, Bd. 4: Der Landdekanat Weyher, bearb. von Volker RÖDEL (= Quellen und Abhandlungen zur mittelrheinischen Kirchengeschichte 61 IV, Mainz 1988) S. 84–88.
57 Stephan Alexander WÜRDTWEIN, Subsidia diplomatica ad selecta iuris ecclesiastici Germaniae et historiarum capita elucidanda 5 (Heidelberg 1775) S. 276f. Nr. 99: *Cum itaque magister Salomon canonicus Herbipolen. ob honorem dei et reverenciam circa plurium utriusque sexus salutem verbo et opere persistens incessanter a nobis petiverit humiliter, ut ad conventualis ecclesie Cistercien. ordinis de collegio mulierum fundacionem et promocionem in Spiren. diocesi favorem prestaremus, et assensum communicato invicem consilio, requisitaque super hoc civium voluntate, unanimiter ad honorem dei sueque genitricis perpetue virginis Marie favorem nostrum super hoc prestitimus et assensum, ita ut a civitate miliare unum vel supra ubicunque se facultas offerret in Spiren. diocesi sine ecclesie preiudicio in cuius fundaretur territorio sive quarumlibet aliarum ipsius diocesis ecclesiarum gravamine ut petebat licite fundaretur.*
58 Palatia sacra 1 IV (1988) S. 84.

1232 ausdrücklich genannt ist. Die vermutlich erste Äbtissin von Heilsbruck, Kunigunde, wird sogar erst im Jahre 1262 erwähnt[59].

Der Name *Pons salutis* wurde dem Kloster schon bei der Gründung gegeben, vielleicht in bewußter Anlehnung an *Regispons* (Königsbrück). Andererseits wäre es auch möglich, daß sich der Name von den Gütern herleitet, die Elbewin Schwarz dem Kloster geschenkt hatte. Diese nämlich lagen nordöstlich einer für die Straße nach Hanhofen erbauten Brücke über den Modenbach[60].

Wieviele Nonnen von Königsbrück nach Heilsbruck zum Aufbau des Klosters entsandt wurden, ist nicht überliefert; man kann wohl auch hier von der sonst üblichen Zwölfzahl ausgehen. In den ersten Jahren wurde der Besitzstand durch Stiftungen und Käufe beträchtlich vermehrt, so daß der Konvent vermutlich entsprechend anwuchs. Nur ein knappes Jahr nach der Gründungsbestätigung durch den Speyerer Bischof erhielt Heilsbruck von Papst Gregor IX. ein Schutzprivileg. Trotzdem kam es in den folgenden Jahren zu Anfechtungen der wichtigsten Besitzungen des Klosters, erstaunlicherweise auch von seiten der Abtei Eußerthal, deren Abt die Oberaufsicht über Heilsbruck besaß[61].

Die wirtschaftlichen Schwierigkeiten, aber wohl noch mehr die ungünstige Lage der Neugründung in »sumpfiger, überschwemmungsgefährdeter, nebelreicher und krankmachender Umgebung ohne frisches Wasser«[62] veranlaßten den Speyerer Bischof Heinrich von Leiningen, 1262 der Verlegung des Klosters an den Haardtrand bei Edenkoben zuzustimmen[63]. Mit Unterstützung des Abtes Stephan von Eußerthal, der zum Neubau der Klosteranlage Spezialisten abordnete, konnte der Umzug an den Westrand von Watzenhofen (in Edenkoben aufgegangen) durchgeführt werden. Dort hatte Heilsbruck für etwa 300 Mark Silber einen grundherrlichen Besitz des Ritters Burkhard von Breitenstein erworben, »der, soweit direkt bzw. über Graf Emich von Leiningen vom Hochstift Speyer lehnbar, diesem zu diesem Zweck resigniert worden war; letzteres galt auch für ein an Ritter Heinrich von Ruppertsberg verlehnt gewesenes Drittel der Zehntrechte. Die Vogteirechte über beide Orte behielt der Bischof freilich ein, jedoch mit der Zusage, sie nicht weiterzugeben. Graf Emich stellte über die Schenkung, die sein Lehensverzicht darstellte, eine eigene Urkunde aus«[64].

Kloster Lichtenthal bei Baden-Baden war, entgegen den Behauptungen Médard Barths, kein Tochterkloster von Königsbrück. Im Jahre 1428 wurden zur Erneuerung des Klosterlebens allerdings Königsbrücker Nonnen dorthin entsandt[65].

59   WÜRDTWEIN, Subsidia diplomatica 5 (1775) S. 310 Nr. 125.
60   Festschrift Harthausen (1980) S. 49f.
61   StA Luzern, Gatterer Nr. 54. Zur weiteren Besitzgeschichte und den in den Jahren nach der Gründung aufkommenden Streitigkeiten mit Eußerthal und dem St. German-Stift in Speyer vgl. Palatia sacra 1 IV (1988) S. 86.
62   Palatia sacra 1 IV (1988) S. 86.
63   WÜRDTWEIN, Subsidia diplomatica 5 (1775) S. 310ff. Nr. 125.
64   Palatia sacra 1 IV (1988) S. 87, mit Quellenangaben.
65   BARTH (1960) S. 699 stützt sich auf eine falsche Überlieferung von Grandidier. Zum Königsbrücker Engagement in Lichtenthal s. Maria Pia SCHINDELE, Frauen aus Adel und Bürgertum in

Nur kurze Zeit nach der Gründung von Heilsbruck muß das in den letzten Jahrzehnten aufstrebende Königsbrück in große Bedrängnis gekommen sein, was vielleicht auch das Fehlen von Nachrichten für die nächsten Jahre erklärt. Nur eine Urkunde gibt über die betreffenden Schwierigkeiten Auskunft. Der Rang des Ausstellers läßt erahnen, wie ernst die Bedrohung des Klosters und seiner Besitzungen gewesen sein mag: Papst Gregor IX. beauftragte am 13. Dezember 1235 Erzbischof Siegfried von Mainz und alle Würdenträger der Mainzer Kirchenprovinz, Königsbrück gegen Unbilden zu schützen[66].

Erst für das Jahr 1276, also vierzig Jahre nach diesen Ereignissen, ist wieder eine Urkunde des Klosters überliefert[67]. Bis zum Diplom König Adolfs von 1296[68], das Königsbrück seine Weide- und Holzrechte im Heiligen Forst bestätigte, ist zumindest keine andere Königsurkunde für das Kloster erhalten. Vermehrt setzen erst wieder um die Wende zum 14. Jahrhundert die Quellenzeugnisse ein.

Dank der Förderung und des Schutzes durch Friedrich I. hatten sich die Zisterzienserinnen in der zweiten Hälfte des 12. Jahrhunderts wirtschaftlich gegenüber den anderen Klöstern im Heiligen Forst, insbesondere der alten Abtei Selz, behaupten können. Nach Rückschlägen während des staufisch-welfischen Thronstreites gelangte Königsbrück seit 1214 dank der nachhaltigen Unterstützung Friedrichs II. und Heinrichs (VII.) zu einer ersten Blütezeit. Als besonders vorteilhaft erwies sich die unmittelbare Nähe der Pfalz Hagenau, die sich am Beginn des 13. Jahrhunderts zu einer der beliebtesten Residenzen der Stauferfamilie entwickelte. Ähnlich wie die benachbarte Abtei Neuburg wurde Königsbrück von den Staufern als wichtiger Baustein in ihre Territorialpolitik eingesetzt. Die Untersuchung des Quellenmaterials läßt erkennen, daß das Zisterzienserinnenkloster einen nicht unerheblichen Beitrag zur Sicherung der staufischen Machtgrundlagen im Unterelsaß leistete.

gemeinsamer zisterziensischer Lebensordnung (in: 750 Jahre Zisterzienserinnen-Abtei Lichtenthal. Faszination eines Klosters, hg. von Harald SIEBENMORGEN, Sigmaringen 1995) S. 41.
66   Abgedruckt in: ZGO 14 (1862) S. 193.
67   Johann Daniel SCHOEPFLIN, Alsatia periodi regum et imperatorum Habsburgicae, Luzelburgicae, Austriacae tandemque Gallicae diplomatica (Mannheim 1775) S. 13f. Nr. 707.
68   Ebd. S. 65 Nr. 800; RI 6 II (1948) Nr. 792.

»A nostris progenitoribus fundata«

Die Staufer als fiktive Gründer der Zisterzen Neuburg im Elsaß und Eußerthal in der Pfalz

VON MICHAEL OBERWEIS

I. Das Verhältnis der Zisterzienser zu ihren Klostergründern

Während des deutschen Thronstreits geriet die unter staufischem Schutz stehende Bodensee-Zisterze Salem in wirtschaftliche und politische Turbulenzen. König Philipp von Schwaben konnte als klösterlicher Defensor nicht verhindern, daß 1198 die Grangie Adelsreute von Bauern der Umgebung überfallen und verwüstet wurde[1]. Vielleicht unter dem Eindruck solcher Erfahrungen entschlossen sich Abt und Konvent im Jahre 1201 zu einer Transaktion, die mit den Prinzipien eines Reform-Ordens kaum vereinbar war: Sie übertrugen den *fundus* ihres Klosters der Salzburger Bischofskirche und betrachteten diese fortan als ihre »Mutter und Herrin« *(mater et domina)*[2]. Im Gegenzug schenkte ihnen Erzbischof Eberhard II. ein lukratives Salzvorkommen in Hallein[3]. Von den Salemer Mönchen wurde er deshalb, wie Reinhard Schneider in einem Beitrag zur Klostergeschichte hervorhebt, als »zweiter Stifter« gefeiert und nach seinem Tode mit einem jährlichen Requiem bedacht[4].

In den Augen des Erzbischofs scheint die ungewöhnliche Titulatur mehr gewesen zu sein als eine bloße Ehrenbezeugung. Über die Schenkung von 1201 hat er zwei Urkunden ausgestellt, die im Wortlaut weitgehend übereinstimmen. Die etwas längere Fassung (B) enthält den motivierenden Zusatz, das Kloster Salem habe damals eines Gründers entbehrt: *iam dudum fundatore caruisse dinoscitur*[5]. Und in rechtsverbindli-

---

1 Codex diplomaticus Salemitanus 1, hg. von Friedrich von Weech (Karlsruhe 1883) S. 70 Nr. 45. Vgl. Michael Oberweis, Die Interpolationen im Chronicon Urspergense. Quellenkundliche Studien zur Privilegiengeschichte der Reform-Orden in der Stauferzeit (= Münchener Beiträge zur Mediävistik und Renaissance-Forschung 40, München 1990) S. 84.

2 Codex diplomaticus Salemitanus 1 (1883) S. 91–93 Nr. 61. Zur ordensrechtlichen Problematik des Vorgangs s. Werner Rösener, Reichsabtei Salem. Verfassungs- und Wirtschaftsgeschichte des Zisterzienserklosters von der Gründung bis zur Mitte des 14. Jahrhunderts (= VuF, Sonderbd. 13, Sigmaringen 1974) S. 53–55.

3 Näheres dazu bei Otto Volk, Salzproduktion und Salzhandel mittelalterlicher Zisterzienserklöster (= VuF, Sonderbd. 30, Sigmaringen 1984) S. 45–49.

4 Reinhard Schneider, Die Geschichte Salems (in: Salem. 850 Jahre Reichsabtei und Schloß, hg. von Dems., Konstanz 1984, S. 11–153) S. 96.

5 Codex diplomaticus Salemitanus 1 (1883) S. 91 Anm. b.

chem Tonfall heißt es weiter, daß Eberhard und seine Nachfolger nach dem Willen der Mönche künftig als *fundatores* anzusehen seien[6].

Völlig unberücksichtigt blieben bei diesem Arrangement die möglichen Ansprüche des ersten und eigentlichen Gründers, eines Adligen namens Guntram von Adelsreute, der 1134/37 Mönchen aus dem oberelsässischen Lützel den Baugrund für ein Kloster zur Verfügung gestellt hatte[7]. Freilich dürfte die Erstausstattung, die Guntram aus eigenen Mitteln aufbieten konnte, recht kärglich ausgefallen sein. Nur ein Orden, der sich konsequent am Postulat der Eigenwirtschaft orientierte, konnte unter derart schwierigen Ausgangsbedingungen überhaupt auf ökonomischen Erfolg hoffen. Die vielgerühmte Genügsamkeit der Zisterzienser ermöglichte es auch »kleinen« Adligen, zu Klostergründern zu werden. Wie das Beispiel Salems jedoch zeigt, hielt sich die Loyalität der Mönche gegenüber einem wenig spendablen Stifter in engen Grenzen. Im Sinne des monastischen Reformprogramms war dieser Effekt durchaus erwünscht: Bei wirtschaftlicher Unabhängigkeit fiel es beträchtlich leichter, die innerklösterliche Autonomie gegen Übergriffe Außenstehender zu verteidigen.

Andererseits mußte selbst das zisterziensische Generalkapitel, das zentrale Leitungsorgan des Ordens, gewisse Vorrechte der Klostergründer respektieren. Die alljährlich in Cîteaux tagende Äbteversammlung verfügte bereits 1157, daß niemand außer den *fundatores* innerhalb der Klostermauern bestattet werden dürfe[8]. Wegen allzu großzügiger Auslegung dieser Vorschrift wurde vierzig Jahre später der Abt von Clairmont gemaßregelt: Er hatte den Gründer seines Klosters im Kapitelsaal beisetzen lassen und mußte deshalb drei Tage Buße tun[9]. Noch 1222 sah man sich veranlaßt, die *antiqua consuetudo* von 1157 aufs neue einzuschärfen[10].

Auch auf anderen Gebieten mußten sich die Zisterzienser bisweilen dem Druck ihrer Fundatoren beugen. 1249 erlaubte das Generalkapitel dem Adligen Bertrand de Baux, zwei Konversen (Laienbrüder) aus dem provenzalischen Silvacane in sein Gefolge aufzunehmen[11]. Ausdrücklich wurde Bertrand dabei als *fundator Silvaecanae* apostrophiert. Da die Abtei bereits seit über 100 Jahren existierte, konnte offenbar der Titel des Gründers mitsamt den daraus resultierenden Vorrechten erblich an die Nachkom-

---

6   Ebd. Anm. d: *nosque omnesque successores nostros pro fundatoribus recipientes.*

7   Zur Gründung und den damit zusammenhängenden Datierungsfragen s. RÖSENER (1974) S. 20–31 u. SCHNEIDER (1984) S. 15–20.

8   Joseph-Marie CANIVEZ (Ed.), Statuta Capitulorum Generalium Ordinis Cisterciensis 1 (= Bibliothèque de la Revue d'histoire ecclésiastique 9, Löwen 1933) S. 68 (Stat. 1157:63): *Ad sepeliendum non nisi fundatores recipiantur.*

9   Ebd. S. 212 (Stat. 1197:14): *Abbas Clarimontis, qui fundatorem domus suae in capitulo sepelivit, tribus diebus sit in levi culpa ...*

10   CANIVEZ (Ed.), Statuta 2 (1934) S. 15 (Stat. 1222:9): *De fundatoribus sepeliendis antiqua consuetudo teneatur.*

11   Ebd. S. 337 (Stat. 1249:20): *Petitio nobilis viri Bertrandi de Baccio fundatoris Silvaecanae de habendis secum duobus conversis de domo Sylvaecanae ... exauditur.* Zur Problematik der zisterziensischen Konversen-Ausleihe s. Reinhard SCHNEIDER, Vom Klosterhaushalt zum Stadt- und Staatshaushalt. Der zisterziensische Beitrag (= Monographien zur Geschichte des Mittelalters 38, Stuttgart 1994) S. 28–60.

men weitergegeben werden[12]. Ähnliches ist wohl für ein Statut des Jahres 1277 zu unterstellen: Dort heißt es, der Graf von Blois dürfe sich aus einer der Abteien, deren *fundator* er selber sei, einen Mönch erbitten, sofern dieser ausschließlich mit ehrenhaften Diensten betraut werde[13].

Die vereinzelten Zugeständnisse an weltliche (und geistliche) Herren sollten allerdings nicht darüber hinwegtäuschen, daß die Zisterzienser im allgemeinen ihre Eigenständigkeit gegenüber den Fundatoren durchaus zu behaupten wußten. Das Streben nach klösterlicher Autonomie kennzeichnet auch die Haltung des Ordens in der Vogteifrage. Georg Schreiber erkannte als erster den engen Zusammenhang zwischen Eigenwirtschaft und Vogtfreiheit[14]: Weil sich die Zisterzienser mit relativ bescheidenen Erstausstattungen begnügten, entgingen ihre Klöster bereits im Anfangsstadium den Gefahren einer erblichen Gründervogtei. Den gleichwohl notwendigen Schutz suchten die Zisterzen nicht bei benachbarten Adligen, sondern bei Königen und Territorialherren.

Auch in diesem Punkt erweist sich die Salemer Überlieferung als besonders aufschlußreich. Weil Guntram von Adelsreute die Schutzfunktion nicht ausüben konnte oder wollte, unterstellte er seine Gründung 1142 der *tuitio* König Konrads III.[15]. Dem staufischen Herrscher bot sich damit die willkommene Gelegenheit, die aufstrebende Zisterze in sein territorialpolitisches Konzept einzubinden[16]. Den Schutz des Reiches verbriefte er mit den Worten, die Salemer Mönche hätten »nach Gott« keinen anderen Vogt als den König[17] – eine Begründung, die der junge Barbarossa kurz nach seiner Kaiserkrönung in bezeichnender Weise modifizierte: In einem Ende 1155 ausgestellten Privileg behielt er als »Vogt der römischen Kirche« sich und seinen Nachfolgern das Defensorenamt vor[18].

---

12 Schneider (1994) S. 40.

13 Canivez (Ed.), Statuta 3 (1935) S. 174 (Stat. 1277:77): *Petitio comitis Blesensis, qui petit unum monachum de abbatiis ordinis nostri, quarum ipse fundator est, exauditur, dummodo vitae sit laudabilis et honestis officiis deputatus.* Vgl. Schneider (1994) S. 53.

14 Georg Schreiber, Kurie und Kloster im 12. Jahrhundert 2 (= Kirchenrechtliche Abhandlungen 67/68, Stuttgart 1910) S. 273: »Die innere Kraft sowie der Wirtschaftsbetrieb der innerklösterlichen Konversen waren freilich die notwendige Voraussetzung dieser eigentümlichen Stellung ...«

15 MGH DK. III. 72 S. 129. Zu den Schutzverhältnissen Salems in der Frühzeit s. Rösener (1974) S. 31–35 u. Schneider (1984) S. 18–24.

16 Rösener (1974) S. 36: »Die Vogtei des Stauferkönigs über Salem ist für ihn ein Ansatz- und Ausgangspunkt, um unmittelbaren Einfluß im Bodenseegebiet zu gewinnen.«

17 MGH DK. III. 72 S. 129: *Quia vero alium advocatum post deum preter nos non habent ...*

18 MGH DF. I. 129 S. 217; RI 4 II Nr. 370: *Quia vero fratres eiusdem ordinis spetiali obedientie subiectione ad Romanam spectant ecclesiam, cuius nos spetiales advocati ac defensores sumus, aliquam personam ibi officium advocatie gerere vel usurpare omnino sub obtentu gratie nostre interdicimus solis nobis nostrisque successoribus hoc defensionis officium in perpetuum conservantes.* Ganz ähnlich argumentiert Barbarossa noch im Jahre 1183: *Quia vero fratres eiusdem ordinis sub solius Romani pontificis tuicione consistunt, cuius nos speciales advocati deo favente sumus ...* (MGH DF. I. 847 S. 67). Vgl. dazu Oberweis (1990) S. 114–116.

Über die sogenannte Reichsvogtei wird in der Forschung kontrovers diskutiert[19], seit Julius Ficker pauschalierend feststellte, man habe im Mittelalter den Kaiser »als Vogt aller Cisterzienserklöster betrachtet«[20]. Hans Hirsch dagegen konnte zeigen, daß die *defensio imperialis* im wesentlichen auf die Kernbereiche staufischer Hausmacht, auf Schwaben und Ostfranken, beschränkt blieb, andererseits aber nicht nur Zisterzen, sondern auch Prämonstratenserstifte und Hirsauer Reformklöster einbezog[21]. Die kaiserliche Vogtei sei daher letztlich das »Ergebnis der staufischen Kirchenpolitik, besonders der Friedrichs I.«[22]. Zu ganz anderen Ergebnissen kam Hans Zeiß, nach dessen Untersuchungen es sich bei der Mehrzahl der von Hirsch ausgewerteten Urkunden um Empfängerausfertigungen handelte. Für Zeiß stand damit fest, daß die Idee einer Reichsvogtei von den Zisterziensern selbst entwickelt wurde, um sich gegen Ansprüche Dritter nachhaltig abzusichern[23]. Den entgegengesetzten Standpunkt vertrat schließlich Otto Paul Clavadetscher, der in der »kaiserlichen« Vogtei nichts anderes sehen wollte als »ein Mittel, die Tatsache einer staufischen herrschaftlichen Vogtei zu verschleiern«[24].

Angesichts der erstaunlich divergenten Bewertungen drängt sich die Frage auf, ob die *defensio imperialis* nicht doch einen idealen Kompromiß zwischen staufischen und zisterziensischen Interessen dargestellt haben könnte. Immerhin nahmen die Staufer in der Terminologie ihrer Schutzverleihungen erkennbar Rücksicht auf etwaige Empfindlichkeiten der Reformmönche: Nur selten gebrauchten sie den belasteten Begriff *advocatia*, statt dessen sprachen sie bevorzugt von *protectio* oder *defensio*. Die konkrete Ausübung der Schutzfunktion delegierten sie meist an Ministeriale; das eröffnete den betroffenen Klöstern die Möglichkeit, bei Amtsmißbräuchen direkt an den Herrscher zu appellieren. So wird man Werner Rösener zustimmen können, der im Hinblick auf die Salemer Schutzverhältnisse meinte, mit Hilfe der Reichsvogtei sei es den Mönchen gelungen, »jede wirkliche Vogtei anderer Dynasten der Umgebung auszuschließen«[25].

Nicht nur im Falle Salems profitierten die Staufer von der Schwäche des eigentlichen Gründers. Mit dem Angebot des Reichsschutzes knüpften sie enge Verbindungen zu den südwestdeutschen Zisterzen, die im eigenen Interesse bemüht waren, sich dem Zugriff des lokalen Adels zu entziehen. Förderlich dürfte sich dabei eine Affinität zwischen Staufern und Zisterziensern ausgewirkt haben, die über mehrere Herrschergenerationen hinweg zu beobachten ist. Gleich nach der Beilegung des alexandrinischen Schismas waren zisterziensische Äbte an Friedrich I. herangetreten und hatten ihm zugesichert, nach seinem Tode werde man »in allen Klöstern des Ordens« für ihn ein

---

19   Zu den divergierenden Forschungstendenzen s. Werner RÖSENER, Südwestdeutsche Zisterzienserklöster unter kaiserlicher Schirmherrschaft (in: Zeitschrift für württembergische Landesgeschichte 33, 1974, S. 24–52) S. 24–26 u. OBERWEIS (1990) S. 112–122.
20   Julius FICKER, Vom Reichsfürstenstande 1 (Innsbruck 1861) S. 327.
21   Hans HIRSCH, Die Klosterimmunität seit dem Investiturstreit. Untersuchungen zur Verfassungsgeschichte des deutschen Reiches und der deutschen Kirche (Weimar 1913) S. 115–117.
22   Ebd. S. 118.
23   Hans ZEISS, Zur Frage der kaiserlichen Zisterzienservogtei (in: HJb 46, 1926, S. 594–601).
24   Otto Paul CLAVADETSCHER, Beiträge zur Geschichte der Zisterzienserabtei Kappel am Albis (Zürich 1946) S. 65.
25   RÖSENER (1974) S. 40.

Offizium zelebrieren, wie es sonst nur einem verstorbenen Abt zustehe[26]. Aufgrund eines Generalkapitelsbeschlusses wurde Heinrich VI. schon zu Lebzeiten in die Gebete des Ordens eingeschlossen[27], und der exkommunizierte Friedrich II. ließ sich auf dem Sterbebett demonstrativ mit der Kutte der Weißen Mönche bekleiden[28]. Es muß daher überraschen, daß sich kein einziges zisterziensisches Männerkloster als direkte Stiftung eines Staufers erweisen läßt. Zwar ist aus der fränkischen Abtei Ebrach ein Bericht überliefert, der eine Gründungsbeteiligung Konrads III. zu suggerieren scheint[29]. Der Wert dieser Nachricht ist jedoch umstritten; möglicherweise handelt es sich um eine klosterinterne Spekulation, die daran anknüpft, daß Konrads III. Gemahlin Gertrud in Ebrach ihre letzte Ruhestätte fand[30]. Zwei andere Zisterzen dagegen – Neuburg und Eußerthal – wurden von den Staufern selbst als Gründungen ihrer Familie ausgegeben, obwohl dieser Anspruch nur schwer mit den historischen Fakten in Einklang zu bringen war.

II. Herzog Friedrich II. von Schwaben als Mitbegründer Neuburgs

Der Heilige Forst bei Hagenau zählt zu den frühesten Zentren staufischer Hausmachtbildung. Durch die Eheschließung mit Agnes, einer Tochter Kaiser Heinrichs IV., hatte der Schwabenherzog Friedrich I. ein Drittel des ausgedehnten Waldgebietes erworben, und nach dem Erlöschen der salischen Dynastie fiel 1125 ein weiteres Drittel an die Staufer[31]. Am Rande des Heiligen Forstes war Ende des 10. Jahrhunderts die Benediktinerabtei Selz entstanden, um 1074 das ebenfalls benediktinische St. Walburg[32]. Die Staufer begnügten sich aber nicht damit, in nähere Beziehungen zu den bereits existierenden Klöstern zu treten, sondern versuchten ihre Position durch eigene Gründungen abzusichern. Die Zisterzienserinnenabtei Königsbrück wurde von Herzog Friedrich II. gestiftet, wie sich aus einer Barbarossa-Urkunde des Jahres 1187 ergibt: *cenobium beate*

---

26 MGH DF. I. 1023 S. 315. Zum mutmaßlichen politischen Hintergrund s. Michael OBERWEIS, Die pfälzischen Besitzungen der Abtei Himmerod (in: Grundherrschaft-Kirche-Stadt zwischen Maas und Rhein während des hohen Mittelalters = Trierer Historische Forschungen 37, hg. von Alfred HAVERKAMP/Frank G. HIRSCHMANN, Mainz 1997, S. 339–359) S. 341.
27 CANIVEZ (Ed.), Statuta 1 (1933) S. 172 (Stat. 1194:9) u. S. 182 (Stat. 1195:1); vgl. OBERWEIS (1990) S. 139.
28 Matheus Parisiensis, Cronica maiora (in: MGH SS 28, S. 107–389) S. 322: ... *unde habitum Cisterciensium ante mortem, ut nobis suorum fidelium patefecit certa relacio, humiliter ac devote suscepit.*
29 Fundatio monasterii Ebracensis (in: MGH SS 15, S. 1040–1042).
30 Zur Diskussion s. Leopold GRILL, Studien zur Gründung der Abtei Ebrach (in: Festschrift Ebrach 1127–1977, hg. von Gerd ZIMMERMANN, Volkach 1977, S. 28–37) u. Ferdinand GELDNER, Um die frühen Staufer-Gräber in Ebrach, Lorch und Bamberg (ebd. S. 38–52).
31 Die komplizierten Besitzverhältnisse im Heiligen Forst werden genealogisch hergeleitet bei Eduard HLAWITSCHKA, Zu den Grundlagen der staufischen Stellung im Elsaß: Die Herkunft Hildegards von Schlettstadt (= Sudetendeutsche Akademie der Wissenschaften und Künste, Geisteswissensch. Klasse. Sitzungsberichte 1991 Heft 9, München 1991) S. 63–78.
32 Über die staufischen Kontakte zu Selz und St. Walburg informiert eingehend Thomas SEILER, Die frühstaufische Territorialpolitik im Elsaß (Hamburg 1995) S. 125–138.

Marie, quod in Regisponte a patre nostro Friderico fundatum est[33]. Auch die Gründung des Männerklosters Neuburg wird erstmals in einer Urkunde Kaiser Friedrichs I. erwähnt. In einem Privileg von 1156 heißt es: *Quia ratum constat, quod beate memorie Reinholdus comes de Lucelenburch, Fridericus quoque dux Suevie pater meus locum, qui Nuwenburch dicitur, in quo secundum ordinem et regulam Cisterciensium omnipotenti deo dilecti fratres deservitis, pro redemptione animarum suarum vobis libere contradiderunt*[34].

Das genaue Gründungsdatum bleibt leider ebenso im dunkeln wie das des Klosters Königsbrück; in der Forschung werden vornehmlich die Jahre 1131 und 1133, aber auch 1128 und 1130 erwogen[35]. Wichtiger erscheint demgegenüber die Frage, wie die jeweiligen Anteile der beiden Gründer zu gewichten sind. Schon die Reihenfolge der Namen deutet an, daß Reinhold von Lützelburg die führende Rolle innehatte: Immerhin wird er als Graf einem Herzog vorangestellt – und dies, obwohl es sich bei letzterem um den Vater des Urkundenausstellers handelte. Mit einiger Berechtigung gilt deshalb Reinhold als »der eigentliche Stifter des Klosters«[36]. Luzian Pfleger nennt ihn den »Hauptstifter« und meint, die Mitwirkung Herzog Friedrichs II. habe sich im wesentlichen auf die Zustimmung zum Gründungsakt beschränkt. Die Staufer waren nämlich die designierten Erben des kinderlosen Grafen; durch ihren Konsens wurden sie nominell zu Mitbegründern des Klosters, ohne sich vorerst mit eigenen Schenkungen zu engagieren[37].

Die Kaiserurkunde von 1156 scheint in ihrer Wortwahl dem geschichtlichen Sachverhalt Rechnung zu tragen. Auffallend ist der holprige Anschluß *Fridericus quoque*, der fast den Eindruck erweckt, als sei die Erwähnung des staufischen Herzogs erst nachträglich eingefügt worden. Zwei Jahre später erteilte Barbarossa den Neuburgern abermals ein Privileg, doch diesmal war die störende Nahtstelle beseitigt; in gleichrangigem Nebeneinander wurden Graf und Herzog durch ein *et* verbunden. Zugleich erschien jetzt der Gründungsvorgang selbst in einem völlig neuen Licht: *... locum, qui dicitur Nuvenburch, a Reginoldo comite de Lucelenburch et beate memorie Friderico duce patre nostro ordini Cysterciensi contraditum, quia etiam hereditario iure ad nos spectare videtur, in protectionem et defensionem nostre imperialis maiestatis suscipimus*[38].

Den klösterlichen Fundus, den der 1143 verstorbene Reinhold einst bereitgestellt hatte, reklamierte der Kaiser nunmehr als sein Erbteil. In der Rückschau wurde Neuburg somit gleichsam zu einer Gründung »auf staufischem Boden«. Aus dieser rechtlich fragwürdigen Konstruktion zogen die Staufer weitreichende Konsequenzen. Sie be-

33   MGH DF. I. 967 S. 244. Zur Gründung Königsbrücks s. auch den Beitrag von Thomas Seiler im vorliegenden Band.
34   MGH DF. I. 136 S. 229; RI 4 II Nr. 388.
35   Zu den verschiedenen Datierungsansätzen s. Leopold Janauschek, Originum Cisterciensium tomus I (Wien 1877) S. 18 u. Luzian Pfleger, Über das Gründungsjahr der ehemaligen Cistercienserabtei Neuburg im hl. Forst (in: Cistercienser-Chronik 17, 1905, S. 321–323).
36   Aloys Meister, Die Hohenstaufen im Elsass (Straßburg 1890) S. 68.
37   Luzian Pfleger, Die wirtschaftliche und territoriale Entwicklung der ehemaligen Cistercienserabtei Neuburg im Heiligen Forst bis zum 15. Jahrhundert (in: Archiv für elsässische Kirchengeschichte 1, 1926, S. 1–48) S. 5.
38   MGH DF. I. 206 S. 345; RI 4 II Nr. 528.

trachteten Neuburg faktisch als ihr Eigenkloster, was zisterziensischem Selbstverständnis ebenso widersprach wie den Intentionen Reinholds von Lützelburg. Dennoch blieb der Hinweis auf das *hereditarium ius* seither fester Bestandteil des staufischen Urkundenformulars für Neuburg; in nahezu wortgleicher Wiederholung findet er sich bei Heinrich VI.[39], Philipp von Schwaben[40] und Friedrich II.[41].

In Neuburg hat es kaum jemand gewagt, gegen diese rigorose Vereinnahmung zu protestieren. Zu fest war die Abtei in die staufische Reichs- und Territorialpolitik eingebunden[42], und in materieller Hinsicht bot die ausgeprägte Staufernähe unbestreitbare Vorteile. Seit Barbarossa verfügte die Zisterze über großzügig bemessene Holz- und Weiderechte im Heiligen Forst[43]; ihr Rheinhandel wurde durch eine Reihe von Zollprivilegien begünstigt[44]. Andererseits war Neuburg bei Interessenkollisionen dem Zugriff seiner »Gründer« wehrlos ausgeliefert.

Seit 1125 geboten die Staufer über zwei Drittel des ungeteilten Heiligen Forstes. Das letzte Drittel war in der Hand Reinholds von Lützelburg, der sein Recht auf die *tertia arbor* testamentarisch den Neuburger Mönchen vermachte. Barbarossa jedoch war nicht bereit, den letzten Willen des Grafen zu respektieren. Er nahm das ihm noch fehlende Drittel als staufisches Erbe in Anspruch und fand die Mönche mit dem Gut Seelhofen ab. Auch wenn offener Widerstand gegen diese Regelung nicht opportun war, wurde in Neuburg insgeheim deutliche Kritik geübt. Ein vermutlich zeitnahes Memorandum entrüstet sich über die knausrige Entschädigung: Für ein immenses Recht habe der Kaiser dem Kloster lediglich ein »winziges Stück Land« überlassen. »Da wir nicht zu widersprechen wagten, mußten wir das so hinnehmen«[45].

Nicht einmal des Besitzes von Seelhofen konnten sich die Neuburger ungestört erfreuen, denn ca. 1174 wurde ihnen das Gut vom Landgrafen Gottfried von Huneburg streitig gemacht[46]. Eine klösterliche Gesandtschaft mußte den Kaiser aufsuchen, der

---

39 Stephan Alexander WÜRDTWEIN, Nova subsidia diplomatica ad selecta iuris ecclesiastici Germaniae et historiarum capita elucidanda 10 (Heidelberg 1788) Nr. 61 S. 178: ... *qui etiam hereditario iure ad nos spectare videtur*; RI 4 III (1972) Nr. 530.

40 MEISTER (1890) S. 119: ... *qui etiam haereditario iure ad nos spectare videtur*; RI 5 I Nr. 55.

41 Jean-Louis-Alphonse HUILLARD-BRÉHOLLES, Historia diplomatica Friderici secundi 1 II (Paris 1852) S. 664: ... *qui ex hereditario iure ad nos spectare videtur*; RI 5 I (1881/82) Nr. 1055.

42 S. dazu neben SEILER (1995) S. 217–226 vor allem Knut SCHULZ, Die Zisterzienser in der Reichspolitik während der Stauferzeit (in: Die Zisterzienser. Ordensleben zwischen Ideal und Wirklichkeit, Ergänzungsbd., hg. von Kaspar ELM, Köln 1982, S. 165–193).

43 So bereits in der Urkunde von 1158 (MGH DF. I. 206 S. 346; RI 4 II Nr. 528): *Concessimus etiam eidem predicto loco et in perpetuum donavimus, ut animalia eorum utantur pascuis in Sacra Sylva ovibus tantum exceptis. Ligna vero ad omnium officinarum suarum ignem faciendum similiter eis concessimus.* In späterer Zeit wurden die Neuburger Nutzungsrechte noch wesentlich erweitert.

44 Knut SCHULZ, Fernhandel und Zollpolitik großer rheinischer Zisterzen (in: Zisterzienser-Studien 4, 1979, S. 29–59) S. 30–38.

45 WÜRDTWEIN, Nova subsidia 10 (1788) Nr. 24 S. 60: *Sed imperator, cum esset prudens et potens atque diversa predia propter inclitam eius prolem in unum aggregaret, istud tantillum predium nobis dedit pro immenso iure, quia ea non audebamus contradicere, ac idcirco nobis oportebat nos istud acceptare.* Vgl. PFLEGER (1926) S. 7, OBERWEIS (1990) S. 73f. u. SEILER (1995) S. 141f.

46 PFLEGER (1926) S. 16 u. SEILER (1995) S. 142.

sich damals in der Lombardei aufhielt und die Stadt Alessandria belagerte[47]. Obwohl die Mönche ihren Rechtsstandpunkt durchzusetzen vermochten, war die Appellation an Barbarossa ein kompromittierender Vorgang. Im alexandrinischen Schisma nämlich hatte sich der Zisterzienserorden geschlossen auf die Seite Papst Alexanders III. gestellt. Auch reichstreue Zisterzen wie Neuburg waren unter diesen Umständen bemüht, ihre Kontakte zum Kaiser auf ein Minimum zu beschränken[48]. Daß man ausgerechnet wegen Seelhofens von der Ordenslinie abweichen mußte, dürfte die bestehenden Animositäten nicht verringert haben. Noch um die Mitte des 13. Jahrhunderts diente das erwähnte Memorandum als Vorlage einer gefälschten Barbarossa-Urkunde, die den Besitz des umstrittenen Gutes endgültig festschreiben sollte[49].

Der Zwist um das letzte Drittel des Heiligen Forstes hat die Beziehungen Neuburgs zu den Staufern allerdings nicht dauerhaft belastet. Der beste Beweis für das weitgehende Einvernehmen ist die diplomatische Tätigkeit des Abtes Peter (1196–1214)[50], der im deutschen Thronstreit zwischen Papst Innozenz III. und König Philipp von Schwaben zu vermitteln suchte. Wie loyal die elsässische Zisterze in jenen Jahren zu dem bedrängten Staufer hielt, erhellt eindrucksvoll aus einer Urkunde des Jahres 1205[51]. In einer Situation, in der die staufische Partei mit einer Invasion Ottos IV. rechnen mußte, gab Philipp bekannt, Abt Peter von Neuburg habe *sumptibus monasterii sui* ein festes Haus erbaut, um bei feindlichen Angriffen den klösterlichen Besitz in Sicherheit zu bringen. Diese *domus* befand sich auf einem reichslehnbaren Dienstgut des Ministerialen Heinrich von Windstein, der nun sein Lehen in die Hände des Königs zurückgab *(in manus nostras resignavit)*. Der Wortlaut der Urkunde läßt keinen Zweifel daran, daß Peter die Fluchtburg bereits vorher – also auf fremdem Boden – errichtet hatte *(edificasse dinoscitur)*[52]. Wahrscheinlich hat daher Thomas Biller recht, wenn er vermutet, die offizielle Zweckbestimmung *(ad evitandas hostium incursiones et rerum ipsius monasterii conservationem)* habe lediglich darüber hinwegtäuschen sollen, daß Neuburg mit dem aufwendigen Bau einen Beitrag zur allgemeinen Landesverteidigung leistete[53]. Wenigstens indirekt verstießen die Ordensleute so gegen das Verbot militärischer Betätigung, und

---

47 Würdtwein, Nova subsidia 10 (1788) S. 61: *fratres vero nostri ad imperatorem nuntium destinantes et in obsidione civitatis Alexandrine ipsum invenientes ...*

48 Martin Preiss, Die politische Tätigkeit und Stellung der Cisterzienser im Schisma von 1159–1177 (= Historische Studien 248, Berlin 1934); zur Neuburger Gesandtschaft S. 209f.

49 MGH DF. I. 1061 S. 386f.

50 Zu seiner Person und seinem Wirken informiert umfassend Luzian Pfleger, Abt Peter von Neuburg im hl. Forst, ein hervorragender Cistercienser an der Wende des 13. Jahrhunderts (in: Cistercienser-Chronik 16, 1904, S. 129–142).

51 Würdtwein, Nova subsidia 10 (1788) Nr. 76 S. 214f.

52 Zurückzuweisen ist daher die Interpretation Pflegers (1904) S. 138: »Der staufische Dienstmann Heinrich von Winstein und seine Söhne resignierten dem Abte die Hofstätte unterhalb des Winsteins, und hier erbaute nun Peter eine feste Burg ...« Vgl. dagegen Oberweis (1990) S. 75.

53 Thomas Biller, Die Burgengruppe Windstein und der Burgenbau in den nördlichen Vogesen. Untersuchungen zur hochmittelalterlichen Herrschaftsbildung und zur Typenentwicklung der Adelsburg im 12. und 13. Jh. (= 30. Veröffentlichung der Abteilung Architektur des Kunsthistorischen Instituts der Universität zu Köln, Köln 1985) S. 232.

es ist sicher kein Zufall, daß das zisterziensische Generalkapitel gerade 1205 ausdrücklich den Besitz von *castra* untersagte[54].

Die enge Kooperation des Abtes mit einem staufischen Ministerialen wurde möglicherweise auch dadurch erleichtert, daß Neuburg mehr und mehr in die Rolle eines Reichsklosters hineinwuchs. Noch 1158 hatte Friedrich I. die Mönche angewiesen, seine Ministerialen und Fiskalinen sowie deren Güter künftig nicht mehr ohne spezielle Genehmigung aufzunehmen[55]. 1196 verzichtete Heinrich VI. auf diesen Vorbehalt; seither mußte nicht mehr in jedem Einzelfall das herrscherliche Einverständnis erbeten werden[56]. Auch anderen staufertreuen Zisterzen gewährte Heinrich VI. entsprechende Vergünstigungen, was Knut Schulz darauf zurückführt, »daß diese Klöster mit ihren Gütern als dem Kaiser und Reich so nahestehend betrachtet werden, daß mit der Übertragung derartiger Besitztitel ... nicht die Gefahr einer Entfremdung verbunden schien«[57].

Für eine derartige Einschätzung spricht auch die Formulierung, mit der König Friedrich II. Neuburg den Schutz des Reiches verbriefte: Er wolle, heißt es in einer 1216 ausgestellten Urkunde, die Abtei vor allen Übeltätern ebenso sicher bewahren »wie unsere Kammer Hagenau«[58]. Zwar wird man aus diesem Vergleich nicht folgern dürfen, Neuburg sei in staufischer Sicht »ein zur ›Kammer‹ Hagenau gehöriges Kloster« gewesen[59]. Zumindest aber scheint – unter dem Gesichtspunkt des gewährten Königsschutzes – eine verwaltungstechnische Gleichstellung mit dem bedeutenden Pfalzort erfolgt zu sein.

Noch einen Schritt weiter ging Heinrich (VII.), als er 1227 kraft königlicher Autorität *omnes possessiones collatas ecclesie Novi Castri nec non ad nos et ad imperium pertinentes* bestätigte[60]. Offensichtlich besagt dieser Passus, daß alle klösterlichen Besitzungen unabhängig von ihrer Herkunft als zum Reiche gehörig erachtet wurden[61]. In spätstaufischer Zeit muß Neuburg demnach formell als Reichskloster gegolten haben, denn bei einem solchen erstreckte sich das (Ober-)Eigentum des Reiches auch auf Schenkun-

---

54 CANIVEZ (Ed.), Statuta 1 (1933) S. 306 (Stat. 1205:1).
55 MGH DF. I. 206 S. 345f.; RI 4 II Nr. 528: ... *quod ministeriales nostros et homines nostros fiscalinos et predia eorum sine nostra permissione de cetero non recipiant.*
56 WÜRDTWEIN, Nova subsidia 10 (1788) Nr. 61 S. 179 (RI 4 III Nr. 530): ... *indulgentes, ut quicunque ministerialium nostrorum et hominum nostrorum fiscalinorum se et predia sua ad locum sepedictum transferre voluerit* (lies: *voluerint*), *libere et absque voluntatis nostre consensu* (lies: *consensus*) *facere possint requisitione.* Die vorgeschlagenen Korrekturen orientieren sich an der Erneuerung des Privilegs durch Friedrich II.: HUILLARD-BRÉHOLLES, Historia diplomatica 1 II (1852) S. 664; RI 5 I Nr. 1055.
57 SCHULZ (1982) S. 177.
58 HUILLARD-BRÉHOLLES, Historia diplomatica 1 II (1852) S. 448; RI 5 I Nr. 851: *Inde est, quod prefatum locum in predio nostro situm, ut pote cameram nostram Hagenowa, sub umbra nostre maiestatis ab omnibus malefactoribus volumus esse tutatum.*
59 SCHULZ (1982) S. 186; vgl. dagegen OBERWEIS (1990) S. 79.
60 HUILLARD-BRÉHOLLES, Historia diplomatica 3 (1852) S. 311; RI 5 I Nr. 4042.
61 Vgl. OBERWEIS (1990) S. 79. Anders dagegen die Interpretation in RI 5 I Nr. 4042: »... bestätigt der kirche zu Neuenburg alle ihre besitzungen, auch die reichslehnbaren.«

gen Dritter. Schon 1216 hatte Friedrich II. die Abtei als *monasterium nostrum* bezeichnet[62], womit er freilich eher auf den Status eines Hausklosters angespielt haben dürfte. Auch als Kaiser bekannte er sich 1222 zu seiner besonderen Verbundenheit mit den dortigen Mönchen, *qui quadam prerogativa speciali optime conversationis hactenus excellentie nostre familiares exstiterunt et accepti*[63]. Ein letztes Mal hob Konrad IV. diese enge und herzliche Beziehung hervor, indem er 1238 Abt und Konvent als *fideles nostri* apostrophierte[64].

Das exklusive Verhältnis zwischen den Staufern und der elsässische Zisterze konnte sich nur deshalb in der geschilderten Intensität entfalten, weil mit dem Tod des kinderlosen Grafen Reinhold die Position des Stifters vakant geworden war. Durch eine juristisch zweifelhafte Fiktion gelang es Barbarossa, den Gründungsvorgang rückwirkend umzudeuten und Neuburg für sich und seine Nachkommen als Eigenkloster in Anspruch zu nehmen. Wie wenig er dabei den Gründerwillen respektierte, zeigt die rücksichtslose Durchsetzung seiner Machtinteressen im Heiligen Forst. Zwar bewahrte man Reinhold ein ehrendes Angedenken; noch 1219 erscheint sein Name in einer Urkunde Friedrichs II.[65]. Auf das von Barbarossa eingeforderte *hereditarium ius* hat jedoch keiner der staufischen Herrscher verzichtet.

III. König Konrad III. und die Gründung Eusserthals

Ebensowenig wie für Neuburg läßt sich für das bei Annweiler gelegene Eußerthal ein exaktes Gründungsdatum ermitteln. Zwar mangelt es nicht an Quellenbelegen, doch diese fügen sich nicht zu einem einheitlichen Bild zusammen. Noch heute befindet sich in der Eußerthaler Klosterkirche eine Inschrift, die des Ritters Stephan von Mörlheim gedenkt, *qui fundavit hoc monasterium anno 1148*[66]. Auch ein Diplom Barbarossas aus dem Jahre 1168 bezeichnet Stephan als den Fundator des Klosters[67]. Einen ganz anderen Hergang schildert dagegen eine ca. 1170 ausgestellte Urkunde des Speyerer Elekten Rapodo[68]. Demnach waren es Rapodo und seine beiden Brüder, die Grafen Hartmann von Lobdeburg und Otto von Allerheim, die 1150 zu Würzburg den *fundus* des Klosters stifteten. Die Schenkung habe im Beisein König Konrads III. *(in presencia Cuonradi regis)* stattgefunden, und in der Zeugenliste figuriert »Herzog Friedrich, der spätere Kaiser« *(Friderico duce postea imperatore)*. Auch für diese Version liegt eine urkundliche Bestätigung Barbarossas vor, und zwar im Rahmen einer Schutzverleihung von 1186[69]. Nach derzei-

---

62   Huillard-Bréholles, Historia diplomatica 1 II (1852) S. 448; RI 5 I Nr. 851.

63   Huillard-Bréholles, Historia diplomatica 2 I (1852) S. 278; RI 5 I Nr. 1425.

64   Huillard-Bréholles, Historia diplomatica 5 II (1859) S. 1173; RI 5 I Nr. 4389.

65   Huillard-Bréholles, Historia diplomatica 1 II (1852) S. 664; RI 5 I Nr. 1055.

66   Abgebildet bei Josef Nisters, Die ehemalige Kloster- und heutige Pfarrkirche in Eußerthal (in: 850 Jahre Eußerthal, Eußerthal 1998, S. 137–187) S. 165.

67   MGH DF. I. 548 S. 9f.: *homo liber Stephanus nomine ... contulit et donavit omnia bona sua ecclesie in Uterstal, cuius ipse fundator extitit.*

68   Urkundenbuch zur Geschichte der Bischöfe von Speyer 1, hg. von Franz Xaver Remling (Mainz 1852) Nr. 101 S. 115–117.

69   MGH DF. I. 953 S. 223–225.

tigem Forschungsstand sind die beiden Überlieferungsstränge vermutlich so miteinander zu kombinieren, daß Stephan den östlichen, die drei Brüder den westlichen Teil des Klosterfundus zur Verfügung stellten.

Obwohl die Gründung Eußerthals bereits Gegenstand mehrerer detaillierter Untersuchungen war[70], fand ein singuläres Zeugnis bisher keinerlei Beachtung: Als König Heinrich (VII.) im Jahre 1233 dem Kloster die Pfarrkirche von Annweiler schenkte, verband er den Gunsterweis mit der Behauptung, Eußerthal sei von seinen Vorfahren gegründet worden: ... *ecclesiam Uterine Vallis Cysterciensis ordinis a progenitoribus nostris fundatam*[71]. Dieser fast beiläufig erhobene Anspruch ist um so überraschender, als Heinrich selbst noch 1229 von Rapodo als dem *fundator* der Abtei gesprochen hatte[72]. In der Eußerthal-Forschung scheint der eklatante Widerspruch keinen Anstoß erregt zu haben. Erst kürzlich betonte Karl Heinz Debus, daß sich »die Staufer an der Klostergründung nicht beteiligt« hätten[73]. Wie aber ist dann die Urkunde von 1233 zu beurteilen? Die Möglichkeit einer Fälschung kommt nicht in Betracht, denn das Diktat kann einem der königlichen Kanzleibeamten zugewiesen werden[74]. Im übrigen ist von Heinrich (VII.) eine ganz ähnliche, auch zeitlich nahestehende Verfügung bekannt: 1231 übertrug er den Zisterziensern von Himmerod Kirche und Patronatsrecht zu Altrip[75]. Das Eifelkloster Himmerod lag zwar außerhalb des staufischen Hausmachtbereichs, aber mit Unterstützung Friedrichs I. und Heinrichs VI. konnte es seit den 1180er Jahren im pfälzischen Raum Fuß fassen und in der Umgebung Speyers ein ansehnliches Besitzzentrum aufbauen. Es scheint somit eine gezielte Politik Heinrichs (VII.) gewesen zu sein, sich einzelne Zisterzen durch die Schenkung von Kirchen zu verpflichten. Damit allein erklärt sich freilich noch nicht die Bezeichnung Eußerthals als staufische Gründung.

Allerdings zeigte sich Heinrich (VII.) nicht nur in diesem Fall bemerkenswert schlecht über die Gründung eines ihm nahestehenden Klosters informiert. Als er 1226 den Nonnen von Königsbrück seinen königlichen Schutz verbriefte, sprach er von dem *cenobium beate Marie, quod in Regisponte a felicibus augustis progenitoribus nostris re-*

---

70   Karl LUTZ, Entstehungszeit und Namensgeschichte der Zisterzienserabtei Eußerstal (in: Archiv für mittelrheinische Kirchengeschichte 1, 1949, S. 292–316); Hans WERLE, Die Fundatoren der Zisterze Eußerthal (in: Blätter für pfälzische Kirchengeschichte und religiöse Volkskunde 23, 1956, S. 74–83); L. Anton DOLL, Beobachtungen zu den Anfängen des Zisterzienserklosters Eußerthal und zur Entwicklung der Haingeraide (in: Mitteilungen des Historischen Vereins der Pfalz 68, 1970, S. 194–221); Karl Heinz DEBUS, Das Zisterzienserkloster Eußerthal (in: 850 Jahre Zisterzienserkloster Eußerthal, Eußerthal 1998, S. 1–100) S. 12–29.
71   HUILLARD-BRÉHOLLES, Historia diplomatica 4 II (1855) S. 606f.; RI 5 I Nr. 4274.
72   HUILLARD-BRÉHOLLES, Historia diplomatica 3 (1852) S. 396; RI 5 I Nr. 4127: ... *tum a loci illius fundatore Rabodone pie memorie Spirensi episcopo.* Heinrich muß sogar Kenntnis von Rapodos Urkunde gehabt haben, denn im folgenden nimmt er Bezug auf das, *quod in fundatoris privilegio ordinatum est.*
73   DEBUS (1998) S. 28.
74   Paul ZINSMAIER, Studien zu den Urkunden Heinrichs (VII.) und Konrads IV. (in: ZGO 100, 1952, S. 445–565) S. 517.
75   HUILLARD-BRÉHOLLES, Historia diplomatica 4 II (1855) S. 950; RI 5 I Nr. 4219. Vgl. OBERWEIS (1997) S. 346.

colende memorie fundatum est[76]. Wie bereits erwähnt, war Königsbrück seinerzeit von Herzog Friedrich II. gestiftet worden; die Wahl des Plurals deutet somit auf eine recht ungenaue Erinnerung. Geht man von einer derart vergröbernden Wahrnehmung aus, läßt sich vielleicht verstehen, warum Heinrich (VII.) auch die Anfänge Eußerthals mit seinen Vorfahren in Verbindung brachte: Immerhin hatte schon Rapodo Wert auf die Feststellung gelegt, daß beim Würzburger Gründungsakt König Konrad III. und der junge Barbarossa persönlich zugegen waren.

Die Echtheit der Rapodo-Urkunde war lange umstritten. Peter Acht hielt sie für eine Fälschung[77], und in der Tat fehlt es nicht an Verdachtsmomenten; unter anderem wird Rapodo, obwohl Elekt, als *Spirensis ecclesie antistes* tituliert. Erst in jüngster Zeit setzte sich die Erkenntnis durch, daß die beobachteten Unstimmigkeiten auf das eigenwillige Diktat des Speyerer Notars Burkhard von St. Wido zurückgehen, also nicht auf eine Fälschung hindeuten[78]. Ob echt oder nicht: In jedem Falle lag die Urkunde Barbarossa vor, als er 1186 den Eußerthaler Mönchen ein feierliches Diplom gewährte. Ausführlich wird darin der Gründungsbericht Rapodos referiert und großenteils wörtlich übernommen. In einem entscheidenden Punkt aber weicht Barbarossa von seiner Vorlage ab: Nach seinen Worten fand die Übergabe des Fundus *coram rege Cunrado ex eius coniventia* statt[79]. Die hinzugefügte Wendung *ex eius coniventia* will offenbar eine aktive Mitwirkung suggerieren; aus der bloßen Anwesenheit Konrads wurde so ein konstitutiver Gründungsbeitrag. Heinrich (VII.) ging 1233 zwar weit über diese Darstellung hinaus, aber die verfälschende Interpretation der Ereignisse setzte bereits bei Barbarossa ein.

Frühzeitig hatte dieser damit begonnen, Eußerthal unter seine Kontrolle zu bringen. Begünstigt wurde er dabei durch die Schwäche der beteiligten Gründer, von denen keiner Ansprüche auf den gesamten klösterlichen Fundus erheben konnte. Schon 1168 wurde der Kaiser um die Bestätigung einer Schenkung Stephans von Mörlheim gebeten[80]. Ein Gunsterweis des Grafen Ludwig von Saarwerden erfolgte ebenfalls *in presencia Friderici imperatoris augusti*[81], und in den Jahren 1179[82] und 1184[83] beurkundete Friedrich weitere Schenkungen Dritter an das Kloster. Die Gewährung kaiserlichen Schutzes bedeutete insofern nur den Abschluß einer jahrzehntelangen Entwicklung, die wohl auch im Zusammenhang mit dem Ausbau des nahegelegenen Trifels zur Reichsburg gesehen werden sollte.

---

76   Acta imperii inedita saeculi XIII et XIV 1, hg. von Eduard WINKELMANN (Innsbruck 1880) Nr. 455 S. 389; RI 5 I Nr. 4001.
77   ACHTS Ausführungen blieben unpubliziert, wurden aber bekanntgemacht durch Karl BOSL, Die Reichsministerialität der Salier und Staufer 1 (= MGH Schr. 10 I, Stuttgart 1950) S. 230 Anm. 2.
78   Reiner Maria HERKENRATH, Die Reichskanzlei in den Jahren 1181 bis 1190 (= SAW.PH, Denkschriften 175, Wien 1985) S. 234; DERS., Burkhard, Scholaster von St. Guido zu Speyer (in: MIÖG 94, 1986, S. 1–11). Vgl. auch die Vorbemerkung des Ed. zu MGH DF. I. 953 S. 223.
79   MGH DF. I. 953 S. 224.
80   MGH DF. I. 548 S. 9f.
81   WÜRDTWEIN, Nova subsidia 12 (1789) S. 109. Die undatierte Urkunde wurde in der Amtszeit des Abtes Albert (1179–1182) ausgestellt.
82   MGH DF. I. 771 S. 325.
83   MGH DF. I. 865 S. 101f.

Zweifellos war es eine besondere Auszeichnung, daß Barbarossa in seinen letzten Lebensjahren gleich zweimal die Abtei besuchte: 1186 anläßlich seiner Schutzverleihung[84] und noch einmal im Jahr darauf, als er dem Eußerthaler Mutterkloster Weiler-Bettnach ein Privileg erteilte[85]. Die Staufernähe Eußerthals fand ihren sinnfälligsten Ausdruck in der Hut der Reichsinsignien. Wann diese ehrenvolle Aufgabe den Mönchen übertragen wurde, ist leider nicht bekannt. Den frühesten urkundlichen Beleg verdanken wir König Adolf von Nassau, der 1296 aber lediglich vage formulierte, *quod religiosi viri abbas et conventus predicti regalibus obsequiis et imperialium insigniorum custodiis ab antiquo a nostris predecessoribus atque nobis sunt specialiter deputati*[86]. Das *ab antiquo* ist sicherlich auf die Stauferzeit zu beziehen, läßt aber Spielraum für Spekulationen. Ohne nähere Begründung meint Volker Rödel, daß die Mönche ihr Amt 1233 angetreten hätten[87]. Wegen der zeitlichen Parallelität wäre es reizvoll, Heinrichs (VII.) Gründungsfiktion damit in Verbindung zu bringen. Allerdings befanden sich gerade in jenem Jahr die Reichskleinodien nicht auf dem Trifels[88], so daß Rödels Datierung eher fraglich erscheint. Sollte Eußerthal aber tatsächlich unter Heinrich (VII.) mit der Hut der Insignien betraut worden sein, so könnte den König dabei durchaus die Überzeugung geleitet haben, daß die Zisterze *a nostris progenitoribus fundata* sei.

---

84 MGH DF. I. 953 S. 224: *... et nos deinde Vhtersdal accedentes.*
85 MGH DF. I. 960 S. 235: *Datum apud Vallem Uterinam ...* Vgl. dazu Thomas Trapp, Die Zisterzienserabtei Weiler-Bettnach (Villers-Bettnach) im Hoch- und Spätmittelalter (= VeröffKomSaarlLandesG. 27, Saarbrücken 1996) S. 50.
86 Würdtwein, Nova subsidia 12 (1789) S. 270; RI 6 II Nr. 748.
87 Palatia sacra 1 IV. Der Landdekanat Weyher, bearb. von Volker Rödel (= Quellen und Abhandlungen zur mittelrheinischen Kirchengeschichte 61 IV, Mainz 1988) S. 43.
88 Trapp (1996) S. 49 Anm. 53. Zu den wechselnden Aufbewahrungsorten der Reichsinsignien s. zuletzt Dankwart Leistikow, Die Aufbewahrungsorte der Reichskleinodien – vom Trifels bis Nürnberg (in: Die Reichskleinodien. Herrschaftszeichen des Heiligen Römischen Reiches = Schriften zur staufischen Geschichte und Kunst 16, Göppingen 1997, S. 184–213).

Zum Recht der Heerfahrt jenseits der Grenze: Friedrich Barbarossas Heerfrieden von 1158 als Teil der hochmittelalterlichen Friedensbewegung

VON ELMAR WADLE

I

In seine Fortsetzung der Gesta Friderici des Otto von Freising hat Rahewin bekannt-lich eine ganze Reihe längerer Texte aufgenommen, die auf Orginalüberlieferungen zurückgehen. Die meisten dieser Stücke sind schon oft traktiert worden; es gibt aber auch Ausnahmen. Zu diesen darf man den Text zählen, der gelegentlich als »Heerfrie-densgesetz« bezeichnet wird; Rahewin selbst nennt die 25 Artikel *leges pacis in exercitu conservandas*[1].

In der Literatur ist diese Quelle von Hermann Conrad vor einigen Jahrzehnten ein-gehender gewürdigt worden[2]. Danach hat man ihr nur wenig Aufmerksamkeit ge-schenkt; insbesondere fällt ins Auge, daß die früher gesehenen Zusammenhänge zur Serie der Gottes- und Landfrieden nicht mehr behandelt worden sind, was namentlich auf Gernhubers immer noch nicht ersetztes Werk über die deutsche Landfriedensbewegung[3] zurückzuführen sein dürfte. Bei anderen umfassenderen Darstellungen mag das Über-

---

1   Neben der Edition von Georg WAITZ und Bernhard VON SIMSON (= MGH SRG [46], [3]1912) liegt vor Ottonis episcopi Frisingensis et Rahewini Gesta Frederici seu rectius Cronica, neu hg. mit der Übersetzung von Adolf SCHMIDT und Franz-Josef SCHMALE (= Ausg. Qu. 17, [2]1974). Hiernach wird der lateinische Text des Heerfriedens (III 31 S. 456–461) zitiert. Im übrigen vgl. noch die Abdrucke und Hinweise in MGH Const. 1 S. 239ff. Nr. 173 [mit Artikel-Zählung], MGH DF I 222 und RI 4 II, bearb. von Ferdinand OPLL, S. 4 Nr. 564.

2   CONRAD, Gottesfrieden und Heerverfassung [wie Anm. 1], bes. S. 77ff.

3   Joachim GERNHUBER, Die Landfriedensbewegung in Deutschland bis zum Mainzer Reichsland-frieden von 1235 (Bonn 1952). – Im übrigen muß hier ein allgemeiner Hinweis auf die jüngere Litera-tur genügen; sie ist zusammengestellt bei Elmar WADLE, Gottesfrieden und Landfrieden als Gegen-stand der Forschung nach 1950, in: Karl KROESCHELL/Albrecht CORDES (Hg.), Funktion und Form. Quellen- und Methodenprobleme der mittelalterlichen Rechtsgeschichte (= Schriften zur Europäi-schen Rechts- u. Verfassungsgeschichte 18, Berlin 1996) S. 63–91. Nachzutragen sind: Hans-Werner GOETZ, Gottesfriede und Gemeindebildung (in: ZRG GA 105, 1988) S. 122–144; DERS., La paix de Dieu en France autour de l'an Mil: fondements et objectifs, diffusion et participants, in: Michel PARISSE/Xavier BARRAL I ALTET (Hg.), Le roi de France et son royaume autour de l'an mil. Actes du colloque … 22–25 juin 1987 (Paris 1992) S. 131–145; Klaus ARNOLD, Mittelalterliche Volksbewegun-gen für den Frieden (= Beiträge zur Friedensethik 23, Stuttgart 1996); Hanna VOLLRATH, Die deut-schen königlichen Landfrieden und die Rechtsprechung, in: La Giustizia Nell'Alto Medioevo, Seco-li IX–XI (= Settimane di studio del Centro Italiano di studi sull'alto medioevo 44, Spoleto 1997) S. 591–619.

gehen damit zusammenhängen, daß sie ihre Schwerpunkte zeitlich[4] oder räumlich[5] so setzen, daß die Epoche Friedrichs I. eher am Rande liegt.

Unser Versuch über den »Heerfrieden« möchte erneut darauf aufmerksam machen, wie nahe das Dokument der Friedensbewegung im Zeitalter Barbarossas steht.

II

Rahewin rückt die Gesetze über den Frieden im Heer an die Spitze seines Berichts[6] über den zweiten Italienzug Barbarossas. Im Lager vor dem gerade bezwungenen Brescia, vermutlich im Juli 1158, habe der Kaiser auf die heranziehenden Truppen gewartet und »in völlig angemessener und frommer Weise« zuerst die Geschäfte des Friedens statt des Krieges betrieben *(comode et religiose prius de pacis quam de belli tractat negotiis)*. Dies sei geschehen *inito consilio,* mithin nach gefaßtem Beschluß. Ob es sich dabei um einen »einsamen Entschluß« des Kaisers gehandelt hat[7] oder um das Ergebnis einer Beratung (vielleicht im kleinen Kreise), erfahren wir nicht. Die geschilderten Konsequenzen sprechen wohl eher für das letztere: Der Kaiser berief also *(ergo)* eine Versammlung der Fürsten *(conventum principum)* ein und legte *leges pacis in exercitu conservandas* fest; das beigefügte *tales* leitet über zum wörtlichen Zitat.

Man wird kaum davon ausgehen müssen, daß die *principes* lediglich zusammengerufen wurden, um ein fertiges Konzept abzusegnen. Es dürften vielmehr Verhandlungen über die einzelnen Artikel stattgefunden haben, sei es auf der Zusammenkunft selbst oder schon davor; denn die Regelungen in insgesamt 25 Artikeln sind viel zu detailreich, um sie innerhalb angemessener Zeit »durchberaten« zu können. Vielleicht ging es bei dem *conventum* auch nur um eine feierlich-formale »Schlußberatung«. Für eine solche Sicht spricht nicht zuletzt die Mitteilung, die Rahewin dem Text folgen läßt: *Hanc treugam archiepiscopi, episcopi, abbates datis pro se dextris firmaverunt et violatores pacis pontificalis officii severitate cohercendos promiserunt.*

An diesem Satz fällt zweierlei ins Auge: zum einen wird das Regelwerk als *treuga* bezeichnet; zum anderen bekräftigten die geistlichen Würdenträger diese *treuga* mit Handschlag *(datis pro se dextris)*, und überdies versprachen sie, die Verletzer des Friedens *(violatores pacis)* »mit der Strenge ihres kirchlichen Amtes zu bestrafen«[8].

Rahewin spricht also einerseits von *leges pacis* und *violatores pacis,* andererseits aber verwendet er das charakteristische Wort *treuga.* Mit dieser Bezeichnung stellt er das ganze Instrument in eine aus der kirchlichen Sphäre wohlbekannte Tradition, nämlich jene der *treuga dei* [9]. Dieser Befund wird bestätigt durch die geschilderte Beteiligung der Bischöfe und Äbte.

---

4   So etwa Wolfgang SCHNELBÖGL, Die innere Entwicklung der bayerischen Landfrieden des 13. Jahrhunderts (Heidelberg 1932).

5   So etwa Hartmut HOFFMANN, Gottesfriede und Treuga Dei (Stuttgart 1964).

6   Die deutsche Wiedergabe folgt weitgehend der Übersetzung von SCHMIDT, in: SCHMALE/ SCHMIDT [wie Anm. 1] S. 457.

7   Dies suggeriert die neuhochdeutsche Übersetzung ebd.

8   Vgl. ebd. S. 461.

9   HOFFMANN, Gottesfriede [wie Anm. 5], bes. S. 70ff., 217ff.

Von den weltlichen Fürsten, die am Italienzug teilnahmen, ist nicht die Rede; sie waren aber ohne Zweifel am *conventus principum* beteiligt. Aus einer Bestimmung des Heerfriedens ergibt sich nämlich, daß an jemandem, der die *pax* nicht beschworen hatte, kein Friedensbruch begangen werden kann (Artikel 14); daraus darf man folgern, daß jeder den Frieden zu beschwören hatte; auch die Fürsten dürften einen Eid geleistet haben.

Die besondere Hervorhebung der geistlichen Fürsten erklärt sich aus der von diesen angedrohten Kirchenstrafe für Friedensbrecher. In den Artikeln selbst kommen durchweg »weltliche« Sanktionen vor, insbesondere massive Lebens- und Leibesstrafen. Nur an einer Stelle ist zugleich von einer kirchlichen Strafe die Rede, nämlich von der Exkommunikation des Ritters, der eine Frau im Quartier hält (Artikel 7).

Aus der »Rahmenerzählung« Rahewins ergibt sich, daß das Regelwerk insgesamt von kirchlicher Seite approbiert wurde. Offenbar ging man davon aus, daß es vollkommen dem entsprach, was die Kirche an grundsätzlichen Friedensgeboten formuliert hatte. Um diesen Zusammenhang zu verdeutlichen, muß zunächst der Inhalt des Heerfriedens eingehender bedacht werden.

III

Bevor wir dies tun, ist daran zu erinnern, daß Friedrich Barbarossa noch zwei weitere Heerfrieden veranlaßt hat; der eine liegt vor, der andere erheblich nach den »Gesetzen« von 1158.

Durch Otto von Freising erfahren wir von einem Vorgang während des ersten Italienzuges[10]. Im Februar 1155, genauer nach der Zerstörung von Asti und vor dem Angriff auf Tortona, hielt der König mit weisen verständigen Leuten (*sapientes*) Rat und traf wegen der häufigen Aufstände (*seditiones*), die im Heer entstanden waren, einige Anordnungen, die künftig für einen Ritter[11] gelten sollten (*aliqua militi in posterum profutura ordinare disponit*). Im Anschluß an das sodann mitgeteilte Programm wird die Motivation wieder aufgegriffen: Nachdem das »ebenso weise wie notwendige Gesetz gegeben war« (*Hacque tam sapienti quam necessaria lege data*), hätte sich, so meint Otto von Freising, im folgenden »das unberechenbare Ungestüm der jugendlichen Gemüter« gelegt.

Über die Maßnahme selbst teilt Otto mit, Friedrich habe ein Gesetz gegeben, das nicht nur durch Befehl begründet (*non solum ergo edicto lato*), sondern auch von jedem einzelnen, hoch oder niedrig, durch Eid gewährleistet worden sei (*sed data singulis maioribus et minoribus sacramento praestito*).

Die Angaben über den Inhalt des Gesetzes sind nur knapp. Es solle niemand innerhalb des Lagers das Schwert zu irgendwelchem Schaden eines Mitstreiters tragen; als Strafe fügte der Kaiser hinzu, daß, wer immer einen seiner Gefährten unter Verletzung dieser *treuga* verwunde, die Hand oder sogar den Kopf verlieren sollte.

---

10   Gesta Fred. II 19; dazu RI 5 I Nr. 276.
11   Anders SCHMALE/SCHMIDT [wie Anm. 1] S. 319: »für die Truppen«.

Was bereits zum Heerfrieden von 1158 festgestellt wurde, findet man hier in etwa bestätigt: Es geht um eine *lex*, eine *treuga*; ihr Geltungsanspruch beruht auf einem kaiserlichen *edictum*, mit dem ein Schwur jedes einzelnen einhergeht; der gegen den Frieden verstoßende Gebrauch der Waffe wird mit peinlicher Strafe geahndet.

Vergleicht man die Mitteilung Ottos mit jener Rahewins, so fallen aber auch zwei Unterschiede auf: Zum einen ist bei Otto die Beteiligung der Geistlichkeit und die Androhung von Kirchenstrafen nicht herausgestellt; die Verwendung des Wortes *treuga* weist allerdings ebenfalls auf die Tradition der kirchlichen Sorge um den Frieden hin. Zum anderen ist bemerkenswert, daß zu 1155 der Schwur aller Lagergenossen, der großen wie der minder bedeutenden, deutlich hervorgehoben ist. Daß auch 1158 ein solcher Schwur geleistet worden ist, kann man – wie gezeigt – nur aus dem Text selbst (Artikel 14) erschließen.

Noch weniger aussagekräftig als der Bericht Ottos von Freising ist eine Überlieferung zum Jahre 1189, wonach der Kaiser *leges* für das von ihm geführte Kreuzfahrerheer aufgestellt hat[12].

Über den Inhalt dieser *ordinatio de pace observanda* erfahren wir nur Allgemeines: Der Kaiser habe sein Heer mit *optimis et per necessariis ac discretis legibus* versehen (*informavit*) und Richter bestimmt, die Übertreter gesetzmäßig bestrafen sollten (*qui transgressores legitime punirent*)[13].

Etwas deutlicher sind die Passagen über die Art und Weise der Errichtung. Der Kaiser gab (*informavit*) die Gesetze, nachdem er den Rat aller Fürsten eingeholt hatte (*omnium consilio principum*), und er verpflichtete das Heer durch Eid zur Einhaltung (*et sacramento ad has observandas astrinxit*).

Vergleicht man die Überlieferungen zu 1155 und 1189 mit jener des zweiten Italienzuges, so sind die Gemeinsamkeiten unübersehbar. Bei der Errichtung stehen Beratung mit den Fürsten, herrscherlicher Befehl und Schwur der Beteiligten nebeneinander; keines der drei Elemente kann als allein konstitutiver Rechtsakt ausgemacht werden[14]. Nicht weniger bedeutsam sind die Erkenntnisse zum Inhalt: Es geht um strafbewehrte Verhaltensregeln, die auf den Frieden im Heer abzielen.

12   Historia de expeditione Friderici imperatoris ad annum 1189 (in: Quellen zur Geschichte des Kreuzzuges Kaiser Friedrichs I., hg. von Anton CHROUST = MGH SRG NS 5, 1928) S. 24f.; auch bei CONRAD, Gottesfrieden [wie Anm. 1] S. 125f.
13   CONRAD, Gottesfrieden [wie Anm. 1] S. 107 mit Anm. 108, verweist darauf, daß der Friede angewendet worden ist.
14   Dazu Elmar WADLE, Frühe deutsche Landfrieden, in: Hubert MORDEK (Hg.), Überlieferung und Geltung normativer Texte des frühen und hohen Mittelalters (= Quellen und Forschungen zum Recht im Mittelalter 4, Sigmaringen 1986) S. 71–92, hier bes. S. 81ff.; DERS., Gottes- und Landfrieden [wie Anm. 2] S. 85ff.

IV

Faßt man die 25 Artikel des Jahres 1158 näher ins Auge, so bestätigt sich, was schon die Bezeichnung erwarten läßt: Es geht in erster Linie um Verhaltensregeln, die geeignet sind, das friedliche Zusammenleben der zum Heer versammelten Ritter und Knechte zu fördern; demgegenüber treten Regeln, die primär das Verhalten des Heeres gegenüber Dritten betreffen, eher in den Hintergrund.

Als solche Regeln können zunächst einige strafbewehrte Verbote gelten: gänzlich untersagt ist etwa das Berauben von Kirchen und Märkten (Artikel 8), das Ausplündern von Dörfern oder Häusern (Artikel 11), ebenso die Gefährdung von Dörfern durch das Kohlebrennen eines Schmiedes (Artikel 13). Unter dem Schutz des Heerfriedens stehen auch fremde Ritter, die in erkennbar friedlicher Absicht ins Lager kommen; sie dürfen nicht angegriffen und verwundet werden (Artikel 4).

Solche Verbote bezwecken freilich nicht nur den Schutz Dritter gegen Übergriffe von Heeresangehörigen; auch das Heer selbst soll vor Taten bewahrt bleiben, die als schändlich gelten oder ihm selbst schädlich werden können. Raub und Brandschatzung von Kirchen war durch Sentenzen von Konzilien und Päpsten verfemt, ebenso das Vorgehen gegen Dörfer und Häuser[15]. Überdies gefährdete solches Verhalten ebenso wie das Berauben von Märkten oder Kaufleuten die Versorgung des Heeres.

Noch deutlicher ist diese »Binnenwirkung« in anderen Sätzen formuliert. Das übliche und an sich zulässige Beutemachen im feindlichen Gebiet sollte nicht ausarten; deshalb darf eine eroberte Befestigung (*castrum*) zwar geplündert, aber nur auf Befehl des Marschalls angezündet werden (Artikel 21). Auch der Schutz fremder Ritter, die friedlich ins Lager kommen (Artikel 4), sollte zugleich Parteienzwist vermeiden. Als geradezu selbstverständlich erscheint in diesem Zusammenhang das Verbot, Plätze der eigenen Seite (*castrum quod a curia defensionem habet*) anzugreifen (Artikel 8).

Die meisten Bestimmungen des Regelwerkes zielen – wie gesagt – auf ein friedliches Zusammenwirken im Heer selbst. Deshalb steht an der Spitze aller Regeln das allgemeine an Ritter und Knechte gerichtete Gebot (Artikel 1), keinen Streit untereinander anzufangen.

Daß dabei weniger an bloße Zankereien und Raufereien zu denken ist, als vielmehr an den »privaten« Streit um das Recht, mithin an Formen der Selbsthilfe wie Rache und Fehde, zeigen die anschließenden Sätze des ersten Artikels. Wenn einer mit dem anderen in eine Auseinandersetzung geraten ist, so darf niemand die Lagerparole rufen, damit die Seinen nicht zum Kampf aufgestachelt werden (*quod si alter cum altero rixatus fuerit, neuter debet vociferari signa castrorum, ne inde sui concitentur ad pugnam*): Eine *rixa* soll nicht zur *pugna*, zur bewaffneten Auseinandersetzung führen; dies aber wäre möglicherweise die Folge, wenn die Parole gerufen würde und die Lagergenossen der Streitenden zum Kampfe gerüstet herbeieilten. Deshalb darf ein Genosse nur in Panzer und mit Schild und Helm, also mit Verteidigungswaffen, und einem Stock in der Hand herbeieilen, nicht aber mit seinen Angriffswaffen (*armis*), nämlich Schwert, Lanze oder Pfeilen. Das Hinzueilen hat allein das Ziel, den Streit beizulegen (*quo dirimat*

---

15 Hoffmann, Gottesfrieden [wie Anm. 5], bes. S. 217ff.

litem). Sinn dieser Regelung ist es, die bewaffnete Auseinandersetzung, den ernsten Kampf zu vermeiden. Die *rixa* soll sich nicht zur *pugna* entfalten, die *lis* soll vielmehr beendet werden.

Eine entsprechende Regel teilt Artikel 6 mit. Danach soll jeder gehalten sein, die Beraubung einer Kirche oder eines Marktes zu verhindern; dies soll aber ohne Streit (*sine lite*) geschehen; sollte die Verhinderung so nicht möglich sein, so soll der Beobachter eine Klage beim Hofgericht erheben (*reum accusare debet in curia*). Der außergerichtliche Streit war unerwünscht, man sollte sein Recht vor Gericht suchen.

Letztlich steht hinter allen Regeln des Heerfriedens das Ziel, die kämpferische Auseinandersetzung um das Recht zu vermeiden. Diesem obersten Ziel dienen die einzelnen Regeln allerdings in unterschiedlicher Weise: Ein Teil der Regeln soll verhindern, daß unklare Rechtslagen entstehen, die zum Streit führen können; andere richten sich gegen Verhaltensweisen, die in einer *pugna* üblich waren; wieder andere zielen unmittelbar auf streitstiftendes Unrecht, indem sie Alternativen zur Selbsthilfe anbieten.

Eine erste Gruppe von Regeln will sicherstellen, daß ein Streit von vornherein dadurch vermieden wird, daß bestimmte gefährliche Situationen rechtlich geklärt werden. So treffen die Artikel 21–25 Aussagen über die Frage, wem das bei einer Jagd erlegte Wild gehören soll. War die Rechtslage geklärt, so brauchte man nicht um das Eigentum an der Beute zu streiten.

Einige Regeln betreffen den Umgang mit gefundenem Gut. So bedenkt Artikel 11 den Fall, daß ein Pferd verloren geht und gefunden wird. Der Finder ist nun gehalten, eventuelle Hinweise auf den Verlierer nicht dadurch zu verwischen, daß er das Pferd schert oder unkenntlich macht. Der Finder soll es vielmehr normal nutzen und dem Eigentümer zurückgeben, wenn dieser sein Pferd reklamiert.

Ähnliche Ziele verfolgen die Artikel 20 und 16. Artikel 20 will verhindern, daß man mit aufgefundenen Weingefäßen unvorsichtig umgeht: So sollen nicht nur Verluste zum Nachteil des Heeres vermieden, sondern auch Streitigkeiten um den begehrten Wein verhindert werden. Nach Artikel 16 soll, wer Vorratsgruben (*fovea*) findet, diese frei benutzen dürfen; werden sie dem Finder weggenommen, so soll er nicht zur Selbsthilfe greifen, nämlich Böses mit Bösem vergelten, noch Rache für das Unrecht nehmen (*non reddet malum pro malo, non ulciscetur iniuriam suam*), sondern beim Marschall um Gerechtigkeit nachsuchen.

Auch andere Regeln sollen streitträchtige Situationen von vornherein vermeiden. Die Möglichkeit, daß Frauen Ursache zum Streit geben, ist in Artikel 7 bedacht, der die Anwesenheit von Frauen im Quartier rundweg verbietet. In ähnlicher Weise dürfte das Verbot (Artikel 18) von Genossenschaften zwischen Deutschen und Welschen, die kein Deutsch verstehen, zu bewerten sein. Entsprechendes mag auch für das Verbot des wucherischen Handels durch deutsche Kaufleute gelten (Artikel 7).

Dienen derartige Regeln der eher mittelbaren Vermeidung von Streitursachen, so wollen andere bestimmte Streitgründe oder bereits ausgebrochene Tätlichkeiten unmittelbar unterbinden, indem sie solche Tatbestände mit bestimmten Rechtsfolgen verknüpfen.

Diese Tatbestände sind allesamt in generalisierender Weise formuliert; sie gelten teils für jedermann (Artikel 2, 3, 6, 7, 8, 11, 12, 15, 16), teils nur für Angehörige bestimmter

Stände, wie Ritter (Artikel 1, 4, 5, 19), Knechte (Artikel 1, 5, 9, 10), Kaufleute (Artikel 17) oder Frauen (Artikel 7). Das jeweilige Verhalten ist allgemein, wenn auch in der Regel knapp umschrieben, zumeist nur durch ein Stichwort; es geht um Beleidigen (Artikel 19), Verwunden/Verletzen (*vulnerare, laedere*; Artikel 2, 4, 14), Töten (Artikel 3), Berauben oder Plündern (Artikel 5, 6, 21), Bestehlen (Artikel 19, 15), Brandschatzen (Artikel 12).

Die Rechtsfolgen zielen zum Teil auf Wiedergutmachung (Artikel 5, 15, 19) oder Loskauf (Artikel 1, 9), zum Teil aber enthalten sie harte Sanktionen, so die Verstoßung aus dem Heer (Artikel 1, 9), den Verlust der Rüstung und anderer Habe (Artikel 7, 9, 17, 18), vor allem aber peinliche Strafen wie Todesstrafen in den Formen des Köpfens (so vermutlich Artikel 3 für Tötungen im Kampf) und des Erhängens (so Artikel 3 bei Rückfalldiebstahl), die Strafe des Handverlustes (Artikel 2 bei Verwundung), das Abschneiden der Nase (Artikel 7: gegen im Heer anwesende Frauen), die Strafe an Haut und Haar (Artikel 1, 5, 9, 13) und die Brandmarkung (Artikel 1, 5, 9, 12, 13, 17).

Kirchliche Strafen kennt der Text nur in Artikel 7 (Exkommunikation desjenigen, der eine Frau im Quartier hält), im übrigen sind sie – wie gesehen – dem Regelwerk in allgemeiner Form beigefügt.

Ein Blick auf die Verknüpfungen von Sanktionen mit Personengruppen und Handlungsweisen läßt unschwer bestimmte Differenzierungen erkennen. Im Vordergrund steht die Unterscheidung nach dem Stand: Für Ritter sind andere Rechtsfolgen vorgesehen als für Knechte.

Ein Ritter, der die Parole unerlaubt ruft, verliert die Rüstung und wird aus dem Heer ausgestoßen; ein Knecht hingegen wird an Haut und Haar gestraft und gebrandmarkt (Artikel 1). Ein Ritter, der einen Kaufmann (unberechtigt) beraubt, muß sich freischwören und das *duplum* leisten; ein Knecht, der dasselbe tut, wird geschoren und gebrandmarkt (Artikel 5). Besonders markant sind die Strafdifferenzierungen beim handfesten Diebstahl (Artikel 9): Knechte werden beim ersten Diebstahl geschoren und gegeißelt und aus dem Heer ausgestoßen; im Wiederholungsfalle wird der Dieb gar gehängt. Sein ritterlicher Herr hat zwar für jeden Diebstahl seines Knechtes einzustehen, indem er den Knecht loskauft (so beim handhaften ersten Diebstahl, Artikel 9) oder für ihn einen Reinigungseid schwört (so beim normalen Diebstahl, Artikel 10). Der Ritter selbst begegnet allerdings an keiner Stelle des Regelwerks als Dieb.

Einen in diesem Zusammenhang zu nennenden spezielleren Fall behandelt Artikel 18, der den herrenlosen, aber von einem Ritter aufgenommenen Knecht betrifft: begeht er einen Diebstahl, so muß der aufnehmende Herr ebenfalls das *duplum* leisten.

Charakteristische ständisch bestimmte Verknüpfungen finden wir auch bei den Sanktionen, die Frauen im Lager (Abschneiden der Nase, Artikel 7), wuchernde Kaufleute (Verlust der Haare, Strafe an Haut und Haar nebst Brandmarkung, Artikel 17) und unvorsichtige Schmiede treffen (Strafe an Haut und Haar und Brandmarkung, Artikel 13).

Für einige wenige Verhaltensweisen sind Sanktionen ohne jede ständische Differenzierung ausgebracht: die Sanktionen für Verwundungen und Tötungen gelten offenbar für jedermann (Artikel 2: *qui aliquem* ...; Artikel 2: *si quis* ...). Auch die Strafen für den, der eine Frau im Lager hält, hat jeden (Artikel 7: *nemo/qui*) im Auge. Die Strafen für das Anzünden eines Dorfes oder Hauses sollen jeden (Artikel 12: *si quis* ...) treffen.

Die bisherige Betrachtung hat sich auf den materiellrechtlichen Gehalt der Regel beschränkt. Sie bliebe unvollkommen, würde man die Tatsache übergehen, daß zahlreiche Artikel zugleich verfahrensrechtliche Aussagen enthalten; insoweit treffen wir auf die für hochmittelalterliche Rechtsquellen typische Gemengelage.

Zwei Artikel stellen deutlich darauf ab, ob der Täter geständig ist oder ob er die Tat bestreitet (Artikel 2, 3); andere unterscheiden danach, ob es sich um eine handhafte Tat handelt oder nicht (Artikel 9, 10). Auch der Schwur, mit dem sich ein Ritter, der einen Kaufmann beraubt hat, entlasten kann (Artikel 5), gehört zu den Verfahrensregeln. Das nämliche gilt für den Eid eines Angegriffenen, gegen den zugleich der Vorwurf erhoben wird, er habe den Frieden nicht geschworen (Artikel 14).

Zwei der hier genannten Verfahrensregeln verdienen eine genauere Analyse. Die Artikel 2 und 3 räumen dem Beschuldigten, der die Tat, also die Verwundung oder Tötung, bestreitet, die Möglichkeit ein, den Reinigungseid abzulegen; außerdem wird dem Kläger erlaubt, diesen Reinigungseid durch die Aufforderung zum Zweikampf zu verlegen. Insoweit entspricht die Regelung wohl dem herkömmlichen Verfahren vor Gericht[16]. Eher ungewöhnlich erscheint die jeweils vorausgestellte Aussage: der Beklagte gilt, ohne daß ihm eine Reinigungsmöglichkeit eingeräumt wird, als überführt, wenn im Falle der Verletzung der Verwundete, im Falle des Totschlags ein Verwandter oder ein Kamerad des Erschlagenen zwei Zeugen aufbieten kann, die bestimmte Qualitäten aufweisen. Der Täter kann *per duos veraces testes,* nicht aber durch Blutsverwandte des Verwundeten oder des Erschlagenen überführt werden. Besinnt man sich auf die Grundbedeutung von *verax,* nämlich »wahrredend, wahrhaftig«, so wird deutlich, was gemeint ist: es muß sich um echte Tatzeugen handeln, um Zeugen also, welche die Wahrheit über die Tat vermitteln können. Verwandte, also typische Eidhelfer, die nur die Glaubwürdigkeit des Klägers bestätigen, sind nicht gefragt; Voraussetzung für die Verurteilung sind vielmehr zwei echte Zeugen der Tat. Was zu geschehen hat, wenn der Beschuldigte geständig ist, wird nicht vermeldet; man wird wohl davon ausgehen dürfen, daß er den Rechtsstreit verloren hat: Allerdings muß offenbleiben, welche Sanktion ihn dann traf[17].

Die Klage mit zwei Tatzeugen dürfte eine Neuerung des 12. Jahrhunderts sein. Sie begegnet in einzelnen Rechtsquellen, am ehesten wohl im Stadtrecht[18]. Die Aufnahme dieses Grundsatzes in den Heerfrieden ist wohl vor allem eine Folge der zunehmenden

---

16   Vgl. etwa J. W. PLANCK, Das Deutsche Gerichtsverfahren im Mittelalter 1 (Braunschweig 1879), bes. S. 708ff., 767ff., 824ff.; Rudolf Hübner, Grundzüge des Deutschen Privatrechts (Leipzig ⁵1930), bes. S. 433ff.

17   ELSNER, Heergesetz [wie Anm. 1] S. IX meint, der geständige Beklagte sei bestraft worden; belegt ist diese Ansicht allerdings nicht.

18   Vgl. etwa das Stadtrecht von Freiburg (Zusätze nach 1120 Tennenbacher Lagerbuch c. 14; Stadtrodel c. 38); Elenchus Fontium Historiae Urbanae, ed. von C. VAN DE KIEFT/J. F. NIERMEIJER 1 (Leiden 1967) S. 90. Allgemein dazu Eberhard SCHMIDT, Einführung in die Geschichte der Strafrechtspflege (Göttingen ³1965) S. 78f.

Breitenwirkung gelehrter Prozeßgrundsätze[19]. Die Vorstellungen des Römischen Rechts von der Funktion eines Tatzeugen, die in das Dekret Gratians Aufnahme gefunden haben, konnten nicht ohne Folgen bleiben. Auf sie dürfte auch die genannte Passage des Heerfriedens zurückzuführen sein. Es handelt sich letztlich um einen der vielen, auch in anderen Dokumenten der Stauferzeit[20] nachweisbaren Schritte hin zu einem neuen Verständnis des Beweisverfahrens und damit des Prozesses überhaupt. Die Berücksichtigung von echten Tatzeugen fügt sich gut in eine Entwicklung ein, in welcher das Vordringen peinlicher Strafen zugleich einen Wandel des Verfahrensrechts bewirken mußte. Am Vorabend der Entstehung des Inquisitionsprozesses[21] können solche Übernahmen ohnehin nicht sonderlich überraschen.

Für solche Zusammenhänge spricht auch die Verwendung des Begriffes *testes idonei* im Heerfrieden selbst: Artikel 14 sieht vor, daß ein Verletzter, der zugleich beschuldigt wird, er habe den Frieden nicht geschworen, seinen Friedenseid mit solchen Zeugen belegen und damit den Angreifer als Friedbrecher überführen kann. Auch hier kann es nur um echte Zeugen gehen, solche nämlich, die die Tatsache des Schwures erlebt haben. Der Bezeichnung *testis idoneus* ist der dem römischen und kanonischen Recht geläufige Begriff für die erforderliche Qualität eines echten Zeugen.

Es gibt noch weitere Hinweise auf Einflüsse kanonistisch-römischer Verfahrensregeln in unserem Dokument. Artikel 5 etwa ordnet an, daß dem gegen Raub geschützten Kaufmann das Geraubte doppelt zurückgegeben werden müsse; hier mag das römische *duplum*[22] als Vorbild gedient haben. Entsprechendes gilt für Artikel 15, wenn dem Herrn eines diebischen Knechtes das *duplum* angelastet wird. Schließlich sei noch auf Artikel 10 verwiesen, der die Folgen eines nicht handhaften Diebstahls regelt; hier wird vom Kläger ein Eid gefordert, der an den aus dem rezipierten Gedankengut stammenden Kalumnieneid[23] erinnert.

19   Heinrich HIMSTEDT, Die neuen Rechtsgedanken des oberitalienischen Stadtrechtsprozesses des 13. und 14. Jahrhunderts (jur. Diss. Freiburg i. Br.; Berlin und Leipzig 1909); Erwin JACOBI, Der Prozeß im Decretum Gratiani und bei den ältesten Dekretisten (in: ZRG KA 3, 1913) S. 223–343, hier bes. S. 294ff.

20   Dazu mit zahlreichen weiterführenden Hinweisen auf die ältere Literatur: Elmar WADLE, Der Nürnberger Friedebrief Kaiser Friedrich Barbarossas und das gelehrte Recht (in: Wege europäischer Rechtsgeschichte, hg. von Gerhard KÖBLER, Frankfurt/Main 1987) S. 548–572, bes. S. 559ff., 564ff.

21   Winfried TRUSEN, Der Inquisitionsprozeß. Seine historischen Grundlagen und frühen Formen (in: ZRG KA 74, 1988) S. 168–230; Peter SEGL (Hg.), Die Anfänge der Inquisition im Mittelalter (= Bayreuther Historische Kolloquien 7, Köln 1993).

22   Zu denken ist vor allem an die Haftung nach der *lex Aquilia* und das durch *Litiskrescenz* geschuldete *duplum*. Dazu vgl. Max KASER, Das römische Privatrecht 1: Das altrömische, das vorklassische und klassische Recht (München ²1971), bes. S. 618ff. – 2: Die nachklassischen Entwicklungen (München ²1975), bes. S. 345, 437.

23   Vgl. JACOBI, Prozeß [wie Anm. 19] S. 280f.; im übrigen Wolfgang SELLERT, Kalumnieneid (in: HRG 2, 1978) Sp. 566–570 mit weiteren Nachweisen; WADLE, Friedebrief [wie Anm. 20] S. 564ff.

V

Ein eingehender Vergleich der vielen Einzelheiten des Heerfriedens mit den Sätzen anderer Friedensinstrumente der Salier- und Stauferzeit würde ohne Zweifel viele Vorläufer, Parallelen und andere Entsprechungen zutage fördern. Derartige Vergleiche haben schon ältere Autoren angestellt; Conrad hat die Vergleichsbasis dadurch erweitert, daß er die Friedensprogramme der Kreuzfahrerheere einbezogen hat[24].

So ergiebig ein solches Vergleichen auch sein mag, es verbietet sich hier angesichts der relativ großen Zahl von Friedenstexten von selbst. An dieser Stelle muß die Feststellung genügen, daß sich der Heerfrieden sowohl seinem Zustandekommen wie seinem Inhalt und der Struktur seiner Sätze nach gut in die Reihe der Friedenstexte einfügen läßt.

Hervorzuheben ist vor allem, daß das Regelwerk von 1158 auch in seiner Zielsetzung den übrigen Friedensinstrumenten der Zeit entspricht, die in der Historiographie als »Gottesfrieden«, »Landfrieden«, »Reichsfrieden«, »Stadtfrieden« oder auch »Heerfrieden« erscheinen. Die Ausprägung dieser Ordnungsbegriffe ist ohne Zweifel berechtigt, wenn man die weitere Entwicklung in die Betrachtung einbezieht[25]: Die Friedensbewegung schafft Rechtsgrundsätze, die im Zuge ihrer Verfestigung und Konkretisierung mehr und mehr auf räumlich bestimmte Einheiten bezogen werden, insbesondere auf solche geistlicher (Diözese, Bistum, Kirchenprovinz) oder weltlicher Provenienz (*regnum, provincia*, Land, Stadt). Diese spätere Entwicklung darf jedoch nicht den Blick dafür verstellen, daß in den Anfängen derartige räumliche Einheiten als festgefügte Bezugsgrößen nur ausnahmsweise vorhanden sind; allenthalben ist mit unterschiedlich formierten »Personenverbänden« zu rechnen.

In einer solchen, primär durch Personenverbände bestimmten Gesellschaftsstruktur erscheint das Heer als Bezugsgröße von Friedensrecht eher als Regel denn als Ausnahme. Das Heer Friedrich Barbarossas, das nach Italien aufbricht, um den *honor imperii* mit kriegerischen Mitteln zur Geltung zu bringen, ist ein solcher Personenverband, dessen konstitutive Elemente vor allem durch Reichsherkommen und lehensrechtliche Bindungen gebildet werden. Das friedensrechtliche Programm schafft eine zusätzliche Klammer für das aus unterschiedlichsten Kontingenten zusammengesetzte Aufgebot. Der Heerfrieden war sogar unabdingbar, sollte der aus militärischen Gründen erforderliche innere Zusammenhalt nicht ständig durch strukturelle Defizite

---

24 GIESEBRECHT, Kaiserzeit 5 I [wie Anm. 1] S. 128; Friedrich KÜCH, Die Landfriedensbestrebungen Kaiser Friedrich I. (Marburg 1887), bes S. 77; CONRAD, Gottesfrieden [wie Anm. 1] S. 80ff. – Besonders hinzuweisen ist auf das Verbot von Frauen im Heer (Artikel 7), das schon im Gesetz für das Kreuzfahrerheer vor Lissabon enthalten ist und in den Pflichtenkanon eines ritterlichen Kreuzfahrers aufgenommen wurde; CONRAD [wie oben] S. 90ff., 121f. – Im übrigen vgl. ELSNER, Heergesetz [wie Anm. 1], bes. S. VIIIff.

25 Vgl. hierzu etwa die Hinweise bei Gerhard DILCHER, Friede durch Recht, in: Johannes FRIED (Hg.), Träger und Instrumentarien des Friedens im hohen und späten Mittelalter (= Vorträge und Forschungen 43, Sigmaringen 1996) S. 203–227; Elmar WADLE, Heinrich IV. und die deutsche Friedensbewegung, in: Josef FLECKENSTEIN (Hg.), Investiturstreit und Reichsverfassung (= VuF 17, Sigmaringen 1973) S. 141–173, bes. S. 150f., 170f.

im rechtlichen Bereich gefährdet sein. Barbarossas Wirken für den Heerfrieden liegt, wie Conrad gezeigt hat, insoweit auf derselben Ebene wie die Friedensordnungen der Kreuzfahrerheere, deren Zusammensetzung in der Regel noch disparater gewesen sein dürfte.

Die Verpflichtung auf ein Friedensprogramm, das aus kirchlichen Reformvorstellungen gespeist wurde, war geeignet, die notwendige Eintracht zu schaffen: Die Ritter und Knechte bildeten unter dem Frieden eine neue Gemeinschaft im Recht. Insoweit kann man in der Tat davon sprechen, »in der Stauferzeit« begegne »uns der Heerfriede in einer neuen Gestalt« (Conrad).

Das Hauptziel dieses Heerfriedens, die Verhinderung von Feindschaften und Fehden im Heer, hat sich bereits bei der inhaltlichen Betrachtung des Regelwerkes deutlich abgezeichnet. Schon dort zeigte sich, daß jede der gewünschten oder mit Sanktionen versehenen, mithin verbotenen Verhaltensweisen direkt oder indirekt dem Frieden dienen, d. h. Fehde und Eigenmacht vermeiden will.

Dabei stehen solche Handlungen im Vordergrund, die herkömmlicherweise als Formen des Schadentrachtens zulässig sein können, so etwa die Tötung oder die Verwundung eines Menschen, die offene Wegnahme (Raub) oder das Niederbrennen feindlichen Besitzes. Derartige, im Rahmen einer rechten Fehde erlaubte Handlungen sollen unter dem geschworenen Frieden unzulässig sein: Soweit dieser Friede reicht, sollen solche Taten als Friedbruch betrachtet werden, mithin als Unrecht gelten. Solange das Friedensgebot aber in zeitlicher, räumlicher oder gegenständlicher Hinsicht begrenzt ist, kann es nur einen Teil möglicher Fehdehandlungen erfassen und diese mit dem genuinen Unrecht auf eine Stufe stellen. Im Heerfrieden etwa wird in diesem Sinne schlechthin verboten, einen Kaufmann auszuplündern (Artikel 5) oder *ecclesiam vel forum spoliare* (Artikel 6) oder *villam vel domum* (Artikel 12) in Brand zu stecken. Außerhalb der genannten Grenzen bleibt offen, ob unrechtes Handeln gegeben ist oder nicht. Dies bedeutet zugleich: die Beteiligten können um ihr Recht streiten.

Eine genaue Grenze zwischen Friedbruch einerseits und möglicherweise erlaubter Tat andererseits zu ziehen, war in der Mitte des 12. Jahrhunderts außerordentlich schwer. Dies zeigt etwa Artikel 5. Er ordnet an, daß ein Ritter, dem vorgeworfen wird, einen Kaufmann beraubt zu haben, sich durch die beeidete Aussage entlasten kann, er habe von der Kaufmannseigenschaft nichts gewußt. Dahinter steht wohl die Vorstellung, daß die Beraubung von Nichtkaufleuten nicht per se verwerflich ist, denn nur Kaufleute kommen in den Genuß des seit Jahrzehnten immer wieder verkündeten Schutzes im Sinne einer persönlichen *pax*. Daß der Ritter gem. Artikel 5 das Raubgut (doppelt) ersetzen muß, entspricht den überkommenen Grundsätzen der Fahrnisverfolgung, nur daß an die Stelle der Herausgabe die Ersatzleistung tritt. Als mißbilligte Straftat wird das Verhalten des Ritters aber offenbar nicht angesehen, denn eine Strafe für den Fall der Eidleistung ist nicht genannt.

Noch deutlicher werden die Grenzen des Friedens durch Artikel 14 markiert. Wer einen anderen verletzt und dabei behauptet, dieser andere habe den Frieden nicht beschworen, wird nicht als Friedbrecher betrachtet, es sei denn, der Angegriffene kann (als Kläger) durch zwei Zeugen beweisen, daß er den Friedenseid geleistet hat. Dahinter steht der Grundsatz: Wer den Frieden nicht geschworen hat, steht nicht im Schutz des

Friedens; wer gegen den Eidverweigerer anrennt, verstößt nicht gegen das Friedensrecht. Ob seine Tat im übrigen als Recht oder Unrecht zu gelten hat, bleibt dem Fortgang des Streitfalles überlassen.

In dieselbe Richtung deutet Artikel 4. Das Lager, in dem Friede zwischen den Rittern zu halten ist, gewährt auch dem Fremden, der den Frieden nicht geschworen hat,
Schutz, wenn er friedfertig auf seinem Reitpferd *(in palefrido)* einreitet; kommt er indes
bewaffnet auf seinem Streitross *(in dextrario)*, so schützt ihn der Lagerfriede nicht; er
kann verletzt werden, ohne daß der Angreifer die Strafe des Handverlustes (Artikel 2)
befürchten müßte.

Gegen die hier vertretene These, daß die Friedensinstrumente und mit ihnen auch
der Heerfriede von 1158 gegen die Fehde gerichtet sind, wird immer wieder eingewen-
det, in den Texten seien auch solche Taten mit Strafe belegt, die auch im Rahmen einer
Fehde nie erlaubt waren, mithin immer als Unrecht zu bewerten waren. Zum Beleg
wird regelmäßig auf den Diebstahl verwiesen, über den es auch eine Regel in unserem
Heerfrieden gibt (Artikel 9, 10); heimliche Wegnahme sei immer eine Meintat gewesen
und geblieben[26].

Solche Einwendungen treffen zu, soweit sie die Bewertung der Tat selbst, also etwa
des Diebstahls, ansprechen; als Argumente gegen den Zusammenhang von Friedensaufrichtung und Fehde greifen sie indes viel zu kurz.

Zwei Überlegungen sprechen für die hier vertretene Sicht.

Zum einen muß bedacht werden, daß jede Wegnahme fremden Gutes dadurch als
eindeutiges Unrecht qualifiziert wird, daß der Geschädigte von Diebstahl spricht; er
muß als Kläger diese Behauptung aufstellen, um die Sache wieder an sich ziehen zu können. Würde der Geschädigte nur offene Wegnahme beklagen, wäre das Unrecht des
Wegnehmenden keineswegs sicher; es könnte sich ja auch um eine Form des Schadentrachtens gehandelt haben.

Zum anderen führt die Friedensaufrichtung dazu, daß alle erfaßten Fehdehandlungen eindeutig als Unrecht qualifiziert sind. Es ist der Verstoß gegen das durch Eid befe-
stigte Friedensgebot, das sie unzweifelhaft zu Unrecht stempelt und damit auf dieselbe
Stufe mit genuinen Unrechtstaten stellt. Dies hat aber die entscheidende Folge, daß dem
so konstatierten Unrecht mit denselben Mitteln zu begegnen ist, die der Friede selbst
bereithält. Ebensowenig wie der Bestohlene darf auch der unrechtmäßig Verletzte zur
Selbsthilfe, zur Fehde greifen: Der aufgerichtete Frieden bietet eine alternative Lösung
an, nämlich die von der Gemeinschaft getragene Sanktion, vor allem die peinliche Strafe. Dieser Weg zur Gerechtigkeit gilt gleichermaßen für den Fall einer Meintat wie für
die durch den Friedbruch zum Unrecht gewordene Form des Schadentrachtens. Dies
bedeutet eben nicht nur, daß beide Taten grundsätzlich als Unrecht auf derselben Stufe
stehen, sie dürfen ihrerseits auch nicht zum Grund für eine neue Auseinandersetzung
werden. Wer die Fehde eindämmen oder wenigstens teilweise verhindern will, darf auch
nicht zulassen, daß eine unbestreitbar als Missetat betrachtete Tat wie der Diebstahl
zum Anlaß einer Fehde wird; er muß vielmehr anstelle der Selbsthilfe zu einem anderen

---

26   Vgl. GERNHUBER, Landfriedensbewegung [wie Anm. 3], bes. S. 49ff., 199ff., 224ff., 233ff.

Verfahren greifen, an dessen Ende ein Ergebnis steht, das als gerechte Lösung Anerkennung finden kann. Als Lösung bieten die Friedensinstrumente die Verhängung einer peinlichen Strafe an[27].

Daß die Strafe nicht die einzige Alternative war, braucht kaum betont zu werden. Andere Formen des Rechtsaustrages, namentlich die traditionellen Verfahren vor Gericht und die neuen Zulauf findenden Formen des Schiedsverfahrens, sollten durch die Friedensinstrumente nicht ausgeschlossen sein; auch sie konnten helfen, gerechte Lösungen im konkreten Fall zu finden, und zugleich die Fehde vermeiden, also Frieden schaffen. Schon deshalb darf man von Gottes- und Landfrieden oder auch einem Heerfrieden nicht erwarten, daß sie in größerem Umfang in konkreten Fällen umgesetzt und diese Fälle auch noch in belegbarer Weise festgehalten worden sind. Es gibt solche Hinweise, allerdings nicht sehr viele[28].

Zu weit dürfte infolgedessen auch die These gehen, bei den Friedensgeboten handle es sich nur um eine »liturgische Inszenierung«[29]; dies waren die Frieden sicherlich auch, da Ritual und Zeremoniell in einer oralen Rechtskultur gewiß unverzichtbar sind. Die Friedensaufrichtungen waren indes immer zugleich rechtliche Instrumente. Sie mögen unpräzise und unvollkommen formuliert gewesen sein, sie mögen auch Instrumente ohne gesicherte Anwendungsmechanismen gewesen sein; sie waren indes immer ernst gemeinte, wenn auch nicht abschließende Anweisungen, Gerechtigkeit ohne Selbsthilfe walten zu lassen. Das in den Friedensprogrammen enthaltene Recht war abstrakt formuliert, d. h. vom konkreten Streitfall losgelöst; es wollte immer eine Richtschnur für die Beurteilung künftiger Fälle an die Hand geben. Diese in Gesetzesform gefaßten Rechtsgrundsätze waren Weisungen an diejenigen, die mit der Lösung später entstehender Rechtskonflikte befaßt sein würden. Zum gerechten Austrag, zur Realisierung von Gerechtigkeit im Einzelfall, standen dann verschiedene Mittel und Wege zur Verfügung, nur jene nicht mehr, die das Friedensgebot untersagt hatten.

Besinnt man sich auf das eigentliche Ziel der Friedensinstrumente, den Kampf gegen die Fehde, so kommt angesichts der sich bietenden Alternativen dem Nachweis einer Praxis des Landfriedensrechts kein so entscheidendes Gewicht mehr zu. Wichtiger war die allgemeine Anerkennung der Friedensidee und die mit ihr einhergehende Abwertung der auf Selbsthilfe gegründeten Verfahren. Entscheidend ist allein, daß im Zuge der Friedensbewegung dem Recht neue Ziele gesteckt worden sind, daß neue Rechtsgrundsätze bestimmten überkommenen Formen des eigenmächtigen Konfliktaustrags, insbesondere der Fehde, die Legitimität entzogen haben und sie deshalb Schritt für Schritt zurückdämmen konnten. Diese neue Einschätzung von Feindschaft

---

27   Elmar WADLE, Die peinliche Strafe als Instrument des Friedens (in: FRIED, Träger und Instrumentarien, wie Anm. 25) S. 229–247.
28   Vgl. etwa WADLE, Frühe deutsche Landfrieden [wie Anm. 14], bes. S. 76; auch Klaus RICHTER, Wibald von Stablo und die Schwalenberger: Konfliktverhalten und Strafrecht im 12. Jahrhundert, demnächst in: Hans SCHLOSSER (Hg.), Konflikt, Verbrechen und Sanktion in der Gesellschaft Alteuropas. Symposion und Synthesen [Arbeitstitel].
29   So VOLLRATH, Landfrieden [wie Anm. 3].

und Fehde wurde durch die aus dem Raum der Kirche stammende Friedensbewegung propagiert und in vielen wechselvollen Formen angemahnt. Sie hat auch nachweisbare Erfolge gezeitigt, obgleich es nicht gelungen ist, die von ihr bevorzugte öffentliche Strafe allgemein als einzige Alternative zu etablieren.

Immerhin hat sich im Zuge der weiteren Entwicklung die peinliche Strafe ebenso wie die ihr angemessene Gerichtsorganisation und das auf beide zugeschnittene Verfahren weitgehend stabilisiert. Zwei berühmte Zeugnisse des früheren 13. Jahrhunderts bestätigen diese Zusammenhänge: Einerseits treten die strafrechtlichen Akzente in den Friedensinstrumenten seit dem Mainzer »Reichslandfrieden« von 1235 deutlich in den Hintergrund; andererseits zeigen das Landrecht des Sachsenspiegels und seine strafrechtlichen Partien an, in welch weitem Umfang die letztlich religiös fundierten Maßstäbe des Landfriedensrechts in das allgemeine Rechtsbewußtsein eingedrungen sind[30].

Auf dem langen Weg zu diesem Ergebnis markiert der Heerfriede von 1158 ebenso wie andere Instrumente der Salier- und Stauferzeit nur eine Etappe.

---

30   Zu beiden Rechtsquellen vgl. einerseits die Arbeiten von Arno BUSCHMANN, nachgewiesen in: DERS., Kaiser und Reich. Verfassungsgeschichte des Heiligen Römischen Reiches Deutscher Nation vom Beginn des 12. Jahrhunderts bis zum Jahre 1806 in Dokumenten 1 (Baden-Baden ²1994) S. 82; andererseits Friedrich SCHEELE, *Die sal man alle radebrechen.* Todeswürdige Delikte und ihre Bestrafung in Text und Bild der *Codices picturati* des Sachsenspiegels, 2 Bde (Oldenburg 1992), hier bes. 1 S. 52ff.

Der (un)willkommene Grenzgänger
Von Söldnern und anderem fremden Kriegsvolk

VON PETER THORAU

I

Im Zuge der Auseinandersetzungen mit Heinrich dem Löwen führte der Kölner Erzbischof Philipp von Heinsberg 1179 seinem Verbündeten, Erzbischof Wichmann von Magdeburg, ein für die Zeit und den Kriegsschauplatz ungewöhnlich großes Heer von angeblich viertausend Mann zur Unterstützung bei der Belagerung von Haldensleben zu. Bei diesem Aufgebot handelte es sich allerdings nicht um Ritter, sondern, und auch dies ungewohnt, vorwiegend um undiszipliniertes Fußvolk *(indisciplinati pedites)*, das bei Freund und Feind Entsetzen verbreitete, da die Art seiner Kriegsführung das sonst übliche Maß an Kriegsgreuel weit überschritt. Ebenso neu war, daß diese Truppen, die sich nicht scheuten, Kirchen und Klöster zu brandschatzen, Nonnen und Priestern Gewalt anzutun, und sogar Friedhöfe schändeten und ausplünderten, zum überwiegenden Teil aus fremdländischem Fußvolk bestanden, dem die zeitgenössischen Geschichtsschreiber den bislang unbekannten Namen »Rotten« gaben[1].

Ungewohnt für die Betroffenen war also, daß es sich um Fußtruppen handelte, die von weither kamen, demnach keine Einheimischen und damit mehr oder weniger vertraute Gesichter waren, und daß sich diese als Fremde bar jeglicher sozialer Bindungen zur ortsansässigen Bevölkerung anders verhielten, grausamer verfuhren als gewohnt.

So neu wie der Name, dessen volkstümliche Form »Rotte« als *rupta* bzw. *ruta* Eingang ins Lateinische fand – das dann die Angehörigen dieser Haufen als *rut(t)arii* bezeichnete –, war die Sache allerdings nicht. In seinem wohl in den 80er Jahren des 12. Jahrhunderts am englischen Königshof entstandenen Werk »De nugis curialium« preist Walter Map König Heinrich II. dafür, daß er seine Länder freigehalten habe von diesen neuen, verdammungswürdigen Horden *(dampnosissima secta)*, die *ruttae* ge-

---

1 Annales S. Petri Erphesfurtenses maiores (in: Monumenta Erphesfurtensia saec. XII. XIII. XIV., ed. Oswald HOLDER-EGGER = MGH SRG [42], Hannover etc. 1899) S. 63. Annales Stederburgenses, ed. Georg Heinrich PERTZ, MGH SS 16 (1859) S. 214. Annales Pegavienses, ed. Georg Heinrich PERTZ (ebd.) S. 263. Arnoldi Chronica Slavorum, ed. Johann Martin LAPPENBERG (= MGH SRG [14], Hannover 1868) S. 49. Zu den Vorgängen in Sachsen vgl. Matthias PUHLE, Die politischen Beziehungen zwischen dem Braunschweiger Hof und dem Erzbistum Magdeburg zur Zeit Heinrichs des Löwen und Ottos IV. (in: Heinrich der Löwe und seine Zeit. Katalog der Ausstellung Braunschweig 1995, 2, München 1995) S. 153f. und Dietrich CLAUDE, Geschichte des Erzbistums Magdeburg bis in das 12. Jahrhundert 2 (= Mitteldeutsche Forschungen 67 II, Köln und Wien 1975) S. 157.

nannt würden und aus Brabant stammten, weshalb sie auch *Brebeazones* [!] hießen[2]. Aus der wenige Jahre später abgefaßten Historia rerum Anglicarum des Wilhelm von Newburgh erfahren wir, daß Heinrich II., der sich inzwischen eines anderen besonnen hatte, im Kampf gegen seine rebellischen Söhne 1173 Soldtruppen in seinen Dienst nahm, *stipendiarias Brabantionum copias, quas rutas vocant*[3]. In der französischen Chronistik des ausgehenden 12. Jahrhunderts findet sich sowohl eine Gleichsetzung der bislang als *cotherelli* genannten Söldnerhaufen mit den *ruptarii* als auch mit den *Braibanceni regis Angliae stipendiarii*, und der staufisch-kapetingische Vertrag von 1171 erwähnt die *Braubantiones sive coterelli*[4].

Historisch greifbar werden diese Brabanzonen erstmals in einem Brief Stephans von Cluny an Ludwig VII. aus dem Jahr 1166. In ihm klagt der Abt seinem König in beredten Worten über die Nachstellungen, die sein Kloster zu erleiden habe. Zu all dem Übel geselle sich jetzt auch noch die grauenvolle Pest der Deutschen hinzu – also Menschen fremder Zunge –, die man Brabanzonen nenne. Wie blutdürstige wilde Tiere würden sie das Land durchstreifen, und niemand könne vor ihnen sicher sein. Und der Wehruf war nicht unbegründet. Wie die Historia Ludovici VII. berichtet, wurden 500 Einwohner aus Cluny von den Brabanzonen »wie die Ochsen abgeschlachtet«[5].

Ihren zweifelhaften Ruhm verdankten sie schließlich der Waffenhilfe, die sie Kaiser Friedrich I. in Italien leisteten, der sie dort vermutlich Ende 1166 – etwa anderthalbtausend Mann stark – in seine Dienste nahm[6]. Am 29. Mai 1167 griffen sie bei Tusculum zunächst tapfer in die Kämpfe der Kaiserlichen gegen die Römer ein, von deren Übermacht sie aber zurückgeschlagen wurden. Als kölnische Ritter ihnen zu Hilfe kamen, machten sie jedoch kehrt und trieben schließlich mit diesen die Römer bis an die Stadttore vor sich her. Der gut unterrichtete Otto Morena – oder einer seiner Fortsetzer – be-

---

2   Walter Map, De nugis curialium; Courtiers' Trifles, ed. and trans. M. R. James. Revised by C. N. L. Brooke and R. A. B. Mynors (Oxford 1983) Dist. I, c. 29, S. 118. Zur Person, zum Werk und dessen Abfassungszeit siehe auch Elisabeth Stein, Walter Map (in: Lex. des MA 8, 1997) Sp. 1997f.

3   Wilhelm von Newburgh, Historia rerum Anglicarum (ed. Richard Howlett, Chronicles of Stephan, Henry II. and Richard I. 1 = RS 82 I, London 1884) S. 172.

4   Vgl. dazu und im folgenden die grundlegende Studie von Herbert Grundmann, Rotten und Brabanzonen. Söldner-Heere im 12. Jahrhundert (in: DA 5, 1942) S. 419ff., 434f. und passim. Zu diesem Kriegshaufen siehe des weiteren die Pionierarbeit von H. Géraud, Les routiers au XIIᵉ siècle (in: Bibliotheque de l'École des Chartes 3, 1841–1842) S. 125–147 und Ders., Mercadier: les routiers au XIIIᵉ siècle (ebd.) S. 417–443 sowie J. Boussard, Les mercenaires au XIIᵉ siècle: Henri II Plantagenet et les origines de l'armée de métier (ebd. 106, 1945–1946) S. 189–224; A. Mens, De »Brabanciones« of bloeddorstige en plunderzieke avonturiers (XIIᵉ–XIIIᵉ eeuw) (in: Miscellanea historica in honorem Alberti de Meyer 1 = Université Catholique Louvain: Recueil de travaux d'histoire et de philologie. Série 3, Bd. 22, 1946) S. 558–570 und neuerdings Matthew Strickland, War and Chivalry. The conduct and perception of war in England and Normandy 1066–1217 (Cambridge 1996) S. 291ff.

5   Epistolarum regis Ludovici VII (in: Bouquet 16) S. 130: *Ad haec mala, Teutonicorum, quos Brabantiones vocant, immanissima pestis accessit, qui, rabidarum more ferarum sanguinem sitientes, loca omnia pervagantur, a quibus quisquam vix tutus esse potest.* – Historia Ludovici VII, ed. Auguste Molinier (= Collection de textes 4, 1887) S. 172ff.

6   Grundmann, Rotten und Brabanzonen [wie Anm. 4] S. 442 mit Anm. 3.

richtet, daß dabei mehr als zweitausend Römer von den Deutschen und Brabanzonen getötet wurden, wobei allerdings der größere Teil von letzteren umgebracht worden sei[7]. Zur Belohnung überließ man ihnen die gesamte reiche Beute – wie Rainald von Dassel leicht abfällig bemerkte –, während sich die Ritter allein des Sieges rühmten[8].

Nach diesen Ereignissen zogen die Brabanzonen unter ihrem Führer Wilhelm von Cambrai, einem ehemaligen Kleriker, offenbar vom italienischen Kriegsschauplatz ab. Sie kehrten aber gleichwohl nicht in ihre Heimat nach Brabant zurück. Für die nächsten zehn Jahre läßt sich stattdessen ihre blutige Spur quer durch West- und Mitteleuropa verfolgen. Ohne festen Dienstherren müssen sie zunächst in dem Gebiet zwischen Paris, Rhein und Alpen so wüst gehaust haben, daß sie zu einem ernsthaften politischen Problem wurden[9]. Im Zuge der Verhandlungen zwischen Friedrich Barbarossa und Ludwig VII. im Februar 1171 bei Vaucouleurs kamen Kaiser und König überein, fürderhin auf den Dienst dieser Brabanzonen oder Coterellen zu verzichten und diese ruchlosen Menschen aus dem besagten Länderdreieck zu vertreiben. Davon ausgenommen sollten allerdings diejenigen sein, die sich vor Vertragsschluß bereits verheiratet hatten oder in ein dauerhaftes Dienstverhältnis zu einem ortsansässigen Herren getreten waren[10]. Diese letzte Bestimmung ist insofern interessant, als sie einen Hinweis darauf darstellt, daß man als eine von diesen fremden Mordbuben ausgehende Gefahr deren Entwurzeltsein erkannte, die auch dadurch gebannt werden konnte, wenn es gelang, sie zu integrieren.

Wir wissen nicht, wieviele Brabanzonen von dieser Möglichkeit des Ansässigwerdens Gebrauch machten. Allzu viele werden es nicht gewesen sein, da sie alsbald wieder in beträchtlicher Stärke von sich reden machten. Gleichzeitig ist dabei aber in Betracht zu ziehen, daß von diesen umherschweifenden Freibeutern, »die sich gegen alles Recht ihre eigenen Gesetze gaben«[11], eine erhebliche Anziehung auf ihresgleichen ausgegangen sein wird und sie sich so ständig ergänzen konnten.

Unterstützt von Ludwig VII. von Frankreich rebellierten die Söhne Heinrichs II. im Frühjahr 1173 gegen ihren Vater. Gleichzeitig schickte sich der schottische König an, dem Plantagenet vom Norden her in den Rücken zu fallen[12]. Vom größten Teil seiner Barone im Stich gelassen, die sich noch dazu auf die Seite der Aufrührer schlugen, wandte sich Heinrich II. in seiner Bedrängnis an die Brabanzonen und stellte aus ihren Reihen ein Heer von angeblich zehn- bis zwanzigtausend Mann auf. Im August führte

---

7   Bericht Rainalds von Dassel an die Kölner (in: Pontificum Romanorum vitae 2, ed. Johann M. Watterich, Leipzig 1862) S. 561ff. Otto Morena und seine Fortsetzer, Libellus de rebus a Frederico imperatore gestis, hg. und übers. von Franz-Josef Schmale (in: Ausgewählte Quellen zur deutschen Geschichte des Mittelalters 17a, Darmstadt 1986) S. 218 u. 220.
8   Rainald von Dassel an die Kölner [wie Anm. 7] S. 564.
9   Grundmann, Rotten und Brabanzonen [wie Anm. 4] S. 443ff.
10   MGH Const. 1 (1893) Nr. 237.
11   Walter Map, De nugis curialium [wie Anm. 2] Dist. I, c. 29, S. 118.
12   Zum Aufstand gegen Heinrich II. sowie den Auseinandersetzungen mit Ludwig VII. und König Wilhelm I. von Schottland siehe W. L. Warren, Henry II (London ²1977) S. 108ff. sowie Grundmann, Rotten und Brabanzonen [wie Anm. 4] S. 452ff. mit ausführlichen Quellenhinweisen.

er es nach dem in der Normandie gelegenen Conches und von dort aus gegen den bei Verneuil stehenden Ludwig VII.[13]. Als das französische Heer dessen gewahr wurde, floh es offenbar panikartig unter Zurücklassung seines Trosses[14], der vermutlich den beutegierigen Brabanzonen in die Hände fiel. Im Anschluß daran schickte sie Heinrich II. gegen seine Feinde in der Bretagne[15] und ein Jahr später sogar gemeinsam mit einer stattlichen Menge seiner Reiterei nach England[16]. Dort hatten inzwischen die aufständischen Barone ihrerseits eine ansehnliche Zahl von Söldnern aus Flandern angeworben. Ehe Heinrichs Truppen aber in das Geschehen eingreifen konnten, waren die Rebellen von Königstreuen geschlagen und die *copiae peregrinae* zu Tausenden niedergemacht worden bzw. in Gefangenschaft geraten, wo man sie entweder gleich tötete oder, wie das Roger von Hoveden berichtet, verhungern ließ[17]. Heinrich verwandte die Brabanzonen daraufhin noch zum Entsatz des nach wie vor umkämpften Rouen im August 1174. Dermaßen wieder Herr der Lage, bedurfte der König der fremden Söldner nicht mehr und entließ sie aus seinen Diensten[18].

Nur wenige Wochen später finden wir sie bereits im Verein mit böhmischen Hilfstruppen und deutschen Aufgeboten abermals im Heer Friedrichs I., als dieser im September 1174 von Basel aus nach Italien zog, wo sie schließlich unter dem streitbaren Erzbischof Christian von Mainz an den Kämpfen gegen Bologna beteiligt waren[19]. Leider schweigen sich die Quellen darüber aus, wie die Brabanzonen zum Heer des Kaisers stießen. D. h., wir wissen nicht, ob die Brabanzonen, nachdem Heinrich II. ihrer nicht mehr bedurfte, auf der Suche nach einem neuen Betätigungsfeld durch die Vogesen zogen, um sich Barbarossa anzuschließen – was voraussetzt, daß sie von seinem anstehenden Italienzug gewußt haben müssen – oder aber, ob der Staufer gar von sich aus die verfemten Brabanzonen durch Mittelsmänner angeworben hatte. Wie dem auch sei, feststeht, daß der Kaiser die Brabanzonen ungeachtet ihrer Ausschreitungen in Frankreich und ihrer Brutalität und Leichenfledderei in der Schlacht von Tusculum wieder in seine Dienste genommen hat. Vielleicht gerade deshalb, weil er sich von dem Schrecken, den sie verbreiteten, eine demoralisierende Wirkung auf den Gegner erhoffte, oder aber,

---

13   Von 10 000 Brabanzonen sprechen die Gesta regis Henrici, ed. William Stubbs, RS 49 I (London 1867) S. 51 und Roger von Hoveden, Chronica, ed. William Stubbs, RS 52 II (London 1869) S. 47 von 20 000.

14   Wilhelm von Newburgh, Historia rerum Anglicarum [wie Anm. 3] S. 175.

15   Gesta regis Henrici [wie Anm. 13] S. 56.

16   Ebd. S. 72; Wilhelm von Newburgh, Historia rerum Anglicarum [wie Anm. 3] S. 181; Robert von Torigni, Chronica, ed. Richard Howlett, RS 84 IV (London 1882) S. 264.

17   Gesta regis Henrici [wie Anm. 13] S. 60 und 68; Roger von Hoveden, Chronica [wie Anm. 13] S. 54f.; Wilhelm von Newburgh, Historia rerum Anglicarum [wie Anm. 3] S. 178f.; Radulf von Diceto, Opera Historica, ed. William Stubbs, RS 68 I (London 1876) S. 377f.; Robert von Torigni, Chronica [wie Anm. 16] S. 261.

18   Grundmann, Rotten und Brabanzonen [wie Anm. 4] S. 454.

19   Annales Marbacenses, ed. Hermann Bloch (= MGH SRG [9], Hannover und Leipzig 1907) S. 106; Johannes Codagnellus, Annales Placentini, ed. Oswald Holder-Egger (= MGH SRG [23], Hannover und Leipzig 1901) S. 8f.; Annales Stadenses, ed. Johann M. Lappenberg, MGH SS 16 (1859) S. 347 ad a. 1172. Vgl. dazu Grundmann, Rotten und Brabanzonen [wie Anm. 4] S. 455f.

weil er angesichts der fürstlichen Verweigerung[20] nicht wählerisch sein konnte und eines jeden, und sei es noch so fragwürdigen Streiters bedurfte.

Nach ihrer abermaligen Verwendung in Italien verwüstete die »ruchlose Kohorte der Brabanzonen« im Sold des Grafen von Angoulême die zu den festländischen Besitzungen Richard Löwenherz' gehörende Grafschaft Poitou. Dort wurden sie aber fürs erste ebenso blutig zurückgeschlagen wie wenig später von dem aus England zurückgekehrten Plantagenet – in beiden Fällen mit Hilfe anderer Söldnertruppen[21].

Geschlagen, aber nicht vernichtet, brandschatzten sie das Land weiterhin so arg, daß schließlich angesichts dieser Not der Abt von S. Martial in Limoges mit dem dortigen Grafen die Bevölkerung zur Selbsthilfe aufrief. Dieses Aufgebot griff dann am Karfreitag, den 21. April 1177, die Brabanzonen in der Nähe von Malemort an. In dem erbitterten, rund fünf Stunden währenden Kampf wurden angeblich an die zweitausend Brabanzonen, darunter viele Frauen, niedergemacht. Ihr Anführer, Wilhelm von Cambrai, unter dem sie bereits bei Tusculum die Römer massakriert hatten, wurde grausam umgebracht[22].

Abgesehen davon, daß bei dem Gemetzel von Malemort keineswegs alle Brabanzonen getötet worden waren – nur wenig später zerstörten die Überlebenden unter einem neuen Anführer namens Lobar, bzw. Lupatus/Lupacius auf Geheiß des Grafen von Turenne Burg und Flecken Ségur[23] –, zeigen diese Vorgänge, daß es sich bei den Brabanzonen um einen buntgemischten Haufen beiderlei Geschlechts handelte. Des weiteren, daß die Verzweiflung und der aufgestaute Haß der Einwohner so groß gewesen sein muß, daß es ihnen, die wahrscheinlich schlecht ausgerüstet waren und kaum Erfahrung im Waffengebrauch hatten, gelang, diese fremden Quälgeister zu besiegen.

Die Bevölkerung hatte aber nicht nur unter Brabanzonen und flandrischen Söldnern zu leiden. Die Albigenserkriege im Süden, die ständig wiederauflebenden Auseinandersetzungen zwischen Kapetingern und Plantagenets, die blutigen Händel, welche letztere untereinander austrugen, stets unterstützt oder bekämpft vom Adel der einen oder anderen Partei, ließen Frankreich für Jahre nicht zur Ruhe kommen. Freibeuter aus allen Himmelsrichtungen, von verschiedenster Herkunft und Sprache stellten sich, den Gesetzen von Angebot und Nachfrage folgend, auf den jeweiligen Kriegsschauplätzen ein, verdingten sich je nach Bedarf und Bezahlung wechselnden Herren, in deren Dienst sie ungehindert und ungestraft ganze Landstriche verheerten und die einheimische Bevölkerung aufs schwerste drangsalierten[24].

---

20 Siehe dazu etwa Ferdinand OPLL, Friedrich Barbarossa (= Gestalten des Mittelalters und der Renaissance, Darmstadt 1990) S. 115 und Peter MUNZ, Frederick Barbarossa. A Study in Medieval Politics (London 1969) S. 299 und 307.

21 Radulf von Diceto, Opera Historica [wie Anm. 17] S. 407; Gesta regis Henrici [wie Anm. 13] S. 120; vgl. GRUNDMANN, Rotten und Brabanzonen [wie Anm. 4] S. 457f.

22 Gaufred von Bruil, Chronicon (in: BOUQUET 12, 1877) S. 446; Chroniques de Saint-Martial de Limoges, ed. Henri DUPLÈS-AGIER (= Société de l'Histoire de France, 1874) S. 189.

23 Gaufred von Bruil, Chronicon [wie Anm. 22] S. 446. Vgl. GRUNDMANN, Rotten und Brabanzonen [wie Anm. 4] S. 460.

24 GRUNDMANN, Rotten und Brabanzonen [wie Anm. 4] passim.

Gottfried (Gaufred) von Bruil, der Prior von Vigeois, klagt in seiner Chronik, daß Gott Aquitanien mit so grausamen Feinden heimgesucht habe, wie man es seit der Normannenzeit nicht mehr erlebt habe, und nennt dabei zunächst Basken, dann Deutsche und Flamen sowie unter ihrem volkstümlichen Namen u. a. die Brabanzonen, Hennegauer, Coterellen und Aragonesen[25].

Die von Gottfried von Bruil im Dialekt *(rustice loquar) Pailler*, im Lateinischen *Palearii* genannte Söldnerbande scheint sich aus Angehörigen der verschiedensten Landstriche rekrutiert zu haben. Diese »teuflische Legion«, die ebenso wüst hauste, wie all die anderen Freibeutertruppen auch, war zunächst von Philipp II. August dem englischen Prinzen Heinrich zur Unterstützung geschickt worden, als dieser gegen seinen Vater rebellierte. Nach dem Tod des jungen Plantagenets brach der Aufstand gegen Heinrich II. zusammen, und die Söldnerbande wurde von einem Tag auf den anderen ihres Dienstherren beraubt[26].

In einem Augenblick wie diesem, wenn man ihrer Dienste als Söldner nicht mehr bedurfte, wurden diese fremden Freibeuter, diese *importuna lues*[27], nicht nur »erwerbs- und arbeitslos«, sondern verloren zugleich jegliche Legitimation für ihre bislang entweder hingenommenen oder gar beabsichtigten Greueltaten. Betrieben sie jetzt ihr »Handwerk« in eigener Regie weiter – und sei es nur um des eigenen Überlebens willen –, konnte ihnen dies als Entwurzelten angesichts des in der einheimischen Bevölkerung aufgestauten Hasses schnell zum Verhängnis werden.

Um sich der marodierenden Bande zu erwehren, griff die Bevölkerung auch in ihrem Fall zur Selbsthilfe. Ein Zimmermann namens Durand, aus Le Puy in der Auvergne, ergriff die Initiative und rief zu einem Friedensbund auf, der zunächst auch die Unterstützung der Kirche und des Adels fand. Da die Angehörigen dieses Bundes einen weißen Mantel mit dem Bild der Gottesmutter trugen, nannte man sie alsbald *Caputiati* bzw. *Iurati* oder *Paciferi*[28].

Am 20. Juli 1183 kam es bei Dun-le-Roy zur Schlacht zwischen den *Caputiati* und der »teuflischen Legion« der *Palearii*, in deren Verlauf offenbar mehrere Tausend Freibeuter mitsamt ihren zahlreichen Dirnen niedergemetzelt wurden[29]. Nur zwanzig Tage später

---

25   Gaufred von Bruil, Chronicon [wie Anm. 22] S. 450: *Immisit Deus in Aquitania hostes crudelium populorum, quales patres nostri non viderunt a tempore Normannorum; primo Basculi; postmodum Teuthonici, Flandrenses, et ut rusticè loquar, Brabansons, Hamnuyers, Asperes, Pailler, Navar, Turlau, Vales, Roma, Cotarel, Catalans, Aragonès, quorum dentes et arma omnem penè Aquitaniam corroserunt.*

26   Gaufred von Bruil, Chronicon (in: BOUQUET 18, 1879) S. 215: *Philippus rex Galliarum socero suo Anglorum regi Henrico quasi auxilium continuo tartareas dirigit legiones: eorum pedes veloces ad effundendum sanguinem. Hi, ex diversis terrarum partibus conglobati, unam ecclesiam fecerunt malignantium, unoque vocabulo Palearii, quasi a palea, censebantur.* Vgl. dazu GRUNDMANN, Rotten und Brabanzonen [wie Anm. 4] S. 468f.

27   So genannt vom Chronicon universale anonymi Laudunensis, ed. Alexander CARTELLIERI/ Wolf STECHELE (Leipzig und Paris 1909) S. 37.

28   Vgl. dazu mit den Nachweisen GRUNDMANN, Rotten und Brabanzonen [wie Anm. 4] S. 469.

29   Gaufred von Bruil, Chronicon [wie Anm. 26] S. 219; Anonymus Laudunensis [wie Anm. 27] S. 40; Œuvres de Rigord et de Guillaume le Breton 2: Philippidos, ed. H.-François DELABORDE (= Société de l'Histoire de France 1885) S. 36.

stellten die Angehörigen des Friedensbundes den bereits erwähnten Cubaran mit seinen Basken und töteten mehrere Hunderte oder gar Tausende von ihnen; wer nicht im Kampf fiel, wurde anschließend aufgehängt[30]. Nach Robert von Auxerre gelang es den *Caputiati* auch noch, die Brabanzonen in der Auvergne zu überfallen und an die 3000 von ihnen zu erschlagen[31]. Dem Friedensbund war allerdings kein nachhaltiger Erfolg beschieden. Da er die Bekämpfung des Söldnerunwesens zugleich mit sozialen und religiösen Forderungen verknüpfte, machte er sich die weltlichen und kirchlichen Feudalgewalten zum Feind, die alsbald gemeinsam mit Hilfe von Söldnern gegen ihn vorgingen[32].

Bei aller gebotener Vorsicht im Umgang mit mittelalterlichen Zahlenangaben belegen die von den Kämpfen der *Caputiati* berichtenden Quellen erneut, daß diese Freibeuterbanden nach Tausenden gezählt haben. Das heißt, sie stellten für ihre Zeit außergewöhnlich große Truppenkontingente dar, die aber im Vergleich mit ritterlichen Heeresaufgeboten gleichzeitig unverhältnismäßig hohe Verluste hinnehmen mußten. Daß sie – im Regelfall – nicht wie Ritter von Kindesbeinen an auf das Kriegshandwerk vorbereitet[33], also wesentlich schlechter ausgebildet waren als diese, ist dabei als Erklärung ebenso in Betracht zu ziehen wie die normalerweise wohl viel unzureichendere Ausrüstung und mangelhafte Disziplin. Ebenso bedeutsam dürfte gewesen sein, daß es sich bei ihren Mitgliedern um Fremde handelte, um Menschen, die im Normalfall außerhalb der gesellschaftlichen Hierarchie standen und deren Leben im wahrsten Sinne des Wortes »nichts wert war«. Es brachte nichts ein, sie gefangen zu nehmen, um sie anschließend auslösen zu lassen[34].

Gleichzeitig hatte durch sie, die sich über alle ritterlichen und menschlichen Ehrbegriffe hinwegsetzten[35], der Krieg eine weitere Brutalisierung erfahren. Wie hätte man ihnen, die rücksichtslos raubten, stahlen und brandschatzten, die *pecuniae causa*[36] ohne Erbarmen Männer und Frauen, Kinder und Greise, Geistliche und Weltliche folterten und hinmordeten, Pardon gewähren sollen[37]? Viel naheliegender war es, diese Freibeu-

---

30 Wie Anm. 29.

31 Robert von Auxerre, Chronicon, ed. Oswald HOLDER-EGGER, MGH SS 26 (1882) S. 247.

32 Siehe GRUNDMANN, Rotten und Brabanzonen [wie Anm. 4] S. 470f.

33 Zu den Anforderungen, die an den adelig-ritterlichen Krieger gestellt wurden, und zu dessen Ausbildung und Erziehung siehe Nicholas ORME, From Childhood to Chivalry. The education of the English kings and aristocracy 1066–1530 (London und New York 1984) S. 181ff; Anglo SYDNEY, How to win at tournaments: The technique of chivalric combat (in: The Antiquaries Journal 68 II, 1988) S. 248ff.; Shulamit SHAHAR, Kindheit im Mittelalter (München 1991) S. 238ff.

34 Zur Bedeutung, die die Auslösung vornehmer bzw. »wertvoller« Gefangener für beide Seiten hatte, d. h. Sieger wie Besiegte, siehe zuletzt STRICKLAND, War and Chivalry [wie Anm. 4] S. 183ff.

35 Dabei gilt freilich anzumerken, daß auch adelig-ritterliche Krieger Beute machten, plünderten und sich bisweilen Akte brutalster Grausamkeit schuldig machten, wie dies Maurice KEEN, Chivalry (New Haven und London 1984) S. 228–264 anprangert. Gleichwohl waren solche Exzesse nicht die Regel. Zu einem ausgewogenen Urteil kommt denn auch STRICKLAND in seiner glänzenden Studie, War and Chivalry [wie Anm. 4] S. 330ff.

36 Matthaeus Parisiensis, Chronica maiora, ed. Henry Richards LUARD, RS 57 II (London 1874) S. 639f. bezichtigt sie ebenfalls all dessen und beklagt in beredten Worten den Zustand des Landes.

37 Es ist STRICKLAND, War and Chivalry [wie Anm. 4] S. 291ff. zuzustimmen, wenn er die Kriegführung der Schotten, Iren und Waliser von derjenigen der Söldnerbanden unterscheidet und

ter, die sich durch ihre Greueltaten und Habgier überall verhaßt gemacht hatten, gnadenlos niederzumachen, wo man ihrer habhaft wurde. In diesem Zusammenhang wäre es vielleicht lohnend, einmal der Frage nachzugehen, welche Rolle die Verwendung fremder Kriegsvölker beim Aufkommen nationaler Vorurteile spielt[38]. Da die Chronisten ja nicht nur das Auftreten dieser Horden erwähnen, sondern auch berichten, daß es sich bei ihnen um Fremde handelte, ist durchaus denkbar und wahrscheinlich, daß der Haß, mit dem man ihnen begegnete, als Antipathie auf ihre Herkunftsländer übertragen wurde. Für den hier behandelten Zeitraum scheint dies zumindest für die Brabanzonen zu gelten und zu erklären, weshalb Jakob von Vitry die Brabanter als blutdürstig charakterisiert und sie als Brandstifter, Wegelagerer und Ruttarier bezeichnet, sie also mit den Söldnern schlechthin auf eine Stufe stellt[39].

Auch wenn wir darüber völlig unzureichend unterrichtet sind, wird man annehmen können, daß es sich bei den meisten Angehörigen dieser Freibeuterbanden um sozial Entwurzelte handelte: sei es um Menschen, die in ihren Heimatländern angesichts wachsender Bevölkerungszahlen bei gleichzeitig gesellschaftlich bedingtem Mangel an Arbeitsstellen nicht ihr Auskommen fanden oder um Verbrecher – und vielleicht auch in gewissen Umfang um Abenteuerlustige –, die sich, um nicht dem Henker anheim zu fallen oder betteln zu müssen, um des eigenen Überlebens willen oder aus Beutegier solchen Freibeutertrupps anschlossen[40]. Dort, wo sie sich eine eigene Ordnung gaben *(legem sibi fecerunt)*[41], fanden sie eine neue Heimat innerhalb einer sozialen Gruppe von Außenseitern.

feststellt, »the routiers' primary concern was ransom, not the systematic slaying of the local populace that seems to have set apart the Scottish method of warfare« (ebd. S. 298). Indem STRICKLAND aber dazu neigt, manche Quellenaussagen als zu übertriebene bzw. generalisierende Äußerungen verbitterter und erzürnter Kleriker zu werten, und vor allem, indem er zwischen den wüsten Freibeuterbanden des 2. und 3. Viertels des 12. Jahrhunderts und den Söldnerverbänden um die Wende des 13. Jahrhunderts keinen Unterschied macht, kommt er, was die Kriegsgreuel dieser Scharen angeht, zu einer zu relativierenden Sicht der Dinge.

38   Soweit ich sehe, ist dieser Aspekt beim Zustandekommen nationaler Vorurteile noch nicht eigens thematisiert worden. Dies gilt sowohl für die interessante Studie von Ludwig SCHMUGGE, Über »nationale« Vorurteile im Mittelalter (in: DA 38, 1982) S. 439–459, als auch für das kleine Handbuch »Europäische Mentalitätsgeschichte. Hauptthemen in Einzeldarstellungen«, hg. von Peter DINZELBACHER (= Kröners Taschenausgabe 469, Stuttgart 1993), und den Sammelband »Fremdheit und Reisen im Mittelalter«, hg. von Irene ERFEN und Karl-Heinz SPIESS (= Mittelalterzentrum Greifswald, Stuttgart 1997) und für die dort jeweils verzeichnete Literatur.

39   Jakob von Vitry, Historia occidentalis, ed. John Frederick HINNEBUSCH (= Spicilegium Friburgense 17, 1972) S. 92: *Brabantinos viros sanguinum, incendiarios, rutarios et raptores ... appellabant.* Vgl. dazu MENS, De »Brabanciones« of bloeddorstige en plunderzieke avonturiers [wie Anm. 4] S. 558ff.

40   Vgl. etwa GRUNDMANN, Rotten und Brabanzonen [wie Anm. 4] S. 487ff.; Werner RÖSENER, Ritterliche Wirtschaftsverhältnisse und Turnier im sozialen Wandel des Hochmittelalters (in: Das Ritterliche Turnier im Mittelalter, hg. von Josef FLECKENSTEIN = Veröffentlichungen des Max-Planck-Instituts für Geschichte 80, Göttingen 1986) S. 308f.; Ernst SCHUBERT, Fahrendes Volk im Mittelalter (Bielefeld 1995) S. 324ff.

41   Walter Map, De nugis curialium [wie Anm. 2] Dist. I, c. 29, S. 118.

Beutegier, Brutalität und die Bereitschaft zu kämpfen machen aber noch keinen Soldaten aus. Viele dieser Gruppen, auch wenn sie sich als Söldner verdingten, wird man deshalb nicht uneingeschränkt als professionelle Krieger bezeichnen dürfen. Dagegen sprechen auch ihre extrem hohen Verluste, selbst in Kämpfen mit Aufgeboten der einheimischen Bevölkerung, die – vom Acker oder der Werkstatt herbeigelaufen – kaum über Erfahrung im Totschlagen verfügt haben dürfte. Angesichts dessen kann es kaum erstaunen, daß wir von schlachtentscheidenden Taten dieser Freibeuterbanden so gut wie nichts hören, weder aus Italien, noch aus Sachsen oder aus den kapetingisch-angiovinischen Auseinandersetzungen[42]. Das heißt, zum großen Teil scheint ihr fragwürdiger Wert zunächst darin bestanden zu haben, den jeweiligen Gegner zu terrorisieren, einzuschüchtern und dessen Infrastruktur zu zerstören. Militärischen Wert erhielten sie erst, als es begabten Anführern offenbar gelang, ihnen rudimentäre Formen von Disziplin beizubringen und sie ihren Fähigkeiten und Möglichkeiten entsprechend einzusetzen. Um Männer eines solchen Schlags handelte es sich allem Anschein nach bei jenen Söldnerführern, die um die Wende des 12. zum 13. Jahrhundert auf dem französischen Kriegsschauplatz und in England von sich reden machten. Ihnen gemein ist auf der einen Seite, daß sie mit ihren Scharen nicht für ständig wechselnde Herren kämpften, und auf der anderen, daß sie beachtliche militärische Erfolge erzielten. In diesem Zusammenhang ist jener Mercadier, der über Jahre hinweg Richard Löwenherz als Söldnerführer treue und wertvolle Dienste leistete, ebenso zu erwähnen wie auch Martin Algais und Falcaise, die beide eine wichtige Stütze König Johanns Ohneland waren, oder der lange Zeit für den Kapetingerkönig Philipp August kämpfende Cadoc[43].

Angesichts der Möglichkeit, neben Vasallen auch außerhalb des Lehnsaufgebots stehende Ritter gegen Bezahlung zu rekrutieren, stellt sich die Frage, weshalb vor allem Kapetinger und Plantagenets seit der Mitte des 12. und zu Beginn des 13. Jahrhunderts sich zunächst solcher Freibeuterbanden bedienten und dann mehr oder weniger dauerhaft bekannte Söldnerführer mit deren Haufen in Dienst nahmen und für sich kämpfen ließen.

Richard von Ely erklärt in seinem *Dialogus de scaccario* die Verwendung von Söldnern durch Heinrich II. damit, daß der König es vorgezogen habe, diese statt seiner eigenen Leute den Unwägbarkeiten des Krieges auszusetzen[44]. Eine ähnliche Begründung findet sich bei Robert von Torigni, der meinte, Heinrich II. habe sich bei seinem

---

42 Dies gilt es für die Frühzeit dieser Söldnerbanden zu betonen (im Hinblick auf Italien und Sachsen vgl. die Einschätzung von GRUNDMANN, Rotten und Brabanzonen [wie Anm. 4] S. 455f. und S. 462 sowie oben bei Anm. 7 u. 20); es ist denn auch nicht angebracht, ihnen ohne Unterscheidung ihres früheren und späteren Erscheinungsbildes uneingeschränkt einen »enormen militärischen Wert« zu bescheinigen, wie dies immer wieder getan wird, so zuletzt von STRICKLAND, War and Chivalry [wie Anm. 4] S. 294.
43 Vgl. GRUNDMANN, Rotten und Brabanzonen [wie Anm. 4] S. 472ff.; STRICKLAND, War and Chivalry [wie Anm. 4] S. 312.
44 Richard von ELY, Schatzmeister des Königs. Finanzverwaltung im Mittelalter. Lateinisch und Deutsch. Eingeleitet, übersetzt und erläutert von Marianne SIEGRIST (Zürich und München ²1986) S. 112 und 114 bzw. 113 und 115. Zur Verwendung von Söldnern durch Heinrich II. allgemein BOUSSARD, Henri II Plantagenet et les origines de l'armée de métier [wie Anm. 4] S. 189ff.

Feldzug gegen Graf Raimund von Toulouse im Jahre 1159 vor allem deshalb auf zahlreiche für Sold diensttuende Ritter und nur wenige Barone gestützt, weil er weder seinen landsässigen Adel, noch seine Bürger und Bauern mit seinem Feldzug bedrücken
wollte[45]. Ob dieses Bild, das Heinrich II. als treusorgenden Landesvater darstellt, den
historischen Gegebenheiten entspricht, ist indes mehr als fraglich. Eher wird man vermuten dürfen, daß Heinrich sich lieber auf geübte Krieger stützte, denn auf einen un-
willigen Adel oder gar auf Bauern und Bürger.

Vor allem stand bei ersterem darüber hinaus zu befürchten, daß er aufgrund vielfältiger familiärer oder freundschaftlicher Bindungen recht halbherzig gegen seine Standes-
genossen im gegnerischen Lager vorging: so geschehen etwa in der Schlacht von Brémule im Jahre 1119 zwischen Heinrich I. von England und Ludwig VI. von Frankreich.
In ihr standen sich nach Ordericus Vitalis an die 900 Ritter gegenüber, von denen aber
nur drei zu Tode kamen, weil sie, in ihren Rüstungen gut geschützt, gar nicht so sehr
daran dachten, sich zu töten, als sich in Anbetracht gemeinsamer Waffenbrüderschaft
zu schonen und gefangen zu nehmen[46].

Bei vielen oder den meisten *milites stipendiarii* hingegen dürfte es sich um arme
Vasallen bzw. um nachgeborene Söhne von Lehnsträgern gehandelt haben, die – wollten
sie nicht in den geistlichen Stand eintreten oder ihren Familien zur Last fallen – ein stan-
desgemäßes Auskommen nur im Dienst eines bedeutenderen Barons respektive des
Königs finden konnten. Aufgrund ihrer ritterlichen Erziehung und Ausbildung bot
sich dafür vor allem das Waffenhandwerk an. Indem sie sich aber gegen Bezahlung verdingten, sicherten sie sich nicht nur ihren Lebensunterhalt, sondern gerieten gleichzeitig in eine stärkere Abhängigkeit von einem Herren, der für sein Geld auch gute
Dienste erwartete[47]. Daß heißt, wollten sie nicht ihres Soldes und damit ihrer Existenz-
grundlage verlustig gehen, müßten sie besser kämpfen und treuer dienen als Vasallen,
deren Reichtum und Macht ihnen eine größere Unabhängigkeit ermöglichte und es
ihnen zudem erlaubte, sich allzu oft gegen ihren König zu erheben.

Auf diesen Sachverhalt verweist Ordericus Vitalis, wenn er in seiner Kirchengeschichte einmal erzählt, wie Heinrich I. von England Soldrittern der Gegenseite das
Leben geschenkt habe, weil sie »wie es sich geziemte, ihrem Fürsten die Treue gehalten
hatten«[48]. Oder ein andermal, als Ordericus einen Anführer solcher *milites stipendiarii*

45   Robert von Torigni, Chronica [wie Anm. 16] S. 202.
46   Ordericus Vitalis, Historia ecclesiastica, ed. and trans. Marjorie CHIBNALL, 6 (Oxford 1978) XII
39, S. 240. Hans-Henning KORTÜM, Menschen und Mentalitäten. Einführung in Vorstellungswelten
des Mittelalters (Berlin 1996) schießt allerdings über das Ziel hinaus, wenn er die Schlacht von
Brémule generalisierend dahin wertet, daß »von einer Bereitschaft der Ritter, für den eigenen Ruhm
und für König und Vaterland ihr Leben aufs Spiel zu setzen, nicht wirklich ernsthaft die Rede sein
[kann]« (ebd. S. 65), und sie ihm ein Beleg dafür ist, daß der »Ritter, der als Lehnsmann dient … offensichtlich nur eine begrenzte Neigung [verspürt], sein Leben aufs Spiel zu setzen. Entweder flieht
er oder geht zur militärisch stärkeren Partei über« (ebd. S. 67). Schlachten zwischen ritterlichen Aufgeboten konnten sehr wohl auch blutig verlaufen und mit hohen Verlusten einhergehen; vgl. dazu etwa STRICKLAND, War and Chivalry [wie Anm. 4] S. 162ff. (»Killing in Battle«).
47   Siehe dazu Peter THORAU, Der Krieg und das Geld. Söldner in den Heeren Kaiser Friedrichs II.
(erscheint in: HZ 1999).
48   Ordericus Vitalis, Historia ecclesiastica XI 3 [wie Anm. 46] S. 28.

zu seinen Leuten sagen ließ: »Zu Recht werden wir unseren Lohn zusammen mit unserem Ansehen verlieren« – wenn sie nicht ordentlich kämpften –, »und nach meiner Meinung werden wir dann nicht mehr vom königlichen Brot essen«[49].

Neben Robert von Torigni mit seinem Hinweis auf die Soldritter[50] dürfte denn auch den Kern der Sache eine lapidare Bemerkung in den Gesta regis Henrici Secundi treffen. Dort heißt es, Heinrich II. von England habe 1174 die Brabanzonen gegen seine Feinde in der Bretagne geschickt, »weil er ihnen mehr vertraute als anderen«[51]. Dieser Kommentar läßt auf der einen Seite zwar außer acht, daß dem Plantagenet in seiner damaligen Notlage gar nichts anderes übrig blieb, als jede Hilfe in Anspruch zu nehmen, die sich ihm gerade bot. Auf der anderen Seite weist er recht genau auf den Umstand hin, daß die Verwendung von Soldverbänden den König nicht nur von seinen Vasallen unabhängig machte, sondern ihm sogar die Möglichkeit in die Hand gab, gegen dieselben wirkungsvoll vorzugehen. Bei den landfremden *latrunculi* brauchte er schon gar nicht zu befürchten, daß sie sich von irgendwelchen familiären oder sonstigen Rücksichtnahmen leiten ließen; bei ihnen konnte er davon ausgehen, daß sie – solange sie bezahlt wurden – bedenkenlos gegen jedermann kämpfen würden. Und noch etwas empfahl sie für diese ständigen Kleinkriege, sei es zwischen Kapetingern und Plantegenets oder bei den blutigen Händeln, mit denen sich letztere untereinander zerfleischten. Sie waren zumeist Fußkrieger und als solche bei Belagerungen besser zu verwenden als Berittene, gegen die sie zudem als Bogen- und Armbrustschützen auf Distanz eingesetzt werden konnten, wie denn überhaupt die Rolle des Fußvolks für das Kampfgeschehen des Hochmittelalters noch weitgehend unterschätzt werden dürfte[52]. Ihr Nachteil waren vermutlich ihre gemeinhin schlechtere Ausbildung und mangelhaftere Ausrüstung, vor allem aber ihre mit sinnloser Grausamkeit gepaarte Habgier und Disziplinlosigkeit. In dem Augenblick, als es gelang, unter fähigen Anführern diese Mängel halbwegs zu beseitigen, mußten sie zu einer gefährlichen Waffe in der Hand desjenigen werden, der die Mittel hatte, sich ihrer Dienste für klingende Münze zu versichern. Und dies war im 12. und 13. Jahrhundert zunächst vor allem das englische Königtum mit seiner vergleichsweise fortschrittlichen Finanzverwaltung und damit den im Wettlauf mit den adligen Feudalgewalten größeren Einnahmequellen.

Die wahren Beweggründe, die das englische Königtum – und nicht nur dieses – veranlaßten, sich immer wieder auf bezahlte Ritter bzw. Söldnerverbände zu stützen – nämlich sich im Interesse einer Herrschaftsstabilisierung von den eigenen, oft unbotmäßigen Vasallen unabhängig zu machen –, erkannten denn wohl auch die anglo-normannischen Barone, indem sie im Mai 1215 in den sogenannten »Articles of the Barons« von Johann

---

49   Ordericus Vitalis, Historia ecclesiastica XII 39 [wie An. 46] S. 350. Vgl. KORTÜM, Menschen und Mentalitäten [wie Anm. 46] S. 68.

50   Robert von Torigni, Chronica [wie Anm. 16] S. 202.

51   Gesta regis Henrici [wie Anm. 13] S. 56.

52   Eine Studie wie die von Kelly DEVRIES, Infantry Warfare in the Early Fourteenth Century. Discipline, Tactics and Technology (Woodbridge 1996) steht für das Hochmittelalter noch aus. Vgl. dazu auch die Bemerkungen von Anne CURRY, Medieval warfare. England and her continental neighbours, eleventh to the fourteenth centuries (in: Journal of Medieval History 24 I, 1998) S. 81–102.

Ohneland u. a. verlangten, *ut rex amoveat alienigenas milites stipendiarios balistarios, et ruttarios, et servientes qui veniunt cum equis et armis ad nocumentum regni*[53]. Da sie sich selbst nicht scheuten, solche Verbände in Dienst zu stellen, hatten sie mit ihrer Forderung – die insofern auch ein gerütteltes Maß an Fremdenfeindlichkeit enthielt, als es sich bei König Johanns bewährten und begünstigten Söldnerführern um Landfremde handelte, von denen der Adel sich verdrängt und bedroht fühlte[54] – wohl weniger die Wohlfahrt des Landes, als ihren eigenen Vorteil im Auge und hätten besser formuliert *ad nocumentum baronum*. Diesen Forderungen, erhoben in einer Phase momentaner königlicher Schwäche, wurde denn auch in der Magna Carta Rechnung getragen[55]. Aufschlußreich ist indes, daß diese, die königliche Position einschränkende Bestimmung in den nachfolgenden Erneuerungen der Magna Carta unter Heinrich III. aus den Jahren 1216, 1217 und 1225 fehlen[56]. Dabei ist auf der einen Seite in Betracht zu ziehen, daß nach dem Tod Johann Ohnelands der Streit zwischen König und Baronen fürs erste ein Ende fand, und zweitens, daß die Verwendung von Fußvolk in größerer Zahl – gleich welcher Herkunft – längst zu einer militärischen Notwendigkeit geworden war und man offenbar aus dieser Erkenntnis auch nicht verbot, was gar nicht mehr zu verbieten war.

Nach dem Ende der jahrzehntelangen kapetingisch-angiovinischen Auseinandersetzungen und des fast permanenten blutigen Zwists im anglo-normannischen Reich bei einer gleichzeitigen staatlichen Konsolidierung war die Zeit nicht nur für die völlig ungebunden operierenden Freibeuterbanden endgültig abgelaufen, sondern auch für Söldnerführer wie Mercadier, Falcaise oder Cadoc. Von retardierenden Momenten im späteren und späten Mittelalter abgesehen, gehörte die Zukunft in Europa den Söldnertruppen, die Könige und Fürsten bzw. Städte selbst anwarben und in Dienst stellten. Aber gleichgültig, ob mehr oder weniger auf eigene Faust kämpfend und plündernd oder im Dienst und Auftrag des Staates, bediente man sich in Europa – zum Schaden von Infrastruktur und Bevölkerung – bis in die Neuzeit hinein zur Kriegsführung des zumeist nicht einheimischen Söldners, der als Fremder und Außenseiter über ein größeres Gewaltpotential verfügte. Um Nutzen und Nachteile bzw. die Notwendigkeit dieses Verfahrens abzuwägen, die die Verwendung fremden Kriegsvolks als eines funktionsfähigen, oft aber auch schwer beherrschbaren Machtinstrumentes mit sich brachte, sei noch ein Standortwechsel vorgenommen. Am günstigsten erscheint dazu ein Blick auf einen anderen Kulturkreis, nämlich den des Vorderen Orients, insbesondere Ägyptens und Syriens im 13. Jahrhundert.

---

53 Die »Artikel der Barone« § 41 (*Ista sunt capitula, quae barones petunt et dominus rex concedit*) in: Ludwig RIESS (Hg.), Englische Verfassungsurkunden des 12. und 13. Jahrhunderts (Bonn 1926) Nr. IV S. 14.
54 Bittere Vorwürfe machte dem König deshalb Matthaeus Parisiensis, Chronica maiora [wie Anm. 36] S. 610f. sowie S. 622 und 639. Vgl. dazu STRICKLAND, War and Chivalry [wie Anm. 4] S. 299 und S. 323.
55 Magna Carta § 51 (in: Englische Verfassungsurkunden [wie Anm. 53]) S. 23.
56 »Die Erneuerungen der Magna Charta« (in: Englische Verfassungsurkunden [wie Anm. 53]) S. 31f., 32, 37ff. Vgl. dazu GRUNDMANN, Rotten und Brabanzonen [wie Anm. 4] S. 429 Anm. 2 sowie Julia BARROW, Magna Carta (in: Lex. des MA 6, 1993) Sp. 92f.

II

Am 6. März 1238 starb in Damaskus Saladins ältester Sohn al-Malik al-Kāmil, das Oberhaupt des sich über Ägypten und Syrien erstreckenden Ayyūbidenreichs[57]. Obwohl al-Kāmil seinen Sohn al-'Ādil als designierten Thronfolger und Vizekönig in Kairo zurückgelassen hatte, fanden sich seine wichtigsten Emire zu einer Beratung über seine Nachfolge zusammen. Hinsichtlich Ägyptens kamen sie zwar schnell überein, al-'Ādil zu huldigen, die Herrschaft über Damaskus aber übertrugen sie nach einigem Hin und Her al-Ǧawād, einem Neffen des verstorbenen al-Kāmil[58].

Der in der Ǧazīra als Statthalter fungierende al-Malik as-Ṣāliḥ, ein Halbbruder al-'Ādils, war indes nicht gesonnen, die von seinem Vater getroffene und von dessen Emiren sanktionierte Thronfolgeregelung anzuerkennen. Er übertrug seinem Sohn Tūrānšāh die ihm im Osten gehörenden Landstriche und zog nach Damaskus, um dort die Vorbereitungen für seinen Feldzug nach Ägypten zu treffen. Al-Ǧawād, der sich inzwischen in Damaskus gründlich unbeliebt gemacht hatte und mit al-'Ādil in Streit geraten war, überließ as-Ṣāliḥ im Tausch für ein paar weniger bedeutende Städte die Herrschaft von Damaskus. Als man in Kairo von as-Ṣāliḥs Erfolgen in Syrien erfuhr, machten sich erste Anzeichen einer Unterhöhlung der Stellung al-'Ādils bemerkbar; einige seiner Emire forderten as-Ṣāliḥ auf, nach Ägypten zu kommen, und versicherten ihn ihrer Unterstützung. Ein Teil der Emire machte sich gar auf den Weg zu as-Ṣāliḥ.

Während as-Ṣāliḥ mit seiner Armee noch bei Nāblus lagerte, um von dort nach Ägypten zu ziehen und seinen Bruder zu entthronen, besetzten sein Onkel as-Ṣāliḥ 'Imād ad-Dīn Ismā'īl und al-Muǧāhid, der Fürst von Hims, Damaskus und erklärten sich für al-'Ādil. Als die Truppen as-Ṣāliḥs davon hörten, glaubten sie die Sache ihres Herren verloren, verließen ihn und schlugen sich auf die Seite der Sieger. Lediglich eine kleine Schar von weniger als 100 türkischen Emiren und Mamlūken hielt as-Ṣāliḥ die Treue und harrte bei ihm aus. Freilich konnte das bei as-Ṣāliḥ verbliebene Häuflein Getreuer nicht verhindern, daß sich an-Nāṣir Dāwūd, der mit seiner Armee von Karak herangezogen kam, sich der Person as-Ṣāliḥs bemächtigte. Nur in Begleitung seiner Favoritin und späteren Gemahlin Šaǧar ad-Durr und eines Mamlūken namens Rukn ad-Dīn Baibars wurde as-Ṣāliḥ in die Gefangenschaft nach Karak geführt[59].

Als as-Ṣāliḥ im April 1240 aus der Haft entlassen wurde, kam es in Kairo zu einem Umsturz, der al'Ādil den Thron kostete und jenen an die Macht brachte[60]. Eingedenk der bitteren Erfahrung, daß in einem kritischen Augenblick sein ganzes Heer von ihm abgefallen war und nur seine Mamlūken fest zu ihm gehalten hatten, beschloß as-Ṣāliḥ, kaum daß er das Sultanat erlangt hatte, diese hinfort zur Hauptstütze seiner Herrschaft

---

57 Hans L. GOTTSCHALK, Al-Malik al-Kāmil von Egypten und seine Zeit. Eine Studie zur Geschichte Vorderasiens und Egyptens in der ersten Hälfte des 7./13. Jahrhunderts (Wiesbaden 1958) S. 233 sowie Peter THORAU, al-Kāmil (in: Lex. des MA 5, 1991) Sp. 883.

58 GOTTSCHALK, al-Kāmil [wie Anm. 57] S. 233f. sowie Peter THORAU, The Lion of Egypt. Sultan Baybars I and the Near East in the Thirteenth Century (London und New York 1992) S. 12.

59 Dazu THORAU, The Lion of Egypt [wie Anm. 58] S. 14f. mit ausführlichem Verweis auf die arabischen Quellen.

60 Ebd. S. 15.

zu machen, und kaufte deshalb eine große Anzahl von ihnen. Aus diesen ihm völlig ergebenen türkischen Kriegssklaven bildete er den Kern seiner Armee und seine Leibwache. Nach seinen Quartieren auf der Insel ar-Rauda im Nil *(bahr)* nannte man dieses aus etwa 800–1000 Mann bestehende Eliteregiment »Bahriten«[61]. Indem al-Malik as-Sālih in einem Umfang wie kein Ayyūbide vor ihm türkische Militärsklaven kaufte, schuf er sich eine ihm absolut ergebene innenpolitische Stütze sowie eine hochqualifizierte Streitmacht, mit der er auch den Kampf gegen seine äußeren Feinde aufzunehmen vermochte.

Der Brauch, versklavte Kriegsgefangene oder gleich als Sklaven angekaufte Angehörige fremder, nichtmuslimischer Völkerschaften zu bewaffnen, scheint bis in die Omayyadenzeit zurückzureichen. Von der frühen Abbasidenzeit an häufen sich zwar die Hinweise auf das Vorhandensein von Kriegssklaven, eine bedeutsamere Rolle aber können sie auch hier noch nicht gespielt haben. Die entscheidende Wende trat erst unter dem Kalifen al-Mu'tasim (833–842) ein. Er drängte das arabische Element in der regulären Armee immer weiter zurück und beschloß, seine Macht nicht mehr auf freiwillige Stammesaufgebote zu stützen, sondern auf Söldner und eine Garde aus ihm völlig ergebenen und abhängigen Sklaven[62].

Am geeignetsten dazu erschienen die kriegstüchtigen Völkerschaften des Kaukasus und die Türken der südrussischen Steppen und Zentralasiens, die sich durch ihre Ausdauer, Tapferkeit und Disziplin sowie ihre Fähigkeit als berittene Bogenschützen empfahlen. Von diesen Fremden, die außerhalb der islamischen Zivilisation geboren worden waren, glaubte man mehr Gehorsam und Zuverlässigkeit erwarten zu können als von dem freien arabischen Krieger. In seinem Stolz oft unbotmäßig und undiszipliniert, mochte diesem der Stammeszusammenhalt wichtiger sein als die Treue zum Herrscher. Im Gegensatz zu dem Freien, der in innerpolitischen Hader verstrickt sein konnte, hatten jene fremden Krieger nur eine Bezugsperson, nämlich ihren Herren, dem sie dienten. Von ihrer Treue und Tüchtigkeit hing ihr Wohlergehen ab. So lag ihr Schicksal ganz und gar in den Händen des Herrschers, dem sie auf Gedeih und Verderb ausgeliefert waren. Das Schicksal ihres Herren, der sie auszuzeichnen und zu erheben vermochte, wurde zu ihrem eigenen. Sein Interesse mußte so zu dem ihren werden. Der staatskluge

---

61 Ibn Wāsil, Mufarriğ al-kurūb fī ahbār Banī Ayyūb 5, ed. Hassanein RABIE (Kairo 1977) S. 278; al-Maqrīzī, Kitāb as-sulūk li ma'rifat duwal al-mulūk, eds M.M. ZIYADA und S. A. F. ASHOUR (4 Bde in 11 Tln., Kairo 1956–72) 1 II S. 339–41; al-Maqrīzī, al-Mawī'iz wa'l-i'tibār fī dikr al-hitat wa'l-ātār (Būlāq 1270/1853–54) 2 S. 221; Ibn Tağrībirdī, an-Nuğūm az-zāhira fī mulūk Misr wa'l-Qāhira (16 Bde., Kairo 1929–72) 6 S. 331. Weitere Quellenhinweise gibt David AYALON, Le régiment Bahrīya dans l'armée Mamelouk (in: Revue des Études Islamiques 19, 1951; Wiederabdruck in: DERS., Studies on the Mamluks of Egypt [1250–1517], London 1977) S. 133ff. Vgl. THORAU, The Lion of Egypt [wie Anm. 58] S. 17.

62 David AYALON, The Military Reforms of the Caliph al-Mu'tasim – Their Background and Consequences (Jerusalem 1963 = Stencilled brochure prepared for the congress of Orientalists in New Dehli 1964); zu den abbasidischen Söldnern und den damit einhergehenden Wirren Martin FORSTNER, Das Kalifat des Abbasiden al-Musta'īn (Diss. phil., Mainz 1968) und DERS., Al-Mu'tazz billāh (Germersheim 1976) sowie die konzise Zusammenfassung von Tilman NAGEL, Das Kalifat der Abbasiden (in: Geschichte der arabischen Welt, hg. von Ulrich HAARMANN, München ³1994) S. 130ff.

Nizām al-Mulk (ermordet 1092), Wezir des Selǧūqen-Sultans Malikšāh, formulierte es in seinem Fürstenspiegel so:

Ein einz'ger Knecht befehlsgetreu
Ist mehr als hundert Söhne wert.
Der Sohn ersehnt des Vaters Tod,
Der Knecht des Herren Heil begehrt[63].

Diese Sklaven sollten am besten während der Pubertät erworben werden, in einem Alter also, in dem sich ihre kriegerischen Vorzüge bereits zu entwickeln begonnen hatten, sie aber noch formbar genug waren, um sie zu frommen Muslimen und ergebenen Gefolgsleuten ihrer Herren heranzubilden. Ihre Erziehung erstreckte sich über einen Zeitraum von mehreren Jahren und konzentrierte sich auf eine intensive militärische Ausbildung und gründliche Unterweisung im Islam. Selbst wenn sie nach ihrer Ausbildung freigelassen wurden und sie vielleicht Offiziersstellen bekleiden mochten, zeichnete sie eine besonders enge Verbundenheit zu ihrem Herrn aus, wie sie der freie arabische Krieger nicht kannte. Für diesen stand die Stammestreue an erster Stelle[64].

Al-Muʾtasims Beispiel machte Schule. Von der Mitte des 9. Jahrhunderts an wurden Militärsklaven zu einem wichtigen Bestandteil der Armeen islamischer Herrscher. Aber wenn auch ihre Bedeutung in den folgenden Jahrhunderten beständig zunahm, mitbedingt durch eine sich verändernde Kriegsführung, waren sie noch nicht das militärisch und politisch wichtigste und allein ausschlaggebende Element im Staat. Diese Rolle zu spielen, sollte erst im 13. Jahrhundert der Prätorianergarde der bahritischen Mamlūken vorbehalten sein.

Die Gelegenheit dazu ergab sich, als König Ludwig IX. von Frankreich, »der Heilige«, 1249/50 versuchte, noch einmal mit der Eroberung Ägyptens den Kampf um das Heilige Land für das christliche Königreich Jerusalem zu entscheiden[65].

Ein wichtiges Datum für die Kampfhandlungen auf ägyptischem Boden stellt der 9. Februar 1250 dar. An diesem Tag überfiel Robert von Artois, der Bruder des Königs, mit einer ausgesuchten Schar von Rittern das muslimische Lager bei al-Mansūra, wo

---

63 Nizāmulmulk, Siyāsatnāma, übertr. von Karl E. SCHABINGER VON SCHOWINGEN (Freiburg und München 1960) S. 216 – die Anregung zu diesem Zitat ist entnommen David AYALON, Aspects of the Mamlūk Phenomenon (in: Der Islam 53, 1976, S. 196–225 u. 54, 1977, S. 1–32; Neuabdruck in: DERS., The Mamluk Military Society, London 1979) S. 216.
64 Zur militärischen Institution der Mamlūken und deren Geschichte, die hier nur in aller Kürze dargestellt werden können, siehe David AYALON, Mamlūk (in: The Encyclopaedia of Islam 6, 1991) S. 314–21 mit ausführlicher Bibliographie und DERS., Studies on the Mamlūks of Egypt (1250–1517) (London 1977) mit den dort gesammelten Aufsätzen, sowie zur Frühzeit der islamischen Militärsklaven Dominique SOURDEL, Ghulam (in: the Encyclopaedia of Islam 2, 1965) S. 1079ff. Vgl. Robert IRWIN, The Middle East in the middle ages. The early Mamluk sultanate 1250–1382 (Beckenham 1986) S. 1ff.; THORAU, The Lion of Egypt [wie Anm. 58] S. 17f. sowie die exzellente Zusammenfassung und Bewertung von Ulrich HAARMANN, Der arabische Osten im späten Mittelalter 1250–1517 (in: Geschichte der arabischen Welt; wie Anm. 62) S. 217–263.
65 Mit weiterführender Literatur sowie den abendländischen und morgenländischen Quellen THORAU, The Lion of Egypt [wie Anm. 58] S. 33f.

man völlig überrascht wurde. In heillosem Schrecken stoben die Ägypter auseinander; viele wurden niedergemacht, auch der Oberbefehlshaber Fahr ad-Dīn, der vergebens versucht hatte, den Widerstand zu organisieren. Robert von Artois wollte den leicht errungenen Sieg sogleich ausnutzen, dem fliehenden Gegner nachsetzen und al-Mansūra angreifen. Obwohl die Templer rieten, auf den König und die nachrückende Infanterie zu warten, ließ sich Robert nicht zurückhalten. Ungestüm angreifend, gelang es ihm, Angst und Entsetzen verbreitend, bis in die Stadt hinein vorzustoßen und die Außenmauern der Zitadelle zu erreichen. Hier aber stieß er auf das Mamlūkenkorps, das nicht von der allgemeinen Panik ergriffen worden war und sich den heranstürmenden Rittern in Kampfordnung entgegenstellte. Die Mamlūken drangen auf die Kreuzfahrer ein, die in den engen Gassen ihre schwere Kavallerie nicht mehr zur Entfaltung bringen konnten. Während der größte Teil des ägyptischen Heeres sich in Panik aufgelöst hatte, errangen die türkischen Garden des kürzlich verstorbenen Sultans as-Sālih einen vollständigen Sieg. Nur wenige Ritter entkamen dem Blutbad und konnten ihrem König vom Untergang seiner Vorhut berichten. Einige Wochen später gelang es der muslimischen Armee schließlich, die Kreuzfahrer bei Fāriskūr einzukesseln und völlig zu schlagen. König Ludwig ergab sich und zog mit den Überlebenden seines Heeres in die Gefangenschaft. In dieser Schlacht hatten wiederum die türkischen, d. h. mamlūkischen Truppenteile des ägyptischen Heeres wesentlichen Anteil[66].

Mit ihren Siegen bei al-Mansūra und Fāriskūr hatten diese fremdstämmigen Krieger, die nicht einmal von Geburt Muslime waren, den Bestand des islamischen Ägyptens gewährleistet. Dieser Umstand aber kann für das Selbstbewußtsein der türkischen Garden und für die spätere Rechtfertigung der mamlūkischen Herrschaft über Ägypten nicht hoch genug veranschlagt werden.

Die Stabilität Ägyptens erfuhr allerdings durch den Tod as-Sālihs am 23. November 1249 einen empfindlichen Schlag. Zunächst hatten sich alle Hoffnungen auf des Sultans Sohn Tūrānšāh gerichtet, der, aus der fernen Ğazīra herbeigerufen, die Nachfolge seines Vaters angetreten hatte, aber bereits wenige Monate später ermordet wurde. Für annähernd ein Jahrzehnt wurde Ägypten nun zum Schauplatz blutiger Wirren, die letztlich keine der nachfolgenden Herrscherpersönlichkeiten wirksam zu meistern vermochte. Dies gilt sowohl für Šaǧar ad-Durr, die fähige Witwe as-Sālihs, die für wenige Monate auf den Thron erhoben wurde, als auch für die Emire Aibak und Qutuz, die schließlich alle den Dolchen ihrer Feinde zum Opfer fielen. Erbittert kämpften die verschiedenen politischen und militärischen Fraktionen, zu denen auch und vor allem die Befehlshaber der verschiedenen mamlūkischen Regimenter zählten, um die Macht[67].

Durch ihre Siege auf dem Schlachtfeld als Elitetruppe bestätigt und gewahr der maßgeblichen Rolle, die einige ihrer Emire innerhalb des Staates spielten, waren gleichzeitig die mamlūkischen Einheiten immer selbstbewußter geworden. Anmaßend und for-

---

66 Joseph F. STRAYER, The Crusade of Louis IX (= A History of the Crusades 2: The Later Crusades 1189–1311, eds. Robert L. WOLFF/Harry W. HAZARD, Philadelphia 1962) S. 487ff.; THORAU, The Lion of Egypt [wie Anm. 58] S. 35ff.
67 IRWIN, The Middle East in the middle ages [wie Anm. 64] S. 26ff.; THORAU, The Lion of Egypt [wie Anm. 58] S. 43ff.

dernd traten sie gegen die Regierung auf und begannen – in dieser Situation fast nicht verwunderlich – die Zivilbevölkerung zu tyrannisieren. Mehr oder weniger abgeschottet in Kasernen lebend, waren diese fremden Krieger bar jeglicher familiärer oder gesellschaftlicher Bindungen zur einheimischen Bevölkerung, deren Sprache sie noch dazu bestenfalls rudimentär beherrschten. Mit dem Tod Sultans as-Ṣāliḥ, der sie gekauft hatte und ihr unumschränkter Herr gewesen war, gingen sie ihrer einzigen festen Bezugsperson, der sie bedingungslos ergeben waren, von deren Gunst ihr Schicksal abhing und die sie im selben Atemzug einer eisernen Disziplin unterwarf, verlustig. Dergestalt sozial orientierungslos, stellten sie nunmehr einen gefährlichen Fremdkörper im Land dar und wurden für die ägyptische Bevölkerung zu einer Bedrohung. Sie stahlen, plünderten und mordeten, entführten Frauen und Kinder von der Straße weg oder drangen gar in öffentliche Bäder ein, wo sie die Frauen vergewaltigten und raubten[68].

Nachdem es dem Emir Quṭuz gelungen war, sich seiner wichtigsten Rivalen um die Macht zu entledigen, sei es durch Mord, Hinrichtung oder Vertreibung, flaute der blutige Terror in Ägypten etwas ab. Grundlegend änderte sich die Situation jedoch erst angesichts einer massiven äußeren Bedrohung. Zum Entsetzen der Muslime hatten die Mongolen nach kurzer Belagerung am 10. Februar 1258 unter Hülägü, einem Bruder des Großhāns Möngke, Bagdad erobert und gebrandschatzt. In einem schrecklichen Blutbad und Zerstörungswerk ging der Rest der einstmals glänzenden Metropole des orthodoxen Islam zugrunde. Zehn Tage später wurde der Kalif al-Mustaʿsim Billāh hingerichtet. Während viele Christen des Ostens noch den Fall Bagdads priesen und im Sturz des Kalifats einen Triumph des Christentums sahen, hatten die Muslime Syriens den drohenden Untergang vor Augen[69].

Im Herbst 1259 hatte Hülägü seine Vorbereitungen zu einem Einmarsch in Syrien abgeschlossen. Dessen Besitz teilten sich damals im wesentlichen die Franken, die die Küstenregion innehatten, und der ayyūbidische Herrscher von Damaskus, Sultan an-Nāṣir Yūsuf. In seiner Not wandte sich dieser an seine bisherigen Feinde, die Mamlūken in Ägypten, und bat sie, ihm schleunigst zu Hilfe zu kommen. Als an-Nāṣirs Bote in Kairo eintraf, wurde er Zeuge eines neuen Staatsstreichs. Unter dem Vorwand, daß so gefahrvolle Zeiten keinen siebzehnjährigen Knaben an der Regierung duldeten, setzte der Emir Quṭuz den jugendlichen Sultan al-Malik al-Manṣūr Nūr ad-Dīn ʿAlī, den Sohn Aibaks, ab und ließ sich selbst im November 1259 zum Sultan ausrufen. In Damaskus verharrte Sultan an-Nāṣir indes voller Furcht in Untätigkeit, unfähig, sich zu entschlossenem Tun aufzuraffen. Das Angebot des aus Ägypten vor Quṭuz geflüchteten Emirs Baibars, eines ehemaligen Mamlūken von as-Ṣāliḥ, mit dreitausend Mann die fast um das Dreifache überlegenen Mongolen am Euphrat anzugreifen, lehnte er ab. Als ein Mordanschlag unzufriedener Emire auf an-Nāṣir scheiterte, flohen Baibars und die

---

68   Die Exzesse gegen die Zivilbevölkerung erwähnen vor allem al-Qalqašandī, Subh al-aʿšā fī sināʾat al-inšāʾ, ed. M. ʿA. Ibrāhīm (14 Bde., Kairo 1337–40/1918–22) 3 S. 391; al-Maqrīzī, Kitāb as-sulūk [wie Anm. 62] 1 II S. 388f. Ibn Taġrībirdī, an-Nuǧūm az-zāhira [wie Anm. 62] 7 S. 9f. Zum ganzen auch Ayalon, Le régiment Bahrīya [wie Anm. 61] S. 135f.; Thorau, The Lion of Egypt [wie Anm. 58] S. 47.
69   Thorau, The Lion of Egypt [wie Anm. 58] S. 62f.

Seinen. Sie boten Qutuz ihre Unterstützung an und kehrten nach Ägypten zurück, wo man sie angesichts der mongolischen Bedrohung und der deswegen in der Bevölkerung um sich greifenden Verzweiflung und Panik mit offenen Armen empfing. Die Bündelung aller verfügbaren Kräfte war dringend geboten, hatte doch Sultan Qutuz mit der Hinrichtung einer mongolischen Gesandtschaft die Aufforderung Hülägüs zur Unterwerfung schroff zurückgewiesen und damit einen Weg ohne Umkehr beschritten[70].

Mit Duldung des fränkischen Königreichs von Jerusalem, das sich zu wohlwollender Neutralität verpflichtet hatte, führte der Sultan sein Heer an der Küste Palästinas entlang nach Norden und bog dann von Akkon ins Landesinnere ab, den Mongolen entgegen. In den frühen Nachmittagsstunden des 3. September 1260 begann bei 'Ain Ğālūt die Entscheidungsschlacht zwischen der von Sultan Qutuz geführten ägyptisch-mamlūkischen Armee und den in Syrien stationierten mongolischen Einheiten unter ihrem Feldherrn Kitbuġā. Bei annähernd zahlenmäßiger Ebenbürtigkeit wurde die für unbesiegbar geltende mongolische Armee von den Mamlūken vernichtend geschlagen[71]. Sultan Qutuz konnte sich indes nicht lange seines Sieges erfreuen. Auf dem Rückmarsch nach Ägypten fiel er während eines Jagdausflugs einem Mordanschlag zum Opfer. Nach kurzer Beratung der im Lager anwesenden Emire wurde Baibars, der Drahtzieher des Komplotts, zum Sultan gewählt[72].

Die Bevölkerung Kairos hatte mittlerweile die Stadt in der Erwartung des baldigen Einzugs des siegreichen Qutuz festlich geschmückt. Um so größer war das Erstaunen, das bald in Entsetzen umschlug, als man vernahm, daß Baibars Sultan geworden war. Mit seiner Thronbesteigung befürchteten die Menschen eine Wiederholung der tyrannischen Herrschaft der bahritischen Mamlūken und ihrer Ausschreitungen, wie sie vor deren Vertreibung bzw. Flucht aus Ägypten an der Tagesordnung gewesen waren[73].

Die Angst der Bevölkerung war jedoch unbegründet. Baibars hielt auf Ordnung und eiserne Disziplin. Als Nichtmuslim in der Qipčāq-Steppe geboren, im Knabenalter als Militärsklave nach Syrien verkauft, war Baibars im Dienst al-Malik as-Sālihs emporgestiegen. Von den Befehlshabern einer siegreichen Armee selbstbewußt auf den Thron erhoben, wurde er zum eigentlichen Schöpfer des mamlūkischen Sultanats. In der ayyūbidischen Tradition stehend, knüpfte Baibars bewußt zur Legitimation und Stabilisierung seiner Macht an dieselbe an[74].

Vor allem aber behielten er und seine Offizierskameraden nicht nur den von as-Sālih erstmals in größerem Umfang geübten Brauch bei, junge türkische, für den Kriegsdienst bestimmte, Sklaven zu kaufen, sondern bauten ihn systematisch aus. In eigens für diese

---

70   IRWIN, The Middle East in the middle Ages [wie Anm. 64] S. 30ff.; THORAU, The Lion of Egypt [wie Anm. 58] S. 64ff. u. S. 75 (beide mit weiterer Literatur und ausführlichen Quellenhinweisen).

71   Zur Schlacht von 'Ain Ğālūt neben anderen: J. M. SMITH, Jr., 'Ayn Jālūt: Mamluk Success or Mongol Failure? (in: Harvard Journal of Asiatic Studies 44, 1984) S. 307–345; Peter THORAU, The Battle of 'Ayn Jālūt: A Re-examination (in: Crusade and Settlement, ed. Peter EDBURY, Cardiff 1985) S. 236–241; Reuven AMITAI-PREISS, 'Ayn Jālūt revisited (in: Tārīh 2, 1992) S. 119–150.

72   THORAU, The Lion of Egypt [wie Anm. 58] S. 79ff.

73   Ebd. S. 92.

74   Hierzu und zu dem Folgenden siehe ebd. S. 91ff. sowie HAARMANN, Der arabische Osten im späten Mittelalter [wie Anm. 64] S. 217ff.

Knaben errichteten Kadettenanstalten vermittelte man ihnen rudimentäre Kenntnisse des Arabischen, der Sprache der einheimischen Bevölkerung, unterzog sie einer intensiven militärischen Ausbildung und islamisierte sie, wodurch die fremde Herkunft nach muslimischem Selbstverständnis weitgehend in den Hintergrund trat. Herangewachsen wurden sie nach Abschluß derselben feierlich freigelassen und erwarben ihrerseits das Recht, weiße Kriegssklaven zu kaufen. Da Mamlūk nur war, wer auf dieses Curriculum Vitae verweisen konnte, gehörten sie fortan jener sich ständig von außen regenerierenden »one generation nobility« (D. Ayalon) an, die in ihren Händen alle militärische und politische Macht vereinte. Außerdem waren die Angehörigen dieser Militäraristokratie die Hauptnutznießer von Grund und Boden des Landes, der ihnen – entsprechend ihres Ranges – in Form von Benefizien (sing. iqtā'[75]) zugeteilt wurde, die allerdings im Gegensatz zum europäischen Lehen nicht erblich waren und jederzeit wieder entzogen werden konnten.

Die Betätigungsfelder der »wehrlos« gemachten autochthonen Bevölkerung lagen neben der Ausübung religiöser Ämter vor allem im Handel und der Landwirtschaft sowie mit Einschränkungen im Finanz- und Steuerwesen. So trug sie – die zwar bevormundet, aber auch beschützt, friedlich ihrem Tagewerk nachgehen konnte – wesentlich zum Wohlstand und zur kulturellen Blüte des Landes bei.

Die Konsequenz all dessen war, daß sich der von Sultan Baibars geschaffene Staat wesentlich von dem seines verstorbenen Herren unterschied.

As-Sālih war ein freigeborener Mann kurdischer Abstammung, der sich zur Sicherung seiner Macht neben der recht heterogenen ayyūbidischen Armee auf eine ihm treuergebene »Prätorianergarde« aus türkischen Kriegssklaven stützte. Unter Baibars und seinen Nachfolgern figurierten diese fremden Krieger aber nicht mehr als ein zusätzlicher Schwertarm des Staates, sondern identifizierten sich mit ihm als seine Repräsentanten. Die Mamlūken stellten das Gros der Armee und zugleich die herrschende militärische Elite, aus deren Reihen alle maßgeblichen Würdenträger, einschließlich des Sultans, hervorgingen. Herr einer gut funktionierenden Staats- und Finanzverwaltung, war der Sultan zugleich und vor allem oberster Befehlshaber einer schlagkräftigen, stets einsatzbereiten Armee, die er selbst ins Feld führte. In ihrer Zusammensetzung weitgehend homogen, zeichnete die mamlūkische Armee eine eiserne Disziplin bei gleichzeitig straffen Befehlsstrukturen aus, die es u. a. erlaubten, ihr erfolgreich das Plündern und Brandschatzen zu verbieten. Ihre Kommandeure konnten auch in ihrer Doppelfunktion als staatliche Würdenträger und Inhaber teilweise bedeutender »Lehen« im Gegensatz zu europäischen Adligen nicht nur jederzeit auf andere Posten versetzt, sondern bei gleichzeitigem Entzug ihrer Benefizien auch abgesetzt bzw. eingekerkert oder hingerichtet werden[76]. Eine Folge davon war, daß es den Mamlūken nicht nur gelang,

---

75 Peter THORAU, Iqtā' (in: Lex. des MA 5, 1991) Sp. 642f. mit weiterer Literatur.
76 Außer der in Anm. 64 zitierten Literatur seien speziell zur mamlukischen Armee noch die Aufsatzsammlungen von David AYALON, The Mamluk Military Society (London 1979) und Studies on the Mamluks of Egypt (1250–1517) (London 1977) genannt sowie Stephen HUMPHREYS, The Emergence of the Mamluk army (in: Studia Islamica 45/46, 1977) S. 67ff. u. S. 147ff. und zur Stellung des Sultans Amalia LEVANONI, The Mamluk conception of the sultanate (in: International Journal of Middle East Studies 26, 1994) S. 373–392; Peter M. HOLT, The position and power of the Mamlūk sultan (in: BSOAS 38, 1975) S. 237–249.

die verhaßten Kreuzfahrer endgültig aus Syrien und Palästina zu vertreiben, sondern auch die von den Ilhānen ausgehende Gefahr in mehreren siegreichen Schlachten zu bannen. Als eine den Mongolen ebenbürtige Großmacht schenkten die fremdstämmigen Mamlūken dem Vorderen Orient äußere Sicherheit und innere Stabilität und damit eine wirtschaftliche und kulturelle Blüte für annähernd 250 Jahre. Vor diesem Hintergrund wird die Akzeptanz verständlich, die das Mamlūkenregime bei der einheimischen Bevölkerung erfuhr und es als eine »Gnade der göttlichen Vorsehung«[77] erscheinen ließ.

III

Wie bedeutsam und wirkungsvoll die Machtfülle des mamlūkischen Sultans war, wird vor allem bei einem Vergleich mit dem christlichen Abendland deutlich. Ein zeitgenössischer europäischer Herrscher gebot gemeinhin nur über ein mediatisiertes Heer, das heißt, eine Streitmacht, die sich, dem Lehnswesen entsprechend, vor allem aus der Gefolgschaft seiner Kronvasallen zusammensetzte. Wenn sich diese dem König aber verweigerten oder sich sogar – ohne nennenswerte Strafen befürchten zu müssen – gegen ihn stellten, konnte dadurch dessen Spielraum bis zur militärischen und damit oft auch politischen Handlungsunfähigkeit eingeschränkt werden. Wollte sich ein europäischer Herrscher aus diesem Dilemma lösen, mußte er danach trachten, sich von seinen Großen und deren Aufgeboten unabhängig zu machen. Eine Möglichkeit dazu lag darin, sich – soweit dies die königlichen Einkünfte überhaupt zuließen – auf besoldete Ritterkontingente oder auf angeheuerte Söldner zu stützen und alle damit im Zusammenhang stehenden Nachteile in Kauf zu nehmen.

Ebenso gilt es zu berücksichtigen, daß die Entwicklung des Kriegswesens darauf hinauslief, immer größere Heere mit immer mehr Fußvolk bei einer gleichzeitigen größeren Differenzierung (Armbrustschützen, Kanoniere) ins Feld zu führen, und die staatliche Entwicklung im Abendland im allgemeinen diesen militärischen Bedürfnissen hinterherhinkte. Da selbst bei einer umfassenden und konsequenten Aufbietung des theoretisch verfügbaren Lehnsaufgebots die Zahl der Vasallen für militärische Auseinandersetzungen nicht mehr ausgereicht hätte, mußte man zwangsläufig immer mehr außerhalb des Lehnsverbandes stehende Krieger – Ritter wie Söldner, gleich welcher Herkunft – aufbieten. Die Folge davon war, daß man in Europa bis weit über das Mittelalter hinaus fremder Kriegsscharen zum Austragen militärischer Konflikte bedurfte, gleichzeitig aber auch Land und Leute immer wieder unter diesem Kriegsvolk zu leiden hatte.

Erst als es gelang, in einem Prozeß staatlicher Konsolidierung fahrende Freibeuterbanden und Söldnerhaufen in ein stehendes Heer mit einer rigorosen Disziplin umzu-

---

77   So der Universalhistoriker und Geschichtsphilosoph Ibn Haldūn († 1406) in seinem »Kitāb al-'ibar«, zitiert nach Donald P. LITTLE, Religion under the Mamluks (in: The Muslim World 73, 1983) S. 165–253, hier S. 165; vgl. HAARMANN, Der arabische Osten im späten Mittelalter [wie Anm. 64] S. 217.

wandeln und die »temporären Rüstungen« durch eine »Permanenz der Rüstung«[78] zu ersetzen, wurde Europa von diesen zwar notwendigen, gleichwohl aber unwillkommenen Söldnern bzw. militärischen Grenzgängern befreit. Vor diesem Hintergrund scheint es, daß die mittelalterliche islamische Gesellschaft mit dem Problem der Verwendung fremder Krieger besser umzugehen verstand als das Abendland.

---

78   Ernst SCHUBERT, Fahrendes Volk im Mittelalter [wie Anm. 40] S. 424.

Klugheit oder Feigheit

Zu Form, Gründen und Folgen der Verweigerung des gerichtlichen Zweikampfes im Hochmittelalter: drei Grenzfälle aus dem Chronicon Hanoniense des Giselbert von Mons

VON FRANZ IRSIGLER

Der mit den großen ›Staatsaktionen‹ und dem Alltagsleben seiner Heimat, der Grafschaft Hennegau, in der zweiten Hälfte des 12. Jahrhunderts bestens vertraute Kapellan, Notar und Kanzler Graf Balduins V., der Chronist Giselbert von Mons (ca. 1150–1224)[1], überliefert in seinem 1196 abgeschlossenen Chronicon[2] drei aufschlußreiche Beispiele von gerichtlichen Zweikämpfen, denen gemeinsam ist, daß sie nicht stattgefunden haben. Es handelte sich entweder um die mehr oder weniger offene Verweigerung des Duells durch den Beklagten oder um die Nichterfüllung des Zweikampfangebotes, wobei die Motive, die Formen des Ausweichens vor dem vermeintlichen Gottesurteil und die Folgen ganz unterschiedlich gestaltet waren. Im ersten Fall ging es um Sühne oder Bestrafung von Felonie, eines gravierenden Verstoßes gegen die Treueverpflichtung eines Lehnsmannes, im dritten um die Klärung des Rechtsstandes eines als *servus* reklamierten *miles probissimus*. Daß Giselbert in seiner Chronik nichts von tatsächlich durchgeführten gerichtlichen Zweikämpfen berichtet, muß nicht unbedingt bedeuten, daß es in der Grafschaft Hennegau keine derartigen Verfahren gab. Sofern Kläger und Beklagte wenig prominent waren, die Normen der Durchführung des Beweisverfahrens beachtet wurden und der mit guten Gründen Beklagte erwartungsgemäß den Kampf verlor, gab es für den Chronisten wenig Grund, über solche Vorkommnisse zu berichten. Sein Hinweis[3], daß es in der benachbarten Grafschaft

---

1 Knappe Information bietet Thérèse DE HEMPTINNE, Giselbert v. Mons (in: Lex. des MA 4, 1989) Sp. 1467f. – Für wertvolle Anregungen und Hinweise danke ich Herbert Eiden, Florian Gläser, Rita Voltmer und Winfried Reichert.

2 Zitiert wird nach der Ausgabe von Léon VANDERKINDERE, La chronique de Gislebert de Mons (Bruxelles 1904); nützlich ist weiterhin die zweisprachige Ausgabe von Godefroy MÉNILGLAISE, Gisleberti Balduini V Hanoniae comitis cancellarii Chronica Hanoniae 1040–1195 / Chronique de Hainaut, rédigée par Gilbert chancelier du comte de Hainaut Bauduin V, 1040–1195 (Tournai 1874).

3 In der kritischen Phase des Kampfes um Namur im Herbst 1188 reiste Balduin V. mit Frau und Kindern zu seinem Schwager, um ihn um verwandtschaftliche Hilfe zu bitten. Graf Philipp stellte u. a. als Bedingung, die drei Burgen Walincourt, Prémont und Busigny, die ›quasi‹ allodialer Besitz Balduins waren, aber im Cambrésis lagen, ihm aufzutragen und von ihm zu Lehen zu nehmen. Balduin wollte aber keine Lehnsbindung an seinen mächtigen Schwager, weil er fürchtete, die Burgen zu verlieren, die nahe der flandrischen Burg Cateau lagen; er lehnte das Ansinnen Philipps ab, *timens illius austeritatem ut quandocumque sibi placeret, ea a comite Hanoniensi requireret sibi reddenda, et*

Flandern unter Philipp vom Elsaß geradezu Sitte sei, zur Erweiterung des gräflichen
Besitzes Barone zum gerichtlichen Zweikampf herauszufordern, läßt allerdings erkennen, daß er diese Form des Gottesurteils nicht besonders schätzte, wenngleich er darauf
verzichtete, sich kritisch damit auseinanderzusetzen: Fall Nr. 2.

Auf die Aspekte der Ablehnung oder Verweigerung des gerichtlichen Zweikampfes
ist die Forschung bisher nur in zwei sehr unterschiedlichen Zusammenhängen eingegangen: einmal im Rahmen der frühen kaufmännischen und bürgerlich-städtischen
Bestrebungen, vom Duell als Gottesurteil bei unklaren finanziellen Forderungen befreit
zu werden bzw. es ganz aus der Gerichtspraxis zu verdrängen[4], zum anderen als »besondere Form ritterlicher Fiktion zum Zweck politischer Reklame«, als das »immer
wieder angekündigte und niemals verwirklichte Fürstenduell«. Die von Johan Huizinga
erstellte Liste[5] von Beispielen, die mit dem 1283 zu Bordeaux zwar exakt vorbereiteten,
aber nicht durchgeführten Zweikampf zwischen Karl von Anjou und Peter von Aragon
beginnt und mit dem zweimaligen Zweikampfangebot Karls V. an Franz I. von Frankreich endet, läßt sich ergänzen durch die sarkastische Antwort König Johanns von
Böhmen auf die Zweikampfforderung durch den Polenkönig Kasimir anläßlich der
Belagerung Krakaus im Sommer 1345, bei der Johann und sein Sohn Karl, Markgraf
von Mähren, ihren Gegner stark bedrängten. In der Autobiographie Karls heißt es: »Da
forderte König Kasimir von Krakau den König Johann durch einen Boten auf, er solle
sich, um weitere Gefahren für viele Menschen zu vermeiden, mit ihm allein in einer
Stube einschließen. Und wer dort den anderen besiege, solle von dem Unterlegenen
alles erhalten, was er fordere. Da König Johann damals schon völlig erblindet war, ließ
er ihm melden, er solle sich blenden lassen; wenn diese Waffengleichheit hergestellt sei,
wolle er gerne mit ihm den Zweikampf eingehen«[6].

Die Zweikampfverweigerungen, von denen Giselbert von Mons berichtet, bezogen
sich alle auf den Bereich unterhalb der Fürstenduelle; nur die erste Auseinandersetzung
zwischen Graf Balduin und seinem mächtigsten Lehnsmann, Jakob von Avesnes, be-

*ei advoluntatem suam in Flandria dies tamquam homini suo constitueret et, sibi si placeret, eum
tamquam aliquem baronem Flandrensem ad duellum provocari faceret, sicut moris est in regione illa.*
VANDERKINDERE, La chronique [wie Anm. 2] S. 224–226, Zitat S. 226. Giselbert spielt auf Fall Nr. 2
an, vgl. unten bei Anm. 17. Zu den politischen Hintergründen und dem Ablauf der Geschehnisse vgl.
Ludwig KÖNIG, Die Politik des Grafen Balduin V. von Hennegau. Ein Beitrag zur Geschichte der
deutsch-französischen Beziehungen gegen Ende des zwölften Jahrhunderts (in: Bulletin de la Com-
mission Royale d'Histoire 74 II, 1905) S. 195–428, hier S. 316–318; Jacques FALMAGNE, Baudouin V,
comte de Hainaut, 1150–1195 (Montréal 1966) S. 204.
4   Vgl. Bernhard DIESTELKAMP, Die Städteprivilegien Herzog Ottos des Kindes, ersten Herzogs
von Braunschweig-Lüneburg, 1204–1252 (Hildesheim 1961) S. 44–47, 194 und bes. die Mittel- und
Westeuropa umfassende Karte 3 ›Duellbefreiung‹ mit Katalog S. 248; zur allgemeinen Kritik am
gerichtlichen Zweikampf als Form des Gottesurteils vgl. Robert BARTLETT, Trial by Fire and Water.
The Medieval Judicial Ordeal (Oxford 1986), bes. Kap. 6 (Trial by Battle) und 7 (Aftermath),
S. 103–152.
5   Johan HUIZINGA, Herbst des Mittelalters. Studien über Lebens- und Geistesformen des 14. und
15. Jahrhunderts in Frankreich und in den Niederlanden (Stuttgart [10]1969) S. 130–133, Zitat S. 130.
6   Vita Caroli Quarti / Die Autobiographie Karls IV. Einführung, Übersetzung und Kommentar
von Eugen HILLENBRAND (Stuttgart 1979) Kap. 18, S. 186–195, Zitat S. 193.

wegte sich beinahe auf dieser hohen Ebene. Kurz zur Vorgeschichte: Im Laufe des Jahres 1184 war es König Philipp II. August von Frankreich gelungen, das lange Zeit recht gute Einvernehmen zwischen Balduin V. und seinem Schwager Philipp zu stören; im September wurde in Paris ein Bündnis zwischen dem Grafen von Hennegau und dem französischen König gegen den Grafen von Flandern geschlossen. Philipp rüstete sofort gegen den Hennegauer; er konnte auf die Unterstützung des Herzogs von Brabant und des Kölner Erzbischofs rechnen; im November 1184 drangen die Verbündeten tatsächlich von drei Seiten in den Hennegau ein[7]. Jakob von Avesnes, der wenige Wochen vorher bei einer Auseinandersetzung zwischen Brabanter und hennegauischen Truppen eine fragwürdige Rolle als Waffenstillstandsvermittler gespielt hatte[8], wurde von Balduin aufgefordert, seinen Pflichten als ligischer Lehnsmann in Mons nachzukommen. Der Vasall erschien auch, bekannte sich in der Burgkapelle von Mons vor den Baronen (pares) des Grafen zu seiner Hilfsverpflichtung, bat aber, der Graf möge sie jetzt nicht einfordern. Für den Fall des Krieges mit Flandern versprach er unter Eid, er wolle die Burgen, die er von Philipp zu Lehen halte, diesem wieder zurückgeben, die hennegauischen aber Balduin öffnen und ihm mit allen Mannen, die zu den hennegauischen Lehen gehörten, zu Hilfe kommen[9]. Doch als um Allerheiligen 1184 die Kampfhandlungen begannen, schlug sich Jakob von Avesnes sofort auf die Seite des vermeintlich Stärkeren; er kündigte, als er zusammen mit dem flandrischen Heer in den Hennegau einfiel, das Lehnsverhältnis zu Graf Balduin und sagte ihm förmlich Fehde an.

Den Treuebruch und die heftigen Attacken Jakobs gegen die hennegauischen Burgen Monceau und Beaufort bestrafte Balduin hart: Er verwüstete das Land seines ungetreuen Vasallen, plünderte und verbrannte angeblich 72 Dörfer, bemächtigte sich des völlig eingeäscherten Condé und baute die Burg sofort wieder auf in der Absicht, sie auf Dauer in Besitz zu nehmen[10].

Trotz der zahlenmäßig erdrückenden Übermacht der Angreifer, der ausgebliebenen Hilfe Frankreichs und der Verweigerung der Hilfeleistung von seiten des Lehnsherrn des Hennegauers, des Bischofs Rudolf von Lüttich, konnte sich Graf Balduin halten. Kurz vor Weihnachten zogen die Verbündeten ab. Es kam zu einem Waffenstillstand zwischen Flandern und Hennegau bis zur Oktav von Epiphanie (13. Januar), in den von flandrischer Seite auch Jakob von Avesnes einbezogen wurde.

In der Schlußphase der Kampfhandlungen hatte Jakob durch einen seiner Kombattanten, Wilhelm Pisiere, dem Grafen von Hennegau mitteilen lassen: Falls ihn irgendein Ritter des Verrats bezichtigen wolle, obwohl er in gerechter Weise gegen den Grafen vorgegangen und von seinem Lehnseid zurückgetreten sei, dann sei er bereit, an welchem Hof auch immer, dem des Königs von Frankreich oder dem des Königs von England, sein Recht höchstpersönlich im Duell gegen jenen Ritter zu erweisen[11]. Giselbert

---

7 KÖNIG, Die Politik [wie Anm. 3] S. 253–269; FALMAGNE, Baudouin V [wie Anm. 3] S. 149–164.
8 KÖNIG, Die Politik [wie Anm. 3] S. 257.
9 Nach KÖNIG, Die Politik [wie Anm. 3] S. 261; VANDERKINDERE, La chronique [wie Anm. 2] S. 169–170.
10 VANDERKINDERE, La chronique [wie Anm. 2] S. 177. Vgl. aber unten bei Anm. 15 [Rückgabe von Condé].
11 Ebd. S. 178.: *... proprii corporis sui duello contra militem illum probaret.*

betont, dieses Angebot habe vielen tapferen, zum Zweikampf bereiten Hennegauer Rittern sehr gefallen, entlarvt es aber sofort als Scheinangebot, da Jakob sich sträubte, an einem passenden Ort und Termin zum Duell anzutreten[12]. Bei den unter Vermittlung des französischen Königs zu Weihnachten in Laon abgehaltenen Friedensverhandlungen konkretisierten die Hennegauer Barone Eustach von Roeux der Junge und Otto von Trazegnies aus freien Stücken und miteinander wetteifernd ihre Duellforderung an Jakob von Avesnes, aber Balduin konnte den Zweikampf nicht zulassen, weil Jakob durch den Waffenstillstand geschützt war, und ersuchte den Grafen von Flandern um Zustimmung zu einem Treffen ohne Vertragsbruch. Nun zog Jakob seine großspurige Ankündigung zurück, was Giselbert hart als unehrenhaftes, unedles und dem Ritterideal widersprechendes Verhalten kritisierte: *Jacobus propositum illud nolens prosequi, umbra treugarum comitis Flandrie satis indecenter tectus, ad hoc respondere nolebat, quantum ad honorem probi militis et viri nobilis pertinebat*[13].

Ob Jakob weiterhin den schützenden Schatten des bis zum 24. Juni 1185 verlängerten Waffenstillstandes in so indezenter Weise nutzen durfte, wird aus Giselberts Bericht nicht ganz klar. Auf jeden Fall begann Balduin noch vor Ablauf des Termins einen neuen Verwüstungs- und Beutezug gegen die *terra* des Jakob von Avesnes und zerstörte etwa 110 Dörfer[14]. Zum gerichtlichen Zweikampf kam es aber nicht. Insofern blieb die Felonie Jakobs ungesühnt. Im Gegenteil: Auf Wunsch des französischen Königs wurde jenem im Sommer 1185 auch das von Balduin zunächst besetzte Condé zurückgegeben und das ligische Lehnsverhältnis erneuert[15]. Mit dem Makel an seiner Ehre konnte der Herr von Avesnes offenbar leben, nicht zuletzt dank der Rückendeckung bei seinem zweiten Lehnsherrn, dem Grafen von Flandern, der ihn als Ratgeber sehr schätzte. Und auch für den immer noch von mehreren Nachbarn bedrohten Hennegauer war es offenbar besser, einen so mächtigen Mann in quasi grafengleicher Stellung nicht auf Dauer zum Feind zu haben[16].

Der zweite Fall von Zweikampfverweigerung[17] datiert in den Spätherbst 1186. Auf ihn bezieht sich offenbar die oben erwähnte kritische Bemerkung Giselberts zum Mißbrauch des Duells in Flandern. Auf der Rückreise von einem Treffen mit König Philipp II. August in Paris zog Balduin über die westflandrische Burgstadt Cassel, wo gerade unter der ›Schirmherrschaft‹ des Grafen Philipp von Flandern ein gerichtlicher Zweikampf ausgerichtet wurde. Herausforderer war – ganz offenbar auf Betreiben Philipps *(instinctu comitis Flandrie)*, der in ihm einen hervorragenden *campio* hatte –

---

12 Ebd.: ... *quod quidem multis Hanoniensibus probis militibus duellum hoc habere contra illum optantibus, multum placuit. Loco autem et tempore opportuno Jacobus hoc complere recusavit.*
13 Ebd. S. 179.
14 Ebd. S. 182; KÖNIG, Die Politik [wie Anm. 3] S. 273.
15 VANDERKINDERE, La chronique [wie Anm. 2] S. 184: *Jacobus in hominium ligium comitis Hanoniensis reversus est.*
16 In der Folgezeit kam es sogar zu einer Heiratsverbindung zwischen den Familien der Grafen von Hennegau-Flandern und den Avesnes; vgl. FALMAGNE, Baudouin V [wie Anm. 3] S. 155 Anm. 61: Bouchard, der Sohn Jakobs, heiratete 1212 eine Tochter Balduins VI. (bzw. IX.) von Hennegau und Flandern, der als Balduin I. 1204 erster lat. Kaiser von Konstantinopel wurde.
17 VANDERKINDERE, La chronique [wie Anm. 2] S. 194f.; KÖNIG, Die Politik [wie Anm. 3] S. 287f.

Johann von Cysoing, Beklagter aber ein Hennegauer, Eberhard Rado III., Kastellan von Tournai, ein Vetter Balduins. Es ging um die Burg Mortagne, strategisch wichtig am Zusammenfluß von Scarpe und Schelde auf hennegauischem Gebiet gelegen, die Rado als Allod besaß. Da Rado offenbar schon in reifem Alter stand[18] und gegen seinen Herausforderer keine Chance hatte, riet ihm Balduin, dem Duell auszuweichen und sich der Rechtsprechung des Grafen von Flandern zu beugen. Mit der Auftragung des Allods und der Belehnung damit durch Philipp rettete er sein Leben, aber die Burg ging in flandrischen Besitz über: ... *et illud dominio Flandrie fuit additum.*

Dieser Einsatz des gerichtlichen Zweikampfes als Mittel zur Erweiterung des Herrschaftsraumes war sicher kein Einzelfall und auch nicht auf Flandern beschränkt[19]. Giselbert kritisiert in diesem Fall die Duellverweigerung bzw. den Rückzug des Beklagten nicht; sie erscheint als Akt politischer Klugheit, auch wenn die Grafschaft Balduins durch den Verlust der Burg Mortagne geschwächt wurde. Auch der Aspekt der Ehre spielte für ihn offenbar keine Rolle, soweit Hennegau betroffen war. Die Kritik Giselberts galt nur der erpresserischen Politik des Grafen von Flandern.

Ungewöhnlich detailliert beschrieben und sozial- wie mentalitätsgeschichtlich bedeutsam ist der dritte Fall von verweigertem Zweikampf in der Hennegau-Chronik[20]; zusätzlich verweist Giselbert auf einen Parallelfall in Straßburg. 1188 bekam der adelige Herr *(vir nobilis)* Gerhard von St. Aubert, Vasall und Verwandter *(homo et consobrinus)* des Grafen von Hennegau, Streit mit einigen Rittern *(milites)* und reklamierte einen von diesen, Achard von Verli, vor dem Gericht des Grafen als seinen Hörigen *(servum suum)*. Das rief einen Verwandten des Achard auf den Plan, der sich offenbar in seiner Standesehre getroffen fühlte, den *miles ... probissimus* Robert von Beaurain[21], *qui uxorem primam de familia comitis habuerat, et ex illa filios habebat*[22]. Bei passender Gelegenheit, d. h. vor dem Grafen, im Beisein zahlreicher tapferer und edler Männer und von Leuten jedweden Standes, sprach er *in superbiam elatus*, obwohl ihn niemand

18   Er ist von 1160 an als Kastellan von Tournai bezeugt; VANDERKINDERE, La chronique [wie Anm. 2] S. 195 Anm. 1.
19   Für England vgl. Alan HARDING, The Law Courts of Medieval England (London und New York 1973) S. 56f. – Nach den Ausgabenrechnungen des Richard von Swinfield, Bischof von Hereford (1283–1317), gab es am bischöflichen Hof neben mehreren *armigeri* auch einen festbesoldeten Champion, Thomas de Bruges, dessen Kampfkraft nicht bei Fällen von Felonie oder der Blutgerichtsbarkeit, sondern vornehmlich bei Besitzstreitigkeiten eingesetzt wurde. Vgl. J. J. JUSSERAND, English Wayfaring Life in the Middle Ages, XIVth Century (London 1891) S. 116f.
20   VANDERKINDERE, La chronique [wie Anm. 2] Kap. 140 u. 141, S. 209–215. Soweit mir bekannt ist, wurde diese Episode von der einschlägigen Forschung noch nicht intensiver ausgewertet, abgesehen von W. MEYER, Das Werk des Kanzlers Gislebert von Mons, besonders als verfassungsgeschichtliche Quelle betrachtet (Königsberg 1888) § 4f.
21   1184 hatte Balduin diesen Robert, *militem probissimum et magni nominis*, als Kampfgenossen gewonnen und ihm das Land Forest und 20 Pfund als Lehen gegeben; VANDERKINDERE, La chronique [wie Anm. 2] S. 175.
22   Die Deutung dieser Information ist schwierig; mit *familia* kann auch der grundherrliche Verband, die Dienstmannschaft des Grafen gemeint sein; denn wäre Robert tatsächlich mit dem Grafenhaus verschwägert gewesen, hätte dieser wohl nicht als Schiedsrichter fungieren können, sondern Partei ergreifen müssen.

wegen unfreien Standes angesprochen hatte: ›Herr Graf, mir wurde berichtet, Herr Gerhard von St. Aubert habe, ohne daß ich es hörte, gesagt, ich würde *ex servili conditione* ihm zugehören. Wenn er das so gesagt hat, dann hat er gelogen wie ein Taugenichts und Verräter; und wenn er es weiterhin behauptet, dann lügt er wie ein Taugenichts und Verräter. Hier ist mein Pfand zum Zeichen, daß ich bereit bin zum Zweikampf über diese Sache.‹ Gerhard, der Robert bisher viel höher geschätzt hatte als die übrigen Leute von dessen Herkunft und ihm lieber zur Zurückhaltung geraten hätte, beriet sich kurz mit den Seinen und antwortete dann: ›Herr Graf, der hier anwesende Robert von Beaurain ist mein *servus*; da er dies nun ableugnet und behauptet, *se liberum esse*, seht, hier ist mein Pfand zum Zeichen, daß er lügt; und ich bin bereit, gegen ihn anzutreten wie gegen einen Taugenichts und Verräter, um zu beweisen, daß er mein Höriger ist.‹ Robert bestand erneut darauf, er sei frei und Gerhard ein nichtswürdiger Lügner.

Als beide die Duellpfänder[23] in die Hand des Grafen gegeben hatten, weil sie sich in dem Wunsch einig waren, das Problem auf diesem Wege zu klären, wurde ihnen der gerichtliche Zweikampf zugestanden und hierfür, nachdem beide Seiten Geiseln gestellt hatten, auch ein Termin festgesetzt. Dann lud der Graf, um der Gerechtigkeit Genüge zu tun und keinen formalen Fehler zu begehen, *omnes nobiles et sapientes terre sue* zu diesem Gerichtstag nach Mons ein. Als Provokateur des Zweikampfes – nicht als Kläger – kritisierte man, Giselbert zufolge, Robert von Beaurain; es sei, da er selbst nicht unmittelbar betroffen war, nicht nötig gewesen, *tam nobilem virum* zum Duell herauszufordern. Das Kräfteverhältnis beschreibt Giselbert als in etwa ausgeglichen: Robert galt zwar als der berühmtere und bessere Kämpe, aber diese Überlegenheit wurde dadurch relativiert, daß er vor kurzem den rechten Arm gebrochen hatte und sich, weil der Bruch noch nicht ganz verheilt war, mehr auf den linken Arm verlassen mußte[24].

Zum Gerichtstag – die Vorbereitungsfrist und das genaue Datum nennt Giselbert nicht – hatten sich viele Adelige und Leute jedweden Standes auf der Straße *(platea)* vor dem Waldetrudis-Kloster zu Mons versammelt; die Geistlichkeit, an der Spitze Bischof Roger von Cambrai, drängte vergeblich auf eine unblutige Lösung. Zur Primzeit, bei Sonnenaufgang, erschien Gerhard von St. Aubert in voller Rüstung und erklärte in Anwesenheit des Grafen, er sei zum Zweikampf bereit. Doch Robert von Beaurain, von dem man wußte, daß er in der Stadt war, erschien nicht und ließ auch die neunte Stunde[25] verstreichen. Daraufhin ließ Gerhard durch seinen Fürsprecher *(per prolocutorem suum)* Hugo von Croix erklären, er habe bis zur rechten Stunde und darüber hinaus auf seinen Gegner gewartet; nun sei er von der Zweikampfpflicht befreit, er habe den Rechtsstreit gewonnen und fordere ein entsprechendes Urteil. Die Leute des Grafen – Giselbert nennt nicht weniger als 56 *judicatores* mit Namen[26] – prüften den Sonnen-

---

23 Beliebte Pfänder waren das Schwert oder der Handschuh.
24 VANDERKINDERE, La chronique [wie Anm. 2] S. 211: *et licet in armis nominatior illo* [d. h. Gerhard von St. Aubert] *et probior diceretur Robertus, tamen quia brachium dextrum quassatum habuerat, nec inde bene convaluerat, eum in sinistro majores vires oportebat habere.*
25 Wohl gegen 15 Uhr heutiger Rechnung.
26 VANDERKINDERE, La chronique [wie Anm. 2] S. 213f.

stand, ließen sich auch von den zeitkundigen Geistlichen bestätigen, daß die *nona hora* vorbei sei, und entschieden dann, daß Gerhard gegen Robert Recht behalte; denn diesem seien in seiner Herberge genügend Zeichen gegeben worden.

Nach der Urteilsverkündung erschien Robert von Beaurain bewaffnet vor dem Grafen und erklärte sich zum Zweikampf gegen Gerhard bereit. Aber per *judicium hominum suorum* ließ der Graf Robert ergreifen, entwaffnen und gebunden bewachen. Gerhard bestand darauf, daß ihm Robert sofort übergeben werde, und er führte ihn in Ketten aus Mons weg, *tamquam servum sibi adjudicatum*. Was Robert zu diesem eigenartigen Verhalten bewogen, wer ihm dazu geraten hatte, konnte Giselbert nicht klären. Er spricht nicht von Feigheit. Aber vielleicht war das Handicap des schlecht verheilten rechten Armes doch zu groß, um den Kampf, der für einen der beiden Kontrahenten mit dem Tod enden mußte, zu riskieren. Das verspätete Angebot, sich zu stellen, könnte man als Versuch werten, wenigstens einen Teil der ritterlichen Ehre zu retten.

Der Ausgangspunkt des Streites, die Reklamation eines angesehenen *miles* als *servus*, erinnert in mancher Hinsicht an den damals erst ein gutes halbes Jahrhundert zurückliegenden Versuch Karls des Guten von Flandern, im Rahmen eines umfassenden Programms zur Reorganisation der gräflichen Einkünfte in seinem Herrschaftsbereich systematisch feststellen zu lassen, wer nach Geburt und Rechtsstatus frei oder unfrei sei. Dabei stellte sich 1126 heraus, daß die nach der gräflichen Familie mächtigste Sippe Flanderns, die der Erembalde, serviler Herkunft war und ihre Angehörigen vom Grafen als Eigenleute beansprucht werden konnten. Der Makel der unfreien Geburt traf mit Erembalds Sohn Bertulf den Propst von St. Donatian zu Brügge und Träger der Kanzlerwürde in Flandern, mit Bertulfs Bruder Didier Hackett den Brügger Kastellan und mit Bertulfs Neffen Borsiard den Kämmerer des Grafen, drei Inhaber von Schlüsselpositionen in der Ämterhierarchie Flanderns. Um die Stellung seiner Familie zu sichern, hatte Bertulf vier Nichten mit Baronen und Rittern verheiratet, an deren adeliger Herkunft niemand zweifeln konnte. Nun fühlten sich auch diese in ihrem Rang und ihrer sozialen Stellung bedroht und kompromittiert. Die Angelegenheit war auf friedlichem Wege nicht zu regeln: Am 2. März 1127 wurde Karl der Gute in der Stiftskirche St. Donatian zu Brügge während des Gottesdienstes heimtückisch ermordet[27].

Obwohl aus dem Bericht Giselberts für den heutigen Leser, der gegenüber Gottesurteilen dieser Art Skepsis zu üben hat, nicht klar wird, ob die Forderung des Gerhard von St. Aubert rechtens war und Robert von Beaurain tatsächlich zu den aus der *servitus* im Reiterdienst aufgestiegenen *milites* gehörte, die als Ministerialen die Masse der späteren Angehörigen des Niederadels ausmachten, scheint der Fall tatsächlich in den

---

27   Gewährsmann ist der gräfliche Notar Galbert von Brügge. Vgl. Henri PIRENNE (Ed.), Histoire du meurtre de Charles le Bon, comte de Flandre (1127–1128) par Galbert de Bruges, suivie de poésies latines contemporaines publiées d'après les manuscrits (Paris 1891). Leichten Zugang bietet die Übersetzung von James Bruce Ross, The Murder of Charles the Good, Count of Flanders, by Galbert of Bruges (New York ²1967). Zu den Hintergründen der Tat vgl. Kap. 7–9, 13, 45, 69, 71 und 75, ferner: Ross, Rise and Fall of a Twelfth-Century Clan: the Erembalds and the Murder of Count Charles of Flanders, 1127–1128 (in: Speculum 34, 1959) S. 367–390.

Zusammenhang kollektiver sozialer Mobilität der Dienstmannen zu gehören[28], wobei man davon ausgehen muß, daß die Aufstiegsprozesse in West- und Nordwesteuropa früher einsetzten als im Reich.

Die Auseinandersetzung zwischen den beiden Kontrahenten von Mons hatte noch ein Nachspiel: Als Gerhard den Robert in Ketten aus der Hauptstadt des Hennegau wegführte, forderte dieser Mitleid und versprach ihm Treue *tamquam domino suo ut homo servilis conditionis*. Gerhard ließ ihn tatsächlich frei und versprach ihm darüber hinaus *honorem ... et bonum*. Aber Robert brach die Treuebindung schnell, zog an den kaiserlichen Hof und erreichte tatsächlich, da dort niemand widersprach, von König Heinrich VI., dem späteren Kaiser, Urkunden, mit denen das Urteil von Mons aufgehoben wurde. In Abwesenheit des Gerhard von St. Aubert beugten sich die *homines domini comitis* dieser Entscheidung[29]; denn 1188 war Graf Balduin im Kampf um Namur auf die Hilfe des Reiches in besonderer Weise angewiesen[30].

Nicht nur Giselbert, als Gesandter Balduins V. über die Verhältnisse und Entscheidungsträger in der Umgebung Friedrich Barbarossas und Heinrichs VI. gut informiert, wunderte sich darüber, daß gerade Heinrich VI. dem Robert von Beaurain so bereitwillig entgegenkam; denn in einer ähnlichen Situation, als der Marschall des Kaisers, Heinrich von Lautern, einen *miles*, den Propst von Straßburg, zum Duell herausgefordert hatte – die Gründe verschweigt uns der Chronist, der die Sache als Augenzeuge miterlebte –, und der Propst am festgesetzten Tag zu Hagenau nicht erschien, traf ihn die ganze Härte des königlichen Spruchs, an dem eine Reihe prominenter Urteiler[31] beteiligt war. Am Tag des Zweikampfs hatte König Heinrich nach dem Morgenmahl selbst auf der Straße Platz genommen, um die Tageszeiten besser beobachten zu können. Auch hier endete die Frist zur neunten Stunde; als sie verstrichen war, hatte der Marschall gewonnen, und der Propst verlor Ehre, Land und Gattin[32]; aber er blieb am Leben.

Die starke Betonung des Ehrverlustes als Folge des Nichtantretens zum gerichtlichen Zweikampf, wenn man diesen angeboten oder provoziert hatte, bei Jakob von Avesnes, Robert von Beaurain und dem Propst von Straßburg, läßt erkennen, daß sich diese Form der Entscheidungsfindung im ritterlich-niederadeligen Bereich, unterhalb der Fürstenebene, im 12. Jahrhundert von den ursprünglichen Gottesurteilsvorstellungen schon ein gutes Stück gelöst hatte und mehr und mehr auch oder gerade zu einer Sache der Ehre wurde. Von *milites*, deren Lebensinhalt der Kampf mit ritterlichen Waffen war, hat man eher als von allen anderen sozialen Gruppen erwartet, zur Wahrung

---

28   Vgl. Franz Irsigler, Freiheit und Unfreiheit im Mittelalter. Formen und Wege sozialer Mobilität (in: WF 28, 1976/77) S. 1–15.

29   Vanderkindere, La chronique [wie Anm. 2] S. 214f.

30   König, Die Politik [wie Anm. 3] S. 312–342.

31   Erzbischof Gerhard von Mainz, die Bischöfe von Bamberg, Speyer und Metz, Pfalzgraf Konrad, Graf Heinrich von Sponheim, Graf Simon (I. oder II.) von Saarbrücken und die Reichsministerialen Cono von Münzenberg und Robert von Walldürn; Vanderkindere, La chronique [wie Anm. 2] S. 215.

32   Ebd.: *... quia miles ille pro defectu, quia ante horam nonam non venerat, honore et terra et uxore privabatur.*

und Wiederherstellung der Ehre sein Leben zu riskieren. Anders als beim nicht ver-
wirklichten Fürstenduell, bei dem sich Huizinga zweifelnd fragte, »ob dies alles nur ein
schönes Spiel bewußter Heuchelei gewesen sei«[33], blieb für die Träger der Ritterideale
auch der Beweis der Ehre im konkreten Waffengang die nächstliegende und – ungeachtet so mancher Fälle von Ausweichen oder Verweigerung – hochgeschätzte, gesellschaftlich akzeptierte Lösung. Um sich vom Vorwurf des Ehebruchs mit Margarete, der
Frau des englischen Thronfolgers Heinrich, der Schwester von König Philipp II.
August, zu reinigen, bot Guillaume le Maréchal, »der beste aller Ritter«, 1182/83 an,
gegen jedermann eines Fingers der rechten Hand beraubt oder nacheinander gegen drei
Kämpfer im Zweikampf anzutreten[34] – man ging nicht darauf ein, so konnte sich der
Marschall im Recht und als unbescholtener Mann fühlen. Auch die Nichtdurchführung
des Duells hatte Beweiskraft. Endgültig verloren ging die Gottesurteilsvorstellung erst
im 16. Jahrhundert mit dem Aufkommen des modernen Duells als reiner Ehrenhandel
im Bereich der ›höheren Stände‹. Die Duelle des Mittelalters waren letztlich immer
mehr als ›Ehrenzweikämpfe‹, zu denen sie – gegen die Kritik eines Georg von Below[35] –
von Vertretern national-militaristischer Geschichtsforschung wie etwa Hans Fehr[36]
gern stilisiert wurden, um die lange Tradition und den »germanischen« Charakter des
Duells in der wilhelminischen Ära zu beweisen[37].

33 Wie Anm. 5, S. 131. Vgl. Werner Goez, Über Fürstenzweikämpfe im Spätmittelalter (in: AK 49,
1967) S. 135–163.
34 Georges Duby, Guillaume le Maréchal oder der beste aller Ritter (Frankfurt 1986) S. 62–67
und 148–150.
35 Georg von Below, Das Duell und der germanische Ehrbegriff (Kassel 1896); Ders., Das Duell
in Deutschland. Geschichte und Gegenwart (Kassel ²1896).
36 Hans Fehr, Der Zweikampf (Berlin 1908); vgl. z. B. S. 12: »Bei jedem gerichtlichen Duell stand
die Ehre der Parteien auf dem Spiel. In diesem Sinne ist der Zweikampf des Mittelalters ein Ehren-
zweikampf.«
37 Vgl. jetzt die schöne Arbeit von Ute Frevert, Ehrenmänner. Das Duell in der bürgerlichen
Gesellschaft (München 1991).

Die Deutschordensniederlassung Metz (1210/vor 1241 bis 1552) zwischen Germania und Romania

VON DIETER HECKMANN

Wer den Standort der Metzer Kommende des Deutschen Ordens mit dem Verlauf der von Hans Witte erarbeiteten linearen romanisch-deutschen Sprachgrenze in Oberlothringen um das Jahr 1500[1] in Bezug setzt, mag auf den ersten Blick ein spiegelverkehrtes Verhältnis zur Lage der Deutschordensniederlassung Saarburg[2] wahrnehmen. Während diese nur wenige Kilometer östlich der Sprachgrenze angesiedelt war, lag jene etwa 10 Kilometer westlich davon auf romanischsprachigem Gebiet. Diese Beobachtung verliert jedoch an Schärfe, wenn das forschende Auge die Verteilung der ländlichen Besitzungen der beiden Niederlassungen mit in seine Betrachtungen aufnimmt; lag doch der Landbesitz beider Kommenden ausschließlich im deutschsprachigen Bereich. Hierbei ist allerdings im Falle der Metzer Niederlassung insoweit Einschränkung geboten, als sich diese Aussage zunächst auf den Besitzstand bei der Auflösung der Kommende im Gefolge der Zerstörung ihrer Gebäude durch Truppen Heinrichs II. von Frankreich im Jahre 1552 bezieht[3].

Dem ersten Eindruck nach müßte also die Sprachgrenze ein nicht zu verachtendes Hindernis beim Erwerb und bei der Bewahrung von Gütern und Rechten durch den Deutschen Orden in Oberlothringen dargestellt haben, wohingegen bei der Wahl des Niederlassungssitzes Sicherheits- und andere Überlegungen mit ausschlaggebend waren. Dank eines neuen Quellenfundes möchte der Verfasser die Kommende Metz herausgreifen, um an ihrem Beispiel zu überprüfen, ob oder inwieweit sich dieses Bild als zutreffend oder als ergänzungsbedürftig erweist. Hierbei gilt es besonders, Fragen nach den Funktionen der Sprachgrenze, beispielsweise nach ihrer Durchlässigkeit, zu erörtern. Bei der Quelle handelt es sich um die Abschrift eines Urbars der Deutschordensniederlassung aus dem Jahre 1404[4]. Dem 53 Blatt starken Büchlein kommt vor allem deswegen Bedeutung zu, weil es zu einer Zeit entstanden ist, in der der Deutsche

---

1 Hans WITTE, Zur Geschichte des Deutschtums in Lothringen (in: JGLGA 2, 1890) S. 231–300; zum Begriff »romanisch-deutsche Sprachgrenze« vgl. Ernst KARPF, Zu administrativen und kulturellen Aspekten der Sprachgrenze im spätmittelalterlichen Herzogtum Lothringen (in: Rheinische Vierteljahresblätter 51, 1987) S. 167–187, hier S. 167 und 171.
2 Siehe dazu Eugen EWIG, Die Deutschordenskommende Saarburg (in: Elsaß-Lothringisches Jahrbuch 21, 1943) S. 81–126.
3 Rüdiger SCHMIDT, Die Deutschordenskommenden Trier und Beckingen 1242–1794 (= Quellen und Studien zur Geschichte des Deutschen Ordens 9, Marburg 1979) S. 225–228.
4 Metz, Archives Départementales de la Moselle, H 4768/2 (weiterhin zitiert: H 4768/2).

Orden nicht nur hohes Ansehen bei den anderen europäischen Großmächten genoß[5], sondern auch offene Unterstützung aus dem oberlothringischen Raum erfuhr, etwa durch die Preußenreisen der Herzöge Johann I. und Karl II. von Lothringen sowie etlicher Metzer Patrizier[6]. Da eine Auswertung des Urbars den größten Nutzen erst auf dem Hintergrund der bislang gewonnenen Kenntnisse erwarten läßt, soll zunächst eine knappe Zusammenfassung des Forschungsstandes vermittelt werden.

ZUM FORSCHUNGSSTAND

Die Geschichte der Deutschordensniederlassung Metz hat Heinrich Lempfrid schon vor mehr als 100 Jahren untersucht. Da Lempfrid sich sehr stark auf das ihm zur Verfügung stehende Quellenmaterial, zumeist urkundlicher Art, stützte, bildet seine Arbeit den unverzichtbaren Ausgangspunkt für jede weitere Beschäftigung mit der Geschichte der erstmalig zu 1245 urkundlich erwähnten Kommende[7]. Seiner Beobachtung entging nicht, daß der Orden vom 17. Februar bis zum 7. April 1510 in der Bischofsstadt ein aus besonderem Anlaß von Papst Julius II. gewährtes Gedenken – die dabei gespendeten Gelder dienten zur Unterstützung des livländischen Ordensmeisters Wolter von Plettenberg im Kampf gegen die Moskowiter[8] – beging, das Lempfrid wohl zu Recht mit dem 300jährigen Bestehen der Ordensniederlassung in Zusammenhang gestellt hat[9]. Hinsichtlich der Lage der Kommende geht Lempfrid davon aus, daß der Deutsche Orden seine »erste Behausung« im östlichen Teil der Stadt, im Sankt-Eucharius-Viertel, zugewiesen bekam und im Verlauf des 13. Jahrhunderts mit dem Aufbau der vor der Stadtmauer gelegenen Niederlassung begann, die ihren Namen nach der Ordenspatronin Sankt Elisabeth erhielt[10]. Ihm folgte Roch-Stephan Bour mit seiner unter anderem auf der Grundlage der inzwischen erschienenen Metzer Bannrollen[11] veröffentlichten Untersuchung aus dem Jahre 1932 über den östlichen Teil der mittelalterlichen Stadt

5   Hierzu s. Bruno SCHUMACHER, Geschichte Ost- und Westpreußens, Würzburg [6]1977, S. 122–127; Marian BISKUP, Wendepunkte der Deutschordensgeschichte, in: Beiträge zur Geschichte des Deutschen Ordens 1, hg. von Udo ARNOLD (= Quellen und Studien zur Geschichte des Deutschen Ordens 36, 1986) S. 1–18.
6   Werner PARAVICINI, Die Preußenreisen des europäischen Adels 1 (Sigmaringen 1989) S. 83f.
7   Heinrich LEMPFRID, Die Deutschordenscomturei Metz (= Beilage zum Jahresbericht des Gymnasiums zu Saargemünd 1887, Saargemünd 1887) S. 2f. – Vgl. unten Anm. 19.
8   Hierzu Elke WIMMER, Die Rußlandpolitik Wolters von Plettenberg, in: Wolter von Plettenberg. Der größte Ordensmeister Livlands, hg. von Norbert ANGERMANN (= Schriftenreihe Nordost-Archiv 21, 1985) S. 71–99, hier S. 79. Das damalige Rußlandbild hat die aus der Feder von Plettenbergs Sekretär Christian Bomhower stammende Flugschrift der »Schonnen Hysthorie« nachhaltig beeinflußt; s. Friedrich BENNINGHOVEN, Rußland im Spiegel der livländischen Schonnen Hysthorie von 1508 (in: Zeitschrift für Ostforschung 11, 1962) S. 601–625, hier S. 602f.
9   LEMPFRID S. 5f. und S. 37f.
10   LEMPFRID S. 14.
11   Karl WICHMANN, Die Metzer Bannrollen des dreizehnten Jahrhunderts 1–4 (= Quellen zur lothringischen Geschichte 5–8, Leipzig 1908, 1910; Metz 1912, 1916); Gérard DOSDAT, Rôles des bans 1323–1338 1–3 (= Documents d'Histoire Messine, Nancy 1980).

Metz, in der Bour sogar von einem doppelten Sitz des Deutschen Ordens ausgeht[12]. Die angeführten Belege für eine Ordensniederlassung im Sankt-Eucharius-Viertel freilich sind nicht eindeutig[13]. Die wenigen frühen Nachrichten, die eine Lagebezeichnung angeben, sprechen wie die zum Jahre 1241 allenfalls von der Straße zum Spital der Deutschen, *la rue de l'ospital des Alemans*[14]. Bei ihrer Bewertung gingen sowohl Lempfrid als auch Bour offenbar von der modernen Sichtweise aus, wonach die nach dem Deutschen Orden benannte Rue des Allemands[15] an der durch die Mauerreste angezeigten Stadtgrenze geendet hätte. Dies scheint sich jedoch nicht mit mittelalterlichen Vorstellungen zu decken. Wenigstens das Urbar von 1404, das von *außwendig in der Deutschen gassen* oder von *in der Deutschen gassen vor Sant Elijsabet*[16] spricht, läßt die Rue des Allemands durch das Stadttor, die Porte des Allemands, und außerhalb der Stadtmauer bis zur Vorstadt Sankt Elisabeth weiterlaufen. Der früheste Nachweis für die Existenz eines wohl als Keimzelle für diesen Vorort wirkenden Hospitals außerhalb der im ersten Drittel des 13. Jahrhunderts fertiggestellten spätmittelalterlichen Stadtbefestigung[17], *extra muros Metenses*, fällt in das Jahr 1258[18]. Und der Erstbeleg für das Vorhandensein einer Deutschordenskirche zu Metz trägt das Datum 10. Februar 1254[19]. Wer die Erstausstattung der Metzer Kommende des Deutschen Ordens gestiftet hat, ist unbekannt. Nicht zuletzt vor dem Hintergrund des vom Grafen von Dagsburg und Metz im Jahre 1209 gegründeten Saarburger Spitals[20] hat Lempfrid deswegen den im Jahre 1212 söhnelos verstorbenen Grafen Albert von Dagsburg und Metz als Stifter in Erwägung gezogen[21]. Immerhin haben Untersuchungen von Victor Chatelain und Jean Schneider gezeigt, daß die Grafen von Metz vom südöstlichen, bei der Pfarrkirche Saint-Martin-en-Curtis gelegenen Teil der Stadt Gastung (gîte) beanspruchen durften

---

12 Roch-Stephan BOUR, Metz. Notes sur la topographie de la partie orientale de la ville de Metz (in: Annuaire de la Société d'histoire et d'archéologie de la Lorraine 41, 1932) S. 1–184, hier S. 90–92; Jean SCHNEIDER, La ville de Metz aux XIIIe et XIVe siècles (Nancy 1950) S. 33.
13 Rätsel scheint nur der bei LEMPFRID S. 28 zitierte Beleg über den im Jahre 1410 ertauschten Platz *au dessous de la dite hospitault que fuet jusquez au vies murs de la ville* aufzugeben. Damit könnte nämlich ein Platz innerhalb des Mauerrings in unmittelbarer Nähe zur Porte des Allemands gemeint sein, wenn nicht »ville« die Bedeutung von Vorort angenommen hätte, s. Ernst GAMILLSCHEG, Etymologisches Wörterbuch der französischen Sprache (Heidelberg ²1969) S. 896 s. v. »village« und »ville«. Mit den alten Mauern ist danach sicherlich die Befestigung der Vorstadt Sankt Elisabeth gemeint, die der Orden wohl während des 1408 zu Ende gegangenen Zweiten Vierherrenkrieges erneuern ließ; SCHNEIDER S. 493–501.
14 WICHMANN 1 S. 18 Nr. 102.
15 BOUR S. 68f. Soweit nicht anders angegeben, erfolgte die Identifizierung der Straßennamen nach François-Michel CHABERT, Dictionnaire des rues, places, ponts et quais de la ville de Metz (Metz und Nancy ³1878) und André JEANMAIRE, Vieux Metz. Les noms des rues (Metz 1976).
16 H 4768/2 Blatt 14r u. 18r.
17 SCHNEIDER S. 33.
18 LEMPFRID S. 25 Anm. 4.
19 Urkundenbuch des Deutschen Ordens 2, hg. von Johann Heinrich HENNES (Mainz 1861) S. 101f. Nr. 104.
20 EWIG S. 82.
21 LEMPFRID S. 1f., S. 4f. u. S. 14.

und daß es Herzog Theobald I. von Lothringen, dem Gemahl der Erbtochter Alberts von Dagsburg, im Jahre 1214 gelang, die sich um die Familienverbände Porte Moselle und Outre Seille scharenden mutmaßlichen Dagsburger Lehnsleute im östlichen Teil der Stadt an sich zu binden[22]. Die Besitzgeschichte hat Lempfrid hingegen aufgrund der Quellenlage nennenswert nur für das 13. und für die erste Hälfte des 14. Jahrhunderts verfolgen können. Güter und Rechte der Deutschordensniederlassung im ländlichen Teil Romanischlothringens hat er dabei nicht nachgewiesen. Lempfrid vermochte lediglich, einige Rechte in Metz selbst zu ermitteln[23]. Was jedoch seine Ergebnisse für den deutschsprachigen Teil Oberlothringens angeht, so stimmen sie größtenteils mit dem von Rüdiger Schmidt beschriebenen Besitzstand beim Übergang an die Kommende Beckingen um die Mitte des 16. Jahrhunderts überein. Danach zog sich im wesentlichen der Landbesitz der Kommende Metz östlich der Sprachgrenze unweit von Bolchen/Boulay zusammen[24]. Dieses Bild hat der Verfasser im Rahmen seiner Untersuchung über die wirtschaftlichen Auswirkungen des Armagnakenkrieges auf die Deutschordensballeien Lothringen und Elsaß-Burgund insoweit ergänzen können, als er anhand des Urbars vom Jahre 1404 eine erkleckliche Anzahl von Gütern und Rechten der Metzer Deutschordensniederlassung in dem unter der Herrschaft des Metzer Stadtrates stehenden romanischsprachigen Teil Lothringens, dem Pays Messin, belegen konnte[25].

DAS URBAR VON 1404

Das Urbar überrascht zunächst damit, daß es in deutscher Sprache, genauer gesagt im rheinfränkischen Dialekt[26], geschrieben ist. In Anbetracht der romanischen Kanzleisprache der Stadtverwaltung, in der etwa die Bannrollen oder die Urteile der Metzer Schöffenmeister[27] abgefaßt sind, und der bislang bekannt gewordenen Verwaltungssprache der bürgerlichen und kirchlichen Grundbesitzer[28] gilt der Schriftgebrauch des

---

22 V[ictor] CHATELAIN, Le Comté de Metz et la vouerie épiscopale du VIIIᵉ au XIIIᵉ siècle (in: JGLGA 10, 1898) S. 72–129 und 13 (1901) S. 245–311, hier S. 277f.; SCHNEIDER S. 31, S. 95, S. 107, S. 119 Anm. 23 u. S. 121.

23 LEMPFRID S. 28.

24 Wie Anm. 3.

25 Dieter HECKMANN, Wirtschaftliche Auswirkungen des Armagnakenkrieges von 1444 bis 1445 auf die Deutschordensballeien Lothringen und Elsaß-Burgund (in: ZGO 140, 1992) S. 101–125, hier S. 106–109.

26 Anlautendes *p* ist z. B. nicht zu *pf* verschoben, *das* und *was* und *wir hann* (statt: wir haben) finden durchgehend Verwendung.

27 Le Droit coutumier de la ville de Metz au Moyen Age 1 und 3, hg. von Jean-Jacques SALVERDA DE GRAVE/ Édouard-Maurits MEIJERS/Jean SCHNEIDER (= Rechtshistorisch Instituut Leiden, Ser. 2 Bde 11 bzw. 14, Haarlem 1951–1967).

28 Siehe z. B. Fritz GINSBERG, Die Privatkanzlei der Metzer Patrizierfamilie de Heu 1350–1550 (in: JGLGA 26, 1914) S. 1–215, und Margit MÜLLER, Am Schnittpunkt von Stadt und Land. Die Benediktinerabtei St. Arnulf zu Metz im hohen und späten Mittelalter (= Trierer Historische Forschungen 21, Trier 1993).

Deutschen in Metz sicherlich als Ausnahme. Er setzt deutschsprachiges Schreib-
personal[29] voraus, das sich des Deutschen nicht nur um der eigenen Bequemlichkeit
willen bediente. Im Hinblick auf die von den Ordensstatuten geforderte Rechenschafts-
legung beim Amtswechsel oder bei Visitationen[30] dürfte vielmehr deutschsprachiges
Geschäftsschriftgut unverzichtbar gewesen sein. Außenwirkung allerdings hatte dieses
in der Hauptsache zum Zweck der eigenen Verwaltung angelegte Schriftgut höchstwahrscheinlich nicht. Bei Urkunden und anderen für die Öffentlichkeit bestimmten
Schreiben hat sich der Orden dagegen nach den städtischen Gepflogenheiten gerichtet,
wie schon alleine die von Lempfrid benutzten Quellen nahelegen.

Nach eigenem Bekunden hat am 9. März 1404 der Komtur des Metzer Hauses des
Deutschen Ordens, Johann von Brandenburg[31], dieses Verzeichnis *von all(en) zinsenn,
gülden, rentten, gefellen, ecker, wiesenn, land unnd gutt ... inwendig unnd außwendig
Metzen*[32] angelegt. Eine Unterscheidung zwischen Besitz auf romanisch- und auf
deutschsprachigem Gebiet hat er dabei nicht getroffen. Auch hat er sich darüber ausge-
schwiegen, aus welchem Anlaß oder zu welchem Zweck er das Schriftstück verfaßt hat.
Möglicherweise ist das Urbar jedoch im Zusammenhang mit der Amtsübergabe an den
zum Jahr 1405 als Komtur der Niederlassung bezeugten Nicolaus von Steinbiedersdorf[33]
entstanden. Da der Frageansatz ein besonderes Augenmerk auf die Güter und Rechte der
Kommende in der Stadt Metz und im romanischsprachigen Teil Oberlothringens erfordert, soll sich die folgende Untersuchung im wesentlichen hierauf beschränken.

Im Gegensatz etwa zu dem nach Ämtern unterteilten Urbar der Deutschordenskommende Mainau von 1394[34] hat Johann von Brandenburg bei der inneren Ordnung seines
Verzeichnisses zunächst andere Maßstäbe angelegt. Ihm schien offensichtlich die Eintei-
lung der Einkünfte aus Gütern und Rechten unter dem Gesichtspunkt der Bring- und
Holschuld vorrangig zu sein, wobei die Namenstage der in Metz besonders verehrten
Heiligen Stephan und Martin, die Feste der Ordensheiligen Elisabeth, Johannes der Täu-
fer und Sankt Andreas im Winter, der Palmtag, der Gründonnerstag, der Remigiustag,
Ostern und der Ulrichstag als Fälligkeitstermine für die Abgaben genannt werden[35]. Erst

---

29 Eine Quelle aus dem Hochmeisterarchiv aus der Zeit um 1400 gibt als Personalstärke zwei
Brüder an; Friedrich BENNINGHOVEN, Zur Zahl und Standortverteilung der Brüder des Deutschen
Ordens in den Balleien um 1400 (in: Preußenland 26, 1988) S. 1–20, hier S. 7.
30 Die Statuten des Deutschen Ordens nach den ältesten Handschriften, hg. von Max PERLBACH
(Halle 1890, Nachdruck Hildesheim und New York 1975), z.B. S. 59 f. (Gesetze II b), S. 156 (Gesetze Winrichs von Kniprode).
31 Zu seiner Herkunft siehe Bernhart JÄHNIG, Zur Herkunft von Dietrich von Brandenburg,
Deutschordensritter von Thorn (in: Fschr. zum 125jährigen Bestehen des Herold, hg. von DEMS.
und Knut SCHULZ, Berlin 1994) S. 155–176, hier S. 175f.
32 H 4768/2, Blatt 2r.
33 LEMPFRID S. 32.
34 Das Urbar der Deutschordenskommende Mainau von 1394, bearb. von Michael DIEFENBACHER
(= Veröffentlichungen der Kommission für Geschichtliche Landeskunde in Baden-Württemberg,
Reihe A, Bd. 39, Stuttgart 1989).
35 H 4768/2, z. B. Blatt 2r (Stephans- und Johannistag), 23r (Martinstag); 20r (Andreastag im Winter); 21r (Palmtag); 24r (Gründonnerstag); 27r (Sankt Elisabeth); 30r (Sankt Remigius); 36r (Ostern);
43r (Sankt Ulrich). – Siehe auch den Ordenskalender (in: Statuten [wie Anm. 30]) S. 1–12.

danach unterscheidet der Komtur zwischen Gütern und Rechten in Metz, wobei er ausdrücklich den Vorort Sankt Elisabeth zur Stadt zählt[36], und solchen außerhalb der Stadt. Zu den bedeutenden Gütern des Ordens in Metz gehörte das »Turvell« oder »Turbell« genannte Haus *an Wede Bugleiff(en)* (46r, 49r), der heutigen Rue du Wad-Billy. Es war jedoch mit zwei Widerzinsen oder Geschenken an die Nachkommen des Guersat Haichmin und an den Kirchherrn der Pfarrkirche Sankt Maximin, das Domkapitel[37], belastet. In der Gasse hatte die Kommende überdies Anspruch auf einen Häuserzins (17r). Ein zweites Haus lag neben dem Kirchhof der Pfarrkirche Sankt Eucharius (2v). Auf je einem Haus vor und hinter der Pfarrkirche (3r, 4r), in der heutigen Rue Saint-Eucaire, lasteten außerdem Zinse zugunsten des Ordens. Zu Sankt Elisabeth lassen sich zwei benachbarte Häuser (46r), zwei Kammern beim Spital, ein Haus neben den beiden Kammern sowie ein daneben liegendes weiteres Haus mit unterkellerter Vorkammer und einem Speicher über derselben (26r) nachweisen. *Im Grosen Wede*, der jetzigen Rue du Grand-Wad, hatte der Orden mit Abgaben von insgesamt sechs Häusern (3v, 4v, 8r, 13) zu rechnen. Aus dem Hohen und dem Niederen Champel – die heutige Rue Champé bewahrt noch den Flurnamen – bezog er zwei Häuser- und einen Weinzins (3r, 18r, 24r). In *der gassenn Mabille*, der Rue Mabille, bezog die Kommende von zwei Häusern (2v, 3r), aus *der gassen Wede Buton*, der Rue Wad-Buton, von einem Haus Einkünfte (2v). Aus der Gasse, *der man nennet Buwe*, der jetzigen Rue de la Baue, kamen zwei Häuserzinse (8r, 13v), einer aus *der Saltzgasse* (4v), der Rue Saulnerie oder Rue des Tanneurs, einer aus *der Guder-Kinder-Gassenn* (6r), der Rue des Bons-Enfants, einer aus *der gassenn vom Sacke* (8v), der Rue du Sac und heutigen Impasse des Allemands, einer aus der *Franckengaß* (11v), der Franconrue und heutigen Rue du Pontiffroy, einer aus dem Vorort Mazelle (14v) und ein Häuserzins aus der nicht identifizierten Gasse *Faijwange* (6r). Und schließlich bezog die Metzer Deutschordensniederlassung Einkünfte von einem Haus *an der porten Serpenotze* (6r), der Porte Serpenoise, von einem *ahn Reinporte* (3r), am Rimport oder auch Quai des Juifs, und von einer Hofstatt mit einem Viertel Weingarten in der Deutschen Gasse außerhalb der Stadtmauern (14r).

   In der wohl zwischen Sankt Elisabeth und Borny sich erstreckenden Gemarkung *Burtelle* lagen eine Reihe von Rebgrundstücken, von denen der Orden weitere Einkünfte bezog (13v, 14v, 15v, 16, 17v, 47v). Auch auf Weingärten der benachbarten Fluren *Chauoll, Glairbelle, Chellosie* (14v, 15v, 17r) sowie in der wohl bei dem Champel gelegenen Gemarkung *Wintenell* (24r), *zu der Donaw(en)* am Moselufer[38] (18v) und in der nicht identifizierten Flur *Kurtz Furen* (16r) lasteten Zinse, die die Ordensniederlassung beanspruchen durfte. Außerdem flossen Einnahmen von einem Baumgrundstück und von Feldern *hinder Unser-Frawen-uff-dem-Feld* (17v), dem Benediktinerpriorat Notre-Dame-aux-Champs vor der Porte Saint-Thiébault, von einem Garten vor Sankt Elisabeth (18r) und in der Vorstadt Saint-Julien von einem Wingert und einem Garten (14v) in die Kassen der Kommende. Widerzins hatte der Orden den Kanonikern von

---

36   Z. B. H 4768/2, Blatt 26r: *ahn dem spitall unsers hauß Santt Elijsabeth zu Metzenn.* – Belege zu Mazelle und Saint Julien: Blatt 17v, 18r und 14v.
37   Nicolas Dorvaux, Les anciens pouillés du diocèse de Metz (Nancy 1902) S. 47.
38   Wichmann 4 S. 355 s. n. Donnowe.

Saint-Paul für einen Weg hinter seiner Kirche und für einen Garten hinter dem Deutschhaus zu zahlen (47v). Die innerhalb der ummauerten Stadt und zu Sankt Elisabeth gelegenen Güter und Rechte sind, soweit sich ihre Lage auch nur annähernd bestimmen ließ, mit ihren Symbolen in die erste der beigegebenen Karten gezeichnet. Kartengrundlage bildet der sich unter den unverzeichneten Festungsplänen des Geheimen Staatsarchivs Preußischer Kulturbesitz befindende Stadtplan aus dem Jahre 1821[39] mit dem Maßstab 10 zu 200 französische Klafter (19,4 m : 388,88 m).

Die aufgelisteten Häuser und Zinse von Häusern und Grundstücken geben zu erkennen, daß der Deutsche Orden die überwiegende Anzahl seiner Güter und Rechte in den östlichen Stadtteilen und in oder bei den sich östlich anschließenden Vorstädten liegen hatte. Schwerpunkte bilden dabei der im Seillebogen gelegene Stadtteil Outre Seille und der Vorort Sankt Elisabeth. In dem Zusammenhang dürfte nicht ohne Belang sein, daß der Stadtteil Outre Seille im Jahre 1522 neben dem von Outre Moselle zu den Vierteln der Stadt gehörte, in denen die Bevölkerungsmehrheit deutschsprachig war[40].

Im Pays Messin[41] hatte die Metzer Ordensniederlassung zumindest Anspruch auf Zinse von Feldern und Weingärten bei der südlich der Stadt gelegenen Ortschaft Magny (8v, 21r) und in der Gemarkung des östlichen Nachbarortes Peltre (16v, 46v), auf Einkünfte von einem Haus und von Rebflächen im östlich von Metz gelegenen Dorf Flanville (15r), auf Ackerzins im Bann der bei Sainte-Barbe gelegenen abgegangenen Ortschaft Libaville oder Labeuville (17r), auf Einkünfte aus einem Garten und einem Weingarten außerhalb des Ortes Rupigny (11v), zwischen Metz und Vigy, und auf einen Kornzins aus dem westlich der Stadt gelegenen Dorf Montigny (23r). Weitere Einnahmen flossen von der Ordensmühle bei Lorry[42] (28r), von den Scheuern zu der vielleicht bei Arry zu suchenden Wüstung *Wercholle*[43] (11v) und vom Hof und von der Kapelle zu Froidmont (35r) nördlich von Pont-à-Mousson. Und schließlich gehörte dem Orden ein Wiesenzins in der Flur des hart an der Grenze zu Deutschlothringen gelegenen Dorfes Landonvillers/Landdorf (11r). Die Lage der im Metzer Umland verstreuten Güter und Rechte mag die auf der Grundlage einer Straßenkarte im Maßstab von 1 cm zu 2 km gezeichnete zweite Abbildung verdeutlichen.

Wer waren nun die Leute in diesem romanischsprachigen Teil Oberlothringens, die mit dem Deutschen Orden zumeist als Erbeinhaber oder als Zinspflichtige in Verbindung getreten sind? Da die meisten Einträge des Urbars die Lage des jeweiligen Zinsobjektes und die Reihenfolge der namentlich genannten Besitzer und Abgabepflichtigen preisgeben und somit den besitzgeschichtlichen Hintergrund anleuchten, lassen sich zumindest Erkenntnisse vermittels der Namen dieser Personen gewinnen. Die an

39 Berlin, Geheimes Staatsarchiv Preußischer Kulturbesitz, XI. Hauptabteilung, Festungspläne Metz (Altsignatur des Heeresarchivs: Nr. III/7696).

40 Dieter HECKMANN, Zum Persönlichkeitsbild des Metzer Patriziers Andre Voey de Ryneck 1444–1525/29 (in: Jb. für westdt. Landesgeschichte 15, 1989) S. 43–66, hier S. 58.

41 Soweit nicht anders angegeben, wurden die Ortsnamen identifiziert nach Ernest DE BOUTEILLER, Dictionnaire topographique de l'ancien Département de la Moselle (Paris 1874).

42 Damit ist entweder Lorry-lès-Metz im Westen der Stadt oder Lorry zwischen Metz und Pont-à-Mousson gemeint.

43 WICHMANN 4 S. 381 s. n. Verchole.

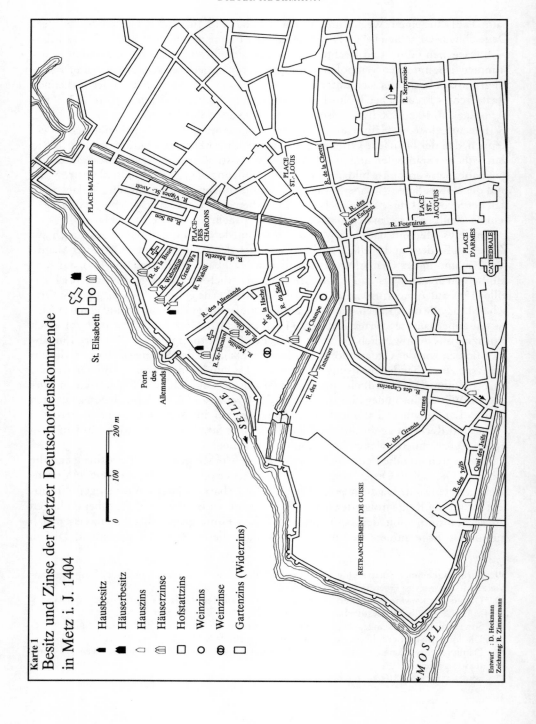

Karte 1
Besitz und Zinse der Metzer Deutschordenskommende
in Metz i. J. 1404

St. Elisabeth

Hausbesitz
Häuserbesitz
Hauszins
Häuserzins
Hofstattzins
Weinzins
Weinzinse
Gartenzins (Widerzins)

Entwurf : D. Heckmann
Zeichnung: R. Zimmermann

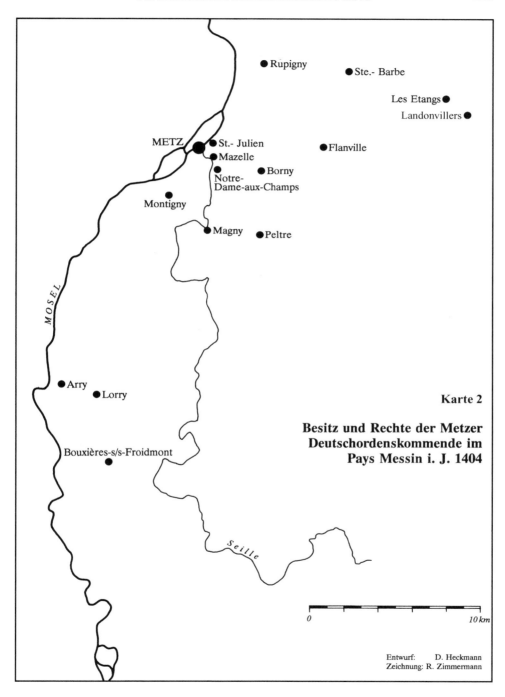

Karte 2

Besitz und Rechte der Metzer Deutschordenskommende im Pays Messin i. J. 1404

Entwurf: D. Heckmann
Zeichnung: R. Zimmermann

Herrn Johann von Loreij und an seinen Schwager, den Schreiber Johann gen. Rebusse, verkaufte Ordensmühle zu Lorry betrieb ein Müller mit dem deutsch klingenden Namen Frentzgen (28r). Alheitt, Mutter des wohl zu einer Diedenhofener Schöffenfamilie gehörenden Ritters Johann Demut[44], pflegte für die Scheuern und für das zugehörige Erbe zu Wercholle zu zinsen. Vor ihr gab Marguerite, Gattin des Metzer Patriziers Colignon Fessault[45], den Zins sowohl für die Scheunen als auch für das zuvor Pontignon von Bezon gehörende Erbe (11v). Heinrich, der Bäcker, zahlte Abgaben von einem Haus in der Metzer Franconrue, das von Arnolt, dem Sohn Funcherons, bewohnt war und das zuerst Gehrhard Waltrin und danach Margrete, der Ehefrau von Johann Marasse, gehört hat (11v). Für das einem Howinn, dann dem Sohn Preres von Berboville gehörende Haus am Ende der Rue du Grand-Wad zahlte zuerst der Metzer Schöffe Jean II. Renguillon[46] und zuletzt Colignon, der Schwager von Maijfoiß (13r). Johann, Johann Karchers Sohn, aus Borny schuldete Abgaben von einem Wingert, der Mattheiß Xateignonn und seiner Schwester Margueron aus Borny gehörte (15v). Die zinspflichtige Nachfolgerin Johann Kremers für die beiden Grundstücke zu Saint Julien, welche von Ancille Rullemalle in die Hände von Walthring Loese übergegangen waren, war die Ehefrau eines Merchandat. Schaffstein zahlte den Häuserzins im Vorort Mazelle. Das belastete Haus gehörte Johann Ferrit aus Marsal, der es von Jacomin Haiate und dieser wiederum von Colignon Domariat erworben hat (14v). Den Zins vom Ordenshaus bei Sankt Eucharius pflegte zuerst Clemensatte, die Ehefrau des Barbiers Johann von Jallatur, und dann der Faßbinder Korman zu lösen (2v). Weiriat Mallaxiet zinste für das Haus und den Weingarten zu Flanville, wofür zuvor Gerhard von Quasseij und Ancillon Mallaxiett gezahlt hatten (15r). Und der Schuhmacher Niclas von Bulchen hatte von Jennautte Mourat einen Zins in der Rue du Grand-Wad von einem Haus übernommen, das dem Ölschläger Colignon und nach ihm Androwatt von Wambault gehörte (13r).

Diese Beispiele dürften erkennen lassen, daß die Metzer Deutschordensniederlassung danach trachtete, in Metz und im romanischsprachigen städtischen Umland Bindungen mit Erbebesitzern und Zinspflichtigen mit deutsch klingenden Namen, die vermutlich auch Deutsch sprachen, einzugehen oder aufrechtzuerhalten. Hauptgrund für dieses Verhalten war wohl weniger ein wie auch immer geartetes vornationales Gemeinschaftsbewußtsein als wirtschaftliches Denken. Die Kommende mußte auf Dauer daran interessiert sein, daß die Einkünfte möglichst störungsfrei in ihre Kassen flossen. Zinspflichtige und Erbebesitzer, die sich gewöhnlich der deutschen Sprache bedienten, gaben dafür offensichtlich eher die Gewähr. Mit einer derartigen Haltung eiferte die Deutschordensniederlassung nur anderen großen Grundbesitzern nach. Bereits im Jahre 1348 tauschte die Metzer Benediktinerabtei Sankt Arnulf mit der Trierer Abtei Sankt Maximin Güter im jeweils anderen Sprachgebiet aus, und zwar mit der Begründung, daß der Besitz unter anderem wegen seiner Lage im fremden Sprachgebiet nur wenig Erträge abzuwerfen pflegte[47]. Aus den Einträgen des Urbars läßt sich überdies eine be-

---

44   Jean-Claude LOUTSCH, Armorial du pays de Luxembourg (Luxemburg 1974) S. 319.
45   Siehe dazu die Stammtafel VI bei MÜLLER S. 423.
46   Siehe dazu Gérard D'HANNONCELLES, Metz ancien 2 (Metz 1856) S. 224.
47   MÜLLER S. 261f.

sondere Gruppe von Leuten mit dem Beinamen Deutschmann, wie *Bretse, der Deutschmann* (3v), oder *Hainritt, der Dutschman, von Magneij* (21r) herausschälen. Entweder sind damit besondere Dienstleute der Kommende gemeint, was im Gegensatz zum sonstigen Sprachgebrauch des Deutschen Ordens stünde, oder der Beiname zeigt die Herkunft dieser Leute außerhalb des Metzer Einzugsgebietes[48] an. Träfe letzteres zu, wäre der Name auf derselben Ebene anzusiedeln wie die Beinamen *d(e)r Wale* (26r), *der Peltzer* (3v) und *d(er) Flamant* (3v).

In dem engen Berührungsfeld zwischen Germania und Romania, so wie es durch die Stadt Metz und durch das städtische Umland abgesteckt erscheint, dürften – trotz kleinerer Ungenauigkeiten bei der im 16. Jahrhundert erfolgten Abschrift[49] – die über das Urbar vermittelten Toponyme und Personennamen ebenfalls Erkenntnisgewinne versprechen. So gibt es Namen, in denen sich romanische mit germanischen oder deutschen Anteilen verbunden haben. Im Personennamen *Colin, denn mann nennet Siebenpenning* (3v), etwa hat der romanische Vorname einen deutschen Beinamen erhalten. Bei *Werna d'Airs, welchen man nennet Vierbresse* (2v), konnten sich sogar der deutsch klingende Vorname mit dem romanisch gebildeten Herkunftsnamen sowie mit dem wiederum deutsch klingenden Beinamen vereinen. Der Vorname *Johann* erscheint durchgehend in der deutschen Fassung, während *Jacomin*, die Verkleinerungsform von Jacques, nur in romanischer Gestalt wiedergegeben ist, wie beispielsweise in der Verbindung *Jacomin(s) vonn Esch* (4r). Andere Personennamen sind rein romanisch oder rein deutsch wiedergegeben, wie zum Beispiel *Jacomin Haiate* (14v) oder *Heinrich Friederich* (4v). Manche Namen sind aber auch den deutschen Lautwerten nach gebildet wie der des ehemaligen Ordensmeiers *Henke(n) Schampell* (18v), dessen Name im Metzer Aufgebotsverzeichnis von 1404 in der Fassung *Hennequin de Champel* erscheint[50]. Daneben gibt es Namen, wie beispielsweise *Marguerite* und *Margret(en)*, die auf demselben Blatt des Urbars (11v) einmal in das romanische und andermal in das deutsche Gewand gekleidet sind. In vergleichbarer Weise hat Johann von Brandenburg auch die Toponyme wiedergegeben. Manche Straßennamen, wie etwa *Mabille* (2v), haben ihre romanische Gestalt unverändert bewahrt. Andere dagegen wie *Wede Buton* (2v) erfuhren lediglich geringfügige Änderungen in ihrem Lautwert. Dann gibt es Toponyme, die wörtliche Übersetzungen sind, wie beispielsweise *die Gute(r)-Kinder-Gasse(nn)* (6r) oder *Unser-Frawen-uff-dem-Feld* (17v). Andere Übersetzungen schließlich, wie die von *Rue Saulnerie* in *Saltzgasse* (4v)[51], sind viel freier[52] und lassen sich kaum anders als entwicklungsgeschichtlich erklären, was Rückschlüsse auf das hohe Alter der deutschsprachigen Bevölkerungsgruppe in Metz erlaubt. Auch sind Flurnamen vertreten, die wie *Nider(n) Burtell(en)* (13v) gleichsam halbe Übersetzungen darstellen.

---

48 Beschrieben durch Charles-Edmond PERRIN, Le droit de bourgeoisie et l'immigration rurale à Metz au XIIIe siècle (Bar-le-Duc 1924).

49 Vermutlich durch Abschreibefehler wurden z. B. die Namen »Abertins« zu *Abertiuß* (14v) und »Domangins« zu *Domangiuß* (16r).

50 Histoire de Metz, hg. von Jean FRANÇOIS und Nicolas TABOUILLOT 1–7 (Metz 1768–1790, Nachdruck Paris 1975), hier 4 S. 558.

51 WICHMANN 1 S. 10, Nr. 10, belegt *en Saunerie* bereits zum Jahr 1241.

52 *Saunerie* bedeutet eigentlich »Salzerzeugung«, s. GAMILLSCHEG S. 796 s. v. »sauner«.

Die Wiedergabe der Personennamen und der Toponyme im Urbar von 1404 ergibt ein uneinheitliches Bild. Deutsches und romanisches Namensgut liegt sowohl in der von der jeweils anderen Sprache unbeeinflußten Form als auch in der Verbindung beider Sprachen vor. Abgesehen vom Vornamen Johann vielleicht, den Johann von Brandenburg ohne großen Aufwand beim Verfassen des Urbars seiner romanischen Gestalt entkleidet und zum Vorteil der deutschen Version vereinheitlicht hat, hinterlassen die Namen den Eindruck, als beruhten ihre Formen auf den im spätmittelalterlichen Metz üblichen Konventionen. Im Falle der Metzer Patrizierin Marguerite Fessault war die Konvention wohl so wirkungsvoll, daß der Komtur sogar auf die kleinen Berichtigungen zugunsten des Vornamens Margarete verzichtete.

ZUSAMMENFASSUNG

Abschließend läßt sich hervorheben, daß die wohl im Jahre 1210 gestiftete Deutschordensniederlassung Metz östlich der Stadt außerhalb des im ersten Drittel des 13. Jahrhunderts fertiggestellten Mauerrings entstand. Der Orden errichtete den Sitz seiner mit Spital und Gotteshaus ausgestatteten Kommende Sankt Elisabeth in einem Bereich, in dem vermutlich ein Großteil der Metzer Lehnsleute der im Jahre 1212 im Mannesstamm ausgestorbenen Grafen von Metz siedelten. Von dort aus verwaltete der Komtur die Güter und Einkünfte der Niederlassung, die sich ausweislich des Urbars aus dem Jahre 1404 im deutschsprachigen Teil Oberlothringens um Bolchen, in Romanischlothringen um Metz, innerhalb der ummauerten Stadt im östlichen Stadtteil Outre Seille und außerhalb der Stadtmauer in der Vorstadt Sankt Elisabeth konzentrierten. Der Stadtteil Outre Seille gehörte im frühen 16. Jahrhundert nachweislich zu den Vierteln, in denen die Bevölkerung mehrheitlich deutschsprachig war. Vermutlich aus Gründen der Wirtschaftlichkeit neigte der Orden dazu, Zinspflichtige und Erbebesitzer mit deutsch klingenden Namen, die vermutlich auch Deutsch sprachen, an sich zu binden. Diese Haltung stärkte sicherlich den Gebrauch des Deutschen in Metz. Die mehr oder weniger geschlossene Siedlung Germanophoner im östlichen Teil von Metz sowie in der Vorstadt Sankt Elisabeth hat wohl nicht unerheblich zur Durchlöcherung des im Frühmittelalter sich vor der späteren Sprachgrenze abzeichnenden Romanenringes um Metz beigetragen[53]. Dies zeigt sich besonders auf dem Gebiet der Toponyme, wo es zur Ausbildung einer Vielzahl von Doppelnamen kam[54].

53 Wolfgang HAUBRICHS, Warndtkorridor und Metzer Romanenring. Überlegungen zur siedlungsgeschichtlichen und sprachgeschichtlichen Bedeutung der Doppelnamen und des Namenswechsels in Lothringen, in: Ortsnamenwechsel. Bamberger Symposion, hg. von Rudolf SCHÜTZEICHEL (= Beiträge zur Namenforschung N. F. 24, Heidelberg 1986) S. 264–300, hier S. 267f.
54 HAUBRICHS S. 269–282 unterscheidet zwischen Doppelnamen auf gleicher etymologischer Basis, auf der Basis von Übersetzungen, mit verschiedenem Benennungsmotiv sowie zwischen germanischen Reliktnamen und Doppelnamen mit germanischer Etymologie.

Die Saar – Grenze zwischen Mann- und Kunkellehen

VON HANS-WALTER HERRMANN

Les fiefs scituéz au deça de la rivière de Sarre sont generallement patrimoniaux et ceux qui sont au dela sont masculins, si donc il n'aspert au contraire par lettre d'investiture et reprinse heißt es im Abschnitt 6 des Coutume de l'Evêché de Metz, niedergeschrieben im Jahre 1601 von dem Bellis des Fürstbistums Metz[1]. Auch andere frühneuzeitliche Quellen berichten, daß die Metzer Lehen *regulariter feuda mere haereditaria*, gleich denen *feudis Gallicis et Lotharingicis je und allezeit gewesen* seien[2]. Damit ordnet sich das Hochstift bzw. Fürstbistum Metz in jene Zone eines von Westen her übernommenen Frauenerbrechtes ein, zu der auch die Herzogtümer Lothringen und Luxemburg und das Hochstift Lüttich gehörten. Sie ist in der rechtsgeschichtlichen Literatur verschiedentlich behandelt worden[3]. Wie das Eingangszitat erkennen läßt, kannte das Metzer Lehnrecht aber Ausnahmen, die sich an einer »natürlichen Grenze«, dem Verlauf der Saar, orientierten und damit den Fluß zur Grenze zwischen männlicher und weiblicher Lehnserbfolge werden ließen. Gerade der Grenzcharakter, der dadurch der Saar zugeschrieben wurde, hat mich bewogen, dem Jubilar, der seine Interessen für Wesen, Entstehung und Typologie von Grenzen wiederholt bekundet hat, im Rahmen seiner Festschrift einen Beitrag zu diesem Thema, das ich schon in meiner Disseration gestreift habe[4], anzubieten. Unter Heranziehung einiger neu aufgefundener Quellen möchte ich noch einmal der Frage nachgehen, ob die Saar in voller Länge oder nur in einem Abschnitt als Grenze zwischen Mann- und Weiberlehen betrachtet oder gar beachtet wurde und inwieweit der ihr zugeschriebene Grenzcharakter nur im Metzer Lehnrecht oder auch dem anderer lothringischer Territorien begegnet. Mein Aufsatz soll zugleich ein Beitrag sein zu einer noch ausstehenden eingehenden Behandlung des in Lothringen geltenden Lehnrechts, das bisher noch nicht in dem Maße das Interesse der Forschung[5]

---

1   Archives Départementales (künftig: AD) Moselle 2F m 16.
2   *Wiederholte Repraesentation Vnd Erwegung etc. Deren Zwischen dem HochFürstlichen Hause Lothringen an Einem Vnd dann dem HochGräflichen Hause Nassau Saarbrücken strittigen Lehenstücken (...) fundamenten facti et iuris zu Bestärckung deß in Anno 1641 in offenen Truck publicirten Summarischen Berichts vnd fernerer Information in möglichster Enge begriffen. Wie auch Appendix die Vogtey Herbitzheim betreffend Ingleichem Assertio Deducionis Nassovicae contra Narrata Leiningensium Adversaria. Accesserunt Eticher Juristen Faculteten Responsa* (1653 o. O.) S. 4.
3   Vgl. den Überblick bei Heinrich MITTEIS, Lehnrecht und Staatsgewalt, Untersuchungen zur mittelalterlichen Verfassungsgeschichte (1933, Nachdruck Darmstadt 1958) S. 645–655.
4   Hans-Walter HERRMANN, Geschichte der Grafschaft Saarwerden bis zum Jahre 1527 (= Veröff-KomSaarlLandesG. 1, Saarbrücken 1959) Bd. 2 S. 78f.
5   Kurt-Ulrich JÄSCHKE hat in seinem Aufsatz »Reichsgrenzen und Vasallitäten – zur Einordnung des französisch-deutschen Grenzraums im Mittelalter« (in: JWLG 22, 1996, S. 113–178) die Doppel-

gefunden hat wie das mittel- und oberrheinischer Territorien[6]. Freiherr du Prel[7], Gaston Zeller[8], Hermann van Ham[9] und Henri Hiegel[10] haben vornehmlich aus Quellen des 16. und 17. Jahrhunderts Fälle zusammengestellt, in denen die Bischöfe von Metz die weibliche Erbfolge in ihren Aktivlehen jenseits der Saar[11] abgelehnt oder akzeptiert haben. Meiner Ansicht nach sollte man aber nicht so sehr gewichten, ob Nachkommen in weiblicher Linie tatsächlich belehnt wurden, sondern größere Aufmerksamkeit den Argumenten schenken, die bei den voraufgegangenen Verhandlungen und Auseinandersetzungen für oder gegen eine weibliche Lehnfolge vorgebracht wurden.

Lehen der Metzer Bischöfe

Den ersten Bezug auf den hier interessierenden Passus des Metzer Gewohnheitsrechtes finde ich in den Streitigkeiten wegen der Nachfolge in der Grafschaft Saarbrücken nach dem Tode der Gräfin Lorette (1271). Bischof Lorenz von Metz beanspruchte den Heimfall des Lehens, Lorettes Schwester Mathilde *(Mahaut)* dagegen die Nachfolge. Bischof Lorenz sah die Besitznahme der Grafschaft durch Mathilde *contra Alemanniae et Metensis ecclesie consuetudinem, ex qua baroniis non succedant aliquatenus mulieres*[12], und betrachtete die Grafschaft *encheue a darriens après la mort la dame*[13]. Er lehnte konsequent die Belehnung Mathildes ab und gewährte sie erst 1277 Mathildes Sohn Simon von Commercy[14]. Die zeitgenössischen Urkunden sprechen von der Grafschaft

---

und Mehrfachvasallität, vornehmlich zum französischen und römischen König, aufgearbeitet; Volker Henn behandelte in einer Münchener Dissertation (1970) »Das ligische Lehnswesen im Westen und Nordwesten des mittelalterlichen deutschen Reiches«. Die Frage der Reichslehnbarkeit des Herzogtums Lothringen untersuchte Heinz Thomas, Die lehnrechtlichen Beziehungen des Herzogtums Lothringen zum Reich von der Mitte des 13. bis zum Ende des 14. Jahrhunderts (in: RhVjbll. 38, 1974) S. 166–202.

6   Vgl. die Arbeiten von Georg Droege, Landrecht und Lehnrecht im hohen Mittelalter (1969); W. Martini, Der Lehnshof der Mainzer Erzbischöfe im Mittelalter (Diss. Mainz 1971); Bernhard Diestelkamp, Das Lehnrecht der Grafschaft Katzenelnbogen im 14. und 15. Jahrhundert (1980) und Karl Heinz Spiess, Lehnsrecht, Lehnspolitik und Lehnsverwaltung der Pfalzgrafen bei Rhein im Spätmittelalter (= GeschichtlLandeskde 18, Wiesbaden 1978).

7   Die Alten Territorien des Bezirkes Lothringen (mit Einschluß der zum Oberrheinischen Kreise gehörigen Gebiete im Bezirke Unter-Elsaß) nach dem Stande vom 1. Januar 1648, 1. Theil (= StatistMittElsLothr. 28, Straßburg 1898) S. 118f. und 197–206.

8   Gaston Zeller, Note sur le rôle ancien de la Sarre comme frontière (in: BullSocAmisSarre 5, 1928) S. 257ff.

9   Hermann van Ham, Beiträge zur Entwicklung des öffentlichen Rechts in Lothringen (in: ElsLothrJb., 1942) S. 232–238.

10   Henri Hiegel, Le bailliage d'Allemagne de 1600 à 1632. L'Administration, la Justice, les Finances et l'Organisation militaire (Sarreguemines 1961) S. 120–123.

11   Die Lage diesseits und jenseits der Saar wird im Folgenden, soweit es sich nicht um Quellenzitate handelt, immer von Metz aus gesehen, also diesseits = links bzw. westlich der Saar, jenseits = rechts bzw. östlich der Saar.

12   Paul Marichal, Cartulaire de l'Evêché de Metz (= Mettensia 4f., Paris 1903-05 bzw. 1906-08), hier Bd. 1 Nr. 110 S. 277–280.

13   Ebd. Bd. 1 Nr. 9 S. 10f.

14   Ebd. Bd. 1 Nr. 9 S. 10f.

Saarbrücken, spätmittelalterliche Lehnsbriefe und -reverse nennen die Burg Saarbrücken, Völklingen, den Warndt und Quierschied als Orte bzw. Gebiete diesseits und jenseits der Saar[15].

Auch im Streit um das Erbe des Ehepaars Rainald von Lothringen-Bitsch und Elisabeth von Blieskastel[16] wurden 1275 die konträren Ansichten des Bischofs von Metz, daß Blieskastel *est escheute a l'eveschié pource qu'il n'y avoit nulz hoirs maile*, und des Grafen Heinrich von Salm als Vertreter der Schwestern Elisabeths bzw. ihrer Ehegatten, *que messires li evesques devantdis la devoit donneir en fied ou aux hoirs des cincq serours, dont je avoie eu l'une, ou aux hoirs de l'une*, einander gegenübergestellt[17], m. a. W. Heimfallrecht und Leihezwang, wobei allerdings der Bischof sich nicht expressis verbis auf Metzer Recht berief. Die Anwendung des Gewohnheitsrechtes wird dann ganz eklatant, als Bischof Bouchard nach dem Tod des Simon von Geroldseck 1296 dessen Lehen, nämlich einen Teil der Herrschaft Geroldseck, die aus der Mark Maursmünster entstanden war, einziehen ließ. Er vereinigte sie aber nicht mit dem Metzer Temporalbesitz, sondern gab sie Simons Töchtern *in homagium ligium, sic, ut sint homines ligii episcoporum Metensium*[18]. Die *Consuetudo* wird erst 1360 wieder angeführt nach dem Tod des Johann von Geroldseck, Metzer Lehnsmann für die gleichnamige Herrschaft, die aus der Vogtei über die Abtei Maursmünster entstanden war. Unter Bezugnahme auf Johanns Tod ohne männliche Erben *(nullo legittimo herede masculo ex eius corpore)* führte Bischof Ademar von Metz aus: *omnia feoda, que a nobis et episcopatu Metense tenebat, secundum consuetudinem patere in qua feoda ipsa consistunt notorie rationabilem et legittime prescriptam et hactenus a tempore, cuius hominis memoria non existit, obtentam et inviolabiliter observatam ad nos et ad ius et proprietatem episcopatus Metensis devoluta sint et reducta*[19]. Die Beschränkung der Geltung dieser Klausel auf Metzer Lehen östlich der Saar findet sich erstmals dreizehn Jahre später, als bei dem Metzer Bischof als Oberlehnsherr eine Rechtsauskunft eingeholt wurde, ob Lehen der Abtei Maursmünster nur auf Männer vererbt werden könnten. Er ließ wissen, daß diese *lehen fürvielen als andtere lehen fürvallent von den herren hie disseite der Saren und hie dissesite des gebürges in Elsas*[20], m. a. W. daß die im Elsaß übliche männliche Erbfolge gelte.

Daß Metzer Vasallen sich damals durchaus besonderer Bestimmungen für die jenseits der Saar gelegenen Lehen bewußt waren, belegt eine Erklärung Heinrichs, Herrn von Lichtenberg, aus dem Jahre 1371, daß die Anweisung der Mitgift für seine Tochter Johanna auf etliche Dörfer, die von Metz lehnsrührig sind, *ne préjudicier aux droits dudit éveché sur les fiefs d'outre Sarre*[21].

---

15 LA Saarbrücken Bestand Nassau-Saarbrücken II [künftig: Best. N-Sbr. II] Nr. 6270 vom 4. April 1460 und Nr. 1624 vom 25. Sept. 1475.

16 Zum Blieskasteler Erbfolgestreit zuletzt Walter MOHR, Geschichte des Herzogtums Lothringen 3: Das Herzogtum der Mosellaner, 11.–14. Jahrhundert (Saarbrücken 1979) S. 100–108.

17 MARICHAL [wie Anm. 12] Bd. 1 Nr. 104 S. 268–272.

18 *Wiederholte Repraesentation* [wie Anm. 2] S. 26.

19 AD Meurthe-et-Moselle H 808 Nr. 44.

20 Johann Daniel SCHÖPFLIN, Alsatia aevi Merovingici, Carolingici, Saxonici, Salici, Suevici diplomatica (Mannheim 1772–1775) Bd. 2 S. 269.

21 MARICHAL [wie Anm. 12] Bd. 2 S. 151.

Wenn seit den 1370er Jahren der Geltungsbereich durch Zusätze wie *dissesite des gebürges in Elsas* oder *par devers Alsace* lokalisiert wird, so muß dies nicht als spätere Reduzierung aufgefaßt werden. Ich neige dazu, die Gültigkeit von vornherein auf den Abschnitt des Flusses zu beziehen, in dem er den geistlichen und weltlichen Einflußbereich der Metzer Bischöfe durchquerte. Die Metzer Diözese verließ er unmittelbar unterhalb von Saarbrücken, der heutige Stadtteil Malstatt gehörte bereits zur Trierer Diözese[22]. Völklingen und das wenige Kilometer nördlich im Köllertal gelegene Püttlingen waren die letzten Metzer Lehen in den Uferlandschaften der Saar. Die uns heute geläufigen geographischen Begriffe »Oberlauf« und »Mittellauf« der Saar, erst recht »Pfalz« und »Elsaß«, »Pfälzerwald«, »Wasgau« und »Vogesen« haben sich erst langsam in der Frühneuzeit herausgebildet und durch die nationalstaatliche Grenzziehung im 2. Jahrzehnt des 19. Jahrhunderts verfestigt. Ich halte es durchaus für möglich, daß unter der Bezeichnung »zum Elsaß hin gelegen« das rechte (= östliche) Ufer im gesamten Flußabschnitt von den Quellen am Donon bis zu dem großen Saarbogen bei Güdingen oberhalb Saarbrücken verstanden werden konnte.

Die bei den langwierigen Streitigkeiten um die Grafschaft Saarwerden im 17. Jahrhundert von den Grafen von Nassau-Saarbrücken aufgestellte Behauptung, daß *die Herrn Episcopi Metenses, wie bey etlichen niedern Lehen-Leuthen beschehen, sich auch vnderstanden* [hätten] *bey den höhern ein newe Gewonheit vnd qualität in feudis cis-Saranis einzuführen vnd also diese feuda von den Töchtern vnd Ihren Erben gar zu entziehen*[23], trifft nicht zu. Nicht erst im Streit um die Lehnsfolge in der Grafschaft Saarwerden in den beiden ersten Jahrzehnten des 15. Jahrhunderts ist diese Metzer Rechtsgewohnheit nachzuweisen, sondern sie ist bereits in den 1270er Jahren belegt und gerade nicht bei Lehnsleuten aus dem niederen Adel, sondern bei zwei großen Metzer Vasallengeschlechtern, den Grafen von Saarbrücken und von Blieskastel.

Es stellt sich die Frage, wann überhaupt erstmals eine weibliche Erbfolge in Metzer Lehen nachweisbar ist. Eine Durchsicht der bischöflichen Lehnsbriefe vor 1271 ergibt, daß bei Lehnsobjekten jenseits der Saar die Möglichkeit weiblicher Lehnfolge ausdrücklich genehmigt wurde, während bei Lehen diesseits der Saar fast immer geschlechtsneutral von *heredes* oder *hoirs* gesprochen wurde[24].

Im Jahr 1227 belehnte Bischof Johann Lorette, die älteste Tochter des Grafen Simon von Saarbrücken, mit der Grafschaft Saarbrücken und konzedierte die Nachfolge ihrer Schwestern: *totum feodum quod de me tenet et tenere debet et omne pertinens ad feo-*

---

22   Die These von Jakob MÜLLER, Der Streit um die alte Bistumsgrenze in Püttlingen (Püttlingen 1995), wonach der Köllerbach die Diözesangrenze zwischen Trier und Metz gewesen sei, überzeugt nicht.

23   *Wiederholte Repraesentation* [wie Anm. 2] S. 17.

24   Z. B. MARICHAL [wie Anm. 12] Bd. 1 Nrn. 181, 194, 211. Ausnahmen sind Lehnsrevers des Grafen Heinrich von Bar vom 5. Okt. 1225 (*heredibus meis a proprio corpore meo descendentibus, sive sunt filii sive filie in augmentum illius feodi ...*; MARICHAL 1 Nr. 187 S. 401ff.) und Lehnsbrief vom November 1242 für Dietrich von Rixingen/Réchicourt (*quod heredes eiusdem domini Therrici sive sint masculi, sive sint femine dictum castrum de Maurrimont cum appendiciis suis jure hereditaria successive perpetuo possidebunt,* (ebd. Nr. 29 S. 39f.)

dum, libere possidendum; et si ... de ista vita sine herede deficeret aliis filiabus suis (die des Grafen Simon) *reddidi integraliter tenendum*[25].

Im Jahr 1238 beurkundete Gräfin Elisabeth von [Blies]kastel ihr ligisches Lehnsverhältnis zu dem Bischof von Metz: *Sciendum etiam quod dictum feodum ad heredes meos de corpore meo proprio descendentes sive filios sive filias devolvetur, qui ipsum feodum a sepedicto domino meo Metensi episcopo et successoribus suis tenebuntur recipere et tenere modo supradicto*[26].

Laut einer auf den 1. Januar 1215 datierten Urkunde soll Herzog Theobald von Lothringen anerkannt haben, Bischof Konrad von Metz habe ihn und seine Frau G[ertrud, Tochter des Grafen von Dagsburg,] mit der Grafschaft Dagsburg belehnt, so wie ihr Vater sie als Lehen besessen habe. Die Urkunde wäre somit der früheste Beleg einer weiblichen Erbfolge in Metzer Lehen jenseits der Saar. Legl hat nun dargelegt, daß Burg und Grafschaft Dagsburg vor und nach 1215 Lehen der Abtei Andlau waren. In dem nicht in originaler Ausfertigung, sondern nur im ältesten Metzer Kopialbuch überlieferten Text heiße es zwar *comitatum Dasborc*, es könne damit jedoch nur die Grafschaft Metz gemeint sein[27]. In den schriftlich fixierten Genehmigungen einer weiblichen Nachfolge in den Metzer Lehen der Grafen von Blieskastel und von Saarbrücken und des Simon von Geroldseck sehe ich die Beurkundung des von der Regel abweichenden Sonderfalls.

Das Erlöschen zweier großer Metzer Vasallengeschlechter, der Grafen von Saarbrücken-Commercy (1381) und der Grafen von Saarwerden (1397), im Mannesstamm forderte von den Metzer Bischöfen eine Entscheidung über Heimfall oder Neubelehnung in einer Dimension, wie sie sich seit dem Blieskasteler Erbfolgekrieg in den 1270er Jahren nicht mehr ergeben hatte.

Graf Johann II. von Saarbrücken-Commercy war am 11. März 1381 verstorben, seine Erbtochter Johanna, ehemals mit dem Grafen Johann von Nassau-Weilburg vermählt, war seit rund zehn Jahren Witwe. Einziger überlebender Sohn aus ihrer Ehe war der 1368 geborene Philipp, für den sie die vormundschaftliche Regierung geführt hatte, die Lehen hatten aber männliche Verwandte empfangen. Johanna starb wenige Monate nach ihrem Vater. Bereits im Oktober 1381 betätigte sich Bischof Friedrich von Straßburg als ihr Testamentsvollstrecker, er übernahm auch die Vormundschaft über den jungen Philipp[28], der am 10. Juni 1383 anscheinend anstandslos die Metzer Lehen empfing[29]. Wir erfahren nichts von Metzer Vorbehalten gegen die Lehnfolge über die Erbtochter von Saarbrücken-Commercy an die Grafen von Nassau-Weilburg. Das Lehen bestand aus denselben Stücken, die 1271 Bischof Lorenz von Metz der Mathilde von Saarbrücken in Nachfolge ihrer Schwester Lorette verweigert hatte. Daß von bischöflicher Seite die

---

25 MARICHAL [wie Anm. 12] Bd. 1 Nr. 146 S. 342f.

26 Ebd. Nr. 163 S. 362f.

27 Ebd. Nr. 221 S. 497f. – Kritisch zu Datierung und Inhalt Frank LEGL, Studien zur Geschichte der Grafen von Dagsburg-Egisheim (= VeröffKomSaarLandesG. 31, Saarbrücken 1998) S. 346 Anm. 1161, S. 410ff. und S. 479 Anm. 605.

28 Albert RUPPERSBERG, Geschichte der ehemaligen Grafschaft Saarbrücken 1 (Saarbrücken ²1908) S. 168, 176–178, 180.

29 MARICHAL [wie Anm. 12] Bd. 2 S. 154.

Lehnfolge in weiblicher Linie nicht problematisiert wurde, könnte mit der geschwächten Position des Metzer Bischofs infolge der unterschiedlichen Parteinahme von Bischof und Domkapitel im Schisma erklärt werden.

Als nach Philipps Tod seine Gattin Elisabeth von Lothringen-Vaudémont die vormundschaftliche Regierung für ihre beiden minderjährigen Söhne übernahm, wurden unterschiedliche lehnrechtliche Usancen offenbar. Sie selbst empfing 1431 anstelle ihrer Söhne die Lehen von Kurtrier, Metz, Lothringen und Bar, ihr ältester, damals zwölfjähriger Sohn dagegen die vom Reich und von Kurmainz[30].

Die Erbfolge in der Grafschaft Saarwerden gab Anlaß zu militärischen und lang andauernden juristischen Auseinandersetzungen und hat daher in der Literatur mehr Aufmerksamkeit als andere Erbfälle gefunden. Die Grafen von Saarwerden trugen von Metz zu Lehen ihre namengebende Burg, auf einer Saarinsel gelegen, mit der zugehörigen Zwergstadt Saarwerden auf dem rechten Ufer, den seit 1328, übrigens mit bischöflicher Zustimmung, mit einem Freiheitsbrief begabten Ort Bockenheim ebenfalls auf dem rechten Ufer (heute Stadtteil von Sarre-Union) und den schon im 16./17. Jahrhundert nicht exakt zu lokalisierenden Wiebersweiler Hof[31].

Am 18. Juli 1397 starb Graf Heinrich von Saarwerden, er hinterließ zwar keine Kinder, aber einen Bruder Friedrich, Kurfürst von Köln, und zwei Schwestern: Walburga, verheiratet mit Friedrich von Mörs, und Hildegard, verheiratet mit Johann von Limburg. Vorübergehend übernahm Kurfürst Friedrich die Verwaltung des brüderlichen Erbes und regelte die Nachfolge im Sinne seiner eigenen territorialen Interessen am Niederrhein zugunsten des Friedrich von Mörs. Hildegard wurde für die Überlassung ihres Anteils an der Grafschaft finanziell entschädigt. Seit Herbst 1399 erscheint Friedrich, der älteste Sohn Walburgas von Mörs-Saarwerden, als Graf von Saarwerden[32].

Sein Verhalten gegenüber dem Metzer Bischof Raoul von Coucy wird nur aus Metzer Sicht geschildert. Die Lehen des Grafen Heinrich von Saarwerden seien nach Metzer Lehnrecht an das Bistum zurückgefallen gewesen. *Le droit, usaige et coustume de nostre dit evechiet est tel que se ung vassal trespasse de cest siecle tenant fied de nostre dit evechiet et que les fiedz soient situez par dela la ripviere de Sarre par devers Alsay sens hoir masle de son corps le dit fied vient a nostre dit evechiet*[33]. Kurfürst Friedrich von Saarwerden habe aber die Grafschaft in Besitz genommen, weil er meinte, *er hette solche privilegia vom pabst und kaiser,* und darnach habe er seinen Neffen Friedrich, ältesten Sohn des Grafen von Mörs, ohne Zustimmung des Metzer Lehnhofs in den Besitz der Grafschaft gesetzt und dem Bistum großen Schaden zugefügt – damit spielt er wohl auf den Vierherrenkrieg an[34]. Er, Raoul, habe sich daraufhin mit den Herzögen von Bar und

30 Über Elisabeth von Lothringen-Vaudémont siehe künftig Hans-Walter HERRMANN, Leben und Wirkungsfeld der Elisabeth von Lothringen, Gräfin zu Nassau-Saarbrücken (in: Wolfgang HAUBRICHS/Hans-Walter HERRMANN, Elisabeth von Lothringen, Saarbrücken 1999).
31 HERRMANN, Saarwerden [wie Anm. 4] Bd. 2 S. 76–80.
32 Ebd. Bd. 2 S. 61–65; vgl. auch Hans-Walter HERRMANN, Friedrich von Saarwerden, Kurfürst von Köln. Erinnerungen an einen Westricher Adligen auf dem Kölner Kurstuhl (in: Saarheimat 16, 1972) S. 177–179.
33 HERRMANN, Saarwerden [wie Anm. 4] Bd. 2 S. 78.
34 Über den Vierherrenkrieg vgl. ebd. Bd. 2 S. 117–129.

von Lothringen und dem Markgrafen von Pont-à-Mousson gegen Friedrich, ältesten Sohn von Mörs, verbündet. In einem Vertrag vom 2. Juli 1408 eröffnete Raoul seinen Partnern die Aussicht, zwei Drittel der Grafschaft Saarwerden nach deren beabsichtigter Eroberung, ohne Anspruch auf Lehnshoheit zu überlassen[35]. Überraschenderweise wurde schon rund drei Wochen später, am 25. Juli 1408, zwischen den kriegführenden Parteien Frieden geschlossen auf der Basis des *status quo ante*. Die vier Herren – Graf Philipp von Nassau-Saarbrücken, Friedrich ältester Sohn von Mörs, Graf Johann von Salm und Gerhard von Bolchen – sollten für alle Lehen, die sie vor dem Kriege innehatten, dem Bischof Raoul und Herzog Karl von Lothringen binnen Jahr und Tag den Lehnseid erneuern[36]. Da vor dem Kriege noch kein Lehnsverhältnis zwischen dem Metzer Bischof und Friedrich von Mörs zustande gekommen war, unterließ Bischof Raoul die Belehnung, solange er auf dem Metzer Bischofsstuhl saß. Erst mit seinem Nachfolger Konrad Beyer von Boppard kam durch Vermittlung von Friedrichs Bruder Kurfürst Dietrich von Köln ein Ausgleich zustande. Am 1. Juli 1418 tauschten Bischof Konrad und Friedrich von Mörs Lehnsbrief und Lehnsrevers aus[37]. Drei Monate später vermittelte Kurfürst Dietrich eine Teilung zwischen seinen beiden weltlichen Brüdern, dabei erhielt der jüngere Johann die Lande im Westrich, er wurde der Stammvater des 1527 ausgestorbenen Zweiges der Grafen von Mörs zu Saarwerden. Bischof Konrad von Metz als Lehnsherr war anscheinend mit diesem Besitzwechsel einverstanden[38].

Bei den in den 1480er Jahren in der Grafschaft Saarwerden anstehenden Besitzveränderungen rief der Metzer Bischof Georg von Baden die Notwendigkeit seiner lehnherrlichen Zustimmung in Erinnerung[39].

Ein neuer Konflikt bahnte sich als Folge der Vermählung des Grafen Johann Ludwig von Nassau-Saarbrücken mit Katharina, der Erbin Graf Johanns III. von Mörs-Saarwerden, an. Im Ehevertrag vom 16. Mai 1506 war dem Ehepaar zugesagt, den Grafen Johann nach *recht und landesübung und gewohnheit* zu beerben[40]. Man kann in dieser Formulierung einen Bezug auf das Metzer Lehnrecht sehen. Nach dem Tod des Grafen Johann III. belehnte der Metzer Bischof allein dessen Bruder Graf Jakob II., aber nicht die Nichte Katharina und auch nicht deren Gatten Johann Ludwig[41]. Nach Jakobs Tod (Oktober 1514) kam es zunächst zu unterschiedlichen Regelungen der Vormundschaft für Jakobs erst wenige Monate alten Sohn Johann Jakob. Kaiser Maximilian bestellte den Grafen Johann Ludwig von Nassau-Saarbrücken zum Vormund[42], die bischöflich-metzische Regierung in Vic aber die Mutter des Knaben Beatrix geb.

35 Ebd. Bd. 1 Nrn. 775, 776, 874, Bd. 2 S. 115f.
36 Ebd. Bd. 1 Nr. 780.
37 Ebd. Bd. 1 Nrn. 874, 875, Bd. 2 S. 131f.
38 Jedenfalls stimmte er im Juli 1420 als Lehnsherr der Bewittumung von Johanns Gattin auf das Metzer Lehen Bockenheim zu; ebd. Bd. 1 Nr. 891.
39 Ebd. Bd. 1 Nrn. 1300–1303.
40 Ebd. Bd. 1 Nr. 1599; der Vertrag ist nicht in vollem Wortlaut, sondern nur in einem Regest des nassau-saarbrückischen Archivars Andreae aus dem ersten Drittel des 17. Jhs. überliefert.
41 Urkunde vom 16. März 1508; ebd. Bd. 1 Nr. 1620.
42 Ebd. Bd. 1 Nrn. 1711, 1712.

Gräfin von Salm[43]. Dies entsprach dem Metzer Brauch, ich erinnere an die Belehnung der Gräfin Elisabeth von Nassau-Saarbrücken als Vormünderin ihrer beiden Söhne im Jahr 1431.

Graf Johann Ludwig und Gräfin Beatrix einigten sich schließlich auf gemeinsame Ausübung der Vormundschaft. Johann Ludwig erstrebte die Belehnung mit den Metzer Lehen von *wegen seiner haußfrauwen und kinder*, während die bischöfliche Verwaltung ihm eine Belehnung als Vormund Johann Jakobs von Mörs-Saarwerden oder allenfalls als Mannlehen, nicht aber als Erblehen zugestehen wollte[44]. Eine Einigung kam nicht zustande. Der Konflikt eskalierte sehr bald nach dem Tod des Mündels im Frühjahr 1527. Unter Berufung auf den Ehevertrag von 1506, dem übrigens der Metzer Bischof nie seine lehnsherrliche Zustimmung gegeben hatte, nahm Johann Ludwig die gesamte Grafschaft in Besitz. Der Bischof aber betrachtete das Metzer Lehen als heimgefallen und beschwerte sich bei Kaiser Karl V. über das aus seiner Sicht unrechtmäßige Vorgehen Johann Ludwigs. Der Kaiser verwies die Angelegenheit am 13. Juni 1527 an das Reichskammergericht. In rechter Einschätzung seines langwierigen Verfahrensganges belehnte der Bischof am 26. September 1527 seinen Bruder Herzog Anton von Lothringen mit Saarwerden, Bockenheim und dem Wiebersweiler Hof. Damit waren die Weichen für einen jahrzehntelangen Streit gestellt. Nassau-Saarbrücken konnte erreichen, daß es durch einen Reichstagsbeschluß vom 22. Oktober 1530 im Besitz Saarwerdens geschützt wurde. Lothringen strengte daraufhin einen Prozeß vor dem bischöflich-metzischen Gericht in Vic an, das von Nassau-Saarbrücken als nicht kompetent abgelehnt wurde. Als beide Parteien eine Entscheidung des Reichskammergerichtes anstrebten, begann ein Prozeß, der erst im späten 17. Jahrhundert endete und die Metzer Lehen Lothringen zusprach, den Rest der Grafschaft aber Nassau-Saarbrücken. Die von beiden Seiten vorgebrachten Argumente für oder gegen die tatsächliche Gültigkeit der Saar als Grenze im Metzer Lehnrecht wurden von den Parteien jeweils in einem ihren Ansprüchen günstig erscheinenden Sinne vorgetragen und ausgelegt und mit lehnrechtlichen Anschauungen der Frühneuzeit verquickt, die nicht mehr die des Spätmittelalters waren und hinsichtlich der Entstehung der Lehnsabhängigkeit von heute als falsch erkannten historiographischen Konstruktionen ausgingen[45]. Es sei hier nicht näher darauf eingegangen.

Viel wichtiger ist es mir darauf hinzuweisen, daß im 15. Jahrhundert in verschiedenen anderen Fällen die Saar als Grenze zwischen Mann- und Kunkellehen beachtet wurde. Im Jahre 1406 unterschied Bischof Raoul von Coucy bei der Belehnung des Grafen Burkhard von Lützelstein/La Petite Pierre zwischen *feuda quae sita sunt ex una vel altera parte Sarae*[46].

---

43   Ebd. Bd. 1 Nr. 1733.
44   Archivrepertorium Johann Andreaes (1. Drittel 17. Jh.) HStA Wiesbaden Abt. 121 Nr. 105a.
45   Dazu findet sich reichlich Material in den Archiven: LHA Koblenz Best. 56 Nr. 62–63. – LA Saarbrücken Best. N-Sbr. II Nrn. 2293, 2364, 2367, 2389, 4663; Depositum Archivaliensammlung Hist. Verein Saargegend Abt. B Nrn. 22, 23, 27–32 ebd.; Sammlung Hellwig Nr. 56 ebd.
46   *Discours touchant les differents du conté de Sarwerden entre la maison de Lorraine et celles des comtes de Nassau-Sarprücken*; LA Saarbrücken, Depositum Archivaliensammlung Hist. Verein Saargegend B 30, nicht foliiert.

Auch in den Auseinandersetzungen um das Erbe des 1475 verstorbenen Grafen Jakob von Salm wurden die Geltungsbereiche unterschiedlichen Lehnrechts angesprochen. Graf Jakob hatte schon 1459 für den Fall der eigenen Kinderlosigkeit seiner einzigen Schwester Johannette, der Gattin des Wild- und Rheingrafen Johann V., die Erbfolge zugestanden[47]. Zwar wurde der Wild- und Rheingraf von dem damaligen Metzer Bischof Georg von Baden mit den beiden Burgen Salm und Langstein/Pierre Percée, die übrigens südlich der Saarquellen liegen, belehnt, aber der Onkel seiner Frau Johann von Salm nahm daran Anstoß und führte an, die Vererbung der Grafschaften und Herrschaften Saarwerden, Lichtenberg und Lützelburg[48] in weiblicher Linie sei gegen den Willen der Lehnsherren von Metz und Straßburg erfolgt. Weiterhin argumentierte er, die bischöflichen Lehen Salm und Pierre percée seien Afterlehen des Reiches und somit gelte für sie *kaiserliches* Recht. Damit freilich stellte er die weibliche Lehnsfolge im gesamten Hochstift Metz infrage. Der Wild- und Rheingraf konterte, kaiserliches Recht gelte *jhennesite der Sare und der hohen Thonne* (= Donon), die beiden Burgen seien aber im *Lande von Vosgen* gelegen und Appellationsinstanz sei das Gericht in Badonvillers *(Baltzwiller)*, das nach lothringischem Landrecht entscheide[49]. Die Auslassungen der Kontrahenten zeigen, daß beide in einem Streit um die Erbfolge in einem Metzer Lehen die Saar als Grenze zwischen »kaiserlichem« und bischöflichem Lehenrecht betrachteten.

Der Heimfall eines Metzer Lehens jenseits der Saar ergab sich 1485 nach dem Tode des Georg von Ochsenstein. Bischof Heinrich zog das Lehen ein und belehnte damit zunächst Wilhelm von Rappoltstein, 1490 dann Graf Heinrich II. von Zweibrücken-Bitsch. Beide Lehnsbriefe enthalten die wörtlich übereinstimmende Begründung *alle die lehen harnoch bestimpt, die sin voraltern und er von unserm stifft gehabt und getragen habendt, uns und unserm bemelten stifft brestenhalp libleenßerben sins stammens, nammens und wappens noch fryheit, recht und altem herkomen der lehen unser benanten stifft jhensit der sarren gelegen, verfallen sint*[50].

Im Jahr 1490 erkannte Graf Wecker von Leiningen-Rixingen an, daß seine rechts der Saar gelegenen bischöflichen Lehen Mannlehen seien, die, da er keine Söhne habe, nach seinem Tode dem Bistum Metz heimfallen würden[51].

Nach dem Erlöschen des Geschlechtes der Herren von Lichtenberg im Mannesstamm wurden Graf Philipp von Hanau und Graf Simon Wecker IV. von Zweibrücken-

---

47 Alte Territorien [wie oben Anm. 7] Bd. 1 S. 139.

48 Um welchen Erbfolgefall es sich handelt, konnte ich bisher nicht ermitteln. Fritz EYER, Les familles nobles de Lutzelbourg (in: Au Pays de Lutzelbourg = Société d'Histoire et d'Archéologie de Saverne et Environs, Cahier 82–83, 1973) S. 29–37 gibt darüber keine Auskunft.

49 Hans-Walter HERRMANN, Autobiographische Aufzeichnungen des Wild- und Rheingrafen Johann V. (in: Ernst-Dieter HEHL/Hubertus SEIBERT/Franz STAAB (Hg.), Deus qui mutat tempora. Menschen und Institutionen im Wandel des Mittelalters. Festschrift für Alfons Becker zu seinem fünfundsechzigsten Geburtstag, Sigmaringen 1987) S. 335–353, insbesondere S. 343f. u. 351ff.

50 Lehnsurkunden vom 24. Mai 1487, gedruckt bei Karl ALBRECHT, Rappolsteinisches UB. Quellen zur Geschichte der ehemaligen Herrschaft Rappoltstein im Elsaß 759–1500 (Kolmar 1890–1898) Bd. 5 Nr. 844, und vom 29. Sept. 1490 (AD Moselle G 12 fol. 85).

51 Alte Territorien [wie oben Anm. 7] Bd. 1 S. 119.

Bitsch als Ehegatten der beiden Schwestern Anna und Elisabeth, Töchter Ludwigs V. von Lichtenberg, damit belehnt. Die Formulierung des Lehnsbriefes läßt deutlich erkennen, daß der Bischof von Metz nicht dazu verpflichtet war, sondern sich dazu verstand, weil er *demütiglich angeruffen und gebetten* worden war[52].

Die weibliche Erbfolge in der kleinen Herrschaft Püttlingen im Köllertal und den sogenannten »Dörfern auf der Bach« (Elm, Derlen) wurde von den Bischöfen ausweislich ihrer Lehnbriefe aus dem 15. und 16. Jahrhundert gebilligt[53]. Eine Analyse ihres Wortlautes steht noch aus.

LEHEN DER GRAFEN VON SAARBRÜCKEN

Als einziger bekannter Fall, daß auch die Grafen von Nassau-Saarbrücken die Saar als Grenze zwischen Mann- und Kunkellehen betrachteten, findet sich in der bisherigen Literatur die Urkunde Johanns von Finstingen/Fénétrange vom 27. August 1443. Als Erbe des Ritters Ulrich von Rosières hatte er dessen Lehen links und rechts der oberen Saar in Besitz genommen und erklärte nun, daß die Rosière'schen Passivlehen, die *uff thanne seite der Sare nacher dem Rein zu* gelegen sind, an Nassau-Saarbrücken zurückfallen sollen, während er für die Lehen *uff diese seite der Sarenn nacher dem lande von Lottringen* zu um die Belehnung bei dem Grafen von Nassau-Saarbrücken nachsuchen werde[54]. Bisher nicht bekannt war, daß diese Erklärung das Ergebnis eines gütlichen Tages in St. Avold am 26. Juli desselben Jahres war, bei dem sachkundige adlige Schiedsleute die Erklärung des Finstingers vorformuliert hatten, nämlich Werner von Fleville, Deutschbellis des Herzogtums Lothringen, Heinrich Hase von Dievelich, herzoglich lothringischer Rat, und Jakob von Rollingen/Raville, Herr zu Dagstuhl. Die nassauischen Ansprüche trug anscheinend keine geringere als Gräfinwitwe Elisabeth persönlich vor[55].

In anderen Fällen erfolgte aber keine Unterscheidung nach der Lage der Lehen zur Saar. Im Jahre 1472 belehnte Graf Johann III. von Nassau-Saarbrücken den Grafen Nikolaus von Mörs-Saarwerden für seine Ehefrau Barbara von Finstingen mit Einkünften in Maxstadt, Host und Leyweiler links der Saar und in Gennweiler und Merchweiler rechts der Saar, gleicherweise verfuhr sein Sohn Johann Ludwig im Jahre 1504[56]. Auch sind lehnherrliche Beanstandungen der Erbfolge in dem ehemals finstingischen Anteil an der von Nassau-Saarbrücken lehnrührigen kleinen Herrschaft Diemeringen im Eicheltal von Johann von Finstingen über seine Tochter Barbara, Ehefrau des Grafen Nikolaus von Mörs-Saarwerden, und beider Tochter Johanna von Mörs-Saarwerden an

---

52   *Wiederholte Repraesentation* [wie oben Anm. 2] S. 14; Johann Georg LEHMANN, Urkundliche Geschichte der Grafschaft Hanau-Lichtenberg (Mannheim 1863, Nachdr. Osnabrück 1974) Bd. 2 S. 309.

53   Ebd. S. 13; über den Erbgang vgl. Jakob MÜLLER, Die Geschichte der Herrschaft Püttlingen bei Saarbrücken (= MittAGSaarlFamilienkde 24, Püttlingen 1990).

54   Gedruckt bei Franz CUNY, Reformation und Gegenreformation im Bereiche des früheren Archipresbyterates Bockenheim (Metz 1937) Bd. 1 S. 271–273 Beilage Nr. 21.

55   HStA Wiesbaden Abt. 3001 Nr. 17 fol. 85verso–87recto.

56   Helmut FREIS in: Merchweiler Heimatblätter 2 (1982) S. 38f.

den Wild- und Rheingrafen Johann aus den Quellen nicht zu erkennen[57]. Für die saar-
brückischen Burglehen galt grundsätzlich die männliche Erbfolge. Schon ein Revers des
Ritters Mersilis vom 25. Februar 1313 hält dies fest. Es heißt dort: *wie aber geschage, ...*
daz mine Sune alle abe giengen, also daz min Herre der Graue van Sarbrucken niet en
hatte miner Sune einen der sin Ledichman waire, vor allen Herren und Seisman zu Sar-
brucken Jair vnd Tag er vnd sine Erben, so mach min Herre der Graue vnd die sinen
vairen an daz Lehen daz ich von ieme han nauch Wanungen der Herrschafte van Sar-
brucken biet Reithe siner Manne[58]. Gemäß diesem Grundsatz traf das saarbrückische
Lehngericht seine Entscheidungen, z. B. bei der Klage des Eberhard von Wolfstein auf
Nachfolge in einem Burglehen, das zu Saarbrücken und Bischmisheim gelegen war und
das *Mettilt*, die verstorbene Ehefrau des Johann Repper, zuletzt innegehabt hatte. Es
wies die Klage ab, weil in der Grafschaft Saarbrücken Töchter nicht ein Burglehen erben sollten[59].

Von diesem Grundsatz wichen die Grafen gelegentlich ab, indem sie Gnade vor
Recht setzten. Schon 1276 nahm Graf Simon von Saarbrücken-Commercy das *homagi-*
um der beiden Töchter eines Edelknechtes Stephan entgegen und belehnte sie *tale feo-*
dum quale pater dictarum puellarum Steffanus supra dictus a nobis tenuit et possedit[60].
Im Jahr 1344 vergönnte Graf Johann II. seinem Burgmannen Hermann von Castel, daß
seine Töchter ihm im Burglehen folgen könnten, wenn er keine Söhne hinterlassen wür-
de[61]. Beim Erlöschen des Mannesstammes des Hauses Dagstuhl (1376/77) fielen dessen
Saarbrücker Lehen an den Grafen zurück, er belehnte damit Arnold von Pittingen,
Heinrich von Fleckenstein, Johann und Jakob, Gebrüder von Rollingen/Raville, und
Johann von Brücken, alle Enkel der vier Dagstuhler Schwestern Adelheid, Elisabeth,
Agnes und Johanna. Die Lehensobjekte lagen größtenteils jenseits der Saar (Saarwellin-
gen, Berschweiler, Holz, Quierschied, Knorscheid, Mimbach, Herbitzheim, Keskastel,
Oldingen), nur wenige diesseits (Güter in Saarbrücken, Spichern, Fremersdorf). Es
heißt im Lehnsrevers des Pittingers ausdrücklich, daß der Graf ihm die Gnade getan habe, das *derselben der nit sone en hette under uns sine dochter erbent an denn lehen und*
burglehenn[62]. Es wird also eine weibliche Lehensfolge in Aussicht gestellt, aber ausdrücklich als Gnadenakt bezeichnet. Derselbe Graf Johann nahm 1378 Nikolaus von
Castel zum Mannen und Burgmannen an, belehnte ihn mit einem Haus zu Saarbrücken
und räumte die Möglichkeit ein, daß es *sin sone oder dochter* erben könnten und, wenn

---

57   Lehnsbrief vom 3. Nov. 1519: Salm'sches Archiv in Anholt, Best. Salm-Kyrburg Kopialbuch II
(18. Jh.) 99 und Best. Grumbach F 15 Nr. 14 (Kopie 16. Jh.).
58   Johann Martin KREMER, Genealogische Geschichte des alten ardennischen Geschlechtes insbesondere des zu demselben gehörigen Hauses der ehemaligen Grafen zu Sarbrük (Frankfurt und
Leipzig 1785) Bd. 2 S. 403.
59   LA Saarbrücken Best. N-Sbr. II Nr. 6261; vgl. auch August Hermann JUNGK, Regesten zur
Geschichte der ehemaligen Nassau-Saarbrückischen Lande bis zum Jahre 1381 (= MittHistVerSaar-
gegend Heft 13/14, Saarbrücken 1914/1919) Nr. 1797.
60   LA Saarbrücken Best. N-Sbr. II Nr. 363.
61   Ebd. Nr. 1141.
62   Ebd. Nr. 6173 S. 103; vgl. auch Kurt HOPPSTÄDTER, Die Burgmannenhäuser der Burg Saarbrücken und ihre Besitzer (in: ZGSaargegend 19, 1971) S. 169–172.

er ohne Leibeserben stürbe, sein Neffe *(sosterson)* Henselin von Lewenstein[63]. Vom Grundsatz der männlichen Nachfolge in den Burglehen wird also mehrfach auf dem Gnadenwege abgewichen. Die mir bekannt gewordenen Quellen nehmen keinen Bezug auf die Saar als lehnrechtliche Grenze.

Eine Geltung des Metzer Lehnrechtes in der von den Metzer Bischöfen lehnrührigen Grafschaft Saarbrücken[64], also seine Anwendung durch den Grafen als Metzer Vasallen auf seine Burgmänner als Metzer Aftervasallen, wurde vom Saarbrücker Mannengericht im frühen 15. Jahrhundert nachdrücklich abgelehnt. Im Jahre 1419 wollte Johann von Kriechingen ein Urteil des Mannengerichtes *lassen besien vor dem erwirdigen in Gode hern Conrade von Gods gnadenn bischoffe zu Metzen ... wand auch sin hoff Sarbrucker oberste hoff ist und want es von yeme zu lehen ruret.* Die Saarbrücker Mannen lehnten den Metzer Hof als Berufungsinstanz jedoch ab und schlugen eine Appellation an den römischen König vor oder, wenn er nicht *in disen landen* sei, eine Tagleistung vor einem der vier Kurfürsten von Mainz, Trier, Köln oder Pfalz[65]. Hier deutet sich schon die später von den Grafen von Nassau-Saarbrücken postulierte Reichsunmittelbarkeit an.

LEHEN DER GRAFEN VON SAARWERDEN

Über »Lehnrecht« der Grafschaft Saarwerden läßt sich nicht viel sagen, weil der Lehnhof nur wenige Familien zählte[66] und weil die Lehnsurkunden meist nicht in vollem Wortlaut, sondern nur in Form von Regesten des nassau-saarbrückischen Archivars Johann Andreae überliefert sind.

Im Jahre 1331 trug der Ritter Johann gen. der *Frige von Alben* dem Grafen Friedrich von Saarwerden Besitz in Weiler, Harskirchen, Hinsingen, Bissert und Honkessen auf und empfing ihn als Mann- und Kunkellehen wieder zurück. Gleichzeitig vereinbarte er mit dem Grafen die Lehnfolge seiner Tochter Katharina, für den Fall, daß ihm nicht doch noch Söhne geboren würden[67]. Ich sehe in der Urkunde einen Einzelbeleg für weibliche Lehnsfolge in einem saarwerdischen Burglehen diesseits der Saar.

Die beiden anderen Fälle betreffen heimgefallene Lehen jenseits der Saar. Ein Lehen zu Meistratzheim bei Oberehnheim/Obernai im Elsaß, das ehemals Walter von Landsberg getragen hatte, war an die Grafschaft Saarwerden heimgefallen. Im März 1345 bat die Straßburger Familie Rebstock den Grafen von Saarwerden, einen der ihren damit zu belehnen[68]. Im März 1482 reversierte Jost von Flersheim für das *verfallen* Lehen, ein Haus und einen Garten an der Schleuse am Bockenheimer Fußpfad, vermutlich in Saar-

63   A. a. O. Nr. 1147; JUNGK [wie Anm. 59] Nr. 1875.
64   Die Lehnrührigkeit der gesamten Grafschaft Saarbrücken von den Metzer Bischöfen wurde in der Frühneuzeit von den Grafen von Nassau-Saarbrücken bestritten, obwohl Quellen des 13. Jhs. dafür sprechen; vgl. Anm. 12 u. 13.
65   LA Saarbrücken Best. N-Sbr. II Nrn. 1248, 1249, 1250.
66   HERRMANN, Saarwerden [wie Anm. 4] Bd. 2 S. 248–262.
67   Ebd. Bd. 1 Nr. 265.
68   Ebd. Bd. 1 Nr. 354.

werden, das sein verstorbener Schwiegervater Philipp Krapp zu Lehen getragen hatte
und mit dem Graf Nikolaus von Mörs-Saarwerden jetzt den Jost belehnt hat. Die Beurkundung läßt eine Lehnsfolge von Philipp Krapp über dessen Tochter auf Jost von
Flersheim erkennen, die aber durch einen Heimfall unterbrochen worden war[69]. Gerade
diesen letzten Fall möchte ich als Beleg gelten lassen, daß auch in der Grafschaft Saarwerden jenseits der Saar kein Rechtsanspruch auf Belehnung bei weiblicher Erbfolge
bestand, also die Grafschaft Saarwerden hier dem Metzer Lehnrecht folgte, während
der Heimfall des landsbergischen Lehens auch nach elsässischem Landsbrauch behandelt worden sein könnte.

LEHEN DER HERZÖGE VON LOTHRINGEN

Hermann van Ham schreibt: Die lothringischen Lehen waren auf beiden Ufern [der
Saar] patrimonial[70] und nennt beispielsweise die Erbfolge in weiblicher Linie in der
Herrschaft Siersberg. Ganz so apodiktisch möchte ich diesen Satz nicht stehen lassen,
seit mir ein Protokoll einer Verhandlung am 24. Mai 1546 vor dem herzoglichen Bellis
in Nancy in den Streitigkeiten zwischen Sebastian von Dhaun und dem Grafen Johann
Jakob von Eberstein bekannt geworden ist[71]. Es ging um Pfändung von Untertanen in
Freisen im Ostertal und Hoppstädten an der Nahe, beide Orte gehörten zur Herrschaft
Werdenstein[72]. Der Beklagte brachte u. a. vor, daß *die strittige gueter jenseit der Saar gelegen und derhalben nach landsbrauch die lehengueter nit mögen von weibern, sondern
allein von mannspersonen zu lehen getragen* werden. Obwohl der Kläger dies in Frage
stellte, beharrte der Beklagte darauf *dweil die gewonheit also ist des orts da die lehen gelegen sind, nemlich jenseit der Sarr, das die dochter daran nit erben.* Leider ist der
Spruch des Bellis von Nancy bisher nicht bekannt geworden. Immerhin ist interessant,
daß auch bei Streitigkeiten über die Erbfolge in herzoglichen Lehen mit einem Grundsatz des bischöflich metzischen Lehnrechtes operiert wurde. Um daraus dessen Geltung im Herzogtum Lothringen abzuleiten, bedürfte es noch weiterer Belege.

SCHLUSSBETRACHTUNG

Die herangezogenen Quellen belegen, daß im Spätmittelalter die Saar als Grenze zwischen Mann- und Kunkellehen galt. Der seit den 1270er Jahren belegbare Grundsatz,
daß jenseits der Saar Lehen nur in männlicher Linie vererbbar seien und bei dem Aussterben des Vasallengeschlechtes im Mannesstamm an den Lehnsherrn heimfielen, wurde bis in die Frühneuzeit beachtet, aber in den meisten Fällen dann doch Nachkommen
in weiblicher Linie belehnt, wie dies die Streit- oder Rechtfertigungsschriften des
17. Jahrhunderts und auch die eingangs genannten Historiker bisher herausgestrichen

---

69   Ebd. Bd. 1 Nr. 1327.
70   VAN HAM [wie Anm. 9] S. 235f.
71   LHA Koblenz Best. 56 Nr. 383.
72   Zu den Besitzverhältnissen der Herrschaft Werdenstein vgl. Alfons PAULUS, Die Herrschaft
Werdenstein (in: ZGSaargegend 25, 1977) S. 17–53, insbesondere S. 24ff.

haben. In den Streitigkeiten um Saarwerden wurde auch vorgebracht, daß die faktische weibliche Nachfolge in Lehen jenseits der Saar *den Weibern nicht ex juris vel moris necessitate, sondern vielmehr ex gratia et dispensatione vel pacto* zugestanden worden sei[73], ein Vorbringen, das aus unseren Quellen gestützt werden kann. Der Fall Saarwerden zeigt aber auch, wie durch politischen Druck der beiden Kölner Kurfürsten Friedrich und Dietrich auf den Lehnsherr eine weibliche Erbfolge erreicht werden konnte. Dies legt nahe, die von den Metzer Bischöfen gewährte oder hingenommene weibliche Erbfolge auch vor dem realpolitischen Hintergrund zu sehen. Die effektive Macht des Hochstifts bzw. Fürstbistums dürfte gar nicht ausgereicht haben, um den Heimfall eines Lehens militärisch durchzusetzen und sich darin dann zu behaupten. Zudem wäre die Inbesitznahme eines heimgefallenen Lehens sogleich mit der Frage des Zubehörs, m. a. W. der geographischen Abgrenzung, verquickt worden und hätte neue langwierige Untersuchungen und Zeugenverhöre nach sich gezogen. Was dabei herauskommen konnte, zeigt die nicht gerade glückliche Lösung des Konfliktes um Saarwerden, nämlich die Bildung einer Exklave oder Enklave – je nach dem Blickwinkel – als Quelle neuer Konflikte.

Völlig offen ist, in welcher Zeit und aus welchen Gründen die Saar diesen besonderen Rechtscharakter erhielt. Die Herrschaft der Metzer Bischöfe reichte in geistlicher und weltlicher Hinsicht über die Saar hinaus, die Diözesangrenze lag teils nördlich, teils östlich des Flusses, stellenweise auch der in unmittelbarer bischöflicher Verwaltung verbliebene Temporalbesitz.

In den Auseinandersetzungen des 16. und 17. Jahrhunderts zwischen den Herzögen von Lothringen und den Grafen von Nassau-Saarbrücken um die Grafschaft Saarwerden überhöhten einige Juristen den tatsächlichen Charakter der Saar als Grenze zwischen Mann- und Kunkellehen zum *terminus antiqui Regni Lotharici oder Lotharingici*, was nach heutigem Forschungsstand abzulehnen ist[74]. Schon damals haben lothringische Juristen diese These zurückgewiesen, weil sich damit sowohl die Herzöge als auch die Metzer Bischöfe der rechtlichen Basis ihres tatsächlichen oder beanspruchten Besitzes rechts der Saar begeben hätten[75]. »Lothringen« als Begriff in der Vorstellungswelt der im Spätmittelalter dort lebenden Territorialherren und ihrer mehr oder weniger rechtskundigen Verwaltungsbeamten war sicherlich nicht linear abgegrenzt. Man wird statt einer Grenzlinie an ein einen Grenzsaum bildendes Linienbündel zu denken haben. Als eine Linie eines solchen Bündels sehe ich die Saar als Grenze zwischen Mann- und Kunkellehen.

---

73   *Wiederholte Repraesentation* [wie Anm. 2] S. 4 und Discours [wie Anm. 46].
74   Zu den Grenzen Lotharingiens vgl. die Aufsätze von Michel Parisse, La Lotharingie: Naissance d'un espace politique, und Thomas Zotz, Das Elsaß - ein Teil des Zwischenreiches, beide in: Hans-Walter Herrmann/Reinhard Schneider, Lotharingia – eine europäische Kernlandschaft um das Jahr 1000 / une région au centre de l'Europe autour de l'an Mil (= VeröffKomSaarlLandesG. 26, Saarbrücken 1995) S. 31–70.
75   Wie Anm. 73.

Von Grenzen ungestört – auf dem Weg nach Aachen
Die Krönungsfahrten der deutschen Könige im späten Mittelalter

VON OTTO VOLK

Wahl und Krönung eines neuen Herrschers waren die zentralen Elemente der Königs-
erhebung im spätmittelalterlichen Reich[1]. Die Königswahl wurde üblicherweise in
Frankfurt, die Krönung im Münster zu Aachen vorgenommen. In vielen Fällen traten
zur Erhebung weitere rechtlich relevante oder lediglich zeremonielle Elemente hinzu,
wie etwa die *nominatio regis*, die der Wahl vorausging, die Altarsetzung nach erfolgter
Wahl, ein Königslager vor Frankfurt oder Aachen, die Erhebung als König auf dem
Rhenser Königsstuhl[2] oder der Besuch der Hl. Drei Könige im Kölner Dom, der den
Abschluß der Erhebungsfeierlichkeiten bildete[3]. Im Zuge einer Entwicklung, bei der
die Wahl und die Krönung mit der Insignienübergabe, der Weihe und der Thronsetzung
allmählich auseinandertraten[4], wurde die Wahlhandlung in Frankfurt im Spätmittelalter
zum konstitutiven Akt der Erhebung[5], während die Krönung an Bedeutung einbüßte,
so daß sie seit der Mitte des 14. Jahrhunderts immer stärker zur »formalen Ergänzung
des Wahlaktes«[6], zum hohen Festzeremoniell[7] wurde.

---

1   Zur spätmittelalterlichen Königswahl siehe Ernst SCHUBERT, Königswahl und Königtum im
spätmittelalterlichen Reich (in: ZHF 4, 1977) S. 257–338; Franz-Reiner ERKENS, Der Erzbischof von
Köln und die deutsche Königswahl. Studien zur Kölner Kirchengeschichte, zum Krönungsrecht und
zur Verfassung des Reiches, Mitte 12. Jahrhundert bis 1806 (= Studien zur Kölner Kirchengeschichte
21, 1987).
2   SCHUBERT, Königswahl [wie Anm. 1] S. 334f.
3   Siehe Julius FICKER, Vom Reichsfürstenstande. Forschungen zur Geschichte der Reichsverfassung zunächst im 12. und 13. Jahrhundert 2 II (1861–1923, Nachdr. 1961) S. 20; Anna Maria DRABEK,
Reisen und Reisezeremoniell der römisch-deutschen Herrscher im Spätmittelalter (= Wiener Dissertationen aus dem Gebiete der Geschichte 3, 1964) S. 67; Jörg K. HOENSCH, Kaiser Sigismund. Herrscher an der Schwelle der Neuzeit 1368–1437 (1996) S. 183f.; Rudolf SCHIEFFER, Die Besuche mittelalterlicher Herrscher in Bonn (in: Bonner Geschichtsblätter 37, 1985, erschienen 1988) S. 7–40, hier
S. 29.
4   Siehe Mario KRAMMER, Wahl und Einsetzung der deutschen Könige im Verhältnis zueinander
(= Quellen und Studien zur Verfassungsgeschichte des deutschen Reiches in Mittelalter und Neuzeit
1 II, 1905) S. 1.
5   SCHUBERT, Königswahl [wie Anm. 1] S. 264.
6   Ebd. S. 273.
7   Ebd. S. 270; zum Zeremoniell der Königskrönung siehe Walter GOLDINGER, Das Zeremoniell
der deutschen Königskrönung seit dem späten Mittelalter (in: Mitteilungen des Oberösterreichischen Landesarchivs 5, 1957) S. 91–111; Hans Joachim BERBIG, Zur rechtlichen Relevanz von Ritus
und Zeremoniell im römisch-deutschen Imperium (in: ZKG 92, 1981) S. 204–249; Winfried

Noch der Sachsenspiegel erachtet die Königskrönung als den Teil der Königserhebung, der den Erhebungsvorgang beendete. Erst damit kam einem gewählten König die volle königliche Gewalt zu, erst danach war er berechtigt, sich König zu nennen[8]. Tatsächlich haben sich die spätmittelalterlichen Herrscher bis zum Ende des 14. Jahrhunderts vor ihrer Krönung nur *rex electus* genannt und ihre Regierungsjahre zumeist vom Tag der Krönung an gezählt[9]. Adolf von Nassau und Heinrich VII. benutzten bis zur Krönung in Aachen lediglich ihre Grafensiegel, aber nachdem schon Günther von Schwarzburg – in der Konsequenz der Rhenser Beschlüsse von 1338 – seit seiner Wahl das *kunegliche ingesiegel* verwendet hatte, bestimmte die Goldene Bulle, daß der gewählte König sogleich nach seiner Wahl (und noch vor seiner Krönung) durch seine Briefe und Siegel den Kurfürsten ihre Rechte und Privilegien zu bestätigen habe[10].

Auch wenn der Krönungsakt damit insgesamt an Bedeutung verlor, so haben die spätmittelalterlichen Herrscher doch nahezu ohne Ausnahme versucht, ihre volle Herrschaft durch den Vollzug der Krönung zum Ausdruck zu bringen. Karl IV. beispielsweise, der 1346 gegen Ludwig den Bayern gewählt worden war und im gleichen Jahr lediglich eine insgesamt fragwürdige Krönung zu Bonn hatte erreichen können, ließ sich nach dem Tod seines Gegenkönigs Günther von Schwarzburg zwar nicht erneut wählen, wohl aber, jetzt in Aachen, erneut krönen und damit sein nun unbestrittenes Königtum auch öffentlich sanktionieren. Lediglich drei der fünfzehn spätmittelalterlichen Herrscher nach dem sog. Interregnum erreichten die Krönung nicht: Der am 30. Januar 1349 vor den Toren von Frankfurt gewählte Günther von Schwarzburg teilte zwar schon zwei Tage nach der Wahl der Stadt Aachen seine Kur mit und verband damit die Hoffnung, sie werde ihn zur Krönung einlassen[11]; die militärischen Erfolge seines Gegenkandidaten, Karls IV., und die schwere Krankheit, die Günther schließlich am 14. Juni 1349 dahinraffte, verhinderten jedoch eine Krönung des unglücklichen Schwarzburgers in Aachen. Der am 1. Oktober 1410 in Frankfurt gewählte Jost von Mähren hatte zwar zusagen müssen, sich bei seiner Fahrt nach Aachen in Rhens erheben zu lassen, zu einer Krönung kam es jedoch nicht mehr, und auch König Albrecht II., der am 18. März 1438 in Frankfurt gewählt worden war, verließ während seiner kurzen Regierungszeit die habsburgischen Erblande nicht und wurde nicht gekrönt. Karl V., der am 28. Juni 1519 in Abwesenheit zu Frankfurt gewählt worden war,

DOTZAUER, Die Entstehung der frühneuzeitlichen deutschen Thronerhebung: Säkularisation und Reformation (in: Herrscherweihe und Königskrönung im frühneuzeitlichen Europa = Schriften der Mainzer Philosophischen Fakultätsgesellschaft 8, 1983) S. 1–20.
8 Sachsenspiegel, Landrecht III, Art. 52 (ed. von Carl Gustav HOMEYER, Sachsenspiegel 1, ³1861): *Die düdeschen solen durch recht den koning kiesen. Svenne die coren [gewiet] wert ... unde upp den stul to Aken kumt, so hevet he [koniglike walt unde] koninkliken namen.* – Siehe Vincenz SAMANEK, Studien zur Geschichte König Adolfs. Vorarbeiten zu den Regesta imperii 6 II, 1292–1298 (= Akademie des Wissenschaften in Wien, Phil.-hist. Kl., Sitzungsberichte 207 II, 1930), hier S. 36f.
9 SCHUBERT, Königswahl [wie Anm. 1] S. 270f.
10 Siehe ebd. S. 273.
11 Thomas R. KRAUS, Studien zur Vorgeschichte der Krönung Karls IV. in Aachen. Unbekannte Quellen aus dem Stadtarchiv Aachen (in: ZAachGV 88/89, 1981/82) S. 43–93, hier S. 59 und Nrn. 11–13 S. 76–79.

kam erst gut ein Jahr später von den Niederlanden her nach Aachen, wo er am 23. Oktober 1520 die Krone empfing[12]. Als letzter Herrscher wurde schließlich der am 5. Januar 1531 in Frankfurt gewählte Ferdinand I. acht Tage nach seiner Kur in Aachen gekrönt. Seitdem verzichteten die Herrscher auf eine Fahrt nach Aachen und ließen die Krönung in Frankfurt, also am Wahlort, vornehmen.

Da die Wahlhandlung mit der sich anschließenden Altarsetzung[13] und Huldigung in der Regel in Frankfurt stattfand, die Krönung aber seit Heinrich III. (1028) auf dem Stuhl Karls des Großen in Aachen vollzogen wurde[14], brachen die Gewählten mit den Kurfürsten und ihrem Gefolge zumeist einige Tage oder Wochen nach ihrer Wahl zur Krönung nach Aachen auf. Schon ein Blick in die vor allem im 15. Jahrhundert dichter werdende Überlieferung zeigt, daß diese Krönungsfahrten offensichtlich mehr waren als möglichst rasch und wenig spektakulär vollzogene Reisen in die rund 260 km entfernte Krönungsstadt. Im folgenden soll darum nicht nur der Verlauf dieser Krönungsfahrten untersucht werden und gefragt werden, wie diese Fahrten organisatorisch bewältigt wurden und welche Stationen die Herrscher dabei einlegten, sondern auch, welche Funktionen die Krönungsfahrt im Rahmen der Königserhebung für den neugewählten König und für die Kurfürsten hatte. Dabei ist auch der Frage nachzugehen, welche Elemente diese Krönungsfahrten über den jeweils situationsbedingten Verlauf der einzelnen Fahrt hinaus gegenüber dem für den König üblichen Reisezeremoniell hervorhoben.

Die Quellenlage zu den Krönungsfahrten des ausgehenden 13. und des 14. Jahrhunderts ist zumeist wenig günstig, so daß sich für einzelne Herrscher oft nur Zeitpunkt und Dauer, selten aber der Verlauf und die Stationen der Fahrt rekonstruieren lassen. Zur Krönungsfahrt Rudolfs von Habsburg zum Beispiel berichten die Quellen lediglich von Zwischenstationen in Mainz und Boppard, machen aber ansonsten keine genaueren Angaben zur Reise, so daß man nur erschließen kann, daß Rudolf spätestens am 23. Oktober, also 8–15 Tage nach seiner Abfahrt aus Frankfurt, in Aachen eingetroffen sein dürfte, wo er am 24. Oktober gekrönt wurde[15]. Nicht einmal das Itinerar zwischen der Wahl in Frankfurt und der Krönung in Aachen ist in allen Fällen sicher zu klären. Adolf von Nassau beispielsweise, der vielleicht am 19. Mai 1292, also zwei Wochen nach seiner Wahl, Frankfurt verließ, traf am 29. Mai mit dem Kölner Erzbischof in Boppard zusammen, um sich mit ihm über die Bedingungen für seine Krönung in Aachen zu verständigen. Für die Zeit zwischen diesen Tagen, in die mit dem 25. Mai das Pfingstfest

---

12 Friedrich CLASSEN, Beiträge zur Geschichte der Reichsstadt Aachen unter Karl V. (in: ZAachGV 36, 1914) S. 1–98.
13 Siehe dazu Fritz RIEGER, Die Altarsetzung der deutschen Könige nach der Wahl (Phil. Diss. Berlin 1885); Reinhard SCHNEIDER, Bischöfliche Thron- und Altarsetzungen (in: Papstgeschichte und Landesgeschichte. Festschrift für Hermann Jakobs zum 65. Geburtstag, hg. von Joachim DAHLHAUS und Armin KOHNLE = Beihefte zum Archiv für Kulturgeschichte 39, 1995) S. 1–15.
14 Zu den Königskrönungen: Aloys SCHULTE, Die Kaiser- und Königskrönungen zu Aachen 813–1531 (= Rheinische Neujahrsblätter 3, 1924); Albert HUYSKENS (Hg.), Aachener Heimatgeschichte (1924) S. 256–266.
15 Zur Krönung Rudolfs siehe auch Hellmuth RÖSSLER, Ein König für Deutschland. Die Krönung Rudolfs von Habsburg 1273 (= Janus-Bücher 17, 1960).

fiel, fehlen jedoch bisher alle Anhaltspunkte über seinen Aufenthalt[16]. Auch für die Wochen bis zur Krönung Adolfs und seiner Gemahlin am 24. Juni in Aachen[17] läßt sich lediglich nachweisen, daß der König am 13. Juni nach Köln kam[18], ohne daß sich weitere Angaben zu Adolfs Aufenthalt machen ließen[19].

Albrecht I., der nach seinem Sieg gegen Adolf von Nassau in der Schlacht bei Göllheim am 27. Juli 1298 zum zweiten Mal in Frankfurt gewählt worden war[20], zog wenige Tage später zunächst nicht nach Aachen, sondern rheinaufwärts zum Bischof von Straßburg, der einer seiner wichtigsten Verbündeten war. Nachdem vermutlich ein großer Stadtbrand am 15. August seinen Aufenthalt abrupt beendete hatte, brach er von hier aus zur Krönung auf, die am 24. August 1298, also nur 9 Tage später, in Aachen vollzogen wurde. Über die Stationen und den Verlauf der Fahrt gibt es jedoch keine Anhaltspunkte[21]. Noch ungünstiger ist die Überlieferung zum Itinerar Heinrichs VII., der als erwählter König noch am Tag nach seiner Wahl[22], am 28. November 1308 in Frankfurt urkundete[23], während sichere Nachrichten über seinen Weg bis zur Krönung

16   Heinrich SCHROHE, Mainz in seinen Beziehungen zu den deutschen Königen und den Erzbischöfen der Stadt bis zum Untergang der Stadtfreiheit 1462 (= Beiträge zur Geschichte der Stadt Mainz 4, 1915) S. 75 Anm. 1, hat vermutet, daß Adolf nicht nach Mainz gekommen sei und daß er möglicherweise seinen Weg durch seine Grafschaft genommen habe, wogegen jedoch der unten genannte Fürstenberger Vorfall spricht.
17   Zur Frage des Krönungstermins und der angeblichen Absperrrung der Stadt Aachen durch den Herzog von Brabant siehe SAMANEK, Studien [wie Anm. 8] S. 41; RI 6 II: Die Regesten des Kaiserreichs unter Rudolf, Adolf, Albrecht, Heinrich VII. 1273–1313, 2. Abt. neu bearb. von Vincenz SAMANEK (1948) Nr. 28.
18   F. W. Th. SCHLIEPHAKE, Geschichte von Nassau von den ältesten Zeiten bis auf die Gegenwart 2 (1867) S. 377.
19   Siehe dazu SAMANEK, Studien [wie Anm. 8] S. 55f. Anm. 1–3 und S. 68.
20   Alfred HESSEL, Jbb. des Dt. Reichs unter König Albrecht I. von Habsburg (1931) S. 62.
21   Die Chronik des Mathias von Neuenburg 34 (hg. von Adolf HOFMEISTER in: MGH SRG NS 4, 1924–40, Nachdr. 1955) S. 53f. [u. 335] bietet zwar *Occiso itaque Adolpho Albertus dux Austrie occisor ab omnibus principibus est electus [in regem], et Aquisgrani est sollempniter coronatus*. Aber zum Weg vgl. HESSEL, Jbb. [wie Anm. 20] S. 63, zu ergänzen aus Alfred HESSEL/Manfred KREBS (Bearb.), Reg. der Bischöfe von Straßburg 2 (1928) S. 397f. Nr. 2450.
22   Siehe den Wahlbericht der Kurfürsten an den Papst vom selben Tag: Reg. der Erzbischöfe von Köln im MA 4 (bearb. von Wilhelm KISKY, 1915) Nr. 413. – Gesta Trevirorum (hg. von Johannes Hugo WYTTENBACH und Michael Franz Joseph MÜLLER 1–3, 1836–1839) 2 S. 202–204; Mathias von Neuenburg, Chronik 37 [wie Anm. 21] S. 77 [und 347], wo als Wahltag fälschlich Allerheiligen (1. Nov. 1308) genannt ist. – Zur Wahl Heinrichs siehe Robert PÖHLMANN, Zur deutschen Königswahl vom Jahre 1308 (in: Forschungen zur deutschen Geschichte 16, 1876) S. 357–364; J. HEIDEMANN, Die Königswahl Heinrichs von Luxemburg im Jahre 1308 (ebd. 11, 1871) S. 41–78; Ernst SCHUBERT, Kurfürsten und Wahlkönigtum. Die Wahlen von 1308, 1314 und 1346 und der Kurverein von Rhens (in: Balduin von Luxemburg. Erzbischof von Trier – Kurfürst des Reiches 1285–1354. Fschr. aus Anlaß des 700. Geburtsjahres, hg. unter Mitwirkung von Johannes MÖTSCH von Franz-Josef HEYEN = Quellen und Abhandlungen zur mittelrheinischen Kirchengeschichte 53, 1985) S. 103–117, hier S. 104ff.
23   Reg. EBfe. Köln 4 [wie Anm. 22] Nrn. 414f., 417.

am 6. Januar 1309 in Aachen fehlen[24]. Weder lassen die Quellen erkennen, wie lange er noch in der Wahlstadt Frankfurt blieb, noch welchen Weg er von dort nach Aachen nahm oder wo er das Weihnachtsfest verbrachte[25]. Obwohl Heinrich nachweislich bei seiner Wahl in Frankfurt zugegen gewesen war, berichtet die Österreichische Reimchronik, der Mainzer Erzbischof habe den Marschall von Pappenheim nach Luxemburg geschickt, um Heinrich die Nachricht von seiner Wahl zu überbringen[26]. Steht diese Nachricht darum im Widerspruch zur sonstigen Überlieferung, so könnte die an den König gerichtete Aufforderung der Kurfürsten, *daz er denn hinz Âche kœme unde dâ die wîhe næme*[27] und Heinrichs Antwort, *er wold ez alsô ahten, daz er nâch wîchnahten sîner wîhe nâch wolt riten hinze Âch*[28], doch nahelegen, daß Heinrich von Frankfurt aus zunächst nach Luxemburg gezogen ist, von wo aus er wohl den direkten Weg nach Aachen genommen haben dürfte.

Etwas deutlicher zeichnen sich die Ereignisse um die Doppelwahl von 1314 und die Krönungen der beiden Konkurrenten ab. In der strittigen Situation war der Vollzug der Krönung am rechten Ort, d. h. in Aachen, mit den richtigen Insignien und durch den Kölner Erzbischof als dem Coronator von besonderer Bedeutung, versprach doch die Erlangung der Krone gegenüber dem Gegner einen entscheidenden Vorteil zu bringen. Sowohl der am 19. Oktober 1314 in Sachsenhausen bei Frankfurt gewählte Habsburger Friedrich der Schöne[29] wie der am folgenden Tag vor Frankfurt gekürte Wittelsbacher Ludwig der Bayer bemühten sich darum schon vor und unmittelbar nach ihrer Wahl, ihren Anspruch auf die Königsherrschaft durch den raschen Vollzug der Krönung in Aachen durchzusetzen. Friedrich der Schöne wurde dabei vom Kölner Erzbischof Heinrich von Virneburg unterstützt, der mit seinem Eintreten für den Habsburger seine Stellung im Rahmen von Wahl und Krönung gegenüber dem Mainzer Erzbischof zu stärken suchte[30]. Er versprach Friedrich darum, ihn auf seine Kosten zur Krönung nach Aachen zu geleiten, aber während es seinem Kandidaten nicht gelang, nach Frank-

---

24 Die Königsaaler Geschichts-Quellen (hg. von Johann Loserth = Fontes rerum Austriacarum, Scriptores 8, Wien 1875) S. 335; Annales Osterhovenses (in: MGH SS 17) S. 555 (mit dem falschen Krönungsdatum 2. Febr. und der Angabe, der Mainzer Erzbischof habe die Krönung vorgenommen); Mathias von Neuenburg, Chronik 37 [wie Anm. 22]; zur Krönung siehe Reg. Ebfe. Köln 4 [wie Anm. 22] Nr. 423 mit weiterer Literatur.

25 Die Angaben bei Friedrich Schneider, Kaiser Heinrich VII. Heft 1: Bis zum Beginn des Romzugs 1310 (1924) S. 28, die Wochen zwischen Wahl und Krönung seien »bereits von reger Tätigkeit und allgemeiner Umschau erfüllt« gewesen und Heinrich habe seine Urkunden noch mit dem luxemburgischen Grafensiegel versehen, sind unbelegt.

26 Österreichische Reimchronik V. 95726ff. (ed. von Joseph Seemüller = MGH Dt. Chroniken 5 II, 1893) S. 1242f.

27 Ebd. V. 95798ff.

28 Ebd. V. 95828ff.

29 J. F. Böhmer, RI. Die Urkunden Kaiser Ludwigs des Baiern, König Friedrichs des Schönen und König Johanns von Böhmen (1839) S. 164. Zur Doppelwahl von 1314 siehe Schubert, Kurfürsten und Wahlkönigtum [wie Anm. 21] S. 107–111.

30 Ebd. S. 108.

furt eingelassen zu werden, zog sein Konkurrent schon drei Tage später, am 23. Oktober, in die Wahlstadt ein und wurde auf den Altar des Hl. Bartholomäus erhoben[31].

Schon mit seinem Einzug in Frankfurt, der Friedrich dem Schönen nicht gelang, hatte Ludwig einen ersten Teilerfolg errungen. Seinem Mitkonkurrenten und dessen Anhängern dagegen wurde die Zufuhr von Lebensmitteln abgeschnitten, so daß sich in seinem Heer der Hunger ausbreitete[32]. Angesichts der Überlegenheit der militärischen Kräfte Ludwigs versuchte Friedrich der Schöne vergeblich, so rasch wie möglich die Krönungsstadt Aachen zu erreichen. Schon Anfang November 1314 aber bat er den Kölner Erzbischof Heinrich in Bonn um die Krönung[33]. Da dessen Versuche, mit seinem Kandidaten einen Zugang nach Aachen oder Köln zu erreichen, ohne Erfolg blieben, mußte er Friedrich den Schönen schließlich am 25. November 1314 unter wenig spektakulären Umständen in der Bonner Stiftskirche St. Cassius salben und zum König krönen[34].

Am gleichen Tag wurde auch Ludwig der Bayer gekrönt, in Aachen, also am rechten Ort, aber vom Mainzer Erzbischof und nicht mit den richtigen Insignien. Schon im Vorfeld der Wahl hatte sich Ludwig die Stimmen der Kurfürsten und die Unterstützung der Fürsten und Herren zu seiner Königserhebung durch umfangreiche Wahlversprechungen gesichert und dabei etwa dem Mainzer Erzbischof Zusagen gemacht, die er von einer Krönung in Aachen binnen dreier Monate abhängig machte[35]. Auch die Einlösung der Wahlversprechen gegenüber Erzbischof Balduin von Trier knüpfte er daran, daß er mit seiner Hilfe zum römischen König gewählt werde und die Krönung erhalte. Zugleich hatte sich Ludwig angesichts der drohenden Auseinandersetzung mit der habsburgischen Partei um die notwendige militärische Unterstützung für seinen Zug nach Aachen bemüht, und es gelang ihm, gegen die Zusage hoher Geldsummen mehrere Grafen und Herren mit ihren bewaffneten Mannschaften zu gewinnen, die ihren Dienst für ein Jahr zunächst auf der Strecke zwischen Straßburg und Aachen und gegebenenfalls auch auf der rechtsrheinischen Bergstraße leisten sollten. Als man der Königswahl näherkam, wurde der Dienst auf die Strecke zwischen Frankfurt und der Krönungsstadt Aachen beschränkt[36]. Die *Chronica de gestis principum* berichtet, Ludwig habe so vor und nach seiner Wahl ein großes Heer gesammelt, und da ihm täglich viele weitere zugeströmt seien, habe er schließlich tausend Berittene bei sich gehabt. Mit diesen sei er mit großem Zug *(magna cum pompa)* nach Aachen aufgebrochen[37].

---

31 RI [wie Anm. 29] S. 1; siehe den Bericht der Stadt Wetzlar an Aachen vom 25. Oktober 1314: MGH Const. 5 Nr. 112.

32 Siehe Johannes von Viktring, Liber certarum historiarum V (hg. von Fedor SCHNEIDER = MGH SRG [36] II, 1910) S. 65 und 104.

33 MGH Const. 5 Nr. 114f.

34 RI [wie Anm. 29] S. 164; zur Krönung Friedrichs siehe MGH Const. 5 Nr. 114f.; Johannes von Viktring S. 66, 105; Chronica de gestis principum (hg. von G. LEIDINGER, Bayerische Chroniken des XIV. Jahrhunderts = MGH SRG [19], 1918) S. 80; Chronica Ludovici IV (ebd.) S. 126; siehe SCHIEFFER, Besuche [wie Anm. 3] S. 22f.

35 MGH Const. 5 Nr. 7.

36 1314 Sep. 18: MGH Const. 5 Nr. 70; 1314 Okt. 6: ebd. Nr. 84; 1314 Okt. 9: ebd. Nr. 85; 1314 Okt. 15: ebd. Nr. 88; 1314 Okt. 18: ebd. Nr. 89; 1314 Okt. 24: MGH Const. 5 Nr. 109.

37 Chronica de gestis principum S. 80.

Noch in Frankfurt hatte Ludwig Erzbischof Balduin von Trier und drei Tage später in Mainz auch den dortigen Erzbischof Peter dazu gewinnen können, ihn zur Krönung nach Aachen zu begleiten[38]. Aus einer Aufforderung an den auf Seiten Friedrichs stehenden Kölner Erzbischof, ihn in Aachen zu krönen, die Ludwig am 18. November 1314 von seinem Lager bei Feusdorf (zwischen Gerolstein und Blankenheim in der Eifel) ergehen ließ[39], und aus einer Urkunde Erzbischof Balduins von Trier, die er am gleichen Tag in dem wenige Kilometer entfernten Ort Bewingen ausstellte[40], läßt sich erschließen, daß Ludwig und die ihn begleitenden Kurfürsten, Fürsten und Herren das von Friedrich und dem Kölner Erzbischof gehaltene Bonn im Süden umgingen und, vielleicht von Koblenz aus, durch die Eifel nach Aachen zogen, wo Ludwig am 23. November eintraf. Nachdem er vor dem Einritt in die Stadt den Aachener Bürgern die Bestätigung ihrer Freiheiten und Privilegien zugesagt hatte[41], wurde er am 25. November durch die Erzbischöfe von Mainz und Trier gekrönt[42].

Wie seine Vorgänger war auch der am 11. Juli 1346 in Rhens gewählte Karl IV. bemüht, seine Königserhebung durch die Krönung in Aachen abzuschließen und seinen Herrschaftsanspruch durchzusetzen. Noch am Wahltag teilte er der Stadt Aachen seine Wahl mit und wies darauf hin, daß noch die Krönung zu vollziehen sei, die seine Vorgänger nach alter Gewohnheit in Aachen empfangen hätten. Er bat die Stadt darum, ihn, sein Gefolge und die Fürsten in die Stadt Aachen zur Krönung einzulassen, die man schon auf dem Rhenser Wahltag auf den 27. August angesetzt hatte[43]. Nach einem Bericht eines Frankfurter Ratsherrn, der Augenzeuge des Geschehens war, ließ Karl IV. nach seiner Wahl *dez riches banir* aufstoßen und fuhr von Rhens aus mit mehr als einhundert kleinen und großen Schiffen voller Bewaffneter *(do sie alle gewapent stunden)* rheinabwärts, und der Ratsherr fügte hinzu: *nieman enweiz war sie varen oder waz sie schaffen woln*[44]. Tatsächlich aber kam Karl am 12. Juli nur bis Koblenz[45], zog von dort rasch in Richtung Lüttich und nahm am 19. Juli als Beobachter an der Schlacht des Lütticher Bischofs gegen die Bürger seiner Stadt teil, so daß man in Aachen befürchtete,

38   MGH Const. 5 Nr. 110; ebd. Nr. 108; Regesten der Reichsstadt Aachen, einschließlich des - Aachener Reiches und der Reichsabtei Burtscheid (bearb. von Wilhelm MUMMENHOFF = Publ. der Gesellschaft für Rheinische Geschichtskunde 47, I u. II, 1937–1961), hier Bd. 2 Nr. 168. – Am 16. Jan. 1315 verpfändete Ludwig dem Mainzer Erzbischof die Stadt Oppenheim u. a. für die 3000 lb.h., *quas in nostris et imperii serviciis expendit nos associando Aquisgranum pro coronacione nostra optinenda*; MGH Const. 5 Nr. 204; Reg. Aachen 2 Nr. 195.
39   MGH Const. 5 Nr. 121; Reg. Aachen 2 Nr. 172.
40   MGH Const. 5 Nr. 122; Reg. Aachen 2 Nr. 173.
41   MGH Const. 5 Nr. 125; Reg. Aachen 2 Nr. 175; Bestätigung vom 25. Nov. 1314: ebd. Nr. 176.
42   Zum Streit um das Krönungsrecht siehe MGH Const. 5 Nr. 272; Reg. Aachen 2 Nr. 200; zur Krönung siehe die Vita Ludovici IV. imp. (in: LEIDINGER, Bayerische Chroniken [wie Anm. 34]) S. 125.
43   KRAUS, Studien [wie Anm. 10] Nr. 1 S. 69; siehe schon das Schreiben Papst Clemens' VI. vom 28. April 1346 an die Stadt, den noch zu Wählenden zur Krönung einzulassen; KRAUS S. 50. – Siehe den Auftrag an Erzbischof Balduin von Trier vom 30. Apr. 1346: MGH Const. 8 Nr. 24.
44   Karl MENZEL, Archivalische Mittheilungen zur Geschichte der oberrheinischen Gebiete, insbesondere von Elsaß, Baden und der bair. Pfalz (in: ZGO 23, 1871) S. 438–469, hier Nr. 10 S. 440–442.
45   RTA 1–22 II (1867–1973); Mittlere Reihe 1,3–6 (1972–1989); hier Bd. 8 Nr. 236.

Karl könne seinen Zug für einen Angriff auf die Krönungsstadt nutzen[46]. Karl aber ritt ohne Krönung über Trier nach Frankreich, wo er am 26. August in der Schlacht von Crécy den Tod seines Vaters Johann von Böhmen miterleben mußte. Nachdem ihn auch die Stadt Köln nicht hatte einlassen wollen, ließ er sich schließlich am 26. November 1346 vom Kölner Erzbischof in Bonn krönen[47].

Erst nach dem Tod seines Gegenkandidaten Günther von Schwarzburg konnte Karl IV. 1349 die Krönung am rechten Ort nachholen lassen. Nach einem fast dreiwöchigen Aufenthalt in Frankfurt brach er am 5. Juli 1349 zu seiner Krönungsfahrt auf[48], nachdem er schon zwei Tage zuvor der Stadt Nordhausen mitgeteilt hatte, daß er *itzůnd gein Ache* wolle[49]. Bis Bonn verlief die Fahrt – trotz des zu dieser Zeit am Rhein grassierenden Schwarzen Todes – offenbar rasch und ohne Zwischenfälle. Über Mainz (6.–7. Juli), Boppard (8. Juli) und Koblenz (10. Juli)[50] erreichte er Bonn, wo er seine Krönungsfahrt jedoch für elf Tage (11.–22. Juli) unterbrechen mußte, weil er, wie Mathias von Neuenburg berichtet, *pro multitudine peregrinorum flagellancium* in Aachen *nicht* aufgenommen werden konnte[51][52]. Besonders rasch verlief offenbar auch die Krönungsfahrt des am 10. Juni 1376 in Frankfurt gewählten Wenzel, der sich noch am 30. Juni in der Wahlstadt aufhielt, jedoch schon am 6. Juli in Aachen die Krone empfangen konnte. Er dürfte mit Kaiser Karl IV. nicht vor dem 4. Juli in Aachen eingetroffen sein. Ein Bericht über die Krönungsfahrt fehlt[53], jedoch ergibt sich aus den Aachener Stadtrechnungen[54], daß die Bürger schon vor der Wahl mit Kaiser Karl IV. und seinem Sohn Wenzel in engem Kontakt standen und wiederholt Boten von Aachen zum Kaiser nach Bacharach, Bonn und Frankfurt und zurück geschickt wurden. Zur Krönungsfahrt wurden Vertreter der Stadt dem Kaiser und dem neugewählten König nach Frankfurt entgegengesandt, die sie auf der Fahrt begleiteten[55].

---

46   KRAUS, Studien [wie Anm. 10] S. 52f.; Mathias von Neuenburg, Chronik S. 200: *Intenderat autem electus ire Aquisgrani pro coronacione. Cui tamen Aquenses, quantum in eis fuit, intenderant restitisse.*
47   KRAUS, Studien [wie Anm. 10] S. 54; Wilhelm JANSSEN, Karl IV. und die Lande an Niederrhein und Untermaas (in: Kaiser Karl IV. 1316–1378. Forschungen über Kaiser und Reich, hg. von Hans PATZE = BDLG 114, 1978) S. 208f.
48   Johannes Latomus, Acta...vetustiora 793–1519 (in: BOEHMER, Fontes 4, 1868) S. 415: *Die 3 nonas Iulii rex et regina discesserunt Aquisgranum pro coronatione, ...*
49   1349 Juli 3: MGH Const. 9 Nr. 95.
50   Friedhelm BURGARD, Das Itinerar König Karls IV. von 1346 bis zum Antritt des Italienzuges 1354 (in: Kurtrierisches Jahrbuch 19, 1979) S. 68–110, hier S. 75.
51   Mathias von Neuenburg, Chronik S. 280; siehe SCHIEFFER, Besuche [wie Anm. 3] S. 26.
52   KRAUS, Studien [wie Anm. 10] S. 63, mit Verweis auf J. LAURENT, Aachener Stadtrechnungen aus dem XIV. Jahrhundert (1866) S. 203: *Item den trumperen jacentibus supra aulam et cornuantibus tempore ostensionis reliquiarum et tempore, quo dns. rex erat hic 13 m. per rel. Item 12 episcopos per rel.* KRAUS (ebd.) geht zudem von einer Heiltumsfahrt vom 10.–24. Juni 1349 aus.
53   Siehe RTA 1 S. 152.
54   RTA 1 Nr. 100 S. 164–182, hier S. 166f.
55   LAURENT, Aachener Stadtrechnungen [wie Anm. 52] S. 174.

Auch über die Krönungsfahrt des nach der Absetzung Wenzels am 21. August 1400 gewählten Königs Ruprecht[56] sind wir nur schlecht unterrichtet. Zwar hatten die vier rheinischen Kurfürsten (darunter Ruprecht selbst) noch am Wahltag allen Reichsständen auf dem Rhenser Königsstuhl die Wahl Ruprechts verkündet und zu seiner Anerkennung aufgefordert[57], von einer Durchsetzung Ruprechts konnte jedoch zu diesem Zeitpunkt noch keine Rede sein. Vor allem stand die Verständigung mit der Stadt Frankfurt aus, wo Ruprecht, da er am falschen Ort gewählt worden war, die nach der Wahl erforderlichen Akte vornehmen lassen mußte. Auch eine Einigung mit der Stadt Aachen, die zu seiner Aufnahme bereit sein mußte, wollte er am rechten Ort gekrönt werden, war noch nicht zustandegekommen. Da in beiden Fällen zu erwarten war, daß eine Verständigung längere Zeit in Anspruch nehmen würde, zog Ruprecht (mit den anderen drei Kurfürsten) von Rhens aus über Bacharach[58] und Altenwolfstein (28. August)[59] zu seiner Residenz Heidelberg (1.–6. September)[60]. Gegenüber den Vertrauten, die er nach seiner Wahl nach Frankfurt geschickt hatte, um von der Stadt seinen sofortigen Einlaß zu fordern, hatten sich die Frankfurter Bürger Bedenkzeit bis zum 8. September erbeten[61], und ein inzwischen für den Mainzer Städtetag durch *wise, gelerte, große paffen* erstelltes Gutachten stellte fest, daß Ruprecht zwar rechtmäßig gewählt und König Wenzel abgesetzt sei, daß die Städte ihm aber vor Beendigung des Lagers vor Frankfurt, vor der Krönung zu Aachen und vor der Bestätigung ihrer Privilegien keinen Dienst schuldig seien[62].

Der spätmittelalterliche Brauch des Königslagers, einer formalisierten Form des Kriegslagers im Rahmen der Königserhebung, die erst im 13. Jahrhundert aufkam, sollte auch hier, wie bei anderen strittigen Wahlen und dem Kampf um das Reich, dem Kandidaten die Möglichkeit geben, mit seiner militärischen Behauptung gegenüber der gegnerischen Partei seine Durchhaltefähigkeit und Rechtmäßigkeit unter Beweis zu stellen und sich als der Stärkere zu erweisen[63]. Nachdem die Stadt Frankfurt schon von Günther von Schwarzburg, angesichts der Zwiespältigkeit der Situation, ein Königslager gefordert hatte, sich jedoch auf sein Drängen und das der Kurfürsten entschlossen hatte, ihn schon nach sieben Tagen einzulassen[64], war Ruprecht der einzige der spätmittelalterlichen Herrscher, der für die volle Zeit von sechs Wochen und drei Tagen vor den Mauern liegen mußte, bevor er in die Stadt einziehen konnte. Frankfurt stand indessen

---

56 RTA 3 Nrn. 205f. und Nr. 209.

57 Ebd. Nr. 210.

58 Regesten der Pfalzgrafen am Rhein 1214–1508, Bd. 2: 1400–1410 (bearb. von L. von OBERN-DORFF u. a., 1912–1939) Nrn. 96–100.

59 Ebd. Nrn. 101–103.

60 Ebd. Nrn. 108–114.

61 Ebd. Nrn. 105f.; RTA 4 Nr. 136.

62 Johannes JANSSEN (Hg.), Frankfurts Reichscorrespondenz nebst andern verwandten Aktenstücken von 1376–1519, 2 Bde. (1863–1872), hier Bd. 1 Nr. 205; Reg. Pfalzgrafen 2 Nr. 117; RTA 4 Nr. 120.

63 Hans WEIRICH, Über das Königslager. Ein Beitrag zur Verfassungsgeschichte des spätmittelalterlichen Deutschen Reiches (in: DA 3, 1939) S. 211–235, hier S. 212–214 und S. 230.

64 KRAUS, Studien [wie Anm. 10] S. 59; ebd. Nr. 13 S. 78f.

auf der Seite des abgesetzten Königs Wenzel, dem 1376 wegen der Unstreitigkeit seiner Wahl ein Königslager erspart geblieben war[65]. Die Stadt berichtete ihm am 2. September 1400, Ruprecht wolle mit den Kurfürsten, Fürsten, Grafen und Herren *mit grossir macht* vor Frankfurt ziehen, und einige der Fürsten hätten bereits ihre Banner auf dem Feld vor der Stadt aufgesteckt, wo sie ihr Lager beziehen wollten. In der Stadt hege man deshalb große Befürchtungen[66]. Die Hoffnung der Stadt aber, Wenzel werde zu Hilfe kommen, *fur Franckfurt faren ziehen und* – wie ein Straßburger Chronist berichtet – *den Ruprecht von dem veld slahen und wider zu dem reich komen*[67], verwirklichte sich nicht. Man konnte nicht verhindern, daß Ruprecht und die drei geistlichen Kurfürsten am 10. September ihre Zelte vor der Stadt aufschlagen ließen[68], versagte ihnen jedoch zumindest, das Lager aus der Stadt zu versorgen und *die diebe von den galgen tun, oder den galgen mit brenden und barten* (zu) *beslahen*[69]. Erst nach Ablauf der Frist wolle man dem König seine Schuldigkeit tun, antwortete ihm der Rat, versäumte es aber nicht, der inzwischen im Lager eingetroffenen Gemahlin Ruprechts festliche Turniere zu veranstalten[70]. So konnte Ruprecht erst am 26. Oktober in Frankfurt einreiten[71].

Ruprecht blieb nicht länger als notwendig in der Mainstadt, konnte man doch jetzt endlich die Krönung in Aussicht nehmen, die wegen der Weigerung Aachens in Köln stattfinden sollte[72]. Obwohl er am 9. November Papst Bonifaz IX. schrieb, er wolle sich am 25. November krönen lassen[73], dauerte es jedoch noch Wochen, bis Ruprecht zur Krönungsfahrt aufbrechen konnte. In der Zwischenzeit warb Ruprecht im Elsaß und am Oberrhein erfolgreich um die Unterstützung der Städte, und auf einem Tag in Mainz kam er mit den Kurfürsten und Fürsten überein, sich am Dreikönigstag 1401 in Köln krönen zu lassen. Von Heidelberg aus lud er darum die schwäbischen Städte zur

---

65 Siehe den Bericht an die Stadt Straßburg, man wolle Wenzel umgehend krönen, da er nicht vor Frankfurt liegen wolle, *wan man noch nit weiss von iman sagen, der wider in sin wolle*; RTA 1 Nr. 54; siehe WEIRICH, Königslager [wie Anm. 63] S. 231.

66 JANSSEN, Reichscorrespondenz [wie Anm. 62] 1 Nr. 202.

67 WEIRICH, Königslager [wie Anm. 63] S. 231f.; siehe etwa die Notiz in der deutschen Nürnberger Weltchronik (in: Chr. dt. Städte 3 = Die Chroniken der fränkischen Städte. Nürnberg 3, 1864) S. 300 und die Bemerkung bei Latomus (in: Frankfurter Chroniken und annalistische Aufzeichnungen des MA, bearb. von Richard FRONING, 1884) S. 100: *Anno 1401 Rupertus comes palatinus Rheni ... cum exercitu jacuit in campo Francfordensi et insinuavit principibus circumjacentibus suam electionem. sed nemo comparuit, hoc est nullus qui se opponeret, etsi Wenceslaus adhuc viveret. quare cives Francfordenses eum receperunt.*

68 Reg. Pfalzgrafen 2 Nr. 119; RTA 4 Nr. 162; JANSSEN, Reichscorrespondenz [wie Anm. 62] 1 Nr. 207.

69 Ebd. Nr. 191.

70 Reg. Pfalzgrafen 2 Nr. 124 ; RTA 4 Nr. 138; JANSSEN, Reichscorrespondenz [wie Anm. 62] 1 Nr. 220.

71 Reg. Pfalzgrafen 2 Nr. 190; RTA 4 Nr. 145; JANSSEN, Reichscorrespondenz [wie Anm. 62] 1 Nr. 221; siehe WEIRICH, Königslager [wie Anm. 63] S. 232.

72 Schreiben Erzbischof Friedrichs von Köln an die Stadt Köln vom 28. Okt. 1400; Reg. Pfalzgrafen 2 Nr. 194; RTA 4 Nr. 168.

73 JANSSEN, Reichscorrespondenz [wie Anm. 62] 1 Nr. 932.

Entsendung ihrer Vertreter zur Krönung ein[74], teilte der Stadt Köln den Krönungstermin mit und bevollmächtigte den Wormser Domherrn Jakob von Laudenburg, für ihn und seine *frunde* in Köln Herbergen zu beschaffen und andere für die Krönung notwendige Dinge auszurichten[75]. Nachdem die letzten Hoffnungen, die Stadt Aachen werde ihn doch einlassen, an der Forderung der Aachener nach einem nochmaligen Königslager vor ihrer Stadt gescheitert war[76], reiste Ruprecht am 27. oder 28. Dezember von seiner Residenz Heidelberg aus nach Köln ab[77], wo er am 5. Januar eingetroffen sein dürfte und am Dreikönigstag, dem 6. Januar 1401, gekrönt wurde. Für die Krönungsfahrt verblieben also die neun Tage zwischen dem 28. Dezember und dem 5. Januar. Über den Verlauf und die Stationen der Krönungsfahrt Ruprechts, die wohl eher rasch und ohne großes Zeremoniell verlaufen sein dürfte, machen die Quellen wiederum keine Angaben.

Sehr viel günstiger ist die Überlieferungssituation für die Krönungsfahrten seiner Nachfolger. Schon nach seiner ersten Wahl (am 20. September 1410) hatte König Sigismund der Stadt Aachen am 21. Januar 1411 seine Ankunft zur Krönung angekündigt[78]. Aber auch nach seiner zweiten Wahl am 21. Juli 1411 in Frankfurt dauerte es noch einmal fast drei Jahre und vier Monate, ehe der Luxemburger am 8. November 1414 in Aachen seine Königskrone empfing. Erst im Sommer 1414 kam Sigismund, wie sein Chronist Eberhard Windecke berichtet, von Savoyen aus über Bern, Basel und Straßburg rheinabwärts, um sich auf den Weg zur Krönung in Aachen zu machen[79]. Er hatte die Kurfürsten und die Reichsstände für den August zu einem Fürstentag nach Koblenz geladen[80] und hoffte, von hier aus die Fahrt mit großem Gefolge fortsetzen zu können. Der äußerst schwache Besuch dieses Tages, zu dem von den Kurfürsten nur der Mainzer erschienen war, andere aber nicht einmal ihre Bevollmächtigten entsandt hatten, veranlaßte Sigismund jedoch, die Krönungsfahrt abzubrechen[81]. Er reiste von Koblenz aus über Heidelberg nach Nürnberg (23.–30. August) zurück und drohte sogar, gegebenenfalls ungekrönt nach Ungarn zurückzukehren[82]. Zwar ließ er sich durch den Einwand umstimmen, er könne nur als gekrönter König das Konzil in Konstanz schützen[83], aber erst ein Treffen mit Kurfürsten, Fürsten und Städten in Heilbronn[84] und die

---

74   RTA 4 Nr. 202.

75   Ebd. Nr. 203.

76   Ebd. Nr. 204; Janssen, Reichscorrespondenz [wie Anm. 62] 1 Nr. 946.

77   Reg. Pfalzgrafen 2 Nrn. 329–331; siehe Schieffer, Besuche [wie Anm. 3] S. 26. – Am 29. Dez. bat Erzbischof Werner von Trier die Stadt Köln um Geleit für seinen Gesandten Arnold Basuner zum bevorstehenden Krönungstag Ruprechts in Köln; Reg. Pfalzgrafen 2 Nr. 334; RTA 4 S. 238 Anm. 1.

78   Thomas R. Kraus, Quellen zur Krönung Wenzels, Ruprechts und Sigmunds (in: DA 38, 1982) S. 193–202, hier Nr. 7 S. 200.

79   Siehe dazu Hoensch, Sigismund [wie Anm. 3] S. 183f.

80   Ebd. S. 186.

81   Eberhart Windeckes Denkwürdigkeiten zur Geschichte des Zeitalters Kaiser Sigmunds (hg. von Wilhelm Altmann, 1893) S. 52.

82   Ebd.; siehe dazu Altmann, ebd. S. 52.

83   Hoensch, Sigismund S. 186f.

84   Janssen, Reichscorrespondenz [wie Anm. 62] 1 Nr. 473.

schriftliche Aufforderung an die Kurfürsten und zahlreiche Städte[85], ihn zu der am 21. Oktober angesetzten Krönung nach Aachen zu begleiten, ließen die Vorbereitungen wieder in ein konkretes Stadium treten. Neben den Gesandten anderer Reichsstädte erschienen jetzt auch Boten der Stadt Köln in Speyer, um den König zu begrüßen[86]. Von Nürnberg aus zog Sigismund nach Heilbronn, wo er mit seiner Gemahlin Barbara zusammentraf, die ihn nach Aachen begleiten sollte[87]. Am 25. Oktober wurde er zu einem zwei- bis dreitägigen Aufenthalt in Mainz erwartet[88], jedoch mied er offensichtlich die Stadt und machte Station in der erzbischöflichen Residenz Eltville im Rheingau, wo die Verhandlungen mit dem Mainzer fortgesetzt wurden[89].

Über den weiteren Verlauf der Krönungsfahrt Sigismunds sind wir durch den detaillierten Bericht des Friedberger Bürgermeisters Eigil von Sassen unterrichtet[90]. Danach verließ die Königin am 25. Oktober Frankfurt, reiste über Mainz nach Bingen und traf hier am 27. Oktober den König, der von Walluf her über den Rhein gekommen war. Am Sonntag, dem 28. Oktober, fuhren der König und seine Gemahlin weiter nach Boppard[91], am folgenden Tag nach Koblenz, wo sich Sigismund mit dem Mainzer Erzbischof aussöhnte[92], und erreichten am 30. Oktober Andernach, von wo aus er zum Konstanzer Konzil einlud[93]. Vom 31. Oktober bis 2. November hielt sich Sigismund in Bonn auf[94], bevor er *di zehen mil die cronunge z nemen* Richtung Aachen ritt. Nach dem Bericht Eberhard Windeckes hatte Sigismund schon in Bonn die Nachricht erhalten, der Herzog von Brabant wolle ihm den Weg nach Aachen versperren. Auf seine Bitte um militärische Hilfe zog der Herzog von Geldern mit 4000 Pferden heran, und auch die Aachener Bürger schlossen sich mit ganzer Macht dem Zug an und geleiteten den König und die Königin mit den Erzbischöfen von Trier und Köln bis Aachen[95]. Eigil von Sassen berichtet, am Sonntag, dem 4. November, seien der König und die Königin in der Krönungsstadt angekommen, wo, wie die Herolde überschlagen hätten, mehr als 28000 Pferde des ganzen Zuges gewesen seien. Nach einem dreitägigen Königslager vor den Toren der Stadt, das alle anwesenden Kurfürsten mit Sigismund teilten, wurden er und seine

---

85   RTA 7 Nr. 235.
86   RTA 7 S. 236. JANSSEN, Reichscorrespondenz [wie Anm. 62] 1 Nr. 479: Schreiben der Frankfurter Vertreter vom 24. Okt.; siehe SCHROHE, Mainz [wie Anm. 16] S. 168.
87   HOENSCH, Sigismund [wie Anm. 3] S. 187.
88   RI 11 I Nr. 1267a.
89   Siehe den Bericht des Frankfurter Stadtschreibers Heinrich aus Mainz; JANSSEN, Reichscorrespondenz [wie Anm. 62] 1 Nr. 478.
90   RTA 7 Nr. 167 nach Or. im StA Darmstadt, dort Einlage im Protocollum antiquitatum ab a. 1400 usque an. 1442; gedruckt in: AKDV 12, 1865) Sp. 302–304; siehe Hermann HEIMPEL, Königliche Evangeliumslesung bei königlicher Krönung (in: Aus Kirche und Reich, Studien zu Theologie, Politik und Recht im Mittelalter. Fschr. für Friedrich Kempf, hg. von Hubert MORDEK, 1983) S. 447–459, hier S. 449.
91   RI 11 I Nr. 1267b; RTA 7 Nr. 167; Itinerar König und Kaiser Sigismunds von Luxemburg 1368–1437, hg. von Jörg K. HOENSCH (= Studien zu den Luxemburgern und ihrer Zeit 6, 1995) S. 93.
92   RI 11 I Nr. 1268.
93   Ebd. Nr. 1268b.
94   Ebd. Nr. 1269.
95   RTA 7 S. 237 und S. 244 Z. 9; ALTMANN, Windecke [wie Anm. 81] S. 52f.

Gemahlin am Donnerstag darauf (8. November) vom Kölner Erzbischof im Aachener Münster gekrönt[96]. Eigil nennt die anwesenden Fürsten, beschreibt die Mitwirkung der anwesenden Kurfürsten bei der Krönung (es fehlte König Wenzel von Böhmen, der Mainzer Erzbischof ließ sich durch Graf Adolf von Nassau vertreten) und die damit verbundenen Zeremonien und Festlichkeiten in der Krönungsstadt[97].

Besonders günstig ist die Überlieferungslage für die Krönungsfahrten Friedrichs III. (1442) und Maximilians I. (1486). Die ausführlichste Quelle zur Krönungsfahrt Friedrichs liegt in einem Bericht eines namentlich nicht bekannten steiermärkischen Adligen vor, der den König als Angehöriger des Hofstaates auf der ganzen Fahrt begleitet haben dürfte[98]. Er notierte sorgfältig die Stationen der Krönungsfahrt, ihre Entfernung voneinander und die Dauer des Aufenthalts in den einzelnen Orten, so daß sein Bericht den Charakter eines Itinerars trägt[99]. Er war offensichtlich noch nicht fertiggestellt und einer Schlußredaktion unterzogen, als er nach der Rückkehr Friedrichs III. nach Frankfurt von einem Waldshuter Gesandten abgeschrieben wurde[100] und dadurch in das Kloster Königsfelden kam[101], während die vollständige Fassung heute in einer Londoner Handschrift vorliegt[102]. Parallel dazu gibt auch die Speyerer Chronik einen recht ausführlichen Bericht über die Krönungsreise[103].

Der am 2. Februar 1440 in Frankfurt gewählte Friedrich III. hatte – von österreichischen Angelegenheiten festgehalten – besonders lange gezögert, bis er am 14. April 1442, also rund zweieinhalb Jahre nach der Wahl, mit großem Gefolge zur Krönung in Aachen aufbrach[104]. Über Seefeld, Landsberg am Lech, Augsburg, Donauwörth und Schwabach erreichte er Nürnberg und zog am 29. April mit großem Gefolge in die Reichsstadt ein[105]. Während seines vierwöchigen Aufenthaltes in Nürnberg traf er mit

---

96 Ebd. S. 53; HOENSCH, Sigismund [wie Anm. 3] S. 187.
97 Zum Einritt in Aachen siehe HOENSCH, Sigismund [wie Anm. 3] S. 188; zur Krönung und den Krönungsfeierlichkeiten ebd. S. 188f. – Zeitgenössischer Bericht über den Empfang Kg. Sigmunds und der Königin Barbara in Aachen Nov. 4, und die Vorbereitungen zu der Krönung und den Zug zur Kirche am Morgen des Krönungstages: RTA 7 Nr. 168f.
98 Joseph SEEMÜLLER, Friedrichs III. Aachener Krönungsreise (in: MIÖG 17, 1896) S. 584–665, hier bes. S. 610.
99 Ebd. S. 611–615.
100 Theodor VON LIEBENAU (Hg.), Königsfelder Chroniken zur Geschichte Kaiser Friedrichs III. (in: Jahrbuch der K.K. heraldischen Gesellschaft Adler 11, 1884) S. 11–24 [unvollständig nach Berner Hs.]; siehe RTA 16 S. 166.
101 SEEMÜLLER, Krönungsreise [wie Anm. 98] S. 584f.
102 British Library, Handschrift 16592 (Plut. CXXXIII C).
103 Auch ediert in: ALTMANN, Windecke [wie Anm. 81] S. 466f. ALTMANN hat es zumindest für möglich gehalten, daß dieser Bericht noch von Windecke stammt. Zu Friedrichs III. Krönung zu Aachen 1442 siehe die Chronik Erhards von Appenwiler 1439–1471, gedruckt in: RTA 16 Nr. 109 III.
104 Zum Gefolge siehe RTA 16 S. 153f.; zur Reise: Paul-Joachim HEINIG, Kaiser Friedrich III. 1440–1493. Hof, Regierung und Politik (= Forschungen zur Kaiser- und Papstgeschichte des Mittelalters Bd. 17, 1997) S. 822f.; zur Krönungsfahrt: Hartmut BOOCKMANN, König Friedrich III. unterwegs (in: DERS., Fürsten, Bürger, Edelleute. Lebensbilder aus dem späten Mittelalter, 1994) S. 33–55.
105 Nach dem Schreiben der Stadt Nürnberg an Frankfurt zog Friedrich mit etwa 500 Pferden in die Stadt ein; JANSSEN, Reichscorrespondenz [wie Anm. 62] 2 Nr. 56 S. 26 und die Beschreibung des

zahlreichen geistlichen und weltlichen Fürsten und Vertretern der Reichsstände zusammen, von denen ihn viele nach Frankfurt und zur Krönung nach Aachen begleiten sollten. Hier wurden vor allem finanzpolitische Verhandlungen zwischen dem König, seiner Kammer und der Kanzlei um die für die Krönungsfahrt erforderlichen Geldmittel geführt[106]. Friedrich ließ sich die vom Nürnberger Rat in der Hl.-Geist-Kirche verwahrten Reichskleinodien zeigen[107] und traf am 12. Mai mit dem Herzog Friedrich von Sachsen, dessen Gemahlin und ihrem Gefolge zusammen[108], die ihn auf der Fahrt bis nach Aachen begleiteten[109]. Durch das ausführliche Küchenbuch des sächsischen Hofes, das für die gesamte Reise die Aufwendungen des Kurfürsten und seiner Hofhaltung detailliert auflistet[110], besitzen wir zum erstenmal eine umfangreiche Parallelüberlieferung, so daß sich die Angaben der Chronisten gut überprüfen lassen.

Nach seinem längeren Aufenthalt in Nürnberg setzte Friedrich am 21. Mai die Reise fort und erreichte nach einem sechstägigen Ritt über Kitzingen, Würzburg, Wertheim und Aschaffenburg am 27. Mai Frankfurt[111]. Mit den Erzbischöfen von Mainz und Trier, dem Herzog von Sachsen und einem großen Gefolge wurde er von den Bürgern der Stadt empfangen[112]. Die Quartierlisten der Frankfurter Wahltagsakten weisen 681 Pferde aus, die in dieser Zeit in 62 Häusern untergebracht wurden[113]. Die Kurfürsten führten Friedrich, wie Eberhard Windecke berichtet, in den Dom, wo er im Chor mit Gewalt genommen und auf den Altar gesetzt wurde[114]. Umgehend wurden Ver-

Einritts und Aufenthalts Friedrichs in Nürnberg (in: Chr. dt. Städte 3) S. 367–375; zum Einritt in Nürnberg J. BAADER, Friedrichs III. Einritt in Nürnberg 1442 (in: Zeitschrift für deutsche Kulturgeschichte 4, 1859) S. 696–724.

106   RTA 16 S. 156.

107   Siehe Julia SCHNELBÖGL, Die Reichskleinodien in Nürnberg 1424–1523 (in: Mitteilungen des Vereins für Geschichte der Stadt Nürnberg 51, 1962) S. 78–159, hier S. 96; zum Insigniengebrauch jetzt: Jürgen PETERSOHN, Über monarchische Insignien und ihre Funktion im mittelalterlichen Reich (in: HZ 266, 1998) S. 47–96.

108   JANSSEN, Reichscorrespondenz [wie Anm. 62] 2 Nr. 60 S. 27.

109   Siehe das Schreiben der Herzöge Friedrich und Wilhelm an Frankfurt mit der Bitte um die Beschaffung von Herberge für 400 Pferde in Frankfurt; JANSSEN, Reichscorrespondenz [wie Anm. 62] 2 Nr. 59 S. 27; ein entsprechender Brief mit der Bitte um Besorgung einer Herberge sandte Graf Johann von Oettingen am 13. Mai von Nürnberg aus an den Frankfurter Bürgermeister (ebd. Nr. 60 S. 27) und die Stadt Nürnberg für ihre Ratsangehörigen für 10 Pferde (ebd. Nr. 62 S. 27f.).

110   Thür. StA Weimar, Reg. Bb 5110. Für die Vermittlung von Kopien bin ich Frau Kollegin Dr. Brigitte Streich zu Dank verpflichtet; zur Auswertung des Küchenbuchs siehe: Brigitte STREICH, »Uf dem zcoge zcu unserm herrn dem romischen kunige …«. Die Aachenfahrt des sächsischen Hofes im Sommer 1442 (in: Rheinische Vierteljahrsblätter 55, 1991) S. 32–57, hier S. 32.

111   Siehe RTA 16 S. 157.

112   JANSSEN, Reichscorrespondenz [wie Anm. 62] 2 Nr. 66 S. 36–42.

113   Gustav BECKMANN, Das mittelalterliche Frankfurt a. M. als Schauplatz von Reichs- und Wahltagen (in: Archiv für Frankfurts Geschichte und Kunst 3. Folge, 2, 1889) S. 1–140, hier S. 31 und Tab. II, S. 33. – Von dem steiermärkischen Chronisten wird (SEEMÜLLER, Krönungsreise [wie Anm. 98] S. 632) fälschlicherweise angegeben, der König habe während seines Frankfurter Aufenthalts in Sachsenhausen gewohnt. Friedrichs Herberge war jedoch das Haus Braunfels.

114   SEEMÜLLER, Krönungsreise [wie Anm. 98] S. 631. Der Pfalzgraf bei Rhein und der König von Böhmen werden hier fälschlicherweise als anwesend bezeichnet.

handlungen mit den anwesenden Kurfürsten darüber aufgenommen, ob nun endlich der Reichstag eröffnet werden oder ob man umgehend zur Krönung nach Aachen weiterreisen solle. Schließlich verständigte man sich darauf, daß Friedrich so rasch wie möglich in Aachen gekrönt werden sollte, während in Frankfurt bis zu seiner für den 8. Juli erwarteten Rückkehr durch Bevollmächtigte weiterverhandelt wurde. Erst dann sollte der Reichstag eröffnet werden[115]. Schon am 2. Juni schrieb der Frankfurter Rat an die Amtskollegen in Gelnhausen, König Friedrich werde am kommenden Dienstag oder Mittwoch (5. oder 6. Juni) eiligst zur Krönung nach Aachen abreisen[116].

Tatsächlich brach Friedrich III. am Mittwoch, dem 6. Juni, von Frankfurt aus zu seiner Krönungsfahrt nach Aachen auf. Eine Archivnote in den Frankfurter Wahltagsakten[117] gibt von der Abfahrt des Königs und der Kurfürsten ein plastisches Bild. Während ihn die Erzbischöfe von Mainz und Trier in *ire(n) grossen herlichen schiffe(n) und andere(n) kuchen schiffe(n)* begleiteten, hatte der König *das groß* [Frankfurter] *margschiff und sost wol uff vj oder viij schiffe bestalt.* Auch der Herzog von Sachsen nutzte *etliche grosse schiffe,* die mit *wapen und wympel* geschmückt waren[118]. Neben zahlreichen Bischöfen, Fürsten, Grafen, Herren, Rittern und Knechten nahm im Auftrage des Papstes und des Baseler Konzils auch der Konzilspräsident Kardinal Louis d'Aleman an der Fahrt teil[119]. So seien der König und die anderen Fürsten miteinander *mit iren grossen bannern, iren piffen und bosunen mit einer grossen menge und grosser herlichkeid den Meyn abe gen Mencze* gefahren, und der steiermärkische Chronist berichtet: *Da sach man das reich flindern vnnd den schild von Osterreich auf den scheffen gros vnd klain, als wier furen*[120]. Während der König, die Fürsten und ihr Gefolge den Wasserweg benutzten, ließen sie ihre Pferde *hinden ubir die hoe gen Lympurg zu gen Collen* führen.

Die Fahrt ging zunächst bis Mainz, wo man vom 6.–9. Juni blieb. Dann aber sei der König, so berichtet der Chronist, mit allen Teilnehmern der Fahrt auf den Rhein gegangen und noch am gleichen Tag von Mainz anderthalb Meilen rheinabwärts bis Eltville, der Nebenresidenz des Mainzer Erzbischofs, gefahren. Der König und seine Begleiter seien auf der Rheininsel, dem *wert* vor Eltville (der Königsklinger Aue), an Land gegangen, und man habe *ain gras mal* eingenommen. Und er berichtet weiter: *da hettn denn meins herrn des konigs dienern, hortzogen, grafven, freyherrn, ritter vnnd knecht das hubscht gejaid mit den konigeln; der warn als vil, das mans mit den hennden ving*[121]. Noch am gleichen Tag sei man sechs Meilen rheinabwärts nach Bacharach gefahren, wo

---

115   Siehe dazu Chr. dt. Städte 3 (Nürnberg) S. 373–376; zum Frankfurter Reichstag von 1442 siehe Hartmut BOOCKMANN, Geschäfte und Geschäftigkeit auf dem Reichstag im späten Mittelalter (in: HZ 246, 1988) S. 297–325.

116   JANSSEN, Reichscorrespondenz [wie Anm. 62] 2 Nr. 69 S. 47.

117   Ebd. Nr. 72 S. 48f.

118   Das wettinische Küchenbuch weist in Frankfurt Ausgaben *pro tela ad vexilla navium* (Thür. StA Weimar, Reg. Bb 5110 fol. 89r) sowie die Bezahlung an einen Nürnberger *pro tant. vexill.* aus (ebd. fol. 90r). In Mainz wurden noch einmal 2 Gulden *pro vexillis super naves* ausgegeben (ebd. fol. 91r).

119   RTA 16 S. 158.

120   SEEMÜLLER, Krönungsreise [wie Anm. 98] S. 632.

121   Ebd. S. 633.

Friedrich III. *schon und herlichen* empfangen worden sei und ihm von Pfalzgraf Ludwig bei Rhein *groß ere* geschehen sei[122]. Dort sei man über Nacht geblieben. Am Sonntag, dem 10. Juni, habe man die Fahrt fortgesetzt, sei an der Burg Pfalzgrafenstein vorbei bis Koblenz gefahren, wo dem König das Schloß des Trierer Kurfürsten offengestanden habe, und in der Stadt habe es kaum ein Haus gegeben, in dem nicht ein, zwei oder drei Lichter gebrannt hätten, *darumb das meins herrn gnad da hin kamen was*[123]. Nach dem Bericht des Speyerer Chronisten legte man dabei Station am Rhenser Königsstuhl ein, und er berichtet: *do was der stül kostlichen bereit mit guldin und mit siden tüchern; do wart der konig daruf gesetzt von den korfursten, also danne das von alter har herkomen ist. Donoch fürn sie vorter den Rin abe*[124].

Am Montag, dem 11. Juni, fuhr man von Koblenz 9 Meilen rheinabwärts bis Bonn. Auch unter der Burg Hammerstein gegenüber von Andernach ging man an Land, und dort habe der König auf einer Aue unter der Burg wiederum ein großes Mal mit den Kurfürsten, Bischöfen, Prälaten, Grafen, Herren, Rittern und Knechten eingenommen. Auch hier seien *der konigl gar manigerlay, swartz, rot vnnd weis* gewesen, und zwar dermaßen viele, *das mans mit den hennden fing*. In Bonn, wo man über Nacht und bis auf den Mittwoch (13. Juni) blieb, habe der Kölner Erzbischofs den König und sein Gefolge erwartet, und die Speyerische Chronik berichtet, der Kurfürst habe den König *gar schon und herlichen empfangen* und ihm Gastrecht gewährt, bis die Pferde, die man zuvor von Frankfurt über Limburg geschickt hatte, *uf deme lande herabe koment*[125].

Von Bonn aus nahmen König Friedrich III., sein Gefolge und die ihn begleitenden Kurfürsten, Fürsten und Herren den Landweg Richtung Aachen, so daß sie die Reichsstadt Köln nicht berührten. Zunächst ritt man drei Meilen nordwestwärts nach Lechenich zur Burg des Kölner Erzbischofs, deren Pallas, wie der Chronist berichtet, mit *hubschen tuechern* umzogen gewesen sei. Die Burg habe einen guten Wassergraben, so heißt es weiter, und jedermann sei mit gutem Essen und viel Trinken erwartet worden. Und auch hier ging der König wiederum mit dem Kölner Erzbischof einem Freizeitvergnügen nach: *Da ging meins herrn gnad vischen mit dem von Kolln, da hett yeder man visch genueg*. Es ist sicherlich kein Zufall, daß mit den gemeinsamen Kaninchenjagden auf der Aue vor Eltville und unter der Burg Hammerstein und mit dem reichen Fischzug des Königs und des Kölner Erzbischofs in den Gräben der Burg Lechnich, der eine Parallele in einem Fischfang König Sigismunds nach seiner Krönung bei der Burg Friedberg findet[126], scheinbar belanglose Ereignisse der Krönungsfahrt überliefert sind, weisen sie Friedrich III. doch bewußt als »guten König« und als Heilsträger aus, und Drabek hat vermutet, daß man derartige Jagden und Fischzüge im Rahmen der Fahrten nach Aachen vielleicht sogar mit Absicht veranstaltet habe[127].

122   ALTMANN, Windecke [wie Anm. 81] S. 466.
123   SEEMÜLLER, Krönungsreise [wie Anm. 98] S. 633f.
124   ALTMANN, Windecke [wie Anm. 81] S. 467.
125   Ebd.
126   RTA 7 Nr. 175 S. 154.
127   DRABEK, Reisen [wie Anm. 3] S. 67f.

Am nächsten Tag sei man 3 Meilen weiter nach Düren geritten, und unterwegs sei Herzog Gerhard von Jülich und Berg mit vielen guten Hofleuten zum König gestoßen[128]. Am Freitag, dem St. Vitustag, habe man schließlich von Düren aus die vier Meilen bis Aachen bewältigt, wobei König Friedrich von einer so großen Menge Volkes begleitet worden sei, daß *dy strass nie gelag weder pey tag noch pey nacht zu rossen vnnd zu fuessen.*

So wie die Krönungsfahrt Friedrichs III. muß auch die prachtvolle Reise seines Sohnes Maximilian I. bei den Zeitgenossen einen besonderen Eindruck hinterlassen haben. Als Augenzeuge berichtet etwa Ludwig von Eyb, einer der Räte des Markgrafen Albrecht (Achilles) von Brandenburg, ebenso von dieser Krönungsfahrt[129] wie Johann Reuchlin, der als Rat Graf Eberhards im Bart von Württemberg am Frankfurter Reichstag und an der Krönung teilnahm[130]. Aber auch die Buchdrucker ließen sich ein so wichtiges und eindrucksvolles Ereignis wie eine Königskrönung nicht entgehen, um es für ihr neues Medium geschäftlich auszunutzen[131]. Ein in lateinischer Sprache geschriebener Frühdruck über die Krönung Maximilians I., schon von dem Heidelberger Historiker Marquard Freher ediert[132], wandte sich offensichtlich vor allem an die mit dem Lateinischen vertrauten geistlichen Kreise[133], während ein ebenfalls als Frühdruck überlieferter zeitgenössischer Bericht, der dem Augsburger Drucker Anton Sorg zugeschrieben wird, sich in deutscher Sprache an weitere Kreise wandte. Der Chronist könnte dabei seine zuverlässigen Nachrichten aus dem Umkreis des königlichen Hofes selbst erhalten haben[134].

König Maximilian, der nach längeren Verhandlungen am 16. Februar 1486 in Frankfurt gewählte Sohn Kaiser Friedrichs III.[135], hatte zwar schon am Wahltag seine Reise zur Krönung in Aachen angekündigt, jedoch brachen der Kaiser und der neugewählte König erst am Morgen des 28. März 1486, also nach einem fast sechswöchigen Aufenthalt in Frankfurt, mit etwa 25 Schiffen zur Krönung nach Köln und Aachen auf[136]. Man

---

128 SEEMÜLLER, Krönungsreise [wie Anm. 98] S. 634.

129 Joseph BAADER, Bericht des Ritters Ludwig von Eyb über des Römischen Königs Maximilian Krönung zu Aachen im Jahre 1486 (in: AHVN 15, 1864) S. 1–18, hier S. 1. Der im ›Buch‹ des Ritters Ludwig von Eyb im StA Nürnberg erhaltene Bericht ist eine Abschrift von 1492. Das Original scheint verloren; siehe Albert HUYSKENS, Die Krönung Maximilians I. in Aachen 1486 nach einem noch unbekannten Frühdruck (in: ZAachGV 64/65, 1951/52) S. 72–99, hier S. 75f.

130 Eugen SCHNEIDER, Johann Reuchlins Berichte über die Krönung Maximilians I. im Jahre 1486 (in: ZGO NF 13, 1898) S. 547–559, hier S. 547f.

131 HUYSKENS, Krönung Maximilians [wie Anm. 129] S. 74.

132 Marquard FREHER (Ed.), Germanicarum rerum scriptores varii, fere hactenus incogniti, qui praemissis quibusdam superioris saeculi, sub Karolo V. Imp. memorabiliter acta potissimum complectuntur 3 (Hannover 1611, 3. Aufl. hg. von Gotthelf STRUVE, Straßburg 1717) S. 22–30 zur Wahl Maximilians, S. 30–41 Bericht über die Krönung.

133 HUYSKENS, Krönung Maximilians [wie Anm. 129] S. 74f.

134 Siehe ebd. S. 76–78 und die Ergänzungen durch R. ELZE in: DA 11 (1954/55) S. 253f.

135 RTA MR 1 Nr. 187; zur Vorgeschichte der Wahl siehe F. PRIEBATSCH, Die Reise Friedrichs III. ins Reich 1485 und die Wahl Maximilians (in: MIÖG 19, 1898) S. 302–326.

136 FREHER/STRUVE [wie Anm. 132] S. 24f.; zum Verlauf der Krönungsfahrt siehe M. GACHARD, Collection des voyages des souverains des Pays-Bas 1 (Brüssel 1876) S. 108; siehe auch die Notiz in den Frankfurter Wahltagsakten (in: Frankfurter Chroniken und annalistische Aufzeichnungen des Mittelalters, bearb. von R. FRONING, 1884) S. 57.

blies in der Frühe *auff mit trometten*, als sie mit den Kurfürsten von Mainz, Köln und Trier, Pfalzgraf Philipp bei Rhein und anderen Herzögen, Fürsten, Grafen und Herren, *die auff die zeyt zu Franckfurt in der erwoelung warent*, zu Schiff ging, um nach Aachen zu fahren und den König zu krönen. Und man sei *mit grossem schalle, so von trumettern, pfeyffern und bauckern gehoert wart* und *mit einer grossen menig schyffung* abgefahren. Mit dabei war u. a. der württembergische Rat Reuchlin, der sich den österreichischen Räten angeschlossen hatte und auf einem der Schiffe des kaiserlichen Zugs den Main und Rhein mit hinunterfuhr[137]. Kurfürst Ernst von Sachsen war schon etliche Tage früher nach Köln abgereist, um als Reichserzmarschall die notwendigen Vorbereitungen zu veranlassen[138].

Am ersten Reisetag, dem 28. März, erreichte man noch Bingen, wo der König von Kanonikern des Mainzer Domstifts mit Willkommensgaben an Wein und Hafer empfangen wurde[139]. Am nächsten Morgen besuchten der Kaiser und der König in Begleitung des Herzogs Albert von Sachsen die Kollegiatkirche St. Martin in Bingen, wo sie eine Messe hörten, und bestiegen danach die Schiffe, um weiter rheinab zu fahren, jedoch gaben die Schiffleute wegen eines Unwetters und des starken und gefährlichen Windes *(ob venti impetum ac multum periculosum)* den Rat, nicht abzulegen, so daß sie an dem Tag ihr Frühstück *(prandium)* auf den Schiffen einnahmen. Der Mainzer Erzbischof aber kehrte in sein Schiff zurück, und nach dem Frühstück machte sich auch Herzog Albert von Sachsen auf den Weg, aber wegen des Windes sei er nicht sehr weit gekommen. Die übrigen aber seien den ganzen Tag in Bingen geblieben[140].

So fuhr man erst am 30. März von Bingen ab, um nachmittags um 3 Uhr in Rhens Station zu machen[141]. Während der Kaiser, wie Reuchlin berichtet, auf dem Schiff blieb, sei der König von den Fürsten unter Trompetenschall auf den Königsstuhl geführt worden. Nach dem Ende der Rhenser Zeremonie ging man wieder an Bord und erreichte noch am Abend des gleichen Tages Andernach. Hier besuchten der Kaiser und der König am folgenden Tag die Kirche der Minderbrüder und hörten dort eine Messe. Danach wurde die Fahrt zu Schiff fortgesetzt, und man kam um die vierte Stunde in Köln an. Am Rheinufer an der Tränkgasse wurden sie vom Kölner Erzbischof und Kurfürsten, allen Stiften und Orden mit einer Prozession *cum maximo honore et reverentia* empfangen. Für den Kaiser und den König hielt man zwei seidene Baldachine bereit. Danach seien auch die Vertreter der Stadt Köln gekommen, um sie *mit coestlicher grosser erwirdikeyt* in der *ordinanz* und Prozession zu empfangen[142] und zum Dom zu führen. Ludwig von Eyb berichtet, man sei bis zur Mariengredenkirche gegangen, wo der Kölner Weihbischof an der Treppe gestanden und ein kostbares Reliquiar vom

---

137 SCHNEIDER, Reuchlins Berichte [wie Anm. 130] S. 549.
138 Johann Joachim MÜLLER, Des Heil. Römischen Reichs, Teutscher Nation, Reichstags-Theatrum, wie selbiges, unter Keyser Maximilians I. allerhöchsten Regierung gestanden, und was auf selbigem in Geist- und weltlichen Reichs-Händeln berahtschlaget ... 1 (Jena 1718) S. 30.
139 FREHER/STRUVE [wie Anm. 132] S. 24f.
140 Ebd. S. 24.
141 SCHNEIDER, Reuchlins Berichte [wie Anm. 130] S. 549.
142 Zur Prozession siehe BAADER, Ludwig von Eyb [wie Anm. 129] S. 3f. In der Prozession trug Markgraf Friedrich von Baden dem Kaiser und König das Kreuz voran, Herzog Ernst das Schwert.

Kreuz Christi gehalten habe, damit es der König und der Kölner Erzbischof küssen könnten. Danach sei der König vor die Hl. Drei Könige geführt worden, vor denen er niederkniete und ein Gebet gesprochen habe, man habe das ›Te Deum‹ gesungen und Maximilian danach die *presentz* gegeben[143]. Nach diesen Zeremonien habe man den Kaiser zum bischöflichen Palast und zu seiner Herberge geleitet, während die übrigen Fürsten den König zu seiner Herberge führten. Am selben Abend sei auch Erzbischof Berthold von Mainz in seinem Schiff mit seinen Grafen und Herren gekommen[144].

Zwei volle Tage blieben Friedrich III. und Maximilian in Köln, Tage, die nicht nur mit politischen Verhandlungen ausgefüllt waren, sondern auch mit einem intensiven ›Besuchsprogramm‹. Am 1. April suchten der Kaiser, der König und die übrigen Fürsten früh den Dom auf, um eine Messe vor dem Hochaltar zu hören. Danach traf man mit Pfalzgraf Philipp zusammen, der mit seinem Gefolge erst jetzt per Schiff in der Domstadt angekommen war. Die Stadt Köln erwies dem König ihre Reverenz durch Gastgeschenke aus Wein, Hafer und Ochsen, dazu mit silbernen Kleinodien und einigen Goldgulden[145]. Am Tag darauf, einem Sonntag, kamen die Erzbischöfe von Köln und Trier zum König, und nach dem Abschied des Kölners ging Maximilian mit dem Trierer Erzbischof und dem Bischof von Verdun in die Kirche, um die Messe zu hören. Der Rest des Tages war mit Beratungen ausgefüllt[146], wobei vor allem der Einzug in Aachen und die bevorstehende Krönung besprochen wurden[147].

Nach einem kurzen Zusammentreffen mit Friedrich III. bestieg der Kaiser am 3. April in der Frühe seinen Reisewagen und machte sich mit den Erzbischöfen von Mainz, Trier und Köln, dem Pfalzgrafen, dem Herzog von Bayern, dem Landgrafen von Hessen und dem Markgrafen von Baden nach Düren und Aachen auf. Nach dem Frühstück folgte ihm der König mit den übrigen Angehörigen des Hofes[148]. Vor dem Einritt des Kaisers nach Düren stieß der Herzog von Jülich mit 200 schwarzbedeckten Pferden zu ihnen und führte zunächst den Kaiser mit den Kurfürsten in die Stadt, bevor er auch dem König entgegenritt, um ihn in in die Stadt zu geleiten[149]. Friedrich III. und Maximilian verbrachten die Nacht in Düren, während andere Fürsten *auff der andern strassen zu Gulich und zu Altenhoffen ... ad evacuandum hospitia propter multitudinem advenientium* Quartier nahmen[150]. Am 4. April nach der Messe bestieg die Reisegesellschaft ihre Wagen und Pferde und erreichte Aachen um die vierte Stunde am Nachmittag. Schon im Feld vor Aachen sei der Herzog von Kleve *mit einem hübschen zeug* zu ihnen gekommen. Als sich der Kaiser der Stadt näherte, verließ er den Wagen und bestieg sein Pferd. Vor den Stadtmauern empfingen die Herren der Stadt den Kaiser, den König und die übrigen Kurfürsten mit großer Freude *(multum gaudenter)*, und da man

---

143   Ebd. S. 3f.
144   HUYSKENS, Krönung Maximilians [wie Anm. 129] S. 79f.; BAADER, Ludwig von Eyb [wie Anm. 129] S. 4; FREHER/STRUVE [wie Anm. 132] S. 24.
145   FREHER/STRUVE [wie Anm. 132] S. 24f.
146   Ebd. S. 25.
147   MÜLLER, Reichstags-Theatrum [wie Anm. 138] S. 30f.
148   FREHER/STRUVE [wie Anm. 132] S. 25.
149   Ebd. S. 25; BAADER, Ludwig von Eyb [wie Anm. 129] S. 4.
150   HUYSKENS, Krönung Maximilians [wie Anm. 129] S. 80; FREHER/STRUVE [wie Anm. 132] S. 25.

bei guter tag zeyt in Aachen angekommen sei, habe man in bester Ordnung einziehen
können. Ausführlich beschreiben die Chronisten diesen spektakulären Einritt in die
Krönungsstadt, die Prozessionen der Geistlichkeit, die Reverenz des Königs vor dem
Haupt Karls des Großen und der ihm entgegengereichten Karlskrone und die Forderung der Stadtwächter, des Königs Roß zu erhalten. Insgesamt soll dieser Zug in die
Stadt 1 ½ Stunden gedauert haben[151]. Selbst Teilnehmer an der Krönungsfahrt, wie der
württembergische Rat Reuchlin, hatten die Erlaubnis erhalten, »mit den österreichischen Botschaftern vorauszureiten und sich den Zug in der Stadt anzusehen«[152].

Das aus urkundlichen Nachrichten und vor allem aus mehreren chronikalischen
Berichten gezeichnete Bild der Krönungsfahrten spätmittelalterlicher Herrscher zeigt
über die jeweilige individuelle Situation hinaus eine ganze Reihe durchaus ähnlicher
Verläufe und feststehender organisatorischer und zeremonieller Elemente. Deutlich
wird zum Beispiel, daß schon in Frankfurt die notwendigen Vorbereitungen zur Krönungsfahrt getroffen werden mußten und der neugewählte König nicht unmittelbar
nach der Wahl, der Einholung in die Stadt[153], der Altarsetzung und der Huldigung in
Frankfurt[154] zur Krönung aufbrechen konnte. Im Falle einer strittigen Königswahl war
schon vor dem Einritt ein Königslager vor den Mauern der Stadt zu halten. Während es
Friedrich dem Schönen 1314 nicht gelang, in die Stadt eingelassen zu werden, konnte
Ludwig der Bayer nach drei Tagen in die Wahlstadt einziehen. Günther von Schwarzburg mußte nur sieben Tage vor der Stadt liegen, während Ruprecht I. (1400) als einziger Herrscher die volle Zeit von sechs Wochen und drei Tagen warten mußte, bis er in
Frankfurt Einzug halten konnte. Noch die ›Ordnung für den Einritt und die Altarsetzung des Römischen Königs in Frankfurt‹, die wohl anläßlich der Krönung Friedrichs
III. verfaßt wurde, bestimmte, daß ein gewählter König im Falle einer strittigen Wahl
nicht in die Stadt einreiten dürfe, sondern vor ihr zunächst sechs Wochen und drei Tage
zu veld liegen solle *und so da der irrung von seiner partei warten*. Würde er aber in
dieser Zeit von der gegnerischen Partei nicht gedrungen, so könne er in die Stadt einreiten[155]. Sigismund, Friedrich III. und Maximilian I., deren Wahl unbestritten war,
blieb jedoch ein Königslager vor Frankfurt erspart.

Noch während der Frankfurter Tage waren oft schwierige Verhandlungen mit den
Kurfürsten über die Begleichung der Wahl- und Krönungskosten[156] und Gespräche

---

151 Baader, Ludwig von Eyb [wie Anm. 129] S. 4; Huyskens, Krönung Maximilians [wie
Anm. 129] S. 80 mit ausführlichem Bericht über den Einritt S. 80–83; Freher/Struve [wie
Anm. 132] S. 25.
152 Schneider, Reuchlins Berichte [wie Anm. 130] S. 550; siehe Huyskens, Krönung Maximilians
[wie Anm. 129] S. 72.
153 Siehe etwa für Rudolf von Habsburg: RI 6 I S. 1; Sächsische Fortsetzung der Sächsischen Weltchronik (in: MGH Dt. Chron. 2) S. 286.
154 Zu Frankfurt als Wahlstadt siehe Beckmann, Frankfurt [wie Anm. 113] S. 1–140; Die deutschen Königspfalzen, Bd. 1: Hessen, 4. Lief. (1996) S. 423ff.
55 RTA 16 Nr. 100.
156 Vgl. etwa für Rudolf von Habsburg: RI 6 I Nr. 2; siehe die Urkunde Erzbischof Werners von
Mainz vom 8. Okt., in der von der Entschädigung der Kurfürsten für die Wahl- und Krönungs-

über ihre Teilnahme an der Krönungsfahrt zu führen. Neben der Regelung der Kosten, die der Stadt Frankfurt durch den Wahltag entstanden waren, mußte zudem schon vor Antritt der Krönungsfahrt die notwendige Finanzierung der Fahrt und der Krönung selbst gesichert werden. Die Beschaffung der finanziellen Mittel zögerte etwa den Beginn der Krönungsfahrt Maximilians I. erheblich hinaus. An die Stadt Mons im Hennegau zum Beispiel schrieb der neugewählte König am 26. Februar von Frankfurt aus, seine Krönung, die »mit großen Kosten verbunden sei«, stehe nun unmittelbar bevor, weshalb er die Stadt dringend um ein Darlehen von 2 000 Livre bat und besondere Eile forderte, da ihm das Geld sonst nicht mehr nütze[157].

Zudem mußten die Forderungen der Stadt Frankfurt zur Begleichung der ihr entstandenen Kosten des Wahltages geregelt[158], eine Verständigung mit der Krönungsstadt Aachen über die Aufnahme in die Stadt herbeigeführt und ein Einvernehmen des Gewählten mit dem Kölner Erzbischof als dem *Coronator* erreicht werden, was die Krönungsreise weiter hinauszögerte. So traf etwa Adolf von Nassau mehr als drei Wochen nach seiner Wahl in Frankfurt mit dem Kölner Erzbischof in Boppard zusammen, um sich mit ihm über die Bedingungen für seine Krönung in Aachen zu verständigen. Als *in Romanorum regem electus* gab er dem Erzbischof Siegfried für die Zeit nach der vom Kölner auf den 24. Juni angesetzten Krönung das Versprechen eines Einlagers bis zur Erfüllung der ihm gemachten Zusagen[159]. Karl IV., dessen Krönung 1346 noch an der Weigerung der Stadt Aachen gescheitert war, ihn einzulassen, brach zu seiner Krönungsfahrt auf, obwohl ihm die endgültigen Verhandlungsergebnisse mit der Stadt noch nicht vorlagen, so daß er sie erst am 8. Juli in Boppard bestätigen konnte[160]. Während seines Aufenthaltes in Bonn mußte er zudem der Stadt Aachen die Erneuerung aller alten und eine Reihe neuer Privilegien zusagen[161]. Aber auch die Stadt Aachen wurde ihrerseits aktiv. Nach der Wahl Ruprechts am 21. August 1400 etwa ließ sie in Frankfurt anfragen, ob die Bürger der Wahlstadt Ruprecht einlassen würden oder *wie ir ure sachen untgain eme meynt anzestellen*[162]. Obwohl Ruprecht während des Königslagers vor Frankfurt am 12. Oktober 1400 den Aachenern mitteilte, er wolle nach dem

kosten die Rede ist: *et adhuc alie restent in coronatione regia faciende*; Martin GERBERT, Historia Nigrae Silvae ordinis S. Benedicti Coloniae, opera et studio Martini Gerberti ... collecta 3 (St. Blasien 1788) S. 189f.; RI 6 I Nr. 3; ähnliche Verschreibungen für Erzbischof Heinrich von Trier vom gleichen Tag (ebd. Nr. 4). – Für Adolf von Nassau: RI 6 II Nrn. 18–20, 24 und 246.
157 RTA MR 1 Nr. 203.
158 Für Adolf von Nassau etwa: Chronicon Colmariense (in: MGH SS 17) S. 257 Z. 39; siehe SAMANEK, Studien [wie Anm. 8] S. 39 Anm. 19. Unsicher bleibt, ob sich auf diesen Zusammenhang die Steuerforderung Adolfs gegenüber den Juden bezieht: *Rex exactionem in iudeos tentavit, sed non posuit resestente sculteto Francofordiano*; ebd. Z. 40; siehe RI 6 II Nr. 24.
159 MGH Const. 3 Nr. 479. Adolf verwendete nur das nassauische Grafensiegel; siehe RI 6 II Nr. 28; MIÖG Ergbd. 11 S. 270 Anm. 5; siehe SCHIEFFER, Besuche [wie Anm. 3] S. 26.
160 KRAUS, Studien [wie Anm. 10] S. 63; siehe die Aufforderungen der Kurfürsten an die Stadt ebd. S. 62f. und Nrn. 23–26 S. 85–88.
161 Mathias von Neuenburg, Chronik S. 280.
162 Reg. Pfalzgrafen 2 Nr. 104 nach RTA 4 Nr. 116.

Ende des Lagers zur Krönung nach Aachen kommen[163], blieben die Verhandlungen ohne Ergebnis, so daß er schließlich in Köln gekrönt wurde. Im Falle einer unstrittigen Wahl konnte das Einvernehmen mit der Stadt Aachen vorausgesetzt werden. Schon Wochen vor der Wahl seines Sohnes Wenzel hatte etwa Karl IV. der Stadt angekündigt, daß er in Kürze mit seinem Sohn Wenzel zur Krönung in Aachen erscheinen werde[164], und vier Tage nach der vollzogenen Wahl teilte er ihr auch den 29. Juni als Krönungstag mit[165]. Ein entsprechendes Schreiben richtete König Sigismund am 31. Okt. 1414 von Bonn aus an die Aachener[166].

Zu den notwendigen Vorbereitungen der Krönung gehörte es auch, die auf dem Trifels, später in Böhmen und schließlich in Nürnberg verwahrten Insignien nach Aachen bringen zu lassen oder gegebenenfalls für andere Krönungsinsignien zu sorgen. Schon die Anforderung der Insignien und der sichere Transport nach Aachen, der erst dann möglich war, wenn der Krönungstermin feststand, erforderten eine längere Zeit. Die Insignien wurden dabei entweder während der Krönungsreise übergeben, wie etwa an Rudolf von Habsburg, der sie erst bei seinem Aufenthalt in Boppard in Empfang nehmen konnte[167], oder direkt nach Aachen gebracht, wo sie zum Krönungsakt bereitgehalten wurden. Bei der Doppelwahl von 1314 konnte nur einer der Konkurrenten über die Reichskrone verfügen, nämlich Friedrich der Schöne, der sich damit am 25. November 1314 vom Kölner Erzbischof Heinrich von Virneburg in der Bonner Stiftskirche St. Cassius krönen ließ[168]. Dagegen konnte sich Karl IV. sowohl bei seiner ersten Krönung in Bonn am 26. November 1346 wie bei seiner zweiten in Aachen 1349 die Reichskrone nicht aufs Haupt setzen lassen, da sie sich noch bis zum März 1350 mit den anderen Reichsinsignien in der Hand des Sohns Ludwigs des Bayern, des Markgrafen Ludwig von Brandenburg, befand[169]. Auch Ruprecht konnte sie bei seiner Krönung 1401 nicht verwenden, und selbst für Sigismund scheint festzustehen, daß er nicht über die alte Reichskrone verfügte[170].

Nachdem die Reichsinsignien 1424 der Stadt Nürnberg in Verwahrung gegeben worden waren, mußten sie zu den Krönungen beim Rat der Stadt angefordert und von Vertretern der Stadt nach Aachen gebracht werden. So bat etwa Friedrich III. am 2. Juni 1442

---

163 KRAUS, Quellen zur Krönung König Wenzels [wie Anm. 78] Nr. 6 S. 199f.; Reg. Pfalzgrafen 2 Nr. 227; RTA 4 Nr. 177.
164 KRAUS, Quellen zur Krönung Wenzels [wie Anm. 78] Nr. 1 S. 196f.
165 Ebd. Nr. 2 S. 197.
166 Ebd. Nr. 9 S. 201f.; für Maximilian I.: RTA MR 1 Nr. 197.
167 Nach dem Chronicon Colmariense wurden die Reichsinsignien (signa regalia) Rudolf in Mainz ausgehändigt, jedoch berichtet die in diesem Punkt wohl zuverlässigere Sächsische Fortsetzung der Sächsischen Weltchronik (in: MGH Dt. Chron. 2 S. 286), um die vierzehn Tage nach seiner Ankunft in Frankfurt, also um den 16. Oktober, habe ihm Reinhard von Hoheneck daz heilige sper unde die crone zu Boppard übergeben. Siehe dazu RI 6 I Nr. 4b.
168 SCHIEFFER, Besuche [wie Anm. 3] S. 22. Die Krönung Friedrichs mit der (Wiener) Reichskrone ergibt sich nach Schieffer aus der Chronik des Mathias von Neuenburg.
169 Paul KIRN, Mit welcher Krone wurde König Sigmund in Aachen gekrönt? (In: AHVN 118, 1931) S. 132–136, hier S. 135f.
170 Ebd. S. 133ff.; dazu Albert HUYSKENS, Noch einmal der Krönungsschatz des Königs Richard von Cornwallis (in: AHVN 118, 1931) S. 136–143.

den Nürnberger Rat, ihm die Reichsinsignien nach Aachen zu übersenden[171], nämlich, wie er auf einem beiliegenden Zettel schrieb, *die cron keyser Karls* und dazu die *kleiden, wate und ornamenten des heiligen keyser Karls*, damit er sich darin krönen lassen könne. Da er stets angenommen habe, er werde diese Insignien in Aachen in der Marienkirche *bey dem heiligen keyser Karl* finden, habe er bei dem wenige Wochen zurückliegenden Besuch in Nürnberg mit dem Rat darüber nicht gesprochen, sei aber jetzt in Frankfurt davon unterrichtet worden, daß sie alle bei den Heiltümern in Nürnberg lägen, und bitte deshalb darum, sie ihm ohne Verzug zu schicken, es aber geheim zu halten und sie mit Geleit zu schützen, wie es notwendig sei. Er versprach zugleich, die Insignien den Gesandten der Stadt noch am Tag der Krönung wieder auszuhändigen. Die Tatsache, daß Friedrich, dem die Reichskleinodien am 3. Mai in Nürnberg gezeigt worden waren, sie nicht schon dort angefordert habe, sondern erst im weiteren Verlauf seiner Fahrt, ist damit erklärt worden, daß Friedrich es vermieden habe, an Ort und Stelle durch die Reichsstadt zu einer Bestätigung ihres Verwahrrechts an den Reichskleinodien gedrängt zu werden[172]. Nach einer Aufzeichnung des Nürnberger Rates hatte König Friedrich zunächst die zwei Nürnberger Ratsherren Berthold Volckamer und Karl Holzschuher, die ihn auf der Krönungsfahrt begleiteten, um Hilfe bei der Beschaffung des Ornats und der Reichsinsignien gebeten, nachdem ihm das aber mehrmals abgeschlagen worden sei, sich direkt an den Nürnberger Rat gewandt. Nach Beratungen stimmte der Nürnberger Rat trotz mancherlei Bedenken zu und ließ die Insignien durch den Ratsschreiber Johannes Marquardi unter großer Geheimhaltung und unter dem Geleit etlicher Fürsten, die nicht wußten, daß es sich um die Reichskleinodien handelte, nach Aachen bringen. Friedrich, der die Kleinodien bei seiner Krönung und bei der Belehnung der Kurfürsten und Fürsten in Aachen und Köln benutzte, hielt sich an die getroffenen Vereinbarungen und gab die Stücke umgehend zurück, *also daz sie nur uber nacht in seiner gewalt belieben*[173]. Auch zur Krönung Maximilians I. am 9. April 1486 schickte die Stadt Nürnberg die Ratsherren Gabriel Nützel und Ulman Stromer mit den Reichsinsignien, der Krone, dem Reichsschwert, dem Zepter und dem Reichsapfel, einem Ring und dem Ornat nach Aachen[174]. Am 21. Februar 1486 wurde die feierliche Gesandtschaft mit *kaiser Karls kron* von Nürnberg nach Aachen zur Krönung Maximilians auf den Weg gebracht[175], wobei die Stadt für alle Kosten der Überführung der Reichskleinodien nach Aachen und für ihre sichere Rückführung sowie für Unterkunft und Verpflegung der begleitenden Ratsherren und für die Geleitsgelder selbst aufkam[176].

---

171   Siehe ebd. S. 140f.
172   SCHNELBÖGL, Reichskleinodien [wie Anm. 107].
173   RTA 16 Nr. 111; Chr. dt. Städte, Nürnberg 3 S. 376f.; siehe SCHNELBÖGL, Reichskleinodien [wie Anm. 107] S. 103; zur Frage, ob die (Nürnberger) Reichskrone mit der *corona Aquisgranensis* oder der Krone der Aachener Karlsbüste identisch sei, siehe HUYSKENS, Krönungsschatz [wie Anm. 170] S. 140; DERS., Die Aachener Krone der Goldenen Bulle, das Symbol des alten deutschen Reiches (in: DA 2, 1938) S. 401–497, hier S. 464f.
174   SCHNELBÖGL, Reichskleinodien [wie Anm. 107] S. 103.
175   HUYSKENS, Krönungsschatz [wie Anm. 170] S. 140.
176   SCHNELBÖGL, Reichskleinodien [wie Anm. 107] S. 103f.

Neben den oft schwierigen politischen Verhandlungen mußten jetzt auch die orga-
nisatorischen Vorbereitungen für die Fahrt abgeschlossen werden. Es war notwendig,
mit den in Frankfurt zusammengekommenen Teilnehmern der Fahrt deren Ablauf und
Stationen im einzelnen festzulegen, für Unterkünfte und Verproviantierung zu sorgen,
Schiffe und Schiffsmannschaften zu beschaffen und die Pferde mit dem Troß über Land
in Richtung Bonn abzuschicken. Zumeist düfte man dabei, sofern man nicht wie die
rheinischen Kurfürsten über eigene Schiffe verfügen konnte, Reise- und Küchenschiffe
angemietet haben, wie etwa der Herzog von Sachsen 1442[177], oder man nutzte wie
Friedrich III. das Frankfurter Marktschiff. Für sich und seinen Hof nutzte allein der
König dabei insgesamt sechs oder acht Schiffe, und auch die Kurfürsten und Herren
dürften für ihr Gefolge kaum weniger Schiffe eingesetzt haben. Die Reisegesellschaft,
die 1486 König Maximilian nach Aachen begleitete, war auf mindestens 25 Schiffen untergebracht. 1414 scheint Sigismund für seine Krönungsfahrt sogar Schiffsneubauten
oder zumindest eine angemessene Umgestaltung veranlaßt zu haben, forderte er doch
von Speyer aus die Stadt Frankfurt auf, ihren Schiffbauer mit seinen Zimmerleuten
beim unverzüglichen Bau der Krönungsschiffe zu unterstützen, wozu er 4 000 Borten
und anderes Holz schicke[178]. Für die schwierige mittelrheinische Flußstrecke engagierte man erfahrene Schiffsführer oder ortskundige Lotsen, die die Schiffe sicher rheinabwärts führen konnten[179].

Jetzt wurden auch Vertraute des Königs zu den geplanten Stationen und nach
Aachen vorausgeschickt, um das Notwendige zu veranlassen. So sandte Karl IV. zum
Beispiel 1349 den Deutschordensmeister Dietrich von Nellenburg und den Grafen von
Sponheim sowie weitere Gesandte nach Aachen, um über die Vorbereitungen zur Krö-
nung zu verhandeln[180]. Für Ruprecht I. bemühten sich im Herbst 1400 der Propst von
Liebfrauen zu Mainz, Meister Heinrich von Ehrenfels, und der Ritter Dieter von
Handschuhsheim als Räte und *heimliche*, sowie der Wormser Domkanoniker Jakob
von Laudenberg erfolglos in Aachen[181]. Die Stadt sandte ihrerseits 1376 während des
Krönungszugs Wenzels den Söldner Heribert nach Lechenich entgegen, um mit dem
kaiserlichen Schatzmeister darüber zu verhandeln, daß zur Krönung die Waffen außerhalb der Stadt gelassen würden *(quod arma deforis manerent)*, während man in gleicher
Sache einen Boten zum Herzog von Jülich sandte[182]. Am 31. Oktober 1414 forderte
König Sigismund von Bonn aus die Aachener auf, zwei Ratsangehörige nach Düren zu
entsenden, um mit ihnen die notwendigen Dinge besprechen zu können[183]. In anderen

---

177   Thür. StA Weimar, Reg. Bb 5110, fol. 90v: *Item 11 torn. vor vaß mulde und stocze ufs kochen
schiff.*
178   JANSSEN, Reichscorrespondenz [wie Anm. 62] 1 Nr. 477; RI 11 I Nr. 1265.
179   Das Küchenbuch Herzog Friedrichs von Sachsen weist in Frankfurt Ausgaben für 2 Lotsen
aus; Thür. StA Weimar, Reg. Bb 5110, fol. 89r.
180   KRAUS, Studien [wie Anm. 10] S. 63 und Nr. 29 S. 90.
181   KRAUS, Quellen zur Krönung Wenzels [wie Anm. 78] Nr. 6 S. 199f.; JANSSEN, Reichscorrespondenz [wie Anm. 62] 1 Nr. 939.
182   RTA 1 Nr. 100 S. 169; LAURENT, Aachener Stadtrechungen [wie Anm. 52] S. 39.
183   KRAUS, Quellen zur Krönung Wenzels [wie Anm. 78] Nr. 9 S. 201f.

Fällen, wie etwa zur Krönungsfahrt Maximilians, reiste Herzog Albrecht von Sachsen als Reichserbmarschall voraus, um die erforderlichen Vorbereitungen zu veranlassen und den Einzug in Aachen zu ordnen[184].

Erst wenn alle Vorbereitungen getroffen und ein Einvernehmen mit den Kurfürsten und der Stadt Aachen herbeigeführt worden war, konnte der Krönungstermin festgelegt werden. Dabei bemühte man sich offenbar, die Krönung an einem höheren Festtag oder doch zumindest an einem Sonntag vornehmen zu lassen. So wurde Adolf von Nassau am Tag des Hl. Johannes des Täufers (1292), Albrecht I. am St. Bartholomäustag (1298) und Karl IV. am Festtag des Hl. Jacobus minor (1349) gekrönt. In anderen Fällen, etwa bei der Doppelwahl von 1314, war der Krönungstag beider Kandidaten, der 25. November 1314 (St. Katharina), dagegen sicherlich von der besonderen Situation bestimmt. Von den spätmittelalterlichen Herrschern ist offenbar nur Rudolf von Habsburg an einem gewöhnlichen Werktag (24. Oktober 1273) gekrönt worden[185]. Besonders auffällig ist die Wahl des Tages der Hl. Drei Könige, an dem schon Heinrich V. (1099) und Philipp von Schwaben (1205) die Krone empfangen hatten. Auch Heinrich VII. (1309) und Ruprecht I. (1401) erhielten am Tag der Hl. Drei Könige das Zeichen ihrer Königswürde, Ruprecht I. dazu noch im Kölner Dom vor dem Petrusaltar[186], und nach der Ansicht Heimpels kann kein Zweifel daran bestehen, »daß der Dreikönigstag vom König gewollt und vom krönenden Erzbischof konzediert war: die Not der verschlossenen Krönungsstadt Aachen wurde zur Tugend einer liturgischen Pointe«[187].

Wegen der umfangreichen Vorbereitungen konnten zwischen der Wahl und dem Aufbruch zur Krönungsfahrt mehrere Tage, unter Umständen aber auch Wochen vergehen: Rudolf von Habsburg verließ nach 8–14 Tagen die Wahlstadt, Adolf von Nassau hielt sich insgesamt wohl 14 Tage in Frankfurt auf, und Albrecht I. reiste nach rund einer Woche ab, um zunächst nach Straßburg zu ziehen. Ludwig der Bayer, der am 20. Oktober 1314 vor der Stadt gewählt und am 23. Oktober auf den Altar der St. Bartholomäuskirche gesetzt worden war, urkundete am 29. Oktober in Mainz. Karl IV. konnte 18 Tage nach seinem Einzug in Frankfurt zur Krönungsfahrt aufbrechen, während sein am 10. Juni 1376 gewählter Sohn Wenzel noch am 30. Juni in Frankfurt nachweisbar ist, aber schon am 6. Juli in Aachen gekrönt wurde. Friedrich III., der auf seiner Krönungsfahrt am 27. Mai 1442 in Frankfurt eingetroffen war, fuhr am 6. Juni, also nach zehn Tagen, wieder aus Frankfurt ab. Mit 40 Tagen besonders lange blieb Maximilian I. in Frankfurt, wo er am 16. Februar 1486 gewählt worden war, von wo aus er aber erst am 28. März zur Reise nach Aachen aufbrechen konnte.

Bei ihrer Krönungsfahrt wurden die Herrscher nicht nur von ihrer Gemahlin[188] und ihrem Gefolge, sondern auch von den Kurfürsten, zahlreichen Herzögen, Grafen, Her-

---

184   HUYSKENS, Aachener Heimatgeschichte [wie Anm. 14] S. 257.
185   Zu den Krönungsterminen siehe Hans Martin SCHALLER, Der heilige Tag als Termin mittelalterlicher Staatsakte (in: DA 30, 1974) S. 1–24, hier S. 5f.
186   Siehe den stadtamtlichen Bericht in: RTA 4 Nr. 205 S. 241f.
187   HEIMPEL, Königliche Evangeliumslesung [wie Anm. 90] S. 447f.
188   Die Gemahlin Rudolfs von Habsburg hielt sich bei Rudolfs Wahl in Brugg im Aargau auf, von wo aus sie mit großem Gefolge über Basel, Colmar und Straßburg nach Worms reiste und in allen

ren und Rittern und Vertretern der Reichsstädte begleitet[189]. Zahl und Rang der Teilnehmer demonstrierten dabei die neugewonnene Königswürde nach außen. Von besonderer Bedeutung war die Beteiligung der Kurfürsten, die den von ihnen gewählten neu-
en Herrscher nach Aachen geleiteten und damit seine Ansprüche auf die Krönung be-
stätigten, durch ihre Mitwirkung zugleich aber den Wahlcharakter des Königtums
deutlich machten. Durch die Weigerung, an der Fahrt teilzunehmen, konnte andererseits aber auch eine fehlende Zustimmung zur Wahl zum Ausdruck gebracht werden.

Die Kurfürsten begleiteten den König in der Regel in eigener Person und mit einem
umfangreichen Troß, zu dem auch Bewaffnete gehörten, und garantierten damit die
Sicherheit des König und seiner Begleiter bei seiner Fahrt durch die kurfürstlichen wie
durch andere Territorien. Für Rudolf von Habsburg[190], Adolf von Nassau, Albrecht I.
und Heinrich VII. läßt sich die Begleitung durch den größeren Teil der Kurfürsten, bei
Wenzel sogar die Teilnahme aller Kurfürsten nachweisen. Nach den Angaben der Annales Osterhovenses[191] wurde Adolf von Nassau *cum pocioribus regni principibus* nach
Aachen geführt, und auch die Österreichische Reimchronik hebt das Krönungsgeleit
besonders hervor[192]. Sicher bezeugt als Teilnehmer der Krönungsfahrt sind der Mainzer
Erzbischof Gerhard[193], der Trierer Erzbischof, Markgraf Otto von Brandenburg und
wahrscheinlich die Gesandten des Königs von Böhmen, während die Teilnahme Herzog Albrechts von Sachsen nicht belegt ist[194]. König Albrecht I. brach wahrscheinlich
am 15. August von Straßburg aus zur Krönung nach Aachen auf[195], wobei ihn, wie die
Annales Osterhovenses[196] und die Österreichische Reimchronik[197] berichten, die Kur-

---

Reichsstädten ehrenvoll empfangen und mit wertvollen Geschenken begrüßt wurde; Chronicon
Colmariense (in: MGH SS 17) S. 244. Für Worms, wo Anna am 18. Oktober eintraf, siehe Annales
Wormatienses (ebd.) S. 69.
189   Siehe die Zusammenstellung der an der Krönungsfahrt teilnehmenden und bei der Krönung
Friedrichs III. anwesenden Kurfürsten, Fürsten, Herren und der Städtevertreter aus Frankfurt,
Nürnberg, Colmar und Kaysersberg: RTA 16 S. 159.
190   Siehe etwa die Anzeige des Mainzer Erzbischofs zur Wahl Rudolfs von Habsburgs (MGH
Const. 3 Nr. 5): *ducentes eundem omnes pariter sic electum secundum morem et consuetudinem
Aquisgranum sollempniter consecrandum*; siehe SAMANEK, Studien [wie Anm. 8] S. 38; siehe die An-
zeige Erzbischof Werners von Mainz an Papst Gregor X. vom 2. Okt. 1273 (J. F. Böhmer, Regesta
Archiepiscoporum Maguntinensium. Regesten zur Geschichte der Mainzer Erzbischöfe 742?–1514,
II. Bd., bearb. von Cornelius WILL, 1886, S. 387, Nr. 303) und die Krönungsanzeige der Kurfürsten
an den Papst (1273 nach Okt. 24: MGH Const. 3 Nr. 14): *apud Aquisgranum ... magnifice duximus.*
191   Annales Osterhovenses (in: MGH SS 17) S. 550. Siehe auch Mathias von Neuenburg, Chronik
S. 23f.
192   Ottokar, Österreichische Reimchronik (in: MGH Dt. Chron. 5) S. 799 V. 60111ff.
193   Chronicon Colmariense (in: MGH SS 17) S. 257; SAMANEK, Studien [wie Anm. 8] S. 39 mit
Anm. 19.
194   SAMANEK, Studien [wie Anm. 8] S. 36–39.
195   Zum Straßburger Aufenthalt siehe Reg. Bischöfe von Straßburg [wie oben Anm. 21] 2
Nr. 2450.
196   Annales Osterhovenses (in: MGH SS 17) S. 552: *Ducitur itaque ab eisdem Aquisgrani ad coro-
nandum.*
197   Ottokar, Österreich. Reimchronik (in: MGH Dt. Chron. 5) S. 964 V. 72999–73001: *mit kosteli-
chen siten / die fursten alle siben riten / mit im gegen Âch.*

fürsten geleiteten. Auch andere Fürsten, die Albrecht bei der Schlacht von Göllheim unterstützt hatten, zogen mit ihm nach Aachen, darunter die Bischöfe von Straßburg und Konstanz und Eberhard von Württemberg. Vom Niederrhein nahmen der Herzog von Brabant und die Herzöge und Grafen von Flandern, Jülich, Geldern, Kleve, Berg und Mark an der Zeremonie teil[198]. Zur Krönungsfahrt Heinrichs VII. berichten die Gesta Trevirorum[199], der König sei von Erzbischof Balduin von Trier und den anderen sechs Kurfürsten *ad auream regni sedem Aquisgrani* geführt worden, und deuten damit ein Krönungsgeleit an, das sich aus anderen Quellen nicht bestätigen läßt, zumal es nicht einmal sicher ist, daß Heinrich die Fahrt direkt von Frankfurt nach Aachen unternahm. Zu der durch die Doppelwahl überschatteten Krönungsfahrt Ludwigs des Bayern berichtet die Chronica Ludovici, fünf der Kurfürsten hätten den Wittelsbacher *Aquisgrani ad locum tutum* geführt[200], was in diesem besonderen Fall wegen der Auseinandersetzung mit der Partei Friedrich des Schönen sicherlich geboten war.

Welchen Bedrohungen der neue König durch die bei der Wahl unterlegene Partei ausgesetzt sein konnte, belegt eine bei Johannes Turmaier gen. Aventinus (1477–1534) überlieferte Nachricht, die auf zeitgenössischer Aufzeichnung aus dem Kloster Fürstenfeld basiert. Danach fuhr König Adolf von Nassau nach seiner Wahl mit dem Mainzer Erzbischof und den übrigen Kurfürsten, jedoch ohne Pfalzgraf Ludwig, der wegen vermeintlicher Erkrankung nicht an der Fahrt teilnahm[201], den Rhein hinab Richtung Köln. Als sie zur pfalzgräflichen Burg Fürstenberg (bei Bacharach) gekommen seien, so berichtet der Chronist, habe deren Besatzung von ihnen Zoll gefordert, obwohl die auf dem Schiff riefen, daß hier kein geringerer als der König fahre. Als sich die auf dem Schiff aber geweigert hätten, Zoll zu zahlen, und stattdessen in die Ruder gegriffen hätten und vorbeigefahren seien, hätten die auf der Burg Fürstenberg das Schiff mit Pfeilen beschossen und dabei einen an der Seite des Königs verletzt. Auf den wiederholten Zuruf, hier fahre der König, hätten sie, um den Zorn des Fürsten abzuwenden, ihren Irrtum und ihre Unkenntnis entschuldigt und um Gnade gebeten. Und König Adolf, so wird weiter berichtet, hätte ihnen vergeben wollen, wenn ihn nicht der Mainzer Erzbischof überzeugt hätte, Pfalzgraf Ludwig sei durch seine Frau zu einem Anschlag gegen Adolf angetrieben worden. Der Pfalzgraf sah sich deshalb gezwungen, Vertraute zum König zu schicken, um seine Unschuld zu beteuern[202].

Das Krönungsgeleit war, neben dem realen Sicherheitsaspekt, aus der Sicht der Kurfürsten und dabei vor allem aus der des Mainzer Erzbischofs auch eine Demonstration dafür, daß neben der Wahl auch die Krönung als »gemeinsame Sache der Königswähler«

---

198   Ellenhardi Chronicon (in: MHG SS 17) S. 139.
199   Gesta Trevirorum, ed. WYTTENBACH, Bd. 2, S. 205f.
200   Chronica Ludovici S. 125; siehe die Mitteilung Ludwigs an die Stadt Treviso vom 9. Jan. 1315; MGH Const. 5 Nr. 197; Reg. Aachen 2 Nr. 194.
201   Ottokar, Österreichische Reimchronik (in: MGH Dt. Chron. 5) S. 799 V. 60111ff.
202   Johannes Turmair's genannt Aventinus Annales ducum Boiariae (hg. von Sigmund RIEZLER 2 = Johannes Turmair's genannt Aventinus sämmtliche Werke 3, 1884) S. 353f.; wohl danach Karl Ludwig TOLNER, Historia Palatina (Frankfurt/Main 1700) S. 415. Dazu SCHLIEPHAKE, Geschichte von Nassau [wie Anm. 18] S. 377f.; SAMANEK, Studien [wie Anm. 8] S. 79.

– und nicht nur des Kölners als des Coronators – anzusehen sei[203]. Die abnehmende Bedeutung der Krönung gegenüber der Wahl als dem rechtlich konstitutiven Akt ließ im
Verlauf der spätmittelalterlichen Entwicklung auch das Krönungsgeleit verfallen[204]. Es
wurde vom Schutzgeleit der Landesherren abgelöst, durch deren Territorien die Krönungsfahrt von Bonn oder Köln Richtung Aachen führte, d. h. durch das Geleit des
Herzogs von Geldern, der Grafen von Jülich und des Kölner Erzbischofs[205]. Obwohl
die den König begleitenden Kurfürsten, Fürsten, Herren und Vertreter der Städte für
diese Strecke keines besonderen Geleitsversprechens bedurften, da sie unter dem besonderen Schutz des Königs standen, ist für die Krönungsfahrt Friedrichs III. ein Ge-
leitsbegehren des Trierer Erzbischofs für sich und sein Gefolge gegenüber dem Herzog
von Jülich und Berg erhalten[206], das vom Herzog mit der Bemerkung gewährt wurde, er
sei verpflichtet, den König und die Kurfürsten durch seine Lande zu geleiten, und werde dementsprechend handeln[207]. Es ist vermutet worden, daß in diesem Fall der umfangreiche Troß des Trierer Erzbischofs wegen des raschen Aufbruchs des Königs nach
Aachen den gemeinsamen Zug von Frankfurt rheinabwärts nicht mehr habe erreichen
können, so daß er auf kurzem Wege durch das Herzogtum Jülich geführt werden
sollte[208].

Neben den Kurfürsten und ihrem Gefolge und zahlreichen weiteren Fürsten und
Herren begleiteten auch die Vertreter der Reichsstädte den König auf seiner Fahrt nach
Aachen. König Sigismund zum Beispiel lud die schwäbischen Städte 1414 ebenso zur
Teilnahme an der Fahrt ein wie 1486 Maximilian I. Auch aus den städtischen Quellen
läßt sich die Beteiligung städtischer Vertreter an den Krönungsfahrten vielfach belegen.
Zu den Begleitern Friedrichs III. gehörte 1442 etwa der Frankfurter Beauftragte Walter
von Schwarzenberg d. A. In den Rechnungen des Frankfurter Rates ist deshalb zum
29. Juni 1442 eine Ausgabe von 30 fl. für seine Verzehrkosten und die seiner zwei
Begleiter verbucht für 24 Tage *zu schiffe und wagen gen Aiche mit unserm herren dem
konge zu siner kronunge als mit andern steden*[209].

Von Frankfurt aus nutzte man für die Krönungsfahrten in aller Regel den Wasserweg auf Main und Rhein bis Bonn oder Köln, während man die Wagen mit dem Troß,
dem Gepäck und den Pferden auf dem Landweg über den Taunus und den Westerwald
schickte[210]. Dabei mußte bis Bonn oder Köln mindestens zweimal, oft sogar drei- oder
mehrfach übernachtet werden. Bingen, Bacharach, Boppard, Koblenz und Andernach
sowie die kurkölnische Residenz Bonn waren dabei immer wieder gewählte Stationen.

203   Samanek, Studien [wie Anm. 8] S. 40.
204   Schubert, Königswahl [wie Anm. 1] S. 273f.
205   Ebd.
206   RTA 16 Nr. 98.
207   Ebd. Nr. 99.
208   Ebd. S. 159f.
209   Janssen, Reichscorrespondenz [wie Anm. 62] 2 Nr. 74 S. 50–58; RTA 16 Nr. 113.
210   Siehe etwa das wettinische Küchenbuch mit der Ausgabe von 1 Turnosen *das kuchengerethe
zcu furen*; Thür. StA Weimar, Reg. Bb 5110 fol. 94v. Allein zum Troß des Herzogs von Sachsen
gehörten beim Einritt in Frankfurt 560, in Bonn aber knapp 900 Pferde; Streich, Aachenfahrt [wie
Anm. 110] S. 36f.

Der König und sein Gefolge konnten in den Burgen der Kurfürsten oder in besten Herbergen der Städte eine angemessene Unterkunft finden, wie es sich besonders gut am Beispiel der Krönungsreise Friedrichs III. belegen läßt, der bei der erzbischöflich-mainzischen Residenz in Eltville einen Zwischenaufenthalt einlegte, beim Pfalzgrafen bei Rhein in Bacharach, beim Trierer Kurfürsten in Koblenz und beim Kölner Erzbischof in Bonn und Lechenich übernachtete und damit allen vier rheinischen Kurfürsten einen ›Antrittsbesuch‹ abstattete.

Demgegenüber mußten sich die mitreisenden Fürsten und Herren selbst um angemessene Quartiere bemühen. Aus dem Küchenbuch des Herzogs von Sachsen läßt sich belegen, daß er Vorreiter *(furryter)* vorausschickte, die für den Herzog und sein umfangreiches Gefolge Quartier machten[211]. Kleinere Städte konnten dabei leicht mit der Aufnahme aller mit dem König reisenden Personen überfordert sein. So übernachtete Friedrich von Sachsen nicht wie der König in Bacharach, sondern fuhr in das wenige Kilometer entfernte Oberwesel weiter[212]. In Koblenz nahm man außerdem Brot als Proviant mit aufs Schiff und besorgte Holz, das man für das Schiff benötigte. In Bonn, wo man vom 11. bis zum 12. Juni blieb, schlug man sogar das Wappen des Herzogs *vor myns herrn herberge* an[213].

Nur einige der Herrscher haben auf ihrer Krönungsfahrt in Mainz Station gemacht: Rudolf von Habsburg für einige Tage[214], Ludwig der Bayer, der 9 Tage nach seiner Wahl in Mainz urkundete, oder Karl IV., der am 6. und 7. Juli 1349 in Mainz blieb. Lediglich für Friedrich III., der am ersten Tag seiner Krönungsfahrt von Frankfurt nach Mainz reiste, läßt sich anhand der Berichte recht gut rekonstruieren, wie die Tage in der Domstadt gefüllt waren. Der steiermärkische Chronist der Reise berichtet, der König sei hier mit Pfalzgraf Ludwig bei Rhein zusammengetroffen, vom Mainzer Domkapitel und Vertretern der Stadt feierlich empfangen worden, und um den König sei dort ein solches Gedränge gewesen, wie er, der Chronist, es noch nicht gesehen habe. Erst im Mainzer Dom, in den man den König geführt habe, habe er wieder *dy erst freyhait* gehabt. Die Stadt Mainz habe dem König große Ehre erzeigt, und der König habe bei dem Bürgermeister in einem schönen Haus gewohnt und in einer *schen stuben* ein Mahl eingenommen. Am Freitag, dem 8. Juni, sei der König in das Zisterzienserinnen-Kloster *zu dem altn tum* geritten, wo man ihm die Heiltümer gezeigt habe[215].

Seit der Krönungsfahrt König Sigismunds wurde die Erhebung des neuen Königs auf dem 1376 von Karl IV. gestifteten und 1398 fertiggestellten Rhenser Königsstuhl als regelmäßiges Element in das zeremonielle Programm der Fahrt eingefügt. Die Kurfür-

211   In Frankfurt wurden 1 fl. 2 Turnosen *pro panibus den furreytern* ausgegeben (Thür. StA Weimar, Reg. Bb 5110 fol. 87r), in Mainz 9 Turnosen *pro consumtibus der furreytere* gezahlt (ebd. fol. 91r); siehe Streich, Aachenfahrt [wie Anm. 110] S. 40.

212   In der Rechnung Thür. StA Weimar, Reg. Bb 5110 fol. 93r sind 2 fl. als Herbergskosten in Oberwesel und 12 alb. *pro familia ibidem* verbucht, ebenso fol. 93v für Koblenz; siehe Streich, Aachenfahrt [wie Anm. 110] S. 35.

213   Thür. StA Weimar, Reg. Bb 5110 fol. 94r.

214   Chronicon Colmariense (in: MGH SS 17) S. 243.

215   Seemüller, Krönungsreise [wie Anm. 98] S. 632f.; zum Aufenthalt in Mainz siehe Schrohe, Mainz [wie Anm. 16] S. 181.

sten und Herren gingen in Rhens von Bord und geleiteten den Herrscher zu dem unter Nußbäumen am Rheinufer stehenden Königsstuhl. Ursprung, Verlauf und Bedeutung der sich dort anschließenden Zeremonie sind mehrfach diskutiert worden[216]. Sicher ist, daß die Rhenser Handlung im Rahmen der Krönungsfahrten auf die Rolle des Ortes als Versammlungs- und Beratungsort der Kurfürsten insbesondere im Vorfeld einer anstehenden Königswahl und als zweimaliger Königswahlort zurückzuführen ist. Für die für Sigismund, Friedrich III. und Maximilian I. überlieferten Zeremonien gibt es jedoch offenbar keine Vorbilder; die Rhenser Handlung stand eben nicht in langer Tradition, sondern war ein verhältnismäßig junges, auf die Kurfürsten zurückgehendes Element der Königserhebung.

Ohne Zweifel lag vor allem den Kurfürsten an der Erhebung des von ihnen neugewählten Königs auf dem Rhenser Königsstuhl. So mußte Jost von Mähren am Tag vor seiner Wahl vom 1. Oktober 1410 den Erzbischöfen von Mainz und Köln u. a. zusichern, daß er sich *ee wir unser kongliche crone entphahen, ... uf dem konigsstule zu Rense gein Oberlaynstein uber als einen Romischen koning laßen erheben* wolle, *als auch furmals andern Romischen konigen gescheen ist*[217]. Der Hinweis auf die bei seinen Vorgängern geübte Praxis der Erhebung auf dem Königsstuhl entbehrt jedoch insoweit der Berechtigung, als Karl IV. (1346) zwar in Rhens gewählt und Ruprecht I. (1400) wohl auf dem Königsstuhl präsentiert wurde, von einer Erhebung, wie sie seit Sigismund üblich wurde, aber kaum die Rede sein kann. Durch den plötzlichen Tod Josts von Mähren vor seiner Krönung kam es nicht mehr zu seiner Erhebung in Rhens.

Nahezu wortgleich wie er hat auch Sigismund nach seiner zweiten Wahl gegenüber Erzbischof Friedrich III. von Köln am 22. Juli 1411 zusagen müssen, sich auf dem Königsstuhl als Römischer König erheben zu lassen[218]. Mit der über Jahre ausstehenden Krönung in Aachen verzögerte sich aber auch die Rhenser Erhebung. Es ist vermutet worden, daß er sie habe vornehmen lassen, als er im August 1414 rheinabwärts bis Koblenz kam, wo er sich über mehrere Wochen aufhielt[219]. Während der Reise nach Koblenz ist von einem Halt in Rhens aber nicht die Rede, während zwei Vertreter der Stadt Frankfurt von der Rückreise rheinaufwärts am 2. Sept. 1414 aus seiner Umgebung *obendig Rense uff dem Rine* nach Frankfurt berichten: *Auch heldet unser herre der kunig eczunt zu schiffe by Rense by dem kunigstül, und iszet, und meinet zu stunt vurter heruff zu faren*[220]. Anscheinend ist er dabei aber nicht einmal an Land gegangen[221], und es hätte auch dem Charakter der von den Kurfürsten gewünschten Erhebung auf dem Königsstuhl widersprochen, sie gewissermaßen ohne die gewünschte große Öffentlichkeit vorzunehmen. Erst auf seiner Krönungsreise selbst hat Sigismund 1414 nach dem

---

216   Julius Weizsäcker, Rense als Wahlort (1890). – Helmut Prössler, Rhens, die Kurfürsten und die dt. Königswahl (in: AHVN 165, 1963) S. 238f.
217   RTA 7 S. 63 Z. 33–36 Nr. 44 ß 11. – Weizsäcker, Rense [wie Anm. 216] S. 59f.; Drabek, Reisen [wie Anm. 3] S. 64; Krammer, Wahl und Einsetzung [wie Anm. 4] S. 30ff.
218   RTA 7 Nr. 65 S. 109f. – Weizsäcker, Rense [wie Anm. 216] S. 60.
219   Prössler, Rhens [wie Anm. 216] S. 238f.
220   Janssen, Reichscorrespondenz [wie Anm. 62] 1 Nr. 472.
221   Weizsäcker, Rense [wie Anm. 216] S. 62.

Bericht Eberhard Windeckes seine Zusage eingelöst, sich auf dem Rhenser Königsstuhl erheben zu lassen, eine Angabe, die mit dem Hinweis, daß Windecke »ein recht unsicherer Gewährsmann« sei und andere Berichte über diesen Akt schwiegen, sicherlich zu Unrecht bestritten worden ist[222].

Auch Friedrich III. hat sich in Rhens der Erhebungszeremonie unterzogen. Nach der Speyerischen Chronik wurde er von den Kurfürsten auf den Königsstuhl gesetzt, wobei Weizsäcker vermutet hat, daß die »glänzende Zurüstung« ihre Überraschung für Friedrich gewesen sei, indem sie auf Friedrichs Neigung »zu pomphaften Gelegenheiten« gesetzt hätten[223]. Tatsächlich bestimmt auch der aus der Zeit Friedrichs III. stammende Krönungsordo, ein römischer König solle, wenn er auf dem Weg zu seiner Krönung nach Aachen sei, auf dem Stuhl zwischen Rhens und Koblenz, gen. *des kaisers stul an dem Rein,* sitzen und darauf in seiner Gegenwart *in dreien zungen lassen rueffen, latein, welisch und teutsch,* daß er nach Aachen ziehen wolle, um dort die Krone zu empfangen. Und die Ordnung gibt als Begründung an, daß damit keine Partei oder sonst jemand behaupten könne, der König sei heimlich zu seiner Krönung gekommen[224].

Ein besonders plastisches Bild der Zeremonie in Rhens zeichnen die Berichte über die Krönungsfahrt Maximilians, die den Akt als ›altes Recht und alte Gewohnheit‹ charakterisieren[225]. Danach hielten König Maximilian I., Kaiser Friedrich III. und ihre Begleiter am 30. März 1486 mit ihren Schiffen von Bingen kommend in Rhens an, wo sie den Mainzer Erzbischof wiedertrafen, der ihnen vorausgefahren war. Während der Kaiser an Bord blieb, verließ Maximilian das Schiff und wurde vom Mainzer und von Herzog Albert von Sachsen (d. h. dem jeweils Ersten der geistlichen und weltlichen Kurfürsten) auf den steinernen Königsstuhl außerhalb der Rhenser Mauern am Rhein geführt, auf dem der König dem Römischen Reich seinen Eid ablegte *(supra quam sedebat Rex Romano Imperio praestans iuramentum)*[226]. Ludwig von Eyb berichtet genauer, der Mainzer Erzbischof habe Maximilian aufgefordert, die Fürsten bei ihren alten Privilegien und Herkommen zu belassen, wofür sie ihm wie von alters gehorsam sein sollten[227]. Nachdem er einen Mann aus dem Haus Herzog Sigismunds zum Ritter geschlagen habe und der Mainzer Erzbischof gesprochen habe, sei man kurz darauf wieder zu Schiff gegangen und nach Andernach weitergefahren[228]. Im Vordergrund der Handlung standen demnach die Bestätigung der kurfürstlichen Privilegien und umgekehrt die Leistung der Treuepflicht gegenüber Maximilian[229]. Weizsäcker hat angenommen, daß man mit der

222 RTA 16 S. 158 Anm. 4.
223 Weizsäcker, Rense [wie Anm. 216] S. 63f.
224 RTA 16 Nr. 100; siehe dagegen Drabek, Reisen [wie Anm. 3] S. 65.
225 Huyskens, Krönung Maximilians [wie Anm. 129] S. 78f.; so auch Müller, Reichstags-Theatrum [wie Anm. 138] S. 30.
226 Weizsäcker, Rense [wie Anm. 216] S. 64; die Binger Annalen berichten, Maximilian habe *dem Röm. Reich das jurament* abgelegt; Eduard Ziehen, Mittelrhein und Reich im Zeitalter der Reichsreform 1356–1504, 2 Bde. (1934–37), hier 1 S. 233.
227 Baader, Ludwig von Eyb [wie Anm. 129] S. 2.
228 Freher/Struve [wie Anm. 132] S. 24; siehe Hermann Wiesflecker, Kaiser Maximilian. Das Reich, Österreich und Europa an der Wende zur Neuzeit 1 (1971) S. 194f.
229 Schubert, Königswahl [wie Anm. 1] S. 336.

Verbindung des Aktes auf dem Königsstuhl mit ersten Regierungshandlungen versucht habe, »der inhaltsleeren Ceremonie« in Rhens eine neue Bedeutung zu verschaffen[230].

Über den Sinn der Rhenser Erhebung als eines Aktes zwischen der Wahl und der Krönung ist mehrfach diskutiert worden. Weizsäcker[231] hat dabei darauf hingewiesen, daß im Falle Ruprechts I. (1400) davon die Rede sei, daß er »auf den Königsstuhl zu Rhens gesetzt« worden sei und daß man von Jost und Sigismund nicht verlangt habe, sich vor ihrer Wahl auf den Königsstuhl setzen zu lassen, sondern nach ihrer Wahl, ein Akt, der eigentlich ohne rechtliche Bedeutung gewesen sei, da ein König mit seiner Wahl bereits zum Römischen König erhoben sei und damit des Rhenser Zeremoniells nicht bedurft habe. Weizsäcker hat aber auch darauf hingewiesen, daß nicht von der Erhebung zum Römischen König, sondern zur Erhebung als ein Römischer König die Rede sei, und diese »Form ohne Inhalt« mit der Altarsetzung in Frankfurt verglichen, mit der die erfolgte Wahl bekannt gemacht und der Gewählte öffentlich präsentiert worden sei. Wie die Altarsetzung habe die Rhenser Erhebung aber bald ihren Sinn verloren und sei zu einer »leeren Förmlichkeit« geworden, einer bloßen Erinnerung daran, daß in Rhens bzw. auf dem Königsstuhl Ort der Wahlvorberatungen und sogar der Königswahl gewesen sei. Die Funktion dieser Handlung, die Wahl kundzutun und den Gewählten zu präsentieren, die sich wegen der schlechten Überlieferungslage für Sigismund nicht nachweisen läßt, liegt jedoch bei Friedrich III. und Maximilian I. deutlich zu Tage.

Den aus kurfürstlicher Sicht wichtigen Aspekt hat Schubert stärker hervorgehoben, da den rheinischen Kurfürsten nach der endgültigen Festlegung auf Frankfurt als Wahlort habe daran gelegen sein müssen, die nicht ganz einheitliche Tradition ihrer hergebrachten Versammlungsstätte Rhens zu wahren[232], die noch im Vorfeld der Wahl Sigismunds (1410) genutzt wurde. »Die Grundlage aber des in sich wandelnden Traditionsgehaltes blieb für Rhens während des späten Mittelalters die gleiche«, so stellt er fest, »Ausdruck der kurfürstlichen Repräsentanz für den Wahlcharakter des Reichs und dabei vor allem Ausdruck der besonderen Bedeutung der rheinischen Kurfürsten«[233]. Er charakterisiert die Erhebung auf dem Königsstuhl als eine »abgewandelte Form der Thronsetzung«, die nach der Bedeutungsverlagerung von Wahl und Krönung »als Rechtskonstitutivum allerdings minderen Gewichts für die Königserhebung« bewahrt geblieben sei[234].

Die Krönungsfahrt zu Schiff rheinabwärts endete zumeist in Bonn, von wo aus man auf der Aachen-Frankfurter-Straße, der sog. Krönungsstraße[235], in zwei oder drei

---

230   Weizsäcker, Rense [wie Anm. 216] S. 65.
231   Ebd. S. 60–62.
232   Schubert, Königswahl [wie Anm. 1] S. 333–337.
233   Ebd. S. 336f.; Drabek, Reisen [wie Anm. 3] S. 64.
234   Schubert, Königswahl [wie Anm. 1] S. 335.
235   Johannes Nottebrock, Die Aachen-Frankfurter Heerstraße in ihrem Verlauf von Aachen bis Sinzig (in: Bonner Jahrbücher 131, 1926) S. 245–284, hier S. 274f.; Klaus Flink, Der Abschnitt Sinzig-Düren der Krönungsstraße von Frankfurt nach Aachen (in: Bonner Universitätsblätter 1973) S. 25–40.

Tagesritten Aachen erreichte. War Friedrich Barbarossa im März 1152 noch bei der königlichen Pfalz Sinzig an Land gegangen, um von hier aus in einem raschen Ritt nach Aachen zu gelangen, so bot sich nach dem Verlust des Sinziger Königshofs in erster Linie die erzbischöflich-kölnische Residenz Bonn als sichere Zwischenstation an, die teilweise für längere Aufenthalte genutzt wurde. Karl IV. blieb wegen der Geißlerzüge und der Aachener Heiltumsfahrt elf Tage in Bonn, und auch Friedrich III. mußte in Bonn warten, bis die auf dem Landweg abgeschickten Wagen nachgekommen waren. Für den Weiterritt und die Weiterfahrt auf festlich geschmückten Reisewagen[236] nach Aachen waren die erzbischöfliche-kölnische Burg Lechenich und das jülische Düren die gegebenen Zwischenstationen. In Düren schloß sich der Herzog von Jülich und Berg dem Zug an und geleitete den neuen König in voller Rüstung und mit einem prachtvollen berittenen Gefolge bis Aachen[237]. Demgegenüber scheinen die meisten Herrscher auf ihrer Hinreise nach Aachen den um etwa 50 km weiteren Umweg über Köln gescheut zu haben[238]. Sieht man von Ruprecht I. ab, der in Köln gekrönt wurde, so ist lediglich Maximilian I. 1486 auf dem Rhein bis Köln gefahren. Schon an seinem Wahltag hatte die Stadt Köln durch ihre Gesandten bei anderen Reichsstädten Erkundigungen darüber einholen lassen, wie *(wie ind in was wysen und manyre)* Kaiser, König und Kurfürsten in solchen Fällen zu empfangen seien[239].

Die Krönungsfahrt endete mit der Ankunft in Aachen und der feierlichen Einholung des Königs in die Stadt, die dem neuen Herrscher, den ihn begleitenden Kurfürsten, Fürsten und Herren und der Stadt selbst[240] die Möglichkeit zu besonderer Prachtentfaltung bot, wie sie von den Chronisten vielfach ausführlich beschrieben wird. Die Gesta Trevirorum berichten von der Einholung Heinrichs VII., die Bürger von Aachen hätten ihm die Schlüssel der Stadt mehr als eine Meile entgegengebracht und übergeben und ihn mit freudigen Worten *(laetabundis vocibus)* als römischen König empfangen, und von Karl IV. wird berichtet, daß ihm ein glänzender Empfang bereitet worden sei[241]. Aus den Aachener Stadtrechnungen läßt sich der prachtvolle Einzug Wenzels unter der Begleitung Aachener Schützen und Eupener Speerreiter, der Pfeifer und Herolde der Herzoge von Bayern, Sachsen, des Markgrafen von Meißen, der Grafen von Jülich, Berg und Mark und zahlreicher weiterer Ehrentruppen in die Stadt rekonstruieren[242]. Besonders beeindruckt waren die Chronisten von der Prachtentfaltung bei den Einzü-

---

236 DRABEK, Reisen [wie Anm. 3] S. 65f.; HUYSKENS, Aachener Heimatgeschichte [wie Anm. 14] S. 257.

237 DRABEK, Reisen [wie Anm. 3] S. 65; NOTTEBROCK, Aachen-Frankfurter Heerstraße [wie Anm. 235] S. 275f.

238 Johannes HELMRATH, Die Stadt Köln im Itinerar der Könige des Mittelalters (in: Geschichte in Köln 4, 1979) S. 51–94, hier S. 56.

239 RTA MR 1 Nr. 196.

240 Zu den Vorbereitungen zum Einzug s. HUYSKENS, Aachener Heimatgeschichte [wie Anm. 14] S. 257.

241 KRAUS, Studien [wie Anm. 10] S. 64; siehe MGH Const. 9 Nr. 481; Annales Agrippinenses (in: MGH SS 16) S. 738; LAURENT, Aachener Stadtrechnungen [wie Anm. 52] S. 28f. und S. 205ff.

242 Ebd. S. 39f.

gen Friedrichs III. (1442)[243] und Maximilians I. (1486) in die Stadt[244]. Der zur Krönung Friedrichs III. entstandene Ordo legte fest, daß die Aachener Bürger den König, wenn er zur Aachener Bannmeile, d. h. zur Stadtgrenze eine Meile vor der Stadt bei dem Dorf genannt *zu der Weid* komme, löblich empfangen sollten, wie es sich gebühre. Von dort sollten die Bürger einen Teil des Weges neben dem König reiten und mit ihm reden, wie es Herkommen sei, und danach sich wieder vom König trennen, damit die Ordnung über den Einritt des Königs und der Kurfürsten gehalten werden könne[245]. Am 16. Juni 1442 berichtete Walter von Schwarzenberg aus Aachen an den Frankfurter Rat, in Aachen sei der König am Vortag (15. Juni) *myt grußer herlichkeyd dez glichin yemand wolle gedenken mag* eingeritten, auch die Erzbischöfe von Mainz und Trier, Herzog Ludwig, der Herzog von Sachsen, der Bischof von Lüttich, der Herzog von Berg, alle mit *grußer kostlichkeyd.* Am Samstag, dem 16. Juni, sei der Markgraf von Brandenburg gekommen und eine *gar gruß meynge dez fulkez* habe das ganze Schauspiel in der Stadt begleitet[246].

Hatte der am 4. März 1152 gewählte Friedrich Barbarossa, der zwei Tage später Frankfurt verließ, die Strecke bis Aachen in einer raschen Fahrt und nur von wenigen Getreuen begleitet, in nur 3–4 Tagen bewältigt (er wurde am 9. März in Aachen gekrönt)[247], so dauerten die Krönungsfahrten der spätmittelalterlichen Könige wesentlich länger. Dabei ist die mit 25 Tagen besonders lange Fahrt Ludwigs des Bayern, die wegen der besonderen Situation nach der Doppelwahl von 1314 vermutlich von Koblenz aus durch die Eifel nach Aachen führte, auf die besonderen Umstände zurückzuführen. Aber auch bei Rudolf von Habsburg lagen 8–15 Tage zwischen seiner Abfahrt in Frankfurt und seiner Ankunft in Aachen, während Karl IV. 1349 erst nach 20 Tage in Aachen eintraf. Ungewöhnlich rasch verlief die Krönungsfahrt Wenzels, der wohl am 30. Juni Frankfurt verließ, um schon am 4. oder 5. Juli in Aachen einzureiten, während Friedrich III. für seine glanzvolle Krönungsfahrt vom 6.–15. Juni, also 10 Tage benötigte und Maximilian I. insgesamt 8 Tage (28. März – 4. April 1486) unterwegs war.

Schon die Dauer der Krönungsfahrten deutet an, daß der Weg des neuen Herrschers von Frankfurt nach Aachen im späten Mittelalter vor allem durch seinen repräsentativen Charakter bestimmt war. Im Rahmen der Königserhebung bot die Fahrt dem neugewählten König die Möglichkeit »zur Selbstdarstellung des Königtums und seiner Machtmittel«[248] vor den zu Tausenden zusammenströmenden Beob-

---

243 Siehe den Bericht über den Einzug Friedrichs III. in Aachen und die Krönung in: Die Klingenberger Chronik (hg. von Anton Henne von Sargans, 1861) S. 214–220; Seemüller, Krönungsreise [wie Anm. 98] S. 634f.; Speyerische Chronik (in: Franz-Josef Mone, Quellensammlung der badischen Landesgeschichte 1, 1848) S. 367–520, hier S. 374–376.
244 Drabek, Reisen [wie Anm. 3] S. 65f.; Wiesflecker, Kaiser Maximilian [wie Anm. 228] 1 S. 194f.
245 RTA 16 Nr. 100.
246 Janssen, Reichscorrespondenz [wie Anm. 62] 2 Nr. 74 S. 50–58; RTA 16 Nr. 113.
247 Nottebrock, Aachen-Frankfurter Heerstraße [wie Anm. 235] S. 275; Werner Goez, Von Bamberg nach Frankfurt und Aachen. Barbarossas Weg zur Königskrone (in: JbfrL 52, 1992) S. 61–71.
248 Itinerar Sigismunds [wie Anm. 91] S. 1f.

achtern[249] am Weg und in den besuchten Städten, noch dazu an der wichtigsten Ver-
kehrsverbindung zwischen Nord und Süd im Kernbereich des spätmittelalterlichen
Reiches. War Adolf von Nassau bei seiner Krönungsfahrt von 1292 noch einem
Anschlag auf Leib und Leben ausgesetzt gewesen und mußte Ludwig der Bayer wegen der Bedrohung durch die gegnerische Partei den Weg durch die dünn besiedelte
Eifel nehmen, so waren vor allem die Krönungsfahrten Sigismunds, Friedrichs III.
und Maximilians I. mit Hunderten hochrangiger Teilnehmer, festlich geschmückten
Schiffen und Reisewagen, einem bisweilen umfangreichen Besichtigungsprogramm
in den besuchten Städten und aufwendigen Einritten nach Köln oder Aachen[250] ohne
Zweifel gut geplante und für die Zeitgenossen besonders eindrucksvolle ›Spektakel‹,
in denen auch zeremonielle, an sich rechtlich wenig relevante Elemente wie die Erhebung auf dem Rhenser Königsstuhl einen Platz finden konnten, die im Sinne der
Kurfürsten den Wahlcharakters des Reiches besonders hervorheben sollten.

249   Siehe schon für Rudolf von Habsburg: Chronicon Colmariense (in: MGH SS 17) S. 243.
250   DRABEK, Reisen [wie Anm. 3] S. 62–68; siehe dazu jetzt auch: Michail A. BOJCOV, Ephemerität
und Permanenz bei Herrschereinzügen im spätmittelalterlichen Deutschland (in: MJbK 24, 1997)
S. 87–107.

Die Anfänge der Universitäten Prag und Heidelberg in ihrem gegenseitigen Verhältnis

VON JÜRGEN MIETHKE

Zur großen Hinterlassenschaft des lateinischen Mittelalters gehört noch heute als nicht die geringste Leistung die europäische Universität, die die wesentlichen Fundamente ihrer institutionellen und operativen Strukturen im Abendland ausgebildet hat. Bis heute lebt die mittelalterliche Universität – nach manchen Metamorphosen – in den Universitäten überall in der Welt fort. Allein das Wort »Universität«[1] – aber auch die Namen ihrer Ämter, Einrichtungen und Untergliederungen[2], wie Rektor, Fakultäten, Dekan, Student, Doktor, Vorlesung, Promotion usw. gehen auf mittelalterliche Entwicklungen und Bezeichnungen zum Teil unmittelbar und in ungebrochener Tradition, zum Teil freilich auch (wie beim »Professor«[3]) nach mehr oder minder durchgreifendem Wandel zurück, vor allem aber hat die Universität in ihrer Verbindung von höherem Unterricht und einer bestimmten Organisationsform der Beteiligten, welche der Forderung nach Wissenschaftsfreiheit und Autonomie durch die Verbindung korporativer mit anstaltlichen Elementen gerecht zu werden versucht, in den mittelalterlichen Universitäten Europas ihre Wurzeln[4]. Höheren Unterricht hat es auch in anderen Kulturen gegeben, in der Spätantike und in Byzanz, in der arabisch-islamischen Welt, in indischen Klosterschulen und bei der Ausbildung chinesischer Mandarine – die Leistungen all dieser Einrichtungen sollen keineswegs verkleinert werden, wenn wir

---

1 Pierre MICHAUD-QUANTIN, *Universitas*. Expressions du mouvement communautaire dans le moyen âge latin (= L'Église et l'État au moyen âge 13, Paris 1970).
2 Olga WEIJERS, Terminologie des universités au XIIIᵉ siècle (= Lessico Intellettuale Europeo 39, Rom 1987).
3 Zur Entstehung und Entwicklung des Professors als sozialgeschichtlichen Typus Peter MORAW, Improvisation und Ausgleich. Der deutsche Professor tritt ans Licht, in: Gelehrte im Reich. Zur Sozial- und Wirkungsgeschichte akademischer Eliten des 14. bis 16. Jahrhunderts, hg. von Rainer Christoph SCHWINGES (= Zeitschrift für historische Forschung, Beiheft 18, Berlin 1996) S. 309–326.
4 Ein neuerer Überblick zur Verfassungsgeschichte jetzt in: A History of the University in Europe, ed. Walter RÜEGG, vol. I: Universities in the Middle Ages, ed. Hilde DE RIDDER-SIMOENS (Cambridge usw. 1992), in den Beiträgen von Jacques VERGER, Paolo NARDI, Alexander GIEYSZTOR, S. 35–168; dt. u. d. T.: Geschichte der Universität in Europa, Bd. 1: Mittelalter (München 1993) S. 49–157. Daß die Universität eine genuin europäische Genese hat, erhellt *e contrario* aus dem (gescheiterten) Versuch, einen arabischen Ursprung aufzuweisen, den erneut unternommen hat George MAKDISI, Baghdad, Bologna, and Scholasticism, in: Centers of Learning, Learning and Location in Pre-Modern Europe and the Near East, edd. Jan Willem DRIJVERS and Alastair A. McDONALD (= Brill's Studies in Intellectual History 61, Leyden, New York und Köln 1995) S. 141–157.

konstatieren, daß die moderne Universität sich heute überall in der Welt auf jene Traditionen beruft, die in den mittelalterlichen Universitäten ihren Anfang nahmen.

Hier ist es nicht unsere Aufgabe, die Entstehung der ersten Universitäten in Bologna, Paris oder Oxford in ihrem langsamen Formationsprozeß zu verfolgen. Am Ende des 12. Jahrhunderts lassen sie sich in den Quellen fassen, im Laufe des 13. Jahrhunderts haben sie dann ihre Organisation und die Formen und Rituale ihres wissenschaftlichen und gesellschaftlichen Lebens ausgebildet. Dies freilich geschah, bei allen Unterschieden zwischen den sehr weit auseinander liegenden einzelnen Universitäten europaweit in überraschend gleichmäßiger und gleichförmiger Weise. Die Basisstrukturen des akademischen Unterrichts, die wesentlichen Mechanismen der Entscheidungsfindung innerhalb einer Universität waren oder wurden doch sehr rasch einheitlich oder zumindest einander ähnlich. Die mittelalterliche Universität – der Singular ist hier berechtigt, zumindest im idealtypischen Sinn – ist wie die katholische Kirche eine im Abendland universell auffindbare Erscheinung, gehört im sonst oft so kleinräumigen lateinischen Mittelalter zu den an lokale und regionale Grenzen prinzipiell nicht exklusiv gebundenen Institutionen, wirkte und war »entgrenzend« bereits durch ihre bloße Existenz.

Der Begriff »Universität« wird mit vollem Recht auch auf jene Hochschulen Europas angewandt, die sich den soeben genannten Universitäten von Bologna, Paris und Oxford schon im 13. Jahrhundert nacheifernd anschlossen. Die Institution der Universität wurde zu einem »Modell«, zu einem Typus, dem einzelne Hochschulen nicht nur nachstreben konnten, sondern den man auch insgesamt durch einen willkürlichen Akt, einen Gründungsbeschluß ins Werk setzen konnte. Die Universitäten des späteren Mittelalters sind nicht mehr wie ihre älteren Vorgänger allmählich gewachsen, sie verdanken ihre Existenz allesamt ohne Ausnahme einem willentlichen Gründungsakt, der bewußten Aktualisierung des Modells »Universität« für einen bestimmten Ort[5].

Das römische Reich des Mittelalters hat in seinem *regnum Teutonicum*, d. h. in dem ausgedehnten und volkreichen deutschen Teilreich nördlich der Alpen bis weit in das Spätmittelalter hinein keine Universitäten gekannt. Prozesse spontaner Bildung von Generalstudien analog zu den Vorbildern in Paris, Oxford oder Bologna kamen nur dann und wann, z. B. in Erfurt im 13. Jahrhundert[6], in Gang, führten aber niemals, oder nicht rechtzeitig zu einem stabilen Erfolg. Gründungsversuche, wie sie anderwärts in Europa seit dem 13. Jahrhundert zu registrieren sind, gab es von seiten der deutschen Herrscher, der römischen Kaiser und Könige, in dieser Zeit gar nicht, von anderen Fürsten ist nur die ganz tastende und rasch wieder versandete Absicht des Königs von Böhmen Wenzel an der Wende zum 14. Jahrhundert zu nennen, in Prag eine Universität einzurichten[7]. Die Konkurrenzgründungen der Bettelorden, die seit dem 13. Jahrhundert

5   Dazu grundlegend bereits Heinrich DENIFLE, Die Entstehung der Universitäten des Mittelalters bis 1400 ([1]Berlin 1885, Nachdr. Graz 1956).
6   Dazu im einzelnen besonders Sönke LORENZ, *Studium generale Erfordense*. Zum Erfurter Schulleben im 13. und 14. Jahrhundert (= Monographien zur Geschichte des Mittelalters 34, Stuttgart 1989). Auch Peter MORAW, Die ältere Universität Erfurt im Rahmen der deutschen und europäischen Hochschulgeschichte, in: Erfurt, Geschichte und Gegenwart, hg. von Ulrich WEISS (= Schriften des Vereins für die Geschichte und Altertumskunde von Erfurt 2, Weimar 1995) S. 189–205.
7   Vgl. bereits DENIFLE, Entstehung [wie Anm. 5] S. 585f.

neben und unabhängig von dem äußerst weitmaschigen Netz der europäischen Universitäten ein eigenes System von mendikantischen Studieneinrichtungen über ganz Europa hin ausspannten[8], haben Deutschland gewiß keineswegs ausgespart: etwa in Köln, in Magdeburg, in Straßburg, in Wien sind blühende Unterrichtsstätten entstanden. Zu Universitäten sind alle diese Ansätze aber erst sehr viel später – und nicht ohne eigenen Gründungsakt – geworden.

Die Gründe für diese Entwicklungsverzögerung in Deutschland sind oft erörtert und niemals wirklich erklärt worden. Die hier angestellte Betrachtung beansprucht keinesfalls, in diese dunkle Frage Licht zu bringen. Wir wollen bescheidener nach einigen Voraussetzungen fragen, die für die ersten Gründungen im deutschen Reich nördlich der Alpen maßgeblich waren. Dabei wollen wir vergleichend nach den Gründungsvorgängen in Prag und Heidelberg fragen, wobei wir unsere Aufmerksamkeit stärker auf die Gemeinsamkeiten als auf die je eigenen Bedingungen richten.

Die erste erfolgreiche Begründung einer Universität in Deutschland erfolgte erst kurz vor der Mitte des 14. Jahrhunderts. Unter politisch und militärisch dramatischen Umständen hat Karl IV., kaum war er gegen den Wittelsbacher Ludwig den Bayern in Rhense am 11. Juli 1346 zum »rex Romanorum« gewählt worden, seine intensiven Verhandlungen mit der Kurie Papst Clemens' VI. in Avignon dazu benutzt, neben den hochpolitischen Fragen der Approbation seiner Wahl und der Durchsetzung seiner Herrschaft in Deutschland auch weiterhin für sein Königreich Böhmen und die Stadt Prag zu sorgen, denen er, schon im Vorfeld seiner Erhebung zum deutschen Gegenkönig, 1344 die Umwandlung der Diözese Prag zu einem eigenen Erzbistum erhandelt hatte[9]. Wenig mehr als ein Jahr nach seiner Wahl durch die Kurfürsten, mitten in dem Bürgerkrieg um die Krone eines römischen Königs mit Ludwig dem Bayern, der sich keineswegs schlagartig zugunsten des Luxemburgers anließ, am 26. Januar 1347 ist eine feierliche päpstliche Bulle datiert, in welcher Papst Clemens VI. seinem Schützling die Gründung eines »studium generale« in Prag erlaubt, wo bisher nur eine Partikularschule existiert habe[10].

Wir wollen darauf verzichten, hier die genaue Bedeutung solcher päpstlichen »Gründungsbullen« im einzelnen zu erwägen. Wir halten nur so viel fest, daß der Papst

---

8   Vgl. nur Dieter BERG, Armut und Wissenschaft, Beiträge zur Geschichte des Studienwesens der Bettelorden im 13. Jahrhundert (= Geschichte und Gesellschaft. Bochumer historische Studien 15, Düsseldorf 1977); Le scuole degli Ordini Mendicanti, secoli XIII–XIV (= Convegni del Centro di Studi sulla Spritualità Medievale 17, Todi 1978); zu den süddeutschen Franziskanerstudien zusammenfassend William J. COURTENAY, The Franciscan *studia* in Southern Germany in the XIVth Century, in: Gesellschaftsgeschichte. Festschrift für Karl Bosl zum 80. Geb., hg. von Ferdinand SEIBT (München 1988) S. 81–90.

9   Die Errichtungsbulle Clemens' VI. vom 3. April 1344, in: Monumenta Vaticana res gestas Bohemicas illustrantia, tomus I: Acta Clementis VI., 1342–1352, ed. Ladislaus KLICMAN (Prag 1903) nr. 363, S. 209–211. Ernennung des dortigen Bischofs zum Erzbischof, ebd. nr. 364, S. 211–214.

10   Ed. Karolus ZEUMER/Richardus SALOMON, in: MGH Const. 8 (Hannover 1910–1926, Nachdr. 1982) nr. 161 S. 245f.; vgl. auch den Abdruck in: Frank REXROTH, Deutsche Universitätsstiftungen von Prag bis Köln. Die Intentionen des Stifters und die Wege und Chancen ihrer Verwirklichung im spätmittelalterlichen deutschen Territorialstaat (= Archiv für Kulturgeschichte, Beiheft 34, Köln, Weimar und Wien 1992) S. 64–66, der die Vorlagen umfangreicher nachweist.

hier einen von Kanzlei- und Formelgut geprägten Text an den »*rex Romanorum*« sandte, in dem er konstatierte, daß für alle künftige Zeiten in Prag ein »Generalstudium« lebenskräftig bestehen solle, wobei als wichtigste Bestimmung darüber hinaus die Verteilung eines allgemein anerkannten »*titulus magistralis*« geregelt wird, einer allgemeingültigen Doktorpromotion an diesem neuen Studium (nach einem entsprechenden »*examen*« durch die Doktoren des Studiums) sowie die Verleihung der *licentia docendi* durch den vom Papst zu diesem Zwecke zum »Kanzler« der Universität bestimmten Prager Erzbischof[11].

Mit dieser päpstlichen Urkunde war die Prager Universität noch keineswegs gegründet – kein Wort verlautet in dieser Bulle über all die anderen Fragen, die für eine künftige Universität von Interesse, ja von fundamentaler Bedeutung sein mußten, nichts hören wir über die wirtschaftliche Fundierung, über den genaueren Rechtsstatus und Gerichtsstand der Universitätsangehörigen usw., allein die Gültigkeit des Studienabschlusses und die Vergleichbarkeit der zu einem solchen Studienabschluß führenden Verfahren mit dem an anderen, hier freilich nicht eigens mehr genannten Hochschulen ist festgehalten. Es werden demnach Studienstandards bestätigt und festgesetzt, die der neuen Gründung die Anerkennung im Kreis der europäischen Universitäten sichern sollten. Das päpstliche Schreiben ist nicht der Akt der Gründung selbst, es ermöglicht vielmehr eine solche Gründung und gibt dem Plan von vorneherein formell jene Anerkennung ihrer Abschlüsse, die sich die älteren Universitäten allererst in einem langen Prozeß »*ex consuetudine*« hatten erwerben müssen.

Erst mehr als ein volles Jahr später hat dann Karl IV., nachdem zu seinem Glück sein Widersacher Ludwig der Bayer plötzlich verstorben war und er durch eine überlegene Diplomatie alle Versuche der Wittelsbacher Partei durchkreuzt hatte, einem wittelsbachisch gestützten Nachfolger zum Erfolg zu verhelfen, erst jetzt hat der König die Bemühungen um eine Universität in Prag fortgesetzt. Er stellte am 7. April 1348 in Prag ein großes Privileg in doppelter Ausfertigung (für die künftige Universität und für das Domkapitel) aus[12], das die Universität nun endgültig begründete: der König erklärte, er

---

11   Die Dispositio der Urkunde sagt, a. a. O. S. 246,13ff. [wie vorige Anm.]: ...*statuimus, ut in dicta civitate Pragensi perpetuis futuris temporibus generale studium vigeat in qualibet licita facultate, et quod legentes et studentes ibidem omnibus privilegiis libertatibus ac immunitatibus concessis doctoribus legentibus et studentibus commorantibus in studio generali gaudeant et utantur, quodque illi qui processu temporis sciencie margaritam fuerint in illa facultate, in qua studuerint, assecuti sibique docendi licentiam, ut alios erudire valeant, ac magisterii honorem seu titulum pecierint impartiri, per magistros seu magistrum illius facultatis, in qua examinacio fuerit facienda, .. archiepiscopo Pragensi, qui est pro tempore, presentarur idem quoque archiepiscopus doctoribus et magistris in eadem facultate inibi actu regentibus convocatis illos in hiis, que in promovendis ad doctoratus seu magisterii honorem requiruntur, per se vel alium iuxta modum et consuetudinem, que super talibus in generalibus studiis observantur, examinare studeat diligenter eisque, si ad hoc sufficientes et idonei reperti fuerint huiusmodi licentiam tribuat ac honorem seu titulum conferat magistralem.* (Es folgt noch die Festlegung, daß diese Promotion überall gültig sein soll.)
12   Ed. nach dem Original im Universitätsarchiv (das seit 1945 verschollen ist) in: MGH Const. 8 nr. 568, S. 580f.; eine Transkription nach der Ausfertigung im Archiv des Metropolitankapitels jetzt durch Michal SVATOŠ, in: Charters of Foundation and Early Documents of the Universities of the

wolle ein Generalstudium neu errichten (»*de novo creare*«) und stellte alle Doktoren, Magister und Scholaren für die Zeit ihrer An- und Abreise sowie ihres Verweilens an der Universität unter seinen besonderen Schutz. Auch verlieh er ihnen alle (hier nicht noch einmal einzeln aufgeführte) »Privilegien, Rechte und Freiheiten«, die Doktoren und Studenten dank königlicher Privilegierung an den Universitäten von Paris und Bologna genössen[13].

Damit waren alle Rechtsakte vollzogen, die zur Universitätsgründung gehörten. Man sieht, beide Urkunden, die päpstliche wie die königliche, blieben relativ pauschal. Auch in ihren Formulierungen wollten sie keineswegs originell sein. Schon das päpstliche Generalstudienprivileg hielt sich an in der päpstlichen Kurie vorhandene Mustervorlagen[14], und die königliche Rechtsverbriefung hielt sich an Vorbilder, die freilich damals schon altehrwürdig waren. Wahrscheinlich hatte man sie aus dem weitverbreiteten Briefbuch des Petrus de Vinea bezogen, sich also an ein übliches Stilmuster gehalten. Jedenfalls wurden hier, wie schon vor mehr als 100 Jahren Heinrich Denifle konstatierte[15], Formulierungen von drei Urkunden zum Vorbild genommen, das Gründungsprivileg, das der staufische Kaiser Friedrich II. 1224 für Neapel erlassen hatte, sowie zwei weitere Urkunden, die Friedrichs II. Sohn Konrad IV. als König von Sizilien 1252 und 1253 dem Studium in Salerno gewährt hatte.

Diese enge Orientierung an teilweise lange zurückliegenden Stilmustern ist keineswegs ein bloßer Notbehelf, aus den ungewöhnlichen Anforderungen eines seltenen, ja bis dahin in Böhmen noch kaum vorgekommenen Privilegientyps zu erklären. Vielmehr kam es bei dem Plan des Herrschers ja zunächst vor allem darauf an, eine »richtige« Universität auf die Beine zu stellen, ein wirklich funktionierendes Generalstudium. Weit weniger wichtig war die Ausmalung spezifischer Details oder eigenwilliger Vorstellungen, für die auch weder der Herrscher selbst, noch seine Berater damals ausreichend Zeit gehabt haben dürften.

Freilich war der Generalplan, nach dem die Gründung der Prager Universität vorgenommen worden war, so allgemein gehalten, daß er die Entwicklung der jungen Einrichtung nicht endgültig zu determinieren vermochte[16]. Allein die Anknüpfung an die

---

Coimbra-Group, edd. Jos. M. M. HERMANS/Marc NELISSEN (Groningen 1994) S. 99f. (vgl. die – lesbare – Abb., ebd. S. 33).

13 A. a. O. [vorige Anm.]: ...*in nostra Pragensi metropolitica et amenissima civitate (...) instituendum ordinandum et de novo creandum (...) duximus studium generale (...) firmam fiduciam singulis oblaturi, quod privilegia, immunitates et libertates omnes, quibus tam in Parisiensi quam Bononiensi studiis doctores et scolares auctoritate regia uti gaudere sunt soliti, omnibus et singulis illuc accedere volentibus libenter impertimur et faciemus ab omnibus et singulis inviolabiliter observari.*

14 Dazu im einzelnen die Nachweise bei REXROTH, Universitätsstiftungen [wie Anm. 10] S. 64ff.

15 DENIFLE, Entstehung [wie Anm. 5] S. 586f.; REXROTH, Universitätsstiftungen [wie Anm. 10] S. 75ff.

16 Knapper moderner Überblick bei Peter MORAW, Die Universität Prag im Mittelalter, Grundzüge ihrer Geschichte im europäischen Zusammenhang, in: Die Universität zu Prag (= Schriften der Sudetendeutschen Akademie der Wissenschaften und Künste 7, München 1986) S. 10–134. Vgl. auch P. MORAW, Die Prager Universitäten des Mittelalters, in: Spannungen und Widersprüche. Gedenk-

beiden ausdrücklich genannten Vorbilder Paris und Bologna gleichermaßen war alles
andere als eindeutig, unterschied sich doch die Verfassung beider Hochschulen nicht
unbeträchtlich, wenn auch eine funktionale Analyse ihrer wichtigen Institutionen zeigen kann, daß die Bologneser Studentenuniversität und die Pariser Magisteruniversität
näher beieinander lagen, als es heute häufig zugestanden wird[17].

Ob mit diesem problematischen Verweis auf zwei verschiedene Vorbilder[18] wirklich
der Herrscher der von ihm begründeten Hochschule die Freiheit der Entscheidung im
Einzelfall einräumen wollte, sich nach eigener Wahl einmal nach dem einen und ein
andermal nach dem anderen Modell zu orientieren, bleibe dahingestellt. Faktisch hat
diese zweideutige Bestimmung jedenfalls sehr bald zu großen Friktionen in der neuen
Universität geführt, die sich in Spannungen und Kämpfen, besonders zwischen den – an
Bologna orientierten – Juristen und den – an Paris Maß nehmenden – übrigen Fakultäten aufluden und schließlich 1372, noch zu Lebzeiten Karls IV. also, zur endgültigen
Spaltung der Prager Hochschule in zwei Universitäten geführt haben, die von da an
nebeneinander her lebten[19].

Die Universität Prag war von Karl IV. ausdrücklich in seiner Doppeleigenschaft als
»Romanorum rex semper Augustus et Boemiae rex« gegründet worden, so wie der Stau-
ferkaiser Friedrich II. die Universität Neapel als »imperator Romanorum (...) et Sicilie
rex« gegründet hatte[20]. Der Luxemburger Herrscher hatte also die offenbar nach seiner
Auffassung im Interesse Böhmens liegende Entscheidung zur Universitätsgründung wie
selbstverständlich auch durch die besondere Kompetenz abgestützt, die ein »König der
Römer« als künftiger Kaiser und damit als »princeps« und Gesetzgeber im Sinne des
Römischen Rechts besaß[21]. Es geht nicht an, heute zwischen beiden Kompetenzen

---

schrift für František GRAUS, hg. von S. BURGHARTZ u. a. (Sigmaringen 1992) S. 109–123. Ausführlich
auch Renate DIX, Frühgeschichte der Prager Universität. Gründung, Aufbau und Organisation,
1348–1409 (Phil. Diss. Bonn 1988); zu den Gründungsvorgängen selbst: S. 87–113.

17   Dazu etwa Arno SEIFFERT, Studium als soziales System, in: Schulen und Studium im sozialen
Wandel des hohen und späten Mittelalters, hg. von Johannes FRIED (= Vorträge und Forschungen 30,
Sigmaringen 1986) S. 601–619.

18   REXROTH, Universitätsstiftungen [wie Anm. 10] S. 78.

19   Eindringlich dazu Peter MORAW, Die Juristenuniversität in Prag (1372–1419), verfassungs- und
sozialgeschichtlich betrachtet, in: Schulen und Studium im sozialen Wandel [wie Anm. 17]
S. 439–486.

20   Das ist übersehen worden von Roderich SCHMIDT, Begründung und Bestätigung der Universität Prag durch Karl IV. und die kaiserliche Privilegierung von Generalstudien (in: BDLG 114,
1978) S. 695–719, hier S. 698; vgl. dagegen die Intitulatio der königlichen Gründungsurkunden von
Prag [wie oben Anm. 12]: Karolus Dei gratia Romanorum rex semper augustus et Bohemie rex, und
Neapel, bei J.-L.-A. HUILLARD-BRÉHOLLES, Historia diplomatica Friderici secundi, 6 Bde. (Paris
1852–1861), hier Bd. 2 I (1852) S. 450 nr. III von 1224: Fredericus Dei gratia Romanorum imperator
et semper augustus, Jerusalem et Sicilie rex.

21   REXROTH, Universitätsstiftungen [Anm. 10] S. 86 hat erneut darauf aufmerksam gemacht, daß
Karls Privileg im Zusammenhang mit einer ganzen Reihe anderer Privilegien für Böhmen steht, die
unter dem gleichen Datum – und mit derselben Intitulatio – ergangen sind (vgl. Const. 8 nrr.
557–567, S. 562–580). Rexroth spricht (im Anschluß an Denifle und an die landesgeschichtliche Forschung) zu Recht von einem »(General-)Landtag«, auf dem der König seinem Adel gegenübergetre-
ten sei. Jedenfalls hat dieser seine gesetzgeberische Kompetenz hier, wie auch später bei dem Versuch

säuberlich unterscheiden zu wollen. Karl trat dem Adel seines Landes, der seinen přemyslidischen Vorgänger Wenzel II. um 1294 herum an einem Universitätsplan für Prag gehindert zu haben scheint[22] und der Karl IV. selbst noch den Erlaß eines neuen Landrechts in der Carolina 1355 unmöglich machen sollte[23], sogleich im Harnisch seiner »römischen« Herrscherwürde gegenüber: Auch in seiner weiteren Rechtsbestätigung für seine Gründung, dem Eisenacher Privileg vom 14. Januar 1349, wird er dieselbe doppelte Intitulation als Römischer und böhmischer König gebrauchen[24], um nun auch noch ausdrücklich alle denkbaren Privilegien seiner eigenen Gründung zu bestätigen, auch die vom Papst gewährte Stellung als *studium generale*«, wobei er dann erneut der Neugründung und ihren Angehörigen pauschal alle Vorrechte zugewiesen hat, die andere Universitäten von Römischen Kaisern und Römischen Königen erhalten hatten.

Es ist keineswegs am Platz, in diesem Regen von Begünstigungen etwa den Willen zu erblicken, der Gründung eine besondere Rolle im Reich zuzuweisen, gar so etwas wie eine erste »Reichsuniversität« (im emphatischen Sinne) ins Leben zu rufen[25]. Das wäre eine ganz anachronistische Vorstellung. Ganz zwanglos wird man in der wiederholten Privilegierung die konstante Absicht erkennen dürfen, die neue Hochschule wirklich von vorneherein mit allen guten Ausgangschancen zu versehen, die nur erdenkbar waren, und ausdrücklich den Geltungsbereich des königlichen Schutzes, der zunächst nur für das Königreich Böhmen gewährt worden war, nun auch für das gesamte Reich des Römischen Königs einzuräumen. All das wird nicht besonders spezifisch umschrieben, sondern nur ganz allgemein verfügt. Der König gewährte seine Gnade gewissermaßen, ohne daß er oder die königliche Kanzlei ein allzu deutliches Bild davon besessen hätten, was eine Universität war und was sie im einzelnen brauchte.

zum Erlaß der berühmten *Maiestas Carolina* (1355, vgl. dazu unten Anm. 23) stets auf seine Würde als *Romanorum rex*, bzw. *Romanorum imperator,* gestützt.

22   Dazu zuletzt Rexroth, Universitätsstiftungen [wie Anm. 10] S. 83.

23   Jetzt ed. Bernd-Ulrich Hergemöller, Maiestas Carolina. Der Kodifikationsversuch Karls IV. für das Königreich Böhmen von 1355 (= Veröff. des Collegium Carolinum 74, München 1995) mit eingehender Einleitung und Bibliographie. Dazu bes. etwa Armin Wolf, Gesetzgebung in Europa (München 1996) S. 278–280. P. Putzer (in: HRG 3, 1984) Sp. 176f. – hier war ihm übrigens wenig früher sein Gegenspieler, der Wittelsbacher Ludwig der Bayer in seinem »Oberbayerischen Landrecht« von 1346 (eine erste Fassung von 1335 ist verloren) erfolgreicher vorangegangen; Text in: Maximilian Frhr. von Freyberg, Sammlung historischer Schriften und Urkunden, geschöpft aus Handschriften, Bd. 4 (Stuttgart und Tübingen 1834) S. 381–500, hier S. 381; dazu etwa Wolf [wie eben] S. 123; Walter Jaroschka, Das oberbayerische Landrecht Kaiser Ludwigs des Bayern, in: Die Zeit der frühen Herzöge, hg. von Hubert Glaser (= Wittelsbach und Bayern 1 I, München und Zürich 1980) S. 379–387; Heinz Lieberich, Oberbayerisches Landrecht (in: HRG 3, 1984) Sp. 1129–1133; zuletzt W. Jaroschka, Ludwig der Bayer als Landesgesetzgeber (in: ZBLG 60, 1997) S. 135–142. Auch dieses (von vorneherein nur für Oberbayern geltende) Gesetzbuch ist mit kaiserlicher Gesetzgebungsvollmacht begründet.

24   Ed. (nach dem Original) durch Anton Blaschka, Das Eisenacher Diplom als Kunstwerk, in: Prager Festgabe für Theodor Mayer, hg. von Rudolf Schreiber (= Forschungen zur Geschichte und Landeskunde der Sudetenländer 1, Freilassing und Salzburg 1953) S. 3–14, hier S. 6. – Regest in: MGH Const. 9 I (ed. Margarete Kühn, Weimar 1983) nr. 125, S. 84f.

25   Dazu vgl. auch die Nachweise und Bemerkungen von Rexroth, Universitätsstiftungen [wie Anm. 10] S. 56ff.

Die Prager Universität kam keineswegs sofort mit den in sich selbst langgestreckten Gründungsakten in eine volle Lebenswirklichkeit: anscheinend begann der Unterricht sehr bald, wohl auf der Grundlage der vorhandenen schulischen Einrichtungen. Wir haben damit zu rechnen, daß an der Hochschule seit 1347 unterrichtet worden ist, jedoch dürfen wir kaum vor den 60er Jahren einen intensiveren Lehrbetrieb vermuten. Eine erste Graduierung ist für 1359 bezeugt, seit 1367 sind einigermaßen kontinuierliche Daten zu den Examina und Graduierungen vorhanden[26]. So müssen und dürfen wir mit einer sehr allmählichen Konsolidierung der Universität rechnen, einem Prozeß, an dem sich Karl IV. selbst verschiedentlich mit neuen Gunstbezeugungen und Rechtsverbriefungen beteiligt hat, insbesondere 1366 durch die Errichtung des Collegium Carolinum, einer Stiftung für Artistenmagister und Theologen, die für die wirtschaftliche Sicherung der Professoren einen wichtigen Schritt vorwärts bedeutete[27].

All das freilich schloß Konflikte innerhalb der Universität nicht aus. Das Füllhorn der nach dem Prinzip der Meistbegünstigungsklausel über der jungen Universität ausgeschütteten Freiheiten und Privilegien bot keine sichere Handhabe, konnten sich unterschiedliche Parteien doch nicht nur auf ihre unterschiedlichen Interessen, sondern auch auf sehr unterschiedliche fremde Modelle und Regelungen berufen. Durch erzbischöfliche »*Ordinaciones*« (1360), die einen Ausgleich bei der Rektorwahl erreichen wollten[28], durch Universitätsstatuten (wohl von 1368), die ein erstes Gerüst einzogen[29], schließlich durch die – vom Kaiser 1372 gebilligte – Teilung des Prager Studiums in zwei Personenkörperschaften, zwei *universitates*, die Juristenuniversität und die sog. Dreifakultätenuniversität der übriggebliebenen Artisten, Theologen und der damals noch relativ kleinen Zahl der Mediziner[30], markiert die weiteren Stufen der Entwicklung, der wir uns hier aber nicht im Detail zuwenden wollen.

Es hat sich gezeigt, daß die »Gründung« einer Universität wohl den ursprünglich langwierigen Prozeß der Selbstbehauptung und allgemeinen Durchsetzung der Universität sozusagen formalisieren konnte und damit durch abstrakte Vorwegnahme ungemein erleichterte, daß aber angesichts der breiteren Palette von Regelungsmöglichkeiten im einzelnen, die verschiedene historisch gewachsene Vorbilder abzugeben vermochten, der Entwicklung keine hinreichend bindende Richtschnur vorgegeben war, und daß der neu »gegründeten« Hochschule ein eigener Weg nicht erspart geblieben ist. Wir werden aber zu beobachten haben, daß auch ein hiervon unterschiedener Weg, daß auch ein eindeutig festgesetztes Vorbild, das gewissermaßen restlos nachgeahmt werden sollte, bei seiner Applikation auf eine Neugründung dieses Problem nicht grundsätzlich beheben konnte.

---

26 Vgl. MICHAL SVATOŠ, in: Charters [wie Anm. 12] S. 32a; auch MORAW, Grundzüge [wie Anm. 16] S. 26ff.

27 Vgl. dazu im einzelnen MORAW, Juristenuniversität [wie Anm. 19] S. 445–449; auch DIX [wie Anm. 16] S. 283–310.

28 Gedruckt in: Monumenta historica universitatis Carolo-Ferdinandeae Pragensis Bd. 1–3 (Prag 1830–1849) [künftig: MUP], hier Bd. 2, S. 229ff., sowie: Codex iuris Bohemici, tomus 2 III, ed. H. JIREČEK (Prag 1889) S. 258f.

29 Codex iuris Bohemici 2 III [wie Anm. 28] S. 266–281.

30 MORAW, Grundzüge [wie Anm. 16] S. 106f.

Rund 40 Jahre nach der Gründung von Prag wurde in Heidelberg eine Universität errichtet, die diese naheliegende Vermutung nur zu deutlich bestätigt. Die Ausgangslage allerdings war grundverschieden. Es war nicht ein römischer König oder Kaiser, der den Gründungsbeschluß faßte und durchführte, es war ein deutscher Reichsfürst, der Pfalzgraf bei Rhein, der freilich als Kurfürst spätestens seit der »Goldenen Bulle« Karls IV. seine Stellung in der Reichsverfassung gleichsam offiziell anerkannt fand. Ruprecht I. war nicht der erste Reichsfürst, der dem Vorbild Karls IV. nacheiferte. Schon 1365 hatte der Habsburger Rudolf IV. (»der Stifter«) in Wien einen ersten Anlauf genommen, der deutlich vom Prager Vorbild mitbestimmt war. Nach seinem plötzlichen und frühen Tod (im gleichen Jahr 1365) aber hatte in den Kämpfen um die Herrschaft in Österreich dieses »studium« nur ein schwaches, nach außen hin von dem früheren Schulbetrieb an St. Stephan kaum unterscheidbares Leben gewonnen. Es bedurfte nach der Entscheidung des Bruderkrieges eines neuen Ansatzes durch Herzog Albrecht III., der 1383 durch eine weitere Urkunde die Wiener Universität endgültig entstehen ließ[31].

War es dieses Beispiel, das dem Wittelsbacher Pfalzgrafen den Entschluß zur Universitätsgründung erleichterte? Das ganze 14. Jahrhundert hindurch haben die Familien der Luxemburger, Habsburger und Wittelsbacher um die deutsche Herrscherwürde gerungen[32]. Da wurden die Aktivitäten jeweils gegenseitig scharfäugig beobachtet. Nicht ohne weiteres wollte man dem anderen in wichtigen Fragen den Vortritt lassen. Aber auch anderwärts, außerhalb der Grenzen Deutschlands hatten sich Versuche gezeigt, - eine eigene Universität aufzurichten. Schon ein Jahr vor dem ersten Wiener Versuch (1364) hatte der polnische König Kasimir der Große ein eigenes Studium nach den italienischen Vorbildern von Bologna und Padua in Krakau zu errichten versucht. Auch hier freilich ist es mehr als zweifelhaft, wie weit sich ein stabiles Universitätsleben an diesem Orte vor einem – auch hier wieder durch eine eigene Urkunde verbrieften – Neuordnungsansatz (1400) wirklich breit entfalten konnte[33]. Jedenfalls hat auch der Wittelsbacher Kurfürst, es muß um die Mitte der 80er Jahre des 14. Jahrhunderts gewesen sein, den Plan gefaßt – oder sich zu diesem Vorhaben überreden lassen – in Heidelberg ebenfalls eine Universität zu gründen.

Über die Motive wird uns außer allerallgemeinsten Hinweisen nichts gesagt. Jedenfalls scheint es nicht primär der Wunsch nach qualifiziertem Personal für die eigene Landesverwaltung gewesen zu sein, denn Universitätsabgänger werden in der Kurpfalz in einem nennenswerten Umfang erst frühestens volle 50 Jahre später in der Territorial-

---

31   Zur Frühgeschichte Wiens zusammenfassend REXROTH, Universitätsstiftungen [wie Anm. 10] S. 108–146.

32   Alois GERLICH, Habsburg – Luxemburg – Wittelsbach im Kampf um die deutsche Königskrone (Wiesbaden 1960).

33   Bereits Hastings RASHDALL, The Universities of Europe in the Middle Ages, New Edition (in 3 Bdn.) by Frederick Maurice POWICKE and Alfred Brotherstone EMDEN (Oxford 1936 u. ö.), hier Bd. 2 S. 289f. Vgl. jetzt vor allem Peter MORAW, Die Hohe Schule in Krakau und das europäische Universitätssystem um 1400, in: Studien zum 15. Jahrhundert. Festschrift für Erich Meuthen, hg. von Johannes HELMRATH u. a. (München 1994) Bd. 1 S. 521–539.

administration greifbar[34]. An derartig lange Vorlaufzeiten politischer Planung wird man gewiß auch und gerade für das Spätmittelalter nicht denken dürfen. Es war wohl auch nicht ausschließlich ein reines Prestigedenken, das den Wittelsbacher in einen edlen Wettstreit mit dem Luxemburger und dem Habsburger in Prag und Wien hineinsteigerte, auch wenn in einer Adelsgesellschaft die Gesichtspunkte von Prestige und Ehre niemals völlig fehlen. Wenn wir den wenigen Selbstaussagen der Urkunden glauben dürfen, so scheint es vor allem der gewaltige Erfolg gewesen zu sein, den die alten Universitäten wie Paris und Bologna sichtbar errungen hatten: man wollte solche Vorzüge im eigenen Land genießen, traute optimistisch der Wissenschaft und ihren Wirkungen Erfreuliches zu, so wie es die päpstliche Gründungsbulle für Prag formulierte, wo es hieß, die Neugründung berechtigte zur Hoffnung, daß das Königreich »*wie Silber und Gold so auch die Erzadern wichtiger Wissenschaft enthalten werde und Männer von Tugend und Wissen hervorbringe*«[35], oder um das etwas ausführlichere Formular der späteren Papsturkunde für Heidelberg zu zitieren, in der Absicht, »*daß der Glaube verbreitet, den Einfältigen Bildung zuteil, im Gericht Gerechtigkeit gewahrt werde, daß die Vernunft erstarke und Geist und Sinn der Menschen aufgeklärt und erleuchtet würden*«[36]. Die Gründungsurkunden der Fürsten stimmen mit in diesen Chor ein, der belegen kann, daß man hoffte, die segensreichen Folgen der scholastischen Wissenschaft auch dem täglichen Leben des eigenen Landes zugute kommen lassen zu können[37].

In Heidelberg wurde der Universitätsgründungsplan mit Verve in die Tat umgesetzt[38], wenn hier die Verhältnisse auch ungleich schwieriger waren als in Prag

---

34   Das hat schlagend an den Juristen gezeigt Dietmar WILLOWEIT, Das juristische Studium in Heidelberg und die Lizentiaten der Juristenfakultät von 1386 bis 1436, in: Semper apertus. Sechshundert Jahre Ruprecht-Karls-Universität Heidelberg, 1386–1986, Festschrift, hg. von Wilhelm DOERR (Berlin usw. 1985) Bd. 1, S. 85–135.

35   MGH Const. 8 [Anm. 10] nr. 161, S. 246: ... *ut regnum ipsum, quod divina bonitas multitudine populi rerumque copia predotavit, fiat litterarum fertilitate fecundum ac in eo, quemadmodum auri et argenti fore dinoscitur, sic scienciarum prevalentium sit minera, ut viros producat consilii maturitate conspicuos, virtutum redimitos ornatibus ac diversarum facultatum dogmatibus eruditos, sitque ibi fons iriguus, de cuius plenitudine hauriant universi litteralibus cupientes imbui documentis...*

36   Urkundenbuch der Universität Heidelberg, hg. von Eduard WINKELMANN (Heidelberg 1886) Bd. 1, nr. 2, S. 3f.; auch als Transkription durch Jürgen MIETHKE in: Charters [wie Anm. 12] S. 99f., vgl. hier: ... *ut ibidem fides ipsa dilatetur, erudiantur simplices, equitas servetur iudicii, vigeat ratio, illuminentur mentes et intellectus hominum illustrentur...* (Diese Formulierungen kehren in den folgenden Papstprivilegien für Universitätsgründungen fast unverändert wieder.)

37   Ausführlicher dazu auch Jürgen MIETHKE, Die mittelalterliche Universität in der Gesellschaft, in: Erfurt, Geschichte und Gegenwart [wie Anm. 6] S. 169–188.

38   Dazu Eike WOLGAST, Die Universität Heidelberg, 1386–1986 (Berlin und Heidelberg etc. 1986) S. 1–23; Meinrad SCHAAB, Geschichte der Kurpfalz 1: Mittelalter (Stuttgart 1988) S. 120ff.; REXROTH, Universitätsstiftungen [Anm. 10] S. 173–226; vgl. auch Jürgen MIETHKE, Universitätsgründung an der Wende zum 15. Jahrhundert. Heidelberg im Zeitalter des Schismas und des Konziliarismus, in: Die Geschichte der Universität Heidelberg (= Studium generale der Ruprecht-Karls-Universität Heidelberg, Vorträge im Wintersemester 1985/86, Heidelberg 1986) S. 9–33; sowie DERS., Ruprecht I., der Gründer der Universität Heidelberg, in: Die Sechshundertjahrfeier der Ruprecht-Karls-Universität Heidelberg, eine Dokumentation, hg. von Eike WOLGAST (Heidelberg 1987) S. 147–156.

beim Regierungsantritt Karls IV. Anders als Prag, das, in seinen verschiedenen Teilen zusammengenommen, eine aufstrebende Großstadt von bald über 30 000 Einwohnern war, zählte Heidelberg, soeben erst durch den Kurfürsten zur dauerhaften Residenz erwählt, damals kaum mehr als viertausend Bewohner. Dem ganzen Kranz kirchlicher Einrichtungen, Klöster und Stifte Prags hatte das Städtchen am Neckar so gut wie nichts entgegenzusetzen. Eine Versorgung der Professoren mit kirchlichen Pfründen mußte später weit außerhalb von Heidelberg, in Speyer, Worms und Neuhausen, Wimpfen und Mosbach geregelt werden[39]. Absolut nichts ist von irgendeinem vorangegangenen Schulbetrieb in Heidelberg zu hören, auf den die junge Universität sich irgendwie hätte stützen können.

Die äußeren Rahmenbedingungen waren für die Neugründung also ungünstig, weit ungünstiger als bei den anderen älteren Konkurrenten Prags Krakau und Wien, ungünstiger auch als wenig später in Erfurt oder Köln, Leipzig oder Löwen. Als entscheidend für das schließliche Gelingen des Plans erwies es sich, daß nicht nur der Kurfürst selbst sich für diese seine Entscheidung, nachdem er sie einmal getroffen hatte, tatkräftig engagiert zeigte und auch dafür zu sorgen wußte, daß seine Erben auf dieses Projekt verpflichtet wurden. Darüber hinaus wird in Heidelberg deutlicher als anderwärts sichtbar, wie wichtig auch damals schon jene Gruppe der Menschen für das Geraten oder Mißlingen des Plans wurde, die für das Funktionieren der Universität Verantwortung übernahmen, die erste Planungsgruppe und die ersten Professoren der Neugründung. Leider lassen die Quellen eine genaue Rekonstruktion nicht zu. Nur soviel ist deutlich, daß der Ausbruch des großen abendländischen Schisma 1378 auf einmal eine ganze Reihe von solchen Experten verfügbar machte, Männer, die das Paris des avignonesischen Papstes aus Überzeugung oder aus wirtschaftlichen Gründen verlassen hatten, weil sie mit ihren Pfründen im Bereich der römischen Obödienz beheimatet waren, und die nun auf neue Aufgaben warteten.

Die Reihenfolge der einzelnen Akte und ihr Zusammenspiel wurde in Heidelberg jedenfalls mit großem Geschick, geradezu routiniert orchestriert[40]. Die päpstliche Gründungserlaubnis, ausgestellt unter dem Datum des 23. Oktober 1385 in Genua von Papst Urban VI., langte sieben Monate später, überbracht von einem Mitglied der päpstlichen Kurie, am 24. Juni 1386 in Heidelberg an. Zwei Tage später, am 26. Juni, fiel im kurfürstlichen Rat die endgültige Entscheidung, diese Lizenz auch wahrzunehmen. Bezeichnend genug wurde als erste Aktion, wiederum nach nur drei Tagen, am 29. Juni,

39 Das geschah durch die Inkorporation der sogenannten Bonifaz-Pfründen, vgl. WINKELMANN, Urkundenbuch [wie oben Anm. 36] nr. 46, S. 65–69, jetzt auch in: Acta universitatis Heidelbergensis, Tomus I; simul Acta facultatis iuridicae, tomus I, fasciculus 1 = Die Rektorbücher der Universität Heidelberg 1 I, edidit Jürgen MIETHKE curantibus Heiner LUTZMANN, Hermann WEISERT, adlaborantibus Norbert MARTIN, Thomas PLEIER (= Libri actorum Universitatis Heidelbergensis/Die Amtsbücher der Universität Heidelberg, A 1 I, Heidelberg 1986) nr. 63, S. 128–130.
40 Wichtigste Quelle auch für die Chronologie ist außer den Urkunden selbst der bekannte Gründungsbericht, den der Gründungsrektor Marsilius von Inghen in das Rektorbuch der Universität eingetragen hat, ed. in: WINKELMANN, Urkundenbuch [wie Anm. 36] nr. 1, S. 1–3, jetzt in: Amtsbücher [wie Anm. 39] nr. 72, S. 146–148.

Marsilius von Inghen, ein Artistenmagister der Universität Paris[41], als geschworenes Mitglied in die »*familia*« des Kurfürsten aufgenommen, »*damit er sich wirksam für das Anlaufen der Universität in der Artes-Fakultät einsetze*«, wie er selber schreibt[42], »*und daß er uns unsers studium zu Heidelberg ein anheber und regirer und dem furderlich for sin sal*«, wie es die pfalzgräfliche Kanzlei etwas weiter ausgreifend formuliert hat[43].

Ohne Zweifel aber hat Marsilius nicht allein für den großen Plan gewirkt. Schon zuvor müssen andere, deren Namen wir nicht kennen, von denen sich einige aber vermuten lassen, im Interesse der neuen Universität tätig geworden sein, und wenig später wurden vom Kurfürsten auch weitere universitätserfahrene Gründungsmitglieder durch Eidesleistung persönlich verpflichtet und gewiß auch durch Einkünfte an die kurpfälzische Residenzstadt gebunden: ein zweiter Artistenmagister Heylmann Wunnenberg aus Worms[44], sowie ein studierter Zisterziensermönch, Reginald von Aulne (in der Diözese Lüttich), von dem durch Marsilius von Inghen selbst ausdrücklich in seinem Bericht festgehalten ist, daß er seinen theologischen Doktorgrad in Paris erworben hatte[45], waren die ersten so hinzugewonnenen Mitglieder der neuen Gründung.

Der Bericht verschweigt, daß bereits in dieser Dreier-Kerngruppe die Pariser Erfahrungen zwar deutlich überwogen, daß aber Heylmann Wunnenberg aus Worms seine gesamten Universitätserfahrungen der Universität Prag zu verdanken hatte, vom Grad eines Bakkalars (1373) und Magisters der Artes (1376), den er in Prag erreicht hatte, hatte er dort schließlich das Dekanat der Artistenfakultät (1382) und ein Jahr später auch das Amt eines Rektors der Dreifakultäten-Universität bekleidet[46]. Bei der späteren feierlichen Aufnahme des Lehrbetriebs an der Heidelberger Universität am 18. und 19. Oktober 1386 wird er, als dritter Magister ausdrücklich, wenn auch etwas

---

41   Zusammenfassend zu seiner Rolle bei der Gründung der Universität Heidelberg Jürgen MIETHKE, Marsilius von Inghen als Rektor der Universität Heidelberg, in: Ruperto Carola 76 (1987) 110–120; leicht verändert und um weitere Nachweise erweitert auch in: Marsilius of Inghen. Acts of the International Marsilius of Inghen Symposium Organized by the Nijmegen Center for Medieval Studies (CMS), Nijmegen, 18–20 December 1986, edd. Henri A. G. BRAAKHUIS/Maarten J. F. M. HOENEN (= Artistarium, Supplementa 7, Nijmegen 1992) S. 13–37 (vgl. ebendort auch die anderen Beiträge); sowie REXROTH, Universitätsstiftungen [wie Anm. 10] S. 207ff.

42   Amtsbücher [wie Anm. 39] S. 147,28–32: *Fuitque pro tunc receptus magister Marsilius de Inghen canonicus et thesaurarius ecclesie sancti Andree Coloniensis in dicti domini ducis senioris consilium iuratum ac deinceps stipendiis largis dotatus recepit mandatum, ut pro dicti studii inchoacione in facultate arcium operam daret efficacem.*

43   WINKELMANN, Urkundenbuch [wie Anm. 36] nr. 3, S. 4f.

44   Amtsbücher [wie Anm. 39] S. 147,32–35: *Post quem receptus fuit venerabilis vir magister Heylmannus de Wormacia magister in artibus et baccalarius in sacra pagina, ut eciam idem studium in facultate arcium iuvaret inchoare..*

45   Amtsbücher [wie Anm. 39] S. 147,36–40: *Item ex post venit Heydelbergam honorabilis et religiosus vir magister Reyginaldus de alna monachus professus in monasterio de Alna Leodinensis diocesis Cisterciensis ordinis doctor sacre theologie in universitate Parisiensi, qui per dictum dominum ducem honorifice receptus stipendiis certis est retentus, ut dictum studium iniciaret in facultate theologie.*

46   Josef TŘÍŠKA, Životopisný slovník předhusitské pražské univerzity. Repertorium biographicum Universitatis Pragensis praehussiticae, 1348–1409 (Prag 1981) S. 137.

abgesetzt, die erste Nachmittagsvorlesung an der Artes-Fakultät zur aristotelischen Physik übernehmen[47].

Als diese drei Magister vorhanden waren, veranlaßte Marsilius von Inghen, der Gründungsbeauftragte des Kurfürsten, den Pfalzgrafen zur Ausstellung einer Reihe von fünf Urkunden, die am 1. Oktober bereits in wohlabgestufter Reihe die wichtigsten Status- und Rechtsfragen der neuen Gründung festlegten[48]. Ausdrücklich wird festgehalten, die Heidelberger Universität solle »nach dem Vorbild des Pariser Studiums« (»*Parisiensis ad instar studii*«) eingerichtet werden[49]. Man wollte sich genau an die Pariser Vorgaben halten und ahmte das bewunderte Vorbild damals programmatisch in vielen Einzelheiten nach, die sich später als unnötig oder sogar als störend erwiesen. Unnötig und in Heidelberg nie funktionierend war die Einteilung der Artistenstudenten in vier Nationen, die auch Prag gekannt hatte, die aber in Heidelberg sich wohl mangels Masse schlicht als überflüssig erwies. Auch die gemeinsame Preisbehörde aus Bürgern und Universitätsangehörigen zur Festsetzung von Mietpreisen, die vom Kurfürsten verfügt wurde, ist offenbar in Heidelberg niemals zusammengetreten.

Bis in die Einzelheiten der Verfassung hielten sich Marsilius und seine Mitstreiter zunächst ebenso an das Pariser Vorbild. Als längst schon der Unterrichtsbetrieb aufgenommen worden war, fungierte immer noch der vom Fürsten eingestellte Gründungsbeauftragte als Haupt der neuen Universität, aus keinem anderen Grund als dem, daß in Paris aus historischen Gründen der Rektor von den und aus den Magistern ausschließlich der Artistenfakultät zu wählen war. Bis zum November 1386 aber waren in Heidelberg nur zwei Artistenmagister greifbar, Marsilius und Heylmann. Endlich traf ein dritter Artistenmagister ein, Dietmar Swerthe, ein Altersgenosse Heylmanns, der den Grad eines Bakkalars ebenfalls 1373 in Prag erreicht hatte, um 1375 dort seine Magisterpromotion hinter sich zu bringen – 1381 war Dietmar dem Heylmann als Dekan der Prager Artisten nachgefolgt und hatte dieses Amt auch 1384 noch einmal bekleidet: auch Dietmar also war ein erfahrener Hochschullehrer aus Prag, der in der kleinen Gruppe der ersten Besatzung den Anteil der »Prager« Fraktion auf 50% zu steigern vermochte: Erst jetzt, da – bei Anwesenheit von drei Artisten – auch eine Artistenfakultät gebildet werden konnte – *tres faciunt collegium* – wurde, Pariser Usus entsprechend, von den drei Mitgliedern der Artesfakultät Marsilius von Inghen zum ersten Heidelberger Rektor gewählt. Die Gründung der Universität Heidelberg war damit abgeschlossen[50].

47 Amtsbücher [Anm. 39] S. 148,59–64: *Et consequenter die crastino, hec est xix die mensis octobris, dictus magister Marsilius summo mane pro facultate arcium, quia illo anno lecturus erat loycam, et post dictus magister Reginaldus hora octava pro sacra theologia lecturus epistolam ad Titum, ac deinceps hora prima post meridiem dictus magister Heylmannus pro eadem facultate arcium lecturus librum physicorum, fecere principia ad honorem dei, beatissime virginis, omnium sanctorum ac tocius curie celestis, et fuit studium inchoatum.*
48 WINKELMANN, Urkundenbuch [wie Anm. 36] nr. 4–8, S. 5–11 (in anderer Reihenfolge auch in: Amtsbücher [wie Anm. 39] nr. 5–9, S. 33–44), eine zusammenfassende Urkunde in deutscher Sprache in: Urkundenbuch, nr. 9, S. 11–13 (auch in: Amtsbücher, nr. 58, S. 114–117).
49 Urkundenbuch [wie Anm. 36] nr. 5, S. 6,35f., Amtsbücher [wie Anm. 39] nr. 6, S. 36,16 [»*Parisiense*« dort ist fehlerhaft!].
50 Vgl. die Nachweise etwa bei MIETHKE, Universitätsgründung [wie Anm. 38] S. 19f.

Während des ersten, etwa vierteljährlichen Rektorats des Marsilius wurden 16 Magister und 165 Scholaren in die Matrikel eingetragen, am Ende des vierten Rektorats (am 16.12.1387), also gut ein Jahr nach der Eröffnung der Hochschule, war die Gesamtzahl der Immatrikulierten auf 579 angestiegen[51]. Neben einigen Mitgliedern des höheren Klerus der Umgebung, die sich gleichsam ehrenhalber in diese Liste der Universitätsverwandten eingetragen haben, finden sich frühere Universitätserfahrungen allein bei bereits Graduierten in der Matrikel angegeben: 34 Magister und Bakkalare der höheren Fakultäten, sowie 24 weitere Personen, die sich selbst ausdrücklich als Bakkalare bezeichnen, lassen sich hier finden. Von diesen 58 Männern haben sich nicht weniger als 33 ausdrücklich als »Pragenses« in Heidelberg intitulieren lassen, haben das also dem Rektor bei ihrer Einschreibung offenbar ausdrücklich mitgeteilt, weitere 10 Namen lassen sich auf andere Weise als frühere Prager Universitätsbesucher nachweisen. 1387/88 finden sich dann im zweiten Heidelberger Jahr weitere 10 Prager Magister und Bakkalare in der Universitätsmatrikel[52]. Von den 15 Rektoren der Heidelberger Universität, die von 1386 bis 1393 ausschließlich aus den Artes-Magistern gewählt werden konnten, kam nur einer, Marsilius von Inghen (mit insgesamt 8 vierteljährlichen Amtsperioden), aus Paris[53], 13 dagegen (die sich in 17 Amtsperioden teilten) hatten ihren Grad in Prag erworben[54], einer, Franco von Inghen, ein Verwandter des Gründungsrektors Marsilius, hatte seinen Magistergrad offensichtlich in Heidelberg erlangt[55] – er war anscheinend das erste »Eigengewächs«, das in Heidelberg in das Amt eines Rektors der Universität gewählt worden ist.

Der Prager Anteil scheint damit hoch, höher, als es einer »natürlichen« Fluktuation zwischen den Universitäten entspräche. Seit mehr als einem Jahrhundert wird in der Forschung daher immer wieder auf einen Konflikt in Prag hingewiesen, der das Motiv für diese verstärkte Abwanderung abgeben könnte, auf den Streit um die Zuweisung der Pfründen am *Collegium Carolinum* zwischen den deutschen Nationen und der

51   Dazu bereits Berta SCHARNKE, Über Zusammensetzung und soziale Verhältnisse der Heidelberger Universitätsangehörigen im 15. Jahrhundert (Phil. Diss. Heidelberg 1921 [masch.]); sowie natürlich Gerhard RITTER, Die Heidelberger Universität im Mittelalter (1386–1508). Ein Stück deutscher Geschichte (¹1936, Nachdr. Heidelberg 1986) S. 71ff. Zur Sozialgeschichte der Heidelberger Universitätsbesucher jetzt auch Christoph FUCHS, *Dives, pauper, nobilis, magister, frater, clericus.* Sozialgeschichtliche Untersuchungen über Heidelberger Universitätsbesucher des Spätmittelalters (= Education and Society in the Middle Ages and Renaissance 5, Leiden 1995); zur Entwicklung der regionalen Herkunft im ersten Jahrhundert: S. 6–12.
52   Hier ist zu verweisen auf die sorgfältigen Aufstellungen von Sabine SCHUMANN, Die *nationes* an den Universitäten Prag, Leipzig und Wien. Ein Beitrag zur älteren Universitätsgeschichte (Phil. Diss. FU Berlin 1974), bes. S. 127ff., an die ich mich hier halte.
53   Vgl. zu seinen Rektoraten im einzelnen MIETHKE, Rektor [wie Anm. 41].
54   Vgl. die jüngste Liste bei Hermann WEISERT, Die Rektoren und die Dekane der Ruperto Carola zu Heidelberg, 1386–1985, in: Semper apertus [wie Anm. 34] 4 S. 299–417, hier S. 302f.
55   Nach dem 22. Juni 1387 wird er unter dem 3. Rektor Johannes de Berswort in Heidelberg immatrikuliert (ohne Nennung eines Grades: vgl. TOEPKE [unten Anm. 58] 1 S. 21), 1391 wird er als *magister Franco de Inghen* zum Rektor gewählt (vgl. ebd. S. 51). Ich bin Frau Dr. Dagmar Drüll-Zimmermann, die das Professorenlexikon der Universität Heidelberg bearbeitet, zu herzlichem Dank dafür verpflichtet, daß sie mir bestätigt hat, daß weitere Nachrichten über die Graduierung des Franco von Inghen nicht vorliegen.

böhmischen Nation im Jahre 1384. Unter Einschaltung des Prager Erzbischofs war diese Auseinandersetzung zwar 1386 mit einem Kompromiß beigelegt worden, angesichts der späteren heftigen Konflikte zwischen den Prager Nationen, die schließlich 1409 zum Kuttenberger Dekret führten – mit allen seinen bekannten Folgen – hat man in den Auseinandersetzungen von 1384 dramatisierend immer wieder die Sturmboten des kommenden Unheils entdecken wollen[56].

Dazu ist hier nur festzuhalten, daß in der Tat sich in dem Streit von 1384/85 der künftige Konflikt im voraus ankündigte, freilich läßt sich nur schwer seine Wirkung auf die Abwanderungslust von Prager Magistern abschätzen. Zu bedenken bleibt jedenfalls, daß regelmäßig eine neubegründete Universität in den ersten Jahren ihrer Existenz besonders hohe Attraktivität für diejenigen Magister und Scholaren gezeigt hat, die ihrer regionalen Herkunft nach auf den Ort des neuen Studiums hin orientiert waren. Diese Regel bestätigt sich nicht allein bei der Gründung von Heidelberg in Richtung auf Prag, auch die Gründungen der Universitäten in Köln oder Erfurt, die Neubefestigung der Universität in Wien hatten diesen Effekt auf die Prager Universitätsbesucher[57]. Und dieser Effekt blieb nicht auf Prag beschränkt: Die Gründung der Universität Köln (1387/88) führte noch im November 1388 (zwei Jahre nach dem Beginn in Heidelberg) zu einer für die junge Heidelberger Universität schlechthin lebensbedrohlichen Abwanderung von Scholaren und Magistern, als der Heidelberger Rektor Berthold Suderdick aus Osnabrück »*zusammen mit dem Magister Hartlieb aus der Grafschaft Mark und Dietrich Kerkering aus Münster zusammen mit fast sämtlichen Studenten, wobei nur vergleichsweise wenige in Heidelberg verblieben*« – so hat es Marsilius von Inghen in der Matrikel persönlich festgehalten[58] – Heidelberg verließen, um sich in Köln niederzulassen. Allein die Herkunftsorte bei ihren Namen erklären in diesem Fall, warum sie die neugegründete Universität in Köln der Kümmerpflanze in der Neckarstadt vorzogen. Die genannten Magister waren alle drei, der damalige Heidelberger und spätere Kölner Rektor Berthold Suderdick, der wenig später zum ersten Rektor der Universität Köln gewählte Hartlevus de Marka und Dietrich Kerkering aus Münster, der dann ebenfalls sogar mehrfach Rektor in Köln sein sollte, aus Prag gekommen[59], sie hatten auch Heidelberg nicht als Ziel

---

56 Zum Prager Konflikt etwa MORAW, Grundzüge [wie Anm. 16] S. 58ff., 110–112.

57 Dazu bereits SCHUMANN, Nationes [wie Anm. 52] S. 126f. (u. ö.); Rainer Christoph SCHWINGES, Deutsche Universitätsbesucher im 14. und 15. Jahrhundert. Studien zur Sozialgeschichte des Alten Reiches (= Veröff. des Instituts für Europäische Geschichte/Abteilung Universalgeschichte 123; Beiträge zur Sozial- und Verfassungsgeschichte des Alten Reiches 6, Stuttgart 1986), bes. S. 230–232.

58 In der Matrikel, ed. Gustav TOEPKE, Die Matrikel der Universität Heidelberg von 1386 bis 1662, Erster Theil, von 1386 bis 1553 (Heidelberg 1884), hier S. 34: *Et citra medium rectorie recedente rectore propter epidemiam et guerras et una secum magistris Hertleuo de Marka et Theoderico de Monasterio et fere simul omnibus scolaribus paucis in comparatione demptis substitutus fuit magister Marsilius de Inghen, et intitulati sunt sub eo in parte eiusdem rectorie sequentis.* – Vgl. auch unten Anm. 60.

59 TŘÍŠKA, Životopisný [wie Anm. 46] S. 50 (Berthold Suderdick), S. 135 (Hartlevus), S. 503 (Theodoricus); vgl. auch die prosopographischen Daten in: Die Matrikel der Universität Köln 1 (1389–1475), bearb. von Hermann KEUSSEN (Bonn 1919, Nachdr. Düsseldorf 1979) S. 2–20. Vgl. auch SCHUMANN, Nationes [wie Anm. 52] S. 131 u.133; Erich MEUTHEN, Die Alte Universität (= Kölner Universitätsgeschichte 1, Köln und Wien 1988) S. 57.

aller Sehnsüchte erfahren, wie sie sich nicht an Prag gebunden fühlten: die erste ihnen sich bietende Gelegenheit haben sie wahrgenommen, Heidelberg zur bloßen Zwischenstation zu machen, ohne daß wir von besonders abstoßenden Umständen in Heidelberg anläßlich dieser Abwanderung erführen[60]. Wir werden also den in der Forschung immer wieder ausgemalten Konflikt zwischen den Böhmen und Deutschen in Prag nicht überbewerten in seiner Bedeutung für die Attraktivität einer neuen Universitätsgründung, näher an den heimatlichen Regionen, wo man sich leichteren Zugang zu den Vorteilen einer Patronage oder eines gegenwärtigen oder zukünftigen Klientelverhältnisses oder gar das Erreichen einer Pfründe versprechen mochte.

Bezeichnend ist, daß die aufnehmenden Universitäten ganz ohne Bedenken und wie selbstverständlich den Zugewanderten ihre jeweilige Ämterlaufbahn weit öffneten: wie in Heidelberg Heylmann Wunnenberg – Dekan (1382) und Rektor (1383) bereits in Prag – als zweiter Rektor dem Marsilius von Inghen folgte, so wurde auch Berthold Suderdick aus Osnabrück, 1388 als Rektor der Anführer der Abwanderer aus Heidelberg, bereits 1392 wieder zum Rektor von Köln gewählt[61]. Konrad von Soltau, um nur ein weiteres Beispiel zu nennen, war 1384/85 Rektor der Dreifakultätenuniversität in Prag gewesen – unter seinem Rektorat war der Streit um den Zugang zu den Pfründen des Collegium Carolinum am heftigsten entfacht worden. Konrad von Soltau kam 1387 nach Heidelberg, wo er dann 1393 erneut zum Rektor gewählt wurde, zum allerersten Rektor, der nicht aus dem Kreis der Artistenmagister kam[62]. Die Beispiele ließen sich

---

60 Die *guerrae* (d. h. der sogenannte Städtekrieg; dazu vgl. etwa Meinrad SCHAAB, Kurpfalz [wie Anm. 38] 1 S. 100f.) und die (Pest-) Epidemie im Eintrag [wie Anm. 58] zeigen m. E. gerade in der Doppelung der beiden je für sich sonst ausreichenden Gründe für ein Verlassen der Universitätsstadt, daß sie nicht als unmittelbar und aktuell ausschlaggebend verstanden werden sollten. Marsilius selbst setzt am Rande der Matrikel in einer Marginalnotiz noch die Gründung der Universität Köln mit dem Auszug aus Heidelberg in Verbindung: *Attende hic recessum rectoris propter epydemiam et guerras et fere omnium scolarium et erectionem studij Coloniensis.* (»Achte hier auf den Abzug des Rektors wegen der Epidemie und der Kriegswirren sowie [den Abzug] fast aller Studenten und auf die Errichtung der Kölner Universität«; TOEPKE, Matrikel [wie Anm. 58] S. 34 Anm. 4). Auf die Verärgerung des Marsilius wirft es ein deutliches Licht, daß er erst durch in den Codex (Ms. Vat. Pal. lat. 142, fol. 265ʳ) eingetragene letztwillige Verfügung ein Manuskript an die Testamentsvollstrecker des (1390 verstorbenen) Hartlevus de Marka zurückgeben lassen wollte, das er sich offenbar vor dessen Auszug geliehen hatte, vgl. die Nachweise bei Jürgen MIETHKE, Autograph des Heidelberger Gründungsrektors Marsilius von Inghen, *Lectura in Matheum*, in: Bibliotheca Palatina, Katalog zur Ausstellung, Textband, hg. von Elmar MITTLER in Zusammenarbeit mit Walter BERSCHIN, Jürgen MIETHKE, Gottfried SEEBASS, Vera TROST, Wilfried WERNER (Heidelberg 1986) S. 43–45; sowie Dorothea WALZ, Marsilius von Inghen als Schreiber und Büchersammler, in: Marsilius von Inghen, Werk und Wirkung, Akten des Zweiten Internationalen Marsilius-von-Inghen-Kongresses, ed. Stanisław WIELGUS (Lublin 1993) S. 31–71, bes. S. 35f.

61 Vgl. Anm. 59.

62 Zu ihm vgl. außer TŘÍŠKA, Životopisný [wie Anm. 46] S. 82, auch etwa Hans-Jürgen BRANDT, Universität, Gesellschaft, Politik und Pfründen am Beispiel Konrads von Soltau († 1407), in: The Universities in the Late Middle Ages, edd. Jozef IJSEWIJN, Jacques PAQUET (= Medievalia Lovaniensia I.6, Löwen 1978) S. 613–625; H.-J. BRANDT, Konrad von Soltau (in: NDB 12, Berlin 1980) S. 531f.; Gerhard FOUQUET, Das Speyerer Domkapitel im späten Mittelalter (= Quellen und Abhandlungen zur mittelrheinischen Kirchengeschichte 57, Mainz 1987) nr. 354, S. 804–806.

leicht vervielfachen: zumindest an der neuen Hochschule nahm man die Zuwanderer, die so wichtige Qualifikationen mitzubringen hatten wie es eine reale Universitätserfahrung und formal anerkannte Qualifikation war, jedenfalls mit offenen Armen auf.

Je stärker freilich die Erfahrungen aus verschiedenen Universitäten divergierten, je unverbrüchlicher unter veränderten Umständen an einem nun nicht mehr absolut passenden Vorbild festgehalten werden sollte, desto problematischer konnte das für die neue Gründung werden. Hier möchte ich nicht erneut darauf eingehen, wie in Heidelberg die unterschiedlichen Verfassungsmodelle von Paris, unter anderem von dem mächtigen, aber keineswegs alles entscheidenden Einfluß des Marsilius von Inghen hochgehalten, mit den Prager Erfahrungen und Traditionen eines Konrad von Soltau oder eines Johannes de Noët zum Ausgleich gebracht wurden[63]. Das ging nicht ohne zähes Ringen und langwierige Beratungen ab. Aber am Ende standen dann auch hier Entscheidungen, die den künftigen eigenen Weg der jeweiligen Hochschule zu profilieren halfen. Der gemeinsame Fundus an Vorstellungen, Erfahrungen und Wünschen, der bei der Neugründung von Universitäten im deutschen Reich des Spätmittelalters seit der Gründung von Prag immer wieder auf verschiedene Weise in Anspruch genommen worden ist und der den persönlichen Einsatz und das Lebensgeschick einer Vielzahl von Personen bestimmt und gestaltet hat, ist dadurch in spezifischer Weise bereichert worden: wir sollten uns von den Sonderentwicklungen den Blick auf die gemeinsamen Wurzeln nicht verstellen lassen.

---

63 MIETHKE, Rektor [Anm. 41] S. 114–116 bzw. S. 23f.

Die französischen Enquêtes von 1387 und 1390

Ein Beitrag zur Linearität mittelalterlicher »Staatsgrenzen«

VON THOMAS TRAPP

I

Die Frage, ob es im westlichen Europa zur Zeit des Mittelalters lineare Grenzen von mehr als lokaler Bedeutung gegeben hat oder überhaupt geben konnte, beschäftigt seit mittlerweile einem Jahrhundert[1] die Forschung, ohne daß sich ein Konsens eingestellt hätte. Bisweilen überrascht das Maß an Emotionen, das in die Diskussion eingebracht wurde und dieser gewiß nicht dienlich war.

Um dem Untersuchungsgegenstand näherzukommen, scheint es sinnvoll, diesen zunächst zu definieren. Lineare Grenzen sind demnach »künstlich abgesteckte und zwischen den Markierungen linear gedachte Formen«[2]. Eine Grundvoraussetzung für die Existenz linearer Grenzen besteht darin, daß sich der Mensch des Mittelalters auch ohne Hilfspunkte in Sichtweite eine theoretische Grenzlinie vorstellen konnte.

Lineare Grenzen im kleinräumigen Maßstab, wie wir sie aus Weistümern oder Bannbegehungen kennen, boten in ihrer technischen Fixierung kaum Schwierigkeiten und waren im dörflichen Leben eine Notwendigkeit, so daß man sie als archaisch betrachten kann[3]. Glaubt man Helmolt, so erwuchs hingegen erst im 12. Jahrhundert ein »Bedürfnis« nach der Grenzlinie über größere Entfernungen hinweg[4]. Während Helmolt somit zumindest einen gedanklichen Wandel, ja gar eine Bewußtseinserweiterung des mittelalterlichen Menschen festzustellen meinte, formulierte ein französischer Zeitgenosse: »Rien n'était plus mal fixé, plus incertain, plus flottant, que les frontières des États du moyen âge[5]«.

---

1   Am Anfang steht der Beitrag von Hans F. HELMOLT, Die Entwickelung der Grenzlinie aus dem Grenzsaume im alten Deutschland (in: HJb 17, 1896) S. 235–264.
2   Reinhard SCHNEIDER, Lineare Grenzen – Vom frühen bis zum späten Mittelalter, in: Grenzen und Grenzregionen, hg. von Wolfgang HAUBRICHS und Reinhard SCHNEIDER (= VeröffKomSaarl-LandesG. 22, Saarbrücken 1994) S. 55. Eine Definition des Begriffs »Grenzen« und zahlreiche Literaturhinweise bei Alexander DEMANDT, Die Grenzen in der Geschichte Deutschlands, in: DERS. (Hg.), Deutschlands Grenzen in der Geschichte (München 1990) S. 19–22.
3   HELMOLT [wie Anm. 1] S. 238: »Es liegt in der Natur der Sache, daß kleine Gebiete, weil leicht zu übersehen und bald bis in den fernsten Winkel ausgenutzt, durch genaue Abgrenzung vom Nachbarhofe, vom Nachbardorfe geschieden wurden. Eine kleine Grenze war schon früh eine Linie, eine Gerade.«
4   Ebd. S. 257.
5   Émile DUVERNOY, Un règlement de frontières entre la France et le Barrois en 1500 (in: Annales de l'Est 2, 1888) S. 543.

Schon die Römerzeit kannte wenn nicht »Staats-«, so doch lineare Provinzgrenzen, die sich zumindest in Teilen über den Zusammenbruch des Römischen Reiches hinaus erhalten hatten[6]. Die technischen Fähigkeiten der Römer verdeutlicht ein Beispiel: Ein mehr als 81 km langes Teilstück des etwa 150 n. Chr. errichteten obergermanischen Limes wich trotz hügeligen Geländes über die gesamte Länge nie mehr als 2 m von der Geraden ab. Durch nächtliche Lichtzeichen wurde diese exakte Ausrichtung der Anlage ermöglicht[7]. Klar voneinander abgegrenzt waren auch die mittelalterlichen Bistümer[8].

Eine eigene Terminologie, die spätestens seit dem Hochmittelalter Eingang in die Urkunden gefunden hat, macht den Charakter der Linearität deutlich. *Recta linea, rectitudine* oder *recto itinere* sind die geläufigsten Wendungen. Sie fanden Gebrauch »eben gerade dort, wo aus topographischen Gründen eine abschreitbare lineare Grenzsetzung im Gelände nicht zu bewerkstelligen war«[9]. Welche Entfernungen eine solche gedachte Linie überbrücken konnte, beweist ein Diplom Ottos III. aus dem Jahre 996, demzufolge sich die Ostgrenze des Bistums Meißen *quasi recta via* von der Oder- zur Elbquelle erstrecken sollte[10]. Die bezeichnete Bistumsgrenze hat durchaus Dimensionen einer »Staatsgrenze«.

Einen Schritt weiter ging jüngst Claudius Sieber-Lehmann, der davon spricht, aus dem Frühmittelalter gebe es bereits Zeugnisse mit Angaben zur Linearität, die meist »imaginierte Grenzverläufe« beschrieben[11]. Zum Problem der Umsetzung dieser Grenzbeschreibungen weist er darauf hin, beide Vertragspartner seien davon ausgegangen, »dass sich bei Bedarf eine korrekte Unterscheidung der betroffenen Gebiete ›vor Ort‹ bewerkstelligen lasse«[12]. Betrachtet man die Beispiele, die sich fast beliebig erweitern ließen[13], so wird offensichtlich, daß eine Terminologie zur Formulierung des linearen Grenzcharakters vorhanden war, wenngleich es umschreibender Worte bedurfte. Die Substantive *terminus, meta* oder *limes* entsprachen nicht der Aussageabsicht.

So mag es ein sprachlicher Glücksfall gewesen sein, daß vom Gebiet des Deutschen Ordens ausgehend das slawische Wort *graniza*[14] etwa Mitte des 13. Jahrhunderts Ein-

---

6   Claudius Sieber-Lehmann, »Regna colore rubeo circumscripta«. Überlegungen zur Geschichte weltlicher Herrschaftsgrenzen im Mittelalter, in: Guy P. Marchal (Hg.), Grenzen und Raumvorstellungen, 11.–20. Jh. – Frontières et conceptions de l'espace, 11e–20e siècles (= Clio Lucernensis 3, Zürich 1996) S. 80.
7   Peter Hertel, Das Geheimnis der alten Seefahrer. Aus der Geschichte der Navigation (= Geographische Bausteine, Neue Reihe Heft 38, Gotha 1990) S. 73f.
8   Vgl. dazu Roger Dion, Les frontières de la France (1947, Nachdruck Brionne 1979) S. 35, der generell von »limites précises« spricht.
9   Guy P. Marchal, Grenzerfahrung und Raumvorstellungen. Zur Thematik des Kolloquiums, in: Ders. [wie Anm. 6] S. 14. Vgl. hierzu auch diverse Beispiele bei Schneider [wie Anm. 2] S. 14.
10   MGH DO III 186; vgl. Schneider [wie Anm. 2] S. 58.
11   Sieber-Lehmann [wie Anm. 6] S. 80.
12   Ebd.
13   Zu weiteren aus den Sammlungen für den Nouveau Du Cange und für das Mittellateinische Wörterbuch vgl. ebd. S. 88 Anm. 9 und 10.
14   Erstmals belegt 1174 in der Zusammensetzung *knezegraniza* in einer Urkunde Herzog Kasimirs von Pommern für das Kloster Dargun; vgl. Po.UB 1 (²1970) S. 79 Nr. 62. Die Urkunde enthält ebd. in anderem Zusammenhang übrigens auch die Formulierung *recta linea*.

gang ins Mittelhochdeutsche gefunden hat[15]. Da sich seine Verbreitung aber erst in lu-
therischer Zeit durchsetzte, wird es im Mittelalter auf östliche Reichsteile beschränkt
geblieben sein. Auffällig ist zwar eine ausgeprägt lineare Abgrenzung des Ordenslandes
Preußen[16], doch ist es mehr als fraglich, ob die Übernahme des Wortes *graniza* wirklich
»Ausdruck für eine im Deutschen Orden bereits ausgebildete oder sich ausbildende
neuartige Auffassung über Wesen und Funktion der Grenze war«[17]. In Konsequenz
ließe sich demnach erst mit der Westwanderung des Wortes auch hier das lineare Prinzip durchsetzen, ja es entstünde gar erst eine Vorstellung dessen, daß sich eine lineare
Grenzziehung verwirklichen lasse. Dem widersprechen die Quellenbelege jedoch eindeutig[18].

Exakt in die Zeit des Erstbelegs für *knezegraniza* fällt eine Urkunde Friedrichs I.
zur Abgrenzung der Herzogtümer Böhmen und Österreich[19]. Da im Text von *recta
estimationis linea* bei lediglich fünf exakt angegebenen Fixpunkten die Rede ist, zeigt
dies offenkundig die lineare Verknüpfung der jeweiligen Punkte. Das Diplom Barbarossas verdeutlicht jedoch nicht nur, daß sehr wohl schon im 12. Jahrhundert »zwi-
schenstaatlich« das Prinzip der linearen Grenzbeschreibung umgesetzt wurde. Da die
Festlegung der Grenze dem Wortlaut der Urkunde nach erfolgte, um künftigen Streitigkeiten vorzubeugen, können sich Linearität und Wirksamkeit bzw. Nachprüfbarkeit
der Grenze nicht widersprochen haben[20].

Betrachtet man die Vielzahl und Eindeutigkeit der Belege für die Existenz linearer
Grenzen von größeren Dimensionen im westlichen Europa zur Zeit des Mittelalters, so
kann man getrost die Annahme einer generellen Existenz von Grenzsäumen in diesem
Gebiet – verschiedentlich mögen diese durchaus Realität gewesen sein – ins Reich der
Legende verbannen. Vielleicht hat Dalché recht, wenn er schreibt, daß jene These »s'ac-
cordait davantage à l'idéologie commode d'un Moyen Age primitif«[21]. Zuzustimmen ist
in jedem Fall seinem Urteil, daß man sich heute darauf besinnt, was in den Quellen
steht: »à savoir que la frontière comme ligne est une réalité médiévale courante«[22].

---

15   Zur Entstehung und Verwendung des Wortes »Grenze« ausführlich Hans-Jürgen KARP, Grenzen in Ostmitteleuropa während des Mittelalters. Ein Beitrag zur Entstehungsgeschichte der Grenzlinie aus dem Grenzsaum (= Forschungen und Quellen zur Kirchen- und Kulturgeschichte Ostdeutschlands 9, Köln und Wien 1972), insbesondere S. 113–165. – Jetzt auch oben der Beitrag von
Roland MARTI.
16   KARP [wie Anm. 15] S. 166.
17   Ebd. S. 137. Zur Problematik auch SCHNEIDER [wie Anm. 2] S. 61–65.
18   SIEBER-LEHMANN [wie Anm. 6] S. 80 spricht mit kritischem Unterton davon, die »Erfindung
der linearen Grenze« sei keinesfalls im Osten erfolgt.
19   MGH DF I 782 (Eger – 1179 VII 1, Magdeburg); dazu SCHNEIDER [wie Anm. 2] S. 59f.
20   Zu Recht weist SCHNEIDER [wie Anm. 2] S. 60 auf diesen wichtigen Punkt hin.
21   Patrick Gautier DALCHÉ, Limite, frontière et organisation de l'espace dans la géographie et la
cartographie de la fin du Moyen Age, in: MARCHAL [wie Anm. 6] S. 93.
22   Ebd.; dazu auch Ilja MIECK, Deutschlands Westgrenze, in: DEMANDT [wie Anm. 2] S. 20.

II

Das oben zitierte Diplom Friedrich Barbarossas aus dem Jahre 1179 steht stellvertretend für die Vielzahl an Urkunden, die Grenzstreitigkeiten vorbeugen oder diese regulieren sollten. Aber, um es mit Demandt etwas überspitzt zu formulieren: »Um Streit zu vermeiden, zieht man Grenzen. Und nachdem sie gezogen sind, streitet man sich um nichts lieber als um Grenzen«[23]. Naturgemäß gewannen drohende Konflikte umso mehr an Brisanz, je höher die politische Ebene war, auf der sie sich abspielten. Im zwischenstaatlichen Bereich galt es daher besonders, Auseinandersetzungen, die aus Grenzstreitigkeiten erwachsen konnten, rechtzeitig einen Riegel vorzuschieben, um negativen Auswirkungen von weitreichender Konsequenz vorzubeugen.

Papst Clemens IV. schrieb deshalb zwischen 1265 und 1268 an den französischen König Ludwig IX.: ... *fines quidem Imperii discretos a finibus regni tui in nulla scriptura vidimus, et eos distinguere nesciremus, quamvis audierimus ab antiquis quod in locis aliquibus distinguuntur per flumina, in aliquibus per provincias, in aliquibus per dioceses, sed hoc penitus ignoramus*[24]. Die Unkenntnis des genauen Grenzverlaufs, die hier dem Papst Kopfzerbrechen bereitete, vielleicht auch unterschwellig Furcht einflößte, galt es zu überwinden. Rechtssicherheit konnte eine Festschreibung des Grenzverlaufs bringen, wie sie besonders im Spätmittelalter auf dörflicher Ebene in den Weistümern erfolgte. Das Mittel, das hier zum Tragen kam, die Befragung durch herrschaftliche Amtsträger, fand auch auf höherer Ebene Anwendung. Die gezielte Befragung zum Grenzverlauf oder zu Herrschaftsrechten, im Lateinischen mit *inquisitio* wiedergegeben, trägt im Französischen die Bezeichnung »enquête«[25].

Die Ursprünge der »enquête« reichen bis in die karolingische Zeit zurück. Sie hatten ihre Vorläufer in den Befragungen durch die *missi* oder *justiciarii itinerantes*[26]. Das Verfahren folgte stets dem gleichen Muster: Der mit der Untersuchung Beauftragte wählte Personen aus, die er befragen wollte, nahm ihnen den Eid oder Schwur ab, daß sie die Wahrheit sagen, und formulierte dann seine Frage(n)[27]. Von entscheidender Bedeutung

---

23   DEMANDT [wie Anm. 2] S. 20.
24   Layettes du Trésor des Chartes IV, hg. von Élie BERGER (Paris 1902) S. 302f. Nr. 5439 (1265 II 15 – 1268 XI 29). Fälschlich mit definitiver Datumsangabe 1268 XI 29 Michel BUR, Recherches sur la frontière dans la région mosane aux XIIᵉ et XIIIᵉ siècles, in: Principautés et Territoires et Études d'Histoire Lorraine (= Actes du 103ᵉ Congrès National des Sociétés Savantes, Section de philologie et d'histoire jusqu'à 1610, Nancy/Metz 1978, Paris 1979) S. 154. Die Urkunde ist als undatiertes Insert überliefert.
25   Hierzu im Überblick Theodor BÜHLER, Gewohnheitsrecht – Enquête – Kodifikation (= Rechtsquellenlehre 1, Zürich 1977); DERS., Rechtsquellentypen (= Rechtsquellenlehre 2, Zürich 1980); DERS., Enquête – Inquesta – Inquisitio (in: ZRG Kan. Abt. 61, 1975) S. 35ff.
26   BÜHLER, Rechtsquellentypen [wie Anm. 25] S. 39.
27   BÜHLER, Gewohnheitsrecht [wie Anm. 25] S. 34: »Das Merkmal der Inquisition besteht darin, daß der Richter eine Anzahl von Gemeindegenossen, bei welchen er die Kenntnis der fraglichen Tatsachen voraussetzen kann, auf Grund eigener Auswahl vorladet und ihnen das Versprechen abnimmt, auf die von ihm zu stellende Frage oder zu stellenden Fragen die Wahrheit auszusagen. Auf dieses Versprechen hin erfolgt dann die richterliche Fragestellung, welche das Thema der Aussage betrifft und dem ganzen Verfahren so charakteristisch ist, daß es davon seine Benennung erhalten hat.«

für die Zuverlässigkeit der Aussagen sind die Kriterien, nach denen die Zeugen ausgewählt wurden. Die Auswahl traf üblicherweise allein der in herrschaftlichem Auftrag Handelnde. Die Quellen charakterisieren die Befragten häufig zunächst mit Stereotypen wie *viri honesti, prudentes* oder *hommes dignes de foi*[28], erst aus dem Text der Niederschrift erfährt man meist mehr über die antwortende Person. Im Idealfall war diese mit den örtlichen Gegebenheiten vertraut und entweder durch eine herausgehobene Stellung oder hohes Alter »legitimiert«. Auch die Zahl der Befragten blieb dem Beamten überlassen. Um zu einem Ergebnis zu gelangen, das Glaubwürdigkeit reklamieren konnte, bedurfte es gewiß mehrerer Personen, ohne daß eine Untergrenze erkennbar wäre. Die – sicherlich biblisch motivierte – Idealzahl 12[29] dürfte für die Praxis jedenfalls keine Rolle gespielt haben und wurde sowohl deutlich unter- wie überschritten[30].

Daß sich aus den Befragungen nur mit größter Vorsicht objektive Sachverhalte ableiten lassen, resultiert aus dem Wahrheitsverständnis der Menschen, für die Wahrheit übereinstimmen mußte mit dem Recht ihres Lehns- oder Landesherrn. So ergibt sich, daß – unabhängig von der Zahl der Befragten – die Kernaussage identischen Inhalts war. Im Gegensatz zum Jahrgeding, bei dem idealerweise Vertreter aller an den Herrschaftsrechten Beteiligten vor Ort weilten und sich um einvernehmliche Äußerungen bemühten, ließen einseitige Befragungen Raum für Eigeninterpretationen, ja gar zur Manipulation. Mit dieser Einseitigkeit erwächst das Problem der Umsetzbarkeit von Ergebnissen einer Enquête. Gerade im »zwischenstaatlichen« Bereich konnte sie keine rechtsetzende Bedeutung erlangen[31]. Zweifellos hat aber die Enquête ganz allgemein – hier ist nur sekundär an die Klärung von Grenzstreitigkeiten zu denken – die Schriftlichkeit in Rechtsstreitigkeiten erheblich vorangebracht[32].

III

Zwei Fallbeispiele seien herausgegriffen, um die typischen Merkmale der Enquêten bei Grenzstreitigkeiten aufzuzeigen. Es handelt sich um Befragungen, die in den Jahren 1387 und 1390 im Auftrag der Französischen Krone an der Grenze zum Reich durchgeführt wurden. Die Wahl fiel auf beide auch deshalb, weil ein innerer Zusammenhang

---

28 Zur Begrifflichkeit BÜHLER, Rechtsquellentypen [wie Anm. 25] S. 40f.
29 BÜHLER, Gewohnheitsrecht [wie Anm. 25] S. 36 bringt die Zahl in die Diskussion.
30 So etwa bei der Befragung, die auf Anordnung Rudolfs von Habsburg 1288 an der Maas im Gebiet des Klosters Beaulieu und des Stiftes Montfaucon durchgeführt wurde. 84 Personen werden im darüber angefertigten *Instrumentum commissariorum de inquisitione facta* (MGH Const. 3 S. 392–405 Nr. 410) aufgeführt. Eine nachweislich vorangegangene adäquate Enquête durch Vertreter der Französischen Krone ist zwar bezeugt, in ihrem Ergebnis aber nicht überliefert. Ziel der Befragung war es, im Streit zwischen König Philipp IV. und Graf Thiébaut II. von Bar über die beiden geistlichen Institute die rechtlichen Sachverhalte zu ermitteln.
31 So ist z. B. 1565 die bereits 1288 umstrittene Zugehörigkeit Beaulieus noch immer ungeklärt. Bemerkenswert ist dabei, daß man auf französischer Seite zum Mittel der Enquête griff, um 1565 Klarheit zu schaffen. Vgl. Julien HAVET, La frontière d'Empire dans l'Argonne. Enquête Faite par Ordre de Rodolphe de Habsbourg à Verdun au Mai 1288 (in: BECh 42, 1881) S. 396.
32 BÜHLER, Gewohnheitsrecht [wie Anm. 25] S. 39f.

zwischen ihnen besteht, beide eine Vielzahl von Angaben zu einzelnen Aspekten der Grenzproblematik beinhalten und schließlich weil sich durch sie die eingangs auch für den Westen reklamierte Kenntnis linearer Großgrenzen auf den Prüfstand stellen läßt.

Auf die Tage vom 17. bis 21. März 1387 datierte Fritz Kern die Befragung[33], die von zwei königlichen Beamten durchgeführt wurde, um die Rechte des französischen Königs über Baleycourt bei Verdun und den ehemaligen lokalen Besitz der Brüder *Occelin* und *Jacquemin de Balaincourt*[34] sowie ihrer Vorfahren in Erfahrung zu bringen. Die Befragung wurde durchgeführt in Baleycourt selbst, im westlich davon gelegenen Ste-Menehould und in einigen anderen Ortschaften *(comme ailleurs)*[35].

Die Antworten beinhalten über den eigentlichen Untersuchungsgegenstand hinaus vielfach Hinweise auf eine mögliche französisch-deutsche Grenze, die dazu führten, daß – vermutlich in späterer Zeit[36] – das Protokoll mit der Überschrift *Limites du royaume devers la riviere de Meuse*[37] versehen wurde. In der Tat begegneten den Beamten mehrfach Verweise auf die Maas als Grenzgewässer und auf verschiedene Kupferzeichen als Grenzmarkierungen. Für sechs von zwölf befragten Personen wird das Alter mit etwa 60 Jahren angegeben, zwei weitere waren 65 und 66, einer circa 50 Jahre alt. Aus dem Rahmen fielen die beiden ersten Zeugen mit 35 bzw. 92 Jahren. Während bei letzterem das Alter die Legitimation bedeutete, war es bei dem fast noch jugendlichen Jacques d'Auzéville der Dienst im herzoglich-barischen Hause[38].

Der Übersichtlichkeit halber sind nachfolgend die relevanten Textpassagen zitiert:

(1) Jacques d'Auzéville: *...tout ce, qui est par dessa le milieu de la riviere de Meuse, est ou royaume de France ... le roy des Romains n y a ne ne peut ne ne doit aucune chose requerir ne avoir par dela le milieu de laditte riviere de Meuse*[39].
   ... il y a certaines bonnes ou milieu de laditte riviere de Meuse au dessous de saint Michel, qui est au duc de Bar, qui divisent et separent la terre de France et de l empire[40].

(2) Jean de Brieulles: *... et tient, qu il [Baleycourt, d. V.] est du royaume parce qu il a tousjours continuellement oy dire ... que depuis le fonds de Muese [sic!] en enca est du royaume et de par dela, de l empire. Et oultre ce a oy dire que le milieu de la riviere de Meuse depart le royaume de l empyre et que en la riviere de Meuse vers Jamville a une bonne de cuivre, qui fait la separation du royaume et de l empire*[41].

---

33   Edition durch Fritz Kern (Hg.), Acta Imperii, Angliae et Franciae ab anno 1267 ad annum 1313 (Tübingen 1911) S. 210–220 Nr. 278a. Der Text selbst hat als Datum *le dix sept^e jour de Mars mil III^c LXXXVI et les jours ensuivans* (S. 210 Z. 29). Am 21. März wurde gemäß Text die Befragung abgeschlossen (S. 220 Z. 17f.).

34   Kern [wie Anm. 33] S. 210 Z. 34.

35   Ebd. S. 210 Z. 26.

36   Vgl. dazu ebd. S. 210 Anm. 1.

37   Ebd. S. 210 Z. 25.

38   Ebd. S. 210 Z. 33. Unklar bleibt die Formulierung *procureur et familier de madame la comtesse de Bar:* Robert I. von Bar führte seit mehr als drei Jahrzehnten bereits den Herzogstitel; seine Gemahlin Marie de France war gar eine Schwester des französischen Königs.

39   Ebd. S. 210 Z. 38–41.

40   Ebd. S. 211 Z. 1–3.

41   Ebd. S. 213 Z. 25–30.

(3) Malquin de Baleycourt: *Et dit, qu il a oy dire tout communement, que depuis la riviere de Meuse en enca tout est du royaume et par dela est de l empyre*[42].

(4) Jean de *Bisseville*: ... *il tient, que Balaincourt est ou royaume ... il a oy dire et tenir tout communement, que tout ce, qui est par deca la riviere de Meuse, est du royaume et ce, qui est par dela, est de l empire, et qu il y a certaines bonnes de cuivre, qui sont en ladite riviere de Meuse, qui divisent et separent le royaume de l empire, et a oy dire, que l une si est endroit St. Paule de Verdun*[43].

(5) Isabell, Tochter Aubertins de Baleycourt: *Dit encorres, qu elle a tousjours oy dire, que tout ce, qui est par deca Meuse, est du royaume*[44].

(6) Jacquemin Jeannin: ... *il a oy dire et tenir ou pais, que tout ce, qui est par deca Meuze, est du royaume de France*[45] ... *Et oultre dit, qu il a par plusieurs fois oy dire, qu il y a certaines bonnes de cuivre an la riviere de Meuse, dont l une est endroit sainct Paule et l autre au dessus du Breuil l evesque, qui font la separation du royaume de France a l empyre, c est assavoir ce, qui est par deca, est du royaume et ce, qui est par dela, est de l empyre*[46].

(7) Warin, Pfarrer von Sivry[47]: ... *il a tousjours oy dire et tenir communement, que depuis la riviere de Meuse en enca est du royaume, et a veu plusieurs personnes, des noms desquieux il n est records, ausquieux il a oy dire, qu il avoient veu certaines bonnes de cuivre en la riviere de Meuze pres de Haudainville, qui divisoient le royaume de l empire*[48].

(8) *Oudin Berault* de Germonville[49]: ... *il a tousjours oy dire et tenir communement, que depuis Meuse en enca est du royaume et par dela est de l empyre*[50].

(9) *Domangin* aus Sivry-la-Perche und *Symonnet*, Sohn von *Collet le Boiteux*: *Dient outre, qu il [sic!] ont tousjours oy dire et tenir a plusieurs, que la riviere de Meuse faict separation du royaume a l empire, et que ce, qui est par deca, est du royaume et ce, qui est par dela, est de l empyre*[51].

Die unter den Nummern (10) und (11) angeführten Zeugen *Jean du Fosse* aus Germonville und *Geuffroy Bouquin*, Bailli von Clermont-en-Argonne, machten keine Angaben zur Grenze oder zu Grenzmarkierungen.

Vergleicht man die zitierten Aussagen miteinander, so ergeben sich zwei Schwerpunkte. Allen Befragten galt die Maas als deutsch-französische Grenze, fünf von ihnen wußten zudem vom Hörensagen von Grenzmarkierungen, die im Flußbett der Maas gesetzt wurden! Auffällig ist aber, daß niemand von einer systematischen Aneinander-

---

42 Ebd. S. 214 Z. 8f.
43 Ebd. S. 215 Z. 5–10.
44 Ebd. S. 216 Z. 24f.
45 Ebd. S. 217 Z. 22.
46 Ebd. S. 217 Z. 26–29.
47 Von der Lage her wird man sicherlich eher an Sivry-la-Perche als an Sivry-sur-Meuse denken müssen.
48 KERN [wie Anm. 33] S. 218 Z. 11–15.
49 Im Text (S. 218 Z. 32) steht fälschlich *Bermonville*.
50 Ebd. S. 218 Z. 41f.
51 Ebd. S. 219 Z. 33–35.

reihung dieser Zeichen sprach und statt dessen lediglich einzelne lokalisiert wurden. Bis auf den unter (1) befragten Jacques d'Auzéville, der ganz allgemein von *bonnes* sprach, gaben die übrigen als Material Kupfer an. Als Standorte wurden das Gebiet unterhalb von St.-Mihiel (1), die Orte *Jamville* (2) und *Haudainville* (7) sowie die Stadt Verdun genannt. Einigkeit herrschte bei den Zeugen (4) und (6) darüber, daß ein Kupferzeichen bei St.-Paul stand; *Jacquemin Jeannin* (6) wußte von einem weiteren im Stadtgebiet von Verdun oberhalb der Flur *Breuil l evesque* zu berichten.

Hinweise auf zumeist kupferne Grenzmarkierungen im Flußlauf haben in mittelalterlichen Quellen keine Seltenheit. Beispielhaft erwähnt seien nur die Enquête von 1390 an der Maas, auf die später noch ausführlich einzugehen sein wird, und die Befragung, die gemeinsam Karl VII. von Frankreich und Herzog Philipp der Gute von Burgund 1452 an der Saône durchführen ließen[52]. Hier wird ein Zeuge zitiert, der angab, etwa fünfzig Jahre zuvor von Kupferzeichen in der Saône gehört zu haben, die beide Herrschaftsgebiete voneinander trennten[53].

Es macht stutzig, daß offenbar nie jemand diese Markierungen gesehen hat. Ebenso verwunderlich ist, daß sie überhaupt inmitten eines Flußbetts von der Größenordnung der Saône oder Maas angebracht worden sein sollen. Wie hat man sich dies technisch vorzustellen und welchen Nutzen hätten solche Zeichen gehabt, deren Standort nicht erkennbar und die damit letztlich nutzlos waren? Und schließlich: Wozu sollte der Fluß als »natürliche« Grenze, die – wie die Befragung von 1387 zeigt – als Scheidelinie angesprochen wurde, quasi zur »doppelten Absicherung« noch durch »künstliche« Zeichen flankiert werden – und das bei einer Grenze, auf deren Verbindlichkeit sich beide Seiten ja nicht einmal verständigt hatten?

Über diese Fragen hinaus bleibt festzuhalten, daß bei den Zeugen Konsens darüber herrschte, daß die Maas die Grenze zwischen Regnum und Imperium bildete. Zwar handelt es sich um eine »natürliche« Grenze – gleichwohl aber um eine lineare, wenngleich sie als solche der eingangs zitierten Definiton von Linearität im Sinne einer von Menschenhand geschaffenen Linienführung nicht gerecht wird. Von der Bevölkerung am Oberlauf der Maas wird sie indes als linear empfunden worden sein[54].

Auf den ersten Blick wirken die Aussagen der neun oben angeführten Personen wenn nicht in ihrer Ausführlichkeit, so doch in ihrer zentralen These einheitlich. Gleichwohl lohnt ein genaueres Hinsehen, um Nuancen festzustellen. Ohne Bedeutung ist die Unterscheidung zwischen jenen Zeugen, die von jeweiliger Zugehörigkeit zum »royaume« oder zum »empire« sprachen [(1)–(4), (8) und (9)], und jenen, die lediglich

52   Dazu Jean RICHARD, Les débats entre le roi de France et le duc de Bourgogne sur la frontière du royaume à l'ouest de la Saône: l'enquête de 1452, in: Bulletin philologique et historique (jusqu'à 1610) 1964 (Paris 1967) S. 113–132. Der Enquête und anschließenden gemeinsamen Ortsbegehung durch die je zwei französischen und burgundischen Bevollmächtigten folgten lange Diskussionen. Das Treffen endete ergebnislos.

53   Ebd. S. 127: *A oy dire, puis cinquante ans en ça, qu'il avoit en la rivière de Soone certaines bonnes de cuyvre qui séparoient les seigneuries du royaume de France au conté de Bourgoingne ...*; vgl. auch ebd. S. 129.

54   Heinz THOMAS, Zwischen Regnum und Imperium. Die Fürstentümer Bar und Lothringen zur Zeit Kaiser Karls IV. (= BHF 40, Bonn 1973) S. 252.

das Land – vom Sprecher aus gesehen – diesseits als zum Königreich Frankreich[55] gehörig bezeichneten [(5)–(7)], das Nachbarland jedoch überhaupt nicht erwähnten. Wesentlich wichtiger als dieses Merkmal ist hingegen, daß es Unterschiede bei der Beurteilung der Maas selbst als Grenzgewässer gab. So äußerten sich die Zeugen (3) bis (9) dergestalt, daß sie das Gebiet diesseits des Flusses Frankreich, das jenseits dem Reich zuordneten. Welchen Status aber hatte die Maas? Folgt man exakt dem Wortlaut, so müßte die Maas als »neutrales« Gewässer gegolten haben, wenngleich dies nicht ausdrücklich formuliert wurde. Umso deutlicher wird dies aber, wenn man sich die Aussagen der Befragten (1) und (2) vor Augen führt. Jacques d'Auzéville (1) berichtete gleich zweifach, die Mitte der Maas sei die Grenze und das Gebiet diesseits der Mitte gehöre zum Regnum, das jenseits zum Imperium. Danebenstellen kann man die Äußerungen des Jean de Brieulles, der einmal die Mitte der Maas zur Grenze erhob, an anderer Stelle den Boden des Flusses. Damit brachte er zum Ausdruck, daß quasi jeweils die Hälfte des Flusses bis hinab auf den Grund einem Herrschaftsbereich zugeschlagen wurde.

Durch eine Konvention, gewissermaßen »künstlich«, wurde so die »natürliche« breitere Grenzlinie, die der Fluß vorgab, auf eine dünnere, an der Flußmitte auszurichtende, reduziert. Der Grenzverlauf blieb dadurch derselbe, allein erst dieses direkte Aneinanderstoßen zweier Herrschaftsgebiete verlieh dem Setzen von Grenzzeichen Sinn. Unabhängig davon, ob die Maas unter Berücksichtigung der politischen Gegebenheiten 1387 überhaupt noch die Grenze zwischen Regnum und Imperium bilden konnte[56], zeigt die Enquête, daß die Vorstellung von einer linearen Grenze existierte, deren Verlauf allerdings nicht »künstlich« festgelegt wurde, sondern dem Flußlauf folgte. Zum Status der Maas klingen in diesem einen Protokoll zwei verschiedene Theorien an: die von der Neutralität[57] und die von einem Besitzanspruch zu gleichen Teilen[58].

IV

Möglicherweise als Folge der Enquête von 1387[59] fand drei Jahre später erneut eine Befragung statt[60], diesmal aber gleich mit dem Ziel, Klarheit über Grenzzeichen *(bonnes)*

---

55 Bis auf die Zeugen (1) und (6) sprachen alle nur vom »royaume«. Jenen beiden wird die Verwendung der Terminologie »royaume de France« in den Mund gelegt.

56 Hierauf wird später bei der Beurteilung der Enquête von 1390 noch zurückzukommen sein.

57 Vgl. hierzu Reinhard SCHNEIDER, Mittelalterliche Verträge auf Brücken und Flüssen (und zur Problematik von Grenzgewässern) (in: ADipl. 23, 1977) S. 1–24, hier v. a. S. 13f.: »Es hat aber den Anschein, als seien schiffbare bzw. fließende (größere) Gewässer normalerweise ›neutral‹ gewesen, als hätte das jeweilige Ufer den dazugehörigen Herrschaftsbereich abgegrenzt.«

58 Ebd. S. 20 weist SCHNEIDER darauf hin, daß man den von ihm gesichteten Material sei abzulesen, »daß teils die Gewässerufer, teils die Gewässermitte als Grenzlinie empfunden wurden«. Er vermutet, »daß im Mittelalter hinsichtlich der Flußgrenzen keine klaren und durchweg verbindlichen Rechtsanschauungen entwickelt wurden«. Daraus leitet er die Frage ab, »ob (größere) fließende Gewässer grundsätzlich herrschaftsfrei oder exterritorial gewesen sein könnten, vielleicht sogar als eine Art Niemandsland gegolten haben«.

59 So Fritz KERN, Analekten zur Geschichte des dreizehnten und vierzehnten Jahrhunderts, VI: Die »Abtretung« des linken Maasufers an Frankreich durch Albrecht I. (in: MIÖG 31, 1910) S. 564.

60 Text bei KERN, Acta [wie Anm. 33] Nr. 278 S. 207–210.

zu gewinnen *que l en dit pieca*[61] *avoir este mises es extremitez dudit bailliaige vers la riviere de Muese, par lesquelles bonnes le royalme fut et est separe de l empire es parties de par deca*[62]. Der damit beauftragte Guillaume Bastart de Poitiers, Bailli von Chaumont, suchte allerdings nicht wie die königlichen Beamten 1387 die Gegend um Verdun auf. Sein Ziel lag südlicher: die Region um Vaucouleurs, äußerster Zipfel seines Amtsbereichs. Erst zum Abschluß kam er auch nach Verdun, wo er – vergeblich – mehr über vermeintliche Grenzmarkierungen im Stadtgebiet in Erfahrung bringen wollte[63].

Die Protokolle beider Befragungen zeigen identische Vorgehensweisen. In ihrer sozialen Stellung herausgehobene Gesprächspartner wurden neben älteren mit Fragen konfrontiert, die sicherlich einem gewissen Schema folgten, aber in der Antwort Raum ließen für Erklärungen. Die Zahl der Befragten war 1390 erstaunlich gering. Den Auftakt machte die 84jährige »bucklige Isabell« *(Ysabel la bossue)* aus Rigny, gefolgt vom 50 Jahre alten Meier Thierri, ebenfalls aus Rigny. Anschließend zog der königliche Beamte der Maas entlang nach Süden, wo er zunächst den 70jährigen Jean de Bourlemont vorlud. Glaubt man dem Text, so deckte sich mit dessen Hinweisen exakt das, was im Anschluß ein nur als *le Gros* bezeichneter Kaufmann von 65 Jahren aus Neufchâteau anmerkte. Auf dem Rückweg nach Verdun machte der Bailli schließlich in Burey-la-Côte Station, wo er gleich fünf Männer zwischen 40 und 75 Jahren einer gemeinsamen Befragung unterzog.

In Teil (1) berichtet *Ysabel la bossue*, daß ihre Eltern erzählt haben, Philipp der Schöne und der Kaiser[64] seien ins Val de l'One gekommen, wo sie ihr Vater in Begleitung vieler Großer gesehen habe. Dort, so fuhr sie fort, *furent mises bonnez ... pour seperer et diviser le royalme de France a l empire*[65]. Ihr Vater habe auch erzählt, die Grenzzeichen seien tief in den Boden eingelassen worden; er habe aber welche außerhalb gesehen und diese seien dann auch draußen geblieben. Sie selbst habe aber nie die Grenzzeichen gesehen. In ihren weiteren Ausführungen schilderte sie Einzelheiten des Herrschertreffens. Sie wußte von einem gemeinsamen Gottesdienst der Regenten in Rigny-St.-Martin, zu dessen Erinnerung in der dortigen Kirche ein Porträt Philipps angefertigt wurde – damals *que le roy et l empereur avoient mises les bonnes ou val de l One pour separer le roialme de l empire*[66]. Außerdem berichtete sie von der Quartiernahme Karls von Valois in ihrem Elternhaus, dem hohen Handgeld, das die Eltern hierfür erhielten, und einem großen Turnier nach dem Treffen. Sie schloß damit, daß es auch noch zur Zeit der Enquête, d. h. 1390, so sei, daß im Val de l'One *la, ou furent mises les dictes bonnes*[67], Vertreter von Regnum und Imperium zusammenkommen, um zu konferieren. Gleiches gelte für die Abordnungen des Bischofs von Toul und der Abtei St. Evre in Toul, wenn sie mit der Französischen Krone konferieren wollten. Diese Begegnungen nenne man *les journ(ees) des estaux*[68].

---

61   Im Deutschen: vor langer Zeit.
62   KERN, Acta [wie Anm. 33] S. 207 Z. 9–11.
63   Ebd. S. 210 Z. 4–8.
64   Gemeint ist König Albrecht I.
65   KERN, Acta [wie Anm. 33] S. 207 Z. 22f.
66   Ebd. S. 207 Z. 34f.
67   Ebd. S. 207 Z. 44 – S. 208 Z. 1.
68   Ebd. S. 208 Z. 3.

Die Zeugin sprach von einer persönlichen Begegnung zwischen Philipp dem Schönen und Albrecht I. im Val de l'One unweit von Vaucouleurs und in nächster Nähe der Maas, die im Jahre 1299 stattgefunden hatte. Zeitgenössische Quellen[69] wie die historische Forschung[70] nahmen sich des Ereignisses vielfach an. Auffällig ist allerdings, daß in der Annalistik und den erzählenden Quellen – die detaillierte Österreichische Reimchronik eingeschlossen – mit keinem Wort das Setzen von Grenzzeichen erwähnt wird, so daß sich die Interpretation in dieser Frage allein auf das Protokoll der Enquête stützen kann. Das Schweigen der anderen Quellen deutet an, daß man – falls tatsächlich Markierungen angebracht wurden – diese Handlung als sekundär für das Treffen angesehen hat. Eine Absteinung der immer wieder umstrittenen Reichsgrenze hätte aber sicherlich erheblich mehr Resonanz hervorgerufen.

Glaubt man der 84jährigen Frau, so wurden Grenzmarkierungen zu Lande angebracht und nicht in der Maas versenkt. Über das Material, aus dem sie hergestellt worden waren, wird nichts ausgesagt. Auch darüber, ob die Aufstellung einem Schema folgte, erfuhr der Bailli nichts – und dies, obwohl *Ysabel la bossue* die Älteste von allen Befragten und im unmittelbar benachbarten Rigny-St-Martin zu Hause war.

Die Stellungnahme des zweiten Zeugen, des Meiers Thierri von Rigny, soll zunächst übersprungen und abschließend behandelt werden. Nach ihm ließ der Bailli von Chaumont Jean de Bourlemont zu Wort kommen. Auch er wußte von dem Herrschertreffen, das im Val de l'One östlich der Maas stattgefunden hatte. Zu der von der ersten Zeugin

---

69   Am ausführlichsten mit Vor- und Nachgeschichte des Treffens Ottokars Österreichische Reimchronik, hg. von Joseph SEEMÜLLER (= MGH Dt. Chroniken 5 II, ²1974) S. 982 Vers 74.565 – S. 990 Vers 75.200. Vgl. außerdem: Continuatio Vindobonensis a. 1267–1302. 1313–1327, hg. von Wilhelm WATTENBACH, in: MGH SS 9 (Ndr. Stuttgart und New York 1963) S. 721 Z. 26–33. – Chronique de Saint Denis, depuis l'an 1285 jusqu'en 1328, in: Recueil des Historiens des Gaules et de la France 20, hg. von DAUNOU/NAUDET (Ndr. Farnborough 1968) S. 666 Abs. D. – Chronicon Girardi de Fracheto et anonyma ejusdem operis continuatio, in: Recueil ... 21, hg. von GUIGNIAUT/DE WAILLY (Ndr. Farnborough 1968) S. 17 Abs. J–S. 18 Abs. A. – Ex Guillelmi de Nangis Chronico, hg. von E. BROSIEN, in: MGH SS 26 (Ndr. Stuttgart und New York 1964) S. 695 Z. 41–S. 696 Z. 7. – Ex Continuatione Chronici S. Martini abbreviati, hg. von Oswald HOLDER-EGGER, ebd. S. 476 Z. 32. – Fragment d'une Chronique anonyme finissant en M.CCC.XXVIII, et continuée jusqu'en M.CCC.XL, puis jusqu'en M.CCC.LXXXIII, in: Recueil ... 21 S. 147 Abs. E. – Chronica S. Petri Erfordensis Moderna zu 1299 (hg. von Oswald HOLDER-EGGER, in: MGH SRG [42], 1899) S. 320 Z. 31–S. 321 Z. 31. – Extraits d'une Chronique Anonyme intitulée Anciennes Chroniques de Flandre, in: Recueil ... 21 S. 350 Abs. G.

70   Vgl. vor allem KERN, Analekten [wie Anm. 59] S. 564–581 sowie DERS., Die Anfänge der französischen Ausdehnungspolitik bis zum Jahre 1308 (Tübingen 1910) S. 190–213. – Außerdem: Alfred LEROUX, Recherches critiques sur les relations politiques de la France avec l'Allemagne de 1292 à 1378 (= BEHE Sciences philologiques et historiques 50, Paris 1888) S. 99–110 mit allerdings teilweise abenteuerlichen Theorien. – Charles AIMOND, Les Relations de la France et du Verdunois de 1270 à 1552 (Paris 1910, Ndr. Genf 1975) S. 76–80. – Hermann HENNEBERG, Die politischen Beziehungen zwischen Deutschland und Frankreich unter König Albrecht I. (1289–1308) Straßburg 1891, S. 27–29. – Alfred HESSEL, JDG Albrecht I. (1931) S. 83–85; THOMAS [wie Anm. 54], v. a. S. 240f. – Zu den Herrschertreffen allgemein: Ingrid VOSS, Herrschertreffen im frühen und hohen Mittelalter (= Beih. zum AK 26, Köln und Wien 1987). – Werner KOLB, Herrscherbegegnungen im Mittelalter (= Europäische Hochschulschriften Reihe III Bd. 359, Bern usw. 1988).

nur vage formulierten Grenzmarkierung führte er aus: ... *et illec en presence des diz sei-*
gneurs furent mises bonnes de coyvre et bien fichiees dedans terre, et dit l en commune-
ment au pais, que les dites bonnes font et doivent faire separacion de l empire et du royal-
me ...[71]. Erläuternd fügte er an, die beiden Herrscher seien persönlich hier zusammenge-
kommen, damit jeder seine Rechte kannte und die Ausdehnung seines Landes *(ses drois*
et les extremites de son pays). Jean de Bourlemont wies aber noch auf andere Grenzzeichen hin. So sei je ein Grenzstein *(bonne de pierre)* unterhalb von Traveron bzw. unterhalb von Brixey[72] gesetzt worden, die auch noch vorhanden seien. Dies beweise, daß die
Maas nicht die Grenze zwischen Regnum und Imperium bilde, zumal der französische
König über die Maas hinaus herrschaftliche Rechte ausübe. Als Beispiele nannte er den
Hochgerichtsbezirk von Vaucouleurs[73] und die beiden Rigny[74].

Schließlich kam Jean de Bourlemont auf die Situation in Verdun zu sprechen. Er
wies darauf hin, die Maas verlaufe in Windungen bis nach Verdun. Deshalb, so herrsche
die Meinung, seien diese Markierungen gesetzt worden. Im Stadtgebiet von Verdun, so
die Überzeugung landauf und landab, seien *en my lieu* der Maas Kupferzeichen angebracht worden, die er selbst aber nie gesehen habe. Seinen ersten Gedanken wieder-
aufgreifend, erklärte er, bis nach Mézières – von Verdun aus – sei der Lauf der Maas
geradlinig *(vad tout droit sens biaysier)*, deshalb seien keine weiteren Grenzzeichen
notwendig gewesen. Auch er schloß mit dem Hinweis auf die *lieux des estaux*[75].

Jean de Bourlemont konnte dem Bailli mit erheblich mehr Informationen dienen als
die zuerst befragte Isabell. Er bestätigte ihre Angabe, bei den Herrschertreffen zwischen Philipp dem Schönen und Albrecht I. seien Grenzzeichen gesetzt, im Detail: in
die Erde gerammt worden. Wie schon die 1387 in der Enquête genannten Flußzeichen
sollen auch diese aus Kupfer gewesen sein. Seine deutliche Verneinung der Maasgrenze
macht offenkundig, daß es zumindest so etwas wie eine Theorie gegeben hat, wonach
der Fluß die Grenze zwischen Regnum und Imperium bildete. Exakt dies war ja das
Ergebnis der Befragung von 1387.

Man hat die Aussage Jeans zur Maasgrenze wohl so zu verstehen, daß er diese Grenze nicht in ihrer Gesamtheit negierte, sondern sie lediglich für einen nicht näher zu defi-
nierenden Abschnitt ablehnte. Wie sonst könnte er einerseits von den – 1387 vielfach
genannten, aber von niemandem gesehenen – Kupferzeichen in der Mitte der Maas, andererseits vom geraden Verlauf des Flusses bis nach Mézières reden, der das Setzen von
Marken unnötig machte!

Die unterschiedliche Eignung der Maas als Grenzgewässer je nach »Geradlinigkeit«
ihres Verlaufs wirft die Frage nach der Linearität mittelalterlicher »Staatsgrenzen« im
Westen auch im Zusammenhang der Befragung von 1390 auf. Wenn der gerade Verlauf
keine weitere Markierung erforderlich machte, der kurvenreiche hingegen zur Umge-

---

71 Kern, Acta [wie Anm. 33] S. 208 Z. 40–42.
72 Laut Textvorlage *Bussey*, das aber nicht mit dem westlich der Maas gelegenen Burey-la-Côte
gleichbedeutend sein kann.
73 Vaucouleurs selbst liegt westlich der Maas.
74 Kern, Acta [wie Anm. 33] S.208 Z. 45 – S. 209 Z. 5. Gemeint sind Rigny-la-Salle und Rigny-St-
Martin.
75 Ebd. S. 209 Z. 5–14.

hung der »Ausschläge« nach beiden Seiten eine gerade Linienführung sinnvoll erscheinen ließ, so bedeutet dies: Abweichungen von der linearen, ja sogar von der geradlinigen Grenze waren zu vermeiden. Zur Einhaltung der Geradlinigkeit konnten auch von Menschenhand gesetzte Markierungen dienen. Idealtyp der Grenze zwischen Regnum und Imperium war – zumindest an der Maas – die Gerade!

Das Protokoll vermerkt lapidar zum vierten Zeugen, einem Händler aus Neufchâteau, *dit le Gros*, er habe all das bestätigt, was Jean de Bourlemont erzählt hatte[76]. Gleiches taten die fünf gemeinsam befragten Personen aus Burey-la-Côte. In teilweise wörtlicher Übereinstimmung wurden ihnen die Bemerkungen Jeans in den Mund gelegt: zum Treffen im Val de l'One[77], zu den beiden Grenzsteinen bei Traveron und Brixey, zur Ablehnung der Maasgrenze, schließlich zu der geraden Linienführung der Grenze und zu den *lieux des estaux*[78]. Neu waren allein die abschließenden Erläuterungen zum Treffen von 1299. Demnach wurde beim Setzen der Grenzzeichen zur Erinnerung Geld unter die Leute geworfen. Anschließend fand ein sechs- oder siebentägiges Turnier der französischen Ritterschaft in Vaucouleurs statt[79].

Die Befragung des Meiers Thierri aus Rigny, Zweiter in der Liste, begann mit dessen merkwürdig anmutender Erklärung, er sei beim Setzen der Grenzzeichen im Val de l'One nicht dabei gewesen. Dann berichtete auch er vom Treffen der beiden Regenten, vom Setzen von Kupferzeichen, die beide Reiche voneinander trennten, von weiteren Kupferzeichen in der Maas[80] innerhalb des Stadtgebiets von Verdun[81] und von den *journees des estaux*[82].

Singulär war hingegen sein Hinweis, burgundische Fuhrleute, die aus der Gegend kamen, wo die Maas entspringt – d. h. aus dem Gebiet um Montigny-le-Roi –, folgten nicht dem Fluß, um nach Mézières zu gelangen, denn dieser verlaufe in zu vielen Windungen. Statt dessen wählten sie die Anhöhen rechts des Flusses als Weg, dem entlang Grenzzeichen aufgestellt seien[83]. Es waren dies die gleichen Markierungen, von denen schon öfter die Rede war: jene, die wegen der starken Biegungen der Maas nach Thierris Aussage von der oberen Maas bis nach St.-Mihiel[84], nach anderen Zeugen sogar bis Verdun reichten. Erst mit der Geradlinigkeit des Flusses wurden sie unnötig. Die angesprochenen Marken ergänzen sich in ihrer Linienführung mit den beiden Steinen unterhalb von Traveron und Brixey. Mehrfach wird somit im Protokoll der Enquête von 1390 jene »künstliche« Grenzlinie angesprochen, die offensichtlich Geradlinigkeit anstrebte. Die

---

76 Ebd. S. 209 Z. 15–17.
77 Weggelassen ist allein der Hinweis darauf, daß die Grenzzeichen in die Erde getrieben worden waren.
78 Kern, Acta [wie Anm. 33] S. 209 Z. 18–44.
79 Ebd. S. 209 Z.45 – S. 210 Z. 3.
80 Es ist nur von der Maas und nicht wie bei den Zeugen drei bis fünf von der Mitte der Maas die Rede.
81 Kern, Acta [wie Anm. 33] S. 208 Z. 5–16.
82 Ebd. S. 208 Z. 27–31.
83 Ebd. S. 208 Z. 23–27.
84 Die Aussage, die Grenzzeichen im Fluß hätten nur bis St.-Mihiel gereicht, steht in Widerspruch zu Thierris Hinweis auf Grenzzeichen in der Maas im Stadtgebiet von Verdun.

Fuhrleute suchten gewiß den kürzestmöglichen Reiseweg, und wenn entlang diesem die Grenzzeichen aufgereiht waren, so bestätigt das diese These.

Noch offenkundiger wird die Richtigkeit der Theorie vom Ideal einer möglichst geraden Grenzlinie durch eine Ergänzung des Meiers Thierri von Rigny: *Disoit oultre, que qui trairoit ung cordel des le dit val de l'One, la ou furent mises les dictes bonnes, iusques ou moitant de la riviere, qui passe par Verdun, le cordel seroit tout droit de l un a l autre en alant a val et semblablement seroit tout droit le cordel, que l en trairoit des ledit val de l'One jusques a lieu la, ou sault et croit Meuse an amont, qui est pres de Montigney le Roy; que par advis de pais ainsi lui semble*[85]. Thierri gab als landläufige Meinung aus, daß ein zwischen dem Val de l'One und der Mitte der Maas in Verdun gespanntes Seil exakt in gerader Richtung verlaufe. Gleiches gelte, wenn man diese Schnur in umgekehrter Richtung vom Val de l'One zum Quellgebiet der Maas bei Montigny-le-Roi spanne. Was Thierri hiermit zum Ausdruck bringen wollte, ob er vielleicht auf den Grenzverlauf anspielte, bleibt unklar. In jedem Fall wird eine mit der Schnur gezogene Markierung angesprochen. Zieht man die beiden Linien auf der Landkarte nach, so stellt man fest, daß exakt in Höhe des Val de l'One die Maas ihre bis dahin nordöstliche in eine nordwestliche Fließrichtung verändert. Diese Aussage des Meiers verlangte eine genaue Kenntnis des Flußlaufs in seiner Gesamtheit. Noch bemerkenswerter ist, daß die angegebenen Entfernungen von der Maas bei Montigny-le-Roi bis zum Val de l'One und von dort bis zur Maas in Verdun identisch sind. Die Stelle im Val de l'One, wo die vermeintlichen Grenzzeichen 1299 gesetzt wurden, bildet somit den Wende- und äußersten Eckpunkt in einer gedachten Linienführung von der Maasquelle bis nach Verdun. Möglicherweise lieferte Thierri mit seinem Hinweis auf »schnurgerade« Linien seine Interpretation für die Grenzfestlegung im Val de l'One.

Zwei Informationen, die er erhalten hatte, hielt der Bailli nach Abschluß seiner Befragung für derart wichtig, daß er sie nachprüfte und das Ergebnis in seinem Protokoll vermerkte. In Verdun suchte er erfolglos jemanden, der die dort angeblich in der Maas gesetzten Zeichen gesehen hatte. Seine zweite Notiz galt der Bemerkung des Meiers von Rigny, die er mit den Worten bestätigte: *Et est vray, que, qui trairoit ung cordel du moitant de la dite riviere de Verdun, il yroit ferir de droite ligne aux dictes bonnes du val de l One et d illec vers Montigny le Roy, dont sault la dite riviere de Muese*[86].

V

Es stellt sich die Frage nach dem Wahrheitsgehalt dieser Aussagen und möglichen Verbindungen zum Herrschertreffen von 1299. Grenzzeichen sind 1299 für das Stadtgebiet von Verdun auszuschließen, da dies eine Einverleibung des bedeutenderen Teils von Verdun mit der Kathedrale in das französische Staatsgebiet bedeutet hätte. Ludwig X. unterstellte zwar 1315 Verdun seiner *sauvegarde*[87], doch leugneten gerade in der Zeit zwischen 1315 und 1320 der Bischof von Verdun – selbst aus dem Hause Apremont –

85 KERN, Acta [wie Anm. 33] S. 208 Z. 16–21.
86 Ebd. S. 210 Z. 7–10.
87 THOMAS [wie Anm. 54] S. 253.

und der Herr von Apremont wiederholt entschieden die von Ludwig behauptete Zugehörigkeit zu Frankreich[88].

Daß der Vorstoß des französischen Königs keine rechtsetzende Wirkung erzielte, beweist die Aufhebung der *garde* durch Johann II. 1351. Der Annahme, von französischer Seite seien 1315 Grenzzeichen gesetzt worden, die 1351 wieder entfernt wurden[89], ist entgegenzuhalten, daß Frankreich seine Schirmfunktion auf ganz Verdun erstreckte. Eine Abgrenzung in der Maas hätte keinen Sinn ergeben. Auffällig ist zudem, daß anläßlich eines Grenzstreits zwischen Frankreich und Verdun 1323 von Grenzzeichen in der Stadt bzw. im Umland keine Rede war[90].

Man kann davon ausgehen, daß solche Markierungen bis zu diesem Zeitpunkt nicht existiert haben. Ein Zusammenhang mit dem Treffen von 1299 ist somit auszuschließen. Daß niemand diese Grenzzeichen gesehen hat, bestätigt den Verdacht legendenhafter Überlieferung.

Die Aussage, auf dem rechten Maasufer stünden unterhalb von Traveron und Brixey zwei Grenzsteine, könnte hingegen korrekt sein. Die Markierungen stammten wohl aus der Zeit vor 1299, da die französischen Ansprüche zu dieser Zeit im Gebiet südlich von Vaucouleurs bereits weit über das Ostufer der Maas hinausreichten. Genannt seien nur Châtenois, Montfort oder Frouard[91]. In diesem Kontext ist auch die Aussage Thierris von Rigny zur Wegstrecke der burgundischen Fuhrleute zu stellen. Auch in dem hier angesprochenen Gebiet erfolgte 1299 sicherlich keine Abgrenzung.

De facto bildete die Maas im Bereich des »Barrois Mouvant« die Grenze. Was bleibt, ist aber die Frage nach der Maas als Grenze bis hinauf nach Verdun oder zumindest bis St.-Mihiel. Damit hängt auch die Beurteilung der aus dem Treffen zwischen Philipp dem Schönen und Albrecht I. resultierenden Konsequenzen zusammen. Bis in die jüngste Zeit währt die Kritik der Forschung an Albrecht, der Reichsland gegenüber Philipp preisgegeben und die Maas als Grenze anerkannt haben soll[92]. Allerdings haben sich auch Stimmen erhoben, die zur Zurückhaltung mahnen. So sprach Hessel bezüglich der Gebietsabtretungen von »Spekulation«[93]. In der Tat lassen sich solche nicht greifen. Exakt auf die Zeit der Begegnung im Val de l'One ist eine Urkunde Albrechts zu datieren, durch die er die bestehenden Grenzen bestätigte[94]. Er bezog sich dabei auf zwei Diplomata Rudolfs von Habsburg vom 29. April 1288 und 12. Oktober 1289 sowie eine

88   KERN, Analekten [wie Anm. 59] S. 580.
89   So THOMAS [wie Anm. 54] S. 253.
90   KERN, Analakten [wie Anm. 59] S. 580f.
91   Ebd. S. 568.
92   Alain GIRARDOT, Zwischen Frankreich, Kaiserreich und Burgund 1275–1508 (in: Lothringen – Geschichte eines Grenzlandes, hg. von Michel PARISSE, dt. Ausgabe hg. von Hans-Walter HERRMANN, Saarbrücken 1984) S. 199. – KOLB [wie Anm. 70] S. 125. – LEROUX [wie Anm. 70] S. 107 u. 125. – Ilja MIECK, Deutschlands Westgrenze, in: Deutschlands Grenzen in der Geschichte, hg. von Alexander DEMANDT (München 1990) S. 205. – VOSS [wie Anm. 70] S. 84. – AIMOND [wie Anm. 70] S. 80: Erlaubnis zur französischen *sauvegarde* bis zum Rhein! – Paul WYNANTS, Expansion du Royaume de France, XIIIᵉ-XVIIIᵉ s. (= Répertoires Meuse-Moselle XI, Namur o. J. [ca. 1984]) S. 4. – KERN, Anfänge [wie Anm. 70] S. 202.
93   HESSEL [wie Anm. 70] S. 83.
94   MGH Const. 4 S. 62 Nr. 81.

weitere Urkunde Adolfs von Nassau vom 21. März 1295. Die Annahme, mit der Zustimmung Albrechts zum östlich der Maas gelegenen Val de l'One als Ort des Treffens
mit Philipp dem Schönen sei bereits ein Gebietsverzicht verbunden, verkennt, daß es
sich hier um einen Ort mit langer Tradition, was Herrscherbegegnungen angeht, handelt. So trafen sich 1170 oder 1171 Friedrich I. und Ludwig VII. zwischen Vaucouleurs
und Toul, 1212 an gleicher Stelle Friedrich II. und der französische Kronprinz Ludwig
[VIII.]. 1224 kamen Heinrich (VII.) und Ludwig VIII., nun als König, hier zusammen,
ohne daß eine persönliche Begegnung stattfand[95]. Geplant waren außerdem Treffen
1193 zwischen Heinrich VI. und Philipp II. August[96] sowie 1237 zwischen Friedrich II.,
Ludwig IX. und anderen europäischen Fürsten[97]. Wie man sieht, handelt es sich bei der
Begegnung 1299 um kein singuläres Ereignis. Daß man 1299 das Val de l'One als Ort
wählte, lag nahe.

VI

Die Enquêtes von 1387 und 1390, von der französischen Krone veranlaßt und an der
Grenze zum östlichen Nachbarn durchgeführt, belegen eindeutig, daß lineare, ja sogar
geradlinige »Staatsgrenzen« dem westeuropäischen Mittelalter durchaus geläufig waren. Schnurgerade gedachte Linien über erhebliche Entfernungen, wie sie Thierri von
Rigny gegenüber dem Bailli beschrieb, waren nach dem Empfinden des königlichen
Amtsträgers nahezu unglaublich. Allein ein Blick in die Quellen zeigt, daß es durchaus
vergleichbare Belege gibt. Im Grenzstreit zwischen Frankreich und Burgund, heißt es
1452, verlaufe die Grenze zwischen Frankreich und der Freigrafschaft Burgund *en ligne
droite* von Châtillon-sur-Saône zu einem Grenzstein, folge diesen Steinen *(pierres)* und
erreiche schließlich *également en ligne droite* den letzten Stein in Talmay. Alles östlich
hiervon gehörte zum Imperium, alles westlich zum Regnum[98].

   Die Rede ist hier ebenso von einer »Staatsgrenze« wie in der abschließenden Beschreibung des Königreichs Neapel aus der Zeit um 1500. Der Autor Pandolfo Col-
lenuccio führte darin aus: »Cette ligne, qui n'est pas droite mais va courbe et tordue
d'un fleuve à l'autre au long des confins de ces régions, a 150 milles de longueur ... Si cette ligne était tirée droitement, elle aurait à peine 130 milles«[99]. Ihm gelang es somit gar,
die beträchtliche Länge einer gewundenen Grenzlinie unter Außerachtlassen aller Windungen auf eine in diesem Fall hypothetische schnurgerade Grenze hochzurechnen.

95   Alle Angaben bei KERN, Anfänge [wie Anm. 70] S. 202; VOSS [wie Anm. 70] S. 215f.; KOLB [wie
     Anm. 70] S. 59.
96   Wie Anm. 95. Nach KOLB wollte man im Val de l'One zusammentreffen.
97   Nur bei VOSS [wie Anm. 70] S. 216.
98   RICHARD [wie Anm. 52] S. 122.
99   DALCHÉ [wie Anm. 21] S. 103.

Von höfischem Gerede zum Rufmord

Die Kampagnen gegen Königin Isabeau von Frankreich

VON HEINZ THOMAS

Die Frage, ob Isabeau von Bayern ihren Gemahl, König Karl VI. von Frankreich, mit dessen Bruder, dem Herzog Ludwig von Orléans, betrogen habe und ob der vierte ihrer Söhne, der spätere König Karl VII., dieser ehebrecherischen Liaison entsprossen sei, wird bis heute auch wegen des Zusammenhangs mit der Biographie der Jeanne d'Arc selbst in zwangsläufig knappen Abschnitten von Handbüchern zur Geschichte Frankreichs zumindest gestreift[1]. Demgegenüber wird man bei der Suche nach einschlägigen Bemerkungen in den Beiträgen der gegenwärtig aufblühenden oder ins Kraut schießenden Forschung zu allem, was mit »Hof« zu tun hat[2], kaum fündig werden, vermutlich, weil der Sachverhalt »Klatsch« nicht ganz zu Unrecht als unseriös eingeschätzt wird und dementsprechend auch als eine für das Thema zu vernachlässigende Größe, was jedoch als Fehlurteil zu werten wäre. Sehr viel sorgsamer werden die Gerüchte um Isabeaus Intimsphäre seit langem von Autoren beachtet, denen der Nutzen einer Grenzziehung zwischen fiktionaler und historiographischer Realität nicht einleuchten will[3]. Im folgenden soll nur die erste der genannten Textsorten berücksichtigt werden, darunter vor allem Beiträge deutscher Provenienz. Anlaß für die Konzeption dieses Beitrags war – nächst der Hoffnung, daß ein Thema aus dem Umkreis höfischen Klatsches den Jubilar wenigstens nicht langweilen werde – die Erkenntnis, daß die eingangs erwähnte Frage in jüngster Zeit von einigen Autorinnen und Autoren in sehr unterschiedlicher, teilweise auch kurioser Weise beantwortet worden ist.

Um die folgenden Ausführungen problemlos verstehen zu können, ist es erforderlich, einiges in Erinnerung zu rufen[4]: Im Jahre 1385 hatte der damals bereits 17 Jahre alte,

---

1 Joachim EHLERS, Geschichte Frankreichs im Mittelalter (Stuttgart usw. 1987) S. 307; Heribert MÜLLER, Karl VII., in: Die französischen Könige des Mittelalters, hg. von Joachim EHLERS u. a. (München 1996) S. 324.

2 Vgl. Werner PARAVICINI, Zeremoniell und Raum, in: DERS. (Hg.), Zeremoniell und Raum (Sigmaringen 1997) S. 11–36; auf S. 20 handelt der Autor über »Das Sprechen« und erwähnt unter den Besonderheiten der höfischen Zunge allein »die anmutige Distanz der leichten Rede«: Daß die Grenze zwischen anmutig-leichtem Gespräch und seichtem Geschwätz fließend gewesen sein dürfte, bleibt ebenso unberücksichtigt wie das böse Gerede, von dem in diesem Beitrag zu handeln ist.

3 Vgl. aus diesem Genre zuletzt Jean MARKALE, Isabeau de Bavière. Die Wittelsbacherin auf Frankreichs Thron (München 1994; ursprünglich Paris 1982). Einen Überblick über die ältere, auch die seriöse Historiographie vermittelt Theodor STRAUB, Isabeau de Bavière, Legende und Wirklichkeit (in: ZBLG 44, 1981) S. 131–155. – Vgl. noch unten Anm. 17.

4 Der folgende Überblick beruht u. a. auf: Richard VAUGHAN, Philip the Good (London 1970); DEMS., John the Fearless (London 1966); Michael NORDBERG, Les ducs et la royauté. Études sur la

aber noch immer unter der Obhut seiner Oheime stehende König Karl VI. die 15 Jahre
alte Elisabeth geheiratet, eine Tochter Herzog Stephans III. von Bayern (-Ingolstadt) und
der Thaddäa Visconti. Als Vermittler der Ehe wird in aller Regel Herzog Philipp von
Burgund genannt; nach durchaus glaubwürdigen Notizen Jean Froissarts war es jedoch
Herzogin Johanna von Brabant und Limburg, die diese Verbindung der Häuser Frankreich und Bayern eingefädelt und damit den in den Generationen zuvor von den Valois
als Ehepartner bevorzugten Luxemburgern in Böhmen ein wenig von dem heimgezahlt
hat, was Kaiser Karl IV. ihrem Mann, Karls Stiefbruder Wenzel, angetan hatte[5]. Elisabeth
von Bayern wurde in ihrer neuen Heimat durchweg Isabel oder Isabella genannt; die heute allgemein übliche Namensform Isabeau ist nur gelegentlich bezeugt und stellt vielleicht eine dem Namen der Ehebrecherin Isot (Isolt) nachempfundene böswillige Ver-
ballhornung der korrekten Form Isabel dar[6]. 1388 konnte ihr Mann sich von den Fesseln
der Regentschaftsregierung befreien; aber nur vier Jahre später erlitt er den ersten Anfall
einer Geisteskrankheit, die ihn im Verlaufe seiner langen Herrschaft stets aufs neue für
kurze oder längere Zeit regierungsunfähig werden ließ und eine provisorische Regelung
von Frankreichs Regierung erforderlich machte. Eine im Januar 1393 erlassene Ordonnanz setzte fest, daß Karls jüngerer Bruder Ludwig, Herzog von Orléans, in den Zeiten
der »Abwesenheit« des Königs als Regent die volle Regierungsgewalt ausüben, zugleich
aber ein Vormundschaftsrat über die persönlichen Belange des Königs und seiner minderjährigen Kinder wachen sollte[7]. Dieser Rat bestand aus der Königin sowie den Brüdern von Karls Vater, den Herzögen von Berry und Burgund. Zwischen dem Regenten
und Herzog Philipp von Burgund gab es von Anfang an eine zunächst latente Rivalität,
die aber schon im Herbst 1401 aller Welt offenbar wurde[8]. Als der Burgunder am

rivalité des ducs d'Orléans et de Bourgogne 1392–1407 (Norstedts/Uppsala 1964); Françoise Au-
TRAND, Charles VI. La folie du roi (Paris 1986). Bernard GUENÉE, Un meurtre, une société. L'assassi-
nat du duc d'Orléans 23 novembre 1407 (Paris 1992). – Vgl. noch unten Anm. 14 u. 16.

5   Jean Froissart, Chroniques, éd. Gaston RAYNOD, Bd. 11 (Paris 1899) S. 223ff. Zu den Aversionen
der Herzogin gegen ihren Schwager vgl. Heinz THOMAS, Die Luxemburger und der Westen des
Reiches zur Zeit Kaiser Karls IV. (in: JWLG 1, 1975, S. 59–96) S. 92 ff.

6   Jean Froissart [wie Anm. 5] Bd. 11 S. 227 nennt die Braut Isabel de Bavière, der lateinisch schrei-
bende Religieux de Saint-Denis nennt sie in seiner nahezu amtlichen Chronik Ysabella; Chronique
du Religieux de Saint-Denys, éd. par L. BELLAGUET, Bde. 1–6 (Paris 1839/52), hier Bd. 1 S. 358. Zum
Verfasser dieser Chronik vgl. unten Anm. 8. Jean Chartier, der 1437 von Karl VII. mit dem Bericht
über seine Herrschaft beauftragt wurde, nennt Karls Mutter ebenfalls nicht Isabeau, sondern Ysabel:
Jean Chartier, Chronique de Charles VII, éd. par A. VALLET DE VIRIVILLE, Bde. 1–3 (Paris 1858), hier
Bd. 1 S. 208. – Die Form ›Isabeau‹ ist vermutlich erst um 1405/06 vom Autor des ›Songe Véritable‹ in
boshafter Absicht kreiert worden, vgl. dazu unten bei Anm. 42.

7   Hier nach NORDBERG [wie Anm. 4] S. 63ff.

8   NORDBERG [wie Anm. 4] S. 65. Zu den ersten Anzeichen für eine Allianz der Königin mit dem Orléans unmittelbar nach dem Tode Philipps des Kühnen (27. April 1404) vgl. Religieux [wie Anm. 6] Bd.
3 S. 233, vgl. dazu unten bei Anm. 35f. Zur Identifizierung des Religieux vgl. Bernard GUENÉE, Michel
Pintoin. Sa vie, son œuvre. Einleitung zum Nachdruck der Chronique (Paris 1994) Bd. 1
S. I–LXXXXV. Pintoin lebte von etwa 1349 bis 1421 und war am Ende seines Lebens Kantor der Abtei St-Denis. Vgl. noch GUENÉE, Le portrait de Charles VI dans la Chronique du Religieux de Saint-
Denis (in: Journal des Savants, Januar–Juni 1997, S. 125–165) mit Angabe weiterer Studien S. 164.

27. April 1404 starb, standen sich zwei nahezu gleichaltrige und – was Ehrgeiz und Skrupellosigkeit anbelangt – durchaus ebenbürtige Vettern als Feinde gegenüber: Philipps Sohn Johann Ohnefurcht (*1371) und Ludwig (*1372). Der Orléans nutzte die Tatsache, daß sein Vetter zunächst nicht dem Vormundschaftsrat angehörte, zur Intensivierung einer auf die Verdrängung Burgunds zielenden Personalpolitik und konnte dabei auch mit der Unterstützung der bis dahin eher auf Ausgleich bedachten Königin rechnen. Der Burgunder reagierte darauf am Ende mit dem Befehl, seinen Vetter umzubringen, der am 23. November 1407 ausgeführt wurde[9]. Es kam zum Bürgerkrieg, den König Heinrich V. von England dazu nutzte, die Ansprüche seiner Vorgänger auf die Krone Frankreichs aufs neue ins Spiel zu bringen, zunächst wohl nur in der Absicht, den Status der englischen Festlandsbesitzungen wiederherzustellen, wie er in dem am Ende nicht vollständig ratifizierten Frieden von Brétigny (1360) festgesetzt worden war[10]. Der unverhofft grandiose Sieg in der Schlacht bei Azincourt am 25. Oktober 1415 sowie der andauernde Parteienkonflikt in Frankreich eröffneten aber die Möglichkeit, den seit langem erhobenen Anspruch auf die Krone Frankreichs doch noch durchzusetzen.

Zwar waren zwei Söhne des Orléans in englische Gefangenschaft geraten; indes gewannen dessen Anhänger im Grafen Bernhard VII. von Armagnac, dem Schwiegervater von Ludwigs ältestem Sohn Karl, einen kompromißlosen Anführer[11]. Nach dem Tode seiner älteren Brüder avancierte Isabeaus am 22. Februar 1403 geborener vierter Sohn am 4. April 1417 zum Thronfolger. Karl wurde von einigen seiner Amtleute vor dem Zugriff des Burgunders in Sicherheit gebracht, als dessen Anhänger in der Nacht zum 29. Mai 1418 erneut die Herrschaft in der Hauptstadt übernahmen und den Sieg mit ausgedehnten Massakern feierten. Unter den Opfern befand sich auch das Oberhaupt der nach ihm benannten Orléanisten, Graf Bernhard VII. von Armagnac. Als Heinrich V. schon nahezu die gesamte Normandie unter seine Kontrolle gebracht hatte, kam es zu Verhandlungen zwischen dem Dauphin und Burgund. Zu Beginn eines zweiten Treffens, das auf der Seinebrücke von Montereau anberaumt worden war, wurde Johann in Karls Gegenwart ebenso heimtückisch ermordet wie zwölf Jahre zuvor Herzog Ludwig von Orléans. Heute kann mit an Sicherheit grenzender Wahrscheinlichkeit konstatiert werden, daß der Dauphin nicht nur anwesend war, sondern zuvor auch den Mordbefehl erteilt hatte[12]. Die Burgunder waren von Anfang an dieser Ansicht; der

9   NORDBERG [wie Anm. 4] S. 225ff. VAUGHAN, John the Fearless [wie Anm. 4] S. 44ff. AUTRAND [wie Anm. 4] S. 349ff. – Eine umfassende Analyse von Frankreichs Geschichte jener Zeit bietet Bernard GUENÉE, Un meurtre [wie Anm. 4].

10   Vgl. z. B. Christopher ALLMAND, Henry V (London 1992), bes. S. 66ff.

11   AUTRAND [wie Anm. 4] S. 538ff. – Zu dem Parteinamen der Armagnacs, der als Schimpfwort galt und von den damit Bezeichneten nicht akzeptiert wurde, vgl. Le Journal d'un Bourgeois de Paris de 1405 à 1449, éd. par Colette BEAUNE (Paris 1990) S. 36ff. a. a. 1410. Die maßgebende Ausgabe des Journal von Alexandre TUETEY (Paris 1881) stand mir bei der Redaktion dieses Beitrags nicht zur Verfügung. Vgl. Françoise AUTRAND, Journal d'un Bourgeois de Paris (in: Lex. des MA 5, 1991) Sp. 639.

12   VAUGHAN, John the Fearless [wie Anm. 4] S. 274ff. – AUTRAND [wie Anm. 4] S. 574ff. hält es immerhin für erforderlich, den Titel des betreffenden Abschnitts mit einem Fragezeichen zu versehen: »Un crime prémédité?«

Dauphin hat demgegenüber stets erklärt, daß einige seiner Begleiter die Tat ohne Vorbedacht und dementsprechend ohne sein Wissen verübt hätten[13]. Der Sohn des Mordopfers, Herzog Philipp der Gute, ließ sich jedoch auf keine Debatte ein, einigte sich mit Heinrich V. von England und sorgte dafür, daß Heinrich endlich die von ihm seit langem gewünschte Ehe mit Katharina, einer von Karls VI. Töchtern, schließen konnte[14]. Der Dauphin hatte nach Ansicht Heinrichs V. und Philipps des Guten mit dem Mord das Recht auf die Krone Frankreichs verwirkt: Im Namen des unter burgundischer Kuratel stehenden Königs Karl VI. wurde am 21. Mai 1420 in Troyes verfügt, daß dessen Schwiegersohn, König Heinrich V. von England, nach Karls Tod dessen Nachfolger sein und ihm bis dahin die Regierung Frankreichs überantwortet werden solle[15]. Es versteht sich, daß nach Lage der Dinge weder König Karl VI. noch die Königin Isabeau für den sogenannten Vertrag von Troyes verantwortlich gemacht werden konnten oder können: Sie waren ohnmächtige Legitimationsfiguren, die nunmehr aus der Obhut Philipps des Guten in diejenige König Heinrichs V. überantwortet wurden.

Heinrich V. ist nie König von Frankreich geworden, sondern starb am 31. August 1422, zwei Monate vor seinem Schwiegervater († 21. Oktober). Beim Tode Heinrichs wurde sein am 6. Dezember 1421 geborenes Söhnchen Heinrich zum König von England ausgerufen; mit dem Tode Karls VI. ist Heinrich nach englischer Ansicht auch König von Frankreich geworden[16]. Auf die Nachricht vom Tode des Vaters ließ sich der Dauphin am 28. Oktober ebenfalls zum König von Frankreich ausrufen, war zunächst aber nur Herr über die Gebiete südlich der Loire, während die Engländer unter dem Regenten, König Heinrichs V. Bruder Herzog Johann von Bedford, den Norden mit der Hauptstadt hielten. Hier lebte auch – zurückgezogen und kaum noch beachtet – Karls VI. Witwe Isabeau bis zu ihrem Tode am 24. September 1435[17]. Am 8. Mai 1429 hatten die Engländer die Belagerung von Orléans abbrechen müssen, nachdem ein Bauernmädchen aus dem Herzogtum Bar vom König die Erlaubnis zu dem Versuch erwirkt hatte, die Stadt zu befreien. Aber erst sechs Jahre später konnte am 21. September 1435 in Arras der Friede zwischen Karl VII. und Philipp von Burgund geschlossen werden, auf dessen Grundlage es dem König in den folgenden Jahren gelang, den Engländern mit Ausnahme von Calais sämtliche Festlandbesitzungen abzunehmen, die diese teils

---

13 AUTRAND [wie Anm. 4] S. 572ff.

14 Paul BONENFANT, Du meurtre de Montereau au traité de Troyes (Brüssel 1958); VAUGHAN, Philip the Good [wie Anm. 4] S. 3ff.

15 E. COSNEAU, Les grands traités de la Guerre de Cent Ans (Paris 1889) S. 100ff.

16 Zu Karl VII. vgl. nach wie vor G. DU FRESNE DE BEAUCOURT, Histoire de Charles VII, Bde. 1–6 (Paris 1881–1891); Malcolm G. A. VALE, Charles VII (London 1974); H. MÜLLER [wie Anm. 1] S. 321–336 mit weiterer Literatur S. 406f.; Philippe CONTAMINE, Karl VII., in: Lex. des MA 5 (1991) Sp. 978–980.

17 Zu den Daten vgl. z. B. Karl Rudolf SCHNITH, Königin Isabeau von Frankreich/Bavière, in: DERS. (Hg.), Frauen des Mittelalters in Lebensbildern (Graz usw. 1997) S. 351–368. Noch immer wichtig: Marcel THIBAULT, Isabeau de Bavière, reine de France. La jeunesse (1370–1405) (Paris 1905); Heidrun KIMM, Isabeau de Bavière, reine de France, München 1969; Martin SALLER, Königin Isabeau. Die Wittelsbacherin auf dem Lilienthron, München 1979. – Zu Isabeaus Leben im englisch besetzten Paris vgl. noch unten bei Anm. 29 u. 78.

erst kurz zuvor erobert, teils aber auch seit Jahrhunderten von den Königen Frankreichs als Lehen innegehabt hatten[18].

So weit die wichtigsten, zum Verständnis der folgenden Erörterungen erforderlichen Einzelheiten aus dem Bereich der Ereignisgeschichte. Eine besonders prägnante Einschätzung der verfassungspolitischen Konsequenzen, die sich aus dem eingangs erwähnten Zweifel an der Abstammung des Dauphin vom Gemahl seiner Mutter Isabeau ergeben haben könnten, hat vor kurzem die Hamburger Historikerin Hedwig Röckelein in einem Beitrag zum Thema »Jeanne d'Arc als Konstruktion der Geschichte« vorgelegt[19]. Die Verfasserin stellt die beiden Kontrahenten nebeneinander, die um die Krone Frankreichs rivalisierten: Heinrich VI. von England, Sohn Heinrichs V. und der Katharina von Frankreich, sowie Karl VII., Sohn der Isabeau von Bayern: »Da eine Frau, die Mutter Heinrichs, dem englischen König den Schlüssel zur Macht geliefert hatte, mußte auch der französische Thronprätendent mit Hilfe seiner Mutter, Isabella von Bayern, die Macht erringen. Diese Logik ist zumindest dann zwingend, wenn man den Funktionsweisen mittelalterlicher Herrschaft eine symbolische Ordnung unterstellt, die auf dem Prinzip der Symmetrie, der Spiegelung, basiert, und die darauf bedacht ist, die Kräfteverhältnisse in der Waage zu halten. Wenn den Thronanwärtern die rituelle Einsetzung in die Königswürde nur durch die Hilfe ihrer Mütter gelingen konnte, so war Isabella von Bayern gefordert, die Defizite des Dauphins zu beheben.« Dazu sei Isabeau aber nicht bereit gewesen. »Im Gegenteil: Sie behauptete, Karl sei ein illegitimer Sohn Karls VI. und entzog damit dem Dauphin die Rechtsgrundlage des Anspruchs auf die französische Krone.« So mußte man »einen vollwertigen Ersatz« für Isabeau suchen und fand Jeanne d'Arc.

So einfach kann Geschichte sein. Frau Röckelein ist nicht die einzige Autorin, derzufolge die Königin Isabeau gesagt haben soll, Karl (VII.) sei gar nicht der Sohn ihres Gemahls. Dasselbe hat Sabine Tanz in ihrer Monographie über »Jeanne d'Arc – Spätmittelalterliche Mentalität im Spiegel eines Weltbildes« konstatiert[20]. Keine der beiden Autorinnen hat für die Behauptung, es sei Isabeau selbst gewesen, die ihren Sohn als Bastard bezeichnet hätte, eine zeitgenössische Quelle zitiert. Und natürlich hat Isabeau eine solche Aussage auch nie gemacht. Diese wäre gleichbedeutend gewesen mit dem Geständnis: »Ich habe die Ehe gebrochen, bin Mutter eines Bastards.« Gewiß hat es auch während des Mittelalters einige Beispiele für weibliche Auflehnung gegen den Status des Mannes gegeben, zu dessen Privilegien es gehörte, sich stolz zu den Produkten seiner außerehelichen Aktivitäten bekennen zu dürfen. Isabeau kannte und schätzte Christine de Pizan, die nicht ohne Grund als die erste feministische Autorin des christlichen Europa gefeiert wird, und Christine hat Isabeaus Sympathie zumindest zeitweise

---

18   Dazu und zu dem auch auf dem bekannten Portrait Karls VII. im Louvre vermerkten Titel »le roi très victorieux« vgl. MÜLLER [wie Anm. 1] S. 321f., dort auch ein Foto des Portraits.

19   Hedwig RÖCKELEIN, Jeanne d'Arc als Konstruktion der Geschichte, in: DIES. u. a. (Hg.), Jeanne d'Arc oder Wie Geschichte eine Figur konstruiert (Freiburg u. a. 1996) S. 9–27; das folgende Zitat findet sich S. 12f.

20   Sabine TANZ, Jeanne d'Arc. Spätmittelalterliche Mentalität im Spiegel eines Weltbildes (Weimar 1991) S. 110. Dazu Heinz THOMAS, Jeanne d'Arc und Domremy – Mentalität und dörfliche Realität (in: GGA 246, 1994) S. 110–126.

erwidert[21]. Daß aber Isabeau mit Ehemann, Schwager, Schwiegersohn und dergleichen mehr in einen Wettbewerb getreten wäre und sich zu einem eigenen Bastard bekannt hätte[22], darf vorbehaltlos als undenkbar bezeichnet werden.

Eine ganz andere Frage aber ist es, ob Isabeau von dem einen oder anderen ihrer Zeitgenossen des Ehebruchs bezichtigt worden sei. Im Hinblick auf die möglichen Konsequenzen aus einem solchen Verhältnis hat Heribert Müller vor kurzem in einer brillanten Kurzbiograpie Karls VII. gemeint[23]: »Daß der Dauphin an seiner Legitimität auf Grund einer möglichen unehelichen Abstammung zweifelte, wie manche Historiker mit Blick auf angeblich entsprechende Beziehungen seiner Mutter annahmen, ist durch keine Quelle zu belegen.«

In der Tat lassen sich manche Quellenstellen, die im Verlaufe der Zeit für die von Müller zurückgewiesene Behauptung in Anspruch genommen wurden, auch ganz anders deuten. Zum Beispiel hat Jeannes Beichtvater, der Augustinereremit Jean Pasquerel, im Rehabilitationsprozeß von 1456 ausgesagt, die Pucelle habe ihrem Dauphin bei der ersten Begegnung in Chinon erklärt[24]: »Ich sage dir, anstelle des Herrn, daß du wahrer Erbe von Frankreich bist und Sohn des Königs.« In einer Handschrift der Prozeßakten fehlen die letzten vier Wörter. Wenn man davon absieht, daß Pasquerel diese Äußerung der Pucelle selbst nicht gehört haben kann, da er bei jener Szene nicht zugegen war[25], darf man ihr durchaus den Sinn unterstellen, Jeanne habe mit ihren Worten

21   Vgl. z. B. Régine PERNOUD, Christine de Pizan (München 1990) im Register unter Isabeau.
22   Karl VI. hatte eine Bastardin namens Marguerite de Valois, die er als legitime Tochter anerkannt hat. Zu ihrer Mutter vgl. Françoise AUTRAND, Odette de Champdivers (in: Lex. des MA 6, 1993) Sp. 1349f. Odette wird im Anhang zur Chronique des Religieux [wie Anm. 6] Bd. 6 S. 486 erwähnt, nicht vom »Religieux« selbst; vgl. GUENÉE, Le portrait [wie Anm. 8] S. 149. – Zu Ludwigs von Orléans illegitimem Sohn Jean, dem »Bastard von Orléans«, vgl. Philippe CONTAMINE, Dunois, Jean, Graf von (in: Lex. des MA 3, 1985) Sp. 1461f. Auch Johann Ohnefurcht war (wie von seinem Anklagevertreter Petit als Sittenstrolch geschmähte Orléans) kein Tugendbold, er hatte zumindest vier Bastarde; vgl. VAUGHAN, John the Fearless [wie Anm. 4] S. 236. Isabeaus Schwiegersohn Philipp der Gute von Burgund soll, gering gerechnet, 26 Bastarde gehabt haben; vgl. VAUGHAN, Philip the Good [wie Anm. 4] S. 132ff. Dort auch Bemerkungen über das Bastardtum am Hofe von Burgund. – Zu Karls VII. zahlreichen Affären vgl. DU FRESNE DE BEAUCOURT [wie Anm. 16] Bd. 6 S. 9. Von seiner bevorzugten Maîtresse Agnes Sorel hatte der König drei Töchter; vgl. Philippe CONTAMINE, Agnes Sorel (in: Lex. des MA 7, 1995) Sp. 2058.
23   MÜLLER [wie Anm. 1] S. 324. – Vgl. ausführlich BONENFANT [wie Anm. 14] S. 132ff.
24   Procés en nullité de la condamnation de Jeanne d'Arc, Bd. 1, éd. Pierre DUPARC (Paris 1977) S. 389: *Ego dico ex parte de Messire que tu es vray héritier de France, et filz du roy* (die letzten vier Wörter fehlen in Handschrift L).
25   Vgl. Pasquerels eigene Aussage: DUPARC [wie Anm. 24] S. 388. – Von den zahlreichen Aussagen über Jeannes erste Begegnung mit dem König stammt nur eine von einem unbeteiligten Augenzeugen, dem Großhofmeister Raoul de Goucourt; ebd. S. 326. Demnach hätte sie gesagt: *Clarissime domine dalphine, ego veni et sum missa ex parte Dei, ad prebendum adjutorium vobis et regno.* – Der Realitätsbezug von Jeannes eigenen Aussagen im Prozeß von Rouen ist sehr von den Suggestivfragen der Richter oder Beisitzer beeinträchtigt worden. Die Jeanne von Pasquerel unterstellte Aussage wird von ihr nicht erwähnt; vgl. Procés de condamnation de Jeanne d'Arc, éd. Pierre TISSET und Yvonne LANHERS, Bde. 1–3 (Paris 1960/71), hier Bd. 1 S. 51f.

dem König versichern wollen, er sei kein Bastard, sondern legitimer Sohn seines Vaters, des Königs von Frankreich. Die sich dabei aufdrängende Frage, woher sie denn das habe wissen können, ist bekanntlich Ausgangspunkt für eine höchst abenteuerliche Science-Fiction-Story gewesen[26]. Aber es gibt auch eine andere, harmlose und gleichwohl ebenso plausible Deutung von Pasquerels Aussage[27]: »Du bist der wahre Erbe Frankreichs, denn du bist Sohn des Königs; dein Rivale Heinrich VI. aber ist nur Sohn einer Tochter von Frankreichs König.«

Und dennoch: Es gibt einen ganz und gar unverdächtigen Zeugen, der unmißverständlich bestätigt, daß es das Gerücht um Isabeaus Ehebruch und die illegitime Abstammung des späteren Königs tatsächlich gegeben hat. Jean Chartier, Mönch in Saint-Denis, ist 1437 von König Karl VII. offiziell damit beauftragt worden, die in diesem Kloster seit jeher redigierten Chroniken von Frankreichs Königen mit einer Darstellung der jüngsten Vergangenheit fortzusetzen[28]. Im Kapitel über den Tod von Karls Mutter, die noch während der englischen Herrschaft in Paris verstorben war, gibt der Autor einen Überblick über Isabeaus letzte Jahre[29]: Die Königin habe wegen der Mißgunst der Engländer kaum noch standesgemäß leben können. Ganz besonders habe sie darunter gelitten und Anstoß an dem genommen, was die Engländer zu Unrecht über ihren Sohn öffentlich erklärten. Sie sagten nämlich, daß Karl, der Dauphin von Vienne, nicht legitim sei; und weil er aus diesem Grunde unfähig sei, die Krone Frankreichs zu übernehmen, habe der König von England sich angemaßt, sie zu erlangen. Als die Königin dies erfahren habe, sei sie sehr erschüttert und bis ins Innerste verletzt worden. Die Sache habe sie so gequält, daß sie nie wieder Herzensfreude empfinden konnte.

26 Vgl. zu diesen teilweise absurden, zuerst von Pierre CAZE, La vérité sur Jeanne d'Arc (Paris 1819) ins Spiel gebrachten Thesen STRAUB [wie Anm. 3] S. 142f. mit weiterer Literatur, insbesondere Yann GRANDEAU, Jeanne insultée, Procès en diffamation (Paris 1973); Sabine TANZ [wie Anm. 19] S. 229ff. In der Regel vertreten die betreffenden Autoren die These, Jeanne sei eine Tochter Isabeaus und des Herzogs von Orléans gewesen. Anders MARKALE [wie Anm. 3] S. 142ff., der glaubt, Jeanne habe Kenntnis von einem besonderen körperlichen Merkmal des Königs gehabt, ihm dieses als ihr »Zeichen« offenbart und damit das Vertrauen des Königs gewonnen. Dies, so meint er, könne ihr nur bekannt gewesen sein, wenn sie eine uneheliche Tochter von Karls Vater gewesen sei.
27 Zur verfassungsrechtlichen Komponente dieser Deutung von Pasquerels Aussage, dem seit der Zeit Karls V. mit der Lex Salica gestützten, ausschließlich der Manneslinie folgenden Erbrecht vgl. z. B. Helmut SCHEIDGEN, Die französische Thronfolge (987–1500): Der Ausschluß der Frauen und das Salische Gesetz (Phil. Diss. Bonn 1976). – Colette BEAUNE, The Birth of an Ideology. Myths and Symbols of Nation in Late–Medieval France (Berkeley usw. 1991) S. 245ff.
28 Vgl. Anm. 6. – BONENFANT [wie Anm. 14] S. 132ff. hat Chartier nicht berücksichtigt.
29 Jean Chartier [wie Anm. 6] Bd. 1 S. 209f.: *A esté aussi fort dollente et prins en desplaisance de ce que injustement les Angloiz avoient publié de son filz: car ilz disoient que Charles, dauphin de Vienne, n'estoit pas légitime, et par ce moyen inhabille à succéder à la couronne de France. Ledit roy d'Angleterre prétendoit à y parvenir. Et ce venu à la cognoessance de ladite royne, fut moult troublée et navrée en cuer, en jectant mains plours et soupirs, qui tellement l'ont tourmentée, que oncques depuis elle n'eult joye au cuer.* Am Ende habe sie erfahren, daß es Frieden zwischen ihrem Sohn und dem Herzog von Burgund gebe. Da habe sie eine so große Freude empfunden, daß sie krank geworden sei. – Vgl. noch Yann GRANDEAU, Les derniers années d'Isabeau de Bavière (in: Valenciennes et les anciens Pays-Bas. Mélanges offerts à Paul Lefrancq, Valenciennes 1978) S. 411–428; vgl. auch unten bei Anm. 78ff.

Dem Bericht von Karls Chronisten liegt ein Irrtum zugrunde, der auch heute noch mitunter wiederholt wird[30]: Dieser Ansicht zufolge wäre der Dauphin im Vertrag von Troyes am 21. Mai 1420 enterbt worden, und zwar mit der Begründung, daß er gar nicht Karls VI. Sohn sei, sondern ein von seiner Mutter beim Ehebruch empfangener Bastard. Jedoch wird Karls (VII.) Erbrecht im Vertrag von Troyes überhaupt nicht erwähnt; sein Vater und Heinrich V. haben hier lediglich vereinbart, mit Karl, der sich Dauphin von Vienne nenne, keine Verträge zu schließen[31]. Karls (VII.) Enterbung war bereits am 17. Januar 1420 im Namen seines damals erneut unter burgundische Kuratel gezwungenen Vaters mit einer Ordonnanz verfügt worden, und zwar mit der Begründung, daß er sich des Mordes am Herzog von Burgund schuldig gemacht hätte[32].

Allerdings ist die Ordonnanz vom Januar 1420 für die Frage, ob Karl VII. anderswo von anderen als Bastard verunglimpft worden sei, nur von sekundärer Bedeutung. Die Engländer, so hat Jean Chartier, Karls VII. amtlich bestellter Chronist, offenbar ganz unbefangen und ohne Furcht vor dem Unwillen seines Auftraggebers notiert, haben dieses Gerücht in der Öffentlichkeit verbreitet und die Königin damit zutiefst verletzt. An der Existenz der schlimmen Nachrede kann also gar nicht gezweifelt werden. Fraglich ist allerdings, ob sie schon seit Karls Geburt im Umlauf war oder aber erst nach dem Vertrag von Troyes verbreitet wurde, als Isabeau im englisch besetzten Paris lebte und ihr Sohn zunächst das Recht auf die künftige Thronfolge ganz selbstverständlich in Anspruch nahm und sich ebenso selbstverständlich wenige Tage nach Karls VI. Tod am 21. Oktober 1422 zum König ausrufen ließ[33].

Zunächst war Isabeaus Lebenswandel über viele Jahre hinweg von allen Autorinnen und Autoren, die sich damit befaßten, als vorbildlich gepriesen worden[34]. Ein grundlegender Wandel aber trat ein, als es zum Konflikt zwischen den Herzögen von Burgund und Orléans kam, als Johann Ohnefurcht im Jahre 1404 das Erbe seines Vaters Philipp antrat und schon kurze Zeit später die Achillesferse seines Rivalen Ludwig unter Beschuß genommen wurde, der Hof zu Paris. Die erste Nachricht über eine Komplizenschaft zwischen dem Orléans und der Königin bietet Michel Pintoin, der bisher so genannte Religieux von Saint-Denis, in einem Kapitel über Ereignisse im Frühjahr 1405[35]: Die Herzöge von Burgund und Bretagne verlassen indigniert die Hauptstadt,

---

30   Vgl. oben bei Anm. 19 u. 20.
31   COSNEAU [wie Anm. 14] S. 113 § 29.
32   Vgl. BONENFANT [wie Anm. 14] S. 128f. Ordonnances des Rois de France 12 (Paris 1777) S. 273–277. Die in Troyes ausgestellte Ordonnanz setzte den Schlußpunkt unter Versuche Isabeaus, Kontakt mit ihrem Sohn aufzunehmen, um mit dessen Hilfe die Unterwerfung des Königreichs unter die anglo-burgundische Herrschaft in letzter Minute zu verhindern. Karls (VII.) Enterbung wurde am 13. Februar 1420 im Pariser Parlament publiziert und in einem feierlichen Prozeß um die Jahreswende 1420/21 noch einmal bekräftigt; vgl. BONENFANT [wie oben] S. 178 mit den Quellen.
33   Vgl. z. B. Percy Ernst SCHRAMM, Der König von Frankreich, Bde. 1–2 (²Darmstadt 1960), hier 1 S. 248 mit den Quellen und Bd. 2 S. 145.
34   Vgl. STRAUB [wie Anm. 3], bes. S. 133ff.
35   Religieux [wie Anm. 6] Bd. 3 S. 232. Zur Realität von Isabeaus Vermögen vgl. Maurice REY, Les finances royales sous Charles VI. Les causes du déficit 1388–1413 (Paris 1965) S. 172ff. REY bezeichnet Isabeau als die *princesse sans dot*.

nachdem sie festgestellt haben, daß von einer zur Finanzierung eines umfassenden Krieges gegen die Engländer erhobenen Steuer kein einziges Goldstück in die Kasse des Königs gelangt ist. Vielmehr ist alles von dem Orléans und der Königin nach ihrer Willkür oder aber für schlimmen Gebrauch ausgegeben worden. Das wird wenig später noch bestätigt, als man erfährt, daß die Königin sechs mit gemünztem Gold beladene Pferde nach Deutschland geschickt hat, die von den Metzern erbeutet werden. Die arretierten Pferdetreiber erklären, daß sie schon vorher ähnliche Transporte durchgeführt haben: Da waren viele erstaunt, daß die Königin Frankreich arm und die Deutschen reich mache.

Wenig später notiert Pintoin, daß er es sich zum Gesetz gemacht habe, gute wie schlimme Dinge zu berücksichtigen[36]. Zu letzteren gehöre die extreme Sorglosigkeit, mit der die Königin und der Herzog von Orléans die Regierung während der Krankheit des Königs führten; das hätte den Unmut der Leute erregt und das Volk habe sich nicht gescheut, in aller Öffentlichkeit beide zu verfluchen, und zwar wegen der Vervielfachung von Steuern und Abgaben. Mit der Wegnahme des geringen Gutes der Armen befriedigten sie ihre unersättliche und blinde Habgier. Mit ähnlichen Anklagen wird nur wenig später Jean Petit den Mord am Bruder des Königs als gerechte Beseitigung eines Tyrannen rechtfertigen[37]. Und auch den Begriff der *tyrannides* ließ der Religieux bereits in seine Tirade einfließen. Niemand aber, so erklärte er weiter, habe es gewagt, öffentlich zur Umkehr aufzurufen, bis endlich der Augustiner Jacques Legrand den Entschluß faßte, am Himmelfahrtstag 1405 vor der Königin eine Predigt zu halten und ihr mit dem Bilde vom Kampf zwischen Lastern und Tugenden Besserung nahezulegen. Dann zitiert der Mönch die Predigt des Augustiners wörtlich[38]: »Die Göttin Venus hat deinen Hof erobert, ihr gehorchen Trunkenheit und Völlerei, bei sittenlosen Tänzen wird die Nacht zum Tag gemacht. ... Tugend und Mannhaftigkeit werden verweichlicht. Das führt dazu, daß Ritter und Edelknechte nicht mehr in den Krieg ziehen wollen, weil sie fürchten, verstümmelt zu werden.« Dann hätte der Prediger noch den Kleiderluxus gebrandmarkt, den die Königin erfunden habe, und hinzugefügt: »Dies und vieles andere mehr wird zur Schmach deines Hofes gesagt. Wenn du das nicht glauben willst, dann geh als arme Frau verkleidet durch die Stadt und du wirst es von unzähligen Leuten hören.«

Nach Pintoins Bericht hat der Augustiner seinen Tadel mit den Worten begründet, daß er sich mehr um das Seelenheil der Königin sorge als um ihr Wohlwollen. Moralpredigten dieser Art haben Bettelmönche schon von Berufs wegen allenthalben gern und oft gehalten, ohne daß sich jemand viel länger als ein paar Stunden davon betroffen gefühlt hätte. Legrands Attacke aber muß nach Pintoins Angaben ebensoviel Aufsehen

---

36   Religieux [wie Anm. 6] Bd. 3 S. 266.
37   Vgl. unten bei Anm. 67. – Das Wort *tyrannides*: Religieux Bd. 3 S. 266; *tyrannus*: vgl. Anm. 39.
38   Religieux [wie Anm. 6] Bd. 3 S. 268: *... in tua curia domina Venus solium occupans, ipsi eciam obsequntur ebrietas et commessacio, que noctes vertunt in diem, continuantes choreas dissolutas. Hee maledicte et infernales pedissece, curiam assidue ambientes, mores viresque enervant plurium, et impediunt sepius ne milites vel scutiferi delicati adeant expediciones bellicas, ne in aliqua parte corporis deformentur.*

wie Unmut erregt haben. Die Königin habe sich gar nicht darüber gefreut, und einer ihrer Leute soll erklärt haben, diesen Menschen sollte man ersäufen[39]. Die Nennung der Göttin Venus mußte gewiß nicht als Anspielung auf eine konkrete Liaison der Königin verstanden werden, zumal in dem von Pintoin referierten Text der Predigt von Isabeaus Partner Orléans gar nicht die Rede war. Der Chronist selbst hatte jedoch in seinem Kommentar zu der Predigt den Konnex zwischen Isabeau und Ludwig erwähnt und die beiden gemeinsam als die Hauptschuldigen für die Mißstände im Königreich getadelt.

Die Predigt des Augustiners sollte nach dessen eigenen Worten dem Seelenheil der Königin dienen, war eine Mahnung zur Umkehr. Die hatte ein anderer Autor gewiß nicht im Sinn, als er etwas später, vermutlich gegen Ende 1406, in seinem ›Wahrhaften Traum‹ (›Le Songe Véritable‹) die Königin, den Orléans, den schon in reiferem Alter stehenden Herzog Johann von Berry sowie den königlichen Oberhofmeister Jean de Montaigu als die Hauptschuldigen für die Korruption des Gemeinwesens anprangerte[40]. Das geschah hier nur in literarischer, allegorischer Form: *Chascun*, jedermann, verklagt die Genannten vor *Souffrance*, *Raison* und *Fortune*, die im Verlauf der Untersuchung dem Kläger Recht geben. Zwei der Angeklagten sind wenig später tatsächlich exekutiert worden, der Orléans im November 1407, der Montaigu im Oktober 1409. Schon der Autor des ›Songe Véritable‹ hatte für den Hofmeister den Tod gefordert: Er müsse gehängt werden. Die wirkliche Hinrichtung des Montaigu ist in einer sehr viel gräßlicheren Weise vollzogen worden[41].

Die Ausfälle des Anonymus gegen Isabeau werden wohl erst gegen Ende des Ancien Régime durch die Pamphlete gegen die seit der Halsbandaffäre kompromittierte Marie Antoinette übertroffen worden sein. Isabeau, so meinte er, habe sich in weniger als einem Jahr zur übelbeleumdeten Königin gewandelt, zur *Royne mal clamée*. Auch er kennt die Nachrichten über die Geldsendungen nach Deutschland. Den Namen der Königin nutzte er für einen besonders gehässigen Vers[42]: *Isabeau, / enveloppée en laide peau* – eingehüllt in häßliche, schlaffe, schmähliche Haut.

Diese Infamie war für Bernard Guenée offenbar Anlaß für eine wenig schmeichelhafte Charakterisierung der Königin: Isabeau sei, ganz im Gegensatz zu ihrer Cousine und Schwägerin Valentina Visconti, der ebenso schönen wie liebenswürdigen (und dennoch der Giftmischerei bezichtigten und oft betrogenen) Gemahlin Herzog Ludwigs, eine wenig ansehnliche Frau gewesen[43], klein, brünett, eingehüllt *en laide peau*. Als sie nach Frankreich kam, habe sie kein Wort der Landessprache gekannt; das Volk habe ihre Habgier getadelt und die Königin schon deshalb nicht geliebt, weil man während ihres langen Aufenthalts in Frankreich kein Wort, keine Geste zu nennen gewußt hätte,

---

39   Religieux [wie Anm. 6] Bd. 3 S. 270: »*Qui michi crederet, submergeretur miser ille.*« Darauf habe der Augustiner erwidert «*Et revera ad sceleste perficiendum facinus non nisi unum tibi similem tyrannum opporteret.*»

40   Le Songe Véritable, pamphlet politique d'un Parisien du XVe siècle, éd. par H. MORANVILLÉ (in: Mémoires de la Société de l'Histoire de Paris et de l'Ile de France 17, 1890, Paris 1891) S. 422–442; vgl. STRAUB [wie Anm. 3] S. 134. – GUENÉE, Un meurtre [wie Anm. 4] S. 173ff.

41   Vgl. VAUGHAN, John the Fearless [wie Anm. 4] S. 44ff. bzw. S. 79f.

42   Le Songe [wie Anm. 40] S. 296; ausführliche Zitate: GUENÉE, Un meurtre [wie Anm. 4] S. 173ff.

43   GUENÉE [wie Anm. 4] S. 147f.

die ihr die Herzen hätten gewinnen können. Die Provenienz der schlaffen Haut kennen wir: Es war der Verfasser des burgundischen ›Songe Véritable‹, der Isabeau dieses unfeine Kompliment gemacht hat. Daß sie klein und brünett gewesen sei, wird in einem Hirtengedicht erwähnt, dem ›Pastoralet‹, den kurz nach 1422 ein ebenfalls der burgundischen Partei zugehöriger Autor unter dem Pseudonym Bucarius geschrieben hat[44]. In seiner Geschichte tritt Isabeau als die Schäferin Belligère auf, die klein ist, brünett und nicht einmal halb so schön wie ihr Mann Florentin, der allerdings auch ein Ausbund an Schönheit gewesen sein muß.

Belligère aber hätte den Mangel an Schönheit in anmutiger Weise ausgeglichen, weil sie voller Fröhlichkeit gewesen sei, *gente et plaisans*, dazu allerdings auch untreu, illoyal gegenüber ihrem Freund, ihrem Mann. Belligère ist also nicht schön, aber auch nicht häßlich und weiß ihren Geliebten Tristifer mit ihrem Temperament zu fesseln[45]. Bucarius schildert in diesem Teil seines Hirtengedichts den Status Frankreichs und seiner Gestalten um 1405. Daß das reale Urbild der Schäferin Belligère zum Zeitpunkt ihrer Hochzeit ein bildschönes Mädchen gewesen war, wird von Michel Pintoin ausdrücklich vermerkt[46]: Die Bayerin sei vom König aufgrund von Portraits aus einem Trio von Kandidatinnen als die bei weitem schönste und stattlichste ausgewählt worden. Froissart vermerkt zur ersten Begegnung des Paares, daß Karl seine Braut sehr aufmerksam gemustert habe[47]: *En che regart, plaisance et amour li entrèrent en coer, car il le vei belle et jone.* Auch die Zuschreibung anderer abträglicher Eigenschaften findet in den Quellen keine Stütze: Die Erwähnung von *compote de choux* in Akten von Isabeaus Haushalt bezeugt nicht unbedingt einen für ihre Figur fatalen Hang zum heimatlichen Sauerkraut, den ihr im Jahre 1886 Siméon Luce nachsagte[48]. Die Bemerkung über Isabeaus Mangel an Französischkenntnissen trifft zwar zu, denn Froissart vermerkt, daß sie zum Zeitpunkt ihrer Hochzeit noch kein Wort der Landessprache gekannt habe und bei einem Gespräch unmittelbar nach ihrer Ankunft stumm geblieben sei[49]. Andererseits

---

44 Le Pastoralet, éd. par Joël BLANCHARD (Paris 1983). – Dazu DERS., La pastorale en France aux XIVᵉ et XVᵉ siècles. Recherches sur les structures de l'imaginaire médiéval (Paris 1983) S. 147ff.

45 Le Pastoralet [wie Anm. 44] Verse 144ff. S. 43: *La tres amoureuse bergiere / Qui la dansoit sur l'erbe drue, / Estoit par convenant sa drue; / Laquelle, s'en sui souvenans, / Estoit jolie et avenans, / Mais n'avoit a quart n'a demi / Sy grant beaulté que son ami, / Car elles estoit basse et brunette. / Mais touse n'y ot tant jonette, / Plaine de sy grand gaieté, / Ne de sy grand joliveté, / Sy amoureuse ne sy lie / Que ceste bergiere jolie. / Tant en fist et tant y pensoit / Que plaisamment recompensoit / La deffaulte de sa beaulté, / Sy qu'au fort rien que loiaulté / Ne lui failloit et sans amer / Amer ce que devoit amer, / Car elle estoit gente et plaisans, / Mais en ce fu moult desplaisans / Que vers son ami se faussa.*

46 Religieux [wie Anm. 6] Bd. 1 S. 358: *Quas* (sc. tabulas) *cum regi obtulissent, dominam Ysabellam de Bavaria, quartum decimum annum agentem, preelegit, et longe ante alias specie et pulchritudine insignem judicavit.*

47 Froissart [wie Anm. 5] Bd. 11 S. 229.

48 Siméon LUCE, Jeanne d'Arc à Domremy (Paris 1886) S. LVIII.

49 Froissart [wie Anm. 5] Bd. 11 S. 228: *mais point de françois elle ne savoit.* S. 230: *et la jone dame en estant se tenoit toute quoie et ne mouvoit oel ne bouce, ne ossi a ce jour elle ne savoit point de françois.* Anstoß haben auch die bayerischen Mitglieder von Isabeaus Hofstaat erregt, vgl. dazu STRAUB [wie Anm. 3] S. 146ff.; DERS., Die Bayern in Paris zur Zeit der Königin Isabeau de Bavière

wird aber unterstellt werden dürfen, daß die noch sehr jugendliche Königin als Tochter
einer Visconti keine allzu große Mühe gehabt haben wird, noch eine weitere romanische
Sprache zu erlernen. Der Minnedichter Othon de Grandson jedenfalls, der seiner Dame
ISABEL alle erdenklichen höfischen Attribute zuschrieb, sie *la meilleure de France*
nannte, bewunderte auch ihre Sprache: *petite bouche bien parlante*, womit er schwerlich
den bayerischen Dialekt der Königin gemeint haben wird[50]. Daß Isabeau, die nach
Froissarts Meinung bei ihrer Ankunft in Hennegau nach dem in Frankreich üblichen
Maßstab ein bißchen zu ärmlich ausstaffiert und gekleidet war, offenbar sehr rasch und
virtuos den ihrem Stand gemäßen Luxus des Pariser Hofes zu genießen begann, haben
ja auch Isabeaus Feinde nicht in Zweifel gezogen. Die Texte von Autorinnen und Autoren, die noch nicht der Hetzpropaganda von Herzog Johanns intellektuellen Dienern
erlegen waren, deuten jedenfalls darauf hin, daß Isabeau sich an Frankreichs Hof wie
ein Fisch im Wasser bewegte, und selbst ihre Kritiker Legrand oder Pintoin haben das
von anderen positiv gezeichnete Bild von Isabeaus Courtoisie mit ihren Tiraden im
Grunde nur bestätigt. Eines wird man den gegenwärtigen Kritikern allerdings nicht ab-
streiten können: Zu Beginn der gegen sie gerichteten Kampagne war Isabeau mit 35 Jahren zwar fast ebenso alt oder jung wie ihr vermeintlicher oder tatsächlicher Liebhaber;
aber die zehn Schwangerschaften und Geburten, die sie bis dahin zu Ruhm und Bestand
des Hauses Frankreich durchlitten hatte, werden ihre Spuren hinterlassen haben. Dies
jedoch mit den Worten *enveloppée en laide peau* zu umschreiben, lag jenseits der Grenzen der *politesse* auf dem Boden der *vilainie*, der bäuerischen Niedertracht. Entscheidend für die katastrophale Wende in der Geschichte von Isabeaus Ruf war indes weniger ihr am Hofe Frankreichs eigentlich selbstverständlicher Hang zum Luxus als die
Allianz mit einem Mann, der wähnte, sich über das Wohlwollen der Universitätsgelehr-
ten und des *menu peuple de Paris* souverän und ungestraft hinwegsetzen zu können.
Sein Vetter von Burgund hat sich vor allem auch dank der Unterstützung durch diese
Gruppen am Ende als ein überlegener Gegenspieler erwiesen[51].

Gesteigert werden konnte die von Haß und Verachtung geprägte Tirade des ›Songe
Véritable‹ im Grunde nur noch mit dem ausdrücklichen Vorwurf, die Königin sei eine
Ehebrecherin. Immerhin scheint der Verfasser des »Wahrhaften Traums« diesen Ab-
grund moralischer Verderbnis schon ins Auge gefaßt zu haben: Isabeau sei nicht nur
binnen kürzester Frist zur *Royne mal clamée* geworden, sie werde es auch für immer

---

(in: Fschr. für Max Spindler, München 1969) S. 239 – 281; DERS., Herzog Ludwig der Bärtige von
Bayern-Ingolstadt und seine Beziehungen zu Frankreich in der Zeit von 1391 bis 1415 (Kallmünz
1965).

50   Arthur PIAGET, Othon de Grandson, amoureux de la reine (in: Romania 61, 1935) S. 72–82, hier
S. 74; vgl. STRAUB [wie Anm. 3] S. 138 Anm. 15. – Vgl. auch die Zitate von Laudationes auf Isabeau
aus den Werken des Eustache Deschamps ebd. S. 137 Anm. 13.

51   Zu Schwierigkeiten zwischen dem Orléans und der Universität kam es schon 1404, vgl. Religieux [wie Anm. 6] Bd. 3 S. 190. Eine sehr harsche Abfuhr durch den Herzog erlebten die Vertreter
der Universität im Jahre danach; vgl. ebd. S. 314 und dazu GUENÉE, Un meurtre [wie Anm. 4] S. 170f.
– Im Verfassungskonflikt zwischen Johann Ohnefurcht und dem Orléans nahm die Universität
durch ihren Sprecher Jean Gerson fast unverhüllt Stellung zugunsten des Burgunders; vgl. zu Ger-
sons Rede »Vivat rex« beispielsweise NORDBERG [wie Anm. 4] S. 207ff.

bleiben. Verschwendung kann man aufgeben und die damit bewirkten Verluste an Hab und Gut ersetzen. Andere Vergehen oder Verbrechen aber, das wird der Autor gemeint haben, hinterlassen nicht wieder zu löschende Spuren.

Immerhin wird man Theodor Straub konzedieren müssen, daß aus den fraglichen Jahren, von der ersten offenen Attacke der Burgunder auf den Herzog von Orléans im Herbst 1401 bis zu Ludwigs Ermordung im November 1407, keine Quelle vorliegt, deren Verfasser der Königin explizit Ehebruch vorgeworfen oder von Gerüchten über eine solche Bezichtigung berichtet hätte[52]. Andererseits wird man Michel Pintoin, dem Augustinermönch und dem Verfasser des ›Songe Véritable‹ mit der Unterstellung kein allzu großes Unrecht tun, daß sie ihrem Publikum einen Verdacht dieser Art zumindest suggerieren wollten, es aber, vielleicht aus Rücksicht auf den von allen drei Autoren hoch verehrten König, unterlassen haben, das zu äußern, was sie eigentlich hätten sagen wollen[53].

Im Rückblick aber haben zumindest drei Autoren eben das getan: der bereits erwähnte Jean Chartier[54], außerdem der nicht sicher identifizierbare Verfasser der bis 1428 reichenden ›Geste des Nobles Français‹[55] und schließlich der ebenfalls bisher nicht identifizierte Autor picardischer Provenienz, der unter dem Pseudonym Bucarius ›Le Pastoralet‹, das Hirtengedicht, geschrieben hat[56].

Der zu den Anhängern Karls VII. gehörende Autor der ›Geste‹[57] hat für den Beginn der burgundischen Rufmordkampagne nicht Johann Ohnefurcht, sondern dessen Vater verantwortlich gemacht[58]: Es sei Philipp (der Kühne) gewesen, der über alle Kneipen

---

52   Einige von Isabeaus Leuten sollen nach dem Bericht des Religieux dem damals gesunden König erzählt haben, daß der Augustiner *enormiter contra statum regine* gewettert habe. Sie hätten erwartet, damit den Zorn von Isabeaus Ehemann gegen den Mönch zu erregen. Der aber habe sich erfreut gezeigt und sich dann selbst von einer Predigt des Augustiners beeindrucken lassen; vgl. Religieux [wie Anm. 6] Bd. 3 S. 270ff.
53   Pintoin hat sich zu den amourösen Eskapaden des Königs nur sehr dezent geäußert: Religieux [wie Anm. 6] Bd. 3 S. 28; vgl. dazu GUENÉE, Le portrait [wie Anm. 8] S. 148f.
54   Jean Chartier [wie Anm. 6]. Vgl. Robert FOSSIER, Jean Chartier (in: Lex. des MA 2, 1983) Sp. 1744f.
55   Chronique de la Pucelle ou Chronique de Cousinot suivie de la Chronique Normande de P. Cochon, éd. par M. VALLET DE VIRIVILLE (Paris 1859) S. 87–204. – Daß die ›Geste des Nobles Français‹ von einem der beiden Autoren namens Guillaume Cousinot stamme, steht nicht so unbezweifelbar fest, wie es der Herausgeber der Chronique sowie Pascale BOURGAIN voraussetzen; vgl. BOURGAIN, Guillaume Cousinot (in: Lex. des MA 3, 1986) Sp. 321f. – Die Identifizierung des Verfassers von »Chronique« und »Geste« mit einem der Cousinots wird abgelehnt von André VERNET, Chronique de la Pucelle (in: Lex. des MA 2, 1983) Sp. 2032f.
56   Le Pastoralet [wie Anm. 44]. Dazu BLANCHARD, La pastorale [wie Anm. 44] S. 147ff.
57   Vgl. Anm. 55.
58   Chronique [wie Anm. 55] S. 109: *Si entra pour ceste envie* (zwischen Philipp dem Kühnen und dessen Neffen) *la royne ou gouvernement, qui plus ot de confiance ou duc d'Orléans, son frère* (= Schwager), *que ou duc de Bourgoingne; qui, pour mectre les cuers du peuple contre eulx, fist semer par cayemans et par tavernes faulses mençonges de la royne et du duc d'Orléans son frère.* – STRAUB [wie Anm. 3] S. 138 hat Philipp den Kühnen mit Johann Ohnefurcht verwechselt, damit aber vielleicht unbeabsichtigt eine Verwechslung der beiden Herzöge durch den Verfasser der ›Geste des Nobles Français‹ korrigiert.

und Klatschlokale von Paris Gerüchte über die Königin und den Herzog von Orléans habe verbreiten lassen, um die Herzen des Volkes gegen sie einzunehmen. Auch der Verfasser der ›Geste‹ hat also nicht explizit von Gerüchten über einen Ehebruch gesprochen, aber seine Formulierung ließ und läßt doch keinen Zweifel daran, welche spezielle Art der Diffamierung er dem Burgunder unterstellt hat.

Im burgundisch beherrschten Teil des Königreichs war man weniger dezent. Hier hat um 1422/25 der erwähnte Bucarius den ›Pastoralet‹ geschrieben, in dem er am Ende zumeist von ihm selbst entschlüsselte allegorische Hirtenfiguren die Geschichte des Hauses Frankreich nachspielen ließ, und zwar vom Beginn der hier als unbezweifelbar dargestellten Affaire zwischen Isabeau und dem Orléans über die Tötung des Liebhabers bis hin zum Mord von Montereau[59]. Der Autor muß eine sehr genaue Kenntnis von Frankreichs chaotischer Geschichte jener Zeit gehabt haben. Als Grundmuster für die Wertung der Parteien diente ihm das Bild des edlen Löwen, der die Krone Frankreichs gegen den Angriff des räuberischen Wolfs verteidigt, so wie es ein Künstler auf die Frontseite einer Handschrift von Jean Petits Traktat zur Rechtfertigung des Herzogs von Burgund gemalt hatte[60]. Aber anders als Jean Petits Schrift entwirft der ›Pastoralet‹ kein völlig vom Parteienhaß verzerrtes, einseitiges Bild der Vorgänge, was in unserem Zusammenhang jedoch weitgehend übergangen werden kann[61]. Bedeutsam für unser Thema sind folgende Ausschnitte[62]: Der Schäfer Florentin wird von der Gemahlin Belligère und dem eigenen Bruder Tristifer betrogen. Anfangs scheut man sich, Florentin in Kenntnis der schlimmen Geschichte zu setzen. Als einer der Hirten ihm am Ende aber doch alles erzählt, erweist sich zwar zunächst, daß Florentins Geist verwirrt ist, dann aber fordert er Léonet auf, ihn zu rächen. Nach einem Traum, der ihm von Mars gedeutet wird, schickt Léonet einen seiner Leute aus; Tristifer wird erschlagen, als er von der Geliebten zurückkehrt. Manche jubeln, die Weiseren aber sind betrübt. Léonet bekennt sich zu der Tat, um Unschuldige vor der Verfolgung zu bewahren, was er besser unterlassen hätte, denn die Aufdeckung der Wahrheit ist nicht immer gut. Die Anhänger Léonets finden in Lupal (dem Grafen von Armagnac) einen Anführer, der indes ebenfalls umgebracht wird. Aber einer aus der nach ihm benannten Partei der Lupalois namens Boscalus (Tanguy de Chastel) kann Florentins Sohn Floret in seine Gewalt bringen. Die Lupalois machen diesen zu ihrem Anführer. Floret bleibt ohne gute Erziehung und muß am Ende erleben, wie Boscalus mit Hilfe einiger Komplizen Léonet tötet.

59 Vgl. Anm. 44, bes. BLANCHARD, La pastorale S. 151ff.; zu den Quellen des Bucarius vgl. S. 203ff., zur Datierung S. 198ff. BLANCHARD datiert den ›Pastoralet‹ zwischen 1422 und 1430: wahrscheinlich sei er zwischen 1422 und 1425 entstanden. Terminus post quem ist jedenfalls der frühe Tod Heinrichs V. von England am 31. August 1422, der dem Panalus in einem von seinen Gefährten allerdings nicht vollständig gedeuteten Traum vorhergesagt wird; vgl. Verse 6237ff. S. 195.
60 Vgl. die Abbildungen 6 und 7 bei GUENÉE, Un meurtre [wie Anm. 4] nach S. 192, außerdem bei VAUGHAN, John the Fearless [wie Anm. 4] nach S. 96.
61 Vgl. ausführlich BLANCHARD, La pastorale [wie Anm. 44] S. 198ff.
62 Vgl. die ausführliche Inhaltsangabe von BLANCHARD (ebd.) S. 151ff.

Bemerkenswert an der sehr langen Geschichte sind für unseren Zusammenhang drei Punkte:

1. Daß Belligère ihren Gemahl mit dessen Bruder Tristifer betrügt, ist jedermann bekannt. Florentin allerdings erfährt es erst als letzter. Er fordert Léonet auf, ihn zu rächen.
2. Daß aus der Liaison der beiden Liebenden ein Kind hervorgegangen wäre, wird nirgends behauptet oder auch nur angedeutet: Floret ist Florentins Sohn, nicht ein Bastard Tristifers[63].
3. Floret ist bei der Ermordung Léonets Zeuge, aber kein Mitwisser oder gar Auftraggeber der Mörder[64].

Schon aus dem letzten Punkt kann geschlossen werden, daß Bucarius mit dem Verhalten Herzog Philipps des Guten gegenüber dem Dauphin nicht ohne Einschränkungen einverstanden gewesen sein kann, zumal der Burgunder die Rache für den Mord im Bunde mit den Engländern verwirklichen wollte, die im ›Pastoralet‹ als die Lislois vom Meer des Occidents auftreten und unter ihrem Herrn Panalus den Krieg zwischen Léonet und den Lupalois nur dazu nutzen wollen, ihre eigenen Interessen durchzusetzen[65].

Wir können zusammenfassen und das Ergebnis ergänzen: Mit an Sicherheit grenzender Wahrscheinlichkeit ist König Karls VI. Gemahlin Isabeau von Bayern nach dem Ausbruch des Konflikts zwischen Burgund und Orléans des Ehebruchs mit ihrem Schwager verdächtigt worden. Zwar behauptet der Verfasser der ›Geste des Nobles Français‹, daß es Philipp der Kühne gewesen sei, der die seiner Meinung nach falschen Gerüchte habe verbreiten lassen; es spricht aber manches dafür, daß die systematische Diffamierung der beiden erst nach dem Tode Philipps von dessen Sohn Johann Ohnefurcht eingeleitet wurde. Aus den fraglichen Jahren 1405/07 scheinen zwar keine Quellen vorzuliegen, in denen explizit von einem Ehebruch der Königin oder von Gerüchten darüber die Rede wäre; der Religieux von Saint-Denis gibt aber mit dem von ihm zitierten Auszug aus der Predigt des Augustiners Jacques Legrand sowie seinen eigenen Bemerkungen dem Publikum Anlaß zum Grübeln, was denn unter der Herrschaft der Göttin Venus am Hofe der Königin zu verstehen sei. Der Verfasser des ›Songe Véritable‹ steigert die nach dem Bericht des Religieux allenthalben verbreiteten Attacken auf Isabeau zu einer Haßtirade, die schwerlich allein von einer explizit gegeißelten Habgier der Königin veranlaßt gewesen sein kann. Drei Autoren haben nach dem Tode des angeblich oder tatsächlich betrogenen Königs ausdrücklich behauptet, daß es Gerüchte über Isabeaus Ehebruch

---

63 Floret taucht ziemlich unvermittelt erst gegen Ende der Geschichte auf, über seine Geburt und frühe Kindheit verlautet nichts; vgl. Le Pastoralet [wie Anm. 44] Vers 7458 S. 225. Florentins Kinder, die Florentinidés, werden schon vorher genannt: Vers 2162 und öfter (vgl. das Register der Ausgabe). Bucarius wiederholt dabei die schon von Jean Petit erhobene Anklage des durch einen vergifteten Apfel verübten Mordes an dem Dauphin Karl († 13. Januar 1401); zu Petits Rede vgl. unten bei Anm. 67; zu Floret und den anderen Kindern Florentins vgl. BLANCHARD, La pastorale [wie Anm. 44] S. 157, 159 und bes. S. 199f.

64 Der Mord von Montereau: Le Pastoralet Verse 8447ff. S. 250ff., insbesondere Verse 8547ff.; vgl. BLANCHARD, La pastorale [wie Anm. 44] S. 199f.

65 Zur Rolle der Engländer im ›Pastoralet‹ vgl. vor allem die Ansprache des Panalus an seine Leute: Verse 6017ff. S. 190; dazu BLANCHARD, La pastorale [wie Anm. 44] S. 222.

gegeben habe. Zwei davon, der Verfasser der ›Geste‹ und Jean Chartier, gehörten zur Partei Karls VII.; sie haben die Gerüchte als böswilliges, falsches Gerede bezeichnet. Der dritte, der Picarde Bucarius, hat den Ehebruch als unbezweifelbares Faktum dargestellt und ihn als schlimme Liebesaffäre ausgemalt, die das Idyll der Hirtenwelt ins Chaos von Mord und Bürgerkrieg stürzt. Nur einer der Autoren berichtet davon, daß nach dem von ihm als unzutreffend bezeichneten Gerede Isabeaus Liaison (mit dem von ihm nicht erwähnten Orléans) Folgen gehabt habe: Karl VII. sei demnach ein Bastard gewesen und aus diesem Grunde von der Thronfolge ausgeschlossen worden.

Naturgemäß läßt sich heute nicht mehr entscheiden, ob die aller Wahrscheinlichkeit nach um 1404/05 aufgekommenen und dann wohl von Burgund gesteuerten Gerüchte um Isabeaus Lebenswandel zugetroffen haben oder aber nur der besonders verlogene Teil einer vor allem gegen den Herzog von Orléans gerichteten Kampagne waren[66]. Für letzteres scheint vor allem zu sprechen, daß Jean Petit, Herzog Johanns gelehrter Lakai, in der Rede zur Rechtfertigung seines Herrn das Mordopfer zwar aller nur denkbaren Scheußlichkeiten bezichtigt, einen Ehebruch mit der Gemahlin des Königs in das lange Register von Ludwigs angeblichen Verbrechen aber nicht aufgenommen hat[67]. In allgemeiner Form aber hat der famose Ankläger die amourösen Erfolge des vorsorglich schon hingerichteten Delinquenten doch in seine Suada einbezogen: Als willfähriger Diener der Göttin Venus habe der Herzog von einem abtrünnigen Mönch einen Ring erhalten, durch dessen Berührung das gesamte weibliche Geschlecht seinen Begierden gefügig gemacht worden sei[68]. Der Herzog habe sich dieses Ringes sogar in der Karwoche bedient, um so den Schöpfer noch mehr herauszufordern. Im Hinblick auf die gegenwärtig so sehr im Zentrum wissenschaftlichen Interesses stehenden und als Triebkräfte humanen Fortschritts gepriesenen gelehrten Räte jener Zeit[69] sollte angemerkt werden: Jean Petit hat offenbar selbst an die Magie des Venusringes geglaubt, und wenige Jahre später wird eine ganze Reihe von Kollegen dieses Fürstendieners versuchen, einem Bauernmädchen die Anwendung analoger Praktiken beim Kampf gegen die Engländer zu unterstellen, damit jedoch am Widerstand des gesunden Menschenverstandes scheitern, den sie sich bei Studium und Lehre gewiß nicht ganz, aber doch in besorgniserregendem Ausmaß verdunkelt hatten[70].

---

66   Zum Realitätsgehalt der Gerüchte äußert sich Françoise AUTRAND [wie Anm. 4] S. 413ff. nur sehr zurückhaltend.

67   Zu Petits Rede vgl. z. B. VAUGHAN, John the Fearless [wie Anm. 4] S. 70ff., nach dem Text von Enguerrand de Monstrelet, Chronique, éd. L. DOUËT D'ARCQ, Bd. 1 (Paris 1857) S. 6–26. – GUENÉE, Un meurtre [wie Anm. 4], bes. S. 232ff.

68   Hier nach Religieux [wie Anm. 6] Bd. 3 S. 758: *Addidit et proponens ipsum ducem, velud dee Veneris obsequiosum servitorem, a dicto religioso anulum recipisse, ex cujus tactu omne femineum genus, quasi incantato carmine facinatum, libidinosis votis ejus sine contradictione subserviret, et hoc in penitenciali ebdomada ad majorem injuriam Creatoris.* Auch Petits Auftraggeber scheint sich gelegentlich eines solchen Rings bedient zu haben, vgl. Anm. 22.

69   Vgl. beispielsweise MÜLLER [wie Anm. 1], bes. S. 328ff., dessen Hochschätzung dieser Herren ich nicht nachvollziehen kann.

70   Zu den Versuchen von Richtern und Beisitzern im Prozeß von 1431, Jeanne des Aberglaubens und der mit Hilfe magischer Gegenstände verübten Hexerei zu überführen, vgl. THOMAS [wie Anm. 20] S. 124.

Daß Jean Petit in diesem Zusammenhang das eine oder andere Opfer von Herzog Ludwigs Liebeszauber nicht bei Namen genannt hat, könnte eine der wenigen Konzessionen gewesen sein, zu denen sich der Burgunder bei den voraufgegangenen Verhandlungen bereit erklärt hatte. Am Tage nach dem Mord hatte er seinen Oheimen und Vettern gestanden, für das Verbrechen verantwortlich zu sein, danach hatte Ohnefurcht die Flucht ergriffen und sich in seinen Herrschaftsbereich zurückgezogen[71]. Nur wenige Wochen später aber kam es in Amiens zu Verhandlungen über das Verfahren zur Überwindung der Krise. Von königlicher Seite waren neben dem jungen Herzog von Anjou mit dem Herzog von Berry und dem Obersten Hofmeister Jean de Montaigu zwei der im ›Songe Véritable‹ attackierten Komplizen des Orléans erschienen. Der Mörder gab ihnen mit einem Schild über dem Eingang seines Quartiers zu verstehen, welche Alternativen sie erwarteten[72]: eine Kriegslanze mit scharfer Spitze oder eine stumpfe für den freundschaftlichen Tjost. Nach den folgenden Ereignissen zu urteilen, haben die Herren einen Palmenwedel gewählt; jedenfalls wurde dem Burgunder konzediert, nach Paris zurückzukehren, um hier vor dem Hof seine Tat zu rechtfertigen. Unter Berücksichtigung der Gegenwart von vielen gelehrten Räten wird unterstellt werden können, daß in Amiens oder später noch in Paris wenigstens in groben Zügen auch der Inhalt jener Rede ausgehandelt worden ist, die der an den Beratungen von Amiens beteiligte Jean Petit am 8. März 1408 im Hôtel St-Pol in Gegenwart des Dauphin sowie der Herzöge von Berry und Anjou gehalten hat[73]. Daß bei den voraufgegangenen Beratungen auch von der Königin die Rede war, kann selbstverständlich ebenfalls nur vermutet werden. Indes hatte der Burgunder Zeit genug gehabt, sein weiteres Vorgehen reiflich zu überlegen: Die Fortführung der Kampagne gegen die Königin, die vor dem Mord ja unbezweifelbar als Komplizin, wahrscheinlich auch als Geliebte des Orléans verunglimpft worden war, lag nun kaum noch in seinem Interesse. Isabeau hatte ihren Partner verloren und konnte nach einer gewissen Schamfrist vielleicht wieder als Vertreterin burgundischer Interessen genutzt werden, dies umso mehr, als sie die Schwiegermutter von Johanns Sohn Philipp und seiner Tochter Margarete war[74]: Am 31. August 1404 waren auf Wunsch des damals vorübergehend gesundeten Königs der Dauphin Ludwig mit Margarete und deren Bruder mit Karls VI. Tochter Michelle verheiratet worden.

Daß der Dauphin Ludwig kein Bastard aus einer Liaison seiner Mutter mit seinem gleichnamigen Onkel sein konnte und durfte, lag und liegt auf der Hand. Aber auch das von Jean Chartier als dem einzig ernstzunehmenden Autor der Zeit Karls VII. bezeugte Gerücht um dessen Abstammung von Isabeaus angeblichem oder tatsächlichem Lieb-

---

71 Vaughan, John [wie Anm. 4] S. 67ff.
72 Ebd. S. 69.
73 Guenée, Un meurtre [wie Anm. 4] S. 189ff.; Vaughan, John [wie Anm. 4] S. 70ff.
74 Über die Hochzeit der Kinder vgl. Religieux [wie Anm. 6] Bd. 3 S. 242ff. Der Dauphin war am Hochzeitstag 7 Jahre alt, seine Braut 13; Michelle de France war 9, ihr Bräutigam Philipp (der Gute) 10. Der burgundischen Doppelhochzeit folgte zwei Jahre später eine orléanistische: Am 29. Juni 1406 heiratete Ludwigs Sohn Karl (12) Karls VI. zweite Tochter Isabella (17), Witwe des 1400 ermordeten Königs Richard II. von England. Vgl. Religieux [wie Anm. 6] Bd. 3 S. 394. – Zu anderen burgundischen, noch von Philipp dem Kühnen geplanten, aber nicht alle zustandegekommenen Ehen vgl. Vaughan, John the Fearless [wie Anm. 4] S. 245f.; zu Johanns Ehepolitik vgl. ebd. S. 239ff.

haber wird um 1405 kaum opportun gewesen sein: Karl stand damals auf der Liste der
Thronfolger erst an dritter Stelle und wäre schon deshalb kein lohnendes Ziel für eine
Verunglimpfungskampagne gewesen. Jedenfalls hat der angiovinische Zweig der königlichen Familie keinerlei Bedenken gehabt, Isabeaus Sohn Karl im Jahre 1413, also noch
vor dem Tode der älteren Brüder, als künftigen Gemahl von Ludwigs II. Tochter Maria
zu akzeptieren[75]. Einem auch nur gerüchtweise als Bastard verdächtigten Knaben hätte
ein Herzog von Anjou, der zugleich König von Sizilien sein wollte, schwerlich seine
Tochter zur Frau gegeben.

Es bleibt das Zeugnis von Karls VII. Chronisten Jean Chartier, die Engländer hätten
Isabeau den Lebensabend unter anderem mit dem Gerücht verleidet, ihr Sohn Karl wäre von der Thronfolge ausgeschlossen worden, weil er nicht der Sohn König Karls VI.
sei. Daß es solches Gerede gegeben haben muß, kann unter Berücksichtigung von
Chartiers Auftraggeber als gesichert gelten: Warum sollte er als Anhänger Karls VII. eine diesem selbst im Dementi noch abträgliche Nachricht erfunden haben? Gleichwohl
wird man Chartiers Aussage in erheblichem Ausmaß einschränken müssen. Zunächst
kann nahezu dasselbe festgestellt werden, wie im Falle der Rufmordkampagne nach
dem Ausbruch des Konflikts zwischen Burgund und Orléans: In den amtlichen Schriften der Engländer ist das Gerücht über die illegitime Abstammung Karls VII. ebensowenig verbreitet worden wie das Gerede über Isabeaus Liaison mit dem Orléans in der
Schmährede des Jean Petit. Das mag auch auf den noblen, nahezu untadeligen Charakter des Regenten in Frankreich, des Herzogs von Bedford, zurückzuführen sein[76], aber
ein amtlich bestätigter Vorwurf dieser Art lag auch schwerlich im politischen Interesse
der Regierung in England: Isabeau war die Mutter der Königin Katharina, mithin
Großmutter König Heinrichs VI. Im Prozeß von Rouen hat man Jeanne zwar gefragt,
was sie denn über den von ihrem König zu verantwortenden Mord am Herzog von
Burgund denke[77], aber offenbar hat es keiner der Richter oder Beisitzer für opportun
gehalten, sie mit der Behauptung zu konfrontieren, Jeannes irdischer Herr sei doch nur
ein Bastard und könne schon deshalb gar nicht König von Frankreich sein.

Eine weitere Einschränkung von Chartiers Aussage ergibt sich aus dem Tagebuch
des sogenannten Bourgeois de Paris[78]. Dieser hat in seinem Tagebuch Gerüchte, die in
der Hauptstadt umliefen, mehrfach berücksichtigt, darunter in sehr vager Weise auch
eines, das Isabeau betraf. Vorauszuschicken ist, daß der wohl zum Pariser Klerus
gehörende Autor die Königin mehrfach erwähnt hat und dies durchweg nur in respektvoller Form[79]. Zum Jahre 1424 aber notiert er die Verbreitung eines der Königin höchst
abträglichen Gerüchts[80]. In dieser Zeit, so leitet er den Bericht ein, sei alles durch die

75   Zur angiovinischen Verlobung Karls (VII.) vgl. Religieux [wie Anm. 6] Bd. 5 (1844) S. 230.
76   Vgl. E. CARLETON WILLIAMS, My Lord of Bedford 1389–1435, London 1963. Der Bourgeois de
Paris [wie Anm. 11] hat Bedford sehr geschätzt und ihn von den anderen Engländern positiv abgehoben.
77   Procès [wie Anm. 25] Bd. 1 S. 175. Die Frage unterstellte, daß es Jeannes König war, der den
Herzog von Burgund getötet habe.
78   Bourgeois [wie Anm. 11].
79   Vgl. bes. Bourgeois S. 307 § 591.
80   Bourgeois S. 208 § 401.

Engländer geregelt worden, keiner der Herren von Frankreich (gemeint waren die Parteigänger Burgunds) habe sich in die Regierung des Königreichs eingemischt. Damals habe die Königin in Paris geweilt, aber sie sei so ärmlich versorgt worden, daß sie je Tag nur acht Sester Weins für sich und ihre Leute gehabt hätte. Die Frage, wo die Königin sich befinde, habe niemand beantworten können. Man habe sie so wenig geachtet, daß man dem Volke eingeflößt habe, für alle Übel und Leiden, die damals auf der Erde waren, sei Isabeau die Ursache. Ein paar Seiten danach hat der Bourgeois noch eine weitere Nachricht über die Königin notiert[81]: Isabeau habe sich niemals von ihrem Aufenthaltsort entfernt und sich so verhalten, als ob sie eine Frau aus dem Ausland sei, eingeschlossen in das Hôtel St-Pol, wo der edle König Karl verstorben war, ihr Mann, dem Gott vergeben möge. Sie habe ihren Stand so gewahrt, wie es eine Witwe tun muß.

Mit der Notiz über das in Paris verbreitete Gerede bestätigt der Bourgeois zwei Teile von Jean Chartiers Bemerkung zu Isabeaus Lebensabend: Sie habe nicht mehr standesgemäß leben können, und die Engländer hätten schlimme Gerüchte über sie verbreitet. Man wird mit der Vermutung nicht allzu sehr in die Irre gehen, daß der Bourgeois auch den speziellen Inhalt jener Gerüchte gekannt haben wird, diesen aber nicht wiederholen wollte. Im übrigen hegte der Bourgeois gegen fast alle Engländer eine von Verachtung und Furcht gespeiste Abneigung[82]. Karl VII. bezeichnete er zunächst nur als den sich selbst so nennenden Dauphin, hielt ihn für das Oberhaupt der Armagnacs, deren gräßliche, unmenschliche und unchristliche Verbrechen er mit viel Liebe zum Detail auszumalen pflegte[83]. Es hätte demnach durchaus nahegelegen, dem Hauptmann einer solchen Mörderbande jedes Recht auf die Krone Frankreichs abzusprechen. Aber der Bourgeois hat nicht einmal die wegen des Verbrechens von Montereau im Namen seines Vaters ausgesprochene Enterbung des Thronfolgers berücksichtigt, und trotz seiner ausgeprägt burgundischen Überzeugungen hat er kein einziges Mal explizit das Recht Karls VII. auf Frankreichs Thron in Frage gestellt.

Damit kann zusammenfassend konstatiert werden: Das Gerücht über eine illegitime Abstammung Karls VII. ist wohl nur von Engländern niederen Ranges verbreitet worden, aber nicht einmal der vom Haß auf die Armagnacs getriebene Bourgeois hat es notiert; wahrscheinlich hat er es als zu niederträchtig empfunden, um es in sein Tagebuch aufzunehmen. Chartier aber hat es nicht einmal mehr für erforderlich gehalten, das schlimme Gerede zu ignorieren. Nach dem Erfolg von Arras, so wird er die Meinung seines Auftraggebers eingeschätzt haben, konnte die Erwähnung des Gerüchts keinen Schaden mehr anrichten, war jedoch vorzüglich dazu geeignet, die grenzenlose Würdelosigkeit von Frankreichs Feinden zu entlarven, die aber, so muß gerechterweise ergänzt werden, nur das ein wenig garniert auf den Markt gebracht haben, was andere lange zuvor ausgekocht hatten.

---

81   Bourgeois S. 219 § 418.
82   Vgl. den Bericht über die miserable Küche und den Geiz der Engländer bei Gelegenheit von Heinrichs VI. Krönung in Paris: Bourgeois S. 308ff. § 592f.
83   Das Journal des Bourgeois wimmelt von Horror-Geschichten, vgl. im Register s. v. Armagnac. Als besonders grausamer Halsabschneider erscheint Jeannes Kampfgefährte La Hire: Bourgeois S. 297 § 579 und S. 329 § 638.

Heilige kennen keine Grenzen

Überlegungen zu einem Kalendar aus Pula (Istrien)

VON BERNHARD SCHIMMELPFENNIG

I. ZUR HANDSCHRIFT

Wie einst Moses im Korb wurde nach dem zweiten Weltkrieg in einem Karton des Stadtarchivs Augsburg eine Handschrift gefunden, von der niemand weiß, von wo, auf welchem Wege, wann und durch wen sie dorthin gelangt war[1]. Bis heute unfoliiert, doch immerhin seit etwa zehn Jahren mit einer Signatur versehen[2], gehört der Codex eher in eine Bibliothek als in ein Archiv. Er besteht aus drei Teilen: 1. heute als »Einband« dienende Blätter in beneventanischer Schrift, 2. ein Kalendar, 3. ein Plenarmissale. Der erste Teil dürfte nicht von Anfang an dazugehört haben, ist doch die erste Seite des Kalendars sehr stark abgerieben, während die Blätter in Beneventana gut erhalten sind. Im 12./13. Jahrhundert geschrieben, fanden sie das Interesse meines Vorgängers in Augsburg, Raymund Kottje, und der Beneventana-Spezialisten am Pontifical Institute in Toronto[3]. Hingegen wurden die beiden anderen Teile noch nicht genauer untersucht. Daher werde ich mich ihnen im folgenden zuwenden, vornehmlich dem Kalendar.

Beginnen wir jedoch mit dem Missale! Die Pergamentblätter sind sehr dick und grob bearbeitet. Zweispaltig mit durchschnittlich 33 Zeilen in einer Mischung aus Textualis und Bastarda beschrieben, messen sie 319 x 227 mm, der Schriftspiegel 237 x 160 mm. Der Text entspricht dem Typus, wie er nach dem Vorbild des päpstlichen Hofes vor allem von den Franziskanern verbreitet worden ist[4]. Einen Hinweis

---

1   Die Auskünfte verdanke ich dem früheren Archivdirektor Dr. Wolfram Baer. Außer ihm gilt mein Dank den kroatischen Kollegen Univ.-Doz. Dr. Neven Budak (Zagreb) sowie Univ.-Doz. Dr. Robert Matijasič und Dr. Željko Ujčić (beide Pula). Für die Herstellung der Karten danke ich Herrn Robert Erber (Augsburg). – Abkürzungen: *CDI* = Pietro KANDLER (Hg.), Codice Diplomatico Istriano 1–4 (Trieste 1862–1865, Nachdr. 1986);
IS = Dragutin NEŽIĆ, Istarski sveci i blaženici, in: Leksikon ikonografije, liturgike i simbolike zapadnok kršćanstva (Zagreb 1979) S. 264a–277b [= Istrische Heilige und Selige, in: Lexikon der Ikonographie, Liturgie und Symbolik des westlichen Christentums]. Die Übersetzung aus dem Kroatischen verdanke ich Herrn stud.phil. Thomas Babić (Augsburg).
2   Augsburg, Stadtarchiv, Bestand Reichsstadt, cod. Schätze 202.
3   Soweit ich weiß, sind die Forschungsergebnisse zu den Beneventana-Blättern bislang noch nicht publiziert.
4   Vgl. z.B. Stephen J. P. van DIJK/Joan HAZELDEN WALKER, The origins of the modern Roman liturgy (Westminster/London 1960) passim.

darauf bieten in Rubriken Vermerke wie *secundum consuetudinem romane curie*[5]. Leider fehlt im Text zur Osternacht die Allerheiligenlitanei, so daß ortstypische Heilige nicht erkannt, die Herkunft des Missale demzufolge nicht bestimmt werden kann. Auch eine genaue Datierung ist nicht möglich. Meine Hypothese: Dieser Teil der Handschrift wurde im späteren 14. Jahrhundert im Gebiet von Oberitalien oder Istrien, vielleicht in Pula selbst, geschrieben, dann für den liturgischen Gebrauch in der Kathedrale von Pula um 1400 erworben und dort durch ein Kalendar ergänzt.

Im Gegensatz zum Missale deuten im Kalendar einige Angaben eindeutig auf die Kathedrale in Pula hin; auf sie wird noch eingegangen werden. Dieser Teil der Handschrift war ursprünglich wohl ein Quatern. Nach dem Ende des eigentlichen Kalendars (fol. 2r–7v) folgen (fol. 8r–9r) in anderer Schrift Hinweise zur Errechnung des Ostertermins. Die vollständigen Jahresangaben reichen von 1416 bis 1450; es folgen noch 56 mit *Millesimo* beginnende, doch nicht mehr ausgefüllte Zeilen. Daraus dürfte zu folgern sein, daß das Kalendar wenige Zeit vor dem Jahr 1416 geschrieben und zumindest bis zur Mitte des 15. Jahrhunderts in der Liturgie benutzt worden ist. Doch von wem? Im Missale ist hinsichtlich des Zelebranten, dem Text-Typus entsprechend, lediglich vom *sacerdos* die Rede[6], von einer künstlerischen Ausstattung keine Spur. Daher dürfte der Bischof als Benutzer ausscheiden. Eher kommen schon die Mitglieder des Domkapitels in Frage, waren sie doch verpflichtet, regelmäßig in der Kathedrale und in der benachbarten Thomas-Basilika die Konventsmesse zu lesen[7]. Und daß das Domkapitel nicht über hohe Einkünfte verfügte, zeigte sich im Jahr 1462, als Papst Pius II. auf Wunsch des Kapitels dessen Präbenden von 16 (so noch 1428 fixiert) auf 12 verringerte[8]. Außer dem Domkapitel kommen natürlich auch der Dompfarrer oder dessen Vikar als Benutzer der Handschrift in Betracht.

Selbst wenn die Handschrift seit der 2. Hälfte des 15. Jahrhunderts vielleicht nicht mehr in Gebrauch gewesen ist, dürfte sie doch noch Jahrhunderte lang in Pula aufbewahrt worden sein. Darauf deuten Angaben hin, die von einem *Kalendarium* und *Proprium sanctorum* aus dem 14. oder 15. Jahrhundert berichten[9]. Gehört die Handschrift etwa zur berühmt-berüchtigten »Beutekunst« des zweiten Weltkrieges?

II. Fest- und Gedenktage in Pula

Wer das Kalendar liest, dürfte staunen über die Vielfalt der regionalen Herkunft vieler Heiliger. Bevor jedoch darüber räsoniert wird, seien die Angaben im Kalendar vorgestellt.

Für die Lektüre noch einige Hinweise: In der linken Spalte sind die Einträge im Kalendar, in der rechten die Feste im *Proprium sanctorum* des Missale vermerkt; zusätzliche Namen im *Proprium* sind kursiv wiedergegeben. Im Kalendar durch rote Tinte

---

5 So z. B. fol. 105vb (wenn richtig gezählt) am Ende des Textes zum Karsamstag.
6 So im Text zum *Mandatum* am Gründonnerstag: fol. 86vb–87ra.
7 Statuten des Domkapitels von 1428 (in: CDI 4 S. 1704–1731 Nr. 1013) S. 1708.
8 CDI 4 S. 1912f. Nr. 1124.
9 Antonio Niero, Germano ... di Pola (in: Bibl.SS 6, 1965) Sp. 259f.

hervorgehobene Angaben sind fett, spätere Nachträge in spitzen, Vermerke des Verfassers in runden Klammern gedruckt. Tage, zu denen Einträge fehlen, wurden weggelassen. Orthographische und grammatikalische »Fehler« sind nicht »korrigiert« worden.

Monat und Tag	Kalendar	Proprium sanctorum
Januar		
1	**Circumcisio domini**	dgl.
2	Octava sancti Stephani	
3	Octava sancti Iohannis	
4	Octava sanctorum Innocentum (!)	
5	Vigilia	dgl.
6	**Epiphania domini**	dgl.
10	Sancti Pauli primi heremite	
11	Sancti Ygini pape	
13	**Octava epiphania** (!)	dgl.
14	Sancti Felicis in pincis ep. et mart.	dgl.
15	Sancti Mauri abbatis	
16	Sancti Marcelli pape et mart.	dgl.
17	Sancti Antonii abbatis	
18	Sancte Prisce virg. et mart.	dgl.
19	Sanctorum mart. Audifax, Marii, Marthe et Ab<acuc>	dgl.
20	Sancti Fabiani pape et Sebastiani mart.	dgl.
21	**Sancte Agnetis virg.**	dgl.
22	Sancti (!) Vincencii et Anastasii mart.	dgl.
23	Sancte Emerentiane virg. et mart.	dgl.
24	Sancti Timothei apostoli (!)	
25	**Conversio sancti Pauli apostoli**	dgl.
27	Sancti Iohannis qui et dicitur crisostomus conf.	
28	**Apparicio sancte Agnetis**	In sancte Agnetis secundo
31	(unleserlicher Eintrag)	
Februar		
1	Sancti Severi ep. et conf. et s. Ignacii mart.	
2	**Purificacio sancte Marie virg.**	dgl.
3	Sancti Blasii ep. et mart.	
4	Sancti Gilberti conf.	
5	Sancte Agathe virg. et mart.	dgl.
6	Sanctorum Amandi et Vadasti (!) conf. et s. Helene regine	
10	Sancte Scolastice virg.	
11	Sancti Castrensis mart.	

Monat und Tag	Kalendar	Proprium sanctorum
13	Sanctarum Fusce et Maure	
14	Sancti Valentini presb. et mart., Vitalis, Felicis (!) et Zenonis	Valentini
15	Sanct i(!) Faustini et Iovite mart.	
16	Sancte Iuliane	
17	Sancti Barbati ep. et conf.	
20	Sancti Victoris mart.	
22	**Cathedre sancti Petri**	dgl.
23	Sancti Felicis ep. et conf.	
24	**Sancti Mathie apostoli**	dgl.
26	Sancti Fortunati ep.	
28	Sancti Romani abbatis	

März

7	Sanctarum Perpetue et Felicitatis	dgl.
9	Sanctorum Quadraginta mart.	
12	Sancti Gregorii pape et conf.	dgl.
16	Sancti (!) Helari (!) et Taciani	
21	Sancti Benedicti abbatis	dgl.
25	**Annunciacio sancte Marie virg.**	dgl.

April

9	Sanctarum septem virginum	
14	S. Tyburcii et Valeriani et Maximi	dgl.
17	Sancti Aniceti pape et mart.	
22	**Letanie maiores** (statt: 25.4.)	
23	Sancti Georgii mart.	
25	**Sancti Marci apostoli** (!) **et evang.**	
26	Sancti Cleti pape et mart. et s. Marcelli pape et mart.	
27	Sancti Pulionis mart.	
28	Sancti Vitalis mart., Otonis conf. de ordine minorum	Vitalis
29	**Sancti Germani mart.**	
30	Sancti Sigismundi regis et mart. et s. Macharii mart.	

Mai

1	**Apostolorum Phylippi et Iacobi**	dgl.
2	Sancti Atanasii ep. et conf.	
3	**Sancte Crucis,**	Inventio sancte
	Alexandri, Evencii et Theodoli	Crucis
4	Sancti Floriani	

Monat und Tag	Kalendar	Proprium sanctorum
6	Sancti Iohannis ante Portam Latinam	dgl.
8	**Victoria sancti Michaelis**	Inventio sancti Michaelis
10	Sanctorum mart. Gordiani et Epimachi	
12	Sanctorum mart. Nerei et Archilei (!) atque Pangracii (!)	Nerei, Achylei (!) et Pancracii
14	S. Victoris et Corone mart. et sancti Bonifacii pape (!) et mart.	
17	Sancti Syri conf.	
18	Sancti Fidencii ep.	
19	Sancte Potenciane virg.	dgl.
20	Sancti Eustasii et sociorum eius	
21	Sancta (!) Helena (!)	
23	**Sancti Peregrini**	
25	Sancti Urbani pape et mart.	*Translatio Francisci*, Urbani pape
26	Sancti Eleuterii pape et mart. et s. Beda (!) presb.	
27	Sancti Iohannis pape et mart.	
29	Translacio sancti Peregrini	
30	Sancti Felicis pape et mart.	
31	Sanctorum mart. Canci, Canciani, Cancianille et Petronille	

Juni

1	Sancti Nicomedis mart.	
2	Sanctorum Marcellini et Petri	Marcelli (!), Petri *et Erasmi*
4	Sancti Quirini	
5	Sancti Bonifacii pape (!) et mart.	
6	Sancti Medardi ep. et conf.	
8	Sancti <Juliani mart.>	
9	Sanctorum mart. Primi et Feliciani	dgl.
11	**Sancti Barnabe apostoli**	dgl.
12	Sanctorum mart. Basilidis, Cirini, Naboris et Naçarii	dgl.
13	Sancti Antonii conf. de ordine minorum	dgl.
14	S. Helyseus (!) propheta (!)	
15	**Sanctorum mart. Viti et Modesti**	dgl., dazu: *Crescentie*
17	Sanctorum mart. Nicrandi (!) et Cassiani (!)	
18	Sanctorum mart. Marci et Marcelliani	dgl.

Monat und Tag	*Kalendar*	*Proprium sanctorum*
19	Sanctorum mart. Gervasii et Protasii	dgl.
20	Sancti Silverii pape et mart.	
21	Sancti Albani mart.	
	et Iustini et sociorum eius	
23	Vigilia, sancti Gallicani mart.	Vigilia
24	**Nativitas sancti Iohannis baptiste**	dgl.
26	Sanctorum Iohannis et Pauli mart.	dgl.
28	Sancti Leonis pape, Vigilia apostolorum	Vigilia
29	**Festivitas apostolorum Petri et Pauli**	dgl.
30	**Commemoracio sancti Pauli**	dgl.

Juli

1	Octava sancti Iohannis baptiste	
2	Sanctorum mart. Processi et Martiniani <et Visitacio>	Processi et Martiniani
3	Translacio sancti Thome apostoli	
6	Octava apostolorum Petri et Pauli	dgl.
9	Sancti Paterniani ep. et conf.	
10	Sanctorum septem fratrum et sanctarum Rufine et Secunde virg.	dgl.
11	Translacio sancti Benedicti abbatis et s. Pii pape et mart.	
12	Sanctorum mart. Hermacora (!) et Fortunati	*Naboris et Felicis*
13	**Sancte Margarete virg. et mart.**	
15	**Divisio apostolorum**	
16	Sanctarum Vincencie et Margarete virg.	
17	Sancte Marine virg.	
18	Sancti Alexii conf.	
	et sancte Symphorose cum VII filiis	
19/20	**A IIII^{or} kalendas Aug. usque ad nonas septembris non minuas sanguinem**	
21	Sancte Praxedis virg.	dgl.
22	**Sancte Marie Magdalene**	dgl.
23	Sancti Apolenaris (!) ep. et mart.	dgl.
24	Sancte Christine virg.	
25	**Sancti Iacobi apostoli**	dgl.
26	**Sancti Christofori mart.**	
27	Sancti Simeonis conf. <sancti Pantaleonis mart.>	
28	Sancti (!) Naçarii et Celsi mart.	dgl., dazu: *Victoris et Innocentii*
29	Sancti (!) Simplicii, Faustini et Beatricis	dgl., dazu: *Felicis pape*

Monat und Tag	Kalendar	Proprium sanctorum
30	Sanctorum Abdon et Seneni mart.	dgl.
31	Sancti Germani ep. et conf.	

August

1	**Vincula sancti Petri et s. Machabeorum et s. Felicitatis**	S. Petri ad vincula; am Schluß des Monats Nachtrag: Machabei
2	Sancti Stephani pape et mart.	dgl.
3	Invencio sancti Stephani protomart.	dgl.
4	Sancti Iustini presb. et mart.	
5	Sancti Dominici conf. de ordine fratrum predicatorum <Sancte Marie in nivis (!)>	
6	**Transfiguracio domini et s. Sixti, Felix (!) et Agapiti mart.**	Sixti pape, Felicissimi et Agapiti
7	Sancti Donati ep. et mart. et Translacio sancti Flori	Donati
8	Sanctorum mart. Ciriaci, Largi et Smaragdi	dgl.
9	Sancti Romani mart., Vigilia	Vigilia
10	**Sancti Laurencii mart.**	dgl.
11	Sancti Tyburcii mart.	Tyburcii *et Susanne*
12	<Sancte Clare virg.>	
13	Sanctorum mart. Ypoliti et Cassiani	Ypoliti et sociorum eius
14	Sancti Eusebii conf., Vigilia	Vigilia
15	**Assumpcio gloriosissime virg. Marie**	dgl., Eusebii (comm.)
17	Octava sancti Laurencii	dgl.
18	Sancti Agapiti mart.	dgl.
19	Sancti Magni mart.	
20	Sancti Bernardi (getilgt: ep.) et conf.	
22	Sancti (!) Tymothei et Symphroniani (!)	Timothei, *Ypoliti* et Simphoriani
23	Vigilia	
24	**Sancti Bartholomei apostoli**	dgl.
25	<Sancti Ludovici confesoris (!) rex (!) Francie>	
26	Sancti Anastasii mart.	
27	Sancti Rufi mart.	

Monat und Tag	*Kalendar*	*Proprium sanctorum*
28	S. mart. Danielis, Hermetis, Pelagie et Iustine	*Augustini ep.*, Hermetis
29	**Decollacio sancti Iohannis baptiste**	dgl., *Sabine (comm.)*
30	Sanctorum mart. Felicissimi (!) et Audacti (!)	Felicis et Audacti(!)
31	Sanctorum mart. Iusti et Clementis	angefügt: *XII fratrum* (statt: 1.9.)

September

1	Sancti Prisci mart. et sancti Egidii abbatis	Egidii
2	Sancti Nonosi mart.	
3	Sancti Antonini mart.	
4	<Sanctus (!) Muscus (!) mart.>	
5	Sancti Quinti mart.	
7	Sancti Sinoti mart., Vigilia	
8	**Nativitas gloriosissime Marie virg.**	dgl., *Adriani (comm.)*
9	Sancti Gurgoni (!) mart.	Gurgonii (!)
11	Sanctorum Proti et Iacincti (!)	Proti et Iacinti
14	**Exaltatio sancte Crucis**	dgl.
15	Sancti Nicomedis mart.	dgl.
16	Sancte Eufemie virg. <Lucii(!) et Geminiani mart.>	Lucie et Geminiani et Eufemie
19	Sancti Ianuarii cum sociis suis	
20	Sancti Eustachii et sociorum eius, Vigilia	Vigilia, Eustochii (!) et sociorum
21	**Sancti Matthei apostoli et evang.**	dgl.
22	Sancti Mauricii cum sociis suis mart.	dgl.
23	Sancte Tecle virg. (getilgt: et mart.)	
26	Sancti Cypriani ep. et mart.	Cipriani *et Iustine*
27	Sanctorum mart. Cosme et Damiani	dgl.
29	Dedicacio basilice sancti Michaelis archangeli	Dedicatio s. Michaelis
30	**Sancti Ieronimi presb., Dedicacio ecclesie sancte Marie maioris Polensis**	

Monat und Tag	Kalendar	Proprium sanctorum

Oktober

1	Sanctorum Remigii, Germani et Vadasti (!), **Dedicacio ecclesie sancti Thome**	
4	**Sancti Francisci conf. de ordine minorum**	Nativitas s. Francisci
5	\<Sancti Placidi mart.\>	
6	Sancti Dimitri (!) mart.	
7	Sancti (!) Marci, Apulei, Sergi (!) et Bachi (!)	Sergii et Bachi(!), Marcelli (!) et Apulei
8	Sanctarum Pellagie (!) et Iustine virg.	
9	Sanctorum (!) Dionisii cum sociis suis	Dionisii, Rustici et Eleuterii
10	\<Sancti Cerloni (!) ep. et conf.\>	
14	Sancti Calixti pape et mart.	dgl.
15	Sancti Lupreli mart.	
16	Sancti Galli conf.	
18	**Sancte (!) Luce evang.**	dgl.
21	Sancti Ylarionis et XI^m milia virg.	
22	Sanctorum quinque fratrum mart.	
23	Sancti Longini mart.	
24	Sancti (!) Grisanci et Darii (!) mart.	Grisanti et Darie
26	Vigilia apostolorum	
27	**Sancti Flori conf. atque ep. est corpus in Pola**	
28	**Sanctorum apostolorum Symonis et Iude**	dgl.
31	Vigilia omnium sanctorum	dgl.

November

1	**Festivitas omnium sanctorum**	dgl., *Cesarii (comm.)*
2	Sancti Iusti et commemoracio omnium defunctorum	
3	Dedicacio altaris sancti Barnabe apostoli	
4	Sanctorum mart. Vitalis et Agricole	
6	Sancti Leonardi conf.	
8	Sancti (!) Symphoriani et Claudii mart. et IIII^{or} Coronatorum	IIII^{or} Coronatorum
9	**Sancti Theodori mart.**	dgl.
11	**Sancti Martini ep. et conf.**	dgl., Menne (comm.)
12	Sancti Menne mart.	
13	Sancti Bricii \<ep.\> conf.	

Monat und Tag	*Kalendar*	*Proprium sanctorum*
14	Sancti Marcialis mart.	
15	Sancti Fidencii ep. et mart.	
16	Sancti (!) Augustini et Felicitatis mart.	
17	Sancti Augustini ep. et conf.	
18	Octava Sancti Martini	
	<Dedicatio ac c[onsecratio eccl. ss. Petri et Pauli]?>	
19		*Helisabeth*
21	**Sancti Mauri mart.**	
22	**Sancte Cecilie virg.**	dgl.
23	**Sancti Clementis pape et mart.**	dgl., *Felicitatis (comm.)*
24	Sancti Grisogoni mart.	dgl.
25	Sancte Katherine (!) virg.	dgl.
26	Sanctorum Nicrandi (!) et Cassiani mart.	
29	Sancti Grisanti mart., Vigilia	Vigilia
30	**Sancti Andree apostoli**	dgl.

Dezember

2	Sancte Bibiane virg.	
4	Sancte Barbare virg.	
6	Sancti Nicolai ep. et conf.	dgl.
7	Sancti Ambrosii ep., Octava sancti Andre (!)	
8	Sancti Zenonis conf. (keine Conceptio!)	
10	Sancte Eulalie virg.	
11	Sancti Damasci (!) pape et conf.	Damasci (!)
13	**Sancte Lucie virg.**	dgl.
20	Vigilia	
21	**Festivitas sancti Thome apostoli**	dgl.
24	Vigilia domini nostri Iesu Christi	dgl.
25	**Nativitas domini nostri Iesu Christi**	dgl.
26	**Sancti Stephani protomart.**	dgl.
27	**Sancti Iohannis apostoli et evang.**	dgl.
28	**Sanctorum Innocentum (!)**	dgl.
29	**Sancti Thome Caturiensis (!) archiep.**	dgl.
31	**Sancti Silvestri pape et conf.**	dgl.

III. Interpretation der Einträge

1. Allgemeines

Wie auch sonst in Kalendarien sind in dem von Pula die Festtage der Weihnachtswoche sowie die sonstigen Herren-, Marien- und Apostelfeste mit roter Tinte hervorgehoben und häufig durch die Feier der Vigil und der Oktav betont. Allerdings zeigen sich schon bei ihnen einige Besonderheiten: Am 8. Dezember ist weder im Kalender noch im *Proprium* das Fest der *Conceptio* (Mariä – noch nicht unbefleckte – Empfängnis) genannt, obwohl Mariens Geburt (8. September) rot geschrieben war und gerade Franziskaner das Fest liebten. Verweilen wir noch kurz bei der Gottesmutter: Das Fest der *Visitatio* (Heimsuchung) am 2. Juli ist nachgetragen. Weil dieses Fest erst 1389 von dem römischen Schismapapst Urban VI. gestiftet und von seinem Nachfolger Bonifaz IX. bestätigt worden ist, spiegelt der Eintrag die Rezeption neuer Feste wider und läßt vermuten, daß der Grundstock des Kalendars älter ist. Und während dieser Nachtrag zeigt, daß Pula während des Großen Schismas zur Obödienz des römischen Papstes gehörte, deuten zwei andere, zum Teil fehlerhafte Nachträge zum 5. August und zum 18. November auf eine nachlassende Kenntnis stadtrömischer Feste hin. In diesen Kontext gehören vielleicht auch das falsche Datum für die *Letanie maiores* (statt des 25. der 22. April) und das Fehlen oder die falsche Schreibung mancher Papstnamen.

Andere Eigenheiten bei auch anderswo üblichen Festen weisen hingegen auf regionale oder auch speziell lokale Vorlieben hin. Auf sie wird gleich einzugehen sein. Wieder andere Besonderheiten lassen erkennen, daß »moderne«, also seit dem 11./12. Jahrhundert kanonisierte Heilige nur selektiv übernommen worden sind[10]. Und zumindest in einem Fall fragt es sich, ob es sich um einen Kanonisierten handelt: Zum 27. Juli wird eines hl. Simeon gedacht. Weil nur mit einem Tag Unterschied (26. Juli) der möglicherweise 1017/1024 von Benedikt VIII. kanonisierte Simeon von Polirone gefeiert wird, könnte es sich um diesen handeln. Doch in Frage kämen auch der ältere Säulensteher gleichen Namens und der im Lukasevangelium erwähnte Simeon, für dessen Überreste immerhin im dalmatinischen, also nicht allzu weit entfernten Zadar im 14. Jahrhundert ein prächtiges Reliquiar geschaffen worden ist[11]. Und während die Nennung Bernhards von Clairvaux (20. August) und Thomas Beckets (29. Dezember) auf Grund ihrer Propagierung und dadurch bedingter »Popularität« nicht wunder nimmt (allerdings ist die Schreibweise bei Thomas kein Zeichen für genauere Kenntnis), erstaunt die Aufnahme Gilberts von Sempringham (4. Februar); auf ihn werde ich noch im »internationalen« Abschnitt eingehen.

---

10   André Vauchez, La sainteté en occident aux derniers siècles du moyen âge d'après les procès de canonisation et les documents hagiographiques (= Bibl. des Écoles françaises d'Athènes et de Rome 241, Rom 1981) passim. – Bernhard Schimmelpfennig, Heilige Päpste – päpstliche Kanonisationspolitik, in: Jürgen Petersohn (Hg.) Politik und Heiligenverehrung im Hochmittelalter (= VuF 42, Sigmaringen 1994) S. 73–100, bes. S. 74–85.
11   Zu den Simeonen vgl. z. B. AASS Juli 6 S. 324–334; BHL Nrn. 7952–7954 u. 7956–7962; Bibl.SS 11 (1968) Sp. 1114f. – Ivo Petricioli, Der Schrein des hl. Simeon in Zadar (= Mon. Artis Croatiae 2 III, Zagreb 1983).

Interessant ist es auch zu beobachten, welche Heiligen der Bettelorden in Pula eines Eintrages für würdig befunden worden sind. Beginnen wir mit den Franziskanern; schließlich besaßen sie einen Konvent in Pula und konnten daher ihre Heiligen durch Kultfeiern bekanntmachen. Allerdings war das Echo verhalten. Der Ordensgründer Franciscus wird zwar im Kalendar zum 4. Oktober durch rote Farbe hervorgehoben, doch Vigil und Oktav wurden ihm ebenso wenig zugebilligt wie eine persönlichere Charakterisierung (*pater noster* o. ä.); distanziert ist auch seine Nennung im *Proprium sanctorum*. Der einzige andere, gleichermaßen im Kalendar und im *Proprium* genannte Minorit ist Antonius von Padua. Doch obgleich er den Ordenskonvent in Pula selbst gegründet haben soll[12] und dessen wohl erster Vorsteher Oto in Pula verehrt wurde und wird – dazu bald mehr –, ist Antonius nicht durch Rot hervorgehoben. Von den übrigen Ordensheiligen wurde die hl. Clara zum 12. August im Kalendar immerhin nachgetragen, während sie im *Proprium* nicht genannt ist. Völlig fehlt zum Beispiel Ludwig von Toulouse, und die hl. Elisabeth ist nur im *Proprium* aufgeführt. Noch weniger wurden die Heiligen der in Pula nicht präsenten Dominikaner berücksichtigt; von ihnen ist lediglich der Ordensgründer im Kalendar – nicht jedoch im *Proprium* – mit schwarzer Tinte eingetragen, aber kein Petrus Martyr oder Thomas von Aquin.

Der modernste Heilige überhaupt ist der 1297 von Papst Bonifaz VIII. kanonisierte französische König Ludwig IX. (Nachtrag zum 25. August). Könnte es sein, daß die Vorlage des Kalendars aus der Mitte des 13. Jahrhunderts stammte, also vor allem den Festkalender des frühen und hohen Mittelalters tradierte? Diese Möglichkeit wird zu prüfen sein, wenn ich im »internationalen« Teil auf den hl. Sigismund eingehen werde.

Zuvor jedoch möchte ich besondere Heilige Pulas, Istriens und Italiens behandeln. Um diese von allgemeinen Berühmtheiten zu unterscheiden, habe ich das Puleser Kalendar mit den durch Van Dijk rekonstruierten römischen Kalendarien und mit den von Grotefend zusammengestellten, vor allem in Deutschland überlieferten Kalendarien verglichen und das Sondergut herausgefiltert[13]. Doch gebe ich zu, bei manchen Heiligen etwas *al gusto* verfahren zu sein. Um diese Willkür einzuschränken, habe ich auch ein Kalendar aus Triest berücksichtigt[14]. Aufschlußreich für die Gegenwart ist ein Kirchenkalender der Diözese Pula/Poreč, den ich aus der Marienkirche in Medulin mitnehmen konnte.

12 IS S. 270 a/b.
13 Stephen J. P. VAN DIJK/Joan HAZELDEN WALKER (Hg.), The Ordinal of the papal court from Innocent III to Boniface VIII and related documents (Fribourg 1975) S. 62–85. – Hermann GROTEFEND, Zeitrechnung des deutschen Mittelalters und der Neuzeit 2 I und II (Hannover und Leipzig 1892/98).
14 CDI 3 S. 849–855 Nr. 478 (laut KANDLER: 14. Jh., wohl eher um 1400).

2. Spezialitäten von Pula und Istrien

Von den Römern als besser kontrollierbarer Ersatz für das eroberte Nesactium gegründet – dieses lebte dennoch weiter bis hin zu Kirchenanlagen des 6. Jahrhunderts, die mit Pula selbst, aber auch mit Poreč, Triest, Aquileia oder Grado zu vergleichen sind[15] –, war Pula (Karte I 1) einer der wichtigsten Häfen der nördlichen Adria; sein noch heute gut erhaltenes Amphitheater ist eines der größten Beispiele dieser Art und läßt Rückschlüsse auf Größe und Bedeutung der antiken Stadt zu[16].

Trotz des Ranges der Stadt ist es völlig ungewiß, ab wann es in Pula Christen gegeben hat. Vielleicht der archaischste und im Kult weitgehend auf die Stadt beschränkte Heilige ist Germanus, der bei Pula das Martyrium erlitten haben soll, und zwar unter dem nicht sonderlich bekannten Kaiser Numerianus (August 283–August 284)[17]. Seine *Passio* ist lediglich im Großen Österreichischen Legendar überliefert[18]. Soweit erkennbar, war ihm in Pula niemals eine Kirche geweiht; lediglich auf der Insel Brioni (Karte I 7) soll er Kirchenpatron gewesen sein[19]. Dennoch wurde sein Fest im Kalender durch rote Tinte hervorgehoben. Allerdings sorgt das Datum für Verwirrung: Das Kalendar erwähnt ihn am 29. April, demselben Tag, an dem anderswo des hl. Germanus von Alexandrien gedacht wurde[20]; die literarische Tradition fixierte sein Fest auf den 30. Mai[21]; und heutzutage hat er im Kalender von Pula den 28. Mai, an dem früher der Bischof Germanus von Paris verehrt worden war. Apropos Numerianus: Seinem kurzzeitigen Wirken verdankten auch zwei andere Festtage in Pula ihre Heiligen: am 29. November die Römer Chrysanthus und Daria[22], am 16. März die in Aquileia hingerichteten Hilarius und Tatianus[23].

Gleichfalls nur lokale Verehrung genießt der Franziskaner Oto; das Kalendar nennt ihn zum 28. April, der heutige Festkalender weist ihm den 2. Juli zu. Nach verschiedenen Umbettungen werden seine Gebeine seit 1972 in der Kapelle links vom Hochaltar der Franziskanerkirche verehrt. Nach meinen spärlichen Kenntnissen[24] trat er 1235 in den Franziskanerkonvent ein und starb dort am 14. Dezember 1241. Trotz mancher Wunderheilungen blieb ihm bislang die Kanonisation versagt.

15 Zu Nesactium in der Spätantike: William GERBER, Altchristliche Kultbauten Istriens und Dalmatiens (Dresden 1912) S. 75f. – Branko MARUŠIĆ, Istrien im Frühmittelalter. Archäologisch-historische Darstellung (= Kulturhist. Denkmaeler in Istrien 3, Pula ³1969) S. 16f. – DERS. Das spätantike und byzantinische Pula (= Kulturhist. Denkmaeler in Istrien 6, Pula 1967) S. 9, 12–16.
16 Zu Pula in der Antike zuletzt: Günter FISCHER, Das römische Pula. Eine archäologische Stadtgeschichte (= AAM, N. F. Heft 110, München 1996).
17 Vgl. NIERO [wie Anm. 9].
18 Anal. Boll. 17 (Brüssel 1898) S. 63 u. 173–175. Vgl. auch BHL Nr. 3482 (zum 30. Mai).
19 IS S. 267b. – GERBER [wie Anm. 15] S. 68–72 (ohne Patrozinium).
20 Joseph-Marie SAUGET, Germano, sacerdote di Alessandria (in: Bibl. SS 6, 1965) Sp. 231.
21 Wie Anm. 18f.
22 Prospero SIMONELLI/Maria Chiara CELLETTI, Crisanto e Daria (in: Bibl.SS 4, 1964) Sp. 300–306.
23 Filippo CARAFFA, Ilario, Taziano, Felice, Largo e Dionigi (in: Bibl.SS 7, 1966) Sp. 728–730.
24 Außer Angaben in der Kirche selbst: IS S. 270 a/b.

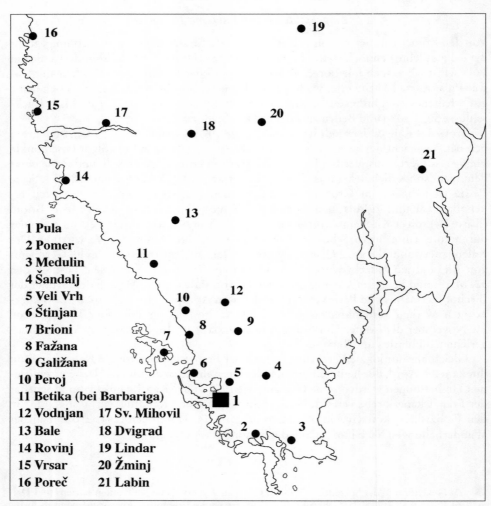

1 Pula
2 Pomer
3 Medulin
4 Šandalj
5 Veli Vrh
6 Štinjan
7 Brioni
8 Fažana
9 Gališana
10 Peroj
11 Betika (bei Barbariga)
12 Vodnjan   17 Sv. Mihovil
13 Bale   18 Dvigrad
14 Rovinj   19 Lindar
15 Vrsar   20 Žminj
16 Poreč   21 Labin

Karte I: Istrien (ohne Diözese Triest)

Wie über die Anfänge des Christentums in Pula besteht auch darüber Unsicherheit, ab wann Bischöfe in Pula gewirkt haben[25]. Aus der Zeit vor dem 6. Jahrhundert sind weder Bischöfe bekannt noch Überreste von Kirchenbauten erhalten. Um so mehr überrascht die Vielzahl der Bauten aus der Zeit Kaiser Justinians[26]. Vielleicht wegen der ungewissen Anfänge der Puleser Kirche wurde kein Bischof als lokaler Kirchengründer verehrt, sondern der historisch kaum erkennbare Bischof Florus[27]. Wie das Kalendar zum Hauptfest am 27. Oktober mitteilt, ruht sein Körper in der Kathedrale. Noch heute wird in der Reliquiennische des Hauptaltars auf die Reliquien hingewiesen und sein Fest im Kalender genannt. Anders verhält es sich mit dem Tag der Translation (7. August), den nur das spätmittelalterliche Kalendar mitteilt. Wann und von wo die Reliquien überführt worden sind, ist mir nicht bekannt. Trotz seiner Verehrung war ihm weder die Kathedrale noch eine andere Kirche in Pula geweiht. Lediglich außerhalb der Stadt – aber immerhin innerhalb der alten Diözese – war er der Patron von Kirchen: Bei Pomer (Karte I 2) ist es die auf das 6. Jahrhundert zurückgehende Friedhofskirche am Rand von Kršić; in Labin (Karte I 21) stand einstmals eine Floruskirche nahe beim Stadttor[28].

Im Unterschied zu Florus sind im Kalendar andere Heilige deshalb hervorgehoben, weil sie als Patrone verehrt wurden[29]. Den Kathedralbereich schützte das Dreigestirn Maria, Thomas und Justus. Vielleicht schon seit dem Bau des 6. Jahrhunderts war und ist Maria die Patronin der Kathedrale; als solche wurde sie vor allem am 15. August gefeiert, außerdem natürlich auch am Fest der Kirchweihe (30. September). Östlich der Kathedrale (sie ist genordet) stand bis zum 17. Jahrhundert die gleichfalls im 6. Jahrhundert errichtete Basilika des Apostels Thomas, dem drei Feste galten: das Hauptfest am 21. Dezember (heute nicht mehr), das der Translation von Indien nach Edessa (Karte III 57) gedenkende Fest am 3. Juli (heute Hauptfest infolge der Kalenderreform Pauls VI.) und das Kirchweihfest am 1. Oktober. – Die zweite Translation nach Ortona (Karte II 49) im Jahre 1258 scheint in Pula nicht beachtet worden zu sein. – Die direkte Aufeinanderfolge der beiden Kirchweihfeste zeigt, daß nicht nur topographisch, sondern auch liturgisch Kathedrale und Basilika als zusammengehörend galten. Und weil die Basilika die Hauptkirche für die Laien war, erstaunt es nicht, daß Thomas als Patron der Stadt verehrt und in Notzeiten, wie etwa der Pest[30], angerufen worden ist. Außerhalb Pulas war ihm auch in Rovinj (Karte I 14) eine Kirche geweiht. Einen eigenen Patron hatte das Domkapitel: den hl. Justus[31]. Daher war für sein Fest am 2. November in den Kapitelsstatuten von 1428 festgelegt, besondere Almosen zu spenden[32]. Schon diese Hinweise

---

25   Vgl. Paul Fridolin KEHR (Bearb.), IP 7 II (Berlin 1925) S. 236–239, bes. S. 236f.

26   MARUŠIĆ, Pula [wie Anm. 15] passim.

27   IS S. 268b–269b (sehr phantasievoll). – Antonio NIERO, Fiore vescovo di Pola (in: Bibl.SS 5, 1964) Sp. 846–848.

28   IS S. 269a/b.

29   Zum Folgenden vgl. bes. IS, passim, und die beiden Arbeiten von MARUŠIĆ [wie Anm. 15].

30   CDI 3 S. 1220 Nr. 722 (1348). Zu Thomas vgl. bes. BHL Nrn. 8136–8149. – Francesco SPADAFORA/Angelo Maria RAGGI, S. Tommaso apostolo (in: Bibl.SS 12, 1969) Sp. 535–544.

31   BHL Nr. 4604 u. Suppl. Nr. 4604. – Ireneo DANIELE, S. Giusto di Trieste (in: Bibl.SS 7, 1966) Sp. 33.

32   CDI 4 S. 1726 Nr. 1013.

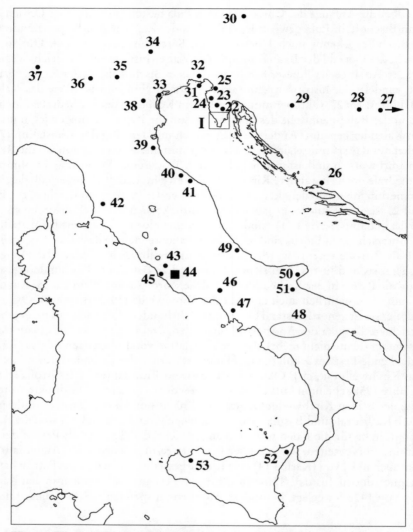

Karte II: Italien und östlicher Adriaraum

22 Grožnjan	30 Lauriacum	38 Padua	46 Cassino
23 Buje	31 Grado	39 Ravenna	47 Capua
24 Umag	32 Aquileia	40 Rimini	48 Lukanien
25 Triest	33 Venedig	41 Fano	49 Ortona
26 Salona	34 Feltre	42 Volterra	50 Mte. Gargano
27 Sirmium	35 Verona	43 Soratte	51 Siponto
28 Cibalae	36 Brescia	44 Rom	52 Messina
29 Siscia	37 Mailand	45 Ostia	53 Monreale

zeigen, wie stark der Kult des Stadtheiligen von Triest (Karte II 25) über sein Bistum ausgestrahlt hat. Und so verwundert es nicht, daß er auch in anderen Orten der Diözese Pula verehrt worden ist, so in Galižana (Karte I 9) und Labin (Karte I 21).

Thomas war in Pula zwar der wichtigste, doch nicht der einzige verehrte Apostel. Barnabas war in der Kathedrale ein Altar geweiht (3. November, Hauptfest: 11. Juni), Matthias (24. Februar) eine Kirche; der vermeintliche Petrusjünger Clemens (23. November) war Patron einer nahe der Stadt gelegenen Zömiterialkirche. Neben dieser wurde – wahrscheinlich in späterer Zeit – ein Kloster errichtet, das dem Erzengel Michael geweiht war (Karte I 5). Und wenn auch Michael europaweit verehrt wurde, besaß sein Kult in Pula einen besonderen Rang: Sein Kloster stand in Konkurrenz zum Domkapitel, wie dessen Statuten verraten[33], und teilte sich mit dem Bischof den Zehnt in der Diözese[34]. – In Parenthese: Als Verehrer der hl. Afra[35] las ich mit Interesse, daß das Kloster im 11. Jahrhundert nahe bei Pula Besitzungen hatte *in loco qui vocatur sancta afra*[36]; es gab im Bistum also Heilige, die bekannt waren, doch nicht im Kalender der Kathedrale (auch nicht im heutigen Kalender) vermerkt sind. Doch zurück zu Michael! – Das Hauptfest am 29. September erinnert bekanntlich an die Weihe der Michaelskirche am Monte Gargano in Apulien (Karte II 50). Sollte es ein Zufall sein, daß an den beiden folgenden Tagen die Weihe der Kathedrale und der Thomas-Basilika gefeiert wurde? Und noch etwas: Das zweite Michaelsfest (8. Mai) wird mit der Erscheinung des Erzengels auf dem Monte Gargano in Zusammenhang gebracht und daher gewöhnlich als *Apparitio*, *Inventio* oder *Revelatio* bezeichnet[37]. Im Kalender ist es hingegen als *Victoria* deklariert; trotz eifriger Suche fand ich diesen Ausdruck nur noch in einer Handschrift aus Mittelitalien[38]. Über wen hatte Michael gesiegt: über die Sarazenen, Ungarn, Slawen oder über Heiden allgemein? Oder anders formuliert: Galt der Erzengel Michael – ein anderes, ihm geweihtes Kloster lag zwischen Rovinj und der Doppelburg von Dvigrad (Karte I 17) – als siegreicher Verteidiger der istrischen Romanen gegen die Slawen im Landesinneren?

Wie Thomas und Michael erweisen auch andere Patrone Pula als Teil der christlichen Ökumene. Reliquien von Demetrius (6. Oktober, Karte III 60), Georg (23. April) und Theodor (9. November) galt die Verehrung in der Kathedrale. Theodor schützte auch ein Nonnenkloster. Vielleicht wurde sein Kult betont, seit seine Gebeine 1267 von Amasea in Kleinasien (Karte III 58) nach Venedig (Karte II 33) überführt worden

---

33 CDI 4 S. 1721 Nr. 1013.
34 CDI 2 S. 399 Nr. 218 (1216).
35 Bernhard SCHIMMELPFENNIG, War die hl. Afra eine Römerin? (In: Vera lex historia. Studien z. ma. Quellen, Fs. f. D. Kurze, Köln 1993, S. 277–303). – DERS., Afra und Ulrich. Oder: Wie wird man heilig? (In: Zs. d. Hist. Ver. f. Schwaben 86, 1993, S. 23–44).
36 CDI 1 S. 187 Nr. 87 (1005).
37 GROTEFEND, Zeitrechnung 2 II [wie Anm. 13] S. 143a (Register). – Pierre JOUNEL, Le culte dans les basiliques du Latran et du Vatican au douzième siècle (= Coll. de l'École française de Rome 26, Rom 1977) S. 237.
38 Adalbert EBNER, Quellen und Forschungen zur Geschichte und Kunstgeschichte des Missale Romanum im Mittelalter. Iter Italicum (Freiburg/Br. 1896) S. 145 (zu. Cod. Barb. lat. XII, 4).

waren[39]. Dem hl. Nikolaus (6. Dezember) waren sogar zwei Kirchen geweiht, von denen eine noch erhalten, die andere ausgegraben ist. Eine dem lukanischen (Karte II 48) Martyrer Vitus (15. Juni) geweihte Kirche thronte auf dem Kastellhügel, Florian (4. Mai, heute 17. Dezember) aus dem norischen Lauriacum (Karte II 30) schützte eine Kirche in der Bucht, während drei Zömiterialkirchen der alexandrinischen Katharina (25. November, Karte III 54), der hl. Felicitas (1. August, aus Rom oder Padua, Karte II 38 oder 44) und dem hl. Martin (11. November, Karte III 71) geweiht waren. Martin wurde sogar mit einer Oktav gefeiert (18. November, heute nicht mehr).

Außer Martin war im Kalendar auch die römische Agnes durch zwei Feste geehrt (21. und 28. Januar). Ja, der Oktavtag war sogar durch rote Tinte hervorgehoben und als *Apparitio* bezeichnet worden. Die Bezeichnung ist – anders als bei Michael – singulär, denn üblich waren die Angaben *octava* oder *secundo*[40]. Auch wenn nicht bekannt ist, wem Agnes erschienen ist, bezeugt doch der zweifach betonte Kult ihr hohes Ansehen. Um so mehr verwundert es auf den ersten Blick, daß sie keine Kirche in Pula selbst besaß, sondern nur in dessen Umland: in Medulin (Karte I 3) und in Betika (Karte I 11).

Doch verringert sich die Verwunderung, wenn wir andere Heilige berücksichtigen, die zwar laut Kalendar in Pula hoch verehrt wurden, aber keine Kirche besaßen und anderswo in Istrien ihr Kultzentrum hatten. Neben dem schon genannten Justus von Triest waren dies vor allem Maurus von Poreč und Peregrinus von Umag. Maurus, im Kalendar mit roter Tinte hervorgehoben (21. November), war außerhalb seiner Bischofsstadt (Karte I 16) – soweit ich weiß – kein Kirchenpatron[41]. Lediglich dort, wo seine Bischofskirche Besitzungen hatte, war er genannt, so in der Nähe von Medulin (Karte I 3)[42]. Noch stärker dürfte Peregrinus in Pula verehrt worden sein, waren ihm doch im Kalendar zwei Tage reserviert: in roter Tinte das Hauptfest am 23. Mai (so noch heute), am 29. Mai die Translation (heute nicht mehr). Doch abgesehen von einer kleinen Kirche bei Fažana (Karte I 8) konzentrierte sich sein Kult auf die Stadt, deren Patron er war: Umag und Umgebung (Karte II 24)[43]. Ob er mit einem anderen Heiligen gleichen Namens identisch ist – mit Peregrinus von Auxerre oder Peregrinus eremita –, entzieht sich meiner Kenntnis. Allerdings scheint auch er, wie seine Namensvettern, besonders Reisende geschützt zu haben: Umag war und ist eine Hafenstadt; das zwei Kilometer südlich, heute einsam gelegene Peregrinus-Kirchlein steht direkt oberhalb des Felsstrandes, die Orientierung seines Portals zum Meer hin deutet an, daß der Bau vornehmlich Seereisenden als Gebetsstätte gedient hat.

Andere für Patrozinien in Istrien wichtige Kultzentren waren Ravenna, Aquileia und Grado. Im 6. Jahrhundert bestanden relativ enge Beziehungen zu Ravenna. Von Theoderich dem Großen ist ein Brief an den Bischof Johannes von Pula überliefert[44]; Maximian,

---

39   BHL Nr. 8082. Auch Brindisi beanspruchte seine Gebeine: Agostino AMORE/Maria Chiara CELLETTI, S. Teodoro (in: Bibl.SS 12, 1969) Sp. 238–242, bes. S. 240.

40   JOUNEL [wie Anm. 37] S. 219. – GROTEFEND, Zeitrechnung 2 II [wie Anm. 13] S. 57b (Register).

41   IS S. 264b-265b. BHL Nrn. 5786–5788 u. Suppl. Nrn. 5786–5791f. – Ireneo DANIELE, Mauro di Parenzo (in: Bibl.SS 9, 1967) Sp. 228–231.

42   CDI 2 S. 389f. Nr. 212 (1211): *territorium S. Mauri.*

43   IS S. 272b.

44   Cassiodor, Var.lib. IV ep. 44 von ca. 507/511 (in: MGH AA 12, 1894) S. 134.

der in Pula dem Klerus beigetreten war, wirkte von 546 bis 556 als Metropolit in Ravenna (Karte II 39)[45]. Als solcher engagierte er sich in Pula als frommer Stifter[46]; vor allem das Kloster S. Maria Formosa verdankte ihm seine Gründung. Und wenn auch Maximian (21.2.) nicht im Kalendar genannt ist, könnte doch auf seine Zeit die Verehrung Ravennater Heiliger in Istrien zurückgehen. Die vor allem nach ihrem Martyrium manches Abenteuer erleidenden Fusca und Maura (13. Februar)[47] schützten Kapellen bei Peroj (Karte I 10) und Žminj (Karte I 20)[48]. Und daß ihr Kult noch heute weiterbesteht, zeigen der Eintrag im modernen Festkalender, aber auch eine wunderschön-kitschige Darstellung in der Pfarrkirche von Vrsar (Karte I 15). Nicht so verbreitet war die Verehrung des Ravennater Oberhirten Severus (1. Februar)[49]. Auch wenn ihm keine Kirche geweiht war, so zeugen nicht nur der Eintrag im Kalendar, sondern auch seine Darstellung im Apsismosaik der Kathedrale in Poreč (Karte I 16) von seiner Verehrung seit der Spätantike.

Aquileia und Grado stritten Jahrhunderte lang um die Eingliederung Istriens in den jeweiligen Patriarchat, bis Aquileia obsiegte und dessen Patriarch auch zeitweise die Landesherrschaft ausübte[50]. Die Patronin der Basilika in Grado (Karte II 31), Euphemia, besaß in Istrien zwar wohl nur eine Kirche in Rovinj (Karte I 14), scheint aber in allen istrischen Bischofsstädten verehrt worden zu sein. Für diese Annahme spricht nicht nur die Nennung im Puleser Kalendar (16. September), sondern auch ihre Darstellung im Triumphbogen der Kathedrale in Poreč (Karte I 16)[51]. Auf diesen Bogen sei kurz eingegangen, zeigt er doch eindringlich, welche Martyrinnen im 6. Jahrhundert kultisch verehrt wurden, Frauen sogar in Parallele zu den Aposteln gesehen wurden: Während auf der Frontseite des Bogens Christus von den zwölf Aposteln umgeben ist, sind in der schmalen Bogenlaibung unterhalb des Agnus Dei auf beiden Seiten jeweils sechs Martyrinnen in Medaillons dargestellt (von oben nach unten), links: Agatha, Agnes, Caecilia, Eugenia, Basilissa, Felicitas; rechts: Euphemia, Thecla, Valeria, Perpe-

---

45   IS S. 273b-274b. – MARUŠIĆ, Pula [wie Anm. 15] S. 24f.
46   CDI 1 S. 58f. Nr. 21 (547).
47   Giovanni LUCCHESI, SS. Fosca e Maura (in: Bibl.SS 5, 1964) Sp. 991f.: Leichname angeblich nach Nordafrika gespült oder entführt, von dort nach Torcello transferiert.
48   Zu den beiden Kapellen: MARUŠIĆ, Pula [wie Anm. 15] S. 33, 35–37, 41–43 u. Taf. XIII Abb. 3. – DERS., Istrien [wie Anm. 15] S. 14, 16 u. Taf. X Abb. 3. Zur Pfarrkirche in Vrsar im 19./20. Jh. kenne ich keine Literatur.
49   Giovanni LUCCHESI/Angelo Maria RAGGI, Severo, vescovo di Ravenna (in: Bibl.SS 11, 1968) Sp. 997–1004. – Christel SQUARR, Severus von Ravenna (in: LCI 8, 1976) Sp. 341.
50   MARUŠIĆ, Istrien [wie Anm. 15] passim. – Heinrich SCHMIDINGER, Patriarch und Landesherr. Die weltliche Herrschaft der Patriarchen von Aquileja bis zum Ende der Staufer (= Publ. d. Österr. Kulturinstituts in Rom 1 I, Graz und Köln 1954). – Ernst KLEBEL, Über die Städte Istriens, in: Studien zu den Anfängen des europäischen Städtewesens (= VuF 4, Lindau und Konstanz 1958) S. 41–62. – Giovanni di VERGOTTINI, Lineamenti storici della costituzione politica dell' Istria durante il medio evo (Rom 1924/25, Nachdr. Triest 1974). – Jadran FERLUGA, Überlegungen zur Geschichte der byzantinischen Provinz Istrien (in: JbGO, N.F. 35, 1987) S. 164–173. – Lujo MARGETIĆ, Histrica et Adriatica. Raccolta di saggi storico-giuridici e storici (= Collana degli atti. Centro di ricerche storiche-Rovigno 6, Trieste 1963), bes. S. 103–167.
51   Milan PRELOG, Die Euphrasius-Basilika in Poreč (= Mon. Artis Croatiae, Zagreb-Poreč 1994), bes. S. 19 u. 64f.

tua, Susanna, Iustina. Vor allem Agnes, Caecilia, Felicitas, Euphemia und Iustina waren auch für die Diözese Pula wichtig.

Aus Aquileia (Karte II 32) wurde die Verehrung der Vierergruppe Cantius, Cantianus, Cantianilla und Protus (31. Mai) sowie des Duos Helarus/Hilarius und Tatianus (16. März) übernommen. Keine Kirche war ihnen geweiht; die fehlerhafte Schreibweise im Kalendar spricht nicht gerade für ihre Beliebtheit. Ganz anders bei einem zweiten Duo: Hermagoras und Fortunatus (12. Juli)[52]. Beide galten sie als Schüler und Nachfolger des vermeintlichen Gründers der Gemeinde in Aquileia, des Evangelisten Markus. – Vielleicht lag es an dessen Bedeutung für Aquileia, daß ihn unser Kalendar als Apostel bezeichnet. – Von den beiden Martyrern wurde anscheinend Hermagoras für wichtiger gehalten. Von ihm überlieferte ein Udineser Passionar ein angebliches Missionsmandat[53]; in der Nähe von Pula waren ihm zwei Kirchen in Štinjan (Karte I 6) und in Samagher (nicht von mir identifiziert) geweiht[54].

Aquileias Einfluß reichte bis in die Donauprovinzen. Und auch aus ihnen fanden einige Heilige kultische Verehrung in Istrien. Des norischen Florian war schon bei Pula gedacht worden. Stärker jedoch war die Rezeption pannonischer Heiliger: aus Sirmium (Karte II 27) die »Sieben Jungfrauen« (9. April); aus Cibalae/Cibali (Karte II 28) der hl. Pulio/Pollio (27. April), in Ravenna sogar Patron eines Oratoriums; aus Siscia (Karte II 29) der hl. Quirinus (4. Juni), dem bei Vodnjan (Karte I 12) eine Kirche geweiht war und der angeblich nach Rom überführt worden ist[55]. Aus dem dalmatinischen Salona (Karte II 26), einem um 600 durch die kroatische Landnahme zerstörten Zentrum des Christentums, war der Kult des hl. Anastasius (26. August) nach Pula gelangt[56]. Die Romania sorgte für das Andenken ihrer Glaubenszeugen aus der Zeit vor der Völkerwanderung.

Wohl von Pula oder Poreč aus propagiert, wurden auch Heilige aus Rom oder Süditalien zu Patronen istrischer Landkirchen: Agnes, wie schon erwähnt, in Medulin (Karte I 3) und Betika (Karte I 11), Caecilia in der Nähe von Vodnjan (Karte I 12), Vitus und Modestus in Grožnjan (Karte II 22) – was die Großartigkeit von volksnaher Kunst angeht, wetteifert die Pfarrkirche von Grožnjan mit der in Vrsar. Vielleicht von Feltre (Karte II 34) aus, wo sie als Stadtpatrone verehrt wurden[57], gelangten Reliquien der möglicherweise in Rom hingerichteten Martyrer Victor und Corona ins istrische Dvigrad (Karte I 18)[58], während Katharina von Alexandrien (Karte III 54) als Kirchenpatronin in Lindar (Karte I 19) wohl aus Pula übernommen worden ist.

52   BHL Nr. 3838–3844. – Pio Paschini/Pietro Cannata, Ermagora e Fortunato (in: Bibl.SS 5, 1964) Sp. 10–21.
53   CDI 1 S. 1–4 Nr. 1 (50 n. Chr.).
54   Štinjan: Marušić, Pula [wie Anm. 15] S. 18f. – Ders., Istrien [wie Anm. 15] S. 14 u. Taf. XVI Abb. 2. – Zu Samagher: Gerber, Kultbauten [wie Anm. 15] S. 80.
55   Septem virgines: Ebner, Missale (wie Anm. 38) S. 352; Mart. Rom. (benutzter Druck: Rom 1630) S. 176. – Pollio: Ebd. S. 207f. (zum 28.4.); Ireneo Daniele, Pollione, lettore di Cibali (in: Bibl.SS 10, 1968) Sp. 1001–1003. – Quirinus: Marušić, Pula [wie Anm. 15] S. 36, 38; Ders., Istrien [wie Anm. 15] Taf. IX Abb. 4; Agostino Amore, Quirino di Siscia (in: Bibl.SS 10) Sp. 1333; BHL Nrn. 7035f. u. Suppl. Nrn. 7035–7039.
56   Agostino Amore, Anastasio di Salona (in: Bibl.SS 1, 1961) Sp. 1058f.
57   Grotefend, Zeitrechnung 2 II [wie Anm. 13] S. 182b (Register).
58   IS S. 273a/b.

Es verbleiben noch drei Kirchenpatrone, deren Identifizierung oder zeitliche Einordnung nicht ganz leichtfällt. In Bale (Karte I 13) gibt es eine dem hl. Julian geweihte Kirche. Doch wer war er? Im Kalender zum 8. Juni eingetragen, ist er zu diesem Datum nicht zu eruieren. War er personengleich mit Julian (22. Juni), der zuerst in Istrien verehrt und im 10./12. Jahrhundert von Seeräubern nach Rimini (Karte II 40) entführt worden sein soll[59]? Und ist dieser Julian wiederum identisch mit einem Martyrer in Poreč[60]? Nicht minder rätselhaft ist der im Kalender zum 28. August als Martyrer verewigte Daniel. Nördlich von Pula erhebt sich der Hügel Šandalj, italienisch Monte San Daniele (Karte I 4). Stand auf ihm ehemals eine diesem Daniel geweihte Kirche? Doch wer war er? Dem Patriarchen von Aquileia gehörte Jahrhunderte lang S. Daniele del Friuli, heute berühmt wegen seines Schinkens; an der Rückwand des Chores der dortigen Daniels-Kirche befindet sich ein archaisch wirkendes Relief (Heilige Drei Könige) wohl aus dem 11. Jahrhundert. In Venedig bestand lange Zeit die Abtei S. Daniele; ein gleichnamiger Abt wurde als Heiliger am gleichen Tag verehrt wie der Prophet Daniel (21. Juli)[61]. Doch vom Martyrer Daniel keine Spur! Auf andere Weise bemerkenswert ist der Prophet Elisäus, im Kalender zum 14. Juni (statt des sonst üblichen Basilius) vermerkt. Ihm waren zwei Kirchlein bei Fažana (Karte I 8) und Buje (Karte II 23) geweiht; für die letztgenannte Kirche ist das Patrozinium schon im Jahre 1279 bezeugt[62]. Doch damit beginnt das Problem[63]: Im Orient wurde des Elisäus gewöhnlich am selben Tag gedacht wie seines Lehrers Elias (20. Juli). Für den Westen gibt es zwei Traditionen. Die eine besagt, der Kult des Elisäus sei erst 1399 durch ein Generalkapitel der Karmeliten propagiert worden, die ihn zu ihren »Gründern« zählten. Nach der anderen Tradition sei er im Jahre 718 nach Ravenna transferiert und dort in der 1603 zerstörten Kirche SS. Gervasio e Protasio beigesetzt worden. Weil im 8. Jahrhundert das romanische Istrien noch zum Exarchat von Ravenna gehörte, könnte es sein, daß der Kult von Ravenna nach Istrien ausgestrahlt hat.

3. Pula und die weite Welt

Nahe beim Hafen gelegen, wies schon die Gemeindebasilika mit dem Apostel Indiens als Patron, der auch Patron der Stadt war, über die traditionell bekannte Welt hinaus. Nach der Interpretation der Patrozinien bleibt zu prüfen, ob auch »normale« Gedenktage die große Welt einziehen ließen in die Enge der Hafenstadt[64].

Richten wir unseren Blick über die Grenzen des Patriarchats von Aquileia, des früheren Exarchats und der Republik Venedig nach Westen und Südwesten, so ent-

---

59 Giovanni LUCCHESI/Pietro CANNATA, Giuliano di Rimini (in: Bibl.SS 6, 1965) Sp. 1209–1213.

60 IS S. 266a.

61 Vgl. die beiden Daniel-Artikel in Bibl.SS 4 (1964) Sp. 479 u. 463.

62 CDI 2 S. 684 Nr. 387.- Zu Fažana: MARUŠIĆ, Pula [wie Anm. 15] S. 25f., 31 u. Taf. XII Abb. 2f., XIII Abb. 1. – DERS., Istrien, S. 13f. u. Taf. IX Abb. 3.

63 Zu Elisäus vgl. bes. Tarcisio STRAMARE/Francesco SPADAFORA, S. Eliseo (in: Bibl.SS 4, 1964) Sp. 1125–1135, bes. Sp. 1127–1131.

64 Die folgenden Identifizierungen basieren gewöhnlich auf den entsprechenden Artikeln in der Bibl.SS sowie auf GROTEFEND [wie Anm. 13].

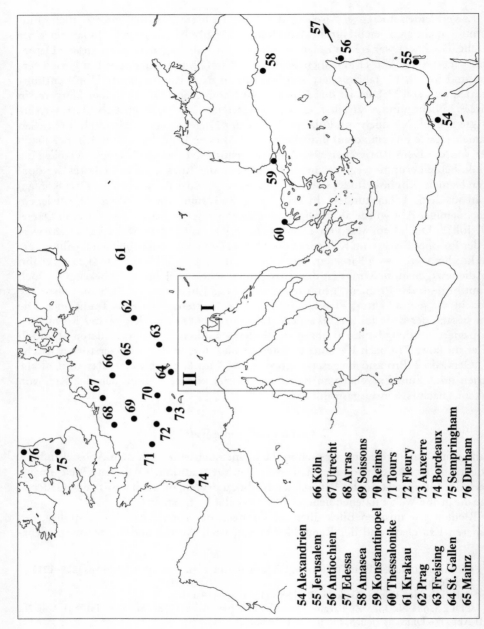

54 Alexandrien 66 Köln
55 Jerusalem 67 Utrecht
56 Antiochien 68 Arras
57 Edessa 69 Soissons
58 Amasea 70 Reims
59 Konstantinopel 71 Tours
60 Thessalonike 72 Fleury
61 Krakau 73 Auxerre
62 Prag 74 Bordeaux
63 Freising 75 Sempringham
64 St. Gallen 76 Durham
65 Mainz

Karte III: Die Christenheit außerhalb Italiens und des östlichen Mittelmeerraumes

decken wir zuerst Heilige aus oberitalienischen Städten: aus Verona (Karte II 35) Cerbonius (10. Oktober: Cerloni), aus Brescia (Karte II 36) den Bischof Felix (23. Februar), aus Mailand (Karte II 37) – außer dem schon als Altarpatron erwähnten Barnabas – den dorthin transferierten Paveser Bischof Syrus (17. Mai), aus Padua (Karte II 38) über die bereits erwähnten Martyrinnen Felicitas und Iustina hinaus den Bischof Fidentius (18. Mai = Translation, 15. November = Hauptfest).

Aus Mittelitalien, vornehmlich aus dem späteren Kirchenstaat, kamen – abgesehen vom schon genannten Zweifelsfall des Julian von Rimini – Paternianus (9. Juli, üblich: 10. Juli), der Patron der Kathedrale von Fano (Karte II 41), aus Volterra (Karte II 42) die Martyrer Iustus und Clemens (31. August, meist im Juni gefeiert), aus Ostia (Karte II 45) der Martyrer Gallicanus (23. Juni, meist 25./26. Juni). Aus Rom (Karte II 44) stammten neben vielen üblichen Heiligen auch einige weniger bekannte: vielleicht Felicitas (1. August), außerdem Felix/Felicola und Zeno (14. Februar), Grisantus/Chrysanthus und Daria (29. November), Nicomedes (1. Juni und 15. September) sowie Symphorianus und Claudius (8. November), deren Kult wohl häufig zugunsten der am selben Tag gefeierten Quatuor Coronati verdrängt worden ist, weshalb es über sie kaum Nachrichten gibt[65]. Einen Sonderfall bildet der hl. Nonnosus (2. September)[66]. Zwar soll er auf dem Rom nahen Monte Soratte (Karte II 43) gelebt haben, doch war er in Rom – abgesehen von einer Erwähnung durch Gregor I. (593) – nicht bekannt. Erst das Große Österreichische Legendar nannte ihn im 12. Jahrhundert, ebenso später das Kalendar der Freisinger Kirche[67]. Bedenken wir, daß das Legendar als einzige Sammlung die *Passio* des Germanus von Pula enthält[68], könnte umgekehrt Nonnosus über Österreich nach Pula gelangt sein. Doch auch Freising, wo des Heiligen Reliquien aufbewahrt wurden, käme als Vermittler in Frage, hatte es doch schon seit dem 11. Jahrhundert Besitzungen und Rechte in Istrien[69].

Aus Süditalien haben wir bereits als Patrone den Erzengel Michael sowie die lukanischen Martyrer Vitus und Modestus kennengelernt. In Siponto (Karte II 51) waren vielleicht Iustinus und seine Gefährten (21. Juni, meist 25. Juli) hingerichtet worden. In Messina (Karte II 52) soll der Benedikt-Schüler Placidus (5. Oktober) das Martyrium erlitten haben, doch sein Kult wurde wohl vor allem von Cassino (Karte II 46) aus verbreitet. Ob dies auch für Pula zutrifft, ist fraglich, wurde doch dort – außer dem gewöhnlichen Fest des hl. Benedikt (21. März) – auch das Translationsfest (11. Juli) gefeiert, das vom westfränkischen Fleury (Karte III 72) gegen die Ansprüche Cassinos propagiert worden ist[70].

65 Mart. Rom. (Rom 1630) S. 549: Gräber an der Via Labicana.
66 Mart. Rom. S. 435. – Benedetto CIGNITTI, Nonnoso sul Monte Soratte (in: Bibl.SS. 9, 1967) Sp. 1047–1050.
67 GROTEFEND, Zeitrechnung 2 I [wie Anm. 13] S. 47b zum 2.11.: Nonnosi cf. *cujus corpus apud eccl. Fris. habetur.*
68 Wie Anm. 18.
69 CDI 1 S. 220 Nr. 105 (1067). – KLEBEL, Istrien [wie Anm. 50] S. 58f.
70 Anselmo LENTINI/Maria Chiara CELLETTI, S. Benedetto (in: Bibl.SS 2, 1962) Sp. 1104–1184, bes. Sp. 1154–1161.

Eine Entdeckung hat mich völlig überrascht: die große Zahl von Heiligen aus Capua (Karte II 47), die im Kalendar von Pula stehen. Sicher Capua zuzuweisen sind Augustinus und Felicitas (16. November), Luprelius/Lupulus (15. Oktober), Nicrandus/Nicandrus und Cassianus (zwei Feste: 17. Juni u. 26. November), Priscus (1. September), Quintus (5. September), Rufus (27. August) und Sinotus (7. September). Fraglich ist die örtliche Zuweisung bei Muscus (4. September). Einen Sonderfall stellt der Martyrer Castrensis (11. Februar) dar[71]: Zu Lebzeiten vielleicht Bischof von Sessa Aurunca, soll er erst nach Capua, im späten 12. Jahrhundert von König Wilhelm II. nach Monreale (Karte II 53) transferiert worden sein. Sein Kult kann sich also auch von Sizilien aus verbreitet haben. Dem widerspricht jedoch ein Merkmal, das er mit den meisten sicheren Kandidaten (Augustinus und Felicitas, Priscus, Quintus, Sinotus) teilt[72]: Sie alle waren in Mosaiken dargestellt in der nahe bei Capua gelegenen Kirche S. Prisco, errichtet im 6. und zerstört im 17. Jahrhundert. Hatte sie vielleicht ein Puleser Reisender dort gesehen und als »Souvenir« mit nach Hause gebracht? Um diese Frage halbwegs begründet beantworten zu können, müßten wir mehr über die Beziehungen zwischen Süditalien und Istrien wissen, etwa vergleichbar den Studien über Süditalien und Dalmatien[73].

Wenden wir uns nun dem östlichen Teil des Mittelmeeres zu und übergehen wir die schon genannten, dem Illyricum zugehörigen Martyrer Anastasius von Salona und Demetrius von Thessalonike, so erstaunt die geringe Zahl von Heiligen, deren Kult nicht überall verbreitet war. Für einige von ihnen könnte die oströmische Hauptstadt Konstantinopel (Karte III 59) als Vermittler gedient haben. Von den bereits erwähnten Patronen Thomas und Elisäus gab es dort Reliquien oder zumindest Kirchen. Interessant ist der Kult der Kaisermutter Helena. Unser Kalendar gibt für sie zwei Tage an, den 6. Februar und den 21. Mai, bezeichnet sie jedoch nur beim ersten Eintrag als *regina*. Ausgerechnet der 6. Februar kommt in anderen Kalendarien nicht vor, höchstens der 7. oder 8. Februar, an denen aber auch einer Witwe namens Helena gedacht wurde[74]. Das Hauptfest soll im Westen an einem anderen Tag (18. August) gefeiert worden sein als im Osten (21. Mai, zusammen mit dem Sohn Konstantin). Zeigt sich also am Beispiel der Helena eine einstmals engere kultische Bindung Pulas an Ostrom, die sich vielleicht aus der Zugehörigkeit zum Exarchat ergeben hatte? Allerdings war der 21. Mai auch in Krakau, Olmütz und Prag bekannt[75].

Weniger eng scheinen die Beziehungen Pulas zu den drei anderen östlichen Patriarchaten gewesen zu sein. Aus Alexandrien (Karte III 54) kamen, abgesehen von der allseits verehrten und schon als Patronin genannten Katharina, der gleichfalls vielerorts

---

71 BHL Nr. 1644f. u. Suppl. Nr. 1644f. – Antonio Balducci, S. Castrense (in: Bibl.SS 3, 1963) Sp. 945.
72 Vgl. die Artikel in Bibl.SS 1 (1961) Sp. 601, 3 (1963) Sp. 945, 10 (1968) Sp. 1114–1116 u. 1317; 11 (1968) Sp. 1231. – LCI 8 (1976) Sp. 225 u. 375.
73 Vgl. z. B. Fedele Sforza, Bari e Kotor. Un singolare caso di rapporti fra le due sponde adriatiche (Cassano, Bari 1975).
74 Grotefend, Zeitrechnung 2 II [wie Anm. 13] S. 114a/b.
75 Außer Anm. 74: Agostino Amore/Elena Croce, Elena, imperatrice (in: Bibl.SS 4, 1964) Sp. 988–995, bes. Sp. 991.

verehrte Mennas sowie der kämpferische Athanasius und wohl auch der Martyrer Martialis. Von Athanasius (2. Mai) wurden möglicherweise einige Reliquien erst im 8. Jahrhundert nach Konstantinopel, dann nach dessen Eroberung durch die Teilnehmer des 4. Kreuzzuges im Jahre 1204 nach Italien (Süden?), andere schließlich – nach der Eroberung der Stadt durch die Türken – 1454/55 nach Venedig überführt[76]. Sein Kult muß also nicht direkt von Alexandrien nach Pula verbreitet worden sein. Ähnlich könnte es sich bei Mennas verhalten haben. Sein Kultzentrum in Unterägypten war als Pilgerziel in der vorislamischen Zeit so bekannt, daß seine Aufnahme in den Puleser Festkalender nicht erstaunt, eher das Datum: der 12. November. Gewöhnlich wurde seiner nämlich am 11. November gedacht. Wohl wegen der schon erwähnten Betonung des hl. Martin dürfte Mennas auf den folgenden, heiligenfreien Tag verlegt worden sein, was in anderen Kalendarien selten war[77]. Das aber spricht dafür, daß Mennas in Pula stärker als sonst im Okzident üblich verehrt worden ist. Rätsel gibt der Martyrer Martialis (14. November) auf. In den meisten Nachschlagewerken ist er nicht genannt. Lediglich bei Stadler und Heim wird sein Martyrium in Alexandrien erwähnt[78]. Doch gerade die Spärlichkeit der Nachrichten läßt vermuten, daß seine Verehrung in Pula direkt von Alexandrien übernommen worden ist, und zwar in der Spätantike, als die Standardisierung der Festkalender noch nicht begonnen hatte. Kurzum: Vor allem Martialis, aber auch Mennas und Athanasius lassen auf relativ enge Kontakte zwischen den beiden Hafenstädten Pula und Alexandrien in der Spätantike schließen.

Pulas Beziehungen zu Antiochien (Karte III 56), der kirchlichen Konkurrentin Alexandriens, sind schwerer zu erkennen. Die antiochenische Martyrin Margareta (13. Juli) ist in unserem Kalendar durch rote Tinte hervorgehoben; dies spricht für eine relativ große Verehrung in Pula. In vielen deutschen Kalendarien, aber auch in Rom, ist die Heilige häufig zum 13. Juli genannt, aber gewöhnlich nicht durch Rot hervorgehoben; letzteres ist zwar in Aquileia der Fall, doch erst am 20. Juli[79]. Diesen Tag nennen auch das Kalendar von Triest[80] (rote Tinte) sowie Martyrologien und Passionsberichte[81]. Könnte es demnach sein, daß Margareta im gesamten Patriarchat von Aquileia besonders verehrt worden ist, die Wahl des Tages in Pula aber von nordalpinen (oder römischen) Traditionen bestimmt war? Ist schon bei Margareta ein direkter Kontakt zwischen Pula und Antiochien zweifelhaft, so noch mehr bei Macharius (30. April). Der gleichnamige Martyrer von Antiochien wird gewöhnlich zum 23. Januar genannt, an dem unser Kalendar lediglich die Römerin Emerentiana angibt. Eine zeitliche Nähe zum Puleser Macharius besteht lediglich beim gleichnamigen Bischof von Comminges, verehrt am 1. Mai in der Diözese Bordeaux (Karte III 74); dieser war jedoch kein Martyrer[82]. Die Identität des in

---

76 Daniele STIERNON, Atanasio di Alessandria (in: Bibl.SS 2, 1962) Sp. 522–547, bes. Sp. 542–544.

77 GROTEFEND, Zeitrechnung 2 II [wie Anm. 13] S. 142b: der 12.11. ist nur für Verdun genannt.

78 Johann Evangelist STADLER/Franz Joseph HEIM (Hg.), Vollständiges Heiligen-Lexikon 4 (Augsburg 1875, Nachdr. Hildesheim und New York 1975) S. 266a u. 411b.

79 GROTEFEND, Zeitrechnung 2 I/II [wie Anm. 13] passim. Zu Rom: VAN DIJK, Ordinal [wie Anm. 13] S. 74. – Bei JOUNEL, Le culte [wie Anm. 37], ist Margareta nicht genannt.

80 CDI 3 S. 852b Nr. 478.

81 Mart. Rom. (Rom 1630) S. 351f. – BHL Nrn. 5303–5313.

82 GROTEFEND, Zeitrechnung 2 II [wie Anm. 13] S. 132 a/b.

Pula verehrten Macharius bleibt also ungeklärt, ebenso der Kontakt zwischen Pula und Antiochien.

Nicht besser steht es um die Kontakte mit Jerusalem. In Frage kommt am ehesten die Büßerin Pelagia (8. Oktober). In deutschen Kalendarien nicht genannt, soll ihre Verehrung im Westen durch die »Legenda aurea«, also erst seit dem späten 13. Jahrhundert, verbreitet worden sein[83]. Immerhin ist sie jedoch schon in einem Lektionar der römischen Titelkirche von S. Anastasia aus dem 11. Jahrhundert genannt, und zwar – ebenso wie in Pula – zusammen mit der Martyrin Iustina von Padua[84]. Dies läßt darauf schließen, daß Pula den Kult aus Italien, also nicht direkt aus Jerusalem, übernommen hat.

Ziehen wir hinsichtlich der vier östlichen Patriarchate ein Fazit: In der Spätantike hatte Pula Kontakte vor allem mit Alexandrien und Konstantinopel. Auf Grund seiner Zugehörigkeit erst zum byzantinischen Reich, dann zur Einflußzone von Venedig blieb die Verbindung zu Konstantinopel bestehen, so daß dort verehrte Heilige und deren Reliquien auch weiterhin Beachtung in Pula fanden. Stärker jedoch dürften die Kontakte mit Italien gewesen und geblieben sein.

Doch auch der »ferne Westen« war nicht völlig unbekannt. Segeln wir von Pula durch das westliche Mittelmeer und landen wir in Spanien, finden wir dort keine seltenen Heiligen, deren Kult in Pula rezipiert worden wäre. Lediglich Berühmtheiten wie Eulalia von Mérida (10. Dezember) und dem Diakon Vincentius (22. Januar) begegnen wir auch in Pula. Selbst die Legenden um Santiago scheinen dort lange Zeit unbeachtet geblieben zu sein. Wenn ich richtig beobachtet habe, propagierten erst die Franziskaner zu Pula die Jakobswallfahrt: Der äußere Rand des Hauptportals der Ordenskirche in Pula ist durch lauter in Stein gehauene Jakobsmuscheln charakterisiert.

Auch das südliche Gallien ist in Pula kaum präsent. Sehen wir vom zweifelhaften Macharius für Bordeaux ab, auf den ich schon eingegangen bin, begegnen wir lediglich zum 1. September dem Abt Aegidius, dem Patron von St. Gilles. Dieser war jedoch so bekannt, daß ich ihn nicht zu den besonderen Heiligen zähle. Immerhin läßt seine Plazierung nach dem Capuaner Priscus vermuten, daß dessen Verehrung in Pula eher rezipiert worden ist.

Angesichts der »weißen Flecken« in Südgallien überrascht die Häufigkeit von Heiligen aus Mittel- und Nordgallien. An erster Stelle steht natürlich Martin von Tours (Karte III 71), der – wie schon ausgeführt – nicht nur durch rote Tinte am 11. November betont, sondern durch die Feier der Oktav besonders geehrt worden ist. In deutschen Bistümern wie auch in Aquileia war der Oktavtag bekannt[85], nicht aber in Triest[86], erst recht nicht in Rom, feierte es doch am 18. November die Weihe von St. Peter und St. Paul, die im Puleser Kalender fehl- und lückenhaft nachgetragen ist.

83   Ebd. S. 151a. – Joseph-Marie SAUGET/Caterina COLAFRANCESCHI, Pelagia, penitente di Gerusalemme (in: Bibl.SS 10, 1968) Sp. 432–439, bes. Sp. 437. – Vgl. auch BHL Nrn. 6605–6611.
84   JOUNEL, Le culte [wie Anm. 37] S. 141.
85   GROTEFEND, Zeitrechnung 2 I/II [wie Anm. 13].
86   CDI 3 S. 854b Nr. 478.

Reisen wir von Tours die Loire aufwärts, gelangen wir zum Kloster Fleury (Karte III 72). Angeblich ruhten dort die vor den Langobarden aus Cassino geretteten Gebeine des Benedikt. Bekanntlich beharrte Cassino auf Benedikts Reliquien. Daß in Pula das für Fleury günstige Translationsfest (11. Juli) gefeiert wurde, zeigt, wie gering der Einfluß Cassinos war. Allerdings muß nicht Fleury unmittelbar auf Pula eingewirkt haben, denn es feierte die Translation am 4. Dezember. Vielmehr dürfte das Puleser Datum auf Usuard und andere Kompilatoren von Martyrologien zurückgehen[87].

Interessant sind die Angaben zu fünf gallisch/fränkischen Heiligen: Germanus von Auxerre (Karte III 73), Remigius von Reims (Karte III 70), Medardus von Soissons (Karte III 69), Vedastus von Arras (Karte III 68) und Amandus von Utrecht (Karte III 67). Wie in zahlreichen deutschen Kalendarien sind in unserem Kalender zum 1. Oktober Remigius, Germanus und Vedastus gemeinsam genannt[88], zum 6. Februar Amandus und Vedastus[89], obwohl den beiden letztgenannten Heiligen oft auch der 26. Oktober reserviert war[90]. Allein trat lediglich Medardus auf, allerdings nicht am sonst üblichen 8., sondern am 6. Juni[91]. Blicken wir in Pulas Metropole Aquileia, so finden wir nichts zum Februar und Juni, sondern nur das Heiligentrio am 1. Oktober[92]. Im Triester Kalender ist dieses auf Remigius reduziert[93]. Auch in Rom war von den fünf Heiligen lediglich Remigius eines Eintrages für würdig befunden worden[94]. Und wer deutsche Kalendarien durchforstet, stellt schnell fest, daß zwar die drei Heiligen am 1. Oktober praktisch Allgemeingut waren, die Einträge zum 6. Februar und zum 6. oder 8. Juni aber häufig fehlen. Eine Textvorlage für Pula kann ich nicht erkennen. Könnte es sein, daß Reisende ihren heimatlichen Heiligen in Pula eine Messe gestiftet haben und dabei für Medardus ein falscher Tag gewählt worden ist?

Auf den ersten Blick käme natürlich auch der Einfluß einer oder mehrerer deutscher Diözesen in Frage, wie ich es hinsichtlich des in Freising verehrten Nonnosus für möglich gehalten habe. Doch gerade im Freisinger Kalender fehlen die Februar- und Juni-Einträge[95]. Auch haben nur wenige Feste aus Deutschland Aufnahme in Pula gefunden: außer den allseits verehrten 11000 Jungfrauen (21. Oktober) aus Köln (Karte III 66) und dem gleichfalls bekannten Gallus (16. Oktober, Karte III 64) die beiden Mainzer Patrone Albanus (21. Juni) und Bonifatius (5. Juni). Daß aber dieser im Puleser Kalender als *papa* bezeichnet ist, spricht nicht gerade für eine genauere Kenntnis seines Kultes. Nicht größer dürften die Kenntnisse der in Polen verehrten und wohl von Krakau (Karte III 61) aus propagierten *Quinque fratres* gewesen sein, differierte doch ihr Tag in Pula

87 Anselmo LENTINI/Maria Chiara CELLETTI, S. Benedetto, abbate (in: Bibl.SS 2, 1962) Sp. 1104–1184, bes. Sp. 1155f. u. 1161.
88 GROTEFEND, Zeitrechnung 2 II [wie Anm. 13] S. 108b u. 160b.
89 Ebd. S. 180b.
90 Ebd. S. 60b.
91 Ebd. S. 142a.
92 GROTEFEND, Zeitrechnung 2 I [wie Anm. 13] S. 1–3.
93 CDI 3 S. 854a Nr. 478.
94 JOUNEL, Le culte [wie Anm. 37] S. 203 u. 295. – VAN DIJK, Ordinal [wie Anm. 13] S. 80.
95 GROTEFEND, Zeitrechnung 2 I [wie Anm. 13] S. 45f.

(22. Oktober) stark von dem sonst üblichen 12. November[96], der in Pula dem traditionell verehrten Mennas vorbehalten war. Krakau war vielleicht auch Urheber der Verehrung des hl. Florian in Pula, sofern das dortige Patrozinium nicht auf die Spätantike zurückging, denn im späten 12. Jahrhundert sollen die Florian-Reliquien in die polnische Metropole übertragen worden sein[97]. Möglicherweise sorgte auch die Translation eines anderen Heiligen für seine Verehrung in Pula: Im Jahre 1366 waren Reliquien des Burgunderkönigs Sigismund nach Freising und Prag (Karte III 63 u. 62) überführt worden und sollen vor allem in Böhmens Hauptstadt Wunder bewirkt haben[98]. Zumindest in Freising wurde Sigismund anfangs, wie auch in Pula, am 30. April gefeiert[99]. Weil es jedoch auch schon seit dem 11. Jahrhundert Translationen von Sigismund-Reliquien gegeben haben soll, ist es fraglich, wann und von wo aus sich der Kult nach Pula ausgebreitet hat. Immerhin könnte es sein, daß sich die Bedeutung der Königreiche Polen und Böhmen im 13. bzw. 14. Jahrhundert auf die Gestaltung des Festkalenders im istrischen Pula ausgewirkt hat.

Zum Abschluß verbleibt noch ein Abstecher in das, von Pula aus gesehen, ferne England. Ob irgendjemand in Pula jemals Werke des Ehrwürdigen Beda gelesen hat, entzieht sich meiner Kenntnis; aber zumindest gedacht wurde seiner – wenn auch erst an zweiter Stelle nach dem »Papst« Eleutherius – am 26. Mai. An diesem Tag feierten ihn anderswo lediglich die Diözesen Köln, Lüttich, Exeter, London (bzw. das Kloster Westminster), Winchester und York, während etwa Durham (Karte III 76), wo seine Gebeine seit dem 11. Jahrhundert ruhten, und andere Diözesen den folgenden Tag bevorzugten. Abgesehen von Mailand, das seiner schon am 22. Mai gedachte, ist mir kein Kalendareintrag aus Italien oder dem Adriaraum bekannt[100]. War auch Beda ein touristisches »Mitbringsel«, oder hatten englische Reisende seinen Gedenktag in Pula gestiftet? Der andere »Engländer« wirkte fast ein halbes Jahrtausend nach Beda: Gilbert von Sempringham, der Gründer des einzigen allein auf die britische Insel beschränkten Ordens[101]. Am 4. Februar (so auch sein Fest) 1189 gestorben, war Gilbert am 11. Januar 1202 von Innozenz III. kanonisiert worden. Wie ich es bei Beda für möglich halte, könnte auch Gilberts Kult von England aus nach Pula gelangt sein. Allerdings neige ich eher dazu, den Papsthof als Propagator des neuen Heiligen anzusehen. Als einer von wenigen neuen Heiligen war Gilbert in das Kalender der päpstlichen Kapelle aufgenommen worden[102]. Auch zwei römische Missalien aus der Zeit um 1300 enthielten sein Fest[103]. Weil jedoch, abgesehen von wenigen anderen Diözesen (etwa Trient), gerade die

96   GROTEFEND, Zeitrechnung 2 II [wie Anm. 13] S. 157b. – BHL Nr. 1147f. – Bibl.SS 2 (1962) Sp. 1216.
97   BHL Nr. 3059–3061. – Bibl.SS 5 (1964) Sp. 937f.
98   BHL Nr. 7720. – Bibl.SS 11 (1968) Sp. 1043–1047. – LCI 8 (1976) Sp. 349–351.
99   GROTEFEND, Zeitrechnung 2 I [wie Anm. 13] S. 46a.
100   GROTEFEND, Zeitrechnung 2 II [wie Anm. 13] S. 70a. – Bibl.SS 2 (1962) Sp. 1006–1074, bes. 1060–1069.
101   Zum Kult vgl. Niccolò DEL RE, Gilberto di Sempringham (in: Bibl.SS 6, 1965) Sp. 453.
102   VAN DIJK, Ordinal [wie Anm. 13] S. 9, 36, 64f.
103   EBNER, Missale [wie Anm. 38] S. 154, 179.

Franziskaner des neuen Heiligen gedachten[104], könnten auch diese den Kult von ihrem Konvent in Pula dem Klerus der Kathedrale nahegebracht haben.

IV. Statt eines Resümees:
Versuch einer historischen Einordnung

Trotz einer Reise nach Pula und Istrien im Mai 1997 hält sich meine Ortskenntnis in Grenzen; manche mir unbekannte Heilige kann ich immer noch nicht identifizieren. Beide Umstände prägen die bisherigen Ausführungen ebenso wie die Zusammenfassung. Bei ihr macht sich ein weiteres Manko bemerkbar: Als ich vor vielen Monaten das Thema nannte, kannte ich nur die Augsburger Handschrift; naiv und kühn zugleich nahm ich damals an, die Angaben im Kalender für die Beziehungen Pulas über See auswerten zu können. Diese anfängliche Hypothese mußte ich mittlerweile stark revidieren. Somit ist der Aufsatz nicht mehr ausschließlich ein Beitrag zu Ehren eines hochgeschätzten Kollegen aus früheren gemeinsamen Jahren in Berlin, sondern auch ein autobiographisches Zeugnis für eine Art von »Selbstfindung«.

Bekanntlich waren Wechsel von Patrozinien während des Mittelalters nicht selten. Daher können auch für Pula die erst später belegten Patrozinien spätantiker oder frühmittelalterlicher Kirchen für deren Anfänge nur mit Vorsicht herangezogen werden. Das wichtigste Zeugnis bleibt das Kalender. Doch auch bei ihm ist Vorsicht geboten, weil wir seine Vorlagen nicht kennen. Eingedenk dieser Vorbehalte möchte ich es dennoch wagen, die Kulte nach Epochen zu gliedern.

Völlig unsicher scheint mir die zeitliche Einordnung der beiden wichtigsten Lokalheiligen zu sein: Germanus und Florus. Die *Passio* des Germanus ist erst seit dem 12. Jahrhundert überliefert, ihr Text ziemlich stereotyp. Daß Germanus zwar an einem dritten Meilenstein außerhalb der Stadt enthauptet und dort auch bestattet worden sein soll, von Reliquien oder gar einer Kirche jedoch nichts bekannt ist, spricht nicht für einen Kult in der Spätantike. Ebenso ungewiß ist das Alter des Bischofs Florus. Immerhin läßt der Eintrag seiner Translation (7. August) erst an zweiter Stelle nach dem vielerorts verehrten Aretiner Martyrer Donatus vermuten, daß der Florus-Kult nachantik ist. Daß Florus im 7. Jahrhundert gelebt habe und aus Treviso nach Istrien gekommen sei[105], bleibt Spekulation.

Eher der Spätantike, vornehmlich dem 6. Jahrhundert, glaube ich die Verehrung anderer Heiliger zuweisen zu können. Zu ihnen gehören zuerst einmal die Patrone anderer istrischer Bistümer, vor allem Justus von Triest und Maurus von Poreč, vielleicht auch der in Pula durch zwei Feste geehrte Peregrinus von Umag, das 929 der Diözese Triest eingegliedert worden ist[106]. Infolge des Endes der ursprünglichen Kultzentren durch die Einfälle von Germanen, Avaren und Slawen dürften auch die Kulte der norischen, pannonischen und dalmatinischen Heiligen noch auf das 5. oder 6. Jahrhundert zurückgehen: Florian, Quirinus, Pollio, *Septem virgines* und Anastasius. Vor allem bei

---

104 Grotefend, Zeitrechnung 2 II [wie Anm. 13] S. 109b.
105 IS 269a/b.
106 CDI 1 S. 153f. Nr. 69.

Anastasius von Salona bin ich mir ziemlich sicher, denn das Ende des christlichen Salona durch die Landnahme der Kroaten um 600 wurde nicht mehr im Kult memoriert – anders als in Rom, wo der aus Dalmatien stammende Papst Johannes IV. im Jahre 640 in dem Venantius-Oratorium am Lateranbaptisterium acht spätantike Martyrer aus Istrien und Dalmatien im Apsismosaik darstellen ließ und ihre Reliquien deponierte.

Die Stiftungen des Ravennater Oberhirten Maximian, aber auch die Heiligendarstellungen in der Euphrasius-Basilika von Poreč weisen auf enge Kultbeziehungen zwischen Istrien einerseits und Ravenna, anderen oberitalienischen Städten sowie Rom andererseits hin: Außer den allseits verehrten Römerinnen Agnes und Caecilia könnten schon im 6. Jahrhundert auch seltener verehrte Heilige wie Felicitas, Iustina, Euphemia oder Severus in Pula bekannt gewesen sein, ebenso Fusca und Maura, vielleicht auch die Gründungsheiligen und andere Martyrer aus Aquileia. Weil die antike Großstadt Capua seit den Gotenkriegen allmählich unbedeutend geworden war, neige ich dazu, auch die Kenntnis der überraschend vielen Martyrer aus dieser Stadt in Pula dem frühen 6. Jahrhundert zuzuweisen, als die meisten von ihnen auch in S. Prisco, nahe bei Capua Vetere, in Mosaiken verewigt worden waren. Der Kult der lukanischen Martyrer Vitus und Modestus in Istrien dürfte gleichfalls auf diese Zeit zurückgehen.

Die Besetzung Ägyptens in der ersten Hälfte des 7. Jahrhunderts erst durch die Perser, dann – nach kurzem byzantinischen Intermezzo – durch die Muslime erschwerte Pilgerreisen dorthin. Daher ist auch bei den alexandrinischen Heiligen – vor allem bei dem sonst weithin unbekannten Martialis – anzunehmen, daß ihre Verehrung in Pula vor den genannten Ereignissen begonnen hat.

Blicken wir in den fernen Westen, dürfte zumindest auch der hl. Martin schon im 6. Jahrhundert in Istrien verehrt worden sein. Darauf deutete Venantius Fortunatus hin, wenn er am Schluß seiner »Vita Martini« bei Padua und Ravenna bildliche Darstellungen des Heiligen erwähnte. Und sollte damals wirklich jemand die von ihm geschilderte fiktive Pilgerroute gereist sein, könnten auch die Grabstätten der gallorömischen Heiligen Remigius und Medardus schon im 6. Jahrhundert in Oberitalien, vielleicht auch in Istrien, bekannt gewesen sein[107]. Doch ist dies eine bloße Vermutung. Daß der aus Ägypten übernommene Mennas dem hl. Martin um einen Tag weichen mußte, könnte anzeigen, daß Mennas erst in Pula verehrt worden ist, als der Martinskult schon etabliert war.

Infolge der politischen Neugliederung gehörte Istrien seit dem ausgehenden 6. Jahrhundert zum Exarchat von Ravenna. Die für Istrien zuständigen *Magistri militum* sollen in Pula residiert und dort in der Zömeterialkirche der hl. Katharina ihre Grablege gehabt haben[108]. In dieser zweiten Epoche waren demzufolge die Kontakte zu Ravenna und Rom, aber auch zum Illyricum und zur Hauptstadt Konstantinopel – je nach deren Stärke – potentiell eng. Daher wäre es möglich, daß jetzt Heilige aus dem Exarchat – etwa aus Fano –, aber auch aus dem apulischen Siponto sowie der Erzengel Michael in Pula bekannt wurden. Besondere Bedeutung dürfte jedoch die Bindung an Konstanti-

---

107   MGH AA 4 S. 368 Vers 638 (Remedius) u. 639 (Medardus), S. 369 Verse 672–674 (Padua), S. 369f. Verse 689–691 (Ravenna).
108   MARUŠIĆ, Pula [wie Anm. 15] S. 37.

nopel besessen haben. Vielleicht stammen aus dieser Zeit die Kulte für den »illyrischen« Demetrios, für die in Konstantinopel verehrten Heiligen – Elisäus, Helena, aber auch Thomas – und für den hl. Theodor.

Diese Beziehungen zum Osten verringerten sich in der dritten Epoche erheblich infolge der Karolingerherrschaft. Diese manifestierte sich in Istrien erstmals 804 in einem *Placitum*[109]. Fortan dürften nicht nur aus dem Patriarchat von Aquileia stammende Heilige, sondern allmählich auch nordalpine Kulte (aus Freising, St. Gallen, Mainz und Köln) Eingang gefunden haben in den Festkalender von Pula. Einen Rest meiner anfänglichen Hypothese aufrechterhaltend möchte ich postulieren, daß der Angelsachse Beda und die nordgallischen Heiligen – auch Remigius und Medardus – dadurch nach Pula gelangten, daß ihnen Schiffsreisende Votivmessen in der Kathedrale stifteten. Und natürlich war die Rolle Pulas als Hafenstadt auch maßgebend gewesen für die Übernahme der meisten Kulte während der ersten und zweiten Epoche.

Die vierte Epoche schließlich prägten »moderne«, also kanonisierte, Heilige sowie Kulte, die im 13. und 14. Jahrhundert aus Böhmen und Polen übernommen worden sind. Inwieweit auch der Einfluß Venedigs, dem Pula spätestens seit 1331 unterstand[110], den Festkalender noch anreicherte, läßt sich wegen der schon früheren Bindungen Istriens an Oberitalien schwer bestimmen.

Nur relativ wenige kanonisierte Heilige – dies trifft auch auf die Bettelorden zu – haben in Pula Beachtung gefunden; die Zahl neuer Heiliger zur Zeit der fränkisch/deutschen Herrschaft war gering gewesen. Vielmehr haben den Festkalender in Pula vornehmlich die Spätantike und die Zeit der byzantinischen Herrschaft geprägt, als die Stadt noch ein wichtiger Hafen und Glied der traditionellen Romania gewesen war.

Sollten meine Annahmen zutreffen, so wäre Pula als Hafenstadt ein Schmelztiegel verschiedener Kult-Traditionen gewesen. Und weil infolge zahlreicher Wirrnisse die Quellen zur Geschichte Pulas nicht gerade reichlich sprudeln – auch die Wanderung der vorgestellten Handschrift ist dafür ein Zeugnis –, kann die Interpretation des Kalendars uns helfen, Pula als Exempel für Städte zu verstehen, die seit der Antike dazu beigetragen haben, »Begrenzungen« zu »überwinden«.

---

109 CDI 1 S. 111–126 Nr. 54. Zum Folgenden vgl. oben die Angaben in Anm. 50.
110 CDI 3 S. 1079–1082 Nr. 629f.

Am Schnittpunkt der Kulturen

Stadtentwicklung und Nationalstaatsbildung in Luxemburg im 19. und frühen 20. Jahrhundert

VON RAINER HUDEMANN

Unter europäischen Grenzregionen spiegelt der deutsch-französisch-luxemburgische Grenzraum im 19. und 20. Jahrhundert die Überlagerung, die Verschmelzung oder auch die gegenseitige Abschottung unterschiedlicher nationaler Traditionen und Entwicklungsmuster besonders vielfältig wider. Jahrhundertelang Schauplatz immer erneuter, zumeist gewaltsamer Verschiebungen politischer Grenzen, wird der Raum vor allem im Hinblick auf Frankreich und Deutschland in der Historiographie bis heute eher als Terrain der Konfrontation denn als solches der Grenzüberwindung gesehen[1]. Doch sind in den letzten Jahren auch die Grenzen solcher Grundlinien der Geschichtsschreibung, in denen nationale Perzeptionsmuster lange nachwirken, deutlicher geworden[2]. Perzeptionen sind ein gewichtiger Teil der Wirklichkeit in Grenzsituationen, aber eben nur ein Teil. In materieller Hinsicht erfolgen manche Überlagerungen oder Wechselwirkungen nationaler Traditionen auch dann, wenn sie von den Zeitgenossen zunächst so nicht erkannt werden.

Die Entwicklung der Städte im deutsch-französisch-luxemburgischen Grenzraum spiegelt im 19. und 20. Jahrhundert solche Einfluß- und Überlagerungsvorgänge ebenso wider, wie sie die analytischen Grenzen nationaler Interpretationskriterien aufzeigt. Ein Saarbrücker Forschungsprojekt, von der Deutschen Forschungsgemeinschaft gefördert, ist solchen Interferenzprozessen genauer nachgegangen[3].

---

1   Eine Zwischenbilanz neuer, auch unpublizierter Arbeiten zog ein Kolloquium der Universitäten Metz, Nancy II, des Saarlandes sowie des Centre universitaire de Luxembourg: Alfred WAHL (Hg.), L'Histoire moderne et contemporaine en Saare-Lorraine-Luxembourg (= Centre de recherche Histoire et civilisation de l'Université de Metz 18, Metz 1990).

2   Vgl. Alfred WAHL, Les historiens allemands et l'Alsace (in: Saisons d'Alsace 48, 1995) S. 117–122 und Hans-Walter HERRMANN, Kooperierende landesgeschichtliche Forschung im internationalen Schnittpunkt: Saarland – Lothringen – Luxemburg, in: Werner BUCHHOLZ (Hg.), Landesgeschichte in Deutschland. Bestandsaufnahme – Analyse – Perspektiven (Paderborn u. a. 1998) S. 384–397.

3   Konzipiert wurde das Projekt von dem Autor dieses Beitrages gemeinsam mit Rolf Wittenbrock. Eine erste Ausdifferenzierung der Ausgangsfragestellung erfolgte im Dialog mit Historikern, Kunsthistorikern, Geographen und Architekten aus Frankreich, Luxemburg und Deutschland: Rainer HUDEMANN/Rolf WITTENBROCK (Hg.), Stadtentwicklung im deutsch-französisch-luxemburgischen Grenzraum (19. u. 20. Jh.). Développement urbain dans la région frontalière France-Allemagne-Luxembourg (XIXᵉ et XXᵉ siècles) (= VeröffKomSaarlLandesG. 21, Saarbrücken 1991). Wissenschaftliche Mitarbeiter in dem 1997 abgeschlossenen Projekt waren Christoph Cornelißen, Peter Heil, Stefan Leiner und Annette Maas.

Ausgangspunkt der Fragen war die Tatsache, daß sich in Frankreich und Deutschland im 19. Jahrhundert Konzepte der Ausgestaltung der modernen Stadt entwickelten, die zwar Anworten auf ähnliche Probleme suchten, zunächst aber unterschiedlichen Grundprinzipien folgten. Da Städte, von Kriegszerstörungen abgesehen, politische Herrschaftswechsel zunächst überdauern, läßt sich im deutsch-französisch-luxemburgischen Grenzraum an ihrem Beispiel die respektive Bedeutung von politischer Herrschaft und ihrem Wechsel, von technischer Entwicklung und Sachzwängen städtischer Leistungsverwaltung, von Professionalisierung kommunaler Verwaltung, von kunstgeschichtlichen und architektonischen Traditionen auf nationaler wie regionaler Ebene, von Artikulationsformen kommunaler Öffentlichkeit und anderen Faktoren, welche die Gestaltung der modernen Stadt in Frankreich und Deutschland während und nach der Hochindustralisierung prägten, paradigmatisch untersuchen.

Luxemburg als seit 1830/39 allmählich gefestigter Nationalstaat repräsentiert dabei ein anderes Entwicklungsmuster als der elsaß-lothringische Raum. In Luxemburg erhielten äußere Einflüsse seltener gewaltsame Form, und dennoch ist es ein Land, in dem Transferprozesse besonders augenfällig wirkten. Luxemburgische Städte spiegeln diese Einflüsse ebenso wider, wie dies unter anderen Bedingungen im deutsch-französischen Grenzraum der Fall ist. Zugleich sind sie ein Spiegelbild einer besonderen Form der Nationalstaatsbildung.

I. Eine eigene Form der Nationalstaatsbildung

Im 19. Jahrhundert, dem Jahrhundert der Nationalstaatsbildung in Europa, wurde im Falle Luxemburgs gerade der Prozeß des Nation-Building zum Angelpunkt der Schnittstellenposition des Landes[4]: Die unwillkürliche oder auch bewußt und sorgsam reflektierte Übernahme von Vorbildern aus anderen Ländern wurde zu einem wesentlichen Bestandteil dessen, was im Land selbst im 20. Jahrhundert schließlich als Ausdruck der eigenen Identität gewertet wurde. Bis in die äußere Morphologie und innere Struktur der Städte hinein schlagen sich, bis heute sichtbar, die Einflüsse und ihre Überlagerungen ebenso nieder wie ihre in der Entwicklung des Landes selbst begründeten größeren oder kleineren Wirkungschancen.

Die alte adlige Führungsschicht in Luxemburg war im 18. Jahrhundert weitgehend ausgestorben oder hatte den Mittelpunkt ihres beruflichen und privaten Lebens in andere Länder verlegt[5] – schon dies ein Ausdruck der vielfältigen, im 19. Jahrhundert

---

4   Zusammenfassend zur Geschichte des Landes und der Hauptstadt siehe insbesondere Gilbert TRAUSCH, Histoire du Luxembourg (= Nations d'Europe, Paris 1994), sowie – reichhaltig illustriert – DENS. (Hg.), La Ville de Luxembourg. Du château des comtes à la métropole européenne (Anvers 1994), beide mit umfangreichen Hinweisen auf die ältere Literatur. Ausführlich die von Albert und Christian CALMES auf 13 Bände konzipierte Histoire contemporaine du Grand-Duché de Luxembourg, von der bis zum Tod von Christian Calmes 10 Bände erschienen (Luxembourg 1939–95). In Übersetzung liegt Bd. 12 vor: Christian CALMES, Gründung und Werden eines Landes: 1815 bis heute (Luxembourg 1989).
5   Calixte HUDEMANN-SIMON, La noblesse luxembourgeoise au XVIIIᵉ siècle (Paris/Luxembourg 1985).

dann als international erscheinenden Verflechtungen des Landes, wenngleich zunächst noch an typische Verhaltensformen des frühneuzeitlichen Adels anschließend. Der Formationsprozeß der Eliten des sich neu bildenden Nationalstaates verlief daher auch unter anderen Bedingungen als in vielen anderen Ländern Europas. Die Auseinandersetzung oder auch partielle Kooperation des aufsteigenden Bürgertums[6] mit den alten Eliten, in manchen Ländern ein dynamisch wirkendes Element im Nationsbildungsprozeß, spielte in Luxemburg nicht diese essentielle Rolle. Das Bürgertum hatte sich eigenständiger zu formieren. Aufgrund der jahrhundertelangen Zugehörigkeit zu anderen Herrschaften, vor allem den spanischen und dann österreichischen habsburgischen Niederlanden, konnte ein Rückgriff auf spezifische eigene Traditionen auch nur begrenzt erfolgen. Kriegerische Auseinandersetzungen, die in Deutschland in den Befreiungskriegen gegen Napoleon oder in Italien im Kampf gegen Habsburg als Katalysator des Nationalbewußtseins wirkten, fehlten hier jetzt weitgehend; gegen Ende des Ancien régime hatte auch der Luxemburger Adel trotz der das ganze 18. Jahrhundert durchziehenden harten Divergenzen mit der Habsburger Krone noch zu deren treuesten Anhängern gehört. Die Auseinandersetzungen mit Herrschaften, die man aktuell oder rückblickend als Fremdherrschaften empfand, erfolgten auf eine andere, differenziertere Weise.

Im 19. Jahrhundert entwickelten sich so besonders komplexe Überlagerungsformen von Einflüssen, die vielfach erst im Zuge der Nationalstaatsbildung zwischen 1815 und 1839 zu tatsächlich »ausländischen« Einflüssen wurden:

– Die alten Traditionen einer nach Frankreich orientierten Kultur der Oberschichten bis zum 18. Jahrhundert
– die Traditionen der spanischen und seit 1714 österreichischen Niederlande, nach der französischen Besatzung 1684–1698 und der Herrschaft Philipps v. Anjou 1700–1711 sowie dem bayrischen Zwischenspiel 1711–1714
– die nachhaltige und langfristig strukturell wirksame Neubelebung bzw. Verstärkung französischen Einflusses mit der revolutionären Annexion 1795 und unter der Wirkung napoleonischer Institutionen im Département des Forêts bis 1814, Institutionen, die mit den im späteren Belgien eingeführten zunächst gutenteils identisch waren
– die erneute Bindung an die Niederlande in dem auf dem Wiener Kongreß 1815 in Personalunion mit dem Königreich der Niederlande geschaffenen Großherzogtum Luxemburg, das als gleichzeitiges Mitglied des Deutschen Bundes ebenfalls starken Einflüssen der beginnenden deutschen Nationalstaatsbildung unterlag
– die beginnende Eigenständigkeit mit der Aufteilung der Provinz Luxemburg zwischen Belgien und den Niederlanden entlang der Sprachgrenze nach der Belgischen Revolution von 1830 – eine Eigenständigkeit als persönliches Großherzogtum des Hauses Oranien-Nassau, die nach konfliktreichen Jahren aber erst 1839 durchgeführt wurde, dem rückblickend deshalb als Beginn des Nationalstaates geltenden Jahr

---

6   Vgl. hierzu die Beiträge von Guy Thewes und Marie-Paule Jungblut in: Trausch (Hg.), Ville de Luxembourg [wie Anm. 4].

– der ökonomische Aufschwung mit dem Beitritt zum Zollverein 1842, der politischen Neutralisierung des Landes nach Napoleons III. von Preußen vereiteltem Ankaufsversuch 1867[7] und der Übernahme der Verwaltung der Eisenbahn Wilhelm-Luxemburg durch das Deutsche Reich 1872.

Einfluß- und kulturelle Transferprozesse, die aus dieser komplexen Schichtung von Traditionen folgten, verliefen in ihren Wirkungslinien durchaus widersprüchlich. So verstärkte die mangelnde Durchführung der 1815 zugesagten luxemburgischen Sonderrechte durch den Oranier Wilhelm I. letztlich eher die jahrhundertealten Spannungen mit den Niederlanden, als daß diese gemindert worden wären, festigte zugleich aber die engen Verbindungen mit Belgien zusätzlich. Der Beitritt zum Zollverein und das sowohl politische als auch ökonomische Gewicht des Deutschen Reiches in Europa nach 1871 stärkten zwar den deutschen Einfluß, zugleich als Gegenreaktion aber auch – von den preußischen und deutschen Gesandten oft beklagt – die kulturelle Orientierung der neu aufsteigenden Eliten und bald auch großer Teile der an sich germanophonen Unter- und Mittelschichten an Frankreich: nicht als politisches Bekenntnis, sondern als Element der »Selbstbehauptung« der Luxemburger[8]. Bewußt reflektierte Orientierungen wirkten hier ebenso wie etwa die grenzüberschreitenden Wanderungen von Dienstboten oder Handwerkern. Die Rückbesinnung auf die luxemburgische Sprache, die im Verlauf der zweiten Jahrhunderthälfte neben Französisch und Deutsch ein zunehmendes Gewicht erhielt, verkörperte das sich stetig verstärkende Bemühen um eine eigenständige Entwicklung der neuen Nation im Schnittpunkt dieser vielfältigen Wirkungslinien. Dabei wurden Einflüsse bewußt oder unbewußt aufgegriffen oder aber auch konterkariert, um aus der Kultur und Tradition der zahlreichen Länder, mit denen Luxemburg einmal politisch-institutionell verbunden war, Elemente zu übernehmen und sie in einem als spezifisch luxemburgisch verstandenen Eklektizismus zu integrieren[9]. Insofern wurde die Suche nach einer Verbindung unterschiedlichster Einflußelemente in Luxemburg, anders als in vielen anderen Nationalstaaten, zu einem Kernelement des Nationsbildungsprozesses selbst.

---

7 Zum Stand der Forschungsdiskussion s. Herbert MAKS, Zur Interdependenz innen- und außenpolitischer Faktoren in Bismarcks Politik in der luxemburgischen Frage 1866/67 (in: Francia 24/3, 1997) S. 91–115.

8 So Gilbert TRAUSCH, Luxemburg als Dritter zwischen Deutschland und Frankreich, in: Les tiers dans les relations franco-allemandes. Dritte in den deutsch-französischen Beziehungen, hg. im Auftrag des Deutsch-Französischen Historikerkomitees von Christian BAECHLER/Klaus-Jürgen MÜLLER (München 1996) S. 105–118, hier 114. Vgl. DENS., Der Einfluß Deutschlands in Luxemburg um 1900, in: Günther PFLUG/Brita ECKERT/Heinz FRIESENHAHN (Hg.), Bibliothek–Buch–Geschichte. Kurt Köster zum 65. Geburtstag (Frankfurt/Main 1977) S. 492–508. Zahlreiche Aspekte beleuchtet: Raymond POIDEVIN/Gilbert TRAUSCH (Hg.), Les relations franco-luxembourgeoises de Louis XIV à Robert Schuman (= Centre de recherches Relations internationales de l'Université de Metz 11, Metz 1978).

9 Ich übernehme den Begriff aus der jüngeren luxemburgischen Historiographie; vgl. z. B. die Heidelberger kunsthistorische Dissertation von Antoinette LORANG, Plateau Bourbon und Avenue de la Liberté. Späthistorische Architektur in Luxemburg (= Publications de la Section historique de l'Institut Grand-Ducal de Luxembourg 103, Luxembourg 1988).

Die Mittlerposition des Landes, die sich vor diesem Wirkungsgeflecht entfaltete, haben einige große Persönlichkeiten der europäischen Wirtschaft, Kultur und Politik im 20. Jahrhundert verkörpert. Zu ihnen gehörte in der Zwischenkriegszeit Emile Mayrisch, der Direktor der ARBED, mit seinen Konzeptionen für grenzüberschreitende Wirtschaftskartelle und seiner beeindruckenden kulturellen Mittlertätigkeit in der deutsch-französischen Verständigung, die nicht zuletzt auch auf seiner Analyse der Wirtschaftsinteressen der beteiligten Nationen gründete[10]. Manche seiner Ideen griff nach dem Zweiten Weltkrieg Robert Schuman wieder auf, der die Vertretung national-staatlicher französischer Modernisierungsinteressen als französischer Außenminister mit der Initiative zur funktionellen europäischen Teil-Integration in der Montan-Union verband[11]. Eine weitere wichtige Rolle in der europäischen Integration übernahm in den 50er Jahren mehrfach Luxemburgs Ministerpräsident Joseph Bech. Solche die grenzüberschreitenden Zukunftsperspektiven der Nationalstaaten realistisch einschätzenden Persönlichkeiten sind Ausdruck der Kultur ihres Ursprungslandes, worin sie – wie Schumans Beispiel zeigt – manchen Lothringern nicht unähnlich sind.

II. Stadtbilder als Ausdruck kultureller Interferenzen

Im äußeren Bild mancher luxemburgischer Städte ist die Vielfalt der Einflüsse an diesem Schnittpunkt der Kulturen und die Suche nach einem eigenen Luxemburger Weg geradezu Stein geworden. Vieles erschließt sich dem aufmerksamen Betrachter direkt, anderes erfordert eine genauere Kenntnis des Verlaufs der Urbanisierung in unterschiedlichen europäischen Ländern. Einige Transferwege sind den Vorgängen in Elsaß-Lothringen durchaus ähnlich, und so zeigt der Fall der Stadt und des Staates Luxemburg gewissermaßen im Kontrast, daß und wie grenzüberschreitende Transferprozesse auch in Situationen wirken konnten, in denen sie nicht durch den Wechsel der politischen Grenze gewissermaßen programmiert wurden.

An der Gestaltung der Fassaden und großen Gebäude der zentralen Avenue de la Liberté auf dem »Plateau Bourbon«, dem im wesentlichen nach 1900 bebauten Gelände zwischen der Altstadt Luxemburgs und dem 1907 eingeweihten Bahnhof, hat Antoinette Lorang zunächst unter vorwiegend kunsthistorischen Gesichtspunkten die Begegnung, bisweilen Verflechtung und Überlagerung unterschiedlicher Einflüsse herausgearbei-

---

10 Im Überblick Hans Manfred Bock, Das Deutsch-Französische Institut in der Geschichte des zivilgesellschaftlichen Austauschs zwischen Deutschland und Frankreich, in: Ders. (Hg.), Projekt deutsch-französische Verständigung. Die Rolle der Zivilgesellschaft am Beispiel des Deutsch-Französischen Instituts in Ludwigsburg (Opladen 1998) S. 11–120, hier 27ff., sowie umfassend die Aachener Habilitationsschrift von Guido Müller, Deutsch-französische Gesellschaftsbeziehungen nach dem Ersten Weltkrieg. Das Deutsch-Französische Studienkomitee und der Europäische Kulturbund im Rahmen deutsch-französischer Verständigungsbewegungen 1924–1933, 1997 (masch.).
11 Raymond Poidevin, Robert Schuman homme d'Etat 1886–1963 (Paris 1986). Zu in die gleiche Richtung weisenden Ansätzen französischer Industrieller bereits während des Ersten Weltkrieges siehe Georges-Henri Soutou, L'Or et le sang. Les buts de guerre économiques de la Première Guerre mondiale (Paris 1989).

tet[12]. Geradezu symbolisch stehen sich die beiden gewaltigen Bauten am südlichen, der Altstadt gegenüberliegenden Brückenkopf der Adolph-Brücke über das Petruss-Tal gegenüber: der an der französischen Frührenaissance orientierte, aber auch einige flämische Elemente aufgreifende Sparkassenbau und jenseits der Avenue de la Liberté das wilhelminische, eher Berliner Bauvorbildern folgende Verwaltungsgebäude der Eisenbahn Wilhelm-Luxemburg, 1951 provisorischer Sitz der Montan-Union. Etwas weiter die Avenue de la Liberté hinab nach Süden greift das in den 20er Jahren errichtete monumentale Verwaltungsgebäude der ARBED – an dessen Stelle zunächst das staatliche Museum vorgesehen gewesen war – vor allem auf das französische 17. und 18. Jahrhundert zurück, bei einer fast überschäumenden Dekorationsfreude, die moderne Bergbauwerkzeuge, antike Mythen und Allegorien und barocke Ornamentik gleichermaßen integriert. In den Fassaden und Dekorationen der Wohngebäude auf dem Plateau spiegelt sich die bewußt gegen die deutsche ökonomische Präponderanz gerichtete Orientierung des neuen luxemburgischen Bürgertums an französischer Kultur geradezu augenfällig wider, die vorherrschenden Einflüsse kommen aus Frankreich, bisweilen durch Brüssel vermittelt. Elemente des Jugendstils etwa, die sich auch in der weiterentwickelten Form des Art Nouveau in Frankreich nur sehr zögernd ihren Weg zu bahnen vermochten, bleiben auf dem Luxemburger Plateau Bourbon selten. Dies liegt auch an den Ausbildungswegen der Architekten, die häufiger in Paris oder Brüssel als in Deutschland studierten, wenngleich ein wichtiger Architekt wie Georges Traus z. B. seine Ausbildung sowohl in Paris als auch in Aachen erhielt[13]. Ingenieure dagegen studierten vergleichsweise häufiger in Deutschland, vor allem an den Technischen Hochschulen in Aachen, Darmstadt, Karlsruhe – und das führt auf die Spur der tatsächlich noch komplizierteren Einflußwege.

Ein Blick auf die übergeordneten europäischen Zusammenhänge der modernen Stadtentwicklung macht die Verschränkung der Einflußlinien in der Stadt Luxemburg deutlicher.

Die Morphologie französischer Städte wurde, ausgehend von Paris, in der zweiten Hälfte des 19. Jahrhunderts zunehmend durch die Prinzipien von Napoleons III. Pariser Stadtpräfekten Haussmann geprägt. Aufbauend auf Grundzügen der Stadtgestaltung im französischen Absolutismus und ihrer Weiterentwicklung unter Napoleon I., markierten breite, in ihrem Verlauf an markanten historischen, technischen oder künstlerischen Bauten wie Palästen, Bahnhöfen oder Theatern orientierte Alleen, Sternplätze und Ringboulevards das äußere Stadtbild[14]. Die Durchsetzung dieser Stadtbauprinzipien innerhalb des zentralisierten Landes zog sich über Jahrzehnte hin und erfolgte im wesentlichen erst nach dem Sturz Napoleons III.

Gegen den Monumentalismus des Haussmann'schen Städtebaus erhob sich bald aber auch Kritik. Sie wandte sich zunächst gegen die damit verbundene Zerstörung alter

---

12 Vgl. die detaillierten, illustrierten Analysen bei LORANG, Plateau Bourbon [wie Anm. 9].
13 LORANG, Plateau Bourbon [wie Anm. 9] S. 304ff., ebd. auch weitere Architektenbiographien.
14 Einen Überblick geben Jean DES CARS/Pierre PINON, Paris – Haussmann. »Le pari d'Haussmann« (Paris 1991), sowie für die Weiterwirkung und die Gegenkräfte innerhalb Frankreichs: Claude MONNIER (Hg.), L'architecture moderne en France, Bd. 1: 1889–1940, von Claude LOUPIAC/Christine MENGIN (Paris 1997).

Stadtkerne, doch immer häufiger zugleich gegen die Stadtbauformen selbst. Im Deutschen Reich propagierte sie besonders wirkungsvoll Camillo Sitte[15], der Kölner Stadtbaumeister Joseph Stübben verband sie mit den zeitgemäßen hygienischen und technischen Forderungen[16]. Ästhetisch griff man auf kleinräumige, der mittelalterlichen Stadt verpflichtete Perspektiven zurück, auf gekrümmte oder durch wichtige Gebäude perspektivisch gebrochene Straßen, auf zahlreiche bauliche oder vegetative Mittel zur Auflockerung des Straßenbildes, und dies mit dem Anspruch, zugleich den Anforderungen der modernen Stadt an Verkehrsfluß, Licht, Luft und Weite gerecht zu werden. Damit griff man insbesondere auch die Konzepte des Karlsruher Architekturprofessors Reinhard Baumeister auf[17], bei dem viele Architekten und Ingenieure aus dem deutsch-französisch-luxemburgischen Grenzraum studierten. Internationalen Widerhall erhielten solche Konzepte auch durch die sich um die Jahrhundertwende nicht nur in Deutschland entwickelnden Bewegungen zum Schutze der traditionellen Ortsbilder, die in mehreren deutschen Staaten vor dem Ersten Weltkrieg in entsprechende Gesetze mündeten.

Für internationale Transferprozesse in der Urbanisierung ergab sich hieraus eine neue Dynamik insofern, als die in Deutschland erarbeiteten Konzepte für die Bewältigung des mit der Hochindustrialisierung verbundenen Urbanisierungsschubes den im Rahmen der kommunalen Professionalisierungsprozesse in die Schaltstellen einrückenden Architekten und Ingenieuren in mancherlei Hinsicht als zukunftsträchiger erschienen im Vergleich zu den französischen Modellen. Frankreich hatte zwar bereits früh im 19. Jahrhundert städtehygienische Reglementierungen und Gesetze entwickelt, in der Ausführung war es jedoch im wesentlichen bei der Kontrolle der Fluchtlinien an Straßen stehengeblieben, ohne die Hygiene von Wohnungen ebenso intensiv weiterzuentwickeln[18]. Im in Frankreich gegenüber Deutschland vergleichsweise bedeutenderen privat finanzierten Wohnungsbau waren modernere Wohnstandards allerdings verbreiteter als in der öffentlichen Wohnungsbaupolitik[19].

15   Camillo SITTE, Der Städte-Bau nach seinen künstlerischen Grundsätzen (Wien 1889, Reprint der 4. Aufl. 1909 Braunschweig und Wiesbaden 1983).
16   Joseph STÜBBEN, Der Städtebau (= Handbuch der Architektur 4. Theil 9. Halb-Band, Darmstadt 1890, Reprint Braunschweig und Wiesbaden 1980).
17   International wirksam wurde vor allem sein Grundsatzwerk: Reinhard BAUMEISTER, Stadterweiterungen in technischer, baupolizeilicher und wirtschaftlicher Beziehung (Berlin 1876). Zum größeren Zusammenhang vgl. u. a. Clemens ZIMMERMANN, Wohnen als sozialpolitische Herausforderung. Reformerisches Engagement und öffentliche Aufgaben, in: Geschichte des Wohnens Bd. 3: 1800–1918. Das bürgerliche Zeitalter, hg. von Jürgen REULECKE (Stuttgart 1997) S. 503–636, sowie Clemens ZIMMERMANN, Von der Wohnungsfrage zur Wohnungspolitik. Die Reformbewegung in Deutschland 1845–1914 (Göttingen 1991). Zum Zusammenhang mit dem Grenzraum s. Rainer HUDEMANN, Grenzübergreifende Wechselwirkungen in der Urbanisierung. Fragestellungen und Forschungsprobleme, in: HUDEMANN/WITTENBROCK (Hg.), Stadtentwicklung [wie Anm. 3] S. 9–20.
18   Rolf WITTENBROCK, Bauordnungen als Instrumente der Stadtplanung im Reichsland Elsaß-Lothringen (1870–1918). Aspekte der Urbanisierung im deutsch-französischen Grenzraum (St. Ingbert 1989) S. 47ff.
19   Peter HEIL, Von der ländlichen Festungsstadt zur bürgerlichen Kleinstadt. Stadtumbau zwischen Deutschland und Frankreich. Landau, Haguenau, Sélestat und Belfort zwischen 1871 und 1930 (Manuskript Saarbrücken 1997).

Im deutsch-französischen Grenzraum erklärt sich die Wirksamkeit deutscher Urbanisierungskonzepte nicht nur durch die politischen Machtverhältnisse nach der Annexion 1871, sondern auch durch das Modernisierungsgefälle[20]. Dabei erfolgte die »Hausmannisierung« Straßburgs zunächst, wenngleich ältere autochthone Planungen einbezogen wurden, auf dem »Umweg« über Berlin, und ebenso griff die lokale Opposition gegen die monumentalen Planungen in der Straßburger Neustadt auf deutsche Konzepte der Heimatschutzbewegung zurück – Schulbeispiel für die Komplexität der Wirkungsmechanismen in Grenzregionen und für die Relativität des Begriffs des »Nationalen« für ihre Analyse und Erklärung[21].

Auch in Luxemburg wurde das Modernisierungsgefälle wirksam, und zwar trotz der verbreiteten kulturell-politischen Aversion gegen das martialisch erscheinende Deutsche Reich. Durch die 1867 international festgelegte Schleifung der Bundesfestung Luxemburg – dem Norddeutschen Bund war Luxemburg bereits nicht mehr beigetreten – eröffnete sich den Urbanisten gegenüber der Altstadtfläche von 22 ha nun ein Erweiterungsgebiet von 177 ha – eine gewaltige Innovationschance.

Auf dem Westglacis der Festung folgte man Modellen, die zu Zeiten Napoleons I. unter anderem schon in Bremen, dann in zahlreichen anderen europäischen Städten von Paris und Frankfurt bis Göteborg nach ihrer Entfestigung angewandt worden waren: Man schuf große Grünflächen und Ringboulevards[22]. Der berühmte französische Landschaftsarchitekt Edouard André, der etwa in Paris den Park der Buttes Chaumont konzipiert hatte, erhielt den Auftrag zur Schaffung der großen Parks, die bis heute das westliche Vorfeld der Altstadt prägen. Ähnlich wie in der Pariser Kernstadt, hier aber auf den Erweiterungsterrains, wurde nun ein äußerer Ringboulevard angelegt mit dem Boulevard de la Grande Duchesse Charlotte, dem Boulevard de la Foire und dem heutigen Boulevard Robert Schuman, ergänzt durch den teilweise parallel laufenden Boulevard Joseph II, sowie ein innerer Ring mit dem Boulevard Prince Henri. Der alte Boulevard Royal ergänzte das Ringsystem auf dem Altstadtterrain um einen weiteren inneren Teilkreis. Ähnlich wie in Paris durchschnitten Radialalleen das System im Westen der alten Stadt, darunter die heutige Avenue Emile Reuter und die Avenue Monterey.

Ein rein quadratisch konzipiertes Rastersystem war zunächst auch für das neue Plateau Bourbon vorgesehen gewesen, das sich an dieses westliche Festungsglacis im Süden anschloß[23]. Mit der – aus allerdings eher topographischen als konzeptionellen

---

20   Vgl. Rainer HUDEMANN, Nationale Konflikte und urbaner Modernisierungstransfer. Strasbourg/Straßburg als Paradigma, in: Christoph CORNELISSEN/Stefan FISCH/Annette MAAS, Grenzstadt Straßburg. Stadtplanung, kommunale Wohnungspolitik und Öffentlichkeit 1870–1940 (= Saarbrücker Studien zur Interkulturellen Kommunikation 2, St. Ingbert 1997) S. 7–20.
21   Annette MAAS, Stadtplanung und Öffentlichkeit in Straßburg (1870–1918/25). Vom Nationalbewußtsein zur regionalen Identität städtischer Interessengruppen, in: CORNELISSEN/FISCH/MAAS, Grenzstadt [wie Anm. 20] S. 205–275.
22   Zahlreiche Stadtgrundrisse dieser Entfestigungslösungen in STÜBBEN, Städtebau [wie Anm. 16].
23   Plan von 1894, als Teile der Bauarbeiten bereits im Gang waren, reproduziert bei LORANG, Plateau Bourbon [wie Anm. 9] S. 32. Siehe insgesamt auch DIES., La ville libérée, une expansion contrôlée. L'urbanisme 1900 à Luxembourg, in: TRAUSCH, Ville de Luxembourg [wie Anm. 4]

Gründen geknickten – Avenue de la Gare, welche den Bahnhof an den Altstadtkern anbindet, und der Avenue de la Liberté, welche den auf der Altstadtseite der Petruss liegenden Boulevard Royal südlich des Tales schnurgerade bis zum neuen Bahnhof fortführt, lag auch diese Planung fast ganz in Haussmannscher Tradition. Im Wohnviertel direkt gegenüber dem Bahnhof sind die rechteckigen Rasterpläne auch ausgeführt worden. Tatsächlich sieht das Viertel insgesamt heute aber großteils anders aus.

In der Tat holte man zur Jahrhundertwende Joseph Stübben nach Luxemburg, der bereits für eine große Zahl europäischer Städte, auch etwa für das lothringische Thionville nahe der Südgrenze Luxemburgs, Stadtpläne entworfen hatte. 1901 legte er für Luxemburg einen Plan vor, in dem der künstlerische, von Camillo Sitte geprägte Städtebau sich deutlich niederschlug[24]. Von Luxemburger Seite wurde seitdem vor allem erinnert, daß die Stadt ihn, wohl vor allem aus Kostengründen, nicht offiziell verabschiedete. Betrachtet man die Straßenführung des Plateau Bourbon heute, so sind die Grundprinzipien des künstlerischen Städtebaues dort aber klar abzulesen – ähnlich wie in den Außenteilen der Straßburger Neustadt[25] und wie in der später als Straßburg, um die Jahrhundertwende erst entstandenen Metzer Neustadt nordwestlich und südwestlich des dortigen, 1908 eingeweihten Bahnhofes[26]. Zahlreiche Straßen auf dem Luxemburger Plateau Bourbon sind geknickt oder gekrümmt: Rue Michel Welter, Rue d'Anvers, Rue Adolphe Fischer gehören zu ihnen ebenso wie Rue Ste. Zithe oder Rue Michel Rodange. An ihrem Ende perspektivisch durch Querbauten gebrochen sind etwa Rue Bender, Rue du Plébiscite, Rue de la Grève oder Rue Dicks. Es geht hier, wie die frühen Rasterpläne belegen, nicht um topographische Zwänge, sondern in der Tat um eine Verschmelzung der in den großen Avenuen de la Liberté und de la Gare verkörperten französischen Städtebauprinzipien des 19. Jahrhunderts mit Konzepten des deutschen künstlerischen Städtebaues – anders als in den Dekorationen und Fassadengliederungen allerdings nur erkennbar, wenn man die internationalen städtebaulichen Grundsatzdebatten der Zeit berücksichtigt.

Der deutsche Einfluß reichte auch in anderen Bereichen, die für den Passanten gleichfalls nicht so offensichtlich waren, noch weiter. Der angesprochene Modernitätsvorsprung des Reiches in den Bauordnungen hatte nach 1871 zunächst vor allem auf Elsaß-Lothringen eingewirkt, in einem differenzierten Wirkungssystem nationaler und regionaler Strahlungszentren bei Fortwirkung wesentlicher Elemente der früheren französischen Gesetzgebung: Bauordnungen sind ein Bereich, der dazu veranlaßt, die in der Historiographie fast durchgängig als allumfassend eingeschätzte Germanisierungs-

S. 213–227, und detailreich J. P. Koltz, Baugeschichte der Stadt und Festung Luxemburg, Bde. 2–3 (Luxembourg 1946–51).

24   Reproduziert bei Lorang, La ville [wie Anm. 23] S. 201.

25   Maas, Stadtplanung [wie Anm. 21].

26   Rolf Wittenbrock, Die Stadterweiterung von Metz (1898–1903). Nationalpolitische Interessen und Konfliktfelder in einer grenznahen Festungsstadt (in: Francia 18/3, 1991) S. 1–23, und Ders., Die Auswirkungen von Grenzverschiebungen auf Stadtentwicklung und Kommunalverfassung: Metz und Straßburg (1850–1930), in: Wolfgang Haubrichs/Reinhard Schneider (Hg.), Grenzen und Grenzregionen. Frontières et régions frontalières. Borders and Border Regions (= VeröffKomSaarlLandesG. 22, Saarbrücken 1993) S. 239–265.

politik des Deutschen Reiches erheblich vorsichtiger zu beurteilen, denn die Behörden zielten gerade in der Städtebaupolitik, welche immerhin die Bevölkerung zahlreicher Städte in der Region unmittelbar betraf, weit mehr auf eine Gewinnung als auf eine Brüskierung der eingesessenen elsaß-lothringischen Bevölkerung ab[27].

Die Stadt Luxemburg stand in ihren Bauordnungen wie in zahlreichen anderen Bereichen zunächst weiterhin unter dem bestimmenden Einfluß von Brüssel, das seinerseits ein weitgehendes Spiegelbild der französischen Regelungen darstellte – Beispiel für das über ein Zwischenland vermittelte und stabilisierte Fortwirken der Institutionen und Wirkungslinien der napoleonischen Zeit[28]. Die Luxemburger Bauordnungen von 1873 und 1888, wenngleich nicht wörtlich aus Brüssel übernommen, enthielten nur wenige Bestimmungen zu den gesundheitlichen Aspekten modernen Städtebaues. Dies änderte sich erst 1905, als die Novellierung der Luxemburger Bauordnung sich nun stärker an das von deutschen Ordnungen geprägte Straßburger Vorbild anlehnte, zugleich aber auf Wahrung lokaler Kontinuitäten bedacht war. Das Reichsland Elsaß-Lothringen, zu dessen Kommunalverwaltungen enge persönliche Kontakte bestanden, wurde jetzt zum Mittler deutscher Einflüsse, wie Brüssel es zuvor für französische Muster gewesen war.

Nicht alles nahm aber seinen Weg über das Reichsland. So wurde das der französischen Tradition fremde Finanzierungsinstrument der Anliegerbeiträge 1903 der Trierer Bauordnung entlehnt, um die eine Modernisierung der Stadt immer wieder hemmende, in der politischen und sozialen Entwicklung der neuen Führungsschichten begründete Präponderanz des Privateigentums in ihrer Wirkung etwas zu entschärfen. Hintergrund für die Neuregelung war der Mißerfolg der Stadt bei ihrem Versuch, ihre städtebaulichen Pläne mittels des französisch geprägten, über Belgien vermittelten luxemburgischen Enteignungsrechts zu realisieren, dessen Anforderungen die finanzielle Leistungsfähigkeit der Stadt überstiegen. So griff man auf die Alternative der Anliegerbeiträge und damit ein Instrument aus dem Reich zurück, welches man den Betroffenen durch geschickt abgestufte Erleichterungsregelungen schmackhaft gemacht hatte[29]. Trotz der nach dem Ersten Weltkrieg verstärkt zu beobachtenden, in der Dekoration der großen Bauten auf dem Plateau Bourbon so klar abzulesenden Frankreich-Orientierung der Eliten war auch die neue Bauordnung von 1923 in wesentlichen Passagen mit Textteilen unterschiedlicher deutscher Städte identisch, darunter Saarbrücken. Noch 1937 nahm das neue luxemburgische Städtebaugesetz, wie der Parlamentsberichterstatter offiziell darlegte, deutsche und französische Elemente gleichermaßen auf im Bestreben, aus beiden das für Luxemburg Geeignetste zu schöpfen und weiter auszuformen[30]. Im nunmehr konsolidierten Nationalstaat war dieser Eklektizismus zum prägenden Muster geworden.

---

27 Eingehend hierzu WITTENBROCK, Bauordnungen [wie Anm. 18].
28 Rolf WITTENBROCK, Baurecht und Stadtplanung im Spannungsfeld unterschiedlicher Interessen und Orientierungen: Die Stadt Luxemburg im 19. Jahrhundert (in: Hémecht 42, 1990) S. 373–405.
29 Rolf WITTENBROCK, Das Enteignungsrecht als Instrument der Stadtplanung in Belgien, Luxemburg und Elsaß-Lothringen. Die bodenrechtliche Debatte im Einflußbereich französischer und deutscher Normen (1800–1918) (in: Zeitschrift für Neuere Rechtsgeschichte 14, 1992) S. 1–31, bes. 17f.
30 WITTENBROCK, Baurecht [wie Anm. 28] S. 405.

Das Plateau Bourbon im Südteil der Stadt Luxemburg ist nur ein Beispiel. Der Limpertsberg nordwestlich der Altstadt weist mehr auch an moderneren, deutsch beeinflußten Bauformen auf, bis hin zu Bauhausformen. In der Straßenführung, die auch auf dem Limpertsberg dem ästhetischen Städtebau bisweilen geradezu wie ein Schulbeispiel folgt[31], ist allerdings in der Interpretation eine gewisse Vorsicht angebracht, da dieses bergige Terrain größere topographische Sachzwänge schuf als das flachere Plateau Bourbon des Bahnhofsviertels. Insgesamt spiegelt der Jahrzehnte während, gewaltige Ausbau der Hauptstadt nach dem Londoner Entfestigungsbeschluß von 1867 aber die Position Luxemburgs am Schnittpunkt der urbanistischen Kulturen ebenso wider wie die nach Epochen und Sachbereichen, teils auch nach sozialen Schichten unterschiedlichen Wirkungen und Interferenzen.

Nicht nur im administrativen und bürgerlichen, gutenteils zugleich Repräsentationszwecken dienenden Städtebau der Hauptstadt schlug sich die Einflußvielfalt nieder. Auch der Kleinwohnungsbau, über den in Deutschland im Kaiserreich besonders vehement debattiert wurde[32], wirkte auf Luxemburg ein. Das galt zunächst für das Konzept der Gartenstadt. Im britischen Verständnis, wie Ebenezer Howard es 1898 formulierte[33], sollten Arbeiten, Wohnen und Freizeit in einem harmonischen gesellschaftlichen Geflecht zusammengeführt werden. In Deutschland hatte das Konzept eine große Wirkung, der Vorsitzende der deutschen Gartenstadtgesellschaft Hans Kampffmeyer propagierte es unermüdlich landauf landab[34], 1911 auch in Luxemburg. Das ganzheitliche britische Konzept verkümmerte allerdings bald zur einer Planung bloßer Gartenvorstädte, wenngleich in einigen der frühen daran orientierten Arbeitersiedlungen vor allem von Krupp – so Margarethenhöhe und Altenhof in Essen – wenigstens Wohnen und Freizeit noch stärker integriert wurden. Weithin wirksam wurde vor allem die Gartenstadt Hellerau bei Dresden, an der sich unter anderem auch Straßburg bei der Suche nach neuen Wohnmöglichkeiten für die von der Altstadtsanierung betroffene ärmere Bevölkerung orientierte[35].

In Luxemburg wurde das Konzept teils direkt aus Großbritannien rezipiert, teils über Deutschland. So wurde die Darmstädter Landesausstellung 1908 in Luxemburg genau verfolgt. Eine rege Diskussion über die Eignung der Gartenstädte oder wenigstens ihrer Bauformen für die Ardennenlandschaft schloß sich an, Wettbewerbe wurden ausgeschrieben[36]. Das mangelnde soziale Problembewußtsein und Engagement der in Luxemburg tätigen Industriellen verhinderte aber, so Antoinette Lorang, eine weitere Verbreitung.

31   Auch für den Limpertsberg hatte Stübben einen Plan ausgearbeitet, reproduziert bei LORANG, La ville [wie Anm. 23] S. 202.
32   ZIMMERMANN, Wohnungsfrage [wie Anm. 17].
33   Ebenezer HOWARD, Garden-Cities for Tomorrow (London 1898, ²1902).
34   Kristiana HARTMANN, Deutsche Gartenstadtbewegung: Kulturpolitik und Gesellschaftsreform (München 1976).
35   Stéphane JONAS, La création de la cité-jardin de Stockfeld à Strasbourg (1907–1912), in: HUDEMANN/WITTENBROCK (Hg.), Stadtentwicklung [wie Anm. 3] S. 199–236.
36   Siehe im einzelnen dazu das hochinteressante und reich illustrierte Werk von Antoinette LORANG, Luxemburgs Arbeiterkolonien und billige Wohnungen 1860–1940 (Luxembourg o. J. [1994]), u. a. S. 91ff., 180ff.

Eine etwas stärkere Wirkung kam den unmittelbar über den Werkswohnungsbau vermittelten Wohnformen zu. Dazu gehörten kleine Gartenstädte wie die Ehleringer Kolonie in Esch-sur-Alzette, aber auch einfachere Wohnungen. Die Luxemburger Montanbetriebe hingen großteils von deutschem, belgischem und französischem Kapital ab[37], und diese Firmen brachten ihre gewohnten heimischen Arbeiterwohnungsformen mit nach Luxemburg, so in Esch besonders die Gelsenkirchener Bergwerks AG. Der Arbeiterwohnungsbau blieb, gemessen an den dringenden Bedürfnissen in den fast explosionsartig von beschaulichen Dörfern zu Industriestädten mutierenden luxemburgischen Industriezentren wie Esch-sur-Alzette oder Dudelange, zwar verschwindend klein. Dennoch stellen die von Thyssen in Lothringen oder Gelsenberg in Luxemburg gebauten Siedlungen weitere Beispiele für den grenzüberschreitenden Transfer von Bauformen dar, der in diesem Fall weniger durch Modernisierungsgefälle als durch Kapitalstruktur und unternehmerisches Interesse an der Bindung einer Arbeiterelite an den Betrieb bewirkt wurde. Auf der Ebene der Direktorenhäuser wirkten in der Zwischenkriegszeit zudem – ihrerseits international beeinflußte – Bauformen des Luxemburger Limpertsbergs auf Industriestädtchen wie Esch-sur-Alzette ein. Die Interferenzen von Urbanisierungseinflüssen erfaßten, in im einzelnen unterschiedlicher Motivation und Ausprägung, die Wohnformen aller sozialen Schichten.

III. Migrationen und »Saar-Lor-Lux«

Das rasante Wachstum der Industriedörfer zu kleinen Städten – Esch-sur-Alzette an der südlichen Landesgrenze wuchs 1851–1930 von 1489 auf etwa 30 000 Einwohner – brachte eine Migration mit sich, die alle im Land zuvor bekannten Dimensionen sprengte. Die Wanderungsbilanz spiegelt sie, wie Stefan Leiner aus minutiösen Auswertungen der Volkszählungen und der Melderegister in drei Industriestädten der Saar-Lor-Lux-Region ermittelte, zumeist nur andeutungsweise wider. Die Bevölkerung nahm in Esch-sur-Alzette beispielsweise 1902 um 1,09% zu, die reine Wanderungsbilanz war sogar leicht negativ, die Mobilität während dieses Jahres betrug jedoch 69% der Stadtbevölkerung[38]. Auch wenn es sich hier um einen Spitzenwert in der Industrialisierungsepoche handelt, beleuchtet er die Dimension der mit der Stadtentwicklung entstehenden Probleme. Der Bezug zum Land, der vielen Saisonarbeitern während der Erntezeit ihr Auskommen zu Hause gab, verschwand im Laufe der zweiten Jahrhunderthälfte mehr und mehr, dauerhafte Wohnungen wurden immer notwendiger, entstanden aber nur in völlig unzureichender Zahl[39].

Für die Frage nach der Grenze und ihren Wirkungen ist unter der Fülle von Problemen, welche dieses Städtewachstum aufwarf, aber nicht zuletzt eine Beobachtung Lei-

---

37   Zu diesen Kapitalverflechtungen und ihren Wirkungen auf die Wirtschaftsentwicklung Luxemburgs s. demnächst die Dissertation von Jacques Maas (Nancy/Luxembourg).
38   Stefan Leiner, Migration und Urbanisierung. Binnenwanderungsbewegungen, räumlicher und sozialer Wandel in den Industriestädten des Saar-Lor-Lux-Raumes 1856–1910 (= VeröffKomSaarlLandesG. 23, Saarbrücken 1994) S. 53ff., Beispiel: 57.
39   Leiner, Migration [wie Anm. 38] und Lorang, Arbeiterkolonien [wie Anm. 36].

ners wesentlich: »Saar-Lor-Lux« ist nicht eine Erfindung medienwirksamer Politiker der 1970er Jahre, auch nicht der 1950er Jahre, wie Fritz Hellwig – in begriffsgeschicht-licher Hinsicht mit Recht – gezeigt hat[40]: Hinsichtlich der Wanderungsbewegungen exi-stierte eine dichte Infrastruktur dieses Raumes faktisch bereits seit dem ausgehenden 19. Jahrhundert. Nuancierungen sind zwar auch hier erforderlich: Die Migrationsbezie-hungen zwischen Luxemburg und Lothringen sowie zwischen Lothringen und der Saar-Region waren enger als die zwischen Luxemburg und dem Hunsrück. Dennoch, und trotz der durchaus bedeutenden, vor allem Italiener und in Luxemburg auch Belgier erfassenden Fernwanderung, kam im Vergleich zum Ruhrgebiet den Nah-wanderern eine wesentlich höhere Bedeutung zu. Grenzen waren schon zur Jahrhun-dertwende unter der Wirkung der Hochindustrialisierung in diesem Raum weit durch-lässiger geworden, als sie es in späteren Konfliktepochen waren.

Wurden im Elsaß und in Lothringen Überlagerungen und Wechselwirkungen unter-schiedlicher Stadtentwicklungstypen durch die kriegsbedingten Grenzwechsel ver-stärkt, so zeigen die Beispiele aus dem seltener gewaltsamen Herrschaftswechseln unterworfenen Luxemburg, daß dahinter ein grundlegenderer Prozeß der allmählichen Konvergenz von Urbanisierungsmustern stand. Auch in Luxemburg wurden dabei landesbedingte Faktoren wirksam: hier waren es nicht nur Grenzverschiebungen – vor allem 1830 –, sondern noch stärker der spezifisch luxemburgische, auf einer kritisch-aktiven Rezeption der vielfältigen hier zusammenlaufenden Traditions- und Einfluß-linien beruhende innere Festigungsprozeß der äußerlich 1830/39 erfolgten Nationsbil-dung, welcher den Transferprozessen ihre verschlungenen Wege bahnte. Die nationalen Konnotationen ausländischer Einflüsse verloren dabei allmählich noch weitergehender als in Elsaß-Lothringen an Durchschlagskraft, ohne ganz zu verschwinden. Einher-gehend mit dem Professionalisierungsprozeß innerhalb der kommunalen Verwaltung, erhielten Modernisierungsvorsprünge und urbane Sachzwänge der Industrialisie-rungsepoche in Luxemburg besonders früh stärkere Wirkung als nationale Argumente.

Ansätze zu einem »Europa der Regionen«, wie man 1998 gerne sagt, entstanden im Saar-Lor-Lux-Raum im Hinblick auf das Migrationsverhalten von Arbeiterschaft und Dienstboten bereits ein Jahrhundert früher. In der allgemeinen Stadtentwicklung reich-ten die meisten Wirkungslinien über den Grenzraum aber weit hinaus. Der Grenzraum selbst mit seiner jahrhundertealten Tradition des Wechsels oder des Überschreitens von Grenzen wurde zugleich ein besonders lebendiges Forum für den Kontakt und, vor allem in Elsaß-Lothringen, den Austausch zwischen oftmals sehr verschiedenen Tradi-tionen und Kulturen. Das äußere, teils unmittelbar und teils auch erst vor dem Hinter-grund der zeitgenössischen internationalen Städtediskussion interpretierbare Erschei-nungsbild der Stadt Luxemburg und der Industriestädte des Landes spiegelt diese Position Luxemburgs am Schnittpunkt unterschiedlicher Kulturen bis heute im Alltag lebendig wider.

---

40   Fritz HELLWIG, Wirtschaftsentwicklung und Grenzen im Raum Saarland-Lothringen-Luxem-burg (in: BDLG 111, 1975) S. 159–171.

Abstimmungskampf an der Grenze
Das Saarreferendum vom 13. Januar 1935 in Utweiler/Saarpfalz

VON WOLFGANG LAUFER

Der Versailler Vertrag von 1920 unterstellte das Montanindustrierevier an der Saar einer eigenen Völkerbundsverwaltung. Nach fünfzehn Jahren sollten sich die Einwohner entweder für die »Beibehaltung der gegenwärtigen Rechtsordnung (Status quo)«, die »Vereinigung mit Frankreich« oder die »Vereinigung mit Deutschland« entscheiden[1]. Die Volksabstimmung vom 13. Januar 1935 und die ihr vorausgehenden Auseinandersetzungen sind inbesondere anläßlich des 50. Jahrestages 1985 wissenschaftlich erörtert worden[2]. Nicht thematisiert wurde bislang die Bedeutung der konkreten Grenze im Abstimmungskampf, sowohl der Grenze zwischen Saargebiet und Deutschem Reich[3]

---

1   So die Formulierungen und die Reihenfolge des späteren Stimmzettels; Hans-Walter HERRMANN und Georg Wilhelm SANTE, Geschichte des Saarlandes (Würzburg 1972) S. 96, Abb. 12.
2   Klaus-Michael MALLMANN, 50 Jahre Saarabstimmung. Neue Bücher zu einem schwierigen Jubiläum (in: Zeitschrift für die Geschichte der Saargegend, künftig: ZGSaargegend 33, 1985) S. 184ff. nennt auch die ältere Literatur, doch stehen im Vordergrund: Gerhard PAUL, »Deutsche Mutter – heim zu Dir!« Warum es mißlang, Hitler an der Saar zu schlagen. Der Saarkampf 1933–1935 (Köln 1984); Peter LEMPERT, »Das Saarland den Saarländern!« Die frankophilen Bestrebungen im Saargebiet 1918–1935 (= Kölner Schriften zur Romanischen Kultur, Bd. 3, Köln 1985) und Ralph SCHOCK (Hg.), Haltet die Saar, Genossen! Antifaschistische Schriftsteller im Abstimmungskampf 1935 (Berlin 1984). – Danach sind erschienen und vor allem zu nennen: Markus GESTIER, Die christlichen Parteien an der Saar und ihr Verhältnis zum deutschen Nationalstaat in den Abstimmungskämpfen 1935 und 1955 (= Saarbrücker Hochschulschriften 15, zugleich Diss. Bonn 1990, St. Ingbert 1991) (zit. GESTIER, Diss.); DERS., »Christuskreuz oder Hakenkreuz«? Die katholische Opposition gegen Hitler im Saarabstimmungskampf 1935 (in: ZGSaargegend 40, 1992) S. 155ff. (zit. GESTIER); vgl. schon Joachim HEINZ, Zum Abstimmungskampf an der Saar (ebd. 38/39, 1990/91) S. 118ff.; Dieter MUSKALLA, NS-Politik an der Saar unter Josef Bürckel (= VeröffKomSaarlLandesG. 25, Saarbrücken 1995); Ralph SCHOCK, Schriftsteller im Abstimmungskampf 1935 (in: ZGSaargegend 36, 1988) S. 156ff.; DERS., »Schlagt Hitler an der Saar!« Formen kultureller Gegenöffentlichkeit im Abstimmungskampf 1933–1935 (in: »Zehn statt Tausend Jahre«. Die Zeit des Nationalsozialismus an der Saar 1935–1945, Ausstellungskatalog, Saarbrücken 1988) S. 27ff.; Günther SCHOLDT, Die Saarabstimmung 1935 aus der Sicht von Schriftstellern und Publizisten (in: ZGSaargegend 45, 1997) S. 170ff. – Alexander VON WEGNER, Die »saarländische Sphinx«. Zur Interpretation der Saarabstimmung 1935 (in: JWLG 20, 1994) S. 273ff.; Bernhard HAUPERT/Franz Josef SCHÄFER, Saarländischer katholischer Klerus zwischen Anpassung und Widerstand 1933–1935 (in: ZGSaargegend 46, 1998) S. 99ff.
3   Seit 1933 widmeten die Nationalsozialisten dem deutschen Grenzstreifen zum Saargebiet (»Saargrenzgürtel«) ihre besondere Aufmerksamkeit. Den Saarländern sollte beim Blick über die Grenze ins Reich eine mehr oder weniger heile Welt vorgegaukelt werden. Mit Mitteln der »Reichswesthilfe«, insgesamt 6 Mill. RM, wurde z. B. planmäßig die Arbeitslosigkeit abgebaut, so durch Arbeits-

als auch – was hier interessieren soll – zwischen Saargebiet und Frankreich. Die näher zu prüfende Frage lautet: Hat die Grenzlage eines saarländischen Dorfes im Abstimmungskampf eine Rolle gespielt? Die Untersuchung will darüber hinaus einen Beitrag leisten zur Erforschung örtlicher Vorgänge im Zusammenhang mit der Abstimmung; diesem Aspekt ist bislang zu wenig Aufmerksamkeit geschenkt worden. Im Vordergrund wird vor allem die Haltung der katholischen Kirche stehen, näherhin auch diejenige zweier Priestergestalten des Bistums Speyer, die im Abstimmungskampf in verschiedenen Lagern standen.

Wegen der guten Quellenlage sollen im folgenden die Verhältnisse in dem kleinen saarpfälzischen Ort Utweiler näher betrachtet werden. Das unmittelbar an der französischen bzw. lothringischen Grenze gelegene Dorf gehörte zur Bürgermeisterei Medelsheim, Kreis Homburg. Mitte 1935 hatte es 120 Einwohner in 20 Haushaltungen. Bis auf zwei waren alle Einwohner katholisch[4]. Sie gehörten zur Filiale Utweiler der Pfarrei Medelsheim im Bistum Speyer.

Am 14. November 1933 erhielt der Leiter der Bezirksamtsaußenstelle Waldmohr, Richard Binder, von seinem »Vertrauensmann aus dem Bliestal«, der seine Berichte nur mit »Y« zeichnete, den Hinweis, die Katholiken von Utweiler gingen sonntags lieber in die nähergelegene Kirche des benachbarten lothringischen Eppingen als in ihre Pfarrkirche. Der dortige Pfarrer sei Deutschenhasser. »Der Kirchenbesuch in Eppingen ist demzufolge sehr schädlich, vor allem in der Pflege deutschen Volkstums. Der aufmerksame Beobachter merkt diesen Einfluss immer mehr. Durch die zuständige Stelle in Speyer wäre auf den Pfarrer von Medelsheim (Jakob Mühl) einzuwirken, dass er in geeigneter Weise, ohne Aufsehen zu erregen und ohne dass die Absicht zu erkennen ist auf seine Pfarrkinder in Utweiler einwirkt die Kirche in Medelsheim und nicht die in Eppingen zu besuchen. Diese Sache wäre sehr vorsichtig zu behandeln, da der Erfolg ausbleibt, wenn die Absicht bekannt wird«[5].

---

beschaffungsmaßnahmen; vgl. Kurt Pätzold, Demagogie, Terror und Korruption bei der imperialistischen Beeinflussung der Saarbevölkerung (in: Der Kampf um die Zukunft des Saargebietes 1934/1935, Kolloquium der Sektion Geschichte der Humboldt-Universität zu Berlin, 21.6.1984, Berlin 1984) S. 68ff., hier S. 73; vgl. zu den Grenzhilfen ferner Muskalla S. 121f. – Fritz Blaich, Grenzlandpolitik im Westen 1926–1936 = Schriftenreihe der Vierteljahrshefte für Zeitgeschichte 36 (Stuttgart 1978).

4 Statistik des Saarlandes 1, 1935/36 (Saarbrücken 1936) S. 9.

5 Als Hauptquelle wird hier herangezogen ein Aktenfaszikel, Provenienz Bezirksamtsaußenstelle Waldmohr, im Landesarchiv Saarbrücken, Best. Landratsamt St. Wendel Nr. 383. – Die Zitate werden genau wiedergegeben, d. h., daß auch die Interpunktion übernommen wurde. Stärker auffallende Fehler bzw. sonstige Besonderheiten werden mit »[!]« gekennzeichnet. Ergänzungen des Verfassers stehen ebenfalls in eckigen Klammern. – Auf den Gottesdienstbesuch in Eppingen und den Utweiler Kirchenbau geht ganz knapp auch ein Karl Lillig, Wallfahrt und Volksfest. Der traditionelle Bruder-Konrad-Ritt nach Utweiler (in: Geschichte und Landschaft, Beilage der Saarbrücker Zeitung, 21./27.5.1994); ferner auch Kurt Schöndorf, »Für Christus und Deutschland – Gegen Hitler und die Neuheiden«. Zum Widerstand katholischer Geistlicher gegen Hitler in der Saarpfalz vor der Saarabstimmung 1935 (in: Saarpfalz 1994, H. 2) S. 25f., hier S. 28f.; zu vgl. auch Joachim Motsch (etc.), Meltis oder Medelsheim? [Bd. 2] Die Parr. Wege und Stationen in der Geschichte von 1815 bis zur Gegenwart (Gersheim 1988) S. 419, aus dem Bericht von Pfr. Beil.

Regierungsrat Binder[6] verwaltete denjenigen Restkreis des Bezirksamts Homburg, der bei der Bildung des Saargebiets bayrisch geblieben und dem Bezirksamt Kusel zugeschlagen worden war. In Waldmohr befand sich bis 1938 ein eigener Verwaltungssitz. Binders wichtigere Rolle war jedoch die des bayerischen Saarvertrauensmannes. Als solcher hatte er hervorragende Kontakte; im Saargebiet verfügte er über ein Netz von Vertrauensleuten, zu denen auch »Y« gehörte.

Pfarrer von Eppingen-Urbach, seit 1901 und bis zur Evakuierung bei Beginn des Zweiten Weltkrieges, war damals Alfons Wagner, 1871 in Paris geboren, aber von lothringischen Eltern in Lemberg abstammend[7].

Was war geschehen, daß, nach Jahrhunderten engster nachbarschaftlicher Beziehung[8], der Kirchenbesuch in Lothringen plötzlich eine Gefahr für die »Pflege deutschen Volkstums« darstellen sollte? Dahinter stand nichts weniger als der bereits fortgeschrittene Kampf um die Saar.

Bis zur Machtübernahme Hitlers war für alle Parteien und gesellschaftlichen Gruppen des Saargebiets die Rückkehr zum Reich ein selbstverständliches Ziel gewesen, das zunächst nicht aufgegeben wurde, selbst als der undemokratische, dann totalitäre Charakter des Regimes sich immer mehr offenbarte. Die Zentrumspartei des Saargebietes bekämpfte zwar die NSDAP und ihre Ideologie, mußte aber mitansehen, wie die Anziehungskraft der NSDAP immer stärker wurde und zu Spannungen im christlichen Lager führte[9]. Dennoch schlossen sich im Juli 1933 die bürgerlichen Parteien und die NSDAP im Kampf für die Rückgliederung zusammen. Bischof Bornewasser von Trier wie auch Bischof Sebastian von Speyer und die weit überwiegende Mehrheit des Klerus blieben wegen der Entwicklung im Reich allerdings zurückhaltend und kritisch eingestellt. Am 25. September richteten etwa 100 Geistliche einen Brief an Hitler, in dem sie über die nationalsozialistische Pressepolitik und die Unterdrückung der katholischen Verbände Klage führten[10]. Am 12. Oktober löste sich das Zentrum auf. Mit diesem demonstrativen »Opfer« sollte gegen alle Kritik gezeigt werden, wie sehr man bereit war, die Einheit der »saardeutschen Volksgenossen« angesichts der bevorstehenden

---

6   Zu ihm Fritz Jacoby, Die nationalsozialistische Herrschaftsübernahme an der Saar. Die innenpolitischen Probleme der Rückgliederung des Saargebietes bis 1935 (= VeröffKomSaarlLandesG. 6, Saarbrücken 1973) S. 34 und 93f.
7   Freundlicher Hinweis von Herrn Stadtarchivar Hemmert, Saargemünd, vom 30.5.1997. Das dortige Stadtarchiv verwahrt Teile des Eppinger Pfarrarchivs.
8   Bis zum Gebietstausch von 1781 war Utweiler lothringisch (französisch), danach von-der-leyisch. Zur älteren Geschichte des Orts vgl. Meltis oder Medelsheim? Bd. 1 (Gersheim 1986) S. 101ff., 211ff., 270ff., 411ff.
9   Zur Geschichte der katholischen Opposition vgl. Gestier und Gestier, Diss.; Maria Zenner, Parteien und Politik im Saargebiet unter dem Völkerbundsregime 1920–1935 (= VeröffKomSaarlLandesG. 3, Saarbrücken 1966) S. 305ff.; Paul S. 238ff.; Gerhard Paul (in: Gerhard Paul und Klaus-Michael Mallmann, Milieus und Widerstand = Widerstand und Verweigerung im Saarland, Bd. 3, Bonn 1995) (zit. Paul, Widerstand) S. 60ff.; Patrik von zur Mühlen, »Schlagt Hitler an der Saar!« Abstimmungskampf, Emigration und Widerstand im Saargebiet 1933–1935 (= Reihe Politik und Gesellschaftsgeschichte 7, Bonn 1979) S. 120ff.
10   Abdruck Zenner S. 383ff.

Entscheidung zu wahren. Der Oktober brachte auch die Gleichschaltung der christlichen Gewerkschaften in der Deutschen Gewerkschaftsfront und die Gründung der »Arbeitsgemeinschaft katholischer Deutscher« durch Franz von Papen, mit der er die Katholiken dem nationalsozialistischen Staat näherbringen wollte. Am 13. November protestierten erneut 20 katholische Geistliche, darunter viele Dechanten, in einem Brief an Hitler gegen die Anprangerung der Katholiken und Zentrumsleute als Landesverräter[11], wie das Göring gerade in seiner Trierer Rede vom 5. November getan hatte.

Das war die Situation im November 1933: Die nicht in Frage stehende Zustimmung der Katholiken zur Rückgliederung ging einher mit tiefem Mißtrauen und anhaltender Kritik an der Kirchenpolitik des Reichs. Die Katholiken waren zu einem Unsicherheitsfaktor geworden. Hier lassen sich Utweiler und der zitierte Bericht vom 14. November 1933 einordnen: Obwohl die bevorstehende Abstimmung nicht angesprochen wurde, war doch klar, daß die Saarländer und Katholiken von allem ferngehalten werden sollten, was in ihnen Zweifel an den deutschen Verhältnissen und damit an der Entscheidung für die Rückkehr hätte aufkommen lassen können; deshalb selbst in einem kleinen Bauerndorf an der Grenze der Versuch abzuschotten, jahrhundertealte und tiefe Verbindungen soweit wie möglich zu unterbinden und angeblich gefährdetes »deutsches Volkstum« zu schützen, und dies auch mit den Mitteln der Verschleierung der wahren Absichten.

Wie wenig die deutsche Seite bereit war, tatsächliche oder vermeintliche Beeinflussungen von jenseits der Grenze her zu dulden, wird an einem weiteren Vorgang erkennbar: Am 10. November hatte der französische Steuereinnehmer von Wolmünster/Lothringen – nach Vorankündigung durch die Amtsschelle – in Utweiler einen Amtstag abgehalten, an dem die Einwohner mit Grundbesitz jenseits der Grenze ihre Steuern bezahlen konnten. Bislang hatten sie dies in Eppingen erledigen müssen. Eine solche »Vereinfachung« war von französischer Seite auch in den benachbarten saarländischen Grenzgemeinden eingeführt worden. Überall scheint der Einnehmer jedoch werbend auf die in Lothringen niedrigeren Steuern und Umlagen hingewiesen zu haben. Man darf dies sicherlich als Versuch Frankreichs werten, im Blick auf die Abstimmung über die Saargrenze hinweg verstärkt tätig zu werden. Für Frankreich bestanden allerdings innerhalb des Saargebietes vielfältige und sehr viel wirksamere Möglichkeiten der Einflußnahme[12]; erinnert sei an die Rolle der französichen Saargrubenverwaltung, des größten Arbeitgebers des Landes.

Binder gab sich beunruhigt. Am 21. November wandte er sich an Landrat Adolf Niedhammer[13] in Homburg, und am selben Tag berichtete er der Münchner Staatskanzlei von der »z. Zt. stark[en] französische[n] Propaganda« und der »stark frankophile[n] Stimmung« in Utweiler. Selbst Dr. Hermann Voigt[14], Saarreferent im Berliner Auswärtigen Amt, und die Bayerische Politische Polizei in München wurden von Binder über die Vorgänge informiert. Berichte an die Regierung der Pfalz, Kammer des Innern, verstanden sich wie in der Folgezeit von selbst.

11   Ebd. S. 388f.
12   LEMPERT; ferner DERS., »Das Saarland den Saarländern!« Die frankophilen Bestrebungen im Saargebiet 1918–1935 (in: Saarheimat 29, 1985) S. 11ff.
13   Zu ihm MUSKALLA S. 256.
14   Zu ihm JACOBY S. 31.

Oberregierungsrat Niedhammer brachte – sozusagen in Amtshilfe (obwohl eine Staatsgrenze zwischen Waldmohr und Homburg lag) – die Sache bei der Saarbrücker Regierungskommission (künftig: Reko) vor. Die Reko wollte den Protest gegen die Amtsanmaßung des französischen Einnehmers zwar weitergeben, versuchte andererseits aber abzuwiegeln. Daß es hier nicht so sehr um die Abwehr einer französischen Amtsanmaßung ging, sondern um etwas ganz anderes, lag offenbar außerhalb der Vorstellungskraft der Regierung.

Über die kirchlichen Verhältnisse in Utweiler berichtete Niedhammer am 25. November nach Waldmohr, in der Kapelle beim Friedhof, die ca. 90 Personen fasse, finde nur alle 14 Tage ein Werktagsgottesdienst statt. Sonntags gingen die Einwohner nach Eppingen. »Dass bei derartigen Gelegenheiten mit den Bewohnern von Eppingen Aussprachen bezügl. der bevorstehenden Abstimmung im Saargebiet gepflogen werden, ist zu natürlich. Ausserdem bringen sich die Bewohner von Utweiler bei diesem Anlass lothr. Zeitungen mit, in welchen selbstverständlich die Verhältnisse in Deutschland in den schwärzesten Farben geschildert werden.« Diese Tatsachen seien nicht geeignet, die Bewohner, die mit Einwohnern von Eppingen in verwandtschaftlichen Beziehungen stünden und die dort große Flächen Land besäßen, »in günstigem Sinne zur Abstimmung für Deutschland zu beeinflussen«. Es müsse »hier gründlich Wandel geschaffen werden, wenn ein günstiges Abstimmungsergebnis erreicht werden« solle. Dann schlug er konkrete Maßnahmen vor: Instandsetzung der Kapelle, Anschaffung eines Harmoniums, Errichtung einer Kaplaneistelle. Der Kaplan könne »auf erzieherischem Gebiete insbesondere auch durch Belebung der katholischen Vereinstätigkeit bezw. durch Förderung und Führung der Jugendbewegung wertvolle Arbeit leisten«. Mit Pfarrer Mühl habe er gestern darüber »vollständiges Einverständnis« erreicht. Daß der Landrat eine Belebung der katholischen Vereinstätigkeit für möglich hielt, und dies auf dem Hintergrund der massiven Unterdrückung katholischer Verbände im Reich, zeigt entweder seine Ahnungslosigkeit oder aber, zu welchen Zugeständnissen man auf deutscher Seite bereit war.

Schon am 28. November schlug Binder der Münchner Regierung vor, »dringend aus politischen Gründen die Massnahme zu unterstützen«. Dann fuhr er unverhohlen zynisch fort: »Es würde vielleicht genügen, wenn zunächst die Einrichtung einer eigenen Kaplanei in Utweiler bis zur Abstimmung vorgesehen wird«. Daß die zeitliche Befristung nicht etwa nur ein Gedanke en passant war, wird daran deutlich, daß Binder auch Mitte Januar 1934 äußerte: »Bei der Errichtung der Kaplanei kann man stillschweigend davon ausgehen, dieselbe nach der Rückgliederung einzuziehen«. Dies entsprach ganz der wohlbekannten Politik des pfälzischen Gauleiters Bürckel[15], vor der Abstimmung gegenüber der Kirche möglichst große Zurückhaltung zu üben; nach der Abstimmung sah die Sache bekanntlich ganz anders aus[16].

---

15 Vgl. Dieter WOLFANGER, Populist und Machtpolitiker. Josef BÜRCKEL, Vom Gauleiter der Pfalz zum Chef der Zivilverwaltung in Lothringen (in: Die Pfalz unterm Hakenkreuz, hg. von G. NESTLER, Landau 1993) S. 63ff.

16 Zur Lage der katholischen Kirche im Saarland nach der Rückgliederung JACOBY S. 189ff.

Als zusätzliche Maßnahme empfahl Binder am 28. November die Unterstützung des Straßenbauprojektes Utweiler – Brenschelbach. Dies hatte ihm sein Spitzel »Y« nahegebracht, der dem Bezirksamt Homburg hierin Versagen vorwarf, weil es die Dringlichkeit des Projektes verneint hatte (offenbar hatte Niedhammer noch nicht begriffen, um was es tatsächlich ging). Utweiler sollte über den Bahnhof Brenschelbach eine Verbindung nach Zweibrücken erhalten. Im preußischen Teil des Saargebietes, so Binder weiter, seien in »ähnlich gelagerten Fällen vom preußischen Staat große Straßen fast ganz mit preußischen Zuschüssen gebaut worden«. Binder dachte dabei an Mittel aus der bereits erwähnten sogenannten »Reichswesthilfe«. Der in Köln sitzende preußische Saarvertrauensmann Theodor Watermann[17] teilte ihm jedoch mit, daß aus diesem Fonds keine Straßenbaumittel für das Saargebiet abgezweigt würden; auch sonst seien nur wenig Gelder geflossen.

Mitte Januar 1934 übermittelte Binder der Speyrer Regierung das Neubauprojekt einer Verbindungsstraße Utweiler – Riesweiler, das nicht ganz auf halbem Weg nach Brenschelbach liegt. Er begründete dies mit dem Hinweis, daß ein großer Teil des persönlichen und wirtschaftlichen Verkehrs von Utweiler in die nahegelegenen lothringischen Orte gehe. Dorthin bestünden gute Verbindungswege, nicht aber zu den weiter abliegenden pfälzischen Gemeinden. Er empfahl einen Zuschuß von 25–30 000 RM. Den Rest solle der gut gestellte Bezirk Homburg übernehmen (er war also auch bestens über die Finanzlage des Kreises unterrichtet). Die neue Straße solle »den Verkehr aus Frankreich abziehen«. Binder weiter: »So wie die Verhältnisse jetzt liegen, besteht die grosse Gefahr, dass die französische Propaganda stark einsetzt und die Bearbeitung [!] der Bevölkerung für eine uns günstige Abstimmung sehr erschwert wird«.

Bereits am 7. Dezember 1933 war Pfarrer Mühl vom Speyrer Ordinariat aufgefordert worden, sich beschleunigt und eingehend über den Zustand der Utweiler Kapelle zu äußern, ferner über Renovierungskosten und die Einrichtung eines Sonntagsgottesdienstes mit Hilfe des Klosters Blieskastel[18]. »Die Angelegenheit«, so hieß es weiter, sei »vorläufig mit aller Diskretion zu behandeln«. Mühl antwortete umgehend, er habe sich deswegen bereits mit dem Bezirksbaumeister Müller in Homburg ins Benehmen gesetzt und er, Mühl, wolle dem Bischof nach Weihnachten mündlich berichten. Müller legte sein Gutachten am 3. Januar 1934 vor[19].

Inzwischen wurden die Pläne, Utweiler kirchlich aufzuwerten, in der Öffentlichkeit diskutiert. Die Bauern der Medelsheimer Filialen waren offenbar der Meinung, hier mache sich eine wohlmeinende Obrigkeit gründlich Gedanken über die Verbesserung der »kirchlichen Verhältnisse in Utweiler [und darüber hinaus] in baulicher und personeller Hinsicht«[20]. Daß man an der Nase herumgeführt wurde, lag als Gedanke zu weit ab.

---

17 Zu ihm ebd. S. 34f.
18 Bistumsarchiv Speyer (künftig: BiASp.), Pfarrakte Medelsheim.
19 BiASp., Pfarrakte Medelsheim. Die Kapelle, 1791 erbaut, versehen mit einem kleinen Dachreiter, war in einem mangelhaften Zustand. Sie hatte eine ausnutzbare Fläche von nur 65 qm. Nähere Angaben zum Ort und zur Kirche bei Bernhard H. BONKHOFF, Die Kirchen im Saarpfalz-Kreis (Saarbrücken 1987) S. 237f., mit Grundriß des heutigen Baues.
20 Aus dem Bericht über die Versammlung des Landwirtschaftlichen Vereins mit den Adjunkten von Utweiler und der benachbarten Ortschaften vom 24. Jan. 1934.

Die Einwohner von Riesweiler wollten ihre alte Forderung verwirklichen und schlugen in einer Bittschrift an ihren Bischof vom 7. Januar 1934[21] als Standort der neuen Kirche die Abzweigung des Weges nach Utweiler vor. Die Katholiken von Peppenkum hatten die Absicht, mit Hilfe eines eigenen Kirchenbauvereins in Peppenkum ein Gotteshaus zu errichten, zugleich auch für Seyweiler. Man wunderte sich allgemein, daß Geld für die Utweiler Kirche vorhanden sein sollte; woher es stammte, darüber erhielt man trotz Nachfrage keine Auskunft.

Es überrascht nicht, daß der Bürgermeister von Medelsheim diese beiden Kirchenbaupläne »gegenwärtig keineswegs [als] vordringlich« ansah. »Außerordentlich vordringlich dagegen [sei] die Neuregelung der kirchlichen Verhältnisse in Utweiler«. In der dortigen Kapelle solle so schnell wie möglich Gottesdienst gehalten werden. Weil die Regierungskommission möglicherweise über die Errichtung einer eigenen Kaplanei befremdet sein könnte, schlug er vor, einen jüngeren Pater der Kapuzinerniederlassung Blieskastel mit der Aufgabe zu betrauen. Die Gemeinde Utweiler werde die Kosten übernehmen, wenn diese durch das Reich ersetzt würden. Mit dem Pfarrer von Medelsheim sei deswegen bereits Verbindung aufgenommen worden. Das Ordinariat in Speyer habe zwar die »Notwendigkeit einer Neuregelung der Kirchenverhältnisse in Utweiler eingesehen«, man habe dort aber kein Geld.

Der Utweiler Gemeinderat schilderte in einer Eingabe an das Homburger Bezirksamt vom 26. Januar 1934 die Lage. Vor allem den etwa 25 älteren Leuten über 65 sei es unmöglich, die über eine Stunde entfernt liegende Pfarrkirche Medelsheim zu besuchen, zumal die Straße im Winter dauernd dem kalten Ostwind ausgesetzt sei. Dann heißt es lapidar: »Durch die näher gelegene Kirche in Epping (Lothringen) kann hier ein Ausgleich nicht geschaffen werden.« Die Gemeinde erklärte sich bereit, die Kosten für die Betreuung durch das Kloster Blieskastel zu übernehmen bzw. einen Hilfspriester unterzubringen. Sollte die Kapelle nicht geeignet sein, solle sie für die 200 Katholiken von Utweiler und Riesweiler erweitert werden. Die Gemeinde übernehme sämtliche Fuhrleistungen, liefere kostenlos die Steine und erledige ebenfalls kostenlos alle Erdarbeiten. Das Amt Medelsheim befürwortete im Begleitschreiben den Antrag, nicht ohne zugleich auf das »tiefe religiöse Empfinden« der Einwohner hinzuweisen.

Binder reichte das Gesuch, zusammen mit dem Bericht des Bezirksamtes Homburg, Anfang Februar 1934 an die bayerische Staatskanzlei mit der Bemerkung weiter, »die Einwirkung des dortigen [Eppinger] franz. kath. Pfarrers« sei »nicht zu unterschätzen«.

Im Februar gingen die Pläne auch durch die kirchlichen Verwaltungsinstanzen ihren Weg. Anfang Februar stimmte die Medelsheimer Kirchenverwaltung nach Aufforderung durch den Bischof den erwähnten Vorschlägen des Utweiler Gemeinderats zur Erweiterung der Kapelle zu. Am 8. Februar 1934 begrüßte das Ordinariat in einer Note an die Regierung in Speyer die »Inangriffnahme einer Bessergestaltung der kirchlichen Verhältnisse in Utweiler«. Man äußerte den Wunsch nach Schaffung eines entsprechenden kirchlichen Raumes. Da die Errichtung einer Kaplanei aber nur

---

21 BiASp., Pfarrakte Medelsheim. Riesweiler zählte 100 Katholiken und drei prot. Familien; politisch gehörte es zur Gemeinde Brenschelbach, die ganz protestantisch war.

unter Mitwirkung der Reko möglich sei, halte man es – »zumal es sich ja wohl um ein Provisorium« [!] handele, »für empfehlenswerter, Herrn Pfarrer J. Mühl in Medelsheim einen privaten Hilfspriester zur Seite zu geben, und diesen nach Utweiler zu exponieren, sodass es nur einer Anzeige an die Regierungskommission des Saargebietes« bedürfe. Eine sofortige Besetzung sei aber nicht möglich, wie an der langen Liste der in der Diözese unbesetzen Stellen zu sehen sei. Man habe an die Klöster in Blieskastel und St. Ingbert Anfragen gerichtet. Auf die Anfrage vom 1. Februar hatte Blieskastel bereits am 5. Februar mit dem Hinweis auf fehlende Kräfte abschlägig geantwortet.

Der bayerische Ministerpräsident als »Generalbevollmächtigter für die Rhein- und Saarpfalz« (seit Dezember 1933) wurde von Binder weiter über alle Schritte informiert, so auch über den Bericht des Spitzels »Y« vom 5. März. Darin beschwerte sich dieser, man höre nichts mehr von der Sache, die von »ausserordentlicher Wichtigkeit« sei und »nicht unterschätzt« werden dürfe. »Jeden Sonntag gehen etwa 50–60 Bauern aus Utweiler nach Eppingen in die Kirche. Der Pfarrer predigt in deutscher Sprache. Er hetzt nicht, das ist richtig, aber es ist doch alles französisch, die Aussprache, die Denkungsart des Geistlichen und er lobt auch bestimmt nicht das neue Deutschland. Die Leute gewöhnen sich mit der Zeit in die lothringischen Verhältnisse ein und das deutsche Volksbewußtsein leidet und geht mit der Länge verloren.« Die Leute gingen nach dem Gottesdienst ins Wirtshaus, säßen mit den lothringischen Bauern zusammen. Dort lägen die lothringischen deutschsprachigen Zeitungen aus (»Metzer Journal«, »Straßburger Neueste« etc.). Diese trieben schon jetzt eine deutschfeindliche Politik und würden »zweifelsohne in die Abstimmungspropaganda eingespannt werden, wenn der Termin einmal näher gerückt« sei. Es gebe eben Menschen, die einer solchen Propaganda leicht zum Opfer fielen, was vermieden werden müsse. »Wenn in der Mitte des Saargebietes einige Lumpen für Frankreich stimmen, dann ist das nicht so schlimm, aber unmittelbar an der Grenze kann auf keine Stimme verzichtet werden.«

Der Ortsgeistliche von Medelsheim, so berichtete »Y« weiter, betreibe die Einrichtung des Sonntagsgottesdiensts in der Utweiler Kapelle nicht mit dem nötigen Nachdruck. An eine Kapellenerweiterung solle man erst an zweiter Stelle denken. Dann solle sie aber auch die Einwohner von Riesweiler fassen, die z. T. nach Ormesviller/Lothringen in die Kirche gingen.

Ende Februar hatte das Speyrer Ordinariat einer Erweiterung der Kapelle in Utweiler zugestimmt, sofern das Bezirksamt Homburg die Finanzierung übernehme. Landrat Niedhammer erschien persönlich zu Verhandlungen in Speyer. Am 20. März teilte er dem Bischof brieflich mit, die Finanzierung sei gesichert. Dann fuhr er fort: »Ich muss leider die Wahrnehmung machen, dass der zuständige Ortspfarrer Mühl, wie ich das Ew. Exzellenz bereits mündlich mitgeteilt habe, der Angelegenheit wenig sympatisch gegenüber steht. Ich will nicht annehmen, dass er gegen die im vaterländischen Interesse unbedingt notwendige Neueinrichtung handelt.« Er, Niedhammer, habe gestern mit seinem Konabiturienten, Prof. Weis, gesprochen, der bereits durch seinen in Utweiler lebenden Vetter unterrichtet gewesen sei. Prof. Weis habe sich sofort erboten, nach Ostern den Gottesdienst zu übernehmen. Die Gemeinde habe sich längst bereiterklärt, den Seelsorger mit dem Auto abzuholen und wieder nach Hause zu bringen[22]. Die Angelegenheit dürfe auch nicht weiter hinausgeschoben werden. Er, der Landrat, werde demnächst persönlich mit der Reko über die Kapellenerweiterung sprechen. Schließlich versicherte er, »dass die Verfolgung der Angelegenheit nur aus rein vaterländischen Motiven betrieben« werde, und bat um vertrauliche Behandlung des Briefs.

Am 23. März erläuterte Dr. Weis, ehemaliger Pfarrer in Pirmasens und damals Studienprofessor in Zweibrücken, der von der Mutterseite her in Utweiler Verwandte hatte, dem Bischof seine Motive und seine Absicht, für die Tätigkeit in Utweiler seinen sonntäglichen Schulgottesdienst aufzugeben. Dann fuhr er fort: »Der seelsorgerische und vaterländische Notstand ist aber in Utweiler gegeben. Andrerseits glaube ich die beste nationale Apologie für den kath. Klerus zu treiben, wenn ich das nationale Opfer der seelsorgerlichen Betreuung der Grenzdörfer übernehme«[23]. Die regelmäßigen Sonntagsgottesdienste begannen am 15. April[24].

Das, was die deutsche Seite hatte erreichen wollen, die Bauern der Grenzdörfer vom sonntäglichen Gottesdienstbesuch in Eppingen und anderen lothringischen Orten abzuhalten, wurde tatsächlich sehr schnell erreicht, wie aus dem Schreiben von Weis an Niedhammer vom 23. April 1934 hervorgeht: »Zunächst muss ich Dir kurz berichten, dass die Sache in U[tweiler] tadellos klappt, genau so wie wir geplant haben.« Bereits allsonntäglich erschienen Gäste von umliegenden Dörfern. Nächsten Samstag nachmittag beginne er, Weis, mit dem vierzehntäglichen Unterricht für Werktagsschüler. Für den 1. Mai plane er eine kirchliche Feier draußen. »Wenn's so weiter klappt, kriegen wir auf dem Berge dort so einen kleinen religiösen und vaterländischen Brennpunkt.« Dann bat er um die Finanzierung der notwendigsten kirchlichen Anschaffungen: Paramente, Betstuhl, Meßpult, Meßbuch, Monstranz. Wie üblich sende er das Schreiben über den »absolut vertrauenswürdigen« Boten, den Primaner Josef V., Sohn des Rektors V. in Homburg.

Das Schreiben von Weis ging an Binder, der es befürwortend an Oberkirchenrat Karl Barth[25], den »Beauftragten« des bayerischen Ministerpräsidenten als »Generalbevollmächtigen für die Rhein- und Saarpfalz« in Speyer, übersandte mit der Bitte, auch die Fahrtkosten von Dr. Weis »bis auf weiteres (d. h. bis zur Rückgliederung) zu übernehmen«[26].

Mit Dr. Weis hatte sich eine ebenso markante wie zwielichtige Priestergestalt in die Sache eingeschaltet; auf ihn soll noch eingegangen werden. Weis unterstützte konspira-

22   Das Zitat aus der Pfarrakte Medelsheim, BiASp. In seinem Bericht vom 22. Apr. 1937 an den Bischof bezeichnete der Medelsheimer Pfarrer die Unterhaltung des Autos, »das man in der bekannten Begeisterung von 1934/35 Herrn Prof. Weis zur Verfügung stellte«, als großen Kostenpunkt; die Autofahrten wurden demnach von der Pfarrei bezahlt.
23   BiASp., Pfarrakte Medelsheim. – Der zuständige Zweibrücker Pfarrer hatte sein Einverständnis zum Wegfall des Schulgottesdienstes gegeben. Er schrieb dem Bischof, Prof. Weis wolle »sich nicht für immer an Utweiler binden, sondern nur bis zur Rückgliederung des Saargebietes, und zwar bis dahin aus vaterländischen Gründen, die man nur loben« könne.
24   Mitteilung des Pfarrers Mühl nach Speyer vom 27. März.
25   Zu ihm JACOBY S. 94.
26   Klammerteil gehört zum Zitat!

tiv die Pläne der deutschen Seite, die Katholiken zumindest bis zum Abstimmungstag vom lothringischen Gottesdienstbesuch abzuhalten, und auch das Speyrer Ordinariat war offensichtlich mit der Befristung einverstanden. Es ist bezeichnend für Weis, daß ihm der regelmäßige Gottesdienst in Utweiler nicht genügte, sondern er an der lothringischen Grenze einen »religiösen und vaterländischen Brennpunkt« schaffen wollte. Dazu paßt auch seine Absicht, am 1. Mai, dem von den Nationalsozialisten okkupierten Feiertag der Arbeit, eine Messe im Freien abzuhalten.

Nach Einrichtung des Sonntagsgottesdienstes gewannen auch die Pläne zur Kapellenerweiterung konkretere Gestalt. Mitte Mai 1934 lag die Genehmigung der Reko für die Baumaßnahme vor und – wie Weis am 24. Juni dem Bischof berichtete – hatten die Bauarbeiten unter Leitung von Bezirksbaurat Müller am 20. Juni begonnen[27]. Die alte Kapelle von 1791 wurde danach zur Vorhalle; der Chor sollte zur Kriegergedächtniskapelle ausgebaut werden. Die bayerische Regierung stellte zunächst 90 000 Franken für Rohbau, Heizung und den Straßenbau Utweiler-Riesweiler in Aussicht. Tatsächlich waren es dann 272 450 Franken Zuschuß[28]. Die Kosten für das Steinbrechen, die Anfuhr, Spanndienste, Fenster und Inneneinrichtung trugen die Katholiken von Utweiler und Riesweiler. Als Tag der Grundsteinlegung war von Weis der 15. Juli vorgesehen.

In einem weiteren Schreiben an den Bischof, ebenfalls vom 24. Juni, bat Weis im Namen der Katholiken von Utweiler-Riesweiler, den hl. Konrad von Parzham als Kirchenpatron wählen zu dürfen. Als Gründe führte er an, der Heilige werde in der Bevölkerung verehrt; Utweiler liege in einem weiten landwirtschaftlichen Bezirk und es gebe noch kein Heiligtum »dieses neuen deutschen Bauernheiligen«. Das Baugeld käme aus Bayern, Utweiler sei ein bayrisches Dorf, »so dass es auf der Linie der edelsten vaterländischen Gedanken« liege, »hier an der äussersten Südwestgrenze dem letzten bayerischen Heiligen ein Heiligtum zu weihen«.

Auf den erstgenannten Bericht von Weis hin übersandte das Ordinariat Pfarrer Mühl die Utweiler Baupläne mit der Nachricht, die Bausumme stehe zur Verfügung. Dann folgte der nachdrückliche Hinweis, man erwarte, »daß Sie als Pfarrer pflichtgemäß den Kapellenbau fördern und alles aufbieten, den opferwilligen Filialisten von Utweiler und Riesweiler zu einem würdigen Gotteshaus zu verhelfen«. Dies war ohne Zweifel die Reaktion auf die Vorwürfe, Pfarrer Mühl treibe die Pläne nicht energisch genug voran. Ob dies der Fall war und ob dies geschah, weil Mühl die tatsächlichen Gründe für die kirchliche Aufwertung von Utweiler durchschaut hatte, muß offen-

---

27 Dieses und das nächste nach dem Bericht von Prof. Weis vom 24.6.1934 an den Bischof. Die Baupläne liegen im BiASp., Pfarrakte Medelsheim.
28 Wie hoch die deutsche Seite die Angelegenheit einordnete, wird daran deutlich, daß als Geldbote kein Geringerer als Oberkirchenrat Barth fungierte, persönlicher Referent Bürckels. Am 20. Sept. erhielt Barth in bar 272 450 Franken (45 000 RM), die er am 26. Sept. Oberregierungsrat Niedhammer und Oberinspektor Bachmann in Homburg übergab. Die Summe wurde am selben Tag bei der Bezirkssparkasse Homburg eingezahlt. Die Gemeinde Utweiler erhielt davon 15 000 RM Zuschuß für die Erweiterung und Einrichtung der Kapelle. 30 000 RM waren als Zuschuß für den Straßenbau Utweiler-Riesweiler bestimmt. Es versteht sich von selbst, daß der Geldgeber auf Vorlage der Verwendungsnachweise bestand. Sie lagen dem bayerischen Ministerpräsidenten als »Generalbevollmächtigtem« am 7. Februar 1935 in München vor.

bleiben. Im Sommer 1934 kam es zwischen ihm und den Utweiler Katholiken zu Auseinandersetzungen um eine eigenständige, von Medelsheim unabhängige Tochterkirchenstiftung. Sie war Voraussetzung für die schulden- und lastenfreie Übereignung des bisherigen Gemeindeeigentums an Kapelle und Kirchenneubau samt allem Zubehör[29].

Die von Weis für den 15. Juli vorgesehene Grundsteinlegung kam nicht zustande; auch nicht der von Pfarrer Mühl vorgeschlagene Termin 9. September 1934 anläßlich der Blieskasteler Männerwallfahrt, an der Bischof Sebastian teilnahm. Im Vorfeld der geplanten Grund- und Schlußsteinlegung ergab sich eine entlarvende interne Diskussion um den Text der Urkunde, den Niedhammer Binder vorgelegt hatte. Dieser berichtete am 17. September dem Beauftragten in Speyer, die Urkunde solle bei der Einweihung verlesen werden. Niedhammer habe Bedenken, wegen der Anwesenheit eines Vertreters der Reko und der Auslegung als unzulässige Verbindung mit amtlichen deutschen Stellen, bestimmte Passagen vortragen zu lassen, so diejenige, daß »Deutsche auf deutschem Boden Kirche und Gottesdienst haben müssen«, ferner, daß »diesen vaterländischen Gedanken ... drei Männer ins Werk« gesetzt hätten, weiterhin die Erwähnung, »dass die Bayer. Staatsregierung die Bausumme für die Kapelle, sowie für die Herstellung der Straße zwischen Utweiler und Riesweiler gegeben« habe. Er, Binder, teile diese Bedenken nicht. Die Passagen sollten bleiben; Prof. Weis solle aber »einfach bei Verlesung den Passus [auslassen], dass Deutsche auf deutschem Boden Kirche und Gottesdienst haben müssen und dass dieser vaterländische Gedanken [!] von Herrn Landrat Niedhammer usw. ins Werk gesetzt wurde«.

Die Einweihung fand schließlich am Sonntag, 21. Oktober 1934, statt. Die »Saarpfalz«[30] feierte sie im Vorbericht als »ein Fest bodenständigen Bauerntums und christlichen Deutschtums unmittelbar an der Westgrenze des Reiches ... Aus dem Aufbruch der Nation im Frühjahr 1933 wurde der echt vaterländische und volksgemeinschaftliche Gedanke geboren: ›Es ist ein Naturrecht, daß der Deutsche auf deutschem Boden Kirche und Gottesdienst hat‹.« Sodann wurde auf den noch fehlenden Turm hingewiesen, »der im Schicksalsjahr der Saar 1935 erbaut werden wird«[31]. In seiner 1937 erschienenen Biographie ließ Prof. Weis sich und den Kirchenbau würdigen: »Die Kirche [ist] wie der

---

29 BiASp., Pfarrakte Medelsheim. Beschluß der Gemeinde Utweiler vom 24.8.1934, die Übereignung vorzunehmen, wenn für Utweiler und den zu Brenschelbach gehörenden Ortsteil Riesweiler eine Tochterkirchenstiftung errichtet werde. Die Reko genehmigte die Stiftung noch am 18.2.1935. Es folgten Verhandlungen über die Errichtung einer Filialgemeinde, die am 5.1.1938 konstituiert wurde.

30 Saarpfalz, Nr. 241 v. 18.10.1934.

31 Der Turm sollte an die Stelle des alten Kapellenschiffs treten, wurde aber nie gebaut. Am 30. Juli 1936 erklärte das Bezirksamt Homburg den alten Kapellenteil für baufällig, worauf der Medelsheimer Pfarrer Ende Sept. 1936 wegen des Turmbaues beim Bischof vorstellig wurde. Die saarländische Regierung habe einen Zuschuß in Aussicht gestellt, wenn auch die Kirche zahle. Ende April 1937 erinnerte Pfr. Beil erneut an den Turmbau. Nachdem Ende 1938 eine Mahnung des Landrats eingegangen war, wies der Pfarrer im März 1939 erneut auf den baulichen Zustand des alten Kapellenteils hin. Schließlich lag im Mai 1939 von Regierungs- wie von Bistumsseite die Zusage über jeweils 2000 RM vor, bei Gesamtkosten von 8500 RM. – Die Kapelle wurde in den Kämpfen 1944 zerstört und 1947 wiederaufgebaut; vgl. BONKHOFF S. 237f.; Meltis oder Medelsheim? Bd. 2 S. 440ff.

Bauherr [Weis]: eigenwüchsig aus Westricher Kalkstein, licht und schlicht, ein Bauern-
heiligtum, deutsches Grenzheiligtum, ein deutscher Friedensgruß hin zu der 400 Meter
entfernten französischen Grenze, das bodenständigste Denkmal der Saarabstimmung«[32]. Pfarrer Beil, Nachfolger Mühls, beschrieb nach dem Krieg ein »früheres«
Kirchenfenster der Kapelle[33], das sich auf die als bedrückend empfundene Völker-
bundszeit unter französischer Vorherrschaft bezog: »Oben die deutsche und bayerische
Flagge, darunter der gallische Hahn mit Ketten in den Krallen, weiter abwärts gefaltete
Hände mit der Bitte: ›Herr mach uns frei!‹«

*

Zur bestimmenden Figur beim kirchlichen Ausbau Utweilers war Prof. Weis geworden.
Die Rolle des zuständigen Ortspfarrers Mühl wurde dagegen – wie gezeigt – von den
Beteiligten kritisch gesehen. Bereits am 5. März hatte »Y« moniert, daß Pfarrer Mühl
die Einrichtung des Gottesdienstes in Utweiler »nicht mit dem nötigen Nachdruck« betreibe. Am 20. März hatte Landrat Niedhammer dem Speyrer Ordinariat mitgeteilt, der
Ortsgeistliche stehe »der Angelegenheit wenig sympathisch gegenüber«. Ende Juni
schließlich war Mühl von Speyer ermahnt worden, sich für den Kapellenbau stärker
einzusetzen. Die Hintergründe werden deutlich in einem weiteren Bericht von »Y«,
den er einige Zeit davor, Anfang Juni 1934, erstattet hatte. Darin lobte »Y« die besondere Note, die der Gottesdienst in Utweiler durch Prof. Weis erhalten habe: »Die Person
dieses Geistlichen erfreut sich bereits jetzt nicht nur in Utweiler, sondern in der ganzen
Umgebung der grössten Hochachtung und Beliebtheit. Ich weiß aus Erfahrung, dass
die Einwohner von Utweiler nicht als besonders zuverlässig in nationalen Dingen anzusehen waren. Heute ist es bereits so, dass gerade Utweiler die nationale Hochburg im
unteren Südbezirk ist und dies einzig und allein, weil man dort gesehen hat, dass sich
Männer im neuen Reich um [!] die religiösen Nöte dieser Grenzbewohner annahmen.«
    Dann brachte »Y« weiter vor: »In der Zwischenzeit hat nun die Sache eine weit
größere Bedeutung erhalten als ursprünglich anzunehmen war. Der Besuch des Gottesdienstes in Medelsheim ist heute weit gefährlicher als damals der Besuch des Gottesdienstes in Eppingen, Lothringen. Seit dem Abschwenken des Herrn Pfarrer Mühl, Medelsheim, in das Status-Quo-Lager, vergeht kein Sonntag, an dem nicht die Kanzel der
Pfarrkirche Medelsheim zur politischen Propaganda benützt wird. Bereits zum 3. Male
hat Pfarrer Mühl für die Neue-Saar-Post [NSP] von der Kanzel Reklame gemacht. Er
ging sogar soweit, es den Gläubigen zur Pflicht zu machen, diese neue separatistische
Zeitung zu bestellen, die er als einzige christlich-deutsche Zeitung des Saargebietes bezeichnet. Was diese Zeitung und ihre Gönner als deutsch verstehen, war ja vorauszuse-
hen, hat sich aber in der vorletzten Nummer der NSP erst recht bewiesen. Es heißt dort.
›Darum müssen wir die Eingliederung des Saargebietes in das 3. Reich ablehnen‹[34]. Ich
habe bereits im vorigen Herbst darauf hingewiesen, dass wir uns auf Pfarrer Mühl in

---

32 Ludwig Börst, Dr. Weis, der Pfarrer von Pirmasens, ehem. Seelsorgereferent im AOK Macken-
sen (= Priester im Volk, H. 1, München o. J.) S. 81 (das Vorwort ist 1937 datiert).
33 In seinen Erinnerungen (in: Meltis oder Medelsheim? Bd. 2) S. 419.
34 Zitat im Original unterstrichen.

nationaler Hinsicht bei der Abstimmung nicht verlassen werden können. Es unterliegt für mich heute auch keinem Zweifel mehr, dass Pfarrer Mühl, wenn es näher gegen die Abstimmung geht, von der Kanzel herab in den Abstimmungskampf eingreifen wird zu gunsten des status-quo und damit zur Verhinderung der Rückgliederung. Es mag richtig sein, dass der grösste Teil der Bevölkerung dieser Haltung des Geistlichen ablehnend gegenübersteht. Es besteht aber auch kein Zweifel darüber, dass Pfarrer Mühl auch über eine gewisse politische Anhängerschaft noch verfügt, abgesehen von den politisch Indifferenten, die leicht zu beeinflussen sind. Ein selbständiges Saargebiet wird ja schon heute als das bessere Deutschland, das christliche Deutschland als Gegenpol zu dem neuheidnischen 3. Reich hingestellt. Da ja die bürgermeistereiweise Abstimmung nunmehr festgelegt ist, halte ich es für meine Pflicht, darauf hinzuweisen, dass ich für [!] unsere Grenzbürgermeisterei besorgt bin. Wenn auch nur 10 % status-quo-Stimmen durch das Wirken des Ortsgeistlichen herauskommen, so ist [!] das, gemessen an unserer geografischen Lage, bereits 9 % zuviel.«

Sodann berichtete »Y« weiter: »Diejenigen, die durch das Verhalten des Pfarrers Mühl abgestossen werden, besuchen bereits jetzt den Gottesdienst in Utweiler. Am letzten Sonntag, den [!] 3. Juni, waren es mindestens 100 Männer von Medelsheim und Peppenkum, die in Utweiler am Gottesdienst teilnahmen. Es muss demnach diese Möglichkeit ausgenutzt werden, um auch denjenigen Katholiken den Besuch des Gottesdienstes zu ermöglichen, die von der Politik des Pfarrers Mühl zwangsläufig aus der Kirche getrieben werden, weil sie sich in ihrem Nationalgefühl gekränkt fühlen. Durch die persönliche Werbetätigkeit des Pfarrers Mühl sind bereits einige Abonnenten der NSP hier [Medelsheim] vorhanden, sowie in Seyweiler und Peppenkum. In Utweiler und Riesweiler, wo sein Einfluss nicht mehr in dem früheren Umfange vorhanden ist, konnte noch nicht einmal ein Träger für das Austragen der NSP gefunden werden. Abonnenten werden sie dort auch nie finden, trotzdem beide Ortschaften rein katholisch sind.«

Vor dem Hintergrund dieses Berichts erscheint das Verhalten Pfarrer Mühls in einem neuen Licht, seine Zurückhaltung gegenüber dem Projekt Utweiler und überhaupt sein mangelndes Engagement, verglichen mit dem von Prof. Weis. Ob der Pfarrer die wahren Absichten in Utweiler durchschaut hatte, muß allerdings offenbleiben. Mühl war mit einer kleinen Anhängerschaft in das katholische Status-quo-Lager »abgeschwenkt«; er warb auch für deren Organ, die »Neue Saarpost« Johannes Hoffmanns[35]. Dieser hatte zunächst als Chefredakteur der »Saarbrücker Landeszeitung« an vorderster Front gegen die kirchenfeindliche Haltung der Nationalsozialisten gekämpft. Der Kirchenkampf im Reich, vor allem das Bekanntwerden der empörenden Interviewäußerung des saarländischen NSDAP-Führers Spaniol (Hitler »ein neuer, ein größerer, ein gewaltiger Christus«) hatten eine verheerende Wirkung auf das katholische Saarvolk. Hoffmann veröffentlichte die Äußerungen am 30. Januar 1934, dem Jahrestag der Machtergreifung Hitlers. Er hatte dazu zwar die Rückendeckung durch die Dechantenkonferenz vom 22. Januar 1934 erhalten, mußte dann aber kurz darauf doch die Macht der Gleichschaltung erleben und seinen Stuhl räumen.

---

35 Karl August SCHLEIDEN, Johannes Hoffmann (in: Saarländische Lebensbilder 4, Saarbrücken 1989) S. 251ff.

Gauleiter Bürckel, nach dem Weggang Papens nach Österreich seit August 1934 zugleich Saarbevollmächtigter des Reichskanzlers, war wegen der Entwicklung höchst besorgt[36]. Er sah die drohende Gefahr, die Katholiken für eine prodeutsche Abstimmung zu verlieren, und entschloß sich zu drastischen Schritten: Parteiführer Spaniol und seine Anhänger wurden entmachtet, die saarländische NSDAP aufgelöst und in eine neue Deutsche Front überführt, der noch im März 1934 etwa 86 % der Abstimmungsberechtigten beitraten[37]. Bürckel hatte in der Pfalz bereits zuvor »Erfahrungen mit der Reaktion kirchlicher Kreise bei Abstimmungen mit nationalem Hintergrund« gesammelt, und zwar im Zusammenhang mit der Volksabstimmung vom 12. November 1933 über den Austritt Deutschlands aus dem Völkerbund[38]. Nicht nur durch Drohungen und im Gefolge einer allgemeinen nationalen Hochstimmung, sondern auch durch Bürckels Politik, alle Konfliktpotentiale mit der Katholischen Kirche möglichst auszuschalten, war es gelungen, in der Pfalz ein 95,4-%-Ergebnis zu erreichen.

Trotz der Beschwichtigungspolitik blieben die Katholiken an der Saar weiterhin kritisch eingestellt und damit ein Unsicherheitsfaktor. Von zentraler Bedeutung war die Haltung der zuständigen Bischöfe Bornewasser und Sebastian. Sie war tief national bis nationalistisch geprägt[39]. Mit Kritik an der staatlichen Kirchenpolitik hielt man zwar nicht zurück, wollte es aber nicht zum Bruch mit der neuen Obrigkeit kommen lassen. Vaterlandsliebe war für die Bischöfe sittliche Pflicht. Eine so schwerwiegende Frage wie die der Rückkehr der Saar zu Deutschland, »die auf Jahrhunderte entscheidet, darf nicht von den augenblicklichen Verhältnissen allein abhängig gemacht werden«, so formulierte der Saarbrücker Dechant Dr. Johann Schlich – sicherlich in Übereinstimmung mit Bornewasser – auf der erwähnten Dechantenkonferenz vom 22. Januar 1934[40]. Trotz der Vorbehalte, trotz des Wissens um die Kirchenverfolgung und trotz der Ahnung

---

36   Karl Bartz, Weltgeschichte an der Saar (Neustadt a. d. Hdt. 1935) S. 34ff.
37   Ebd. S. 65. Bei der Kundgebung mit Goebbels in Zweibrücken am 6.5.1934 sprach der Landesleiter der Deutschen Front, Pirro, von 93 %; Bartz S. 69. Zur Praxis dieser »Vorabstimmung« vgl. Paul S. 134ff.
38   Thomas Fandel, Konfession und Nationalsozialismus. Evangelische und katholische Pfarrer in der Pfalz 1930–1939 (= Veröffentlichungen der Kommission für Zeitgeschichte, Reihe B Bd. 76, Paderborn 1997) S. 238ff.
39   Das galt auch für die Saarbevölkerung allgemein: »Das Saarvolk ist als umstrittenes Grenzvolk stark nationalistisch. Die sich deutsch fühlende Saarbevölkerung ist viel betonter deutsch als etwa die Bevölkerung von Westfalen ... Für sie gilt es als größte Schande, als nicht gut deutsch angesehen zu werden ...« (Zitat aus der »Neuen Saarpost« nach Gestier S. 174). Zum »übersteigerten Nationalismus der Saarländer« vgl. v. Wegner S. 281ff. Heranzuziehen ist auch Ludwig Linsmayer, Politische Kultur im Saargebiet 1920–1932. Symbolische Politik, verhinderte Demokratisierung, nationalisiertes Kulturleben in einer abgetrennten Region (= Saarland-Bibliothek 2, St. Ingbert 1992).
40   Auszug aus dem Protokoll bei Zenner S. 390; vgl. auch Gestier S. 164 und Gestier, Diss. Anhang S. 41f. – Schlich hat die Haltung in seiner Denkschrift vom 23.9.34 bekräftigt; Gestier S. 178: »Wir hoffen, daß die Bedrängnisse der Kirche in Deutschland eine vorübergehende Erscheinung sind, während die Abstimmung über die Zukunft des Saargebietes voraussichtlich auf Jahrhunderte entscheidet und eine Gefährdung des deutschen Volkstums für das kleine Gebiet von selbst mit sich bringt.« – Vgl. auch die Erinnerung Schlichs von 1943 an eine Unterredung mit Bischof Bornewasser im August 1933; Gestier, Diss. Anhang S. 24.

kommender, noch schwererer Verfolgungen konnte die Entscheidung im Urteil des Bischofs und einer breiten Mehrheit der saarländischen Katholiken nicht anders ausfallen. Hitler mußte notgedrungen »ertragen« werden in der Hoffnung auf ein baldiges Ende seines Regimes; diese Hoffnung haben damals übrigens auch andere geteilt (wir schreiben das Jahr 1934!).

Sehr viel stärker als das Kirchenvolk blieb die Geistlichkeit reserviert und äußerst kritisch. Karl Bartz, Beobachter in der näheren Umgebung Bürckels, schildert, wie sehr von seiten der Deutschen Front und Bürckels ein deutliches Bekenntnis des Klerus zu »Deutschland« erwartet wurde, selbstredend zum Neuen Deutschland Adolf Hitlers. Dieses Bekenntnis blieb bis zuletzt aus. »Man sah nie klar«, so Bartz. Die Geistlichkeit schwieg, und »dieses Stillsein wirkte beängstigend«[41]. Der Saarklerus sei, so kritisierte Bartz rückblickend, in seiner großen Mehrheit neutral geblieben[42]. Schon in der Pfalz hatte sich angesichts der überwiegend reservierten Haltung der dortigen katholischen Geistlichkeit gezeigt, was die NSDAP unter »Neutralität« verstand: Die Kirche hatte sich völliger politischer Abstinenz zu unterwerfen, es sei denn, sie unterstützte die Ziele der NSDAP; im Saargebiet war es die Deutsche Front.

Nicht nur im katholischen Lager gab es Stimmen, die für die Rückkehr zu Deutschland votierten, obwohl dort Hitler regierte und man schwere Verfolgungen auf sich zukommen sah. So erklärte der kommunistische Saarbrücker Stadtverordnete Otto Niebergall in einer Sitzung vom 23. Mai 1933, die Kommunisten seien immer für die Rückgliederung nach Deutschland eingetreten und würden dies auch in Zukunft tun, selbst »auf die Gefahr hin, in Konzentrationslager eingesperrt oder erschossen zu werden«[43]. Und der Publizist und Emigrant William Schlamm, ebenfalls Zeitzeuge, berichtet, daß die Kommunistische Partei noch im Frühjahr 1934 »die wahrhaft selbstmörderische Losung aufrechterhalten« habe »Trotz Hitler – zu Deutschland«[44]. Tatsächlich hat es 1933/34 an der Saar wegen der nationalen Haltung eine starke Abkehrbewegung von den linken Parteien gegeben[45].

Die katholische Opposition um Johannes Hoffmann dachte jedoch anders als die Bischöfe (die allerdings in einer ganz anderen Verantwortung standen) und die Mehrheit der Katholiken: Es galt nicht, Hitler vorläufig zu »ertragen«, sondern ihn unter allen Umständen von der Saar, dem letzten Teil des freien Deutschland, fernzuhalten: Zurück zu Deutschland, ja, aber nur in das wahre Deutschland; Rückkehr ja, aber nicht zum jetzigen Zeitpunkt! Damit sah man wie die Einheitsfront der Sozialdemokraten

---

41 BARTZ S. 54; vgl. auch JACOBY S. 143ff.
42 BARTZ S. 163.
43 SCHOCK S. 10. Der deutsche Kommunist Karl Retzlaw, der 1933 als Emigrant an die Saar gekommen war, zitiert eine öffentliche Äußerung des »Führers« der saarländischen kommunistischen Partei: »Selbst wenn wir in Hitler-Deutschland unter dem Galgen stehen müssen, wollen wir zurück zum Vaterland.« Das Zitat entstammt dem Brief Retzlaws an den Organisationssekretär des Moskauer Komintern, den er im Nov. 1933 unter dem Pseudonym Karl Erde im Organ der Pariser Trotzkistengruppe »Das Wort« veröffentlichte und später in seinem nach dem Krieg erschienenen Erinnerungsbuch »Spartakus« wiederabdruckte; SCHOCK S. 151.
44 Ebd. S. 242.
45 ZENNER S. 281 und 305.

und Kommunisten, die sich am 4. Juli 1934 formieren sollte, nur die Möglichkeit, für den Erhalt des Status quo einzutreten. Am 6. Mai 1934 erschien die erste Nummer der von Hoffmann geleiteten, bereits mehrfach erwähnten Tageszeitung »Neue Saarpost«, die auch von Pfarrer Mühl so kräftig gefördert wurde[46].

Ein weiteres Schlüsselerlebnis für Katholiken wie für die katholische Opposition um Hoffmann waren die nationalsozialistischen Morde vom 30. Juni im Reich (»Röhm-Putsch«), denen auch führende katholische Laien zum Opfer gefallen waren. Bürckel und seine Anhänger erkannten sehr wohl die wiederum katastrophale Wirkung dieser Vorgänge auf den katholischen Bevölkerungsteil des Saargebietes[47]. Bei vielen Katholiken dürften sich die Vorbehalte gegenüber dem Dritten Reich massiv verstärkt haben; sie wurden aber nicht Anlaß, in das Status-quo-Lager überzuwechseln. Johannes Hoffmann und seine Gruppe intensivierten dagegen ihre Bemühungen: Am 16. Juli 1934 kamen in Saarbrücken mehr als hundert Personen zusammen – die Mehrzahl wahrscheinlich Geistliche –, um die Gründung einer katholischen Oppositionspartei vorzubereiten. Zu ihnen gehörte auch Pfarrer Mühl von Medelsheim. Bürckel nahm den neuen Gegner wiederum sehr ernst; es »sah nicht gut aus für Deutschland«, zumal »sich die anderen Geistlichen nicht spontan dagegen wehrten«, so das rückblickende Urteil von Bartz[48]. Die neue Partei, der »Deutsche Volksbund für christlich-soziale Gemeinschaft«, wurde jedoch erst nach Verzögerungen am 30. November 1934 gegründet; wiederum war Pfarrer Mühl dabei, zusammen mit Mitgliedern seiner Pfarrei[49].

Es ist sicherlich schwer, die zahlenmäßige Stärke der Anhänger der katholischen Opposition abzuschätzen[50]. Die Gestapo sprach mit Blick auf die Geistlichkeit von einer »verschwindend kleinen Gruppe«[51], wobei sie offenbar diejenigen meinte, die sich offen bekannten. Dennoch ist die große Zahl der Anhänger des Status quo innerhalb des Klerus auffallend; faktisch bestand in vielen Fällen das, was Bischof Bornewasser befürchtet hatte: die Spaltung zwischen Geistlichkeit und Gemeinde in der Frage der Abstimmung. Der Journalist und Emigrant Franz Carl Weiskopf zitiert einen katholischen Geistlichen: »Der niedrige und mittlere Klerus ist fast ohne Ausnahme im Herzen für den Status quo...«; 95 % des ganzen Klerus seien Abonnenten der »Neuen Saarpost«[52]. Die Liste der Priester, so Bartz, die sich an der Gründungsversammlung der neuen Partei beteiligt oder sonst mitgewirkt hätten, habe eine »erschreckend lange

46   Einzelheiten auch bei SCHÖNDORF S. 28.
47   BARTZ S. 85ff.
48   Ebd. S. 54.
49   MUSKALLA S. 95. Mühls Anhängerschaft wurde auf ca. 25 % seiner Pfarrbevölkerung geschätzt; SCHÖNDORF S. 29.
50   Nach FANDEL S. 247 wurde etwa ein Drittel der Geistlichen der Speyrer Diözese im Saargebiet von der Deutschen Front scharf angegriffen, d. h. befand sich in Gegnerschaft zur Deutschen Front. Nach PAUL, Widerstand S. 67 stand »ein Viertel des Saarklerus ... zumindest zeitweise in Opposition zur Rückgliederung oder verband mit dieser mehr oder minder schwere seelsorgerische Bedenken«. PAUL, S. 240 zitiert den Oberpräsidenten der Rheinprovinz, der im Sommer 1934 die Rückgliederungsgegner unter der katholischen Geistlichkeit auf etwa 30 % schätzte.
51   GESTIER S. 175.
52   SCHOCK S. 176.

Reihe von Namen« enthalten[53]. Die Opposition des Klerus war jedenfalls so gewichtig, daß sich die zuständigen Bischöfe genötigt sahen, am 12. November 1934 ihren Geistlichen jede politische Betätigung zu verbieten, d. h. öffentlich aufzutreten. Das Verbot betreffe, so der Trierer Bischof, aber »nicht die sittliche Pflicht der Liebe zum angestammten Volkstum und der Treue zum Vaterland«[54]. In der Saarpfalz[55], die zum Bistum Speyer gehörte, war Wortführer Pfarrer Franz[56], Ensheim. Pfarrer Weber[57], Ballweiler, war neben Pfarrer Brand, Piesbach, Gesellschafter der »Neuen Saarpost«[58]. Zur katholischen Status-quo-Gruppe gehörten auch die Pfarrer Engesser[59], Habkirchen, Eberlein, Ommersheim, und Mühl, Medelsheim, ferner der Guardian des Blieskasteler Kapuzinerklosters Pater Kestel und sein Mitbruder Pater Hörhammer[60].

Am Vorabend der Volksabstimmung appellierte der Diözesanpräses der Katholischen Jugend des Bistums Trier, Johannes Müller, an die Gläubigen – sicherlich nicht ohne Wissen und Zustimmung des Bischofs –, »trotz der recht bitteren Ereignisse in Deutschland« für die Rückgliederung zu stimmen[61]. Hier äußerte sich nicht der Repräsentant eines Milieus, das im Begriff war, mit fliegenden Fahnen zum Nationalsozialismus überzulaufen bzw. übergelaufen war. Müller, der im September 1934 präzise das bedrückende Dilemma der Katholiken analysiert hatte[62], war in Sorge, daß die Vorbehalte vieler Katholiken, und damit einer breiten Wählerschicht, gegenüber dem nationalsozialistischen Deutschland so stark sein könnten, daß die »Jahrhundertentscheidung« für die Rückgliederung zu Deutschland als dem angestammten Vaterland gefährdet war, mit allen negativen Folgen, nicht nur für das Saargebiet selbst, sondern auch für die Kirche in Deutschland und die Gesamtkirche; deshalb sein »Ja zu Deutschland, trotz Hitler«. Diejenigen, die Müller folgten, waren gegenüber denjenigen, die mehr oder weniger begeistert für Hitler und sein Neues Deutschland stimmten, sicherlich in der Minderheit. Niemand konnte sie dem Dilemma entheben, und sie konnten sich auch nicht gegen die Vereinnahmung durch die Nationalsozialisten wehren. Sie sind aber dennoch Katholiken, Sozialdemokraten oder Kommunisten geblieben und nicht mit dem Kreuz für »Deutschland« auf dem Stimmzettel zu Nationalsozialisten geworden.

※

53 BARTZ S. 163.
54 FANDEL S. 249; GESTIER S. 182.
55 Vgl. SCHÖNDORF; FANDEL S. 246ff.; vgl. auch MUSKALLA S. 135, der Pfr. Mühl erwähnt, »der trotz intensivster Werbung nicht für die Rückgliederung zu gewinnen war«.
56 Einige Hinweise über ihn bei PAUL, Widerstand S. 66f., ferner bei SCHÖNDORF S. 32.
57 Zu Weber als dem »entschlossensten Gegner einer Rückgliederung unter den Geistlichen der Diözese Speyer« ausführlich FANDEL S. 254ff.; Edwin WEINMANN und Kurt LEGRUM, Blieskastel im Nationalsozialismus (= Saarpfalz, Sonderheft 1997, Homburg 1997) S. 81; SCHÖNDORF S. 27f. u. 32f.
58 GESTIER S. 170.
59 Zu ihm SCHÖNDORF S. 31.
60 Zu den beiden Blieskasteler Patres vgl. WEINMANN/LEGRUM S. 83ff.
61 GESTIER S. 187.
62 GESTIER, Diss. S. 108f. und GESTIER S. 180.

Am 13. Januar 1935 votierten für die »Beibehaltung der gegenwärtigen Rechtsordnung (Status quo)« 8,85 % der gültigen Stimmen, für die »Vereinigung mit Frankreich« 0,40 % und für die »Vereinigung mit Deutschland« 90,73 %[63]. Für die Bürgermeisterei Medelsheim lauteten die entsprechenden Zahlen, bezogen wiederum auf die gültigen Stimmen: Status quo 9,87 %, für Frankreich 0,34 % und für Deutschland 89,78 %. Das Ergebnis war zwar auch hier überwältigend eindeutig, doch hatten in Medelsheim 1 % mehr als im Saargebiet insgesamt für den Status quo gestimmt und 1 % weniger für Deutschland. Unterdurchschnittlich wenige hatten für Frankreich votiert, trotz der Grenzlage und der engen Verbindungen nach Lothringen. Das Ergebnis offenbart seinen interessanten Stellenwert, wenn man die Deutschland-Prozentsätze in den benachbarten Bürgermeistereien des Kreises Homburg nennt: In Walsheim wurden 95,6 % der gültigen Stimmen für Deutschland abgegeben, in Böckweiler 96,2 %, in Brenschelbach, zu dem Riesweiler gehörte, 97 %. Nur im benachbarten Reinheim (Bezirksamt St. Ingbert) hatten noch weniger Berechtigte als in Medelsheim für Deutschland gestimmt (85,6 %)[64]. Das Medelsheimer Ergebnis war wiederum das schlechteste – aus der Sicht der Deutschen Front – im gesamten Bezirk Homburg. Es liegt nahe, die Gründe hierfür im Wirken von Pfarrer Mühl zu sehen, wie man anderseits feststellen muß, daß Prof. Weis in der benachbarten Bürgermeisterei Brenschelbach, zu der Riesweiler gehörte, wohl einiges bewirkt haben dürfte.

Das Ergebnis der Volksabstimmung[65] löste vor allem unter denjenigen Status-quo-Anhängern, die sich exponiert hatten, eine starke Fluchtwelle zunächst in das nahe Lothringen aus[66]. Zu den Emigranten gehörte auch Pfarrer Mühl. In seinem Entschluß dürfte er durch die offene Feindschaft bestärkt worden sein, die ihm bereits am 15. Januar – nach Bekanntgabe des Abstimmungsergebnisses – vor seinem Pfarrhaus entgegenschlug[67]. Besonders schmerzlich muß ihn getroffen haben, daß bei den Sonntags-

---

63 Saarwirtschaftsstatistik, Heft 9, 1934 (Saarbrücken 1935) S. 8f.

64 Die Forschung hat sich bisher auf die Interpretation des Gesamtergebnisses beschränkt und diese doch erklärungsbedürftigen Unterschiede vernachlässigt. Ein erster Versuch zur Analyse auch der Einzelergebnisse jetzt bei MUSKALLA S. 46ff.

65 Eine knappe, zutreffende Analyse der Abstimmung liefert Hans-Walter HERRMANN, Die Volksabstimmung vom 13. Januar 1935 (in: Saarheimat 29, 1985) S. 21ff.; DERS. (in: Klaus-Michael MALLMANN und Gerhard PAUL, Das zersplitterte Nein = Widerstand und Verweigerung im Saarland 1935–1945, Bd 1, Bonn 1989) S. IVff. (danach auch MUSKALLA S. 71ff.); PAUL S. 370ff.; ZUR MÜHLEN S. 227ff.; ZENNER S. 316f.

66 Vgl. die Tagebuchaufzeichnungen von Paul SIEGMANN, Vor vierzig Jahren (in: ZGSaargegend 22, 1974) S. 224ff., hier S. 314ff.; zur saarl. Emigration vgl. Hans-Walter HERRMANN, Beiträge zur Geschichte der saarländischen Emigration 1935–1939 (in: JWLG 4, 1978) S. 357ff.; Dieter Marc SCHNEIDER, Saarpolitik und Exil (in: Vierteljahrshefte für Zeitgeschichte 4, 1977) S. 470ff.; ZUR MÜHLEN S. 244ff.; speziell zur »katholischen Saaremigration« PAUL, Widerstand S. 78ff.

67 Vgl. Karl LILLIG, Zur Saarabstimmung von 1935 in Medelsheim (in: Saarpfalz 1996, H. 4) S. 47ff.; identisch mit DEMS., Streitbar und eigenwillig: Pfarrer Mühl emigrierte nach der Saarabstimmung (in: Geschichte und Landschaft, Beilage der Saarbrücker Zeitung, 8./14.4.1995). LILLIG hat das im Pfarrarchiv liegende »Pfarrgedenkbuch« eingesehen, in das Pfr. Mühl bis zuletzt Einträge gemacht hat. Zu Pfr. Mühl vgl. auch SCHÖNDORF S. 28ff., der neben dem Pfarrarchiv Medelsheim auch das Bayer. Hauptstaatsarchiv München und das Bistumsarchiv Speyer benutzt hat. Das Ortsbuch

messen, die Dr. Weis am 20. Januar in Walsheim und Utweiler hielt, viele Pfarrkinder gegen ihren langjährigen Hirten demonstrierten. Am 30. Januar 1935 ersuchte Mühl den Bischof um die Ruhestandsversetzung aus gesundheitlichen Gründen zum 1. März[68]. Bereits am 2. Februar stimmte Speyer zu. Am 17. Februar verließ Pfarrer Mühl seine Gemeinde. Seine Vertretung bis zum 1. März übernahmen der Pfarrer von Altheim und das Kloster Blieskastel. Wenige Tage später wurde der Dudenhofener Kaplan Richard Fremgen zum hauptamtlichen Pfarrverweser bestellt.

Offenbar schon früh hatte Mühl geplant, in das luxemburgische Mersch zu emigrieren, hielt sich zunächst aber bis Anfang April im lothringischen Güderkirch auf, zu dessen Pfarrbezirk Utweiler vor 1816 gehört hatte. Bis ins Jahr 1936 kämpfte Mühl um seine Pensionsüberweisungen nach Mersch, die ihm vordergründig aus bürokratischen Gründen verweigert wurden, offensichtlich aber tatsächlich, weil er nicht bereit war, sich als Emigrant im Sinne des Römischen Abkommens vom 21. Dezember 1934 registrieren zu lassen.

Mühl kehrte wahrscheinlich im Mai 1936[69] unbehelligt in das Reich zurück und ließ sich im Kapuzinerkloster Blieskastel nieder. Es bestanden Pläne, ihn als Pfarrer von Ruppertsecken oder Neuhofen einzusetzen. Dagegen protestierte die Polizeidirektion Ludwigshafen, Zweigstelle der Bayerischen Politischen Polizei, am 4. Juni 1936 beim Ordinariat scharf: »Falls dies zutreffen sollte, muss ich darauf hinweisen, dass Pfarrer Mühl sich während des Saarabstimmungskampfes in nationaler Hinsicht sehr schlecht verhalten hat. Er trat nach meinen Informationen offen für den Status quo ein und setzte sich aktiv gegen die Rückgliederung des Saarlandes in das Reich ein. Er hatte eine Agentur der deutschfeindlichen neuen Saarpost inne. Mühl nutzte sogar, entgegen den strengen Weisungen des Ordinariats, seine seelsorgerische Tätigkeit zur Verfolgung seiner politischen Ziele aus. Nach der Rückgliederung ist Mühl nach Luxemburg emigriert. Eine Versetzung des Pfarrers Mühl in die Pfalz wäre politisch nicht tragbar. Ich mache ausdrücklich darauf aufmerksam, dass eine solche Versetzung bei der Bevölkerung stärkste Empörung und Unruhe verursachen und so zu empfindlichen Störungen der öffentlichen Ruhe und Sicherheit führen würde. Ich bitte daher von einer Versetzung des Pfarrers Mühl in die Pfalz absehen zu wollen«[70]. Die Betonung der »Pfalz« bedeutete wohl, daß man Mühl im Regierungsbezirk Saarland dulden wollte, nicht aber seine Übersiedlung in die Pfalz. Das Ordinariat zog den Plan daraufhin zurück; Pfarrer Mühl leide z. Zt., so die Antwort, an so schwerer Nervenzerrüttung, daß irgendeine seelsorgerische Verwendung nicht in Frage komme.

Meltis oder Medelsheim? Bd. 2, geht nur ganz knapp auf Mühls Haltung im Abstimmungskampf ein (S. 37ff.; 259ff.). Ebenso erwähnt Pfr. Beil in seinen dort abgedruckten Erinnerungen nur knapp die Emigration Mühls (S. 418).

68   Die nachfolgende Darstellung beruht auf der Personalakte Mühl und auf der Pfarrakte Medelsheim; beide BiASp.

69   Die Angabe bei FANDEL S. 258 Anm. 107, Mühl sei 1944 aus der luxemburgischen Emigration zurückgekehrt, beruht offensichtlich auf einem Irrtum und ist wahrscheinlich entnommen den Erinnerungen von Pfr. Beil, der sonderbarerweise von der Rückkehr Mühls »nach dem Zusammenbruch des Hitlerreiches« spricht; Meltis oder Medelsheim? Bd 2 S. 418.

70   Personalakte Mühl (BiASp.). Daraus auch die nachfolgenden Zitate.

Als Pfarrer Mühl wenige Wochen später in Utweiler Vertretung für den im Schwarzwald zur Erholung weilenden Prof. Weis machen wollte, riet Pfarrer Karl Beil, Nachfolger Mühls in Medelsheim[71], am 17. Juni dem Bischof dringend ab: »Trotz aller Würdigung der 24jährigen Tätigkeit meines Vorgängers, lassen es die heutigen Zeitverhältnisse nicht zu, daß H. H. Pfr. Mühl hier irgendeine seelsorgerische Tätigkeit aufnimmt. Wie mir nämlich von zuverlässiger Seite mitgeteilt wurde, würde es bei einem einmaligen Gottesdienst nicht verbleiben. Hierdurch aber werden nicht bloß innerhalb der Pfarrgemeinde neue Schwierigkeiten entstehen, sondern auch, wie die Dinge hier liegen, neue politische Komplikationen unausbleiblich sein. In dieser festen Überzeugung haben auch, wie mir nachträglich mitgeteilt wurde, sämtliche Familien von Medelsheim, bei denen er sich einmieten wollte, die Mietfrage abschlägig beantwortet. Um den Frieden und die Ruhe in der hiesigen Pfarrei zu erhalten und weiteres Unheil zu verhüten, halte ich es für meine Pflicht, Ew. Excellenz offen meine Ansicht vorzutragen: H. H. Pfr. Mühl möge doch in der jetzigen Zeit jegliche seelsorgerliche Tätigkeit in der Pfarrei Medelsheim unterlassen. Wenn ruhige Tage wiederkehren, wird seinem Kommen nichts im Wege stehen.«

Pfarrer Mühl blieb in den nachfolgenden Jahren im Kloster Blieskastel, mit Ausnahme des Evakuierungsaufenthalts in Hauptstuhl 1944/45. Er starb am 10. Mai 1947 im Krankenhaus Homburg und wurde in Medelsheim beerdigt. Der Nachruf in der Speyerer Bistumszeitung »Christlicher Pilger« erwähnte seinen Kampf um den Status quo mit keinem Wort; es war damals offenbar nicht opportun, an eine solche Vergangenheit zu erinnern; dabei hatte Mühl im Abstimmungskampf einen Mut bewiesen, den seine Konstitution und sein Lebenslauf nicht unbedingt hatten erwarten lassen. Mühl, am 4. März 1872 in Essingen bei Landau geboren[72], am 22. August 1897 in Speyer zum Priester geweiht, hatte bis zum Amtsantritt Anfang 1911 in Medelsheim nacheinander nicht weniger als zehn Kaplanstellen inne, was recht ungewöhnlich ist. Schon bald galt er als »nervös, magenkrank und nicht besonders stark auf der Brust«. Aus der Pfarrei Mittelbexbach wurde er auf Ersuchen des dortigen Pfarrers 1906 nach wenigen Jahren abberufen, weil dieser sich einen Kaplan mit kräftiger Stimme wünschte, der ferner bei seinen Predigten mehr Wert auf Inhalt statt auf Diktion legte und Lust und Sinn für soziales Wirken in der Arbeitergemeinde zeigte. Wahrscheinlich erinnerte sich der Pfarrer dabei an jenen tatkräftigen Kaplan Weis, den späteren Studienprofessor, der einige Jahre zuvor in Mittelbexbach Dienst getan hatte.

Auch in der ländlichen Pfarrei Medelsheim scheint Mühl sich nicht heimisch gefühlt zu haben. Sehr bald kam es zu Auseinandersetzungen mit der Bevölkerung. Einer der Fälle wurde im Sommer 1915 vor dem Schöffengericht Zweibrücken verhandelt. Trupps von 18–20jährigen »Flegeln« hatten nach Einbruch der Dunkelheit dem Pfarrer nachgejohlt, ihm und seiner bei ihm lebenden Schwester »Trutzliedchen« gesungen, so

---

71   Geb. 1902, zuvor Kaplan in Ramstein; vgl. Meltis oder Medelsheim? Bd. 2 S. 271f. In diesem Band der Medelsheimer Ortschronik hat er seine Erinnerungen an seine Medelsheimer Zeit niedergelegt (S. 418ff.).
72   Außer den bereits genannten biographischen Quellen wäre zum Lebensweg Mühls und vor allem zu seiner Medelsheimer Tätigkeit heranzuziehen Meltis oder Medelsheim? Bd. 2 S. 259ff.

daß er sich fast nicht mehr auf die Straße traute. Besonders empörte ihn, daß dieses »Übel« als alter Brauch in der Gemeinde anerkannt werde. Mit dem auch andernorts bekannten »Scharivari«[73] hatten ihm die Gemeinsleute allgemein ihr Mißfallen ausgedrückt, sicherlich ein Hinweis auf tiefgehende Zerwürfnisse.

Ende der 1920er Jahre bewarb sich Pfarrer Mühl mehrfach vergebens auf andere Pfarreien, so 1928 auf die Pfarrei Dackenheim. Er gab als Grund an, seine körperlichen Kräfte reichten zur Pastoration der ausgehnten Pfarrei mit 1200 Seelen nicht mehr aus. »Außerdem fürchte [!] ich mich als Vorderpfälzer trotz des langen Hierseins wie am Anfang so auch jetzt noch gegenüber der Wesens- u. Denkungsart des hiesigen Volkes seelisch fremd, so daß ein längeres Verbleiben bei demselben sowohl für die Pfarrei wie für mich nur von Nachteil wäre«. Hintergrund war ein schwerer Streit mit der politischen Gemeinde um die Anlage eines Brandweihers im Ort, der auch als Badeweiher benutzt werden sollte. Vordergründig ging der Streit um die Kosten, tatsächlich lehnte Mühl das Vorhaben aber wegen sittlicher Bedenken ab, wobei er von seinem Dechanten unterstützt wurde[74].

1930/31 bewarb sich Mühl noch dreimal um eine andere Pfarrei. 1930 wurde ihm die Pfarrei Böhl übertragen; er trat das Amt aber nicht an, weil ihm das dortige Pfarrhaus zu feucht war, nicht etwa aufgrund der Bittschrift, die seine Medelsheimer Pfarrkinder an den Bischof gerichtet hatten. Darin hatten sie sich kaum zu einem Lob aufraffen können.

In der Auseinandersetzung von 1928 um den Badeweiher bekannte Pfarrer Mühl, er »wolle nicht zu den stummen Hunden gehören und schweigen, wo [er] als Pfarrer unbedingt reden müsse«. Dabei bezog er sich auf Isaias 56, 10: »Stumme Hunde sind sie, die nicht bellen können.« Es drängt sich auf, Mühls Haltung im Abstimmungskampf genau unter dieses Motto zu stellen: Auch hier hatte er bewiesen, daß er kein »stummer Hund« war.

Von ganz anderer Statur war Prof. Jakob Weis, geboren am 13. Mai 1879 in Ommersheim und am 4. Oktober 1901 zum Priester geweiht[75]. Nach Stationen in Mittelbexbach, Gersheim und Landau – überall hatte er gute Zeugnisse erhalten – wurde er 1909 Hausgeistlicher der Gefangenenanstalt in Zweibrücken. Im Ersten Weltkrieg war er – hochdekorierter – Pfarrer der 12. Infanterie-Division. Vom Kriegsende bis 1920 wirkte er als Lazarettpfarrer und Rotkreuzdelegierter in Rumänien. 1921 promovierte er in Würzburg[76]; im selben Jahr wurde er Pfarrer in Pirmasens, wo er bald in heftigen

---

73 »Schalwari«, »Charivari«, »Katzenmusik«; vgl. Adam WREDE, Rheinische Volkskunde (Leipzig 1922) S. 223f.

74 Dieser führt in seinem Schreiben vom 27. Dez. 1928 an den Bischof aus: In den letzten Jahren habe man traurige Erfahrungen mit Bestrebungen gemacht, »die zur Vernichtung der Volkssittlichkeit und damit auch zum Absterben des religiösen Sinnes führen müssen«. Das Schwinden des Schamgefühls bei Mädchen und Frauen bewirke schlimmste Verheerungen für das religiöse wie auch das Familien- und Volksleben.

75 Grundlage der folgenden Darstellung war die Personalakte im BiASp., ferner die dortige Pfarrakte Medelsheim. – FANDEL widmet Weis ein eigenes Kapitel: Ein Geistlicher als V-Mann des SD – Der Fall Dr. Weis, S. 500ff.; heranzuziehen auch BÖRST.

76 Thema: Das Problem des Charakters in der neueren Psychologie und Pädagogik. Phil. Diss. masch. [377 S.]. Auszug in: Jb. Philos. Fakultät Würzburg 1920/21, Abt. 1 S. 30ff.

Parteienstreit geriet und sich an die Spitze des Kampfes gegen den pfälzischen Separatismus stellte. Weis, der »Soldatenpfarrer«, der in kurzer Zeit zum »Fabrikstadtapostel« wurde, ein »hinreißender Prediger«, habe dort allein auf der Walstatt gegen marxistischen und bolschewistischen Terror gestanden, so sein Biograph Börst[77]. Ein treuer Anhänger bezeichnete ihn 1923 als Mann mit »jene[n] starke[n] deutschen Eigenschaften, die von jeher die Zierde und Krone des deutschen Wesens und Gemütes ausmachten«. Er stelle »offen und laut zu jeder Zeit und an allen Orten seinen Glauben und sein Vaterland über alles«. Aus den »verfahrenen seelsorgerlichen Verhältnissen in Pirmasens«, wie Weis sich in anderem Zusammenhang äußerte, ging er offenbar 1924 als Religionslehrer an das Gymnasium in Kaiserslautern und bereits 1925 in gleicher Funktion an das Gymnasium Zweibrücken; dort erscheint er Anfang der 1930er Jahre als Studienprofessor. Hier ging er am 1. Juli 1940 in den Ruhestand.

Wie aus der Darstellung der Vorgänge in Utweiler bereits deutlich wurde, war die Übernahme der Sonntagsmesse in Utweiler für Prof. Weis nicht etwa ein Routinefall, sondern eine Mission. »Für ihn [war] es ein Ruf zu vaterländischer Tat wie 10 Jahre vorher in Pirmasens«[78]. Seelsorgerische Motive sollen ihm dabei nicht abgesprochen werden, wie er auch durchaus bereit war, persönliche Opfer zu bringen. Die erweiterte Utweiler Kapelle war nicht nur ein geräumigeres Gotteshaus, sondern ein »deutsches Grenzheiligtum«, »das bodenständige Denkmal der Saarabstimmung«. »Vaterländisch weckend und wegweisend« führte Weis in den Wochen vor der Abstimmung mit seinen Bauernkindern deutsche Weihnachtsspiele in den umliegenden Dörfern auf. Daß er auch bei Versammlungen der Deutschen Front als Redner auftrat, zuletzt noch am 12. Januar, rundet das Bild ab. Sprechend auch für ihn, daß er ohne Zögern den noch jungen Blieskasteler Bruder-Konrad-Ritt nach Utweiler zog, als die dortigen Kapuzinerpatres in politische Bedrängnis gerieten[79]. Für Weis war der neue Brauch eine »Erinnerung« an die »herrlichen Zeiten deutscher Besinnung und Treue«, womit der Saarkampf gemeint war, »ein vaterländisch-religiöses Treuebekenntnis der Bliesgaubauern, ein Fest christlich-deutschen Gemeinschaftsgeistes, ein feierlicher Treueschwur zu Heimatscholle und Väterglaube«[80]. Der Prozessionsritt von Medelsheim nach Utweiler findet bis heute »in nur gering geänderter, den Zeitverhältnissen angepaßter Form« alljährlich am Pfingstmontag statt, wo sich ein Gottesdienst unter freiem Himmel anschließt, bei dem Pferde und Fahrzeuge gesegnet werden[81].

77 Börst S. 36f.; die nachfolgenden Zitate aus der Personalakte im BiASp.
78 Börst S. 81. – Danach auch die nachfolgenden Zitate.
79 Der Medelsheimer Pfarrer Beil berichtet am 27. Mai 1935, der Bruder-Konrad-Ritt werde in diesem Jahr nicht im Kloster Blieskastel abgehalten, »wegen äußerer Widerstände politischer Natur«; BiASp, Pfarrakte Medelsheim.
80 Börst S. 82. – Nach dem Bericht des »Pfälzer Tageblatts« vom 14.6.1935 nahmen an dem ersten Bruder-Konrad-Ritt in Utweiler 195 Reiter teil, auch aus Lothringen, die von Pfarrer Beil gesegnet wurden. Danach hielt Adjunkt Fischer eine Rede und brachte ein Siegheil auf Vaterland und Führer, auf die deutsche Bauernschaft und auf den Grenz- und Völkerfrieden aus. Der Artikel würdigte abschließend das Ereignis als »ein echt deutsches Bauernfest des Bliesgaues, ein Fest der Volksgemeinschaft in der deutschen Westmark und ein[en] Durchbruch alten deutschen Bauerntums im Sinne des neuen Deutschland«; BiASp, Pfarrakte Medelsheim.
81 Lillig, Wallfahrt.

Prof. Weis geriet leider ganz in den Bannkreis des Nationalsozialismus. Als Geistlicher konnte er – offenbar zu seinem Bedauern – der NSDAP nicht beitreten, er war jedoch Mitglied des Reichsluftschutzbundes, der NS-Volkswohlfahrt, des NS-Lehrerbundes, vor allem aber Förderndes Mitglied der SS. Im Mai 1941 ließ er sich als V-Mann der Gestapo anwerben[82], jedoch nicht als Renegat, als gebrochene Gestalt, als Konjunkturritter oder Erpreßter, sondern als von seiner ganzen Biographie her stark nationalistisch geprägte Persönlichkeit, die auf ein tätiges Leben zurückblicken konnte. Er lieferte der Gestapo allgemeine Stimmungsberichte aus dem katholischen Milieu, erläuterte kirchliche Begriffe, stellte Hintergrundmaterial über kirchliche Vereine zur Verfügung und urteilte über die politische Zuverlässigkeit von Mitbrüdern und deren Haltung zum NS-Staat.

In einem nur zweiseitigen maschinenschriftlichen Bericht vom August 1945 an den Speyrer Bischof[83] schilderte er dies als erfolgreiche »Tätigkeit zum Schutz kirchlicher Interessen gegen NS-Partei, Gestapo und SD 1935–1945«. Darin verwies er vor allem auf seine vielfachen Hilfen für inhaftierte Mitbrüder, auch für das Kapuzinerkloster Blieskastel. Als »Gegenleistung« habe er »gelegentliche Gutachten« für die Gestapo verfaßt. Weil Weis Förderndes Mitglied der SS gewesen war, war er zuvor mit 10% Pensionskürzung bestraft worden, als einziger katholischer Geistlicher des Bistums Speyer[84]! Anfang 1947 riet die »Politische Reinigung«, die ihn als »politisch tragbar« einstufte, die Kürzung nach gewisser Zeit aufzuheben, »weil die Belastung von Professor Dr. Weis nur formell und geringfügig ist und er sich überdies wiederholt aktiv und mit Erfolg zu Gunsten von gemaßregelten Geistlichen eingesetzt hat«. Weis' »Erfolge« haben sich bei näherer Prüfung jedoch als sehr bescheiden herausgestellt. Die von ihm gelieferten Informationen hatten im Gegenteil als »Entscheidungshilfe und Ausgangsbasis für Maßnahmen gegen die Kirche«[85] gedient.

*

Die Lage an der Staatsgrenze zwischen dem Saargebiet und Frankreich hat im Abstimmungskampf 1935 eine Rolle gespielt, zumindest im Bereich der saarpfälzischen Gemeinde Utweiler und in den Nachbarorten. Ob die Vorgänge hier nur ein Einzelfall waren oder es weitere Vorkommnisse dieser Art in anderen Gemeinden gegeben hat, kann nur beurteilt werden, wenn weitere Studien vorliegen. Es fehlt bis jetzt jeder Überblick über die Verhältnisse in den Dörfern entlang der Grenze zu Lothringen, auch für den ehedem preußischen Teil des Saargebiets. Überall war die Grenzsituation jedoch ähnlich der in Utweiler: Diesseits und jenseits der Grenze lebte derselbe Volksstamm, wurde dieselbe Sprache und Mundart gesprochen; hinüber und herüber bestanden sehr alte politische, kirchliche und verwandtschaftliche Beziehungen. Wie in

---

82 Widerstand und Verweigerung im Saarland 1935–1945, Bd. 2: Klaus-Michael MALLMANN und Gerhard PAUL, Herrschaft und Alltag (Bonn 1991) S. 216; ferner Bd. 3: Gerhard PAUL und Klaus-Michael MALLMANN, Milieus und Widerstand (Bonn 1995) S. 104ff.
83 Personalakte Weis; BiASp.
84 FANDEL S. 504.
85 Ebd. S. 503.

Utweiler lag das Eigentum saarländischer und lothringischer Bauern diesseits und jenseits der Grenze. Die Grenze war für den Alltagsverkehr offen.

Die Bedeutung der Grenze im Abstimmungskampf lag jedoch nicht – wie man auf den ersten Blick annehmen könnte – in der in das Saargebiet hineinwirkenden französischen Propaganda. Eine solche Propaganda – wie von deutscher Seite behauptet – hat es nicht gegeben, jedenfalls nicht aufgrund der hier herangezogenen Quellen. Das Vorgehen des lothringischen Steuererhebers in saarpfälzischen Grenzgemeinden war der eher zaghafte Versuch, der saarländischen Grenzbevölkerung das Votum für Frankreich näherzubringen. Frankreich hatte – wie bereits festgestellt – durch seine reale und massive Präsenz im Saargebiet seit 1918 ganz andere Möglichkeiten der Werbung.

In Utweiler und in einigen Nachbarorten gab es wahrscheinlich eine Besonderheit, die die dortige Situation von der in anderen Grenzorten unterschied: Es gab eine besonders intensive Beziehung über die Grenze hinweg durch den allsonntäglichen Gottesdienstbesuch großer Teile der katholischen Einwohnerschaft. Genau dies wurde zum Anknüpfungspunkt. Es gab eine führende Persönlichkeit in Medelsheim, die hierin eine Gefahr für das »deutsche Volkstum« witterte, und die das »deutsche Volksbewußtsein ... leiden« sah. Man kann diesen Befund nur absurd nennen; er zeigt, daß wir es hier nicht mit einer gelassenen und selbstbewußten Betonung der nationalen Identität angesichts der bevorstehenden Volksabstimmung zu tun haben (für die man Verständnis haben könnte), sondern mit durchaus nationalsozialistischem und rassistischem Gedankengut (hier »deutsche Art«, dort »welsche Unart«).

In Wirklichkeit ging es nicht um das bedrohte »Volkstum«; hier gab es vielmehr eine katholische, ländliche Bevölkerung, von der man möglichst alle Informationen über die deutsche Wirklichkeit fernhalten wollte aus Furcht, daß diese Bevölkerung oder zumindest ein großer Teil sich abwenden könnte; deshalb die Verschleierung der wahren Absichten, auch gegenüber der Regierungskommission, deshalb die »Bearbeitung« und Täuschung der Bevölkerung, deren tiefe Religiosität und Opferbereitschaft man ins Kalkül einbezog. Gegenüber dem Bild vom Volk, das dem Nationalsozialismus begeistert folgte, ist an dieser Stelle festzuhalten: Es gab auch massive Verführung und Täuschung durch die braunen Machthaber; am Beispiel Utweiler ist sie konkret nachzuweisen. Entlarvend die Tatsache, daß Prof. Weis einige Passagen der Gründungsurkunde beim feierlichen Vortrag auslassen mußte! Auf der einen Seite hielt man die Bevölkerung für so dumm, daß man sie an der Nase herumführen konnte bzw. glaubte, ihr »Nachhilfe« geben zu müssen, auf der anderen Seite für so klug und reif, die wahren Verhältnisse im Reich zu durchschauen und in Verbrechen tatsächlich Verbrechen zu sehen.

Bemerkenswert ist der materielle Aufwand für relativ wenige Stimmen: Um die Utweiler und Riesweiler Katholiken vom Kirchenbesuch in Eppingen abzuhalten, d. h. fernzuhalten von den Predigten des dortigen Pfarrers, vom Zugang zu elsaß-lothringischen Zeitungen und vom Gespräch mit lothringischen Nachbarn, wird eine neue Straße gebaut, eine alte Kapelle wesentlich erweitert und ein Meßpriester bemüht; und dies alles mit Mitteln des bayerischen Staates. Heimlich geschmiedete Pläne gingen glänzend auf, und Investitionen hatten sich gelohnt. Nicht nur Vertraulichkeit spielte im Verfahren eine Rolle, sondern auch Konspiration. Zynismus fehlte ebenfalls nicht, wenn bestimmte Regelungen bewußt nur bis zum Abstimmungstag gelten sollten.

Bemerkenswert ferner, daß hohe bayerische Beamte den auslösenden Spitzelbericht nicht in den Papierkorb warfen, sondern die Sache bis zu den höchsten Staatsstellen brachten. Bemerkenswert, wie alle Verwaltungsstellen, auch das Speyrer Ordinariat, »funktionierten«. Ein »Glücksfall« war auch, daß sich im entscheidenden Moment in Prof. Weis ein Priester fand, der sich bereitwillig seiner »vaterländischen« Pflicht unterwarf.

Im Abstimmungskampf an der Grenze ging es um die Abschottung gegenüber dem ausländischen Nachbarn, aber auch um eine Demonstration über die Grenze hinweg: Prof. Weis wollte in der neuen Kapelle in Utweiler einen »kleinen religiösen und vaterländischen Brennpunkt« schaffen, ein »deutsches Grenzheiligtum«, einen »deutschen Friedensgruß« zur französischen Grenze. Nachdem man sich abgeschottet hatte, grüßte man über die Grenze, die jetzt als solche in das Bewußtsein gerückt wurde, künstlich und mehr als zuvor.

Es ging außerdem um eine deutliche Demonstration nach innen: Spitzel »Y« hatte es in seinem Bericht von Anfang Juni 1934 auf den Punkt gebracht: Utweiler, dessen Einwohner in »nationalen« Dingen nicht als besonders zuverlässig gegolten hatten, wurde zur »nationalen Hochburg«. Die Verwaltung von unten bis ganz oben hatte den Bauern vor Augen geführt, wie tatkräftig sich das neue Deutschland konkreter Probleme vor Ort annahm und wie glänzend es sie zu lösen verstand; und dabei handelte es sich auch noch um kirchliche Probleme!

Utweiler wurde im Abstimmungskampf unter Führung von Prof. Weis zum bewußten kirchlichen Gegenzentrum der Mutterpfarrei Medelsheim. Dorthin konnten »national« Gesinnte ausweichen, die angeblich durch ihren Pfarrer Mühl verprellt worden waren. Der Fall Utweiler präsentierte zwei, von Charakter und Naturell her ganz unterschiedliche Priestergestalten. Fast scheint es, sie seien für ihre unterschiedliche politische Position – hier Deutsche Front, dort Status quo – prädestiniert gewesen.

»Primär französisch gesteuerte und orientierte Einrichtung« oder »wesentliche Stütze des Deutschtums an der Westgrenze«

Die Perzeption der Universität des Saarlandes aus der Bonner Perspektive in den frühen Fünfziger Jahren

VON WOLFGANG MÜLLER

Die Universität Saarbrücken ist nach dem Zeitpunkt ihrer Gründung, nach dem Inhalt und dem Geist des saarländisch-französischen Kulturabkommens vom 15. Dezember 1948 und dem saarländischen Universitätsstatut von 1950 eine primär französisch gesteuerte und orientierte Einrichtung, welche die auf politischem und wirtschaftlichem Gebiet vom Besetzer gewonnene Machtstellung auf der kulturellen Ebene vertiefen und festigen soll[1].

Diese apodiktische Wertung aus einer im Februar 1954 im Bundesministerium für gesamtdeutsche Fragen verfaßten ausführlichen »Beurteilung der Saarbrücker Universität« reizt zu verschiedenen Fragen, die der folgende Beitrag in einigen Streiflichtern beleuchtet: Welche Informationen lagen über die erste nach dem Zweiten Weltkrieg auf dem linken Rheinufer gegründete Hochschule überhaupt in den Bonner Amtsstuben vor? Welches Bild vermittelten sie in den frühen fünfziger Jahren und damit vor den neuen politischen Weichenstellungen zwischen 1955 und 1957 von der unter der Ägide der Französischen Republik und der Universität Nancy in der politischen Sondersituation des Saarlandes im November 1948 eröffneten Universität? Welche Haltung nahmen das Gesamtdeutsche Ministerium und das Auswärtige Amt gegenüber der französisch dominierten Universität an der Saar ein und welche Entwicklungschancen wurden ihr eingeräumt?

Außer der routinemäßigen Presseanalyse und der sporadischen Sammlung des Vorlesungsverzeichnisses, des Haushaltsplanes und des in deutscher und französischer Sprache veröffentlichten »Mitteilungsblattes der Universität des Saarlandes« finden sich beispielsweise in den Registraturen des Bundesministeriums für gesamtdeutsche Fragen und des Auswärtigen Amts recht aufschlußreiche Aufzeichnungen über die gerade gegründete Universität an der Saar, die die Quellenbasis des folgenden Beitrages bilden. Dabei überrascht es kaum, daß in der Abteilung II »Grenzgebiete der Bundesrepublik Deutschland« des Bundesministeriums für Gesamtdeutsche Fragen und in der Politischen Abteilung des Auswärtigen Amtes Informationen unterschiedlichster Proveni-

---

1   Koblenz: Bundesarchiv (künftig: BA Koblenz) B 137 (Ministerium für Gesamtdeutsche Fragen), Band 3447 Beurteilung der Saarbrücker Universität S. 1.

enz und Qualität zusammenliefen. Neben Kurzmeldungen geheimer Mittelsmänner und amtlichen Memoranden stehen umfangreiche, teils Rektorats- und Fakultäts-Interna verblüffend zutreffend spiegelnde Darstellungen, Vorschläge zur Universitätsreform, Aufzeichnungen des Verbandes Deutscher Studentenschaften, anonyme Stimmungsberichte über die Situation der studentischen Selbstverwaltung, gelegentlich spekulative Einschätzungen über die politische Position der Dozenten, Erfahrungsberichte einzelner bundesdeutscher Studenten während ihres Studiums in Saarbrücken, vorsichtige Anfragen bundesdeutscher Professoren, Studentenschaften und Bibliotheken über das angemessene Verhalten gegenüber der »fremden« Universität und nicht zuletzt Vermerke über Besuche an der Universität des Saarlandes wirkender deutscher Professoren im Auswärtigen Amt.

In einem ersten umfangreichen Abschnitt wird gezeigt, wie diese diversen Unterlagen insgesamt eine facettenreiche Zustandsbeschreibung der aus externer Sicht weitgehend skeptisch betrachteten Universität des Saarlandes bieten, wobei vor allem die administrativen Grundstrukturen und das Profil des Lehrkörpers, die Studien- und Prüfungsbedingungen, die universitäre Lebenswelt und die politische Orientierung der Studierenden im Vordergrund stehen. Anschließend werden die kaum differierenden Positionen des Gesamtdeutschen Ministeriums und des Auswärtigen Amtes zur Universität des Saarlandes analysiert und schließlich deren Entwicklungsperspektiven und Reformmöglichkeiten erörtert.

Angesichts der seinerzeit schwelenden kontroversen Saarfrage verwundert es nicht, daß sowohl die unter französischen Auspizien erfolgte Universitätsgründung als auch das weitgehend am französischen Vorbild orientierte Universitätssystem im Zentrum der Kritik standen. Aus nationaler Perspektive wurde stets unisono an die negativ bewertete französische Expansions- und Saarpolitik erinnert und in mehreren Variationen vor dem *ausgeklügelte(n) Propagandagerede von der großen »europäischen Kulturmission« ... dieser erste(n) »europäische(n)« Universität*[2] an der Saar gewarnt. Die von führenden französischen Repräsentanten bei der im März 1947 erfolgten Eröffnung des Homburger Hochschulinstituts, einer Keimzelle der späteren Universität, gehaltenen Festreden interpretierte man als Ausdruck des französischen Kulturimperialismus und unterzog sie ebenso einer kritischen Analyse wie die Antrittsrede des zweiten Rektors der Universität Professor Dr. Joseph-François Angelloz, der im November 1950 die Universität als »europäische Universität« proklamiert hatte und dank der Universitätsgründung für das Saarland nun endlich die Möglichkeit sah, *im eigenen Lande die saarländischen Kader zu bilden, die seit 130 Jahren von Preußen gezwungen wurden, die Heimat zu verlassen, wenn sie Ingenieur oder Forscher, Jurist oder Arzt werden woll-*

---

2 Ebd. Dr. Friedrich Schulze »Probleme der Saaruniversität« (1952) S. 1. Dieser umfangreiche Beitrag erschien dann anonym unter dem Titel »Saarbrücken – die erste ›europäische Universität‹. Strahlungspunkt französischer Kulturpropaganda – General Laffons großer Irrtum« als Sonderbeilage der Deutschen Saar-Zeitung Nr. 12 vom 30.5.1952 und wird im folgenden Beitrag nach der Zeitungsausgabe unter dem Kurztitel »Saarbrücken [wie Anm. 2]« zitiert. – Der Autor stammte übrigens aus dem Saarland und war Zeitzeuge der universitären Entwicklung.

ten[3]. Daher galt der gleichermaßen als bekannter Germanist und *Français resolu*[4] charakterisierte Angelloz als *politischer Vertreter seiner Regierung ... Darüber können und dürfen alle aufs Europaideal abgestimmten Ansprachen, alle Reisen an deutsche Universitäten, nicht hinwegtäuschen. Eindeutig und kompromißlos tritt Angelloz für den geistigen und wirtschaftlichen Zusammenschluß Europas ein, aber eines französisch bestimmten und von Frankreich geführten Europa, in dem das Saargebiet wirtschaftlich und geistig, später ev(en)t(uel)l auch politisch, als Annex Frankreichs und nicht etwa als Bestandteil der westdeutschen Bundesrepublik zu gelten hat*[5]. In den Augen der Beobachter personifizierte der machtbewußte, selbstherrliche, unter europäischen Vorzeichen als überzeugter Franzose agierende und mit außergewöhnlichen Kompetenzen ausgestattete Rektor das hierarchisch-zentralistische Universitätssystem. Aber nicht nur die beiden zentralen Schaltstellen, nämlich das Rektorat und das Präsidium des Verwaltungsrates, waren mit Franzosen besetzt, sondern auch die Direktorate des mit der Universität verbundenen Europa- und Dolmetscher-Instituts, des Instituts für Metallforschung und der Universitätsbibliothek sowie die meisten Dekanate. Außerdem überwogen im Leitungsgremium Verwaltungsrat *die französischen Mitglieder zahlenmäßig die Saarautonomisten*; im Gegensatz zu ihren französischen Kollegen bildeten dort *die saarländischen Vertreter keine geschlossene Front*, und der Referent für das Hochschulwesen im Kultusministerium des Saarlandes zählte neben Straus zu den *verantwortlichen Größen für die Französisierung des Landes an der Saar und seiner deutschen Menschen*[7].

Auch der hohe Anteil französischer Dozenten im Lehrkörper schien die französische Dominanz signifikant zu bestätigen, zumal gleichzeitig vor einem drohendem *Anwachsen des französischen Kultureinflusses durch Reservat wichtiger Posten in der Verwaltung der saarländischen Universität* gewarnt wurde[8].

---

3 C[arl] E[rich] ALKEN/J[oseph] F[rançois] ANGELLOZ, Europäische Universität des Saarlandes (Saarbrücken 1950) S. 6.

4 Die in der politischen Auseinandersetzung jener Zeit immer wieder verwandte Charakterisierung von Angelloz als »Français résolu« geht zurück auf die Rezension seiner Rilkestudien durch Helmut WOCKE, Rilke und Frankreich (in: Germanisch-romanische Monatsschrift 24, 1936) S. 337: »Angelloz, ein ausgezeichneter Kenner deutscher Dichtung wie deutscher Art überhaupt, Français résolu, wie er sich selbst nennt ...«

5 Vgl. Saarbrücken [wie Anm. 2].

6 Vgl. Beurteilung der Saarbrücker Universität [wie Anm. 1] S. 3.

7 Vgl. Deutsche Saar-Zeitung Nr. 47, 16.11.1953 Im Scheinwerfer: Dr. Hans Groh. O.Regierungsrat im Kultusministerium. Referent für Kunst- und Universitätsangelegenheiten. – Der Beitrag thematisiert auch seinen politischen Gesinnungswandel nach 1945. – Dr. Emil Straus (1899–1985): 1946 Direktor der Erziehungsabteilung Regierungspräsidium Saar, 1946–1947 Direktor für das Unterrichtswesen innerhalb der Verwaltungskommission des Saarlandes, 1947–1951 Kultusminister des Saarlandes, 1951–1955 Gesandter des Saarlandes in Paris. Vgl. Heinrich KÜPPERS, Bildungspolitik im Saarland 1945–1955 (= VeröffKomSaarlLandesG. 14, Saarbrücken 1984) sowie das dezidierte zeitgenössische Urteil bei Regina PAQUET, Ab ovo – aus den Anfängen der Universität des Saarlandes. Erinnerungen und Impressionen einer Studentin 1948–1952 (= Annales Universitatis Saraviensis Philosophische Fakultät 3, St. Ingbert 1996).

8 Vgl. Bonn: Politisches Archiv des Auswärtigen Amtes (künftig: PA Bonn) Abt. 2, Band 503 fol. 153. Vermerk vom 26.2.1953.

Während die meisten Berichte die einschlägigen Bestimmungen des Universitätsstatuts vom April 1950 und das institutionelle Geflecht von Rektorat, Verwaltungsrat und Direktionsausschuß nachzeichneten, wurden dem Auswärtigen Amt über vertraulich-private Kanäle auch zwei aufschlußreiche Aufzeichnungen saarländischer Provenienz mit Vorschlägen zur möglichen Reform der Universitätsstrukturen zugeleitet. Obwohl diese Anregungen seinerzeit – aus welchen Gründen auch immer – nicht umgesetzt wurden und letztlich erst der Regimewechsel nach 1955 Veränderungen ermöglichte, illustrierten die beiden Denkschriften auch den Bonner Beobachtern die neuralgischen Punkte des Saarbrücker Universitätssystems. Über das Sekretariat des Bundestagspräsidenten Hermann Ehlers präsentierte im Februar 1953 der Regierungsdirektor im Wirtschaftsministerium des Saarlandes Dr. Georg Krause-Wichmann[9], dessen *Name bei einer eventuellen Erörterung nicht erwähnt werden sollte,* »*Vorschläge für eventuelle Änderungen der die Universität des Saarlandes betreffenden Bestimmungen des Kulturabkommens*«. Er, der auch als Stellvertreter dem universitären Verwaltungsrat angehörte, wollte eine Revision der französisch-saarländischen Konventionen auf das Kulturabkommen ausgedehnt wissen, da *auch von offizieller französischer Seite anerkannt wird, daß die Saar in kultureller Beziehung deutsch ist.* Denn es *kann doch von einem Gleichgewicht des Einflusses von saarländischer und französischer Seite auf die Universität nicht die Rede sein, geschweige denn von einer Betonung der dem Saarland entsprechenden deutschen Kultur.* Zwar sollte der Grundgedanke der Universität des Saarlandes als einer Begegnungsstätte aller Nationen und insbesondere der deutschen und französischen Kultur *nicht erschüttert werden.* Aber ein saarländischer Universitätsprofessor müsse das Rektorat und ein saarländischer Beamter die Leitung der Verwaltung übernehmen. Der französischen Seite billigte Krause-Wichmann allenfalls die Hälfte der anderen Führungspositionen zu und forderte *für die Zahl* der ordentlichen und außerordentlichen Professoren und Lehrbeauftragten in jeder Fakultät einen *numerus clausus für französische Staatsangehörige ... Vorlesungen und Übungen, die in der Hauptsache der Ausbildung späterer saarländischer Lehrkräfte, Ärzte, Verwaltungsbeamte etc. dienen, müssen unter der Leitung deutschsprachiger Universitätslehrer stehen.* Den *Bedürfnissen des Saarlandes* komme in *der Ausbildung der Studierenden* Priorität zu, die *akademische Lehrfreiheit* solle garantiert und *jede politische oder konfessionelle*

---

9   Dr. Georg Krause-Wichmann (1901–1969): Als Sohn des Diplom-Ingenieurs Friedrich Krause-Wichmann in Saarbrücken geboren, leitete er nach dem Studium der Nationalökonomie in Freiburg, München und Kiel zunächst ein von der Reichsregierung 1923 eingerichtetes Nachrichtenbüro an der Saar und trat 1929 in den Auswärtigen Dienst ein, wo er unter anderem in Budapest, Bukarest, New York und Chicago, aber auch in der Berliner Zentrale wirkte. 1947 kehrte er in seine Heimatstadt Saarbrücken zurück, betätigte sich zunächst im Haut Commissariat und dann als Regierungsdirektor im Ministerium für Wirtschaft, Verkehr, Ernährung und Landwirtschaft des Saarlandes sowie als Stadtverordneter in Saarbrücken. Er war maßgeblich beteiligt an den Verhandlungen über die französisch-saarländischen Konventionen und gehörte zeitweise der CVP an. Von 1956 bis 1961 fungierte er als deutscher Generalkonsul in Valparaiso (Chile), war zwischen 1961 und 1963 in der Kulturabteilung des Auswärtigen Amtes speziell mit Hochschulfragen betraut und agierte dann bis zu seinem Eintritt in den Ruhestand von 1963 bis 1966 als deutscher Generalkonsul in Genua. Freundliche Mitteilung von Frau Armgard von Schwind (St. Ingbert) vom 8.5.1998.

Bindung der Universität abgelehnt werden. Die Zusammensetzung des Verwaltungsrates müsse reformiert und *erreicht werden, daß sich unter den 7 saarländischen Vertretern keine Personen befinden, die* (wie der im zeitgenössischen Urteil umstrittene Gesandte des Saarlandes in Paris und frühere Kultusminister Emil Straus) *die französische Staatsangehörigkeit haben und daß die Mitglieder des Verwaltungsrates Erfahrung in Universitäts-Angelegenheiten besitzen.* Ferner sollten der bislang hierarchische Universitätsaufbau demokratisiert und die Kompetenzen des dann jährlich aus dem Kreis der Ordinarien zu wählenden Rektors mit maximal möglicher zweijähriger Amtszeit eingeschränkt werden. Dieser dürfe *nicht alleiniger Dienstvorgesetzter des Lehrkörpers* sein und stehe als *primus inter pares* dem Universitätsrat als neuem zentralem universitärem Leitungsorgan neben dem Verwaltungsrat vor[10].

Vierzehn Monate später leitete der saarländische Industrielle und Gründungspräsident der »Vereinigung der Freunde der Universität des Saarlandes« Luitwin von Boch[11] dem Leiter des Saarreferates des Auswärtigen Amtes Dr. Rudolf Thierfelder[12] eine Kopie eines an den saarländischen Ministerpräsidenten Johannes Hoffmann gerichteten Schreibens zu. Aufgrund seiner Erfahrungen als Mitglied des universitären Verwaltungsrates zeigte er *mancherlei Mängel* und *die damit verbundenen Gefahren* für die Universität auf[13]. Um die Universität *zu einer wirklich europäischen Universität auszubauen*, legte er dem Ministerpräsidenten weitreichende Reformvorschläge vor, die über die administrativen Grundstrukturen hinaus auch Lehre und Studium betrafen. So forderte er eine Revision der an allen Fakultäten mit Ausnahme der Philosophischen Fakultät eingeführten *französische[n] Ausbildungsmethode* und deren *schulartigen Charakter[s] mit zahlreichen Zwischenprüfungen* zugunsten eines in den Vereinigten Staaten und anderen Ländern üblichen freieren Lehrsystems, *das einem internationalen Charakter besser entspricht als das bisherige.* Auch wenn *die Mehrsprachigkeit an der saarländischen Universität wohl eine der wesentlichen Grundlagen für die anzustrebende Inter- oder Übernationalität dieser Universität sein* sollte, verlangte er einerseits eine Überprüfung des Systems der insbesondere zu Beginn des Studiums der Naturwissenschaften und Medizin schädlichen Zweisprachigkeit, warb aber andererseits auch für Fachvorlesungen in englischer Sprache und die Gewährung von Stipendien für Aus-

---

10   Alle Zitate aus PA Bonn Abt. 2, Band 503, fol. 153–164.

11   Luitwin von Boch-Galhau (1906–1988). – 1966 verlieh ihm die Universität des Saarlandes die Würde eines Ehrensenators. Vgl. ferner den Nekrolog: Mit Beharrlichkeit und Geduld. Luitwin von Boch-Galhau – einer der bedeutendsten saarländischen Unternehmer ist tot. Saarbrücker Zeitung 21.9.1988.

12   Dr. Rudolf Thierfelder (1905–1997) besaß durch seine Frau Annemarie geborene Burk Verbindungen in das Saarland. Nach einer universitären und juristischen Laufbahn wurde er 1950 zum Deutschen Büro für Friedensfragen in Stuttgart abgeordnet und mit der Leitung der Rechtsabteilung beauftragt. Anschließend in das Bundeskanzleramt – Dienststelle für Auswärtige Angelegenheiten – abgeordnet, seit 1952 Leiter des Referats »Saarfragen und Europarat« in der Politischen Abteilung des Auswärtigen Amtes (Abt. II), seit 1956 Generalkonsul in Genf, 1961 Gesandter an der Deutschen Botschaft in London, 1964 Ministerialdirektor und Leiter der Rechtsabteilung im Auswärtigen Amt, 1968–1971 Botschafter in Ankara; freundliche kollegiale Mitteilung des Politischen Archivs des Auswärtigen Amtes vom 13.2.1998.

13   Alle folgenden Zitate aus PA Bonn 2, Band 503, fol. 277–292.

landsaufenthalte. Die französische Prägung der Universität charakterisierte er gegenüber seinem Korrespondenzpartner verblüffend offen: *Es wird immer wieder mit viel
Stimmenaufwand das Wort »europäische Universität« propagiert. Ich muß feststellen,
daß es sich bei unserer Universität nicht einmal um eine saarländische handelt.* Von
Boch verwies – wie Krause-Wichmann – auf die bekannte französische Dominanz in
den Gremien, in der Naturwissenschaftlichen Fakultät und den in Verbindung mit der
Universität stehenden Instituten und forderte eine Revision der Organisation der Universitätsverwaltung, *eine demokratischere Verfassung* für die Universität mit einem
Senat und einem in seinen Machtbefugnissen eingeschränkten Rektor.

Ausführlich beschäftigte sich von Boch mit dem Widerstand *von französischer Seite
... gegen die Errichtung einer technischen Fakultät, da man aus besonderen Gründen auf
die Nachwuchsfrage innerhalb der saarländischen Wirtschaft bestimmte Einflüsse aus-
zuüben beabsichtigt* und die Grubenverwaltung ihren Nachwuchs lieber *in der technischen Hochschule in Nancy schulen ... lassen* möchte. Zwar habe nach seiner Meinung *bei
der Struktur des Saarlandes – will man überhaupt von der Notwendigkeit einer Hochschule sprechen – die Existenz einer technischen Fakultät am meisten Berechtigung.* Dazu
seien aber die folgenden drei Voraussetzungen unerläßlich: eine besondere Qualifikation
des Lehrkörpers in der Naturwissenschaftlichen Fakultät, Anfangsunterricht in deutscher Sprache und *genügend Mittel, um die technische Fakultät neuzeitlich auszustatten.*

Außerdem verlangte der Industrielle qualifizierte Berufungen und rügte die *in der
vergangenen Zeit begangenen große[n] Fehler ... in der Personalpolitik.* Wegen der zeitlich befristeten Abordnung nach Saarbrücken entstehe bei den französischen Dozenten
keine enge Bindung zu der Universität, an der sie lehren. Das französische Lehrperso-
nal weise zudem teilweise recht unterschiedliche wissenschaftliche Qualifikationen und
nicht die Voraussetzungen eines Universitätsprofessors auf. Für den Direktionsausschuß
und Verwaltungsrat bestehe aber keine Möglichkeit, *das Arbeitsverhältnis ungeeigneter
französischer Lehrkräfte zu beenden.*

Auch andere Autoren kritisierten in ihren Aufzeichnungen das wissenschaftliche
Profil des Lehrkörpers, die unterschiedliche Qualifikation einzelner Dozenten und die
für die Berufungspolitik nahezu allein entscheidende *Einstellung des Rektors zum Kandidaten: Im allgemeinen ging es so vor sich, daß der Rektor einmal den einen oder anderen Kandidaten schon in Reserve hatte, dann aber auf seinen vielen Reisen diesen und
jenen kennenlernte, sich für ihn interessierte und eines Tages die Fakultäten mit ihrem
neuen Mitglied überraschte. Die Fakultäten hatten keine Möglichkeiten des Einspruches
– und ihre Zustimmung war auch nicht unbedingt erforderlich ...*[14].

Bei Ernennungen von Professoren in der Philosophischen Fakultät, personellen
Revirements im Geographischen Institut und auf dem Lehrstuhl für Staats-, Verwal-
tungs- und Verfassungsrecht wurden die jeweiligen politischen Hintergründe ebenso
ergründet wie bei der Berufung Arnaud Hectors, des Bruders des saarländischen Innen-
ministers, zum Professor für Chirurgie an der Medizinischen Fakultät.

Dank vertraulicher Berichte war man in Bonn ziemlich zutreffend über die politische Orientierung und den Rang des wissenschaftlichen Œuvres einzelner Dozenten

---

14   Vgl. Saarbrücken [wie Anm. 2].

orientiert. Insbesondere einige ehrgeizige wissenschaftliche Assistenten galten als ent-
schiedene Sympathisanten der Saar-Regierung. So wurde beispielsweise der in der Juristischen Fakultät als Assistent für Internationales Privatrecht und Völkerrecht wirkende Dr. Hans Wiebringhaus als *Hoffmanns Pseudowissenschaftler* und *saarländischer
»Völkerrechtsexperte«* in der Rubrik »Im Scheinwerfer« der vom Gesamtdeutschen
Ministerium subventionierten und im Saarland illegal vertriebenen »Deutschen Saar-
Zeitung« attackiert: *Die engstirnige schulmässige Heranbildung an der Saarbrücker
Universität, der Professoren von internationalem Namen und Rang fehlen, ermöglicht
nur in höchst bescheidenem Masse eine Charakterbildung*[15].

In einem an das Auswärtige Amt gerichteten Schreiben widersprach der Direktor
des Instituts für Internationales Recht und Politik der Universität Bonn, Professor Dr.
Walter Schätzel, der *nähere Beziehungen zur Universität des Saarlandes* besaß, *mit einigen der dortigen Kollegen befreundet* war und *selbst wiederholt dort Vorträge gehalten*
hatte, den teils unberechtigten, teils übertriebenen Angriffen gegen Wiebringhaus und
der negativen allgemeinen Einschätzung: *Professoren von internationalem Rang gebe es
an deutschen Universitäten von der Größe wie die von (sic!) Saarbrücken im allgemeinen auch keine. Die Universität Saarbrücken ist bestimmt nicht schlechter besetzt als
deutsche Universitäten. Die Franzosen geben sich große Mühe, dorthin nur als gut anerkannte Professoren abzuordnen, denen sie inzwischen ihre Stellungen an den französischen Universitäten offen halten.* Trotz gewisser persönlicher und rechtlicher Probleme bei der Berufung deutscher Professoren sei beispielsweise *die Juristische Fakultät
bisher nicht schlecht besetzt ... Es läge im deutschen Interesse, daß die Universität Saarbrücken so gut wie möglich besetzt wird, da sie ein Kulturfaktor erster Ordnung ist.*
Qualitativ dürften die deutschen nicht hinter den *mit Sorgfalt ausgesuchten* französischen Professoren zurückbleiben. *Die Universität Saarbrücken ist auch eine wesent-
liche Stütze des Deutschtums an der Westgrenze und strahlt ihre Wirkungen nach
Lothringen aus, das eine nicht unbedeutende Zahl von Studenten nach Saarbrücken
entsendet.* Wegen der in Saarbrücken vergleichsweise günstigen Studienbedingungen
wollte Schätzel *im deutschen Interesse ... die Zahl der reichsdeutschen Studenten in
Saarbrücken* erhöht wissen. *Das wird aber nur zu erreichen sein, wenn die Lehrstühle
mit anerkannten deutschen Professoren besetzt werden*[16].

In seiner Antwort distanzierte sich der Vortragende Legationsrat Dr. Thierfelder einerseits von der *unverantwortliche(n) Sprache der Saarzeitung*, sah aber andererseits in
Wiebringhaus' neuestem Artikel *über die rechtliche Stellung des Saarlandes ... den Versuch, die Waffen des Rechts für die politische Position der Saarregierung einzusetzen*[17].

---

15 Vgl. Deutsche Saar-Zeitung 1. Januar-Ausgabe 1954 Dr. Hans Wiebringhaus – der saarländische
»Völkerrechtsexperte«.
16 Alle Zitate aus PA Bonn Abt. 2, Band 503, fol. 250ff. Brief vom 28.1.1954. – Über Leben und
Werk von Professor Dr. Walter Schätzel (1890–1961) informieren die Angaben in Kürschners Deut-
schem Gelehrten-Kalender (9. Ausgabe 1961) S. 1750–1751.
17 Vgl. Stellungnahme Thierfelders in PA Bonn Abt. 2, Band 503, fol. 252. Außerdem später auch
Deutsche Saar-Zeitung Nr. 62, März-Ausgabe 1954: Dr. Hans-Joachim Hagmann: Unrecht wird in
Recht verdreht. Zu zwei Aufsätzen in der saarländischen »Rechts«-Zeitschrift.

Schätzel warb demgegenüber für eine differenzierte Bewertung und seine *auch von anderen deutschen Kollegen* geteilten Bestrebungen, *daß die naturgemäße Ablehnung der gegenwärtigen Regierung im Saarland nicht auch auf die Universität Saarbrücken ausgedehnt wird, die mit der Regierung nichts zu tun hat, sondern sich durchaus ihre Selbständigkeit gewahrt hat. Man kann daher die Universität Saarbrücken keinesfalls mit den Universitäten in der Ostzone gleichstellen*[18].

Unter nationalen Gesichtspunkten bestätigte natürlich auch das in den Denkschriften Krause-Wichmanns und von Bochs als reformbedürftig eingeschätzte, dem französischen Vorbild folgende Studiensystem den Eindruck der französisch dominierten Universität: *Die Studierenden selbst kritisieren die Studienordnungen aufs heftigste. Sie sind der Ansicht, daß von akademischer Freiheit bei ihnen kaum eine Rede sein könne. Sie kommen sich vor wie Schüler, denen nach einem geflügelten Wort der Studierenden selbst »multa, non multum« eingetrichtert wird. Sie verabscheuen ihr Paukerwissen, von dem sie überzeugt sind, daß sie einen großen Teil, zumindest des französisch-sprachlichen, spätestens in ihrem praktischen Berufsleben wieder über Bord werfen können, sofern ihnen nicht vorher durch »politische Ereignisse« geholfen wird*[19].

Während man die ziemlich rigiden Studienordnungen und das System der Jahresprüfungen als Zeichen mangelnder akademischer Freiheit interpretierte, zeichneten alle zeitgenössischen Beobachter nahezu übereinstimmend ein positives Bild der an der Saar herrschenden Studienbedingungen gerade für *breite Arbeiter- und Bauernschichten*[20]: *Der Student wohnt ... in der Masse billig; er studiert auch billig*[21]. Günstige Wohnmöglichkeiten in den nach Geschlechtern getrennten Studentenheimen, minimale Studiengebühren (1951 rund 4 DM monatlich), breite Angebote für die Ferienarbeit bei Firmen, der Grubenverwaltung oder Studienaustauschprogramme in Frankreich, billige Genußmittel sowie niedrige Mensapreise beeindruckten: *Für 85 ffrs. (rund 1 DM) erhält man eine ausgezeichnete Suppe mit einem Hauptgang, bei dem – außer freitags – in jedem Falle mindestens ¼ Pfd. Fleisch oder Wurst auf dem Teller liegt, und eine Nachspeise, die entweder aus Pudding, Kompott oder Früchten besteht*[22].

Diese günstigen Konditionen und die soziale Öffnung der Universität bildeten aber nur eine Seite der Medaille. Sie verhinderten nicht, daß rund zwei Drittel der saarländischen Studierenden teils aus Familientradition, teils aus Ablehnung des französischen Studiensystems, teils wegen des scheinbar noch geringen wissenschaftlichen Profils der neuen Hochschule an der Saar lieber weiterhin die deutschen Universitäten frequentierten.

Waren die überlieferten Informationen zur Organisation der studentischen Selbstverwaltung und den verschiedenen studentischen Gruppen überwiegend den offiziellen

---

18 Vgl. PA Bonn Abt. 2, Band 503, fol. 257. Brief vom 8.2.1954.
19 Vgl. BA Koblenz B 137, Band 3447 Josef Brachetti: Dienstreise ins Saargebiet vom 21.2.–8.3.1951, S. 18. Künftig zitiert »Brachetti [wie Anm. 19]«. Aus der umfangreichen Aufzeichnung geht hervor, daß Brachetti aus dem Saarland stammte.
20 Vgl. Saarbrücken [wie Anm. 2].
21 Vgl. Brachetti [wie Anm. 19] S. 6.
22 Ebd. S. 8.

Angaben der Vorlesungsverzeichnisse entnommen, so zeichneten die Beobachter hinsichtlich der politischen Orientierung der Studierenden ein schillerndes Bild. Sie erwähnten das zwischen Konfrontation und gelegentlicher Kooperation schwankende Verhältnis zwischen den eher prodeutsch orientierten Repräsentanten der Studentenschaft und der frankophilen, vom Hohen Kommissariat und der Mission diplomatique geförderten »Allgemeinen Studentengemeinschaft für Internationalen Austausch« (AGA) und boten ansonsten recht heterogene Impressionen: das nach dem Ausfall der Vorlesung eines französischen Professors in der Juristischen Fakultät im Chor gesungene Lied »O Deutschland hoch in Ehren« und das Summen der Melodie der deutschen Nationalhymne, die in Tischen im Hörsaal eingeritzten Parolen »Vive la Sarre« und »Pereat Joho«, das Verteilen von verbotenen Rundschreiben der Demokratischen Partei oder die aus dem Jahr 1951 stammende Bewertung, daß sich *ein großer Teil der saarländischen Studenten, wie überhaupt der größte Teil der Saarbevölkerung politisch, und sei es nur aus Opposition gegen die Hohe Kommission und die Persönlichkeit des Ministerpräsidenten Johannes Hoffmann, offen zu der Demokratischen Partei des Saarlandes, im Volksmund »Deutsche Partei des Saarlandes« (DPS), bekennt* [23]. Im Mai jenes Jahres hatte eine projektierte Fahrt von 45 Studierenden zur Saar-Debatte des Deutschen Bundestages für Aufregung gesorgt: *Als Angelloz davon hörte, schaltete er sich massiv ein. Die Fahrt wurde von ihm keineswegs verboten; jedoch wurde angedeutet, daß sie unter Umständen Auswirkungen auf die Bewilligung von Stipendien und dergl(eichen) mehr haben könne* [24]. Während die Mitglieder der kleinen evangelischen Studentengemeinde *große politische Zurückhaltung* übten und Pfarrer vom Berg als *eindeutiger Separatist* klassifiziert wurde, wandte sich der katholische Studentenseelsorger Dr. Peter Jung bei jeder *Gelegenheit ... gegen die bestehenden Verhältnisse*. Sein Einfluß schien jedoch nicht so groß, *daß die Gemeinde als Zentrum des politischen Widerstandes gelten könnte*. Zur Studentengemeinde zählten auch zahlreiche Anhänger des Ministerpräsidenten Hoffmann und seiner Christlichen Volkspartei, wobei sich aber unter ihnen 1954 *eine gewisse Unsicherheit bemerkbar machte* und *seit längerer Zeit ... keine autonomistischen Ansichten* mehr zu hören waren [25].

Bemerkenswert bleibt jedoch, daß erstmals nach turbulenten Auseinandersetzungen mit den »Prodeutschen« im Februar 1954 ein Repräsentant der »Sarrophilen« mit knapper Mehrheit zum Präsidenten der Studentenschaft gewählt und *wegen Abfassung und Verbreitung eines kritischen Flugblattes gegen »private unwahre Machtpolitik« des Honorarprofessors Dr. Goergen* bald darauf ein universitäres Disziplinarverfahren gegen den Studenten Wilhelm Silvanus eingeleitet wurde, worauf der in der damals ille-

---

23   Ebd. S. 13. Zur DPS zuletzt Marcus HAHN, Die DPS – Liberaler Neuanfang im deutsch-französischen Spannungsfeld (in: Grenz-Fall. Das Saarland zwischen Frankreich und Deutschland 1945–1960, hg. von Rainer HUDEMANN, Burkhard JELLONNEK, Bernd RAULS unter Mitarbeit von Marcus HAHN = Schriftenreihe der Stiftung Demokratie Saarland 1, Saarbrücken 1997) S. 199–224. Künftig zitiert »Grenz-Fall [wie Anm. 23]«.
24   Vgl. Saarbrücken [wie Anm. 2].
25   Vgl. BA Koblenz B 137, Band 3447 Aufzeichnung Wolfgang Bente: Die evangelische und katholische Studentengemeinde der Universität Saarbrücken, Februar 1954.

galen deutschen Opposition Tätige an die Universität Bonn wechselte und sich dort in der Ortsgruppe des »Deutschen Saarbundes« engagierte[26].

Ein vorsichtiges Fazit ergibt, daß die dem Auswärtigen Amt und dem Gesamtdeutschen Ministerium vorliegenden Informationen insgesamt – abgesehen von einer vergleichsweise günstigen sozialen Situation der Studierenden – das kritische Gesamtbild einer von Frankreich dominierten Universität an der Saar mit einem hierarchischen Rektorats- und einem rigiden Studiensystem vermittelten und aus nationaler Perspektive das französische Engagement für die Universität ein Instrument der Kulturpropaganda, der allseits gefürchteten »pénétration culturelle«, war. Diese Einschätzungen wurden in den Bonner Ministerien weitgehend geteilt.

Das Gesamtdeutsche Ministerium, das wohl nicht nur eine äußerst kritische zeitgenössische Darstellung *Probleme der Saar-Universität* als Sonderbeilage der »Deutschen Saar-Zeitung« lancierte und zeitweise auch Stipendien für saarländische Studierende in Hamburg organisierte, wandte sich in einer grundsätzlichen, umfangreichen Betrachtung gegen die vom französischen Direktorialsystem geprägte Universität und beklagte dabei unter anderem die beschränkte Freiheit von Forschung und Lehre[27]: *Die deutsche Professoren- und Studentenschaft unterliegen der steten Aufsicht und dem politischen Druck der saarländisch-französischen Überwachungsdienste; die demokratischen Rechte der Studenten auf freie Meinungsäußerung und Vereinsbildung sind außerordentlich eingeengt.* Die Universität Saarbrücken habe die *Zielsetzung ..., daß sie die Saarländer geistig ebenso aus Deutschland herausführen soll, wie dies auch politisch und wirtschaftlich von der Saarregierung erstrebt wird.* Gegenüber dem verständlichen und vielfachen Wunsch *aus deutschbetonten Kreisen der Saarbrücker Studentenschaft ..., die Bundesrepublik möge zur Festigung des deutschen Gedankens an der Universität Saarbrücken Dozenten und Studenten aus dem Bundesgebiet an diese Universität schicken,* betonte man kategorisch, daß *eine amtliche Fühlungnahme zwischen der Bundesregierung oder den deutschen Länderregierungen mit der Saarregierung nicht in Frage kommen dürfte. Es liegt die Gefahr zu nahe, daß die Saarregierung darin eine Anerkennung ihres separaten Staatswesens erblicken würde.* Solange die Saarregierung keine *freiheitlichen demokratischen Zustände innerhalb des Saargebiets ... geschaffen* habe, sei auch ihre gelegentlich von Saarbrücker Seite gewünschte Beteiligung an der Kultusminister-Konferenz unmöglich. Unter den gegebenen Umständen erschien *die Tätigkeit deutscher Professoren an der Universität Saarbrücken ... als nicht zweckmäßig.* Nach dem Urteil von Sachverständigen besitze die Saar-Universität *bisher nicht den wissenschaftlichen Rang* wie die Hochschulen der Bundesrepublik, sei jedoch *durch eine planmäßige Unterstützung von Wissenschaftlern der Bundesrepublik* dazu *in der Lage.* Einerseits bleibe angesichts der Bestimmungen des saarländisch-französischen Kulturabkommens und des geltenden Universitätsstatuts eine Lehrtätigkeit deutscher Professoren diskriminierend, *solange ein Professor ohne französische oder saarländische Staatsangehörigkeit ... an dieser Universität des deutschen Staatsgebiets und des*

---

26   Vgl. Studentische Impressionen und Reminiszenzen aus den frühen 50er Jahren an der Universität des Saarlandes. Wilhelm Silvanus (in: ZGSaargegend 44, 1996) S. 263–266, Zitat S. 265.

27   Alle folgenden Zitate stammen aus der »Beurteilung der Saarbrücker Universität« [wie Anm. 1].

deutschsprachigen Raumes niemals Rektor werden kann. Andererseits könne auch *die Tätigkeit eines geeigneten deutschen Professors für die deutsche Haltung der Studentenschaft der Universität Saarbrücken vorteilhaft sein. Bei einer grundsätzlich negativen Haltung der deutschen Professorenschaft* greife die Saar-Regierung auf deutschsprachige Dozenten aus Österreich und der Schweiz zurück. Ohnehin könne *von staatlicher Seite gar nicht verhindert werden, wenn nicht in einem staatlichen Amt befindliche Professoren aus der Bundesrepublik ein Lehramt in Saarbrücken annehmen.*

Der Besuch der Universität des Saarlandes durch deutsche Studierende bringe *kaum Vorteile vom deutschen Standpunkt aus.* Wer *sich mit französischer Kultur und französischen Geisteswissenschaften vertraut ... machen* wolle, solle ungeachtet der besonders niedrigen Saarbrücker Studienkosten *eine Universität Frankreichs oder der französischen Schweiz besuchen.* Da zwei Drittel der Studierenden aus dem Saarland an bundesdeutschen Universitäten studierten, sollten ohnehin *die Universitäten des Bundesgebietes in größerem Maße Stipendien und Studienbeihilfen für Studenten aus dem Saargebiet zur Verfügung stellen.* Abgesehen von persönlich oder sachlich motivierten Einzelfällen *erscheint es ... im allgemeinen nicht zumutbar, den Besuch der Universität Saarbrücken durch Studenten aus dem Bundesgebiet zu fördern, wo diese Studenten sich als Ausländer behandeln lassen müssen.* Eine Anerkennung einer Saarbrücker Promotion in der Bundesrepublik sei möglich, *sofern die Dissertation von einer deutschen zuständigen Fakultät als den deutschen Bestimmungen entsprechend anerkannt wird.*

Auch das Auswärtige Amt verfolgte gegenüber der Universität des Saarlandes eine passive *Politik der Aushungerung* und weitgehenden Isolation. Die hinter ihrer Gründung stehenden Kräfte verfälschten den Begriff Europa. Sie strebten ein *französisches Europa an und hegten die Idee, daß Europa nur geschaffen werden könne, wenn die andern (sic!) Staaten und Völker sich dem französischen Geiste anpassen*[28].

Auf eine entsprechende, mit einem Brief von Rektor Angelloz begründete Anfrage der Studienstiftung des Deutschen Volkes betonte der Leiter des Saarreferats: *Von seiten des Auswärtigen Amts bestehen an sich keine Bedenken gegen eine Kontaktaufnahme mit saarländischen kulturellen Einrichtungen. Vielmehr ist die Aufrechterhaltung und Vertiefung der kulturellen Bande mit dem Saarland in jeder Hinsicht erwünscht. Dennoch dürfte im Verkehr mit der Universität des Saarlandes und besonders mit deren französischem Rektor höfliche Zurückhaltung empfehlenswert sein, da die Universität des Saarlandes in besonderem Maße unter französischem Einfluß steht und weitgehend als Instrument der französischen Kulturpolitik im Saargebiet anzusehen ist*[29].

Auch gegenüber der Studentenschaft der Universität Tübingen, die engere Beziehungen zur »Saar-Studentenschaft« und Universität des Saarlandes knüpfen und beim Vorstand des Verbandes Deutscher Studentenschaften ein Saar-Referat einrichten wollte[30], bezeichnete das Amt in der vertraulichen Antwort *die Universität des Saarlandes*

---

28   Vgl. PA Bonn Abt. 2, Band 503, fol. 27. Stellungnahme Dr. Thierfelders an Oberlandesgerichtsrat Professor Dr. Baur Tübingen vom 11.6.1952.
29   Ebd. fol. 34. Brief vom 11.8.1952.
30   Ebd. fol. 181. Anfrage des Allgemeinen Studentenausschusses der Universität Tübingen an Staatssekretär Professor Dr. Walter Hallstein vom 18.6.1953.

als »ein sehr schwieriges Problem«[31]. Erneut erinnerte man an die Gründungsgeschichte und das französisch-saarländische Kulturabkommen: *So sehr uns auch daran gelegen ist, zu einem engen Verhältnis zwischen dem deutschen und dem französischen Kulturkreis zu gelangen, so skeptisch müssen wir den Versuchen des Kulturabkommens gegenüberstehen, das Saargebiet allein zum Schauplatz einer solchen Begegnung zu machen. Dies kann im Hinblick auf die Kräfteverhältnisse nur ganz eindeutig zu einer französischen Kulturinfiltration im Saargebiet führen. Der politische Hintergrund liegt auf der Hand.* Zwar habe die französische Politik zuletzt mehrfach betont, *daß die Saarbevölkerung deutsch sei und daß Frankreich nicht daran gelegen sei, die Zugehörigkeit des Saargebietes zur deutschen Kultur in Frage zu stellen oder ihr entgegenzuwirken.* Trotzdem seien *zahlreiche Kräfte auf französischer Seite* bestrebt, *ein von Deutschland sich abspaltendes Eigenbewußtsein der Saarländer auch auf kulturellem Gebiet zu erwecken und in ihnen das Gefühl zu erzeugen, sie stünden in einem besonders engen Kulturverhältnis zu Frankreich. Es ist offenbar, daß die Saarbrücker Universität, deren Satzung dem französischen Element einen bestimmenden Einfluß einräumt, in diesem Sinne wirkt. Das gilt insbesondere von dem Rektor dieser Universität, Professor Angelloz, der von dem Gedanken ausgeht, die französische Kultur mit ihrer Abgeklärtheit und ihrer »mesure« sei berufen, der künftigen Kultur Europas den Stempel aufzudrücken. Nur so lasse sich ein harmonisches Europa schaffen und deshalb müsse die deutsche Kultur den Versuch machen, sich dieser »mesure« anzupassen. Herr Angelloz ... widmet sich in Saarbrücken ganz dieser Mission.* Trotz der damit verbundenen Gefahr, *von deutscher Seite aus die Universität in Saarbrücken ganz ihrer eigenen Entwicklung zu überlassen,* müsse sorgfältig bedacht werden, *daß das deutsche Interesse an dieser Institution nicht in der Richtung gedeutet und ausgewertet werden kann, als erkennten wir sie als berechtigt an und billigten ihre Wirksamkeit.* Daher wurde vertraulich empfohlen, im Beschlußantrag für die Delegiertenkonferenz des Verbandes Deutscher Studentenschaften von angestrebten engeren Beziehungen zur Saar-Studentenschaft und nicht zur Universität des Saarlandes zu sprechen und die Einrichtung eines Referats Saar folgendermaßen zu begründen: *Die Studenten an der Saar fühlen sich nicht als Ausländer. Sie haben Anspruch darauf, daß wir sie in ihrem Wunsch unterstützen, als deutsche Studenten mit uns verbunden zu sein und, soweit es die gegenwärtigen Umstände gestatten, eine Ausbildung nach deutscher Art zu erhalten. Die Möglichkeiten, dies zu erreichen, insbesondere durch Austausch von Professoren und Studenten, bedürfen daher dringend der Förderung.*

Bei der Heidelberger Delegiertenkonferenz des VDS im Juli 1953 wurde jedoch kein Referat Saar eingerichtet, da bei einer Besprechung im kleinen Kreis Präsident und Vizepräsident der Studentenschaft der Universität des Saarlandes befürchteten, *daß von der Regierung des Saarlandes bei der Errichtung eines besonderen Referates Saar falsche Rückschlüsse gezogen und die Bemühungen dieses Referates vereitelt werden könnten*[32]. Überraschenderweise waren die *saarländischen Studentenvertreter über unseren An-*

---

31   Alle folgenden Zitate ebd. fol. 187–189. Antwortschreiben Dr. Thierfelders 2.7.1953.
32   Alle folgenden Zitate ebd. fol. 199–201. Bericht über die Heidelberger Delegiertenkonferenz 3.8.1953.

trag durch einen Herren des saarländischen Kultusministeriums unterrichtet worden, während eine Anfrage von uns nicht in ihre Hände gelangte (!). Die beiden saarländischen Herren, deren deutsche Einstellung außer Zweifel steht, wiesen ... auch auf die Gefahr ihrer Amtsenthebung und Verweisung von der Universität Saarbrücken hin, falls sie bei der Delegiertenkonferenz öffentlich ihre persönliche Meinung zu unserem Vorhaben äußern müßten und befürchteten ein Nachrücken *französisch beeinflußter Studenten in die studentische Selbstverwaltung des Saarlandes.* Daher wurde die Beschlußvorlage geändert und dem Vorstand des VDS und den verschiedenen Studentenschaften empfohlen, *die kulturellen Beziehungen zur Studentenschaft des Saarlandes zu intensivieren. Sie sieht darin eine Möglichkeit, einen Beitrag zur europäischen Integration zu leisten.* Der letzte Satz war auf *ausdrücklichen Wunsch* der beiden saarländischen Repräsentanten gewählt worden, um den *eigentlichen Bemühungen ein »europäisches Mäntelchen«* umzuhängen und *der Regierung des Saarlandes die Möglichkeit zu nehmen, offizielle Gegenmaßnahmen zu ergreifen oder diese Arbeit zu hintertreiben.* Trotz aller damit verbundenen Schwierigkeiten wolle man *wenigstens auf kulturellem und wissenschaftlichem Gebiet für die deutschen Saarländer etwas ... tun.* In seinem Antwortschreiben wertete der Saar-Referent des Auswärtigen Amtes das Verhalten der beiden saarländischen Studenten als Zeichen, *wie schwierig die Verhältnisse im Saargebiet sind.* Die gefaßte Resolution sei keineswegs zu mißbilligen, wichtig bleibe *die offene und ehrliche Aussprache mit ihren Freunden von der Saar* und das sich daraus entwickelnde *Zusammengehörigkeitsgefühl, das nicht so leicht verloren gehen kann*[33]. In der umfangreichen Aufzeichnung *Der französische Einfluß auf die »Universität des Saarlandes«*[34] zeichnete man das Bild einer französisch dominierten Hochschule und bilanzierte die bisherige Abschottung: *Amtliche deutsche Beziehungen zur Saaruniversität bestehen nicht. Professorenaustausch findet nicht statt, Studentenaustausch nur über die Studentenschaften. Saarländische Hochschulprüfungen werden im Bundesgebiet nur im Einzelfall anerkannt.* Die Berufung deutscher Professoren nach Saarbrücken erfolge *im privaten Rahmen,* feste Richtlinien für die *Anerkennung saarländischer Prüfungen im Bundesgebiet* seien auch *bewußt vermieden* worden, *um keine Anerkennung der saarländischen Universität auszudrücken.* Insgesamt wurde die bislang verfochtene Position der bewußten Isolation bekräftigt: *Eine amtliche Einwirkung auf die Verhältnisse an der Saaruniversität, etwa durch die Kultusministerien der Länder, ist gegenwärtig ausgeschlossen ... Durch bewußte Isolierung der Saaruniversität seitens deutscher Universitäten und anderer Stellen könnte aber die französische Zielsetzung der Saaruniversität boykottiert werden.*

Auch wenn man in Bonn aus nationalpolitischen Motiven eine passive Politik der *Aushungerung* und Isolation gegenüber der Universität des Saarlandes verfolgte, so bleibt schließlich die Frage, welche Entwicklungsperspektiven man für die französisch dominierte Hochschule an der Saar sah. Ausführlich erörterte beispielsweise die Politische Abteilung des Auswärtigen Amtes in einer für Staatssekretär Hallstein bestimmten

---

33   Ebd. fol. 202. 5.8.1953.
34   Alle folgenden Zitate ebd. fol. 205–211. Aufzeichnung vom 18.8.1953.

Aufzeichnung[35] im August 1952 den *sehr skizzenhaften* Vorschlag Robert Schumans[36], im Zuge einer Europäisierung der Saar *die saarländische Universität in ihrer bisherigen Form zu belassen,* den französisch-saarländischen Verwaltungsrat eventuell durch einen deutsch-saarländischen zu ersetzen und den Präsidenten des Verwaltungsrates sowie Rektor und Prorektor durch den europäischen Ministerrat zu bestellen. Diese Anregung sei deutscherseits *nicht befriedigend,* da angesichts der ausgeprägten französischen Dominanz *wesentlich mehr an dieser Universität geändert werden müßte, als nur die Zusammensetzung des Verwaltungsrates und die Bestellung von Rektor und Prorektor.* Bei einer möglichen *Europäisierung des Saargebietes* müsse *die Frage der saarländischen Universität von Grund aus neu durchdacht werden.* Die Universität stelle *eine Ausbildungsstätte für den Nachwuchs an akademisch gebildeten Kräften für das Land selbst dar. Das Saargebiet ist mit rund 1 Mill(ion) Einwohnern an sich sehr klein für eine eigene Universität.* Man verwies auf das Beispiel der aus Luxembourg stammenden Studierenden in Deutschland und Frankreich, betrachtete es aber als *ausgeschlossen, daß wir die Schließung der saarländischen Universität durchsetzen könnten.* Eine solche Forderung widerspreche auch dem deutschen Wunsch, *daß auf kulturellem Gebiet eine echte europäische Lösung gefunden werden muß, die das zu schaffende europäische Territorium zu einem Zentrum europäischer geistiger Zusammenarbeit macht.* Daher ergebe sich nur die Alternative, die Universität zu einer *echten Landesuniversität* auszugestalten oder *in eine europäische Hochschule für europäische Fragen umzuwandeln.*

Als Landesuniversität müsse die Universität des Saarlandes *an einen der bestehenden Kreise der Universitäten angeschlossen werden,* um einen breiten Austausch von Lehrenden und Lernenden zu ermöglichen. Sei eine Universität von einem *größeren geistigen Boden abgeschnitten,* müsse sie *notwendigerweise selbstbezogen, provinziell und letztlich steril werden.* Die bislang betriebene Orientierung zu den französischen Universitäten habe *zu ganz unzulänglichen Ergebnissen geführt.* Die französischen Universitäten nähmen *kein lebendiges Interesse an der Saaruniv*ersität, die französischen Professoren wirkten überwiegend als Gastprofessoren, *was den Universitätsbetrieb empfindlich stört,* hinzu kämen die Probleme der Sprachkenntnisse und der französischen Studien- und Prüfungsordnung.

Demgegenüber plädierte das Auswärtige Amt für eine Einbeziehung *in den Kreis der deutschen Universitäten,* um die Universität des Saarlandes *zum Blühen* zu bringen: *Lehrplan und Prüfungsordnung nach deutschem Muster, deutsch als Unterrichts- und Prüfungssprache, ein fester Grundstock deutscher Lehrkräfte. Zweckmäßigerweise würde auch die Universitätsverfassung nach deutschem Muster einzurichten sein.* Der besonderen Situation *des Saargebiets als europäisches Territorium* könne die Förderung der Berufung von *Professoren aus anderen europäischen Ländern* und des Studentenaustauschs *mit anderen europäischen Ländern* ebenso dienen wie die bewußte *Pflege*

---

35   Alle folgenden Zitate PA Bonn Abt. 2, Band 502, fol. 84–88. Aufzeichnung vom 27.8.1952.
36   Vgl. zur Saarpolitik insgesamt Armin HEINEN, Saarjahre. Politik und Wirtschaft im Saarland 1945–1955 (Stuttgart 1996). – Zum Themenkreis Schuman und die Saarfrage unter anderem auch Raymond POIDEVIN, Robert Schuman et la Sarre 1948–1952 (in: Die Saar 1945–1955. Ein Problem der europäischen Geschichte, hg. von Rainer HUDEMANN und Raymond POIDEVIN, München 1992) S. 35–48.

des europäischen Gedankens, ... durch besondere Betonung des europäischen Rechtssystems, der europäischen Kultur und der europäischen Sprachen.

Bei einer Umwandlung der Universität zu einer *besonderen Hochschule für europäische Fragen* gehe die *allgemeine Ausbildungsstätte für den akademischen Nachwuchs im Saarland* verloren und führe für die Saar zu Luxemburger Verhältnissen. Allerdings könne dann Saarbrücken auch auf breiterer Basis *eine ähnliche Funktion wie das Europa-Kolleg in Brügge übernehmen* und für den *Nachwuchs aus allen sechs Gemeinschaftsstaaten* eine *auf das gemeinsam Europäische* ausgerichtete *Sonderausbildung* bieten, die insgesamt den deutschen Überlegungen *am nächsten* komme.

Bei einem Besuch im Auswärtigen Amt berichtete der gerade auf den Lehrstuhl für Archäologie an die Universität des Saarlandes berufene Prof. Dr. Heinz Kähler[37] im Dezember 1953 über die reibungslose Kooperation zwischen deutschen und französischen Professoren in der Philosophischen Fakultät und die *starken*, teils auch von den französischen Professoren unterstützten *Bestrebungen, den Lehrplan der Universität mehr dem der deutschen Universitäten anzugleichen ... Alle Bedenken* richteten sich gegen den *überdies in Paris* tagenden Verwaltungsrat; auch die Verlängerung der Amtszeit des Rektors belege, *wie stark trotz der objektiv wissenschaftlichen Oberfläche die Universität noch als Bollwerk der französischen Politik angesehen werden muß.* Abschließend bezeichnete Kähler die Universität als *erhaltungswürdig, weil sich ihr guter Kern nach Beseitigung der Stellung des Verwaltungsrates durchaus weiter entwickeln lasse*[38].

Mit Luitwin von Bochs bereits erörterten universitären Reformvorschlägen zeigte sich der Saar-Referent *persönlich ohne Bindung für das Amt* weitgehend einverstanden[39]. Dabei akzeptierte er durchaus ein europäisches Statut für die Saar-Universität und stimmte *grundsätzlich* den Forderungen zur *Einführung eines freiheitlichen Ausbildungsganges* und der *Neuorganisation der Universitätsverwaltung* zu, forderte aber auch die Wahrung der *deutsche(n) Kultur und Sprache der Saarbevölkerung in jeder Hinsicht.* Der Unterricht in den *Grundvorlesungen zur Ausbildung der Landesbewohner für ihre Berufe* sowie die Prüfungen müßten in deutscher Sprache erfolgen, eine *besondere Pflege des Französischen und des Englischen im Universitätsbetrieb auch Vorlesungen in diesen Sprachen* seien vorzusehen ... *Der europäische Charakter der Universität sollte insbesondere durch Ausbau des bestehenden europäischen Instituts in eine bedeutsame europäische Akademie herbeigeführt werden.*

Vierzehn Monate später sprach der Prodekan der Philosophischen Fakultät und seit 1951 als Professor für Kunstgeschichte an der Universität des Saarlandes wirkende Dr. Josef Adolf Schmoll genannt Eisenwerth[40] im Auswärtigen Amt vor und *zeigte sich ...*

---

37 Über Leben und Werk von Professor Dr. Heinz Kähler informiert unter anderen Christoph SCHWINGENSTEIN, Heinz Kähler 1905–1974 (in: Archäologenbildnisse. Porträts und Kurzbiographien von Klassischen Archäologen deutscher Sprache, hg. von Reinhard LULLIES und Wolfgang SCHIERING, Mainz 1988) S. 293–294.

38 Vgl. PA Bonn Abt. 2, Band 503, fol. 231–232. Aufzeichnung vom 9.12.1953.

39 Alle folgenden Zitate aus der Stellungnahme ebd. fol. 279–280 vom 22.4.1954.

40 Professor Dr. Josef Adolf Schmoll genannt Eisenwerth. Geboren 1915; 1951–1966 Professor für Kunstgeschichte an der Universität des Saarlandes, wurde dann nach München berufen. 1957/58 Dekan der Philosophischen Fakultät der Universität des Saarlandes.

sehr besorgt über den durch das französisch-saarländische Kulturabkommen ausgeübten starken französischen Einfluß auf die Saarbrücker Universität [41]. Er warnte vor den von Emil Straus und den ihm nahestehenden Kreisen der Saarregierung ausgehenden Bestrebungen, *den deutschen Einfluß auszuschalten* und vor der *Gefahr einer fortschreitenden Abkehr der Saarbrücker Universität vom deutschen Universitätsleben in Richtung auf eine »saarländische Universität« und damit ein weiteres Absinken des Niveaus ... Die überwiegende Mehrheit des Lehrkörpers betrachte diese Entwicklung mit Sorge, da sie fast ausnahmslos die traditionelle Zugehörigkeit der Saarbrücker Universität zum deutschen Geistesleben anerkenne.* Schmoll befürchtete *weitere Versäumnisse* und plädierte für ein sofortiges Kulturabkommen zwischen der Bundes- und der Saarregierung. Bedenken vor damit verbundenen juristischen und politischen Präjudizien begegnete er skeptisch: *Ein weiteres Zaudern auf dem für den deutschen Charakter des Saargebiets so überaus wichtigen Kultursektor würde die Bundesrepublik auf weite Sicht daran hindern, durch eine Umgestaltung und Angleichung der Saarbrücker Universität an die deutsche Universitätsorganisation und den deutschen Lehrplan entscheidenden Einfluß zu nehmen.* Im aktuellen Vorfeld des Saarstatuts *müsse man wie auf wirtschaftlichem Gebiet auch in der kulturellen Einflußnahme mit den Franzosen gleichziehen* und vielleicht *ein Mitentscheidungsrecht* für einen deutschen Vertreter in der Universität durchzusetzen suchen.

Gegenüber dem Vorsitzenden des Hochschulverbandes Professor Dr. Felgenträger, der dem Amt eine anonymisierte Zuschrift aus dem Saarland mit der Forderung nach der verstärkten Berufung deutscher Professoren vorlegte, betonte Staatssekretär Professor Dr. Walter Hallstein im August 1955: *Wirklich durchgreifende Reformen, die der Saar-Universität das ihr angemessene Gesicht verleihen, werden sich erst erzielen lassen, wenn an der Saar nach den Landtagswahlen eine neue Regierung gebildet ist. Denn erst mit dieser Regierung können wir zusammenarbeiten. Einer solchen Zusammenarbeit bedarf es aber, um grundsätzlich den, auch finanziell begründeten, einseitigen Einfluß Frankreichs zu beseitigen, der auf dem französisch-saarländischen Kulturabkommen aus dem Jahre 1948 beruht* [42].

Die in der Außenwahrnehmung so überaus skeptisch und kritisch bewertete Universität des Saarlandes kam dann nach dem Referendum vom 23. Oktober 1955 und den folgenden politischen Veränderungen in *deutsche Hände* [43], wie eine bekannte Schlagzeile in jener emotional aufgeheizten Atmosphäre des Herbstes 1955 plakativ forderte. Es folgte – verbunden mit Versuchen einer Wahrung des internationalen Universitätscharakters und der positiven Erbteile jener sieben Jahre Universitätsentwicklung seit 1948 – ein personell-struktureller Umbruch vom zentralistisch-hierarchischen französischen zum dezentral-kollegialen deutschen Universitätssystem [44]. Doch auch dieser

---

41   Vgl. PA Abt. 2, Band 593, fol. 319–320. Aufzeichnung vom 29.3.1955.
42   Ebd. fol. 326–330. Zitat fol. 330.
43   Vgl. Saar-Universität in deutsche Hände, Deutsche Saar-Zeitung Nr. 23, 1. Dezember-Ausgabe 1955.
44   Vgl. dazu mit weiteren Belegen meinen Beitrag »Die Universität des Saarlandes in der politischen Umbruchsituation 1955/56« (in: Grenz-Fall, wie Anm. 23) S. 413–425.

Übergangsprozeß verlief keineswegs reibungslos. Ein Professor, der seinerzeit wegen einer Berufung auf den Saarbrücker Lehrstuhl für Experimentalphysik verhandelte, beklagte sich in Bonn über die besonders schwierige Situation der Naturwissenschaftlichen Fakultät und das *Ausbleiben der Bundeshilfe* und bemerkte: *Französische Kollegen haben ihr Erstaunen ausgedrückt, daß nicht mehr für die jetzt deutsche Universität geschieht. Daher forderte er großzügige Investitionen ... bei der Grenzland-Universität ... Das Saarland hat am deutschen Wirtschaftswunder nicht teilgenommen und ist daher quasi ein unterentwickeltes Land ... Das gilt für die Wirtschaft wie für die Universität. Beide haben einen hohen Nachholbedarf* [45].

45   Vgl. BA Koblenz B 137, Band 3447 Professor Dr. Hanle (Gießen) an Ministerialdirektor Professor Dr. [Paul Egon] Hübinger am 19.7.1957.

Die Bezeichnungen für den Schneider
in den romanischen Sprachen[*]

VON MAX PFISTER

Ein Beitrag eines Romanisten in einer Historikerfestschrift – einem Kollegen und Freund aus gemeinsamer Marburger und Saarbrücker Zeit zugedacht – sei im Bereich der grenzübergreifenden Onomastik erlaubt.

Der Name *Schneider* – wie etwa *Müller, Zimmermann, Schmitt, Steinmetz* oder auch *Pfister* – gehört in die Kategorie der *nomina agentis* oder Berufsbezeichnungen. A. Ch. Thorn verfaßte 1913 eine sprachgeographische Dissertation: *Sartre – tailleur*[1], eine Studie, die freilich nicht mehr den heutigen sprachwissenschaftlichen Anforderungen entspricht[2]. Gerhard Rohlfs zeichnete 1971 in seiner *Romanischen Sprachgeographie* die Karte, die Ausgangspunkt für die folgenden Betrachtungen sein soll[3].

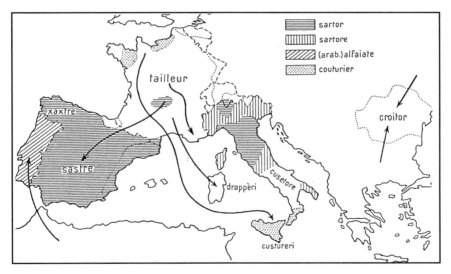

[*] Die linguistischen Abkürzungen folgen denjenigen im FEW, zitiert unten in Anm. 4, und im Lessico etimologico italiano, ed. Max Pfister (Wiesbaden 1979ff.).
1 A. Ch. Thorn, Sartre-tailleur. Étude de lexicologie et de géographie linguistique (Lund und Leipzig 1913).
2 K. Jaberg, Besprechung zu Thorn, in: Archiv für das Studium der neueren Sprachen und Literaturen 132 (1914) S. 446–449.
3 G. Rohlfs, Romanische Sprachgeographie.Geschichte und Grundlagen. Aspekte und Probleme mit dem Versuch eines Sprachatlas der romanischen Sprachen (München 1971) Karte S. 302.

Auf S. 135 merkt Rohlfs an: »Die Erneuerung des Wortschatzes durch lehnwört-
liche Einflüsse in den Berufsbezeichnungen ist um so leichter gegeben, je mehr ein
Beruf modischen Ansprüchen unterworfen ist. Ein treffendes Beispiel für Untergang
und Aufkommen neuer Wörter gibt uns der Beruf des Schneiders.«

Eine Untersuchung dieser Bezeichnung in den romanischen Sprachen geht zweckmäßigerweise vom Lateinischen aus. Hier existieren *vestifex* als ›Kleidermacher‹ und
lapicida als ›Steinschneider, Steinmetz‹, beides Ausdrücke, die in den romanischen Sprachen nicht weiterleben. Von Wartburg vermerkt im FEW[4] (s. v. *sartor* ›flickschneider‹):
»Während im ältern Rom das schneiderhandwerk noch kaum existierte, weil die kleider
meist im haus, oft von sklaven, angefertigt wurden, kommen in der Kaiserzeit verschiedene bezeichnungen auf, wie *vestificus, vestitor,* usw. ... Von diesen wörtern ist nur
SARTOR geblieben.«

Das Etymon von it. *sarto* ist SARTOR, eine Bildung von SARCIRE ›zurechtmachen,
wiederherstellen‹. Das Wort ist konnotativ belastet und heißt ›Ausbesserer, Flickschneider‹. Interessant ist die Feststellung, daß it. *sarto* (verbreitet in der Toskana, in der Emilia und der Lombardei) auf den Nominativ SARTOR hinweist, im Gegensatz zur Form
SARTÓRE (übriges Norditalien, Marken, Abruzzen, Nordkampanien), das auf den
Akkusativ zurückgeht. Im Bereich der Nominalflexion ist diese Zweikasusflexion in
der Italoromania normalerweise nicht erhalten. Die heutige schriftitalienische Form
basiert auf dem Nominativ, cfr. z. B. aapis. *Betto, sarto* in einem von Castellani (1968)
publizierten Brief aus dem Jahre 1323[5] oder apist. *Giovanni sarto* aus dem Jahr 1339[6].
Schon bei Dante (*Paradiso* 32, 140) reimt *buon sartore* auf *primo amore* und belegt für
die gleiche Zeit die Obliquusform, die in sprachlich konservativen Randgebieten Ober-
italiens gut vertreten ist, vgl. lad.ates. *sartù* m. (EWD 6, 47f.)[7], friul. *sartôr* (PironaN)[8].

Auch im mittelalterlichen Frankreich und in der Onomastik lebt eine Nominativ-
form weiter: *sartre* (Auvergne, Quercy, Rouergue), auch *saltre, sastre* < SARTOR, gegenwärtig bekannt durch den Namen des Philosophen Jean-Paul Sartre.

Es folgen aus dem FEW die Ausschnitte für die Nominativformen (1.a.) und die auf
den Akkusativ zurückgehenden *sartore*-Belege (1.b.).

FEW 11, 236:

sartor ›flickschneider‹

1. a. Apr. *sartre* m. ›tailleur‹ (Provence, Montauban, Millau, Albi 13.-16. jh., Rn;
Fazy; MeyerDoc; RLR 43, 9; Livres de raison; Bonis; Doc 165; 277, Fagniez-

4   W. VON WARTBURG, Französisches etymologisches Wörterbuch. Eine Darstellung des galloromanischen Sprachschatzes (Bonn/Leipzig/Tübingen/Basel 1922ff.); Beleg in Band 11 S. 237.
5   A. CASTELLANI: Una lettera pisana del 1323 (in: Festschrift W. von Wartburg zum 80. Geburtstag, Tübingen 1968, Band 2, S. 19–36), Beleg S. 26.
6   A. SAPORI, Per la storia dei prezzi a Pistoia. Il quaderno dei conti di un Capitano di custodia nel
1339 (in: Bollettino storico pistoiese 29, 1927), S. 95–128; 30 (1928), S. 132–138, 166–176. Beleg auf
S. 105.
7   Etymologisches Wörterbuch des Dolomitenladinischen (EWD), zusammengestellt von
J. KRAMER (Hamburg 1988ff.)
8   G.A. PIRONA, E. CARLETTI und G.B. CORGNALI: Il nuovo Pirona; vocabolario friulano (Udine
²1967).

Doc), mfr. id. (Südfrankreich 15. jh.-Cresp 1637), apr. *sastre* (Aniane, Zaun 158), Barc. *sartre* ›mauvais tailleur qui va à la journée dans les campagnes‹, Isola *saltre* ›tailleur‹, AlpesM. *sártrę* (p 898), Nice *sartrə* RF 9, 348, Puiss. *sátre*, Toulouse *sartre* G, Cahors id., *sastre*, rouerg. *sartre* Pr, Lag. ›ravaudeur (surtout sobriquet)‹, *saltre, sastre*, vel. *sartre* ›tailleur‹ MAnt 9, 378, Cantal id. (p 717, 715), *šáštre* (p 719), Aurillac *sartre* Verm 258, Ytrac id., Mauriac *sartri*, lim. *sartre* ›tailleur pour les gens de la campagne‹ (DD; Laborde), blim. id., périg. ›tailleur‹, Agen id. (vieux), Aran *sárte*, Balaguères id. Ann Mount 1927, 32, Biros id. Cast 15, Lourdes id. Recl 11, 68, bearn. id., *sartre, sastre*, land. *sarte* P.

b. Apr. *sartor* ›tailleur‹ Jaufre, aost. *sartú* (p 987), *sartœ* (p 966, 985), *sartaou*, Ronco *sartœẅr*, Noasca *sartộẅr*, Bruzolo *sartú*, daupha. *sẹrtúr* ›tailleur à la journée dans les campagnes‹, wald. *sartur* ›tailleur‹, bearn. *sartou*. ALF 1276; AIS 264.

Von Wartburg kommentiert:
»Innerhalb des gallorom. lebt das wort nur im occit. [5] und zwar setzen sich hier auch beide kasus fort: 1 a aus dem nom., b aus dem akk. Die abl. von beiden sind unter 2 vereinigt. Wie die belege zeigen (wie Goudelin, Peyrot usw.) waren die vertreter von SARTOR noch im 17. jh. im gebrauch und sind es in abgelegenen gebieten zum teil bis heute geblieben. Im laufe des 18. und 19. jhs. treten sie mehr und mehr vor dem aus Paris kommenden *tailleur* zurück oder bekamen einen pejorativen beigeschmack.«

Im 13. Jahrhundert stehen im Altokzitanischen die Rektusform *sártres* und die Obliquusform *sartór* gleichberechtigt nebeneinander. In der von Boutière/Schutz herausgegebenen *Biographie des troubadours*[9] findet sich z. B.: Guillems Figueras si fo de Tolosa, fils d'un *sartor*, et el fo *sartres*.

Rohlfs (1971, 135) vermutet, daß südfr. *sastre* vor seinem Ersatz durch neuere Benennungen nach Spanien entlehnt wurde, und somit die Ansicht von Menéndez Pidal[10] zu revidieren sei, der *sastre* als ein einheimisches Wort betrachtet.

Da akat. *sartre* bei Llull im 13. Jahrhundert und als Personenname bereits im Jahre 1197 belegt ist[11], können wir annehmen, daß *sartre* und auch die dissimilierte Form *sastre* in der südlichen Galloromania (inkl. Katalonien) lautgerecht entwickelt sind, daß dagegen span. *sastre* (Sevilla 1302) aus dem Katalanischen stammt.

Die älteste iberoromanische Sprachschicht kennt ar. *alfayate*, das noch heute im Portugiesischen weiterlebt; cfr. mlat.port. Petrus petri *alfayate* (1256, DELP 1, 189)[12]. Entscheidendes für die Wortgeschichte dieses Arabismus in der Iberoromania hat 1949 mein Lehrer Arnald Steiger in seinem grundlegenden Artikel *Aufmarschstraßen des morgenländischen Sprachgutes* geschrieben[13]:

9   J. BOUTIÈRE und A. SCHUTZ, Biographie des troubadours (Paris 1964)
10 R. MENÉNDEZ PIDAL, Manual de gramática histórica española (Madrid [11]1962); Beleg findet sich § 62,2.
11 J. COROMINES, Diccionari etimològic i complementari de la llengua catalana (Barcelona 1981ff.); Beleg Band 7, 715a.
12 J. P. MACHADO: Dicionário etimológico da língua portuguesa, 5 Bände (Lisboa [3]1977).
13 Vox Romanica 10 (1948/49) S. 1–62; Beleg findet sich S. 16.

»Das Aussterben der Arabismen, die als volkstümliche Lehnwörter auf dem Boden der Iberoromania Geltung besaßen, läßt sich im Bereich eines sachgeschichtlichen Falls paradigmatisch aufzeigen. Ar. خَيَّاط *xaiyāṭ* > asp. *alfayate* ›Schneider‹ ist das alte Modewort, das, soviel ich weiß, noch Mitte des 14. Jahrhunderts alleinige Geltung besaß. Aber schon die von A. Castro veröffentlichten *Glosarios latino-españoles de la Edad Media* aus den Anfängen des 15. Jahrhunderts weisen nur noch *sastre, remendón* (s.v. *sartor, scissor, sutor*) auf. Wie konnte das alte arabische Wort durch ein neuauftretendes Synonym verdrängt werden? Den Schlüssel für die Verdrängung des alteingesessenen arabischen Lehnwortes liefert uns Oudin: »*alfayate en arauigo*, vn rauaudeur qui racoustre les vieux habillemens, c'est vn tailleur en Portugal, cousturier«; *sastre* hingegen wird definiert als »cousturier, tailleur d'habits«. Hier liegt der entscheidende Punkt: die depreziativ emphatische Zuspitzung der Bedeutungsverengerung hat den Untergang von *alfayate* besiegelt.«

Wenn im 19. Jahrhundert in Südfrankreich veraltetes *sartre* durch moderneres *tailleur* ersetzt wird, liegen ähnliche soziokulturelle Ursachen vor wie beim Ersatz von *alfayate* durch den Katalanismus *sastre* im spanischen Hochmittelalter: Sowohl südfr. *sartre* wie a.span. *alfayate* bezeichnen den Flickschneider, den in der Berufshierarchie weniger angesehenen Schneider. Die depreziative Bedeutung von *sartre* im Südfranzösischen läßt sich anhand folgender Angaben im Wörterbuch von Mistral belegen[14]:

> An jusquo courroumput lou miéu *sartre* (J. Rancher)
> Mas lou *sartre* maissant nou sauguèc dire res (A. Gailard)
> Leis sartres gasto-façouns (C. Brueys).

Bei Belegen aus Mistral ist eine gewisse Skepsis angebracht, da der Félibrige-Dichter verschiedentlich okzitanische Formen seiner Heimatmundart (rhodanien) in andere okzitanische Dialekte transponiert hat. Dieser Vorbehalt gilt aber nicht für Belege seiner Dichterkollegen, wie im Falle von J. Rancher (Nizza 1785–1843), A. Gailard (1530–1592) oder C. Brueys (1640–1723). Die Kontextangaben (*courroumput; nou sauguèc dire res; gasto-façouns*) sind eindeutig negativ konnotiert. Auch das Wörterbuch von Honorat aus dem Jahre 1847 bezeichnet das okzitanische *sartre* als »vieux mot ... qu'on emploie encore pour désigner un mauvais tailleur, un tailleur de campagne«[15].

Betrachten wir die nordfranzösischen Verhältnisse im Hochmittelalter. Die von Rohlfs gezeichnete Karte weist heute nur spärliche *couturier*-Belege in Westfrankreich und der Normandie auf. Demgegenüber war diese Bezeichnung im 13. Jahrhundert die Normalform in Nordfrankreich, cfr. FEW 2, 1098b:

> b. α. Afr. *cousturier* ›tailleur‹ (1213, R 65, 487), *costurier* (seit 1241), mfr. nfr. *couturier* (seit Rich 1680 in Paris ungebräuchlich), alyon. *codurer* (14. jh., R 12, 544; 35, 440), afor. *coudurer* (1290, R 22, 29), adauph. *codurer*, apr. *cordurier*, *costorier* Jaufre, abearn. *costurer* (14. jh.), lütt. *coturî* (veraltet), pik. *coutrier*, boul. *couturier* ›tailleur ambulant‹, Ramecourt *kutrüyę* ›tailleur‹, art. *coutrier*, Vraignes

14 F. MISTRAL, Lou tresor dóu Felibrige, ou dictionnaire provençal-français embrassant les divers dialectes de la langue d'oc moderne, 2 Bände (Aix-en-Provence 1878).
15 J. S. HONORAT, Dictionnaire provençal-français, 3 Bände (Digne 1846f.)

id. Cr 187, Somme *couturier* (p 278, 279), Bray id., havr. *coutusier*, Caux id. (1839, R 14, 285), Tôtes id., PtAud. *couturier* ›tailleur allant travailler chez ses pratiques, à la journée‹, Jers. *couôturi* ›tailleur‹, Guern. *coûturier*, renn. ›tailleur de campagne‹, hbret. *kutüryę* ›tailleur‹, Gosné, Pipriac *kutüryə* (A Bret 22, 567; 16, 173), Pléch. id., Blain *cousturier*, nant. *couturier*, Mayenne *kutüryœ*, centr. *couturier* ›tailleur‹, morv. *coudré*[4], Montret *couterey*, Plancher *coudri*, Pierrec. *kutürä*, bagn. *tyęüdurey*, Hérém. *kouderi*, Montana *kudərī*, Thônes *coturi*, stéph. *coudurie* V, Lallé *couduríar*, bdauph. *kurdüryę̄*, mars. *courdurier* A, *couturier* A, castr. *courdurié*, Biros *cousturé* Castet 20; ALF 1276. Nfr. *couturier* ›tailleur pour dames‹ (seit LarT 1907).

Von Wartburg schreibt dazu:

»Die bed. von *couturier* hat sehr geschwankt. Da das nähen eine weniger schwierige und verantwortungsvolle arbeit war als z.b. das zuschneiden des stoffes, ist der *couturier* in Paris zuerst der gehilfe des schneidermeisters. In einzelnen gegenden wurde dann aber *couturier* zur eigentlichen bezeichnung des gesamten berufes (so Dijon im 15. jh.). Vom ende des 16. jhs. an weicht es in Paris vor dem vornehmeren *tailleur*. Es wird anderswo zur bezeichnung des flickschneiders usw., sinkt also sozial ab. In neuester zeit ist es neu aufgekommen als bezeichnung des damenschneiders. Vielleicht ist es in dieser bed. von *couture* ›schneiderkunst‹ neu abgeleitet, wenn nicht, so doch wenigstens durch die wiederberührung mit ihm erneut zu ehren gekommen.«

Dieses Beispiel zeigt, daß auch die weibliche Berufsbezeichnung in die Untersuchung einbezogen werden muß. Der Erstbeleg afr. *cousturier* ›tailleur‹ (1213, Romania 65, 487) kann durch die weibliche Entsprechung vordatiert werden: afrpr. *costurere* f. ›couturière‹ (1180 ca., Girart de Roussillon, Ms. O 7725). Die Angaben im FEW (2/2, 1098 b) sind um folgende Formen zu ergänzen: apérig. *cusdurer* m. ›couturier‹ (1100 ca., Saint-Cyprien 37, Pfister[16]) und mlat. *costurarius* ›celui dont le métier est de coudre‹ (Cart. Chartres 2, 343 in Bambeck[17]).

Auffallend ist die in Paris seit dem 17. Jahrhundert vollständige Ablösung von *couturier* durch *tailleur*. Wenn heute fr. *couturier* ›tailleur pour dames‹ (seit LarT 1907) wieder in Gebrauch kommt, ist dies vermutlich ein Modewort des 20. Jahrhunderts, das vom 17. bis 19. Jahrhundert in Paris nicht mehr gebräuchlich war. Bereits seit 1837 ist die feminine Entsprechung belegt: ›personne qui crée des modèles et dirige une maison de couture‹[18].

In diesem Zusammenhang müssen auch die süditalienischen *custurèri*-Formen gesehen werden. Rohlfs (op.cit. 136) schreibt: »Durch die Normannenherrschaft ist das altfranzösische *costurier* nach Süditalien gelangt, wo es als *custurèri* (Sizilien, Südkalabrien) fortlebt.« Die mir bekannten Erstbelege aus Sizilien stammen erst aus dem

---

16 M. PFISTER, Lexikalische Untersuchungen zu Girart de Roussillon (Tübingen 1970); Beleg findet sich S. 353.
17 M. BAMBECK, Lateinisch-romanische Wortstudien (Wiesbaden 1959); Beleg S. 181.
18 Balzac, César Birotteau, zitiert in: Matériaux pour l'histoire du vocabulaire français (Paris 1979) II.16, S. 109.

14. Jahrhundert: asiz. *custureri* m. ›sarto‹ (2. Hälfte des 14. Jh., QuaedamProphetia-Cavaliere,AR 20,42[19]), *custurer* m.pl. ›sarti‹ (14. Jh., PoesieCusimano[20]), mlat. siz. *sartor, oris … sutor, custurerius* (14. Jh., SenisioDeclarusMarinoni[21]). Aus Gründen der Chronologie scheint es mir berechtigter, statt normannischen Einfluß ein Modewort anzunehmen, das während der Herrschaftszeit des Hauses Anjou nach Süditalien gelangte.

Diese Vermutung wird gestützt durch das Auftreten dieses französischen Lehnwortes auch in nordspanischen Quellen des 13. Jahrhunderts, in denen keine normannischen Lehnwörter nachweisbar sind:

> IB-2. Reimundus CURTURER a. 1211 (Or.) CDCarrizo n. 86, Martin Pedriz *costurero* a. 1249 (Or.) DocSalamanca 323, Esidro Pelaz *costurero* a. 1254 Estepa, León 389/a. 1266 (Or.) CatAHDLeón 430, Pedro Cibrianez *custurero* a. 1259 (Or.) Estepa,León 389, Diego Rodriguiz *custurero* a. 1314 (Or.) CDSPelayo 401. (Aus den unveröffentlichten Berufsnamen-Materialien von Dieter Kremer, Trier.)

Das heutige französische Normalwort für die Bezeichnung des Schneiders ist *tailleur*. Im FEW (13/1, 43b) sind folgende Belege aus dem *Livre des métiers de Paris* von Estienne Boileau aufgeführt: *taillere* (1260), *tailliere de robes* (1260).

Aokzit. *talhair* (13. Jh., FEW 13/1, 43b) bleibt unberücksichtigt, da nicht auszuschließen ist, daß nicht determiniertes *talhair* als ›Steinmetz‹ zu interpretieren ist. Helmut Stimm[22] schreibt: »So ist auch frz. *tailleur* bereits das zweite Wort an Stelle von lat. *sartor*! Noch im Mittelalter bedeutete nämlich *tailleur* nicht schlechthin den ›Schneider, der Kleider macht‹, sondern wurde ›meist mit einer zusätzlichen Bestimmung gebraucht, *tailleur de pierres, de vignes, de cuir, de robes*‹ (FEW 13,53), *tailleur* konnte also denjenigen bezeichnen, der Steine, Reben, Kleider zurecht schneidet. Erster unmittelbarer Nachfolger von *sartor* im Norden der Galloromania war zweifellos *couturier* gewesen, das zur Bezeichnung des ›Schneiders‹ ca. 50 Jahre früher bezeugt ist (1213) als die Verwendung von *tailleur* im eingeschränkten Sinne für ›Kleidermacher‹ (1260). Im 13. Jahrhundert standen die beiden Wörter so nebeneinander, daß *tailleur* jener war, der die Stoffe zuschnitt, *(valet) couturier* jener, der sie zusammennähte. Wegen der höheren sozialen Stellung des *tailleur* hat dann dieses Wort allmählich *couturier* verdrängt und ersetzt, gleich wie im Deutschen seit mhd. Zeit nach dem französischen Vorbild *Schneider* (mhd. *snīdære*) das ältere Wort *Nähter* (ahd. *nātāri* mhd. *natære*) abgelöst hat.«

Afr. *tailleur* scheint ein seit dem 14. Jahrhundert mit der fr. Schriftsprache vordringendes Pariser Modewort zu sein, das bereits im 14. Jahrhundert nach England gelangte (engl. *taylor*).

FEW 13/1, 43b: Fr. *taillere* ›celui qui taille des habits, qui fait des vêtements‹ (1260), *tailleur* (ca. 1275; seit 1557, Goub; Gay), apr. *talhair* (13. jh.), *talhayre* (ca. 1350), afr.

---

19 A. CAVALIERE, La ›Quaedam prophetia‹ (in: Archivum romanicum 20, 1936) S. 1–48.
20 Poesie siciliane dei secoli XIV e XV. Ed. a cura di G. CUSIMANO, 2 Bände (Palermo 1951, 1952).
21 A. MARINONI, Dal Declarus di A. Senisio. I vocaboli siciliani (Palermo 1955).
22 H. STIMM, Fränkische Lehnprägungen im französischen Wortschatz (in: Verba et Vocabula. Ernst Gamillscheg zum 80. Geburtstag, München 1968) S. 614.

tailliere de robes (1260), *taillierre de raubes* (Reims 1305), fr. *tailleur de robes, d'habits* (seit 1366, DC).

Möglicherweise finden sich bereits Ende des 13. Jahrhunderts Hinweise für die Verdrängung von *couturier* durch *tailleur*. In den von Michaëlsson[23] (cfr. Bork[24]) herausgegebenen Pariser Steuerrollen finden sich auf S. 141 *Gervese le couturier* für das Jahr 1297 und *Gervese le tailleur* für das Jahr 1296. Es muß offen bleiben, ob es sich dabei um denselben Steuerpflichtigen handelt. Der Ersatz von *couturier* durch *tailleur* scheint jedenfalls im 16. Jahrhundert bereits abgeschlossen zu sein, schreibt doch Henri Estienne für das Jahr 1578: »*tailleur*, sans déterminant, a récemment remplacé, dans la langue de la cour, le mot *cousturier*« (FEW 13/1, 54a N 18).

Ein abschließender Blick auf die von Rohlfs gezeichnete Ausgangskarte zeigt, daß noch sardisch *drapperi* und süditalienisch *cusetore* zu erwähnen sind[25]. Bei sardisch *drapperi* ›Schneider‹ ist der Ausgangspunkt des Pfeiles nicht Südfrankreich, sondern Katalonien; kat. *draper* ›Tuchhändler‹ ist seit 1250 belegt und kommt verschiedentlich bei Llull vor. In Sardinien hat sich die Tätigkeit des Schneiders nicht nur auf die Kleiderfertigung beschränkt, sondern sie umfaßte auch die Beschaffung und den Verkauf des benötigten Tuches. Verschiedentlich haben wir vermutlich auch Doppelberufe anzunehmen, wie dies von Michaëlsson gelegentlich in den Steuerrollen von Paris belegt wird: Estienne de Coullarville, *tavernier, tailleur de robes* (1296, ib. 120), Jehan de Saint-Omer, *espicier et tailleur de robes* (1296, ib. 129), Yvon le Breton, *drapier et tailleur* (1296, ib. 129). Diese Personalunion, wie sie für *drapier* und *tailleur* für Paris und Sardinien anzunehmen ist, wurde z. B. in den Stadtverordnungen von Marseille ausdrücklich verboten; cfr. Régine Pernoud[26]: »decernentes praeterea quod nullus sartorum predictorum habeat vel possit habere societatem aliquam cum draperiis vel pellipariis«.

Für Süditalien hat Rohlfs seine im Rahmen der AIS-Aufnahmen gehörten *cucitore*-Formen eingezeichnet. Vereinzelt kommt dieser Worttypus auch im Toskanischen vor, z. B. aflor. *chucitore* m. (1373, Edler[27]). Es handelt sich um eine Ableitung von *cucire* ›nähen‹, zu vergleichen mit der häufigeren analogen Bildung auf *-atorem*, z. B. in aflandr. *coseour* m. ›tailleur‹ (FEW 2/1, 1090a), mfr. *couseor* (Palsgr 1530[28], ib.), gen. *cûxôu* ›sarto‹

23 K. Michaëlsson, Études sur les noms de personne français d'après les rôles de taille parisiens (Upsala 1927).
24 H. D. Bork, Besprechung zu Rohlfs, Romanische Sprachgeographie, in: Romanische Forschungen 84 (1972) S. 601–612; Beleg S. 608.
25 Auf die Behandlung der bei Rohlfs fehlenden Worttypen *parmentier* und *pelletier* sei in diesem Zusammenhang verzichtet. In seiner Besprechung zu Thorn wies Jaberg S. 449 jedoch darauf hin, daß »spätestens im 13. Jh. verschiedene andere Wörter in Konkurrenz mit *couturier* und *sartre* [traten]: *parmentier, pelletier, tailleur*«. Diese Konkurrenz wurde noch verschärft durch Modespezialisten wie *pourpointiers, chaussetiers* und *giponniers*, die größeres Ansehen besaßen als die einfachen Näher.
26 R. Pernoud, Les statuts municipaux de Marseille (Monaco und Paris 1949); Beleg S. 109.
27 F. Edler, A glossary of medieval terms of business (Cambridge 1934).
28 J. Palsgrave, L'éclaircissement de la langue française (London 1530, Nachdruck Paris 1852).

Casaccia[29] oder veraltetes rum. *cusătór* ›Schneider‹ (1649, Tiktin-Miron[30]). Das rumänische *croitor* aus Rohlfs' Karte ist ein slavisches Wort; es geht auf das Verbum *croi* ›zuschneiden‹ (aslav. *kroiti*) zurück, eine ähnliche Bildung wie dt. *Schneider* aus *schneiden*.

Aus dieser selektiven Gesamtschau lassen sich für die Untersuchung von Berufsbezeichnungen in den romanischen Sprachen einige allgemeine Erkenntnisse festhalten:

1. Berufsbezeichnungen unterliegen dem technischen Wandel und den Modeströmungen (›Schneider‹ ersetzt ›Flickschneider‹: afr. *couturier* > *tailleur*; südfr. *sartre* > *tailleur*; span. *alfayate* > *sastre*).

2. Berufsbezeichnungen sind Wanderwörter, die von kulturgeschichtlichem Interesse sind: siz. *custureri* ist ein galloromanisches Lehnwort der Anjou-Dynastie; sardisch *drapperi* ist zur Zeit katalanischen Einflusses in Sardinien übernommen worden (1326–1718).

3. Die Erforschung der Berufsbezeichnungen setzt die Auswertung mittellateinischer und volkssprachlicher onomastischer Quellen voraus, welche meistens die entsprechenden Erstbelege enthalten.

4. Die Dokumentation von Personennamen kann sprachgeschichtlich relevant sein, z. B. wenn Konrad Huber im *Rätischen Namenbuch* (3 II, 709 f.[31]) für die Stadt Chur in der ältesten Phase die romanischen Namen dokumentiert: *Landulfo Sartore* (1270), *sartor* (1313), aber bereits für das Jahr 1350 *kinde Burkelins Sniders* oder für 1387 *Uolrich Schnider*. Hier zeigen unterbrochene Namenstraditionen den Beginn der Alemannisierung im 14. Jahrhundert und sind Zeugnisse eines eintretenden Sprachwechsels.

5. Bei fr. *couturier* ›tailleur‹ (< *coudre* ›nähen‹) sind die Berufsbezeichnungen ›Schneider‹ und ›Näher‹ zusammengefallen, wobei *couturier* vor *tailleur* belegt ist. Eine ähnliche Feststellung macht Paul Kretschmer[32]: »In den meisten Gegenden (so in Berlin, Wien, etc.) wird *Schneiderin* von *Näherin* in der Weise unterschieden, daß jene die Verfertigerin von Frauenkleidern bezeichnet, die namentlich auch die schwierigste Arbeit dabei, das Zuschneiden, ausführt, während die Näherin als Gehilfin der Schneiderin nur das Nähen besorgt oder in Privathäusern Näharbeiten übernimmt.« Dagegen gibt es Gebiete (z. B. Dortmund, Nürnberg), in denen *Näherin* im Sinne von *Schneiderin* verwendet wird. Im Mittelhochdeutschen ersetzte im 11. Jahrhundert *snīdaere* älteres *nâtaere*, womit sowohl dt. *Schneider* wie fr. *tailleur* im sozialen Ansehen höher einzustufen sind als *Näher* oder *couturier*. Kluge/Seebold[33] begründeten

29 G. CASACCIA, Vocabolario genovese-italiano (Genova 1851, ²1876).

30 H. TIKTIN, Rumänisch-deutsches Wörterbuch. 2. überarbeitete und ergänzte Auflage von P. MIRON, 3 Bände (Wiesbaden 1986–1989).

31 A. SCHORTA, Rätisches Namenbuch, Band 3: Die Personennamen Graubündens mit Ausblicken auf Nachbargebiete, bearb. und hg. von K. HUBER, 2 Teile (Bern 1986).

32 P. KRETSCHMER, Wortgeographie der hochdeutschen Umgangssprache (Göttingen ²1969).

33 Friedrich KLUGE, Etymologisches Wörterbuch der deutschen Sprache. 22. Auflage unter Mithilfe von M. BÜRGISSER und B. GREGOR völlig neu bearbeitet von E. SEEBOLD (Berlin und New York 1989).

dies folgendermaßen: »Als die schwierigste Arbeit des Schneiders hat das Zuschneiden zu gelten (nicht das Nähen).« Wenn es dort freilich heißt »*Schneider* m. mhd. *snīdaere, snīder* setzt sich gegen seine Konkurrenten im Anschluß an fr. *tailleur* durch«, so ist die Chronologie zu überprüfen, da dies für das Französische erst ab dem 14. Jahrhundert gelten kann. Im Modezentrum Paris jedenfalls haben sich die Verhältnisse unter dem Einfluß der Haute Couture seit der Mitte des 19. Jahrhunderts erneut geändert: Der *couturier de dames* hat im Sozialprestige den gewöhnlichen *tailleur* wieder überrundet.

Abkürzungen *

a.	anno
a.a.	ad annum
c.	capitulum
AD	Archives Départementales
B	Belgien
BECh.	Bibliothèque de l'École des Chartes
BerRGK	Bericht der Römisch-Germanischen Kommission
Best.	Bestand
BullSocAmisSarre	Bulletin de la Société des Amis des Pays de la Sarre
CH	Schweiz
ElsLothrJb	Elsaß-Lothringisches Jahrbuch
F	Frankreich
fl.	Gulden
gallorom.	galloromanisch
Gde.	Gemeinde, auch »commune«
Ger. Bez.	Gerichtsbezirk
GWN	Gewässername
HStA	Hauptstaatsarchiv
JbfrL	Jahrbuch für fränkische Landesforschung
JGLGA	Jahr-Buch der Gesellschaft für lothringische Geschichte und Altertumskunde
JRGZM	Jahrbuch des Römisch-Germanischen Zentralmuseums
JWLG	Jahrbuch für westdeutsche Landesgeschichte
K.	Kopie
Ka.	Kanton
Kom.	Komitat
Kr.	Kreis
LA	Landesarchiv

---

* Aufgenommen ist nur, was nicht selbstverständlich ist oder nicht mit Hilfe des Lexikons des Mittelalters entschlüsselt werden kann.

Lex. des MA	Lexikon des Mittelalters
LHA	Landeshauptarchiv
Lkr.	Landkreis
Mart. Rom.	Martyrologium Romanum (Rom 1630)
MittAGSaarlFamilienkunde	Mitteilungen der Arbeitsgemeinschaft für Saarländische Familienkunde e. V.
MittHistVerSaargegend	Mitteilungen des Historischen Vereins für die Saargegend
MR	Mittlere Reihe
MS	Maschinenschrift
okr.	okres, »Bezirk«
ÖNB	Wien, Österreichische Nationalbibliothek
Or.	Original
Phil.-hist. Kl.	Philosophisch-historische Klasse
PllUB	Pommerellisches Urkundenbuch, hg. vom Westpreußischen Geschichtsverein, bearb. von Max PERLBACH. Mit Nachtrag von Hans MENDTHAL. Neudruck der Ausgabe Danzig 1881–1916 (Aalen 1969)
PN	Personenname
PoUB	Pommersches Urkundenbuch 1 (^{2}1970), neu bearbeitet von Klaus CONRAD, 2 Teile. – 2 (1881–85; Nachdr. Aalen/Köln und Graz 1970): bearb. von Rodgero PRÜMERS
PrUB	Preußisches Urkundenbuch. Politische/allgemeine Abteilung 1 I (1892), bearb. von PHILIPPI mit WÖLKY. – 1 II (1909, Nachdruck Aalen 1961), bearb. von August SERAPHIM
Regbez.	Regierungsbezirk
Rés.	résumé, Resümee
SamUB	Urkundenbuch des Bisthums Samland, bearb. von C.P. WOELKY und H[ans] MENDTHAL, Hefte 1–3 = Neues preussisches Urkundenbuch, Ostpreussischer Teil 2 II = Publication des Vereins für die Geschichte von Ost- und Westpreussen (Leipzig 1891–1905)
SN(N)	Siedlungsname(n)
StA	Staatsarchiv
StatistMittElsLothr.	Statistische Mitteilungen über Elsaß-Lothringen
s.vv.	sub vocibus
VeröffKomSaarlLandesG.	Veröffentlichungen der Kommission für saarländische Landesgeschichte und Volksforschung – ab 16 (1987) »Saarländische«
ZAachGV	Zeitschrift des Aachener Geschichtsvereins
ZGSaargegend	Zeitschrift für die Geschichte der Saargegend

Auswahlregister*

* Karten blieben zumeist unberücksichtigt, ebenso Listen in den Beiträgen STEIN (oben S. 93–101) und SCHIMMELPFENNIG (S. 355–362). – An der Materialsammlung beteiligten sich Christian Egelhaaf, Horst Noll und Carsten Woll.